KB135864

데이터 분석을 위한

파이썬 철저 입문

개정증보판

기초 문법부터 실무에 필요한 데이터 분석 기술까지 한 번에 배우는

최은석

GIST에서 박사학위를 받고 삼성전자에서 센서 기반 인터랙션 설계, 센서 신호 처리, 임베디드 시스템 S/W 관련 업무를 하고 있다. 항상 좀 더 좋은 방법이 없을까 고민하며 새로운 아이디어를 제시하고 구현하는 과정을 즐긴다. 파이썬을 이용한 업무 자동화, 데이터 처리 및 분석, 마이크로컨트롤러 응용에 관심이 많으며 주변 사람들에게 파이썬의 편리함을 알리고 있다.

데이터 분석을 위한

파이썬 철저 입문

기초 문법부터 실무에 필요한 데이터 분석 기술까지 한 번에 배우는

지은이 최은석
펴낸이 박찬규 엮은이 이대엽 디자인 북누리 표지디자인 아로와 & 아로와나

펴낸곳 위키북스 전화 031-955-3658, 3659 팩스 031-955-3660
주소 경기도 파주시 문발로 115 세종출판벤처타운 #311

가격 28,000 페이지 620 책규격 188 x 240mm

1쇄 발행 2019년 04월 25일
2쇄 발행 2019년 12월 30일
3쇄 발행 2020년 09월 24일
4쇄 발행 2021년 06월 30일
5쇄 발행 2022년 07월 15일
6쇄 발행 2023년 07월 14일
ISBN 979-11-5839-152-2 (93000)

등록번호 제406-2006-000036호 등록일자 2006년 05월 19일
홈페이지 wikibook.co.kr 전자우편 wikibook@wikibook.co.kr

이 도서의 국립중앙도서관 출판시도서목록(CIP)은
서지정보유통지원시스템 홈페이지(http://seoji.nl.go.kr)와
국가자료공동목록시스템(http://www.nl.go.kr/kolisnet)에서 이용하실 수 있습니다.
CIP제어번호 CIP2019014118

데이터 분석을 위한

파이썬 철저 입문

기초 문법부터 실무에 필요한 데이터 분석 기술까지 한 번에 배우는

최은석 지음

위키북스

지금은 데이터의 시대입니다. 스마트 기술로 인해 대량의 데이터가 끊임없이 생성되고 있으며 이를 활용해 기계학습(머신러닝) 기술은 지속해서 발전하고 있습니다. 또한 선진 기업들은 데이터를 기반으로 의사결정을 하고 있으며, 데이터를 분석해 비즈니스에 유용한 가치를 창출하기 위해 우수한 인력 확보에 큰 노력을 기울입니다. 이렇게 데이터 분석에 대한 요구는 점점 증가하고 있으나 데이터를 전문적으로 다루는 데이터 전문가 외에는 자신이 가진 데이터를 어떻게 처리해야 할지 잘 모르는 경우가 대부분입니다.

컴퓨터 프로그램을 이용하면 데이터 처리 및 분석을 좀 더 효율적으로 수행할 수 있습니다. 특히 파이썬은 이러한 작업을 손쉽게 할 수 있습니다. 제가 처음 파이썬을 만난 건 10여 년 전입니다. 그때만 해도 파이썬 개발 환경은 열악했고 관련 자료도 충분하지 않았지만 다른 프로그래밍 언어보다 데이터를 쉽게 다룰 수 있었기 때문에 데이터를 많이 다루던 저에게는 아주 유용한 언어였습니다. 초기에는 파이썬 사용자가 많지 않았지만 사용하기 편리한 라이브러리가 많아지면서 데이터 과학자를 중심으로 사용자가 점점 늘더니 이제 파이썬은 인공지능과 기계학습을 위한 핵심 언어가 됐습니다. 또한 많은 개발자의 노력으로 PC나 서버에서뿐만 아니라 스마트폰에서도 동작하고, 심지어 마이크로컨트롤러에서도 실행할 수 있도록 발전했습니다. 따라서 파이썬을 한번 익히면 다양한 분야에 활용할 수 있습니다.

파이썬은 문법이 간결해서 배우기 쉬운 프로그래밍 언어입니다. 프로그래밍 언어를 배운 적 없는 초보자들도 쉽고 빠르게 배울 수 있습니다. 게다가 무료이므로 컴퓨터만 있으면 누구나 배울 수 있습니다.

이 책은 파이썬을 처음 접하는(심지어 이전에 프로그래밍 언어를 배운 경험이 없는) 초보자도 데이터를 쉽게 다룰 수 있도록 구성했습니다. 책의 전반부에서는 파이썬의 기본 문법을 상세히 설명하고, 후반부에서는 데이터 처리 및 분석, 데이터 시각화, 엑셀 데이터 처리, 웹 데이터 획득 및 활용법을 설명합니다. 이 책의 예제를 하나씩 따라 하다 보면 파이썬의 기본적인 내용을 익힐 수 있을 뿐만 아니라 실무에 필요한 데이터 분석 방법까지 익힐 수 있습니다. 이 책에서 설명하는 내용을 익히고 나면 그간 수작업으로 지루하게 반복하던 데이터 관련 작업을 컴퓨터 프로그램을 이용해 빠르고 정확하게 수행할 수 있게 될 것입니다. 처음에는 힘들겠지만, 이 책에서 배운 내용을 활용해 자신의 업무를 하나씩 자동화하다 보면 업무는 똑똑해지고(Work Smart) 마음에는 여유가 생길 것입니다. 이 책이 독자 여러분의 워라밸(Work and Life Balance, 일과 삶의 균형) 실현에 도움이 되길 바랍니다.

이 책이 나오기까지 오랜 기간 열심히 도와주신 위키북스 박찬규 대표님, 좀 더 좋은 문장이 될 수 있도록 글을 다듬어 주신 이대엽 님, 이현정 님에게 진심으로 감사드립니다. 또한 언제나 저를 믿어 주시는 존경하는 어머니, 긴 집필 기간 동안 묵묵히 지원해 준 사랑하는 아내 상임, 책을 쓰느라 많이 놀아주지 못했지만 언제나 아빠를 이해해준 아들 준호에게도 고마운 마음을 전합니다.

지은이 최은석

각 장별 목차와 학습 목표

1장 파이썬 프로그래밍 언어 1~4쪽

프로그래밍 언어에 대해 이해하고 파이썬의 특징과 장점을 알아봅니다.

1.1 _ 왜 프로그래밍 언어를 배워야 하나요?
1.2 _ 프로그래밍 언어란?
1.3 _ 왜 파이썬인가요?

2장 파이썬 시작하기 5~28쪽

파이썬 개발 환경을 설치하고, 여러 가지 방법으로 코드를 작성해 봅니다.

2.1 _ 파이썬 개발 환경 설치
2.2 _ 첫 번째 코드 작성하기
2.3 _ 코드 저장 및 실행
2.4 _ 통합 개발 환경에서 코딩하기
2.5 _ 주피터 노트북에서 코딩하기
2.6 _ 정리

3장 파이썬을 계산기처럼 이용하기 29~41쪽

사칙 연산에서 논리 연산까지 파이썬에서 사용하는 다양한 연산자와 숫자를 표현하는 다양한 방법을 학습합니다.

3.1 _ 간단한 사칙 연산
3.2 _ 거듭 제곱과 나머지
3.3 _ 과학적 표기법
3.4 _ 진수 표현과 변환
3.5 _ 논리 연산 및 비교 연산
3.6 _ 정리

4장 변수와 자료형 42~68쪽

변수와 파이썬에서 지원하는 자료형의 특징 및 사용법을 학습합니다.

4.1 _ 변수
4.2 _ 문자열
4.3 _ 리스트
4.4 _ 튜플
4.5 _ 세트
4.6 _ 딕셔너리
4.7 _ 정리

5장 제어문 69~94쪽

조건문과 반복문의 구조와 사용법을 학습하고 다양한 사용 예를 살펴봅니다.

5.1 _ 조건에 따라 분기하는 if 문
5.2 _ 지정된 범위만큼 반복하는 for 문
5.3 _ 조건에 따라 반복하는 while 문
5.4 _ 반복문을 제어하는 break와 continue
5.5 _ 간단하게 반복하는 한 줄 for 문
5.6 _ 정리

6장 입력과 출력 95~114쪽

키보드와 화면으로 데이터를 입출력하는 방법과 파일에서 데이터를 읽고 파일로 데이터를 쓰는 방법을 학습합니다.

6.1 _ 화면 출력
6.2 _ 키보드 입력
6.3 _ 파일 읽고 쓰기
6.4 _ 반복문을 이용해 파일 읽고 쓰기
6.5 _ with 문을 활용해 파일 읽고 쓰기
6.6 _ 정리

7장 함수 115~134쪽

코드의 묶음인 함수를 만들고 이용하는 방법을 학습합니다.

7.1 _ 함수 정의와 호출
7.2 _ 변수의 유효 범위
7.3 _ 람다(lambda) 함수
7.4 _ 유용한 내장 함수
7.5 _ 정리

8장 객체와 클래스 135~157쪽

객체와 클래스의 기본 개념과 활용 방법을 학습합니다.

8.1 _ 클래스 선언과 객체 생성
8.2 _ 클래스를 구성하는 변수와 함수
8.3 _ 객체와 클래스를 사용하는 이유
8.4 _ 클래스 상속
8.5 _ 정리

9장 문자열과 텍스트 파일 데이터 다루기 158~178쪽

다양한 문자열 처리(분리, 삭제, 연결, 찾기, 바꾸기) 방법을 학습합니다.

9.1 _ 문자열 다루기
9.2 _ 텍스트 파일의 데이터를 읽고 처리하기
9.3 _ 정리

10장 모듈 179~213쪽

모듈의 생성 방법과 호출 방법을 학습하고 유용한 내장 모듈의 활용 예를 살펴봅니다.

10.1 _ 모듈을 사용하는 이유
10.2 _ 모듈 생성 및 호출
10.3 _ 모듈을 직접 실행하는 경우와 임포트한 후 실행하는 경우 구분하기
10.4 _ 내장 모듈
10.5 _ 패키지
10.6 _ 정리

11장 데이터 분석을 위한 패키지 214~282쪽

NumPy와 pandas를 활용해 배열이나 표 데이터를 편리하게 다루는 방법을 학습합니다.

11.1 _ 배열 데이터를 효과적으로 다루는 NumPy
11.2 _ 구조적 데이터 표시와 처리에 강한 pandas
11.3 _ 정리

12장 데이터 시각화 283~343쪽

matplotlib을 이용해 숫자 데이터를 다양한 그래프(선 그래프, 산점도, 막대 그래프, 히스토그램, 파이 그래프)로 시각화하는 방법을 학습합니다.

12.1 _ matplotlib로 그래프 그리기
12.2 _ pandas로 그래프 그리기
12.3 _ 정리

13장 엑셀 파일 다루기 344~392쪽

파이썬을 이용해 엑셀 파일을 처리하는 다양한 방법을 학습합니다.

13.1 _ 엑셀 파일을 읽고 쓰기
13.2 _ 엑셀 파일 통합하기
13.3 _ 엑셀 파일로 읽어온 데이터 다루기
13.4 _ 엑셀 데이터의 시각화
13.5 _ 정리

14장 웹 스크레이핑 393~450쪽

웹 사이트 내에 있는 정보를 추출하는 웹 스크레이핑 방법을 학습하고 실제 웹 사이트에 적용하는 예를 살펴봅니다.

14.1 _ 웹 브라우저로 웹 사이트 접속하기
14.2 _ 웹 스크레이핑을 위한 기본 지식
14.3 _ 웹 사이트에서 데이터 가져오기
14.4 _ 정리

15장 웹 API 451~528쪽

웹 API를 이용해 데이터를 요청하고 응답받은 데이터(JSON 및 XML 형식)를 처리하는 방법을 학습하고 Open API를 활용하는 예를 살펴봅니다.

15.1 _ 웹 API의 이해
15.2 _ API 키를 사용하지 않고 데이터 가져오기
15.3 _ 트위터에 메시지 작성하고 가져오기
15.4 _ 정부의 공공 데이터 가져오기
15.5 _ 정리

16장 실전 데이터 분석 프로젝트 529~593쪽

서울시 업무추진비 데이터를 통해 실제 데이터를 분석하는 전체 과정을 학습합니다.

16.1 _ 데이터 분석 프로세스
16.2 _ 데이터 획득, 처리, 시각화 심화
16.3 _ 실전 데이터(서울시 업무추진비) 분석
16.4 _ 정리

- **예제 코드**: https://github.com/wikibook/python-for-data-analysis-rev

각 장별 세부 내용과 학습 계획표

데이터 분석 기법을 익히기 위해 **파이썬과 떠나는 22일간의 여행.**
파이썬을 처음 배우는 초보자라도 22일간 이 책의 내용을 꾸준히 학습하고 예제 코드를 직접 작성하다 보면 파이썬의 기본 문법뿐만 아니라 실무에 바로 적용할 수 있는 데이터 처리 및 분석 기법을 익힐 수 있습니다.

1주차

1일차	2일차	3일차	4일차	5일차
파이썬 개발 환경 구축 및 첫 번째 코드 작성 (1~28쪽)	파이썬 연산자 및 숫자 표현 (29~41쪽)	변수, 문자열, 리스트, 튜플, 세트, 딕셔너리 (42~68쪽)	조건문(if 문)과 반복문(for 문, while 문) (69~94쪽)	키보드와 화면으로 입출력, 파일 읽고 쓰기 (95~114쪽)
1장 _ 파이썬 프로그래밍 언어 2장 _ 파이썬 시작하기	3장 _ 파이썬을 계산기처럼 이용하기	4장 _ 변수와 자료형	5장 _ 제어문	6장 _ 입력과 출력

2주차

6일차	7일차	8일차	9일차	10일차
함수 정의와 호출, 변수의 유효 범위, 람다 함수, 유용한 내장 함수 (115~134쪽)	클래스 선언과 객체 생성, 클래스의 상속 (135~157쪽)	문자열 다루기(분리, 삭제, 연결, 찾기, 바꾸기) (158~178쪽)	모듈 사용 이유, 모듈 생성 및 호출 (179~194쪽)	내장 모듈(난수, 날짜, 달력), 패키지(구조, 생성 및 활용) (194~213쪽)
7장 _ 함수	8장 _ 객체와 클래스	9장 _ 문자열과 텍스트 파일 데이터 다루기	10장 _ 모듈	

3주차

11일차	12일차	13일차	14일차	15일차
NumPy를 활용한 배열 데이터 처리 (214~236쪽)	Pandas를 이용한 구조적 데이터 처리(Series, DataFrame) (237~282쪽)	matplotlib로 그래프 그리기(선 그래프, 그래프 꾸미기, 산점도 막대 그래프) (283 ~317쪽)	matplotlib로 그래프 그리기(히스토그램, 파이 그래프), 그래프 저장하기, pandas로 그래프 그리기 (317~343쪽)	엑셀 파일 읽고 쓰기, 엑셀 파일 통합하기, 데이터 추가 및 수정하기 (344~364쪽)
11장 데이터 분석을 위한 패키지		12장 데이터 시각화		13장 엑셀 파일 다루기

4주차

16일차	17일차	18일차	19일차	20일차
엑셀의 필터 기능 수행, 원하는 행과 열의 선택, 엑셀 데이터 계산, 엑셀 데이터의 시각화 (364~392쪽)	파이썬으로 웹 브라우저 실행해 웹 사이트 접속하기, 웹 스크레이핑을 위한 기본 지식 (393~419쪽)	웹 스크레이핑 시 주의 사항, 웹 페이지에서 순위 데이터와 이미지 파일 가져오기 (419~450쪽)	웹 API의 이해, API 키 없이 데이터 가져오기 (451~479쪽)	트위터에 메시지 작성하고 가져오기, 정부의 공개 데이터 획득 및 활용 (479~528쪽)
13장 엑셀 파일 다루기	14장 웹 스크레이핑		15장 웹 API	

5주차

21일차	22일차
데이터 분석 프로세스 및 분석 기법 심화 (529~553쪽)	서울시 업무추진비 데이터를 활용한 실전 데이터 분석 (553~593쪽)
16장 실전 데이터 분석 프로젝트	

01 _ 파이썬 프로그래밍 언어 1

1.1 _ 왜 프로그래밍 언어를 배워야 하나요? 1
1.2 _ 프로그래밍 언어란? 2
1.3 _ 왜 파이썬인가요? 3

02 _ 파이썬 시작하기 5

2.1 _ 파이썬 개발 환경 설치 5
아나콘다 배포판 내려받기 5
아나콘다 설치 7
2.2 _ 첫 번째 코드 작성하기 9
2.3 _ 코드 저장 및 실행 11
파이썬 코드 저장 11
파이썬 코드 실행 12
2.4 _ 통합 개발 환경에서 코딩하기 13
통합 개발 환경의 필요성 13
Spyder 실행 및 설정 13
Spyder 에디터에서 코드 작성 16
2.5 _ 주피터 노트북에서 코딩하기 19
주피터 노트북 실행 19
주피터 노트북 사용법 23
주피터 노트북에서 코드 작성 26
2.6 _ 정리 28

03 _ 파이썬을 계산기처럼 이용하기 29

3.1 _ 간단한 사칙 연산 29
3.2 _ 거듭 제곱과 나머지 32
3.3 _ 과학적 표기법 34
3.4 _ 진수 표현과 변환 35
3.5 _ 논리 연산 및 비교 연산 38
3.6 _ 정리 41

04 _ 변수와 자료형 42

4.1 _ 변수 42
4.2 _ 문자열 45
문자열 만들기 45
문자열 다루기 48
4.3 _ 리스트 48
리스트 만들기 48
리스트 다루기 51
4.4 _ 튜플 56
튜플 만들기 56
튜플 다루기 57
4.5 _ 세트 58
세트 만들기 59
세트의 교집합, 합집합, 차집합 구하기 59
리스트, 튜플, 세트 간 타입 변환 61

4.6 _ 딕셔너리 62
딕셔너리 만들기 62
딕셔너리 다루기 65

4.7 _ 정리 68

05 _ 제어문 69

5.1 _ 조건에 따라 분기하는 if 문 70
단일 조건에 따른 분기(if) 70
단일 조건 및 그 외 조건에 따른 분기(if ~ else) 72
여러 조건에 따른 분기(if ~ elif ~ else) 73
중첩 조건에 따른 분기 75

5.2 _ 지정된 범위만큼 반복하는 for 문 78
반복문의 필요성 78
for 문의 구조 79
반복 범위 지정 80
중첩 for 문 84
여러 개의 리스트 다루기 85

5.3 _ 조건에 따라 반복하는 while 문 86
while 문의 구조 86
무한 반복 while 문 88

5.4 _ 반복문을 제어하는 break와 continue 88
반복문을 빠져나오는 break 88
다음 반복을 실행하는 continue 90

5.5 _ 간단하게 반복하는 한 줄 for 문 91
리스트 컴프리헨션의 기본 구조 92
조건문을 포함한 리스트 컴프리헨션 93

5.6 _ 정리 94

06 _ 입력과 출력 95

6.1 _ 화면 출력 95
기본 출력 95
형식 지정 출력 98

6.2 _ 키보드 입력 102

6.3 _ 파일 읽고 쓰기 104
파일 열기 104
파일 쓰기 105
파일 읽기 106

6.4 _ 반복문을 이용해 파일 읽고 쓰기 107
파일에 문자열 한 줄씩 쓰기 107
파일에서 문자열 한 줄씩 읽기 108

6.5 _ with 문을 활용해 파일 읽고 쓰기 111
with 문의 구조 111
with 문의 활용 113

6.6 _ 정리 114

07 _ 함수 115

7.1 _ 함수 정의와 호출 115
함수의 기본 구조 116
인자도 반환 값도 없는 함수 117
인자는 있으나 반환 값이 없는 함수 118
인자도 있고 반환 값도 있는 함수 120

7.2 _ 변수의 유효 범위 121

7.3 _ 람다(lambda) 함수 123

7.4 _ 유용한 내장 함수 125
형 변환 함수 125
bool 함수 127
최솟값과 최댓값을 구하는 함수 131
절댓값과 전체 합을 구하는 함수 132
항목의 개수를 구하는 함수 132
내장 함수의 활용 133

7.5 _ 정리 134

08 _ 객체와 클래스 135

8.1 _ 클래스 선언과 객체 생성 135
객체란? 135
클래스 선언 136
객체 생성 및 활용 137
객체 초기화 141

8.2 _ 클래스를 구성하는 변수와 함수 143
클래스에서 사용하는 변수 143
클래스에서 사용하는 함수 145

8.3 _ 객체와 클래스를 사용하는 이유 151

8.4 _ 클래스 상속 154

8.5 _ 정리 157

09 _ 문자열과 텍스트 파일 데이터 다루기 158

9.1 _ 문자열 다루기 158
문자열 분리하기 159
필요없는 문자열 삭제하기 161

문자열 연결하기 165
문자열 찾기 167
문자열 바꾸기 170
문자열의 구성 확인하기 171
대소문자로 변경하기 173
데이터 파일 준비 및 읽기 174

9.2 _ 텍스트 파일의 데이터를 읽고 처리하기 174
파일에서 읽은 문자열 데이터 처리 175

9.3 _ 정리 178

10 _ 모듈 179

10.1 _ 모듈을 사용하는 이유 179

10.2 _ 모듈 생성 및 호출 180
모듈 만들기 180
모듈 불러오기 182
모듈을 불러오는 다른 형식 185

10.3 _ 모듈을 직접 실행하는 경우와 임포트한 후 실행하는 경우 구분하기 190

10.4 _ 내장 모듈 194
난수 발생 모듈 194
날짜 및 시간 관련 처리 모듈 197
달력 생성 및 처리 모듈 203

10.5 _ 패키지 208
패키지의 구조 208
패키지 만들기 209
패키지 사용하기 211

10.6 _ 정리 213

11 _ 데이터 분석을 위한 패키지 214

11.1 _ 배열 데이터를 효과적으로 다루는 NumPy 214
배열 생성하기 215
배열의 연산 225
배열의 인덱싱과 슬라이싱 230

11.2 _ 구조적 데이터 표시와 처리에 강한 pandas 237
구조적 데이터 생성하기 237
데이터 연산 251
데이터를 원하는 대로 선택하기 257
데이터 통합하기 266
데이터 파일을 읽고 쓰기 275

11.3 _ 정리 282

12 _ 데이터 시각화 283

12.1 _ matplotlib로 그래프 그리기 283
선 그래프 284
그래프 꾸미기 297
산점도 309
막대 그래프 312
히스토그램 317
파이 그래프 321
그래프 저장하기 326

12.2 _ pandas로 그래프 그리기 330
pandas의 그래프 구조 330
pandas의 선 그래프 331
pandas의 산점도 336
pandas의 막대 그래프 338

pandas의 히스토그램 340
pandas의 파이 그래프 341
12.3 _ 정리 343

13 _ 엑셀 파일 다루기 344

13.1 _ 엑셀 파일을 읽고 쓰기 344
엑셀 파일의 데이터 읽기 344
데이터를 엑셀 파일로 쓰기 348
13.2 _ 엑셀 파일 통합하기 352
효율적인 데이터 처리를 위한 엑셀 데이터 구조 353
여러 개의 엑셀 파일 데이터를 통합하기 354
통합 결과를 엑셀 파일로 저장하기 358
13.3 _ 엑셀 파일로 읽어온 데이터 다루기 359
데이터를 추가하고 변경하기 359
여러 개의 엑셀 파일에서 데이터 수정하기 362
엑셀의 필터 기능 수행하기 364
조건을 설정해 원하는 행만 선택하기 370
원하는 열만 선택하기 371
엑셀 데이터 계산하기 373
13.4 _ 엑셀 데이터의 시각화 382
그래프를 엑셀 파일에 넣기 383
엑셀 차트 만들기 387
13.5 _ 정리 392

14 _ 웹 스크레이핑 393

14.1 _ 웹 브라우저로 웹 사이트 접속하기 394
하나의 웹 사이트에 접속하기 394
여러 개의 웹 사이트에 접속하기 395

14.2 _ 웹 스크레이핑을 위한 기본 지식 396
데이터의 요청과 응답 과정 396
HTML의 기본 구조 397
웹 페이지의 HTML 소스 갖고 오기 401
HTML 소스코드를 분석하고 처리하기 403

14.3 _ 웹 사이트에서 데이터 가져오기 419
웹 스크레이핑 시 주의 사항 420
순위 데이터를 가져오기 420
웹 페이지에서 이미지 가져오기 438

14.4 _ 정리 450

15 _ 웹 API 451

15.1 _ 웹 API의 이해 451
웹 API의 데이터 획득 과정 452
웹 API의 인증 방식 453
응답 데이터의 형식 및 처리 454
웹 사이트 주소에 부가 정보 추가하기 468

15.2 _ API 키를 사용하지 않고 데이터 가져오기 473
국제 우주 정거장의 정보 가져오기 473
국가 정보 가져오기 476

15.3 _ 트위터에 메시지 작성하고 가져오기 479
API 키 및 접속 토큰 생성 479
Tweepy 설치 및 인증 484

트윗 작성하기 486
타임라인에서 메시지 가져오기 488
키워드를 지정해 데이터 가져오기 489

15.4 _ 정부의 공공 데이터 가져오기 494
회원 가입 및 서비스 신청 494
주소 및 우편번호 가져오기 502
날씨 정보 가져오기 505
대기 오염 정보 가져오기 516

15.5 _ 정리 528

16 _ 실전 데이터 분석 프로젝트 529

16.1_ 데이터 분석 프로세스 529

16.2 _ 데이터 획득, 처리, 시각화 심화 532
깃허브에서 파일 내려받기 532
데이터에서 결측치 확인 및 처리 534
데이터의 요약 및 재구성 542
워드 클라우드를 이용한 데이터 시각화 547

16.3 _ 실전 데이터(서울시 업무추진비) 분석 553
데이터 분석의 주제 선정 554
데이터 수집 556
데이터 처리 562
데이터 분석 576

16.4 _ 정리 593

01

파이썬 프로그래밍 언어

이번 장에서는 컴퓨터 프로그래밍 언어란 무엇이고, 왜 우리가 이것을 배워야 하는지 알아보겠습니다. 그리고 파이썬이라는 프로그래밍 언어의 특징에 대해서도 살펴보겠습니다.

01 왜 프로그래밍 언어를 배워야 하나요?

우리는 스마트폰을 이용해 게임도 하고 전화나 문자도 하며 사진을 찍은 후에 친구들과 공유하기도 합니다. 또한 컴퓨터를 이용해 오피스 프로그램(아래아한글, 워드, 엑셀, 파워포인트 등)으로 문서를 작성하거나 자료를 정리하고 웹 브라우저로 포털 사이트에 접속하거나 검색도 합니다. 스마트폰이나 컴퓨터에서 이렇게 다양한 일을 할 수 있는 것은 다양한 응용 프로그램(즉, 애플리케이션 혹은 앱)이 있기 때문입니다. 이 응용 프로그램은 프로그래밍 언어를 이용해 만듭니다. 프로그래밍이란 컴퓨팅 기기(컴퓨터나 스마트폰 등)가 어떤 일을 하도록 명령을 내리는 작업이고 프로그래밍 언어란 이런 작업을 하기 위한 언어입니다.

프로그래밍 언어를 활용해 특정 목적의 프로그램을 만드는 것을 코딩(Coding)이라고 합니다. 물론 전문적인 프로그램 하나를 만들려면 요구 분석, 설계, 디자인, 코딩, 테스트 같은 다양한 활동이 필요하고, 분야마다 전문가가 필요합니다. 하지만 간단한 프로그래밍은 혼자서도 할 수 있으며 그렇게 복잡하지도 않습니다. 코딩해본 적이 없는 사람은 '코딩은 프로그래밍 언어에 대한 다양한 지식을 가진 전문

프로그래머가 하는 일이며 나랑은 상관없는 일이야.'라고 생각할지도 모릅니다. 물론 초기의 프로그래밍 언어는 컴퓨터에 관한 다양한 지식이 있어야 코딩할 수 있었습니다. 하지만 컴퓨터와 프로그래밍 언어의 발달로 이제 보통 사람도 프로그래밍 언어를 쉽게 배울 수 있게 됐습니다. 이것은 예전에 자동차는 운전기사만 운전할 수 있었으나 자동차 기술이 발달하면서 조작이 편리해져 누구나 쉽게 운전할 수 있게 된 것과 비슷합니다.

자동차가 있어도 운전할 수 없으면 누군가가 운전해 주기를 기다려야 하고 내가 원할 때 원하는 곳을 마음대로 가지 못합니다. 하지만 운전을 배우고 나면 내가 원하는 곳을 자유롭게 다닐 수 있습니다. 컴퓨터 프로그램도 마찬가지입니다. 프로그래밍 언어를 배우면 여러분이 원하는 프로그램을 직접 만들 수 있습니다. 자신만의 게임을 만들 수도 있고, 원하는 자료를 자동으로 수집하고 분석할 수도 있습니다. 또한 단순하고 반복적인 일을 자동화해서 여러분이 하던 지루한 업무를 컴퓨터가 대신 수행하도록 만들 수도 있습니다.

02 프로그래밍 언어란?

프로그래밍 언어란 컴퓨터에 명령을 내리려고 만든 언어입니다. 컴퓨터를 처음 만들었을 때 프로그래밍은 컴퓨터의 중앙처리장치(CPU, Central Processing Unit) 같은 하드웨어에 전기 신호를 직접 주기 위한 0과 1로 이뤄진 명령의 나열이었습니다. 이렇게 2진 숫자(0과 1)로만 이뤄진 명령을 기계어(Machine language)라고 합니다. 기계어는 0과 1의 조합으로만 명령을 내려야 하므로 프로그래밍이 너무 힘들다는 단점이 있습니다. 프로그래밍하기 어려웠을 뿐만 아니라, 실수로 프로그램을 잘못 만들었을 때도 오류를 발견하고 수정하기가 무척 어려웠습니다. 이런 어려움을 해결하고자 어셈블리어(Assembly language)가 만들어졌습니다. 어셈블리어는 기계어와 일대일 대응되는 프로그래밍 언어입니다. 어셈블리어로 작성된 코드는 기계어로 변환해야 컴퓨터가 이해하고 실행하며, 이렇게 변환하는 프로그램을 어셈블러(Assembler)라고 합니다.

어셈블리어는 기계어보다는 사람이 알기 쉬운 언어였지만 컴퓨터의 중앙처리장치에 대한 지식이 없는 사람에게는 여전히 읽고 쓰기가 불편했습니다. 따라서 컴퓨터 하드웨어에 대한 지식이 없는 사람이 좀 더 잘 이해할 수 있고 작성할 수 있는 프로그래밍 언어를 만들었습니다. 이렇게 새로 만든 언어를 고급어(High-level language)라 하고 어셈블리어를 저급어(Low-level language)라고 합니다. 고급어에는 베이직(BASIC), 포트란(FORTRAN), C, C++, C#, 자바(Java), 파이썬(Python), 루비(Ruby), 펄(Perl), 루아(Lua), R 등이 있으며 지금도 계속해서 새로운 프로그래밍 언어가 만들어지고 있습니다.

고급어로 작성된 코드도 바로 실행될 수 없으며 컴퓨터가 해석할 수 있는 기계어로 바뀌야 컴퓨터가 이해할 수 있습니다. 이렇게 기계어를 번역하는 방식에 따라 컴파일드 언어(Compiled Language)와 인터프리티드 언어(Interpreted Language)로 구분합니다. 컴파일드 언어는 다수의 명령어로 이뤄진 소스코드를 한 번에 기계어로 번역해서 실행 파일을 만들어 냅니다. 이에 반해, 인터프리티드 언어는 소스코드를 한 줄씩 기계어로 번역해서 실행 결과를 보여줍니다. 인터프리티드 언어는 스크립트(Script) 언어라고도 합니다.

지금까지 프로그래밍 언어가 무엇이고, 어떻게 발전했으며 컴퓨터에서 어떤 과정으로 번역돼 실행되는지를 간단히 살펴봤습니다. 복잡하다고 느낄 수도 있는데, 대부분의 경우 실제 프로그래밍 언어를 이용해 코드를 작성할 때는 이런 번역 과정에 크게 신경 쓰지 않아도 됩니다. 즉, 프로그래밍 언어의 문법과 코드를 작성하는 방법과 실행 방법만 익히면 됩니다. 그러니 앞에 설명한 내용이 잘 이해되지 않는다고 걱정하거나 포기하지 마세요. 이 책의 내용을 따라 하다 보면 프로그래밍이 어렵지 않고 누구나 할 수 있다는 걸 알게 될 것입니다.

03 왜 파이썬인가요?

앞서 말했듯이 프로그래밍 언어는 아주 다양합니다. 이 세상에는 파이썬 말고도 수많은 프로그래밍 언어가 존재합니다. 이 프로그래밍 언어들은 각각 특별한 목적을 갖고 만들어졌으며 그 목적에 맞게 사용되고 있습니다. 파이썬은 1991년 프로그래머인 귀도 반 로섬(Guido van Rossum)이 발표한 프로그래밍 언어로서 컴파일 과정 없이 명령을 내리면 바로 동작하는 인터프리티드 언어(혹은 스크립트 언어)입니다. 파이썬(Python)은 비단뱀을 뜻하기도 하지만, 실제로는 뱀과는 상관없이 지어진 이름입니다. 귀도 반 로섬이 영국 방송국인 BBC(British Broadcasting Corporation)에서 1969년에서 1974년 사이에 방영했던 'Monty Python's Flying Circus'라는 TV 프로그램의 이름을 따서 지었다고 알려져 있습니다.

파이썬은 처음 발표된 이후에 계속 발전해서 지금까지도 버전이 올라가고 있습니다. 파이썬은 기본 프로그램뿐만 아니라 라이브러리도 계속해서 새로 생성, 발전하고 있습니다. 파이썬 대표적인 특징은 다음과 같습니다.

- **배우기 쉽다**
  파이썬 문법은 다른 프로그래밍 언어에 비해 사람이 사용하는 언어와 비슷합니다. 따라서 배우기가 매우 쉽습니다. 심지어 초등학생도 적절히 교육을 받는다면 충분히 익힐 수 있습니다.

- **무료다**

  파이썬은 누구나 어디서나 무료로 설치해서 사용할 수 있습니다. 특히 파이썬 기본 프로그램뿐만 아니라 파이썬 기능을 확장하는 패키지나 라이브러리도 대부분 무료로 사용할 수 있습니다. 파이썬은 무료지만 아주 막강합니다.

- **방대한 라이브러리가 있다**

  파이썬에는 특정 기능을 수행하는 코드의 집합인 라이브러리가 아주 많습니다. 파이썬 기본 프로그램에 포함된 표준 라이브러리와 확장 기능이 필요할 때 설치해서 이용할 수 있는 외부 라이브러리를 활용하면 원하는 기능의 프로그램을 간단히 만들 수 있습니다.

- **어느 운영체제에서도 사용할 수 있다**

  파이썬은 다양한 운영체제(Operating System)에서 동작할 수 있습니다. 즉 윈도우, 리눅스, 맥 운영체제에서 모두 동작합니다. 어느 한 운영체제에서 작성한 코드를 별다른 변환 과정 없이 다른 운영체제에서도 동작시킬 수 있다는 의미입니다.

파이썬의 이런 장점으로 인해 대학과 기업에서도 파이썬을 활용하고 있습니다. 예전에는 대학에서 프로그래밍 언어로 C나 C++, 자바를 주로 가르쳤지만 요즘은 파이썬을 가르치는 대학이 늘고 있습니다. 대학뿐 아니라 마이크로소프트, 구글, 페이스북, 드롭박스, 인스타그램, IBM, 나사(NASA) 등과 같이 우리가 익히 알고 있는 기업이나 연구 기관에서도 파이썬을 활용해 연구 개발을 진행하고 있습니다. 프로그래밍 언어의 사용 순위를 조사한 자료를 보면 프로그래밍 언어로 파이썬을 선택하는 경우가 점점 증가하는 것을 알 수 있습니다. 파이썬을 활용하고 있는 곳을 알고 싶다면 파이썬을 이용하는 기관 중 일부를 소개한 사이트(https://wiki.python.org/moin/OrganizationsUsingPython)를 한번 방문하길 바랍니다.

02

파이썬 시작하기

파이썬을 이용해 프로그래밍하려면 우선 파이썬 개발 환경을 컴퓨터에 설치해야 합니다. 이번 장에서는 파이썬 개발 환경(즉, 파이썬)을 설치하는 방법을 배우고 간단한 코드를 작성해서 파이썬 개발 환경이 잘 설치됐는지 확인해 보겠습니다.

01 파이썬 개발 환경 설치

아나콘다 배포판 내려받기

파이썬을 설치하려면 파이썬 설치 파일이 필요합니다. 파이썬 설치 파일은 파이썬 공식 홈페이지(https://www.python.org)에서 내려받아 설치할 수도 있지만 이렇게 하면 파이썬 기본 라이브러리 외에 필요한 외부 라이브러리(혹은 패키지)를 일일이 찾아서 설치해야 하므로 번거롭습니다. 이런 불편을 해결하기 위해 이 책에서는 파이썬 기본 프로그램과 함께 많이 사용하는 패키지와 통합 개발 환경을 한 번에 설치할 수 있는 아나콘다(Anaconda) 배포판을 이용해 개발 환경을 구성하겠습니다.

아나콘다 다운로드 페이지(https://www.anaconda.com/distribution/#download-section)를 방문합니다. 현재 사용하고 있는 운영체제와 설치하려는 파이썬 버전을 선택해서 내려받습니다(그림 2-1). 이 책에서는 운영체제로는 윈도우를, 파이썬 버전으로는 3.7을 선택해서 내려받겠습니다. 윈도우용 설치 파일을 내려받는 경우 64비트 설치 파일(64-Bit Graphical Installer)과 32비트 설치 파일(32-Bit

Graphical Installer)이 있습니다. 다운로드 아이콘을 누르면 기본적으로 64비트 설치 파일이 선택되는데, 32비트 윈도우 사용자라면 32비트 설치 파일을 선택하여 내려받으면 됩니다. 만약 자신이 사용하고 있는 윈도우가 32비트인지 64비트인지 모르겠다면 32비트 설치 파일을 선택하면 됩니다. 아나콘다 다운로드 페이지의 화면과 설치 파일 버전은 바뀔 수 있지만 기본적인 내용은 같으니 어렵지 않게 설치 파일을 내려받을 수 있을 것입니다.

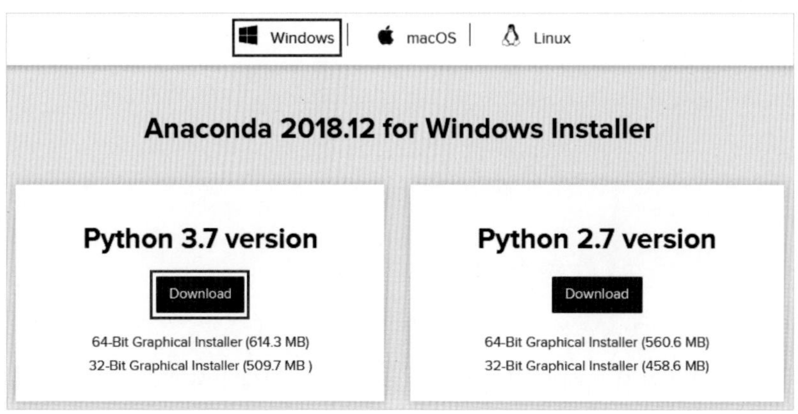

그림 2-1 아나콘다 배포판 내려받기

파이썬 2.x와 3.x의 차이점

파이썬은 2.x 버전과 3.x 버전으로 두 종류가 있습니다. 현재 파이썬 2.x와 3.x 모두 많이 이용됩니다. 파이썬 3.x는 파이썬 2.x를 개선한 차기 버전인데, 구조와 구문이 일부 변경돼 서로 완벽하게 호환되지 않습니다. 새로운 버전이 나왔음에도 아직도 파이썬 2.x가 많이 이용되는 이유는 기존에 파이썬 2.x를 이용해 작성된 코드가 아직도 존재하고 파이썬 라이브러리 중에는 파이썬 2.x만 지원하는 경우가 있기 때문입니다. 하지만 향후 지원 측면(2020년 파이썬 2.x 지원 중단 예정) 및 발전 가능성을 고려해 이 책에서는 파이썬 3.x을 기준으로 설명하겠습니다. 3.x 버전과 2.x 버전 사이에는 몇 가지 차이점이 있지만 일반 사용자가 느끼는 가장 큰 차이점은 다음과 같습니다.

- 파이썬 3.x에서는 print가 함수 형태로 사용되어 `print('Python')`과 같이 쓰지만 파이썬 2.x에서는 `print 'Python'`으로 씁니다.
- 파이썬 3.x는 유니코드(Unicode)를 지원합니다. 유니코드 지원으로 파이썬 코드에서 한글을 읽고 쓰는 것이 편리해졌습니다. 유니코드에 대해서는 나중에 다시 설명하겠습니다.

아나콘다 설치

만약 이전에 파이썬 개발 환경을 설치했다면 설치된 파이썬 프로그램을 제거합니다. 이제 아나콘다 설치 파일을 더블클릭해서 설치를 시작합니다. 이후 과정은 다음과 같은 순서대로 진행합니다.

01. 아나콘다 설치 시작 창에서 [Next] 클릭(그림 2-2)
02. 라이선스 동의 창에서 [I Agree] 클릭(그림 2-3)
03. 설치 타입 선택에서 [All Users] 선택 후 [Next] 클릭(그림 2-4)
04. 'Destination Folder' 입력란에 설치 폴더를 'C:\Anaconda3'로 수정한 후 [Next] 클릭(그림 2-5)
05. 고급 설치 옵션 지정에서 'Register Anaconda' 체크박스를 선택한 후 [Install] 클릭(그림 2-6)
06. 설치가 완료되면 [Next] 클릭(그림 2-7)
07. 마이크로소프트 비주얼 스튜디오 코드 프로그램은 설치하지 않고 [Skip] 클릭(그림 2-8)
08. 추가 정보 확인을 위한 선택 후 [Finish] 클릭(그림 2-9)

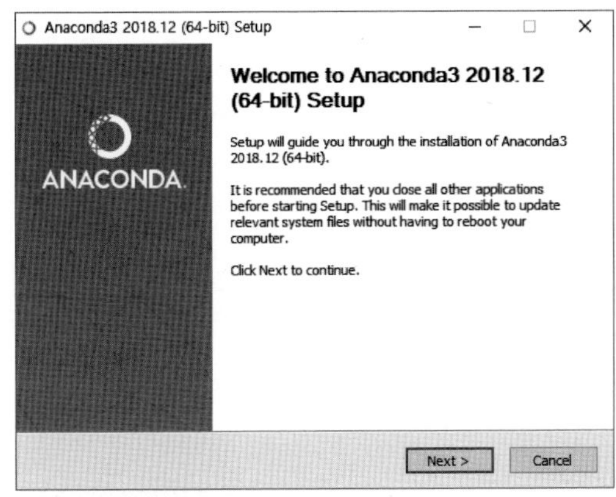

그림 2-2 아나콘다 설치 시작

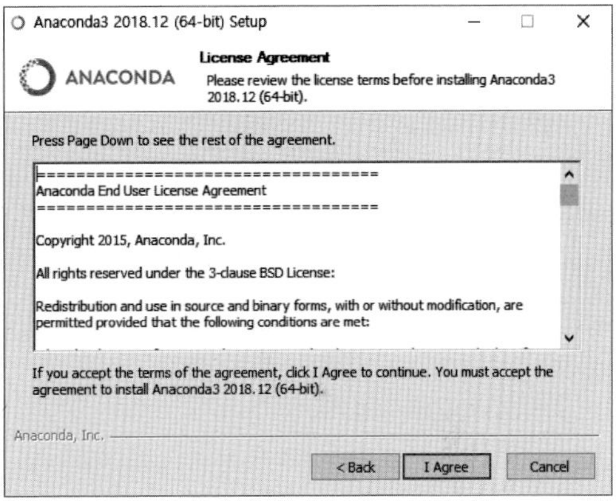

그림 2-3 라이선스 동의

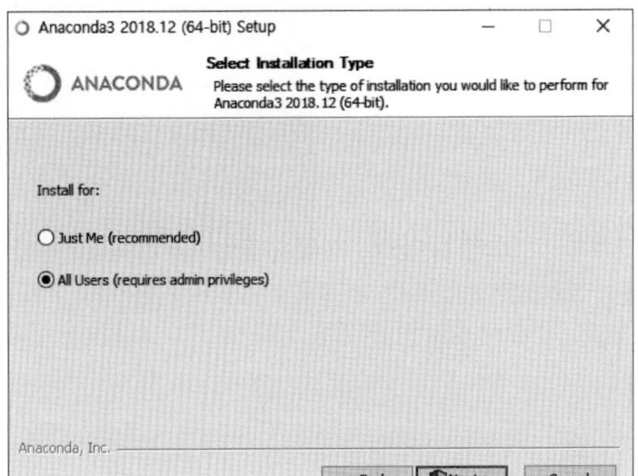

그림 2-4 설치 타입 선택

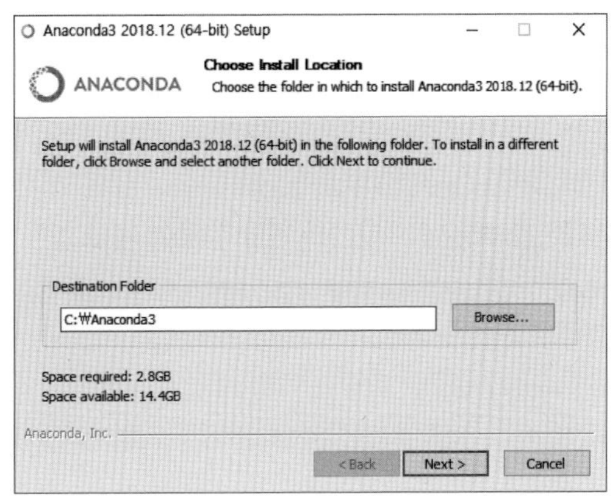

그림 2-5 설치 폴더 선택

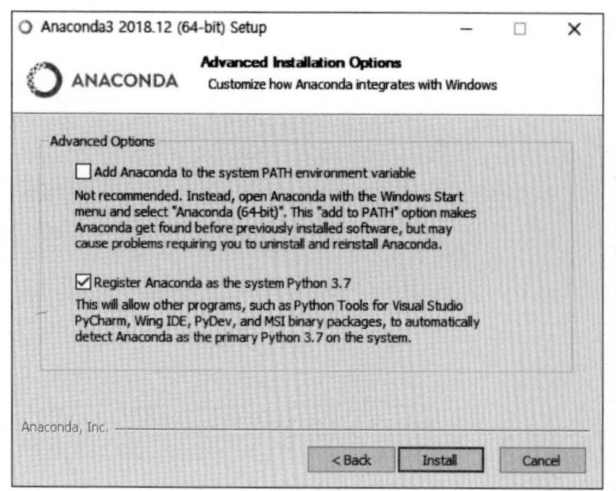

그림 2-6 고급 설치 옵션

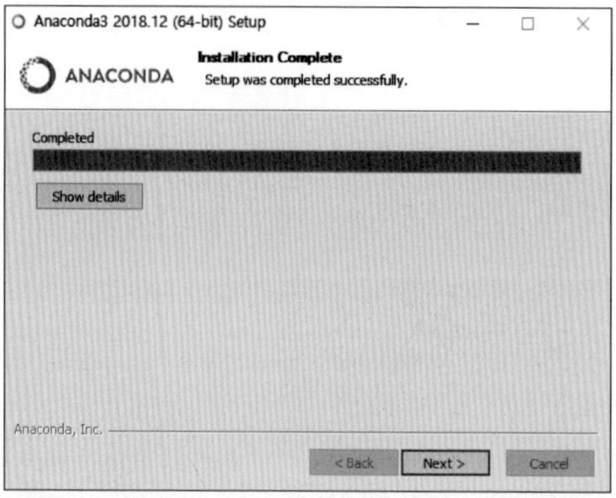

그림 2-7 설치 완료

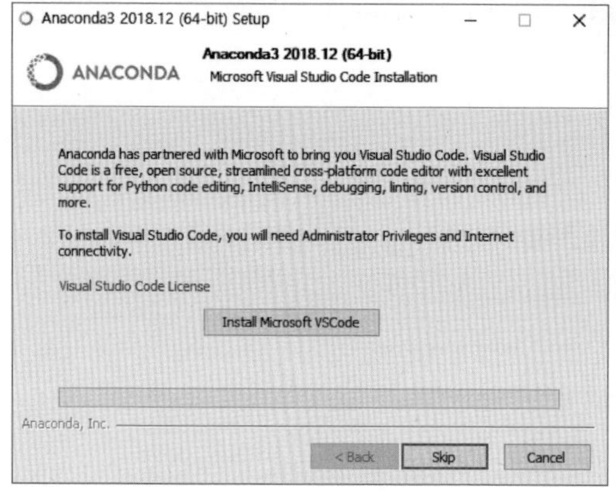

그림 2-8 마이크로소프트 비주얼 스튜디오 코드는 설치하지 않고 건너뜀

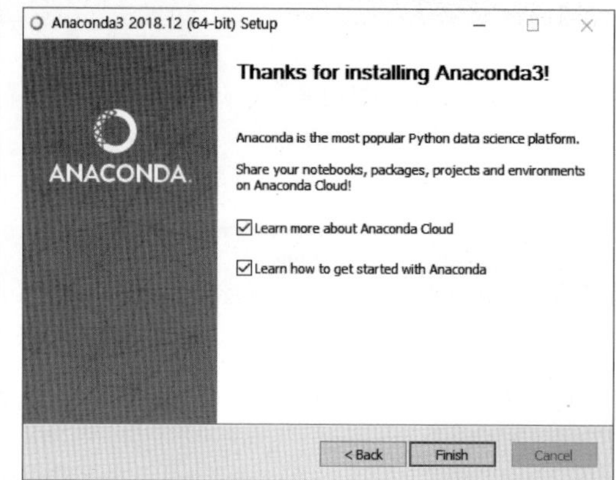

그림 2-9 추가 정보 확인

이제 아나콘다를 이용해 파이썬 기본 프로그램과 일부 패키지 그리고 통합 개발 환경을 동시에 설치했습니다. 설치가 끝나면 프로그램 메뉴에 아나콘다 메뉴(그림 2-10)가 만들어진 것을 확인할 수 있습니다. 컴퓨터 운영체제와 아나콘다 버전에 따라 아나콘다 메뉴의 모양과 내용은 달라질 수 있습니다.

아나콘다 메뉴에는 파이썬 개발 환경이 여러 가지 있습니다. 각 개발 환경에서 파이썬 코드를 어떻게 작성하는지 살펴보겠습니다.

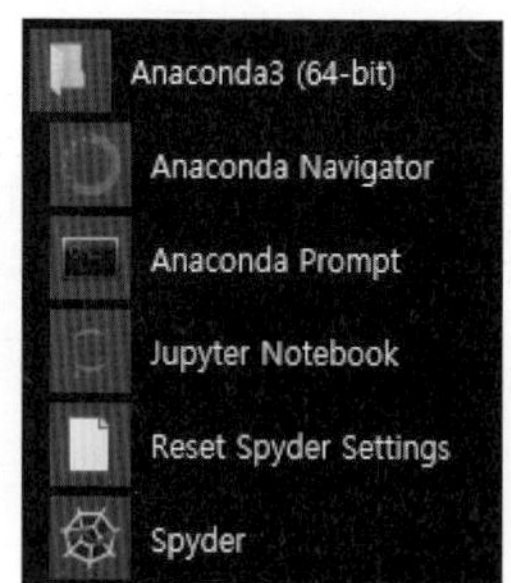

그림 2-10 아나콘다 메뉴

02 첫 번째 코드 작성하기

설치된 개발 환경을 사용해 첫 번째 코드를 작성하겠습니다. 우선, 아나콘다 메뉴에서 [Anaconda Prompt]를 클릭합니다(그림 2-11). 그러면 명령 프롬프트가 실행됩니다(그림 2-12).

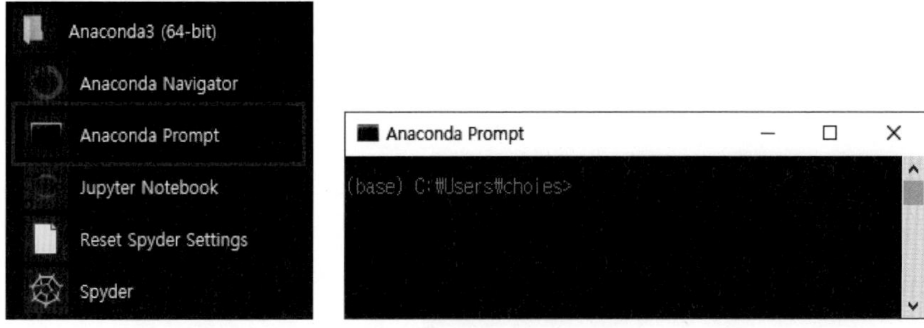

그림 2-11 Anaconda Prompt 선택 그림 2-12 명령 프롬프트 실행

> **명령 프롬프트(Command Prompt)**
>
> 명령 프롬프트는 컴퓨터에서 명령어를 입력하고 결과를 보기 위한 텍스트 기반 응용 프로그램입니다. 명령 프롬프트는 콘솔(Console)이나 터미널(Terminal)이라고도 합니다.

실행된 명령 프롬프트에 `python`이라고 입력하면(그림 2-13) 파이썬 코드를 입력할 수 있는 파이썬 콘솔 프로그램이 실행됩니다. 파이썬 콘솔은 파이썬 개발 환경 중 가장 기본이 되는 개발 환경입니다. 파이썬 콘솔 실행 화면에 보이는 'Python 3.7.1'은 현재 설치된 파이썬의 버전이 '3.7.1'이라는 것을 의미합니다. 설치된 파이썬의 버전이 올라감에 따라 이 숫자는 달라질 수 있습니다.

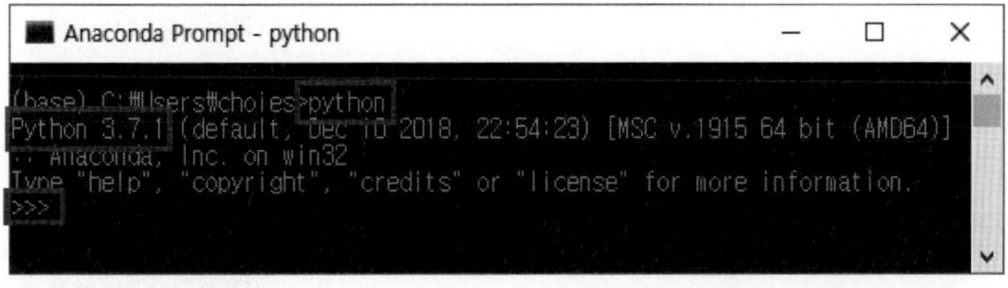

그림 2-13 명령 프롬프트에서 파이썬 실행

파이썬 개발 환경이 너무 단순하고 간단해서 실망했나요? 아직 실망하기엔 이릅니다. 간단해 보이지만 이 파이썬 콘솔로 수없이 많은 일을 할 수 있습니다. 또한 단순히 명령 프롬프트만 있는 파이썬 개발 환경 말고 사용자가 좀 더 편하게 사용할 수 있는 파이썬 개발 환경도 있습니다. 다른 개발 환경도 곧 설명하겠습니다.

파이썬 콘솔 화면(그림 2-13)에 '>>>'가 있습니다. 이것은 파이썬 인터프리터 프롬프트(혹은 파이썬 프롬프트)로 파이썬 코드가 입력되기를 기다리는 표시입니다. 파이썬 프롬프트 다음에 코드를 입력할 수 있습니다. 이제 `print('Hello Python!!')`을 입력하고 Enter 키를 누르면 'Hello Python!!'을 출력할 것입니다(그림 2-14). 앞으로 특별한 말이 없어도 코드를 한 줄 입력한 후에는 마지막으로 Enter 키를 반드시 눌러야 합니다.

축하합니다. 이제 여러분은 간단하지만 첫 번째 파이썬 프로그램을 작성했습니다.

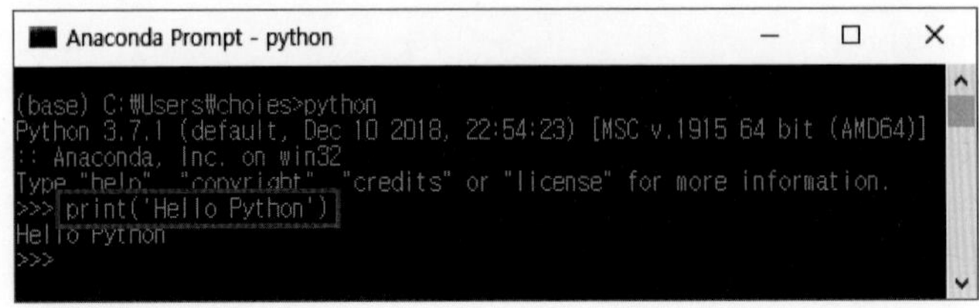

그림 2-14 첫 번째 파이썬 코드

앞에서 사용한 파이썬 `print()` 함수는 괄호 안의 내용을 출력합니다. 앞으로도 `print()` 함수는 자주 만나게 될 것입니다.

> 만약 파이썬 프롬프트에 `print('Hello Python!!')`를 정확히 입력하지 않으면 'Hello Python!!'을 출력하는 대신 오류를 출력할 것입니다. 오류가 출력됐다면 파이썬 프롬프트에 `print`라고 정확히 입력했는지, 괄호와 작은따옴표(')를 양쪽 모두 입력했는지 확인하길 바랍니다. 작은따옴표 (')는 키보드에서 작은따옴표(')와 큰따옴표(")가 함께 있는 키로 입력합니다. 키보드 숫자 1 키 옆의 물결 기호(~)와 같이 있는 그레이브(`)가 아닙니다. 입력할 때 주의하기 바랍니다.

파이썬 콘솔 프로그램을 종료하려면 프롬프트에 `exit()`를 입력하고 Enter 키를 누르거나 Ctrl + Z(키보드의 Ctrl 키를 누른 상태에서 Z 키를 누름)를 입력합니다(그림 2-15). 그러면 파이썬 콘솔 프로그램이 종료되고 명령 프롬프트로 빠져나옵니다.

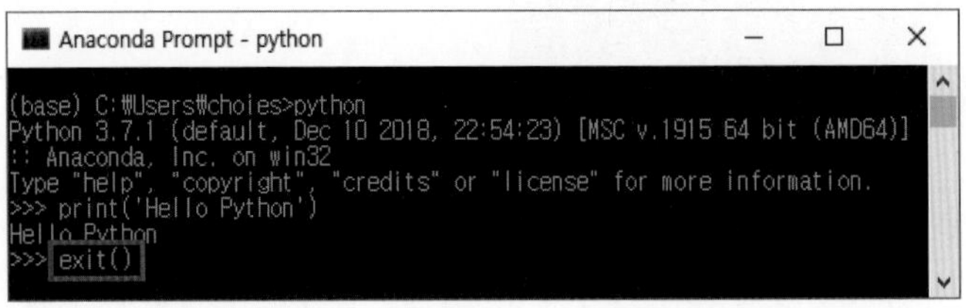

그림 2-15 파이썬 콘솔 종료

03 코드 저장 및 실행

파이썬 코드 저장

앞에서 살펴본 파이썬 콘솔에서 작성한 파이썬 코드는 파이썬 콘솔을 종료하면 모두 사라집니다. 작성한 파이썬 코드를 나중에 다시 사용하려면 텍스트 편집 프로그램(즉, 텍스트 편집기)을 이용해 컴퓨터에 저장해야 합니다. 파이썬 코드는 일반 텍스트 파일이므로 일반 텍스트 편집기를 이용해 코드를 작성하고 저장할 수 있습니다. 따라서 자신이 좋아하는 텍스트 편집기를 이용해 파이썬 코드를 파일로 저장하면 됩니다. 여기서는 윈도우에서 기본적으로 제공하는 메모장 프로그램을 이용하겠습니다.

파이썬 코드를 작성하고 임의의 폴더에 저장해도 상관없지만 나중에 관리하기 쉽도록 특정 폴더를 만들고 거기에 작성한 코드를 모아두는 것이 좋습니다. 이 책에서는 작업 폴더로 'C:\myPyCode' 폴더를 만들어서 코드를 저장하겠습니다. 또한 나중에 할 작업을 위해서 'C:\myPyCode' 폴더 내에 'data', 'figures', 'modules', 'packages' 폴더도 만들겠습니다. 이를 위해 그림 2-16처럼 명령 프롬프트에서 `'mkdir C:\myPyCode'`를 입력해서 작업 폴더를 만든 후에 `'cd C:\myPyCode'`를 입력해 작업 폴더로 이동합니다. 계속해서 `'mkdir data, figures, modules, packages'`를 입력해서 하위 폴더도 만듭니다. 그림 2-17은 윈도우 탐색기로 본 'C:\myPyCode' 폴더의 구조입니다.

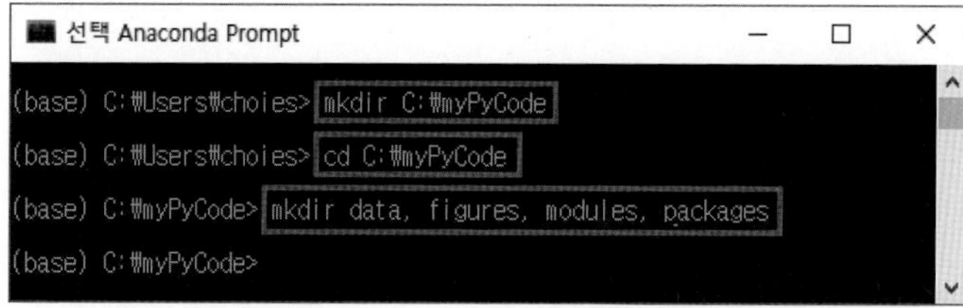

그림 2-16 작업 폴더 만들기

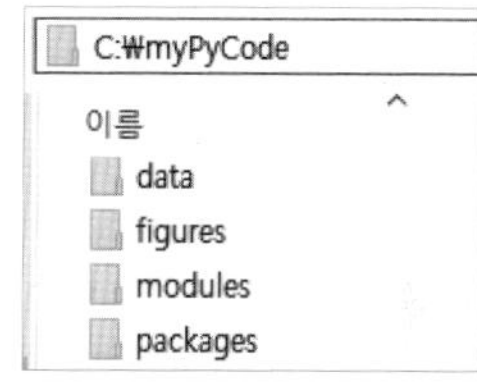

그림 2-17 작업 폴더의 구조

이제 윈도우 메모장 프로그램을 열어서 그림 2-18과 같이 `print('Hello Python!!')`를 입력하고 파일 이름을 'C:\myPyCode' 폴더에 `hello_python.py`로 저장합니다. 그러면 그림 2-19과 같이 파이썬 코드 파일이 생성된 것을 볼 수 있습니다.

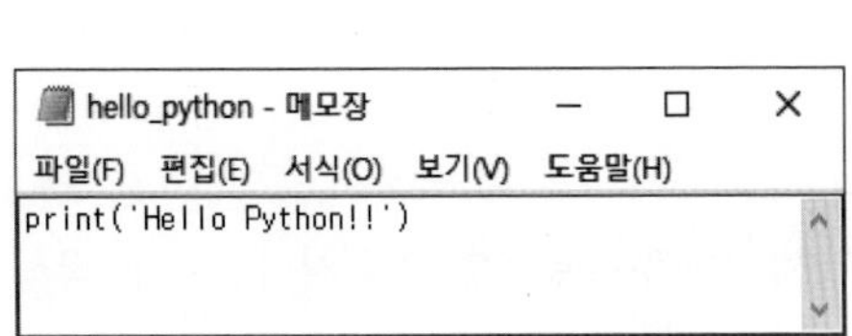

그림 2-18 텍스트 편집기에 파이썬 코드 저장하기

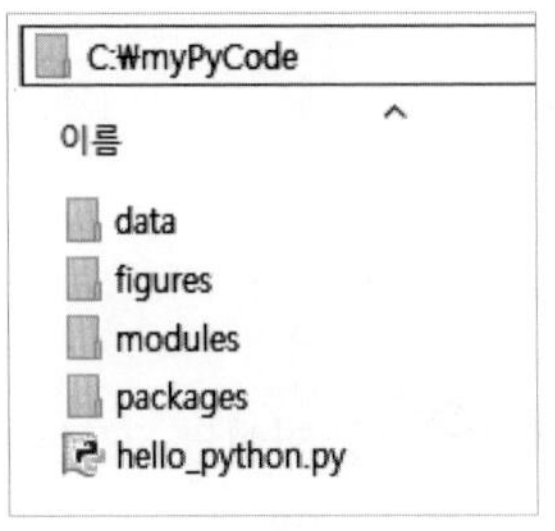

그림 2-19 파이썬 코드 파일 생성 확인

파이썬 코드를 텍스트 파일로 저장할 때 확장자는 py로 지정합니다. 즉, 파이썬 코드를 저장할 때는 '파일명.py'로 저장해야 합니다.

지금까지 파이썬 코드를 파일로 저장했습니다. 다음은 저장된 파이썬 코드를 실행하는 방법을 살펴보겠습니다.

파이썬 코드 실행

파이썬 코드 파일(확장자가 .py인 파일)은 명령 프롬프트에서 'python 파일명.py'를 입력해서 실행할 수 있습니다. 앞에서 저장한 파이썬 코드는 그림 2-27처럼 'python hello_python.py'를 입력해서 실행할 수 있습니다. 명령 프롬프트의 위치가 파이썬 코드 파일이 있는 폴더가 아니라면 'python C:\myPyCode\hello_python.py'처럼 파일명 앞에 파일의 경로를 지정하면 됩니다. 출력 결과를 보면 파이썬 코드 파일의 코드가 잘 실행됐음을 볼 수 있습니다(그림 2-20).

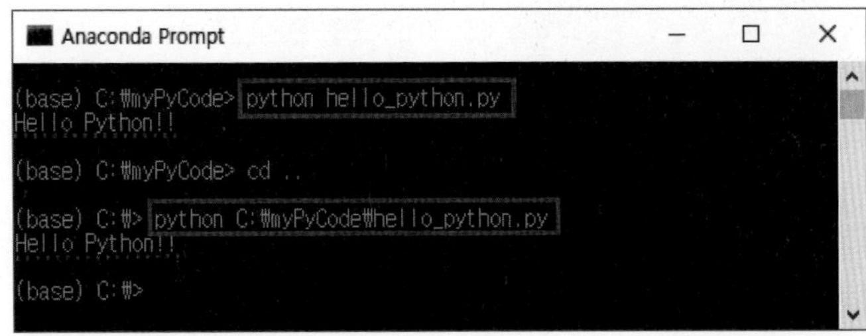

그림 2-20 명령 프롬프트에서 파이썬 코드 파일 실행

04 통합 개발 환경에서 코딩하기

통합 개발 환경의 필요성

앞에서는 텍스트 편집기에서 파이썬 코드를 작성하고 저장한 후에 명령 프롬프트에서 실행했습니다. 이런 방식으로도 프로그램을 작성할 수 있지만 코드 작성과 실행을 별도의 프로그램에서 수행하다 보니 불편합니다. 이런 불편함을 해결하고자 텍스트 편집기와 파이썬 개발 환경이 하나의 프로그램에서 동작하는 통합 개발 환경(Integrated development environment, IDE)이 개발됐습니다.

아나콘다 배포판에는 Spyder라는 통합 개발 환경이 포함돼 있습니다. Spyder에는 IPython 콘솔(Console)과 내장 편집기(Editor)가 통합돼 있습니다. 이제 Spyder 내에 있는 IPython 콘솔과 내장 편집기에서 코드를 작성하고 실행하는 방법을 살펴보겠습니다.

IPython

앞에서 살펴본 파이썬 콘솔은 가장 기본이 되는 파이썬 개발 환경이지만 코드 작성을 편리하게 해 주는 기능이 제한적입니다. 이런 파이썬 개발 환경을 좀 더 개선한 것이 IPython입니다. IPython은 Interactive Python의 줄임말로, 기본적인 파이썬 콘솔보다 사용자와의 상호작용이 쉽고 편리한 기능을 제공합니다. 특히 IPython은 파이썬 코드로 데이터를 시각화하는 데 매우 유용합니다.

Spyder 실행 및 설정

아나콘다 메뉴에서 [Spyder]를 클릭(그림 2-21)하면 파이썬 통합 개발 환경이 실행(그림 2-22)됩니다.

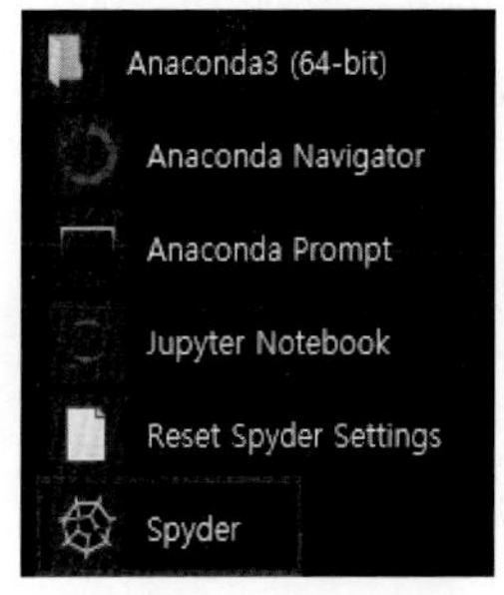

그림 2-21 Spyder 선택

Spyder의 왼쪽에는 편집기인 에디터(Editor)가 있고, 오른쪽 아래에는 IPython 콘솔이 있습니다. 에디터에는 코드를 입력하고 저장할 수 있으며, IPython 콘솔에는 코드를 직접 입력해서 실행할 수 있습니다.

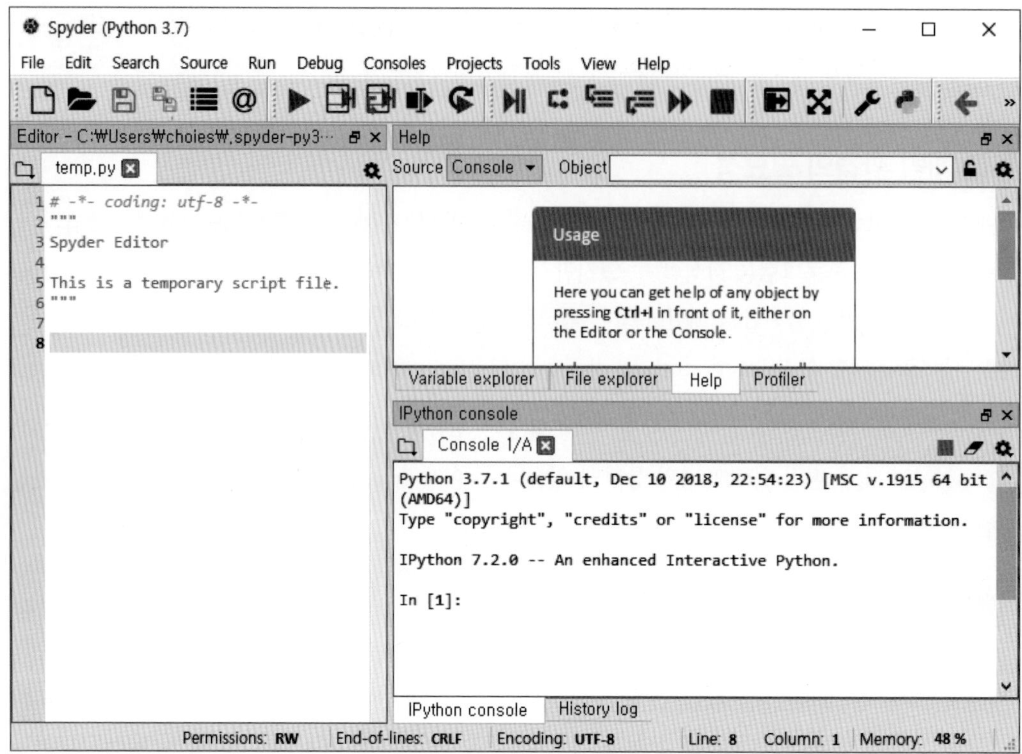

그림 2-22 Spyder 실행 화면

파이썬 기본 콘솔의 프롬프트는 '>>>'였지만, IPython 콘솔의 프롬프트는 'In [1]:'입니다. 여기서 대괄호 안의 숫자는 코드를 입력할 때마다 1씩 증가합니다. 그림 2-23은 'In [1]:' 다음에 print('Hello IPython!!')를 입력해서 실행한 결과입니다. 실행 결과로 'Hello IPython!!'이 출력된 후에는 다음 코드 입력을 위해 'In [2]:'가 나옵니다.

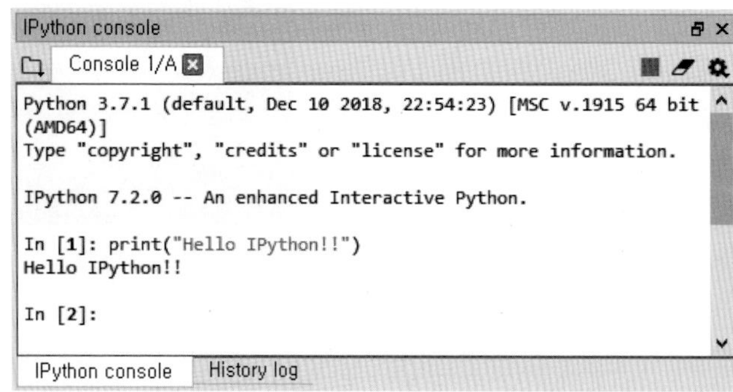

그림 2-23 IPython에서 코드 실행

IPython에서 `print`를 입력하면 글자색이 자동으로 바뀝니다. 이것은 IPython이 파이썬 내장 명령어를 인식해서 글자색을 변경했기 때문입니다. 이렇듯 IPython에서는 파이썬 콘솔에는 없던 편리한 기능이 있습니다.

다음은 Spyder의 PYTHONPATH Manager를 이용해 앞에서 만든 작업 폴더(`'C:\myPyCode'`) 내의 `modules`과 `packages` 폴더를 `PYTHONPATH` 환경 변수에 설정하도록 하겠습니다. 이것은 나중에 만들게 될 모듈과 패키지의 사용을 위한 것입니다.

01. Spyder 메뉴 중 [Tools] 클릭 후 [PYTHONPATH Manager] 클릭(그림 2-24)
02. [Add path] 버튼을 클릭(그림 2-25)
03. 'Select Directory' 팝업 창이 나오면 `'C:\myPyCode\modules'` 폴더와 `'C:\myPyCode\packages'` 폴더 선택(그림 2-25)
04. [Synchronize ...] 버튼을 클릭한 후 [Yes] 버튼 클릭(그림 2-25)
05. [Close] 버튼 클릭(그림 2-25)
06. Spyder 종료 후 다시 시작

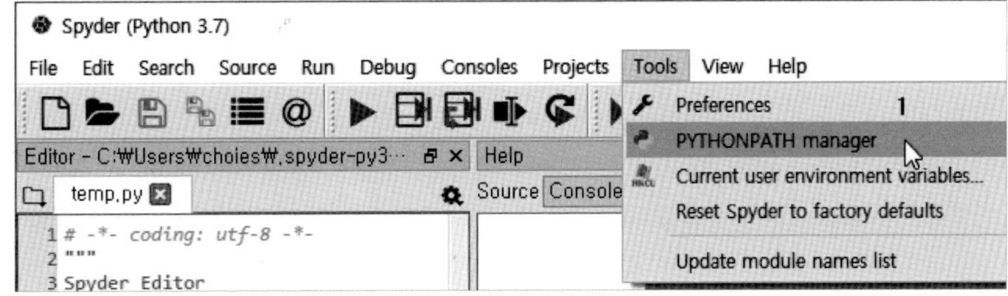

그림 2-24 Spyder에서 PYTHONPATH Manager 선택

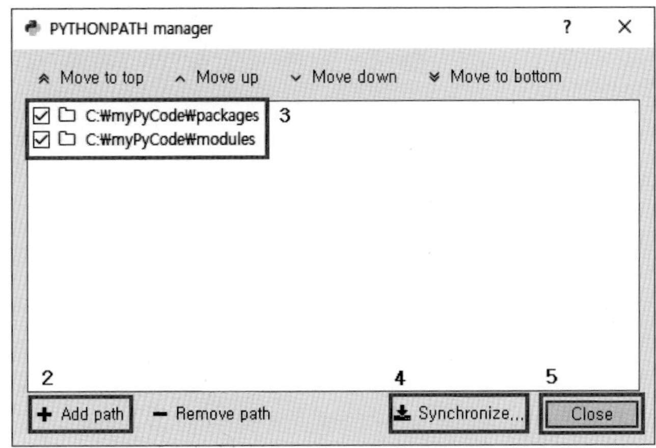

그림 2-25 Spyder에서 PYTHONPATH 환경 변수에 경로 지정

Spyder 에디터에서 코드 작성

Spyder를 실행한 상태에서 키보드로 Ctrl + N을 누르거나 마우스로 상단의 New file 아이콘을 클릭합니다(그림 2-26). 그러면 새 파일이 열리는데(그림 2-27), 기본적으로 문자 인코딩('utf-8') 형식, 파일 생성 날짜, 그리고 파일을 생성한 현재 사용자 정보가 자동으로 앞에 들어가게 됩니다. 이것은 주석으로서 코드로 인식되지 않아서 코드를 실행하는 데 영향을 주지 않습니다.

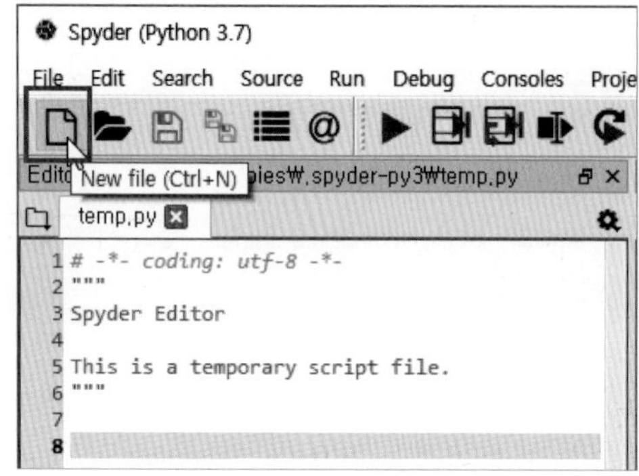

그림 2-26 Spyder 에디터에서 새 파일 생성

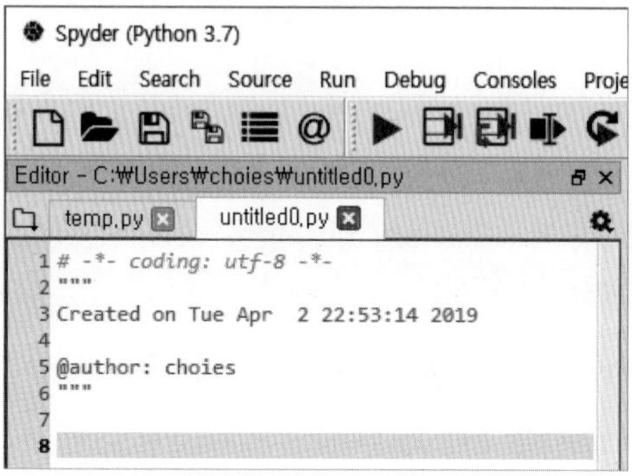

그림 2-27 Spyder 에디터에서 새 파일을 생성한 결과

파이썬에서 주석

주석은 영어로 코멘트(Comment)라고 하며, 프로그램을 작성할 때 코드를 설명하는 데 쓰입니다. 코드로 인식되지 않으므로 컴파일러나 인터프리터에 의해 무시됩니다. 각 프로그래밍 언어마다 독자적인 주석 기호가 있으며, 파이썬의 주석 기호는 #입니다. 즉, # 다음에 오는 내용은 주석으로 인식해서 무시합니다. 여러 줄을 주석으로 만들고 싶다면 앞뒤를 """로 감싸면 됩니다.

이제 새로 생성한 파이썬 파일에 다음과 같이 `print('Hello Spyder!!')`를 입력합니다(그림 2-28).

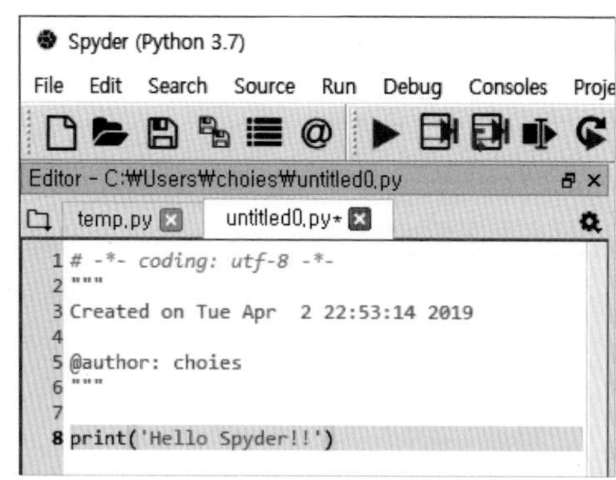

그림 2-28 Spyder 에디터에서 새 파일에 코드 입력

다음으로 키보드로 Ctrl + S를 입력하거나 마우스로 [Save file] 아이콘을 클릭한 후 작업 폴더인 'C:\myPyCode' 폴더에 파일 이름을 hello_spyder.py로 저장합니다. 그러면 에디터에서 파일 이름이 변경됩니다(그림 2-29).

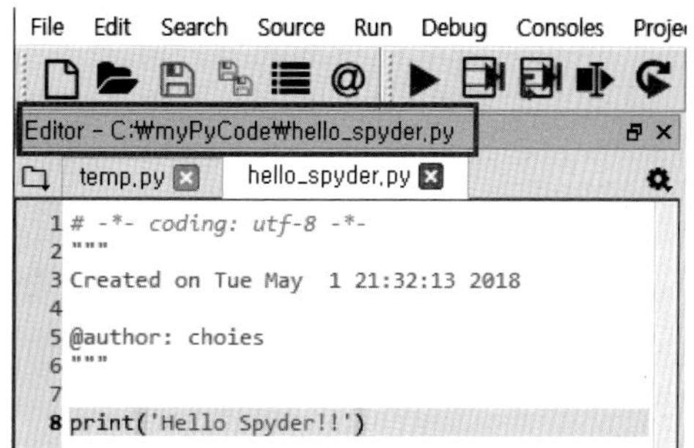

그림 2-29 Spyder 에디터에서 파일 저장

이제 F5 키를 누르거나 [Run file(F5)] 아이콘을 클릭합니다(그림 2-30).

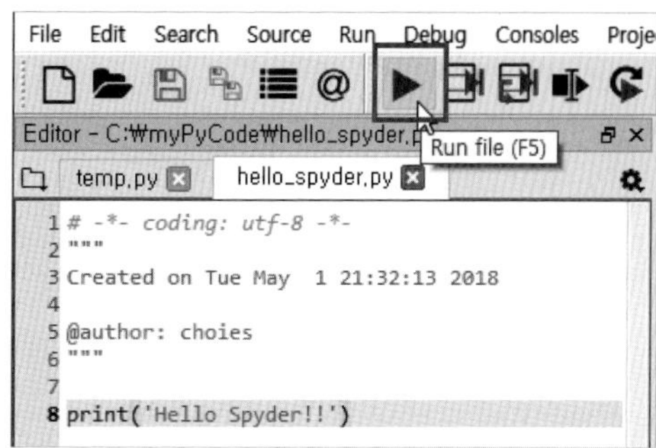

그림 2-30 Spyder 에디터에 저장된 코드 파일 실행

Spyder에서 저장된 코드를 처음 실행하는 것이라면 설정 창(그림 2-31)이 나타나는데, 하단의 [Run] 버튼을 클릭하면 됩니다.

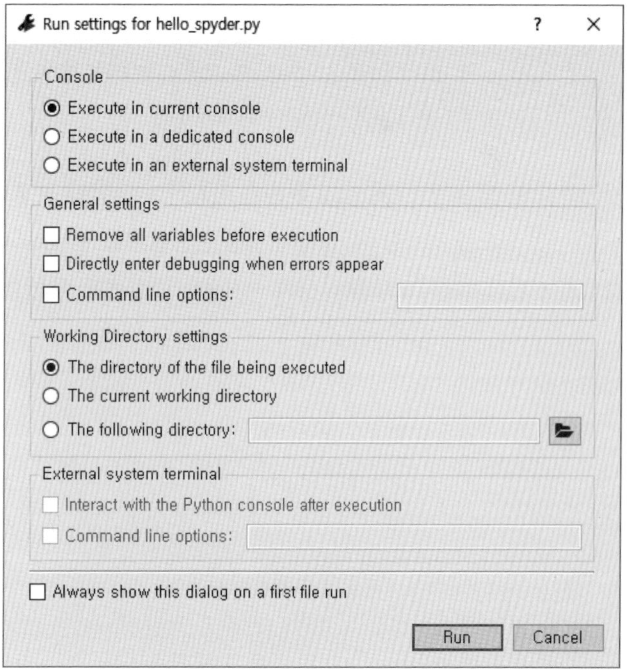

그림 2-31 Spyder 실행 설정 창

모든 것이 정상적으로 수행되면 IPython 콘솔에서 'hello_spyder.py' 파일을 실행하고 실행 결과가 표시됩니다(그림 2-32).

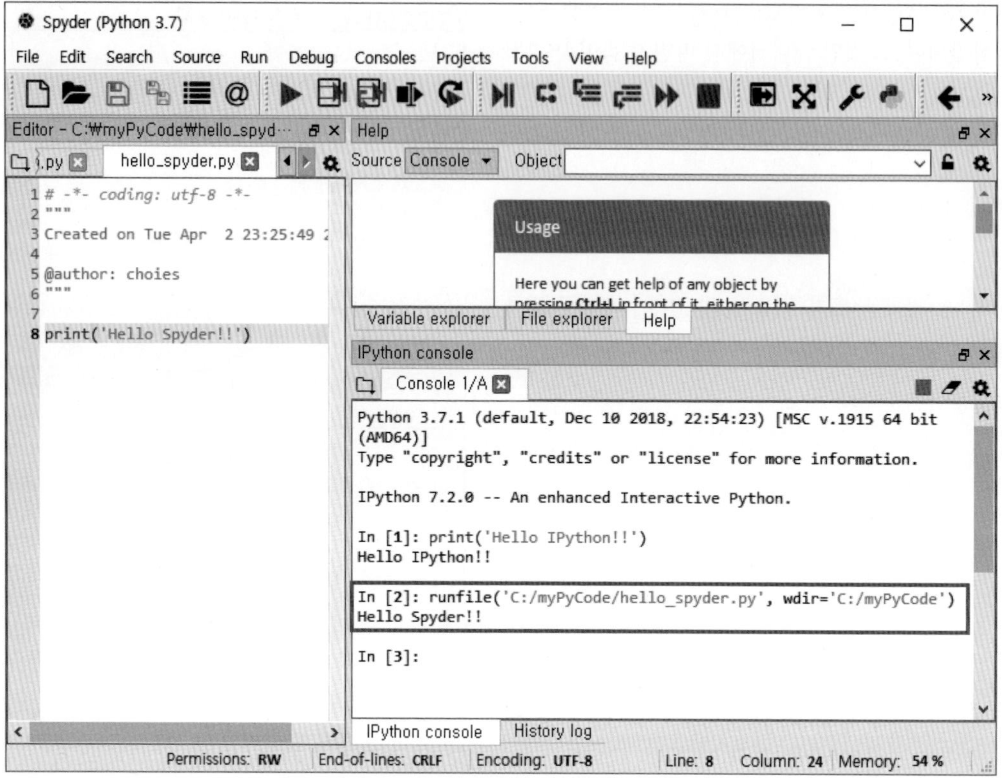

그림 2-32 Spyder IPython 콘솔에 표시되는 코드 실행 결과

지금까지 Spyder에서 IPython 콘솔을 이용하는 방법과 편집기를 이용하는 방법을 살펴봤습니다. 이제 파이썬 코드를 작성할 때 앞에서 설명한 방법처럼 Spyder 내에 있는 IPython 콘솔에서 코드를 작성하거나 편집기에서 코드를 작성해서 저장하고 실행할 수 있습니다.

05 주피터 노트북에서 코딩하기

이번에는 또 다른 개발 환경인 주피터 노트북(Jupyter Notebook)을 이용해 파이썬 코드를 작성하는 방법을 알아보겠습니다. 주피터 노트북은 코드 작성 및 실행뿐만 아니라 코드 설명을 위한 문서 작성을 편리하게 할 수 있는 웹 응용 프로그램입니다. 주피터 노트북에서는 코드, 수식, 시각화 자료 및 텍스트로 이뤄진 문서를 생성하고 공유할 수 있어서 이론 설명과 시뮬레이션(Simulation)이 필요한 과학 및 공학 분야와 데이터 설명과 결과 분석이 필요한 데이터 과학 분야에서 널리 이용됩니다. 주피터 노트북에서는 파이썬, R, Julia, Scala 등 40개 이상의 프로그래밍 언어를 이용할 수 있도록 지원합니다. 아나콘다에는 주피터 노트북이 포함돼 있고 파이썬을 이용할 수 있도록 설정돼 있습니다. 주피터 노트북에서 작성된 코드와 문서는 다양한 출력 형식(HTML, PDF, LaTex 등)으로 변환해서 공유할 수 있습니다.

그럼 주피터 노트북 환경에서 어떻게 파이썬 코드를 작성하는지 살펴보겠습니다. 주피터 노트북이 가진 다양한 기능 중 파이썬 코드를 작성하는 데 필요한 기능을 중심으로 살펴보겠습니다. 좀 더 자세한 내용은 주피터 노트북 홈페이지(`https://jupyter.org`)를 참고하길 바랍니다.

주피터 노트북 실행

아나콘다 메뉴에서 [Jupyter Notebook]을 클릭해서 실행합니다(그림 2-33). 그럼 주피터 서버가 시작되고 기본 브라우저의 새 창에서 주피터 노트북이 열립니다(그림 2-34). 이 책에서는 기본 브라우저로 파이어폭스(Firefox)를 사용했지만 크롬이나 인터넷 익스플로러를 이용해도 됩니다. 단, 브라우저가 최신 버전이 아닐 경우 문제가 있을 수 있으니 브라우저를 최신 버전으로 업데이트하길 권장합니다. 주피터 노트북이 처음 브라우저로 열릴 때 Home이라는 제목으로 시작됩니다. Home이 주피터 노트북의 시작점입니다.

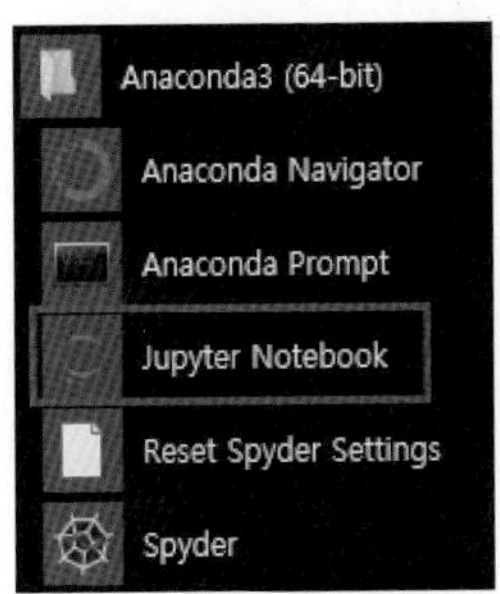

그림 2-33 Jupyter Notebook 선택

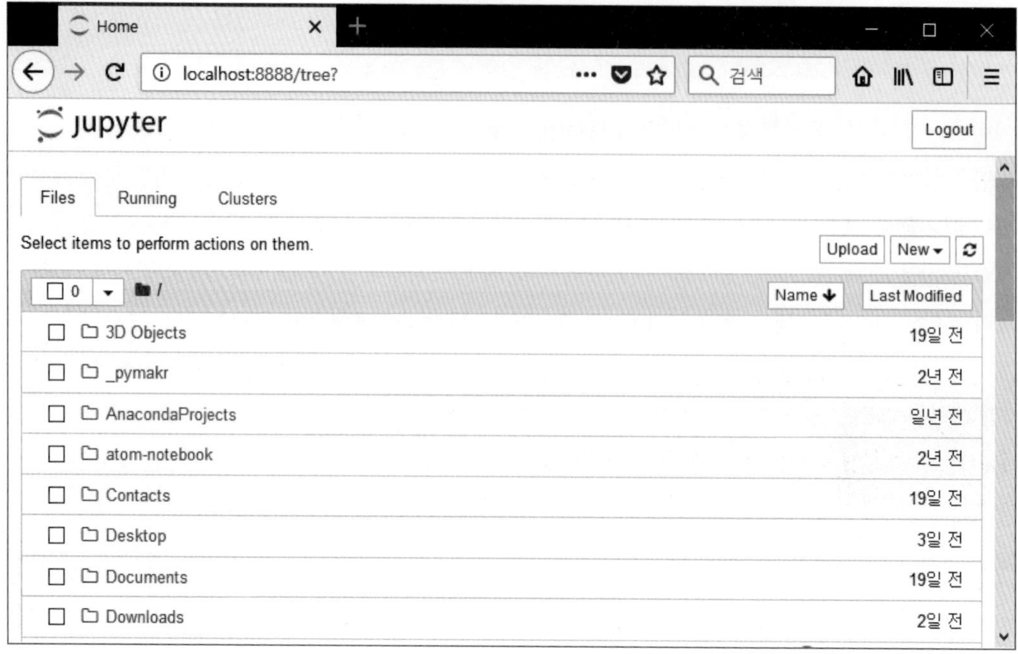

그림 2-34 주피터 노트북 실행

기본적으로 주피터 노트북의 시작 폴더는 'C:\Users\사용자명'입니다. 따라서 주피터 노트북의 Files 탭에 'C:\Users\사용자명' 내의 폴더와 파일이 있습니다. 주피터 노트북에서 새로운 노트북을 생성하면 이 폴더나 그 아래의 폴더에만 저장할 수 있습니다. 다른 폴더에서 주피터 노트북을 실행하기 위해 먼저 주피터 노트북을 종료하겠습니다. 주피터 노트북을 종료하려면 브라우저에서 주피터 노트북과 관련된 탭을 모두 닫고 그림 2-35처럼 주피터 서버가 실행 중인 명령 창도 닫습니다.

그림 2-35 주피터 서버 명령 창 닫기

작업 폴더인 'C:\myPyCode'에서 주피터 노트북을 시작하고 노트를 만들기 위해 다른 방법으로 주피터 노트북을 실행하겠습니다. 만약 앞에서 실행한 명령 프롬프트 창을 닫았다면 우선 아나콘다 메뉴에서 [Anaconda Prompt]를 클릭해서 명령 프롬프트 실행합니다. 그 후에 다음과 같은 방법으로 주피터 노트북을 실행합니다(그림 2-36).

01. 프롬프트에 'cd C:\myPyCode'를 입력해 작업 폴더로 이동

02. 프롬프트에 'jupyter notebook'을 입력해 주피터 노트북 실행

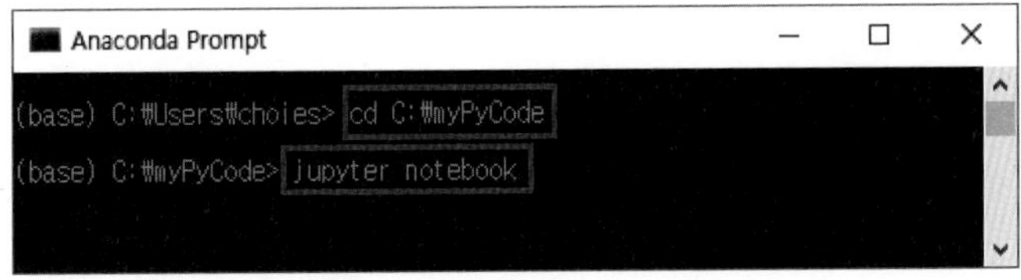

그림 2-36 명령 프롬프트에서 주피터 노트북 실행

그럼 이제 주피터 서버가 시작되고, 브라우저가 열리면서 주피터 노트북의 시작 화면(Home)이 나타납니다(그림 2-37). 앞의 주피터 노트북 시작 화면과 달리 Files 탭에 작업 폴더인 'C:\myPyCode' 폴더 내의 폴더와 파일이 표시됩니다.

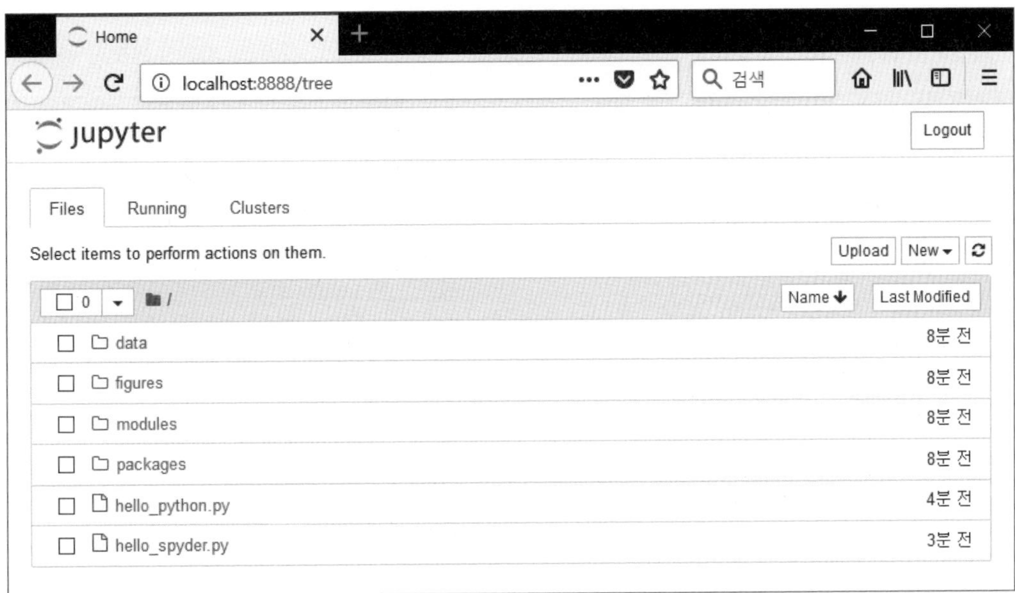

그림 2-37 작업 폴더('C:\myPyCode')에서 시작한 주피터 노트북

이제 노트북을 생성하면 'C:\myPyCode' 폴더에 저장되므로 관리하기가 편합니다. 실행된 주피터 노트북의 오른쪽 위에 [New] → [Python 3]를 차례대로 클릭(그림 2-38)하면 브라우저의 새 탭으로 제목이 Untitled인 노트북이 생성됩니다(그림 2-39).

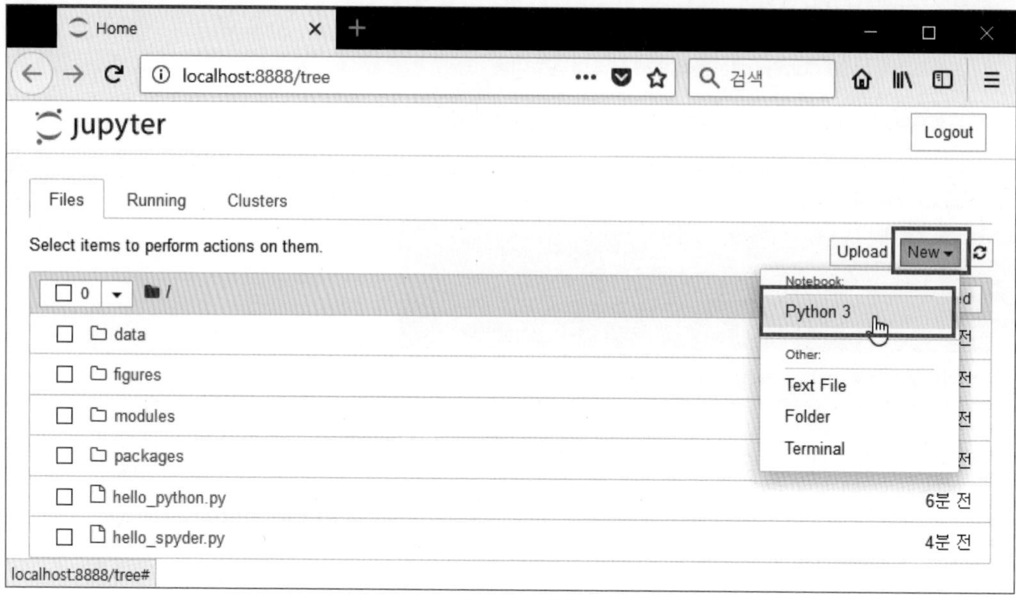

그림 2-38 주피터 노트북에서 새 노트북 생성

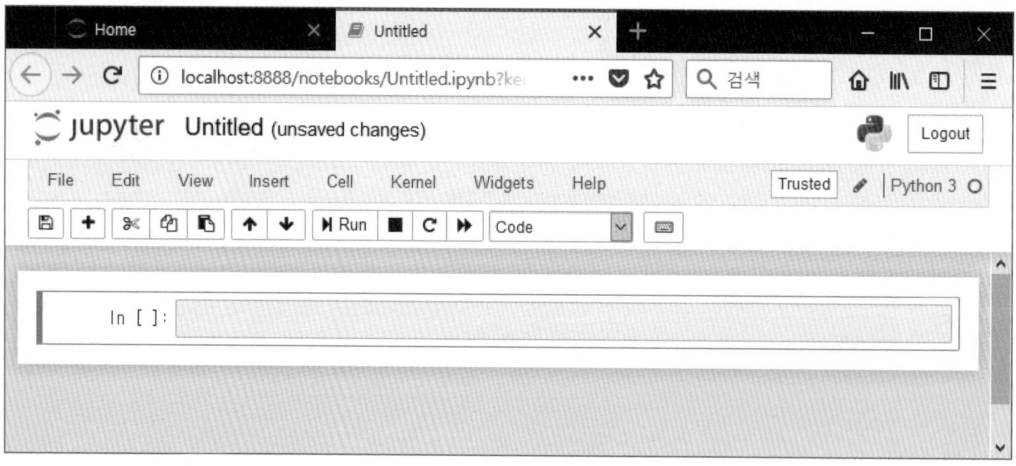

그림 2-39 Untitled로 생성된 새 노트북

이제 주피터 노트북에 파이썬 코드를 작성할 준비가 끝났습니다. 다음으로 주피터 노트북에서 파이썬 코드를 작성하고 실행해보겠습니다.

주피터 노트북 사용법

주피터 노트북에서 코드를 작성하기 전에 주피터 노트북의 기본적인 사용법에 대해 먼저 알아보겠습니다. 주피터 노트북의 사용자 메뉴(그림 2-40)는 다음과 같습니다.

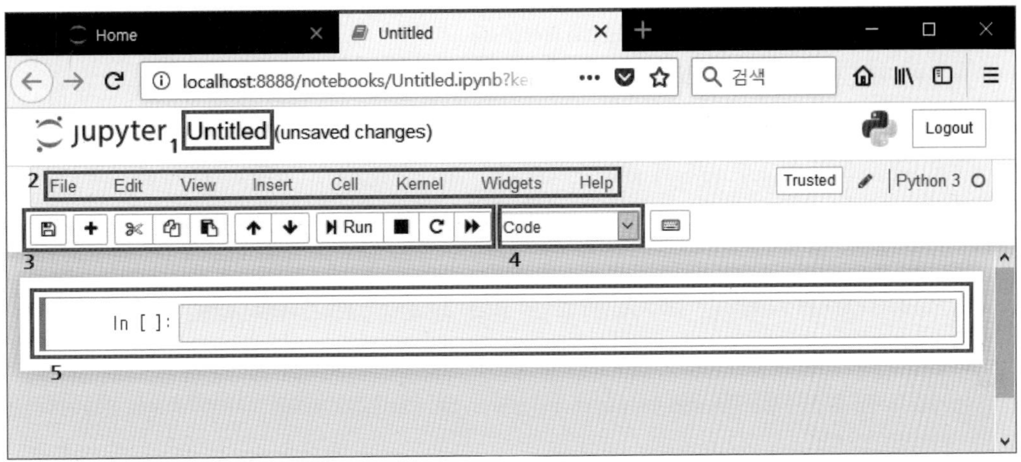

그림 2-40 주피터 노트북의 사용자 메뉴

01. 노트북 제목(파일 이름): 노트북을 새로 생성하면 임의로 제목이 지정됩니다. 노트북 제목을 클릭하면 팝업 창(그림 2-41)이 나타나는데, 노트북 제목을 변경할 수 있습니다. 여기서는 노트북 제목을 python_code로 입력했습니다. 노트북의 파일 이름은 '노트북 제목.ipynb'이 됩니다.

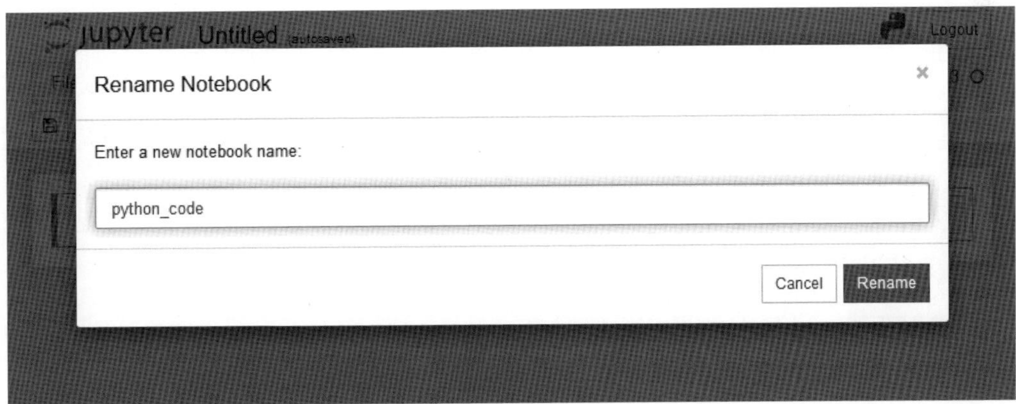

그림 2-41 주피터 노트북의 제목 변경

02. 메뉴 바: 노트북의 모든 메뉴를 선택할 수 있습니다.

03. 툴 바: 메뉴 바에서 많이 사용하는 기능을 아이콘으로 제공합니다. 툴 바에 있는 아이콘의 기능을 순서대로 살펴보면 다음과 같습니다.

- 저장(Save and Checkpoint): 노트북을 저장합니다.
- 셀 추가(insert cell below): 현재 셀의 아래에 새로운 셀을 추가합니다. 셀 추가를 하면 셀 타입은 기본적으로 코드를 입력할 수 있는 코드 셀이 됩니다.
- 선택 셀 삭제(cut selected cells): 선택된 셀을 삭제합니다.
- 선택 셀 복사(copy selected cells): 선택된 셀을 복사합니다.
- 셀 붙이기(paste cells below): 지정된 위치에 복사한 셀을 붙입니다.
- 셀 위로 이동(move selected cells up): 선택된 셀을 위로 이동합니다.
- 셀 아래로 이동(move selected cells down): 선택된 셀을 아래로 이동합니다.
- 셀 실행(Run): 셀 타입이 코드(Code)이면 코드를 실행하고, 마크다운(Markdown)이면 마크다운 형식으로 작성된 문서의 결과를 보여줍니다.
- 커널 정지(interrupt the kernel): 셀에서 실행하고 있는 코드를 정지합니다. 반복문 등에서 실행을 멈출 때 이용합니다.
- 커널 재시작(restart the kernel): 커널을 다시 시작합니다.
- 커널 재시작 후 전체 재실행(restart the kernel and re-run the notebook): 커널을 다시 시작한 후에 전체 노트북을 다시 실행합니다.

04. 셀 타입: 셀 타입을 선택합니다. 셀 타입에는 코드(Code)와 마크다운(Markdown) 등이 있습니다. 셀 타입은 언제든지 변경할 수 있습니다.

- Code: 코드를 작성하기 위한 타입입니다.
- Markdown: 마크다운 형식의 문서를 작성하기 위한 타입입니다.

05. 셀: 파이썬 코드와 문자를 입력하는 셀입니다.

- 코드 셀의 경우는 셀 앞에 'In [ ]:'이 표시됩니다. 코드를 입력하고 실행하면 [ ] 안에는 숫자가 나타나는데, 입력한 순서대로 숫자가 1씩 증가합니다.
- 코드 셀의 안쪽에 편집할 수 있는 영역을 편집 영역이라고 하고 그 밖의 영역을 편집 외 영역이라고 합니다.

주피터 노트북에는 다음과 같이 편집 모드와 명령 모드가 있습니다. 상황에 따라 두 모드를 전환하며 이용할 수 있습니다.

01. 편집 모드(Edit mode): 코드나 문서를 작성하기 위한 모드

- 표시: 녹색의 셀 경계선과 왼쪽의 녹색 막대로 표시되며, 편집 영역에는 프롬프트가 깜빡임(그림 2-42)
- 진입 방법: 명령 모드에서 Enter 키를 누르거나 셀의 편집 영역을 클릭

02. 명령 모드(Command mode): 셀을 다루기 위한 모드

- 표시: 회색의 셀 경계선과 왼쪽의 파란색 막대로 표시(그림 2-43)
- 진입 방법: 편집 모드에서 키보드의 Esc 키를 누르거나 셀의 편집 영역의 바깥 부분을 클릭

```
In [ ]: print("Jupyter Notebook: Edit mode")
```

그림 2-42 주피터 노트북의 편집 모드

```
In [ ]: print("Jupyter Notebook: Command mode")
```

그림 2-43 주피터 노트북의 명령 모드

주피터 노트북에서 셀, 툴 바, 셀 타입을 마우스를 사용해 선택하면서 코드와 문서를 작성할 수도 있지만 키보드 단축키를 활용하면 좀 더 편리하게 작업할 수 있습니다. 많이 사용하는 주요 단축키는 표 2-1과 같습니다. 모든 단축키에 대해 알고 싶다면 메뉴 바에서 [Help] → [Keyboard Shortcuts]를 클릭합니다.

표 2-1 주피터 노트북의 단축키

키보드 입력	동작 설명
Shift + Enter	현재 셀을 수행하고 아래 셀을 선택. 아래에 셀이 없으면 새로운 셀을 추가
Alt + Enter	현재 셀을 수행하고 아래에 새로운 셀을 추가
Ctrl + Enter	현재 셀을 수행. 아래 셀 추가나 선택 없음
Ctrl + S	노트북 저장
Enter	명령 모드에서 입력 모드로 전환
Esc	입력 모드에서 명령 모드로 전환
M	명령 모드에서 셀 타입을 마크다운으로 전환
Y	명령 모드에서 셀 타입을 코드로 전환
Ctrl + /	셀(입력 모드) 편집 영역에서 선택된 코드를 주석/비주석 처리
상/하 방향키	명령 모드에서 셀 간의 상/하 이동

주피터 노트북에서 코드 작성

지금까지 주피터 노트북의 기본적인 내용을 살펴봤습니다. 이제 주피터 노트북에서 간단한 파이썬 코드를 작성하겠습니다. 생성한 노트북의 첫 번째 셀 편집 영역을 마우스로 클릭해 선택하고 `print('Hello Jupyter Notebook!!')`을 입력합니다(그림 2-44).

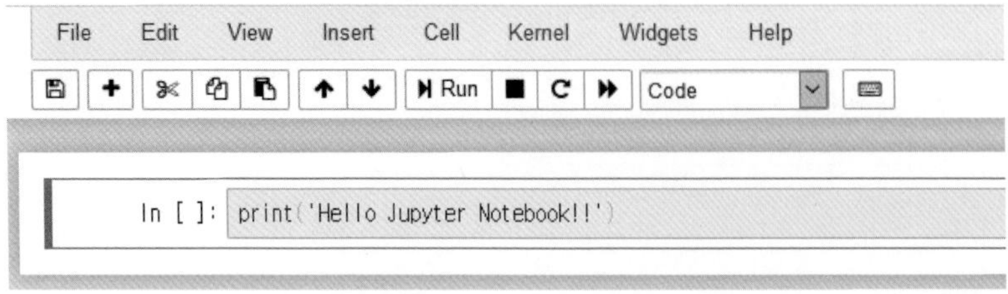

그림 2-44 주피터 노트북에서 코드 입력

다음으로 셀 툴 바에서 [셀 실행] 아이콘을 클릭하거나 Shift + Enter를 누릅니다(그림 2-45).

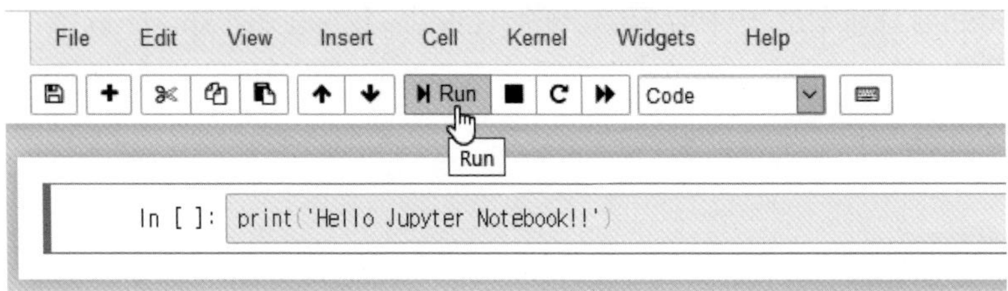

그림 2-45 주피터 노트북에서 코드 실행

그러면 다음과 같이 코드가 실행되고 그 아래 새로운 코드 셀이 추가됩니다(그림 2-46).

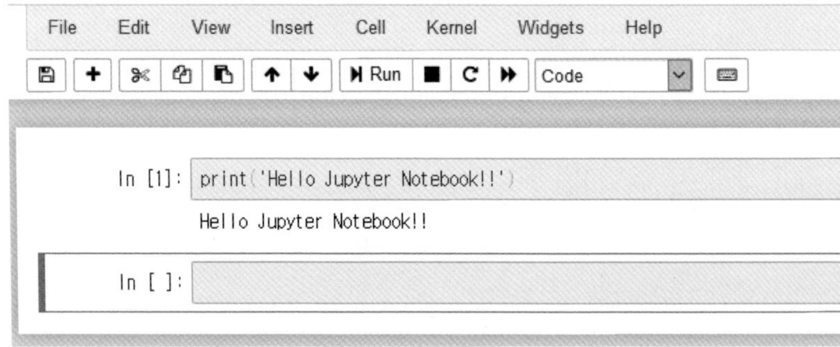

그림 2-46 주피터 노트북에서 코드 실행 후 결과 확인

주피터 노트북의 코드 셀에는 코드를 여러 줄 입력할 수 있습니다. 즉, 일반적인 문서 편집기로 코드를 작성하듯이 코드를 작성할 수 있습니다. 코드 셀에 코드를 여러 줄 입력해 실행하면 위에서부터 순차적으로 코드가 모두 실행됩니다. 다음은 코드 셀에서 여러 줄 코드를 입력하고 실행한 결과입니다(그림 2-47).

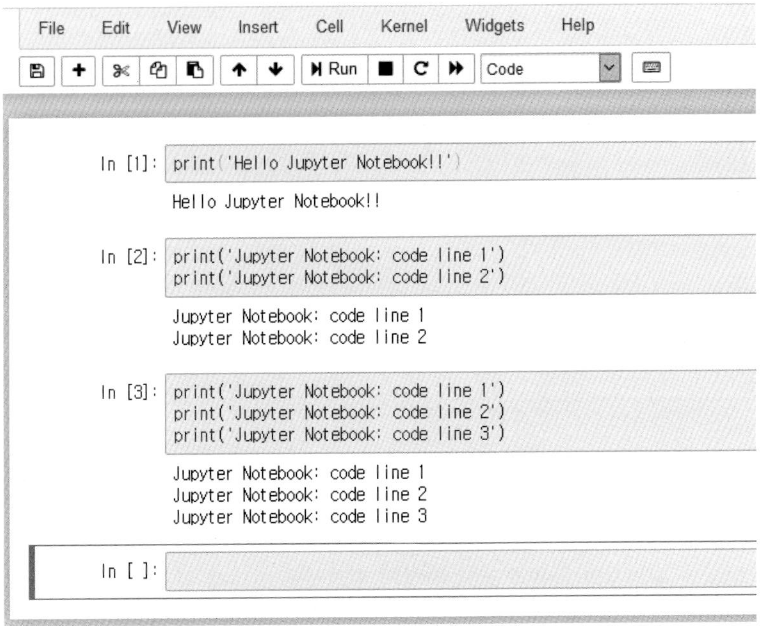

그림 2-47 코드 셀에서 여러 줄 코드를 입력하고 실행한 결과

마크다운 활용

주피터 노트북에서는 코드뿐만 아니라 문서도 입력할 수 있습니다. 셀 타입을 마크다운으로 선택하면 마크다운 형식의 문서를 입력할 수 있습니다. 여기서는 마크다운의 문서 형식에 대해 자세히 설명하지 않겠습니다. 검색 사이트에서 'markdown' 혹은 '마크다운'을 검색해서 마크다운을 설명한 사이트를 참고하기 바랍니다. 어렵지 않으니 금방 익힐 수 있습니다. 마크다운의 문서 형식 중 몇 가지만 살펴보면 다음과 같습니다.

- '# 큰 제목', '## 중간 제목', '### 작은 제목'처럼 '#'의 개수에 따라 제목의 단계를 변경할 수 있습니다.
- **문자**로 문자를 강조할 수도 있습니다.
- 일반 문자는 특별한 기호 없이 그냥 사용하면 됩니다.
- 목록(리스트)을 만들 수 있습니다.
- 그 밖에 표, 수식, 링크, 그림, 동영상도 추가할 수 있습니다.

그림 2-49는 마크다운 셀에 간단한 마크다운 문서를 작성한 예입니다. 점선은 마크다운 문서의 출력 결과입니다.

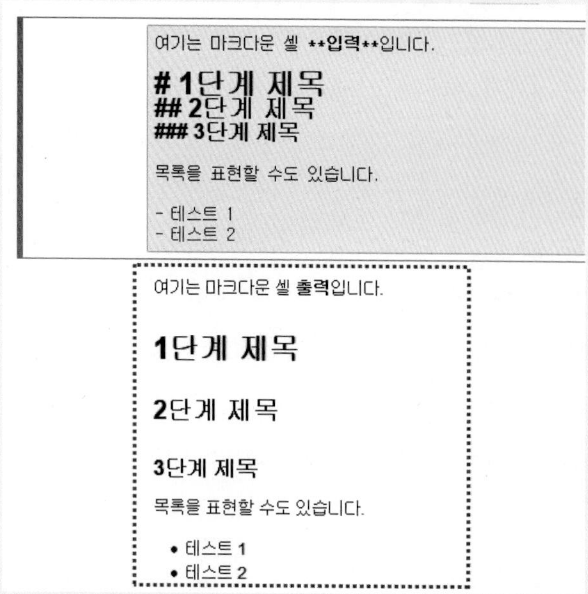

```
여기는 마크다운 셀 **입력**입니다.

# 1단계 제목
## 2단계 제목
### 3단계 제목

목록을 표현할 수도 있습니다.

- 테스트 1
- 테스트 2
```

여기는 마크다운 셀 **출력**입니다.

1단계 제목

2단계 제목

3단계 제목

목록을 표현할 수도 있습니다.

- 테스트 1
- 테스트 2

그림 2-49 마크다운 형식의 문서 작성 예

지금까지 파이썬 코드를 작성하기 위한 다양한 개발 환경을 살펴봤습니다. 어떤 개발 환경을 이용해도 상관없지만 나중에 살펴볼 파이썬 패키지의 활용과 코드 작성의 편리성을 고려해 이 책에서는 주피터 노트북을 사용하겠습니다.

06 정리

이번 장에서는 파이썬 개발 환경을 설치하고, 몇 가지 방법으로 파이썬 코드를 간단히 작성해 봤습니다. 처음이라서 용어나 사용법이 익숙하지 않겠지만 계속 사용하다 보면 금방 익숙해질 겁니다. 그러니 포기하지 말고 계속해서 학습하길 바랍니다.

03

파이썬을 계산기처럼 이용하기

이번 장에서는 파이썬으로 수학 연산을 수행하는 방법을 알아보겠습니다. 파이썬의 개발 환경(파이썬 기본 콘솔, IPython 콘솔, 주피터 노트북 코드 셀)에 있는 프롬프트에서 숫자와 연산자를 입력하면 계산 결과를 출력합니다. 따라서 파이썬 프롬프트를 마치 계산기처럼 이용할 수 있습니다. 파이썬 프롬프트에서 계산하면 이전에 연산된 값을 볼 수 있으며 입력한 값을 다시 이용할 수 있다는 점에서 계산기보다 훨씬 편합니다. 이번 장의 내용을 익히고 나면 계산이 필요할 때 계산기나 윈도우의 계산기 프로그램 대신 파이썬을 먼저 찾게 될 것입니다. 자, 이제 그럼 파이썬을 계산기처럼 이용하는 방법을 알아보겠습니다.

01 간단한 사칙 연산

이 책에서 파이썬 코드를 작성할 때 기본적으로 주피터 노트북을 사용하겠습니다. 주피터 노트북을 실행해 새 노트북을 준비합니다. 앞 장에서도 살펴봤지만 코드 셀에 입력한 코드를 실행하려면 툴 바에서 [셀 실행] 버튼을 클릭하거나 Shift + Enter를 누릅니다.

파이썬에서 사칙 연산을 하려면 더하기(+), 빼기(-), 곱하기(*), 나누기(/) 기호를 이용합니다. 다음은 사칙 연산의 예입니다. 먼저 덧셈, 뺄셈, 곱셈, 나눗셈 순서대로 코드를 입력하겠습니다.

```
In: 1 + 1
```

```
Out: 2
```

```
In: 5 -2
```

```
Out: 3
```

덧셈과 뺄셈이 잘 계산됐습니다. 하지만 덧셈할 때와 달리 뺄셈의 예에서는 빼기 기호(-)와 2 사이에 공백이 없습니다. 파이썬에서는 숫자와 연산자 사이의 공백은 무시하므로 이 공백은 있어도 되고 없어도 됩니다. 즉 '5-2'나 '5 -2'나 '5 - 2'나 모두 결과가 같습니다. 공백 입력은 개인 취향인데, 공백을 입력하면 수식을 보기에 조금 더 편합니다. 이제 곱하기와 나누기를 해보겠습니다.

```
In: 15 * 2
```

```
Out: 30
```

```
In: 10 / 2
```

```
Out: 5.0
```

곱셈과 나눗셈도 역시 잘 계산됐습니다. 하지만 덧셈, 뺄셈, 곱셈의 결과 달리 나눗셈의 결과는 5가 아니라 5.0입니다. 이것은 파이썬(3.x 버전)에서 나눗셈 연산은 실수로 처리하기 때문입니다. 참고로 파이썬 버전 2.x에서는 정수 나누기 정수(즉, 정수/정수)의 경우에는 결과가 정수로 처리됩니다. 따라서 위의 연산을 파이썬 2.x에서 실행하면 5가 출력됩니다.

정수와 실수

프로그래밍하다 보면 정수와 실수라는 말을 자주 듣게 됩니다. 정수와 실수의 정의는 다음과 같습니다.

- 정수: 자연수 (1,2,3, · · ·)와 자연수의 음수, 그리고 0으로 이뤄진 수의 집합
- 실수: 유리수와 무리수로 이뤄진 집합

일반적으로 수학에서 말하는 정수와 실수에 대해 알아봤습니다. 컴퓨터 프로그래밍 언어에서 말하는 정수와 실수의 정의는 조금 다르지만 간단하게 숫자에 소수점이 없으면 정수(int)이고 소수점이 있으면 실수(float)입니다.

앞에서 정수 연산을 해 봤습니다. 정수 연산만 할 수 있는 것이 아니라 실수 연산도 할 수 있습니다.

```
In: 1.2 + 5.3

Out: 6.5

In: 3.5 - 5.0

Out: -1.5

In: 1.4 * 2

Out: 2.8

In: 5 / 2

Out: 2.5
```

다음으로 조금 복잡한 연산을 해 보겠습니다. 연산 기호가 두 개 이상일 경우 일반적인 연산 규칙('괄호 안 계산 → 지수 계산 → 곱셈과 나눗셈 계산 → 덧셈과 뺄셈 계산' 순서로 연산, 같은 순위의 연산일 경우 왼쪽에서 오른쪽 순서로 계산, 중복된 괄호가 있을 경우 안쪽 괄호부터 계산)을 따릅니다. 연산에서 괄호는 '('와 ')'를 이용합니다. 단, 괄호를 사용할 때는 왼쪽 괄호와 오른쪽 괄호 쌍이 꼭 맞아야 합니다. 그렇지 않으면 오류가 발생합니다.

다음은 복합 연산의 예입니다.

```
In: 2 + 3 * 4

Out: 14

In: 3 / 2 * 4 - 5 / 2

Out: 3.5

In: 10 / 5 + (5 - 2) * 2

Out: 8.0

In: (5 * 4 - 15) + ((5 - 2) * (9-7))

Out: 11
```

파이썬에는 자료의 형식(데이터 타입)을 알려주는 type()이라는 함수가 있습니다. type() 함수는 앞으로 많이 사용하게 될 것입니다.

함수

함수는 어떠한 기능을 수행하도록 작성된 코드의 묶음입니다. 파이썬에는 다양한 함수를 제공하는데 '함수명(인자)' 형식으로 이용합니다. 함수의 작성과 활용 방법에 대해서는 7장에서 자세히 알아보겠습니다.

type() 함수의 인자로 정수를 입력하면 int를, 실수를 입력하면 float를 결과로 돌려줍니다.

다음은 type() 함수에 정수와 실수를 입력한 예입니다.

```
In: type(3)
```

```
Out: int
```

```
In: type(1.2)
```

```
Out: float
```

정수 3과 실수 1.2를 type() 함수에 입력한 결과는 각각 int와 float입니다. 보다시피 type() 함수가 정수와 실수를 구분해 결과를 출력하는 것을 알 수 있습니다. 파이썬(3.x 버전)에서 연산을 할 때는 정수와 실수를 구분할 필요가 없습니다. 따라서 크게 신경 쓰지 않아도 됩니다. 그냥 '숫자를 정수와 실수로 구분하는구나' 정도만 알면 됩니다.

02 거듭 제곱과 나머지

숫자 A를 n번 곱하는 거듭제곱(Power)은 다음과 같이 표현할 수 있습니다.

$$A^n = A \times A \times A \cdots \times A$$

거듭 제곱 표현에서 A를 밑이라고 하고 n을 지수라고 합니다.

만약 2^5의 값을 구하고자 할 때 2^5는 2×2×2×2×2로 표현할 수 있으므로 다음과 같이 곱셈을 여러 번 수행해 계산할 수 있습니다.

```
In: 2 * 2 * 2 * 2 * 2
```

```
Out: 32
```

답은 맞게 나오지만 입력이 쉽지 않습니다. 파이썬에서는 거듭제곱을 위한 연산자 **가 있습니다. 즉, 파이썬에서 A^n은 $A**n$으로 입력합니다. 여기서 두 별표 사이에는 공백이 없어야 합니다. 앞에서 살펴본 2^5은 다음과 같이 입력합니다.

```
In: 2 ** 5
```

```
Out: 32
```

정수뿐만 아니라 다음과 같이 실수도 거듭제곱을 할 수 있습니다.

```
In: 1.5 ** 2
```

```
Out: 2.25
```

거듭제곱의 지수도 정수일 필요가 없습니다. 이를 이용하면 어떤 수의 거듭제곱근을 구할 수 있습니다. 예를 들어, $\sqrt{2}$는 $2^{1/2}$과 같으므로 다음과 같이 입력하면 $\sqrt{2}$를 계산할 수 있습니다.

```
In: 2 ** (1/2)
```

```
Out: 1.4142135623730951
```

파이썬에서 제공하는 수학(math) 라이브러리를 이용하면 거듭제곱, 거듭제곱근 외에 다양한 수학 함수를 입력할 수 있습니다. 라이브러리 이용 방법은 나중에 살펴보겠습니다.

다음으로는 나머지를 구하는 방법에 대해 알아보겠습니다. 만약 13을 5로 나누면 몫이 2이고 나머지가 3입니다. 나머지를 구하기 위해 파이썬에서는 퍼센트 기호(%)를 이용합니다. 퍼센트 기호(%)를 나머지 연산자(Modulo operator)라고 합니다. 예를 들어, 13을 5로 나눴을 때 나머지를 구하려면 다음과 같이 입력합니다.

```
In: 13 % 5
```

```
Out: 3
```

위에서 정수를 0이 아닌 정수로 나눌 때 정수 몫에 대한 나머지를 구했는데, 몫은 어떻게 구할까요? 몫은 다음처럼 정수 나누기 연산자(//)로 구할 수 있습니다.

```
In: 13 // 5
```

```
Out: 2
```

앞에서 설명한 사칙 연산, 거듭 제곱, 그리고 몫과 나머지 연산의 연산자를 정리하면 표 3-1과 같습니다.

표 3-1 산술 연산자

연산자 기호	의미	예	결과
+	더하기	5 + 2	7
-	빼기	5 - 2	3
*	곱하기	5 * 2	10
/	나누기	5 / 2	2.5
**	거듭제곱	5 ** 2	25
%	나머지	5 % 2	1
//	몫	5 // 2	2

03 과학적 표기법

연산할 때 아주 큰 수나 작은 수를 다뤄야 할 때가 있습니다. 특히 과학이나 공학 분야에서 더욱 그렇습니다. 예를 들어, 빛은 초당 약 30만 km를 갑니다. 즉, 빛의 속도는 300,000km/s입니다. 단위를 변경해서 m/s로 표현하면 300,000,000m/s입니다. 거듭제곱을 이용하면 3×10^8과 같이 표시합니다. 따라서 거듭제곱 연산자를 이용하면 다음과 같이 입력할 수 있습니다.

```
In: 3 * 10 ** 8
```

```
Out: 300000000
```

위와 같이 거듭제곱 연산자로 큰 수를 입력할 수 있지만 10의 거듭제곱(즉, 10^n)의 경우 en으로 편리하게 입력할 수 있습니다. 여기서 n은 정수로 양수, 음수, 0일 수 있습니다. 양수는 + 기호 없이 입력해도 됩니다. 주의할 것은 10의 거듭제곱 표시를 위한 en 앞에는 항상 숫자가 있어야 한다는 것입니다. 즉, 10^3은 1×10^3이므로 1e3과 같이 입력합니다. 만약 1e3 대신 e3를 입력하면 오류가 발생합니다. 따라서 앞에서 이야기했던 빛의 속도 3×10^8를 입력할 때는 다음과 같이 입력합니다.

```
In: 3e8
Out: 300000000.0
```

입력뿐만 아니라 출력에서도 en 형식을 이용합니다. 출력 숫자에 들어간 0의 개수에 따라서 en 형식 출력 여부가 결정되는데, 나중에 살펴볼 print() 함수에서 형식을 지정해서 명시적으로 결과를 과학적 표기법으로 출력할 수도 있습니다. 만약, 1e15를 입력하면 과학적 표기법으로 표시하지 않고, 1e16을 입력하면 과학적 표기법으로 표시됩니다. 또한 1e-4를 입력하면 과학적 표기법으로 표시하지 않고, 1e-5를 입력하면 과학적 표기법으로 표시합니다. 파이썬에서 과학적 표기법으로 출력할 때는 e 다음에는 지수가 양수냐 음수냐에 따라서 양수 기호(+)나 음수 기호(−)가 들어갑니다.

다음은 출력되는 숫자에 들어간 0의 개수에 따라서 en 형식 출력 여부가 결정되는 예입니다.

```
In: 1e15
Out: 1000000000000000.0

In: 1e16
Out: 1e+16

In: 1e-4
Out: 0.0001

In: 1e-5
Out: 1e-05
```

04 진수 표현과 변환

우리가 일상생활에서 가장 많이 사용하는 진법은 0~9까지의 숫자를 사용하는 10진법입니다. 우리가 10진법을 많이 사용하고 있기는 하지만 우리가 잘 의식하지 못하는 사이에 이미 10진법 외에 다양한 진법을 사용하고 있습니다. 특히 시간을 표현할 때 다양한 진법을 이용합니다. 60초가 1분이고 60분은 1시간입니다. 이것이 60진법을 이용한 예입니다. 그리고 오전과 오후는 각각 12시간이고 1년도 12달이니 이것은 12진법을 이용한 예입니다.

컴퓨터 프로그래밍을 할 때 숫자 0과 1만 이용한 2진법을 종종 사용합니다. 특히, 컴퓨터 하드웨어 제어를 수행하는 코드를 작성할 때는 2진법을 많이 이용합니다. 또한 2진법으로 변환하기 쉬운 8진법과 16진법도 많이 사용합니다. 8진법은 0~7까지의 숫자를, 16진법은 {0~9,a,b,c,d,e,f}를 이용해 숫자를 표현합니다. 또한 2진법, 8진법, 10진법, 16진법으로 표현된 숫자를 각각 2진수, 8진수, 10진수, 16진수라고 합니다.

파이썬은 10진법 외에 2진법, 8진법, 16진법으로 숫자를 입출력하며 변환하는 방법을 제공합니다. 10진법을 이용한 10진수를 사용하는 방법은 앞에서 이미 살펴봤습니다. 10진수 외에 2진수, 8진수, 16진수를 입력하기 위해서는 숫자 앞에 각각 '0b', '0o', '0x'를 붙입니다. 다음은 10진수 17을 각각 10진수, 2진수, 8진수, 16진수로 입력한 예입니다.

```
In: 17
```

```
Out: 17
```

```
In: 0b10001
```

```
Out: 17
```

```
In: 0o21
```

```
Out: 17
```

```
In: 0x11
```

```
Out: 17
```

위에서부터 10진수 17을 10진수, 2진수, 8진수, 16진수로 입력했으나 결과는 모두 10진수인 17이 출력됐습니다. 파이썬에서는 2진수, 8진수, 16진수 형태로 숫자를 입력해도 기본적으로 10진수로 출력합니다.

2진수, 8진수, 16진수의 경우 출력 결과를 2진수, 8진수, 16진수로 표현해야 보기 편할 때가 있습니다. 파이썬에서 10진수를 2진수, 8진수, 16진수로 변환하는 함수가 있습니다. 각각의 함수는 `bin()`, `oct()`, `hex()`입니다. 다음은 10진수 17을 2진수, 8진수, 16진수로 출력하는 예입니다.

```
In: bin(17)
```

```
Out: '0b10001'
```

```
In: oct(17)
```

```
Out: '0o21'
```

```
In: hex(17)
```

```
Out: '0x11'
```

보다시피 각 진수로 잘 출력됐습니다. 하지만 주의할 것이 있습니다. 출력 결과는 숫자가 아니라 문자열이라는 것입니다. 자세히 보면 출력 결과는 작은 따옴표(' ') 안에 있습니다. 이것은 출력 결과가 숫자가 아니라 문자열임을 나타냅니다. 따라서 bin(), oct(), hex() 함수를 이용한 출력 결과는 산술 연산에 이용할 수 없습니다. 따라서 진수 변환은 연산이 모두 끝난 후에 해야 합니다. 다음은 서로 다른 진수의 연산 결과를 10진수, 2진수, 8진수, 16진수로 변환해 출력한 예입니다.

```
In: 0b10 * 0o10 + 0x10 - 10
```

```
Out: 22
```

```
In: bin(0b10 * 0o10 + 0x10 - 10)
```

```
Out: '0b10110'
```

```
In: oct(0b10 * 0o10 + 0x10 - 10)
```

```
Out: '0o26'
```

```
In: hex(0b10 * 0o10 + 0x10 -10)
```

```
Out: '0x16'
```

이제 파이썬에서 10진수뿐만 아니라, 2진수, 8진수, 16진수로 표현하고 연산을 자유롭게 할 수 있게 됐습니다. 일상생활에서는 10진수 연산을 주로 이용하지만 컴퓨터 프로그래밍을 할 때는 2진수, 8진수, 16진수를 이용할 일이 있을 테니 사용법을 잘 알아두길 바랍니다.

05 논리 연산 및 비교 연산

우리는 생활하면서 조건에 따라 결과가 달라지는 다양한 경우를 만나게 됩니다. 예를 들어, 영화관의 경우 영화 상영 요일과 시간, 일반/학생 여부에 따라서 입장권 요금이 달라집니다. 또한 조건은 하나가 아니라 여러 가지가 조합되기도 합니다. 영화 관람 요금의 경우 프리미엄 상영관에서 상영하는 영화를 주말 저녁에 성인이 볼 때의 가격은 다른 조건의 요금보다 비쌉니다. 실생활에서처럼 프로그래밍할 때도 다양한 조건에 따라 코드가 다르게 실행되도록 작성할 수 있습니다. 이때 필요한 것이 어떤 조건을 만족하는 참(True)과 만족하지 않는 거짓(False)을 이용해 연산하는 논리 연산(logical operation)입니다.

논리 연산은 불린 연산(Boolean operation)이라고도 합니다. 파이썬에서 논리 연산을 위한 데이터 타입은 불(bool)입니다. 불 데이터 타입에는 논리 참(True) 혹은 논리 거짓(False)이 있습니다. 참(True) 혹은 거짓(False)을 입력할 때 참은 True, 거짓은 False를 입력해야 하며 'True'나 'False'처럼 따옴표를 사용하면 안 됩니다. 따옴표를 이용해 입력하면 불 데이터가 아니라 문자열 데이터로 인식하게 됩니다. 또한 True를 true나 TRUE로 쓰거나 False를 false나 FALSE로 쓸 수 없습니다.

다음은 불 데이터 타입을 입력한 예입니다.

```
In: print(True)
```

```
Out: True
```

```
In: print(False)
```

```
Out: False
```

위의 예는 문자열을 출력하는 `print('True')`나 `print('False')`와 달리, 논리 연산의 결과를 출력한 것입니다. 불 데이터인 True나 False의 데이터 타입은 `type()` 함수를 이용해 확인할 수 있습니다.

```
In: type(True)
```

```
Out: bool
```

불 데이터의 경우 논리 연산만 할 수 있습니다. 논리 연산에는 논리곱(and), 논리합(or), 논리 부정(not) 등이 있습니다. 논리곱(and)은 두 개의 불 데이터가 모두 참일 때만 참이고 나머지는 거짓입니다. 논리합(or)은 두 개의 불 데이터 중 하나라도 참이면 참이고 둘 다 거짓이면 거짓입니다. 논리 부정

(not)은 하나의 불 데이터가 참이면 거짓이고 거짓이면 참입니다. 이를 정리하면 표 3-2와 같습니다. 또한 표 3-2를 이용해 모든 입력에 대한 출력을 진리표로 만들면 표 3-3과 같습니다.

표 3-2 논리 연산자

논리 연산자	의미	활용 예	설명
and	논리곱	A and B	A와 B 모두 참일 때만 참이고, 나머지는 거짓
or	논리합	A or B	A와 B 중 하나라도 참이면 참이고, 둘 다 거짓일 때 거짓
not	논리 부정	not A	A가 참이면 거짓이고, 거짓이면 참

표 3-3 논리 연산자를 이용한 진리표

A	B	A and B	A or B	not A
False	False	False	False	True
False	True	False	True	True
True	False	False	True	False
True	True	True	True	False

논리 연산(and, or, not)의 예는 다음과 같습니다.

```
In: print(True and False)
    print(True or False)
    print(not True)
```

```
Out: False
     True
     False
```

다음으로 두 개의 숫자를 비교하는 비교 연산에 대해 알아보겠습니다. 비교 연산의 결과는 불 데이터로 출력됩니다. 따라서 비교 연산은 논리 연산과 함께 이용하는 경우가 많습니다. 비교 연산자는 표 3-4와 같습니다.

표 3-4 비교 연산자

비교 연산자	의미	활용 예	설명
==	같다	a == b	a는 b와 같다
!=	같지 않다	a != b	a는 b와 같지 않다

비교 연산자	의미	활용 예	설명
<	작다	a < b	a는 b보다 작다
>	크다	a > b	a는 b보다 크다
<=	작거나 같다	a <= b	a는 b보다 작거나 같다
>=	크거나 같다	a >= b	a는 b보다 크거나 같다

다음은 비교 연산자를 이용해 연산한 예입니다.

```
In: print(5 == 3)
    print(5 != 3)
    print(5 < 3)
    print(5 > 3)
    print(5 <= 3)
    print(5 >= 3)
```

```
Out: False
     True
     False
     True
     False
     True
```

위에서 보듯이 비교 연산의 결과는 불 데이터 형식으로 나옵니다.

마지막으로 비교 연산과 논리 연산을 혼합한 연산을 해보겠습니다. 비교 연산자의 우선순위가 논리 연산자의 우선순위보다 높습니다. 따라서 비교 연산자와 논리 연산자가 함께 있으면 비교 연산을 먼저 합니다. 다음의 예를 살펴보겠습니다.

```
In: print( 1 > 0 and -2 < 0)
```

```
Out: True
```

위에서는 비교 연산인 '1 > 0'과 '-2 < 0'을 먼저 수행하는데 결과는 모두 True입니다. 그 후 이 연산의 결과를 이용해 논리곱(and) 연산을 수행하는데 결과는 True입니다.

괄호와 연산이 함께 있으면 괄호의 우선순위가 높습니다. 괄호가 여러 겹 있을 때는 가장 안쪽 괄호부터 먼저 계산합니다. 다음 예를 살펴봅시다.

```
In: print((3 < 0) and ((-5 > 0) and (1 > 5)))
    print((3 > 0) or ((-5 > 0) and (1 > 5)))
    print(((3 > 0) or (-5 > 0)) and ((4 > 8) or ( 3 < 0)))

Out: False
     True
     False
```

비교 연산과 논리 연산이 함께 있는 연산은 나중에 배울 조건문에서 조건을 판단할 때 많이 이용하니 잘 알아두길 바랍니다.

06 정리

3장에서는 파이썬을 이용해 계산기처럼 연산하는 방법을 알아봤습니다. 간단한 사칙연산부터 거듭제곱과 과학적 표기법에 대해 살펴봤습니다. 또한 10진수, 2진수, 8진수, 16진수의 표현과 변환 방법, 논리 연산 및 비교 연산도 살펴봤습니다. 파이썬의 활용 분야에 따라 거듭제곱 및 과학적 표기법, 진수 표현 및 변환 방법도 필요하기는 하나 이해하기 어렵다면 코드 작성의 기초가 되는 사칙 연산, 논리 연산, 비교 연산만은 꼭 이해하길 바랍니다.

04

변수와 자료형

이번 장에서는 자료를 넣을 수 있는 상자인 변수와 파이썬에서 지원하는 자료형(데이터 타입)에 대해 알아보겠습니다.

01 변수

앞 장에서 파이썬을 이용해 간단한 연산을 해봤습니다. 만일 12340의 1/2, 1/4, 1/5을 각각 구하려면 어떻게 하면 될까요? 앞에서 배운 방법으로 각각을 다음과 같이 연산하면 됩니다.

```
In: 12340 * 1/2
```

```
Out: 6170.0
```

```
In: 12340 * 1/4
```

```
Out: 3085.0
```

```
In: 12340 * 1/5
```

```
Out: 2468.0
```

보다시피 매번 연산할 때마다 12340을 반복적으로 썼습니다. 이런 간단한 연산에서도 숫자를 반복해서 입력해야 할 경우 매번 같은 숫자를 입력하는 것은 매우 귀찮은 일입니다. 위의 예에서 숫자 12340을 어떤 상자에 넣고 이름을 붙인 후 이 이름을 부를 때마다 상자에 넣은 숫자가 나온다면 편리할 것입니다. 이처럼 숫자와 같은 자료(data)를 넣을 수 있는 상자를 변수(variable)라 하고 상자에 붙인 이름을 변수명(혹은 변수 이름)이라고 합니다. 실제로 변수는 컴퓨터의 임시 저장 공간(메모리)에 저장됩니다.

파이썬에서는 등호(=)를 이용해 변수에 자료를 넣습니다(할당합니다). 즉, '변수명 = data' 같은 형태로 사용합니다. 만약 자료가 숫자라면 data에 숫자를 쓰면 되고 문자열이라면 문자열을 쓰면 됩니다. 여기서 변수명과 등호, 등호와 data 사이의 공백은 무시됩니다. 즉, 공백은 있든 없든 상관없습니다. 데이터가 할당된 변수를 이용하려면 그냥 변수명만 쓰면 됩니다. 그림 4-1은 변수에 데이터를 할당하고 데이터가 할당된 변수를 활용하는 예입니다.

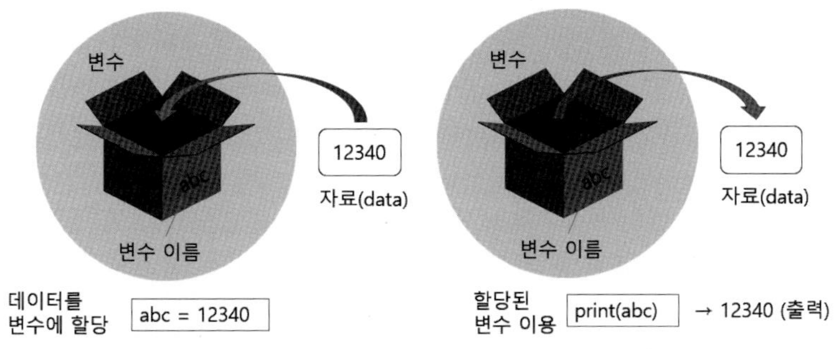

그림 4-1 변수에 데이터 할당 및 활용

그럼 데이터를 변수에 할당하고 활용해보겠습니다. 먼저 숫자 12340을 변수명이 abc인 변수에 할당하고 활용하는 예를 살펴보겠습니다.

```
In: abc = 12340
    print(abc)
```

```
Out: 12340
```

변수에 자료를 할당한 경우 print(변수명)으로 변수명에 할당한 값을 출력할 수 있습니다. 또한 print(변수명)을 이용하지 않더라도 변수명을 실행해 변수에 할당된 값을 출력할 수도 있습니다.

다음 코드를 살펴보겠습니다.

```
In: abc
```

```
Out: 12340
```

이제 값(12340)을 할당한 변수 abc를 이용해 앞에서 했던 계산을 그대로 해보겠습니다.

```
In: print(abc * 1/2)
    print(abc * 1/4)
    print(abc * 1/5)
```

```
Out: 6170.0
     3085.0
     2468.0
```

앞에서 숫자 12340을 쓰는 대신 변수 abc를 이용해 연산하고 출력했습니다. 일일이 숫자를 입력하지 않아도 되니 편합니다. 결과는 변수를 이용하지 않을 때와 같습니다. 각 연산에 변수 abc가 숫자 12340으로 대치돼 계산됐기 때문입니다. 어떤가요? 변수를 쓰지 않았을 때보다 훨씬 편하지 않은가요? 이것이 바로 변수를 이용하는 이유입니다.

그런데 변수명을 만들 때는 아무렇게나 만들면 안 됩니다. 다음과 같은 규칙을 지키면서 변수명을 만들어야 합니다.

- **변수명은 문자, 숫자, 밑줄 기호(_)를 이용해 만듭니다.**
  예를 들어, a, book1, my_student2, MyDog_, _my_number 등은 변수명으로 사용할 수 있습니다.

  밑줄 기호(_)는 변수명에 사용할 수 있지만 밑줄 기호(_)로 시작하는 변수명은 특별한 용도에 사용하므로 보통 변수명은 밑줄 기호(_)로 시작하지 않습니다.

- **숫자로 시작하는 변수명을 만들 수 없습니다.**
  3star 같은 변수명은 만들 수 없습니다.

- **대소문자를 구분합니다.**
  변수명 Money와 변수명 money는 서로 다른 변수입니다. 의미는 같지만 변수명은 대소문자를 구분하므로 다른 변수입니다.

- **공백을 포함할 수 없습니다.**
  'my student'는 my와 student 사이에 공백이 있으므로 변수명으로 사용할 수 없습니다. 만약 'my student'를 쓰고 싶으면 my_student와 같이 밑줄을 이용하거나 myStudent처럼 대문자를 이용해 의미 있고 알아보기 쉬운 변수명을 사용하길 권합니다.

- **밑줄 이외의 기호는 변수에 이용할 수 없습니다.**
  mySt dent%, my#student, my&student 등은 변수명이 될 수 없습니다.

- **다음과 같은 예약어(Reserved word)는 변수명으로 이용할 수 없습니다.**
  None, True, False, and, as, assert, break, class, continue, def, del, elif, else, except, finally, for, from, global, if, import, in, is, lambda, nonlocal, not, or, pass, raise, return, try, while, with, yield

  예약어인 lambda를 변수명으로 사용하기 위해 'lambda = 1'과 같이 입력하면 에러가 발생합니다.

상수

프로그래밍 언어에서 어떤 숫자를 변수에 할당한 후에 프로그램이 끝날 때까지 그 변수의 값을 변경하지 않고 사용하는 경우가 있습니다. 예를 들어, 원주율(π)인 '3.141592…'와 같이 긴 숫자는 PI = 3.141592처럼 한 번 변수에 할당한 후 계산에 필요할 때마다 PI를 사용합니다. 이렇게 한 번 지정한 후 그 값이 변하지 않는 변수를 상수(constant variable)라고 합니다.

02 문자열

이번에는 자료형 중 문자열에 대해 알아보겠습니다. 문자열은 문자의 나열을 의미하는데, 파이썬에서는 따옴표로 둘러싸인 문자의 집합입니다. 앞에서 print('Hello Python!!')을 실행할 때 문자열을 이용해봤지만 여기서 좀 더 자세히 알아보겠습니다.

문자열 만들기

문자열을 표시하기 위해 문자열 시작과 끝에 큰따옴표(")나 작은따옴표(')를 지정합니다. 둘 중 어떤 것을 사용해도 되지만 양쪽에는 같은 기호를 이용해야 합니다. 즉, 큰따옴표로 시작했으면 큰따옴표로 끝내야 하고 작은따옴표로 시작했으면 작은따옴표로 끝내야 합니다. 시작과 끝의 따옴표가 같지 않으면 오류가 발생합니다. 주피터 노트북에서는 시작 따옴표를 입력하면 끝 따옴표가 자동으로 생성돼 이러한 오류가 발생하는 것을 줄여줍니다.

다음은 문자열 표시에 큰따옴표와 작은따옴표를 이용한 예입니다.

```
In: print("String Test")
```

```
Out: String Test
```

```
In: print('String Test')
```

```
Out: String Test
```

이제 문자열을 변수에 저장한 후 `print()` 함수로 출력하는 예를 살펴보겠습니다.

```
In: string1 = "String Test 1"
    string2 = 'String Test 2'
    print(string1)
    print(string2)
```

```
Out: String Test 1
     String Test 2
```

위의 예는 큰따옴표나 작은따옴표로 감싼 문자열을 변수에 할당한 후 변수를 `print()`로 출력하는 예입니다. 이렇게 변수에 할당한 문자열의 타입(type)은 무엇일까요? 앞에서 살펴본 `type()` 함수로 알 수 있습니다.

```
In: type(string1)
```

```
Out: str
```

```
In: type(string2)
```

```
Out: str
```

출력 결과는 `str`입니다. 변수 `string1`과 `string2`에 할당한 데이터의 타입이 문자열(string)인 것을 의미합니다.

문자열 안에 큰따옴표나 작은따옴표도 포함하려면 어떻게 해야 할까요? 문자열에 큰따옴표를 포함하려면 문자열을 작은따옴표로 감싸고 작은따옴표를 포함하려면 큰따옴표로 감싸면 됩니다.

```
In: string3 = 'This is a "double" quotation test'
    string4 = "This is a 'single' quotation test"
    print(string3)
    print(string4)
```

```
Out: This is a "double" quotation test
     This is a 'single' quotation test
```

만약 문자열에 큰따옴표와 작은따옴표를 모두 포함하고 싶거나 문장을 여러 행 넣고 싶거나 입력한 그대로 출력하고 싶을 때는 문자열 전체를 삼중 큰따옴표(""")나 삼중 작은따옴표(''')로 감싸면 됩니다.

```
In: long_string1 = '''[삼중 작은따옴표를 사용한 예]
    파이썬에는 삼중 따옴표로 여러 행의 문자열을 입력할 수 있습니다.
    큰따옴표(")와 작은따옴표(')도 입력할 수 있습니다.'''

    long_string2 = """[삼중 큰따옴표를 사용한 예]
    파이썬에는 삼중 따옴표로 여러 행의 문자열을 입력할 수 있습니다.
    큰따옴표(")와 작은따옴표(')도 입력할 수 있습니다."""

    print(long_string1)
    print(long_string2)
```

```
Out: [삼중 작은따옴표를 사용한 예]
     파이썬에는 삼중 따옴표로 여러 행의 문자열을 입력할 수 있습니다.
     큰따옴표(")와 작은따옴표(')도 입력할 수 있습니다.
     [삼중 큰따옴표를 사용한 예]
     파이썬에는 삼중 따옴표로 여러 행의 문자열을 입력할 수 있습니다.
     큰따옴표(")와 작은따옴표(')도 입력할 수 있습니다.
```

파이썬 3.x에서는 한글도 문자열에 이용할 수 있습니다. 이것은 파이썬 3.x이 유니코드(Unicode)를 지원해 기본적으로 문자열이 유니코드로 처리되기 때문입니다.

유니코드

컴퓨터에서 문자를 표시하기 위해서는 각 문자를 컴퓨터가 이해할 수 있는 부호로 1:1 대응시킨 문자 코드가 필요합니다. 대표적인 문자 코드로는 아스키코드(ASCII Code)가 있는데 이는 미국에서 제정한 것으로 영문 알파벳, 숫자, 몇몇 특수 기호를 표시할 수 있습니다. 컴퓨터가 전 세계적으로 쓰이면서 영어 외의 다른 언어도 입력하고 표시해야 할 필요성이 생기면서 나라별로 혹은 컴퓨터 회사별로 각 나라의 언어에 맞는 문자 코드를 만들어서 사용했습니다.

하지만 다른 문자 코드끼리 호환되지 않는 문제가 발생했습니다. 이를 해결하기 위해 전 세계의 모든 문자를 포함하게 만든 것이 유니코드(Unicode)입니다. 즉, 유니코드는 컴퓨터에서 전 세계의 모든 문자를 표시, 저장, 처리하기 위해 만든 표준 문자 코드입니다. 유니코드에는 영어 등 로마자 계열의 문자뿐만 아니라 아시아 지역 문자(한글, 일본어, 중국어 등), 중동 지역 문자(히브리어, 아랍어 등), 아프리카 지역 문자가 정의돼 있어서 다양한 언어의 문자를 다룰 수 있습니다.

문자열 다루기

문자열에는 더하기 연산자(+)와 곱하기 연산자(*)를 이용할 수 있습니다. 더하기 연산자(+)는 문자열끼리 연결(concatenation)해 문자열을 하나로 만들고 곱하기 연산자(*)는 곱한 만큼 문자열을 반복합니다.

```
In: a = 'Enjoy '
    b = 'python!'
    c = a + b
    print(c)
```

```
Out: Enjoy python!
```

```
In: print(a * 3)
```

```
Out: Enjoy Enjoy Enjoy
```

이처럼 문자열을 합치고 반복하는 것 외에 문자열을 처리하는 다양한 방법이 있습니다. 이것에 대해서는 9장에서 좀 더 상세하게 알아보겠습니다.

03 리스트

지금까지 숫자, 문자열, 불 데이터 타입에 대해 알아봤습니다. 이런 데이터 타입은 데이터를 하나씩만 처리할 수 있습니다. 하지만 때때로 데이터를 묶어 놓으면 처리하기가 편할 때가 있습니다. 예를 들면, 학교에서 학생의 과목별(국어, 영어, 수학, 과학 등) 시험 점수를 처리한다거나 학급별로 학생의 이름을 지정할 때 데이터를 묶어서 관리하면 편합니다. 이렇게 할 수 있는 것이 바로 리스트(List)입니다. 먼저 리스트 타입의 데이터를 생성하는 방법을 알아보고 그다음으로 다양한 리스트 메서드를 사용해 리스트를 다루는 방법을 알아보겠습니다.

리스트 만들기

리스트는 대괄호([ ])를 이용해 만듭니다. 대괄호 안에 올 수 있는 항목(혹은 요소)의 데이터 타입은 다양합니다. 숫자, 문자열, 불, 리스트 등을 넣을 수 있습니다. 또한 나중에 설명할 튜플, 세트, 딕셔너리도 넣을 수 있습니다. 리스트를 만들 때 각 항목의 데이터 타입은 같지 않아도 됩니다. 데이터는 입력한 순서대로 지정되며 항목은 콤마(,)로 구분합니다. 또한 대괄호 안에 아무것도 쓰지 않으면 빈 리스트가 만들어집니다. 빈 리스트에는 데이터는 없지만 데이터 형태는 리스트입니다.

리스트를 만드는 몇 가지 예를 들어보겠습니다. 우선 어떤 학급의 1번 학생의 국어, 영어, 수학, 과학 점수가 각각 90, 95, 85, 80점이라고 할 때 이 학생의 점수를 다음과 같이 리스트로 만들어서 변수에 할당할 수 있습니다(그림 4-2).

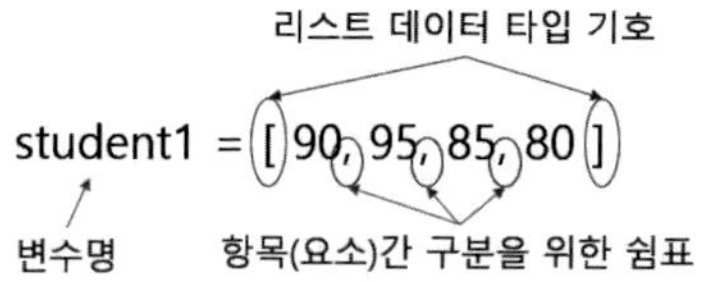

리스트 데이터 타입 기호

student1 = [90, 95, 85, 80]

변수명 항목(요소)간 구분을 위한 쉼표

그림 4-2 리스트의 구조 및 생성

이를 코드로 입력하면 다음과 같습니다.

```
In: # 1번 학생의 국어, 영어, 수학, 과학 점수가 각각 90,95,85,80
    student1 = [90,95,85,80]
    student1
```

```
Out: [90, 95, 85, 80]
```

위의 결과를 보면 변수 student1에 각 과목의 점수가 순서대로 입력됐습니다. 이제 type() 함수를 이용해 변수 student1의 데이터 타입을 확인해보겠습니다.

```
In: type(student1)
```

```
Out: list
```

위의 결과를 보면 변수 student1에 할당된 데이터의 타입은 리스트입니다. 리스트 타입의 데이터가 할당된 변수(리스트 변수)의 구조는 그림 4-3과 같습니다.

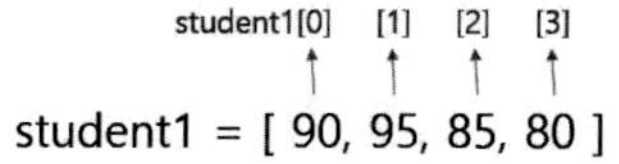

student1[0] [1] [2] [3]

student1 = [90, 95, 85, 80]

그림 4-3 리스트 변수의 구조 및 항목 지정

따라서 리스트에서 각 항목은 '변수명[i]'로 지정할 수 있습니다. 여기서 i를 리스트 변수의 인덱스(index)라고 합니다. 만약 N개의 항목이 있는 리스트 타입의 데이터가 있다면 인덱스 i의 범위는 0부터 'N - 1'까지 입니다. 즉, 첫 번째 요소는 '변수명[0]', 두 번째 요소는 '변수명[1]', 그리고 세 번째 요소는 '변수명[2]', 이렇게 인덱스의 숫자가 증가하다가 마지막 요소는 '변수명[N-1]'이 됩니다. 마지막 항목은 '변수명[-1]'로도 지정할 수도 있습니다.

변수 student1에서 첫 번째, 두 번째, 마지막 항목을 출력하려면 다음과 같이 코드를 실행합니다.

```
In: student1[0]
```

```
Out: 90
```

```
In: student1[1]
```

```
Out: 95
```

```
In: student1[-1]
```

```
Out: 80
```

리스트의 특정 항목을 변경하려면 다음과 같이 '변수명[i] = new_data'를 이용해 리스트 변수에서 인덱스 i 항목을 new_data로 변경할 수 있습니다.

다음은 리스트 변수 student1에서 두 번째 항목을 새로운 데이터로 할당하고 리스트 변수를 출력했습니다.

```
In: student1[1] = 100 # 두 번째 항목에 새로운 데이터 할당
    student1
```

```
Out: [90, 100, 85, 80]
```

위의 결과를 보면 두 번째 요소의 값이 95에서 100으로 변경된 것을 알 수 있습니다.

다음으로 리스트에 문자열을 입력하는 예를 보겠습니다. 친구 네 명의 이름(James, Robert, Lisa, Mary)을 리스트로 만들면 다음과 같습니다.

```
In: myFriends = ['James', 'Robert', 'Lisa', 'Mary']
    myFriends
```

```
Out: ['James', 'Robert', 'Lisa', 'Mary']
```

다음은 리스트 변수 myFriends에서 세 번째, 네 번째, 마지막 항목을 지정하는 예입니다.

```
In: myFriends[2]
```

```
Out: 'Lisa'
```

```
In: myFriends[3]
```

```
Out: 'Mary'
```

```
In: myFriends[-1]
```

```
Out: 'Mary'
```

위에서 리스트 변수 myFriends의 네 번째 항목이 마지막 항목이므로 myFriends[3]과 myFriends[-1]은 출력 결과가 같습니다.

다음은 숫자, 문자열, 불, 리스트를 혼합한 형태의 리스트입니다.

```
In: mixedList = [0, 2, 3.14, 'python', 'program', True, myFriends]
    mixedList
```

```
Out: [0, 2, 3.14, 'python', 'program', True, ['James', 'Robert', 'Lisa', 'Mary']]
```

위의 예처럼 리스트 데이터는 다양한 타입의 데이터로 구성할 수 있습니다.

리스트 다루기

리스트 더하기와 곱하기

문자열과 마찬가지로 리스트도 더하기와 곱하기를 할 수 있습니다. 더하기는 두 리스트를 연결하고 곱하기는 리스트를 곱한 수만큼 반복합니다. 우선 리스트 더하기의 예를 살펴보겠습니다.

```
In: list_con1= [1,2,3,4]
    list_con2 = [5,6,7,8]
    list_con = list_con1 + list_con2 # 리스트 연결

    print(list_con)
```

```
Out: [1, 2, 3, 4, 5, 6, 7, 8]
```

다음은 곱하기의 예입니다.

```
In: list_con1= [1,2,3,4]
    list_con = list_con1 * 3 # 리스트 반복
```

```
print(list_con)
```

```
Out: [1, 2, 3, 4, 1, 2, 3, 4, 1, 2, 3, 4]
```

리스트 중 일부 항목 가져오기

앞에서는 '리스트[i]'를 이용해 인덱스가 i인 항목을 가져왔습니다. 다음과 같이 인덱스의 범위를 지정해 리스트 중 일부 항목을 가져올 수 있습니다

```
리스트[i_start:i_end]
리스트[i_start:i_end:i_step]
```

i_start, i_end, i_step은 각각 인덱스의 시작, 끝, 스텝(증가 단계)입니다. 위와 같이 인덱스의 범위를 지정하면 'i_start'에서 'i_end - 1'까지의 리스트를 반환합니다. 또한 i_start를 생략하면 인덱스는 0으로 간주하고 i_end를 생략하면 인덱스는 마지막이라고 간주합니다. 다음은 인덱스의 범위를 지정해 리스트 중 일부 항목을 가져오는 예입니다.

```
In: list_data = [0, 1, 2, 3, 4, 5, 6, 7, 8, 9]
    print(list_data)
    print(list_data[0:3])
    print(list_data[4:8])
    print(list_data[:3])
    print(list_data[7:])
    print(list_data[::2])
```

```
Out: [0, 1, 2, 3, 4, 5, 6, 7, 8, 9]
     [0, 1, 2]
     [4, 5, 6, 7]
     [0, 1, 2]
     [7, 8, 9]
     [0, 2, 4, 6, 8]
```

위와 같이 리스트의 범위를 지정해 원하는 부분만 가져오는 것은 리스트를 처리할 때 자주 이용하니 잘 알아두기 바랍니다.

리스트에서 항목 삭제하기

만약 리스트에서 인덱스가 i인 항목을 삭제하려면 'del 리스트[i]'를 이용합니다. 다음 코드를 살펴보겠습니다.

```
In: print(list_data)
    del list_data[6]
    print(list_data)
```

```
Out: [0, 1, 2, 3, 4, 5, 6, 7, 8, 9]
     [0, 1, 2, 3, 4, 5, 7, 8, 9]
```

위의 결과를 보면 'del list_data[6]'을 실행해 인덱스 6의 위치에 있는 항목(여기서는 6)이 삭제됐습니다.

리스트에서 항목의 존재 여부 확인하기

리스트에 어떤 항목이 있는지 확인하려면 '항목 in 리스트'를 이용합니다. 리스트에 항목이 있으면 True를, 없으면 False를 반환합니다. 다음 예제를 봅시다.

```
In: list_data1 = [1, 2, 3, 4, 5]
    print(5 in list_data1)
    print(6 in list_data1)
```

```
Out: True
     False
```

위의 결과에서 5는 리스트 list_data1의 요소이므로 True를 반환했고 6은 리스트의 요소가 아니므로 False를 반환했습니다.

리스트 메서드 활용하기

파이썬에서는 데이터 타입(자료형)별로 이용할 수 있는 다양한 함수를 제공하는데 이를 메서드라고 합니다. 메서드를 이용하면 데이터 처리를 손쉽게 할 수 있습니다. 메서드는 다음과 같은 형식으로 사용할 수 있습니다.

```
자료형.메서드이름()
```

만약 데이터를 변수에 할당했다면 다음과 같이 변수명을 이용할 수도 있습니다.

```
변수명.메서드이름()
```

리스트에서는 데이터의 추가, 삽입, 삭제 등의 작업을 메서드로 수행할 수 있습니다. 표 4-1은 리스트에서 사용할 수 있는 메서드를 정리한 것입니다.

표 4-1 리스트 메서드

리스트 메서드	설명	사용 예
append()	리스트에서 항목 하나를 맨 마지막에 추가	myFriends.append('Thomas')
insert()	리스트에서 특정 위치에 항목을 삽입	myFriends.insert(1,'Paul')
extend()	리스트에서 항목 여러 개를 맨 마지막에 추가	myFriends.extend(['Laura', 'Betty'])
remove()	입력값과 첫 번째로 일치하는 항목을 리스트에서 삭제	myFriends.remove('Laura')
pop()	리스트의 마지막 항목을 제거한 후에 반환	popFriend = myFriends.pop()
index()	리스트에서 인자와 일치하는 첫 번째 항목의 위치를 반환	indexFriend = myFriends.index('Lisa')
count()	리스트에서 인자와 일치하는 항목의 개수를 반환	countFriend = myFriends.count('Mary')
sort()	숫자나 문자열로 구성된 리스트 항목을 순방향으로 정렬	myFriends.sort()
reverse()	리스트 항목을 끝에서부터 역순으로 정렬	myFriends.reverse()

표 4-1에서 설명한 리스트 메서드 중 많이 사용하는 몇 개를 살펴보겠습니다. 우선 append()를 살펴보겠습니다. append()는 리스트의 맨 끝에 새로운 항목을 추가합니다.

```
In: myFriends = ['James', 'Robert', 'Lisa', 'Mary']
    print(myFriends)
    myFriends.append('Thomas')
    print(myFriends)
```

```
Out: ['James', 'Robert', 'Lisa', 'Mary']
     ['James', 'Robert', 'Lisa', 'Mary', 'Thomas']
```

위 코드에서 리스트 변수 myFriends를 생성한 후에 append() 메서드를 이용해 'Thomas'를 추가했습니다. 결과에서 볼 수 있듯이 마지막 항목 다음에 'Thomas'라는 항목이 추가됐습니다.

다음으로 insert()에 대해 알아보겠습니다. insert() 메서드는 리스트의 원하는 위치에 데이터를 삽입하는 데 이용합니다. 사용법은 다음과 같습니다.

```
자료형.insert(i, data)
```

항목의 위치를 나타내는 인덱스 i에 data가 삽입됩니다. 이때 기존의 인덱스가 i 이상인 항목은 인덱스가 1씩 증가하면서 이동합니다.

다음의 코드를 살펴봅시다.

```
In: myFriends = ['James', 'Robert', 'Lisa', 'Mary']
    print(myFriends)
    myFriends.insert(1,'Paul')
    print(myFriends)
```

```
Out: ['James', 'Robert', 'Lisa', 'Mary']
     ['James', 'Paul', 'Robert', 'Lisa', 'Mary']
```

위의 'myFriends.insert(1,'Paul')'는 인덱스 1번 위치에 'Paul'을 삽입하라는 뜻입니다. 여기서 항목 1번 위치에 'Paul'이 들어가면서 기존의 인덱스가 1 이상인 항목들은 위치가 1씩 이동했음을 볼 수 있습니다.

다음은 extend()입니다. extend() 메서드는 리스트의 맨 끝에 여러 개의 항목을 추가하는 데 이용합니다. 다음의 코드를 살펴봅시다.

```
In: myFriends = ['James', 'Robert', 'Lisa', 'Mary']
    print(myFriends)
    myFriends.extend(['Laura', 'Betty'])
    print(myFriends)
```

```
Out: ['James', 'Robert', 'Lisa', 'Mary']
     ['James', 'Robert', 'Lisa', 'Mary', 'Laura', 'Betty']
```

기존 리스트의 맨 끝에 두 개의 새로운 항목이 추가된 것을 볼 수 있습니다.

지금까지 리스트의 메서드를 활용하는 방법을 살펴봤습니다. 설명하지 않은 리스트 메서드도 있는데 표 4-1의 내용을 참고하면 필요할 때 충분히 이용할 수 있을 것입니다.

04 튜플

튜플(Tuple)은 리스트와 유사하게 데이터 여러 개를 하나로 묶는 데 이용합니다. 튜플의 항목은 숫자, 문자열, 불, 리스트, 튜플, 세트, 딕셔너리 등으로 만들 수 있습니다. 튜플의 속성은 리스트와 유사합니다. 단, 튜플 데이터는 한 번 입력(혹은 생성)하면 그 이후에는 항목을 변경할 수가 없습니다.

튜플 만들기

리스트에서는 데이터를 입력할 때 대괄호([ ])를 이용했는데 튜플은 대괄호 대신 소괄호(( ))를 사용하거나 괄호를 사용하지 않고 데이터를 입력합니다. 항목은 리스트와 마찬가지로 콤마(,)로 구분합니다.

다음은 소괄호를 이용해 튜플을 생성하는 예입니다.

```
In: tuple1 = (1,2,3,4)
    tuple1
```

```
Out: (1, 2, 3, 4)
```

type()을 이용해 앞에서 생성한 데이터의 타입을 확인해 보겠습니다.

```
In: type(tuple1)
```

```
Out: tuple
```

앞에서 살펴본 리스트처럼 튜플도 '변수명[i]'로 튜플의 각 요소를 지정합니다. 다음은 생성된 튜플에서 인덱스 i로 위치를 지정해 값을 출력하는 예입니다.

```
In: tuple1[1]
```

```
Out: 2
```

다음은 소괄호를 사용하지 않고 튜플을 생성하는 예입니다.

```
In: tuple2 = 5,6,7,8
    print(tuple2)
```

```
Out: (5, 6, 7, 8)
```

```
In: type(tuple2)
```

```
Out: tuple
```

다음으로 인자가 하나만 있는 튜플을 생성하는 방법을 살펴보겠습니다. 항목을 하나만 갖는 튜플을 생성할 때는 항목을 입력한 후에 반드시 콤마(,)를 입력해야 합니다. 소괄호가 있거나 없거나 모두 콤마를 반드시 입력해야 합니다. 다음은 항목이 하나인 튜플을 생성하는 예입니다.

```
In: tuple3 = (9,) # 반드시 콤마(,) 필요
    tuple4 = 10,  # 반드시 콤마(,) 필요
    print(tuple3)
    print(tuple4)
```

```
Out: (9,)
     (10,)
```

튜플 다루기

한번 생성된 튜플은 요소를 변경하거나 삭제할 수 없습니다. 이런 시도를 하면 리스트와 달리 오류가 발생합니다. 튜플의 이런 특성으로 튜플은 한 번 생성한 후에 요소를 변경할 필요가 없거나 변경할 수 없도록 하고 싶을 때 주로 이용합니다.

다음은 튜플의 요소를 변경하거나 삭제하고자 할 때 어떤 결과가 나타나는지 보여줍니다.

```
In: tuple5 = (1,2,3,4)
    tuple5[1] = 5 # 한번 생성된 튜플의 요소는 변경되지 않음
```

```
Out: ---------------------------------------------------------------------------
    TypeError                                 Traceback (most recent call last)
    <ipython-input-91-883687f4b7db> in <module>()
          1 tuple5 = (1,2,3,4)
    ----> 2 tuple5[1] = 5 # 한번 생성된 튜플의 요소는 변경되지 않음

    TypeError: 'tuple' object does not support item assignment
```

```
In: del tuple5[1] # 한번 생성된 튜플 요소는 삭제되지 않음
```

```
Out: ---------------------------------------------------------------------------
    TypeError                                 Traceback (most recent call last)
```

```
<ipython-input-92-b7f0cc5e9062> in <module>()
----> 1 del tuple5[1] # 한번 생성된 튜플 요소는 삭제되지 않음

TypeError: 'tuple' object doesn't support item deletion
```

튜플의 요소를 변경하거나 삭제하는 메서드는 튜플에서 이용할 수 없지만 index() 메서드나 count() 메서드처럼 요소를 변경하지 않는 메서드는 튜플에서도 사용할 수 있습니다. index() 메서드는 인자와 일치하는 첫 번째 항목의 위치를 반환하고 count() 메서드는 인자와 일치하는 항목의 개수를 반환합니다.

다음은 튜플에서 index() 메서드를 이용하는 예입니다.

```
In: tuple6 = ('a', 'b', 'c', 'd', 'e', 'f')
    tuple6.index('c')
```

```
Out: 2
```

위에서 index() 메서드의 인자 'c'와 일치하는 튜플의 위치는 세 번째이므로 2를 반환했음을 볼 수 있습니다.

특정 인자와 일치하는 항목의 개수를 알고 싶을 때는 다음과 같이 count() 메서드를 이용합니다.

```
In: tuple7 = ('a', 'a', 'a', 'b', 'b', 'c', 'd')
    tuple7.count('a')
```

```
Out: 3
```

count() 메서드의 인자 'a'와 일치하는 튜플 항목의 개수는 세 개이므로 3을 반환했습니다.

05 세트

리스트와 튜플과 유사한 또 다른 데이터 타입으로 세트(Set)가 있습니다. 세트는 수학의 집합 개념을 파이썬에서 이용할 수 있도록 만든 데이터 타입입니다. 세트가 리스트와 튜플과 다른 점은 데이터의 순서가 없고 데이터를 중복해서 쓸 수 없다는 것입니다. 또한 세트는 리스트에서 사용했던 메서드 외에 집합의 기본이 되는 교집합, 합집합, 차집합을 구하는 메서드를 사용할 수 있습니다. 그럼 이제 세트에 대해 살펴보겠습니다.

세트 만들기

세트를 생성할 때는 중괄호({ })로 데이터를 감싸면 됩니다. 항목과 항목 사이에는 리스트나 튜플과 마찬가지로 콤마(,)가 들어갑니다. 우선 다음처럼 세트를 생성하겠습니다.

```
In: set1 = {1, 2, 3}
    set1a = {1, 2, 3, 3}
    print(set1)
    print(set1a)
```

```
Out: {1, 2, 3}
     {1, 2, 3}
```

위의 예에서는 두 개의 변수(set1, set1a)에 각각 세트를 생성해 대입했습니다. 변수 set1a에는 3을 중복해서 대입했지만 출력된 결과를 보면 set1a에는 중복된 데이터는 하나만 입력된 것을 볼 수 있습니다.

세트의 데이터 타입을 확인하기 위해서는 앞의 경우와 같이 type() 함수를 이용합니다.

```
In: type(set1)
```

```
Out: set
```

세트의 교집합, 합집합, 차집합 구하기

세트에서 사용할 수 있는 교집합, 합집합, 차집합 메서드를 이용하는 예를 살펴보겠습니다. 집합 A에는 {1,2,3,4,5}가, 집합 B에는 {4,5,6,7,8,9,10}이 들어있다고 가정하고 두 집합 A와 B의 교집합, 합집합, 차집합을 구해보겠습니다.

교집합, 합집합, 차집합

- 교집합(intersection): 두 집합 A와 B가 있을 때 집합 A에도 속하고 집합 B에도 속하는 원소로 이뤄진 집합. 집합 A에 대한 집합 B의 교집합은 기호로 A∩B로 표시함.
- 합집합(union): 두 집합 A와 B가 있을 때 집합 A에 속하거나 집합 B에 속하는 원소로 이뤄진 집합. 집합 A에 대한 집합 B의 합집합은 기호로 A∪B로 표시함.
- 차집합(difference): 두 집합 A와 B가 있을 때 집합 A에는 속하고 집합 B에는 속하지 않는 원소로 이뤄진 집합. 집합 A에 대한 집합 B의 차집합은 기호로 A−B로 표시함.

교집합, 합집합, 차집합을 위한 메서드는 각각 intersection(), union(), difference()입니다. 변수 A와 B가 있을 때 메서드의 사용법은 표 4-2와 같습니다

표 4-2: 세트의 교집합, 합집합, 차집합 메서드

메서드	기호 표시	사용 예
교집합(intersection)	A∩B	A.intersection(B)
합집합(union)	A∪B	A.union(B)
차집합(difference)	A-B	A.difference(B)

이제 다음 코드를 통해 메서드를 어떻게 이용하는지 살펴보겠습니다.

```
In: A = {1, 2, 3, 4, 5}            # Set A
    B = {4, 5, 6, 7, 8, 9, 10}     # Set B
    A.intersection(B)              # 집합 A에 대한 집합 B의 교집합(A∩B)
```

```
Out: {4, 5}
```

```
In: A.union(B) # 집합 A에 대한 집합 B의 합집합(A∪B)
```

```
Out: {1, 2, 3, 4, 5, 6, 7, 8, 9, 10}
```

```
In: A.difference(B) # 집합 A에 대한 집합 B의 차집합(A-B)
```

```
Out: {1, 2, 3}
```

위에서는 두 집합의 교집합, 합집합, 차집합을 구하기 위해 메서드를 이용했지만 연산자를 이용할 수도 있습니다. 세트가 두 개 있다고 할 때 두 집합의 교집합, 합집합, 차집합을 위한 세트 연산자는 각각 '&', '|', '-'입니다.

다음 코드로 사용법을 확인해 보겠습니다.

```
In: A = {1, 2, 3, 4, 5}            # Set A
    B = {4, 5, 6, 7, 8, 9, 10}     # Set B
    A & B                          # 집합 A에 대한 집합 B의 교집합(A∩B)
```

```
Out: {4, 5}
```

```
In: A | B  # 집합 A에 대한 집합 B의 합집합(A∪B)
```

```
Out: {1, 2, 3, 4, 5, 6, 7, 8, 9, 10}
```

```
In: A - B  # 집합 A에 대한 집합 B의 차집합(A-B)
```

```
Out: {1, 2, 3}
```

리스트, 튜플, 세트 간 타입 변환

앞에서 리스트, 튜플, 세트에 대해 살펴봤습니다. 여러 데이터를 다루다 보면 연산이나 처리를 할 때 데이터의 타입을 변환해야 할 필요가 있는데 데이터 타입은 list(), tuple(), set()을 이용해 서로 변환할 수 있습니다. 다음 예제를 봅시다.

```
In: a = [1,2,3,4,5]
In: type(a)
```

```
Out: list
```

위에서 리스트 변수 a를 생성했습니다. 여기서 type(a)의 결과로도 변수 a는 리스트임을 알 수 있습니다. 먼저 리스트를 튜플로 변환해 보겠습니다.

```
In: b = tuple(a)
    b
```

```
Out: (1, 2, 3, 4, 5)
```

```
In: type(b)
```

```
Out: tuple
```

보다시피 리스트 a가 튜플로 바뀌었습니다. 다음으로 리스트 a를 세트로 변환해 보겠습니다.

```
In: c = set(a)
    c
```

```
Out: {1, 2, 3, 4, 5}
```

```
In: type(c)
```

```
Out: set
```

역시 리스트 a가 세트로 바뀌었습니다. 위에서 튜플과 세트로 변환된 데이터를 다시 리스트로 변환해 보겠습니다.

```
In: list(b)
```

```
Out: [1, 2, 3, 4, 5]
```

```
In: list(c)
```

```
Out: [1, 2, 3, 4, 5]
```

위의 결과에서 리스트, 튜플, 세트는 형태의 유사성으로 인해 서로 변환할 수 있음을 알 수 있습니다.

06 딕셔너리

마지막으로 살펴볼 데이터 타입은 딕셔너리(Dictionary)입니다. 딕셔너리란 우리말로 사전입니다. 딕셔너리를 설명하기 전에 먼저 사전을 생각해봅시다. 사전의 구성을 보면 표제어가 있고 그에 대한 설명이 있습니다. 따라서 표제어만 찾으면 그에 대한 설명을 전부 확인할 수 있습니다.

파이썬의 딕셔너리도 사전과 유사하게 구성돼 있습니다. 사전의 표제어와 설명은 파이썬에서 각각 키(key)와 값(value)이라고 합니다. 이처럼 딕셔너리는 키와 값이 항상 쌍으로 구성됩니다. 따라서 키를 안다면 그에 해당하는 값을 쉽게 알 수 있습니다. 리스트나 튜플은 인덱스를 이용해 항목을 다뤘지만 딕셔너리는 인덱스 대신 키를 이용해 값을 다룹니다. 리스트나 튜플에서 인덱스는 0부터 시작하는 숫자였지만 딕셔너리의 키는 임의로 지정한 숫자나 문자열이 될 수 있으며, 값으로는 어떤 데이터 타입도 사용할 수 있습니다. 설명만으로는 복잡해 보이지만 실제로 딕셔너리를 만들고 활용해 보면 그다지 어렵지 않습니다.

딕셔너리 만들기

딕셔너리를 만들려면 딕셔너리 데이터 전체를 중괄호({ })로 감싸면 됩니다. 그리고 키와 값의 구분은 콜론(:)으로 합니다. 또한 키와 값으로 이뤄진 각 쌍은 콤마(,)로 구분합니다. 그림 4-2는 딕셔너리의 구조와 생성 방법을 보여줍니다.

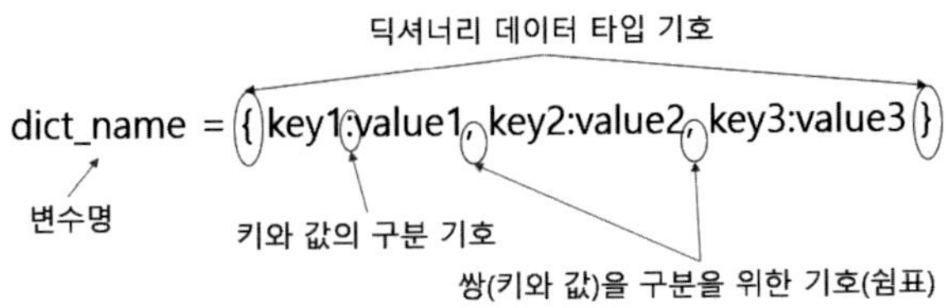

딕셔너리 데이터 타입 기호

dict_name = {key1:value1, key2:value2, key3:value3}

변수명 키와 값의 구분 기호 쌍(키와 값)을 구분을 위한 기호(쉼표)

그림 4-2 딕셔너리 구조 및 생성

그럼 예제를 통해 어떻게 딕셔너리를 생성하는지 알아보겠습니다. 먼저 키와 값이 모두 문자열인 예를 살펴보겠습니다. 딕셔너리를 생성하기 위해 다음 코드처럼 키와 값으로 나라와 수도를 입력하겠습니다.

```
In: country_capital = {"영국":"런던", "프랑스":"파리", "스위스": "베른", "호주":"멜버른",
    "덴마크": "코펜하겐"}
    country_capital
```

```
Out: {'덴마크': '코펜하겐', '스위스': '베른', '영국': '런던', '프랑스': '파리', '호주': '멜버른'}
```

위의 코드와 출력된 결과를 비교해 보면 딕셔너리의 경우 입력한 순서대로 출력되지 않는 것을 알 수 있습니다[1]. 딕셔너리는 순서보다 키와 값의 쌍으로 데이터를 입력해야 할 때 주로 이용합니다.

앞에서 생성한 변수 country_capital의 타입을 알아보겠습니다.

```
In: type(country_capital)
```

```
Out: dict
```

출력 결과를 보면 dict라고 나오는데, 이것은 딕셔너리를 의미합니다. 만약 지정한 키의 값만 얻고 싶으면 다음과 같이 딕셔너리 변수에 원하는 키를 넣으면 됩니다.

```
In: country_capital["영국"]
```

```
Out: '런던'
```

앞에서도 이야기했듯이 딕셔너리의 키는 숫자와 문자열이 될 수 있고 값은 어떤 데이터 형태도 올 수 있습니다. 다음은 키와 값에 다양한 데이터 타입을 입력한 예를 살펴보겠습니다. 우선 키는 숫자로, 값은 문자열로 입력한 예입니다.

1 파이썬 버전 3.6 이상부터는 입력한 순서대로 출력합니다.

```
In: dict_data1 = {1:"버스", 3: "비행기", 4:"택시", 5: "자전거"}
    dict_data1
```

```
Out: {1: '버스', 3: '비행기', 4: '택시', 5: '자전거'}
```

위의 딕셔너리에서 키를 3으로 지정해 출력해 보겠습니다.

```
In: dict_data1[3]
```

```
Out: '비행기'
```

위 결과에서 딕셔너리 변수 dict_data1의 키 3에 해당하는 값인 '비행기'가 출력됐습니다. dict_data1[3]에서 입력된 3은 딕셔너리 키이지, 리스트의 인덱스처럼 위치를 뜻하는 3이 아닙니다.

다음은 키와 값이 모두 숫자인 딕셔너리의 예입니다.

```
In: dict_data2 = {1:10, 2: 20, 3:30, 4: 40, 5:50}
    print(dict_data2)
    print(dict_data2[4])
```

```
Out: {1: 10, 2: 20, 3: 30, 4: 40, 5: 50}
     40
```

다음은 키가 문자열이고 값은 리스트인 딕셔너리의 예입니다.

```
In: dict_data3 = {"list_data1":[11,12,13], "list_data2": [21,22,23]}
    print(dict_data3)
    print(dict_data3["list_data2"])
```

```
Out: {'list_data1': [11, 12, 13], 'list_data2': [21, 22, 23]}
     [21, 22, 23]
```

다음은 다양한 형태의 키와 값을 갖는 딕셔너리의 예입니다.

```
In: mixed_dict = {1:10, 'dict_num': {1:10, 2:20}, "dict_list_tuple": {"A":[11,12,13],
    "B":(21,22,23)}, "dict_string": "이것은 책입니다."}
    mixed_dict
```

```
Out: {1: 10,
    'dict_list_tuple': {'A': [11, 12, 13], 'B': (21, 22, 23)},
```

```
'dict_num': {1: 10, 2: 20},
'dict_string': '이것은 책입니다.'}
```

앞의 예처럼 키에 사용할 수 있는 데이터 타입은 숫자나 문자열이지만 값에는 숫자, 문자열, 튜플, 리스트, 딕셔너리 등 다양한 데이터를 사용할 수 있습니다.

딕셔너리 다루기

딕셔너리에 데이터 추가하고 변경하기

이번에는 딕셔너리를 처리하는 방법을 살펴보겠습니다. 생성된 딕셔너리에 새로운 키와 값을 추가하거나 기존의 값을 수정하려면 'dict_variable[key] = value' 형태로 입력하면 됩니다.

다음은 앞에서 만든 딕셔너리 변수 country_capital에 독일의 수도인 베를린을 키와 값으로 새롭 추가한 예입니다.

```
In: country_capital["독일"]= "베를린"
    country_capital
```

```
Out: {'덴마크': '코펜하겐', '독일': '베를린', '스위스': '베른', '영국': '런던', '프랑스': '파
     리', '호주': '멜버른'}
```

기존 키의 값을 다른 값으로 변경하려면 다음과 같이 기존 키를 지정하고 새로운 값을 할당하면 됩니다. 위의 예제에서 호주의 수도는 캔버라인데 멜버른으로 잘못 입력됐으니 변경해 보겠습니다.

```
In: country_capital["호주"]= "캔버라"
    country_capital
```

```
Out: {'덴마크': '코펜하겐', '독일': '베를린', '스위스': '베른', '영국': '런던', '프랑스': '파
     리', '호주': '캔버라'}
```

딕셔너리에서 데이터 삭제하기

딕셔너리의 특정 키와 값을 삭제하려면 'del 딕셔너리데이터[key]'를 입력해 딕셔너리에서 키와 이와 쌍을 이루는 값을 삭제할 수 있습니다. 예를 들어, 딕셔너리 변수 country_capital에서 키가 '덴마크'이고 값이 '코펜하겐'인 데이터를 삭제하려면 다음과 같이 작성하면 됩니다.

```
In: del country_capital["덴마크"]
    country_capital
```

```
Out: {'독일': '베를린', '스위스': '베른', '영국': '런던', '프랑스': '파리', '호주': '캔버라'}
```

딕셔너리 메서드 활용하기

리스트의 경우 리스트 메서드를 이용해 여러 작업을 할 수 있었습니다. 딕셔너리의 경우도 딕셔너리 데이터를 처리하기 위한 딕셔너리 메서드가 있습니다. 딕셔너리 메서드는 '딕셔너리데이터.메서드이름()'과 같은 형태로 사용할 수 있습니다. 표 4-3은 딕셔너리에서 사용할 수 있는 메서드입니다.

표 4-3 딕셔너리 메서드

딕셔너리 메서드	설명	사용 예
keys()	딕셔너리에서 키 전체를 리스트 형태로 반환	dict_data.keys()
values()	딕셔너리에서 값 전체를 리스트 형태로 반환	dict_data.values()
items()	딕셔너리에서 키와 값의 쌍을 (키, 값)처럼 튜플 형태로 반환	dict_data.items()
update(dict_data2)	딕셔너리에 딕셔너리 데이터('dict_data2') 추가	dict_data.update(dict_data2)
clear()	딕셔너리의 모든 항목 삭제	dict_data.clear()

다음으로 표 4-3의 딕셔너리 메서드를 사용하는 예를 살펴보겠습니다. 딕셔너리 메서드의 사용법을 설명하기 위해 다음과 같이 과일 이름을 키로 하고 숫자를 값으로 하는 딕셔너리를 생성하겠습니다.

```
In: fruit_code = {"사과":101, "배":102, "딸기":103, "포도":104, "바나나":105}
```

이제, 딕셔너리 메서드 keys()를 이용해 딕셔너리에서 키만 출력하겠습니다.

```
In: print(fruit_code.keys())
```

```
Out: dict_keys(['사과', '배', '딸기', '포도', '바나나'])
```

다음으로 values()로 딕셔너리의 값을 출력하겠습니다.

```
In: print(fruit_code.values())
```

```
Out: dict_values([101, 102, 103, 104, 105])
```

다음으로 items()로 키와 값의 쌍을 출력해 보겠습니다.

```
In: print(fruit_code.items())
```

```
Out: dict_items([('사과', 101), ('배', 102), ('딸기', 103), ('포도', 104), ('바나나', 105)])
```

출력 결과에서 딕셔너리 메서드인 keys(), values(), items()는 각각 dict_keys, dict_values, dict_items 라는 데이터 형태로 값을 반환합니다. 딕셔너리는 리스트로 변환해서 데이터를 처리하면 편리한 경우가 있습니다. 이때 list() 함수를 이용해 리스트로 변환할 수 있습니다.

```
In: list(fruit_code.keys())
```

```
Out: ['사과', '배', '딸기', '포도', '바나나']
```

```
In: list(fruit_code.values())
```

```
Out: [101, 102, 103, 104, 105]
```

```
In: list(fruit_code.items())
```

```
Out: [('사과', 101), ('배', 102), ('딸기', 103), ('포도', 104), ('바나나', 105)]
```

다음으로 update()를 이용해 기존의 딕셔너리 데이터에 새로운 딕셔너리 데이터를 추가하겠습니다. 예를 살펴보기 위해서는 두 개의 딕셔너리 데이터가 필요하므로 딕셔너리를 하나 더 생성하겠습니다.

```
In: fruit_code2 = {"오렌지":106, "수박":107}
```

이제 update() 메서드를 이용해 딕셔너리 fruit_code에 fruit_code2를 추가하겠습니다.

```
In: fruit_code.update(fruit_code2)
    fruit_code
```

```
Out: {'딸기': 103, '바나나': 105, '배': 102, '사과': 101, '수박': 107, '오렌지': 106, '포도': 104}
```

위의 결과에서 딕셔너리 fruit_code에 fruit_code2의 키와 값이 추가된 것을 볼 수 있습니다. clear() 메서드는 다음과 같이 딕셔너리의 모든 항목을 삭제합니다.

```
In: fruit_code2.clear()
    print(fruit_code2)
    type(fruit_code2)
```

```
Out: {}
Out: dict
```

출력 결과를 보면 딕셔너리 fruit_code2의 모든 항목을 clear() 메서드로 삭제해 빈 딕셔너리({ })가 됐지만 데이터 타입은 여전히 딕셔너리(dict)임을 알 수 있습니다.

07 정리

이번 장에서는 자료를 담을 수 있는 상자인 변수와 다양한 데이터 타입에 대해 살펴봤습니다. 여기서 살펴본 데이터 타입은 문자열, 리스트, 튜플, 세트, 딕셔너리입니다. 데이터 타입은 코드를 작성하기 위한 기본적인 내용으로서 반드시 잘 알아야 합니다. 모든 데이터 타입이 중요하지만 문자열, 리스트, 딕셔너리는 파이썬에서 데이터 처리를 할 때 특히 많이 사용하니 잘 익혀두기 바랍니다.

05

제어문

일상생활에서 조건이나 상황에 따라 처리 결과가 달라지는 경우가 있습니다. 예를 들어, 어떤 시험에서 특정 점수 이상은 합격이고, 미만은 불합격입니다. 대중교통 요금의 경우도 나이 구간에 따라 다릅니다. 실생활과 마찬가지로 컴퓨터 프로그래밍에서도 조건에 따라서 명령을 다르게 수행할 수 있습니다.

또한 어떤 일을 할 때 특정한 조건을 만족할 때까지 계속 반복하기도 합니다. 예를 들어, 줄넘기 백 번 하기, 노래 열 번 부르기는 해당 숫자까지 지속해서 반복하는 것입니다. 사람이 어떤 일을 지속해서 반복하는 것은 어렵지만 컴퓨터 프로그램에서 반복하는 것은 어려운 일이 아닙니다. 심지어 어떤 작업을 무한 반복할 수도 있습니다.

지금까지 작성한 코드는 앞에서부터 순차적으로 수행됐는데 조건에 따라 코드의 특정 부분만 수행하거나 반복할 수 있습니다. 이처럼 코드의 진행 순서를 바꾸는 구문을 제어문이라고 합니다. 제어문에는 조건을 검사해 분기하는 구문인 조건문과 어떤 구간이나 조건을 만족하는 동안 코드의 일부분을 반복하는 구문인 반복문이 있습니다. 제어문을 이용하면 상황에 따라 다르게 코드를 실행할 수 있어서 프로그램이 지능이 있는 기기처럼 동작하도록 만들 수 있습니다.

이번 장에서는 이러한 조건문과 반복문에 대해 알아보겠습니다.

01 조건에 따라 분기하는 if 문

조건에 따라 코드를 다르게 실행하려면 if 문을 이용합니다. if 문에서는 지정한 조건에 따라 다르게 분기해 명령을 수행합니다. 따라서 if 문에서는 조건의 만족 여부에 따라서 코드 수행 결과가 달라집니다.

단일 조건에 따른 분기(if)

if 문에는 몇 가지 구조가 있는데 단일 조건에 따라서 분기하는 가장 기본적인 if 문의 구조는 다음과 같습니다.

```
if <조건문>:
    <코드 블록>
```

위의 if 문에서 〈조건문〉을 만족하면(즉, 참이면) 그 아래의 〈코드 블록〉을 수행하고, 만족하지 않으면(즉, 거짓이면) 수행하지 않습니다. 여기서 〈조건문〉 다음에는 콜론(:)을 입력합니다. 다음 줄에서 〈코드 블록〉을 입력할 때 키보드의 탭(Tab)이나 공백을 이용해 들여쓰기합니다. 〈코드 블록〉의 코드는 한 줄일 수도 있고 여러 줄일 수도 있습니다.

그림 5-1은 if 문의 기본 구조를 흐름도(Flow chart)로 표시한 것입니다.

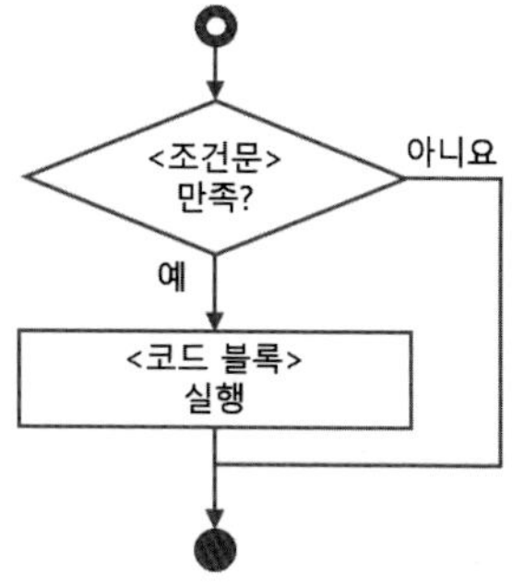

그림 5-1 if 문의 흐름도

그림 5-2는 if 문을 이용해 코드를 작성한 예입니다.

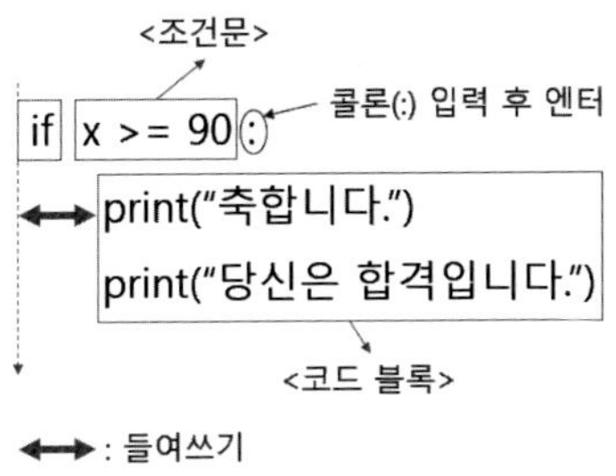
<조건문>
if
x >= 90
:
콜론(:) 입력 후 엔터
print("축합니다.")
print("당신은 합격입니다.")
<코드 블록>
: 들여쓰기

그림 5-2 if 문의 사용

파이썬에서 콜론(:)과 들여쓰기

파이썬에서는 콜론(:)과 들여쓰기로 코드의 구조를 결정합니다. 파이썬에서 들여쓰기 방법에는 두 가지가 있습니다. 스페이스 바를 이용해 공백(빈칸)을 입력하는 방법과 탭(Tab) 키를 이용해 탭을 입력하는 방법입니다. 공백을 이용하는 경우 공백이 몇 칸이든 상관없지만, 보통은 네 칸 정도의 공백을 이용합니다. 공백과 탭 모두 이용할 수 있지만 코드에서는 이 둘을 같이 사용해서는 안 됩니다. 들여쓰기가 잘못되면 오류가 발생하므로 코드를 작성할 때 들여쓰기에 신경 써야 합니다. 참고로 주피터 노트북에서는 콜론(:)을 입력한 후에 Enter를 누르면 자동으로 들여쓰기합니다.

if 문의 <조건문>에는 조건을 판단하기 위해 앞에서 살펴본 비교 연산(표 5-1) 및 논리 연산을 이용합니다(표 5-2). 또한 비교 연산과 논리 연산 여러 개를 조합해 사용하기도 합니다.

표 5-1 비교 연산자

비교 연산자	의미	활용 예	설명
==	같다	a == b	a는 b와 같다
!=	같지 않다	a != b	a는 b와 같지 않다
<	작다	a < b	a는 b보다 작다
>	크다	a > b	a는 b보다 크다
<=	작거나 같다	a <= b	a는 b보다 작거나 같다
>=	크거나 같다	a >= b	a는 b보다 크거나 같다

표 5-2 논리 연산자

논리 연산자	의미	활용 예	설명
and	논리곱	A and B	A와 B가 모두 참이면 참이고 그 외에는 거짓
or	논리합	A or B	A와 B 중 하나라도 참이면 참이고 둘 다 거짓이면 거짓
not	논리부정	not A	A가 참이면 거짓이고 거짓이면 참

다음은 if 문을 이용해 변수 x의 값이 90보다 크거나 같으면 'Pass'를 출력하는 코드입니다.

```
In: x = 95
    if x >= 90:
        print("Pass")
```

```
Out: Pass
```

위의 코드에서 변수 x에는 95가 할당돼 90보다 크거나 같으므로 'Pass'를 출력했습니다. 만약 x가 90보다 작으면 'Fail'을 출력하는 것을 추가하려면 어떻게 해야 할까요? 이어지는 내용을 살펴봅시다.

단일 조건 및 그 외 조건에 따른 분기(if ~ else)

앞의 if 문 구조에서는 〈조건문〉을 만족하면 〈코드 블록〉을 수행하지만 만족하지 않는 경우는 아무것도 수행하지 않았습니다. 만약 if 문에서 〈조건문〉의 만족 여부에 따라 코드를 다르게 수행하려면 다음과 같이 'if ~ else' 구조의 조건문을 이용합니다.

```
if 〈조건문〉:
    〈코드 블록 1〉
else:
    〈코드 블록 2〉
```

위의 'if ~ else' 구조의 조건문에서 〈조건문〉을 만족하면 〈코드 블록 1〉을 수행하고, 만족하지 않으면 〈코드 블록 2〉를 수행합니다(그림 5-3). 〈조건문〉 다음에 콜론(:)을 입력했듯이 else 다음에도 콜론(:)을 입력합니다. 또한 'else:' 다음의 〈코드 블록 2〉도 들여쓰기를 합니다. 여기서 else는 단독으로 쓸 수 없고 반드시 if와 함께 써야 합니다.

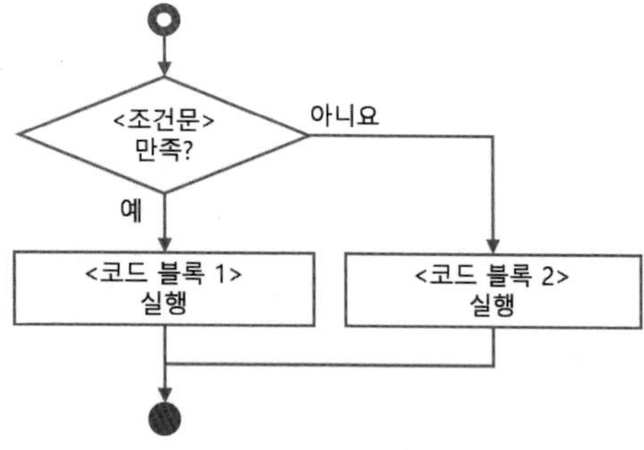

그림 5-3 if ~ else 문의 흐름도

그림 5-4는 'if ~ else' 문을 이용해 코드를 작성한 예입니다.

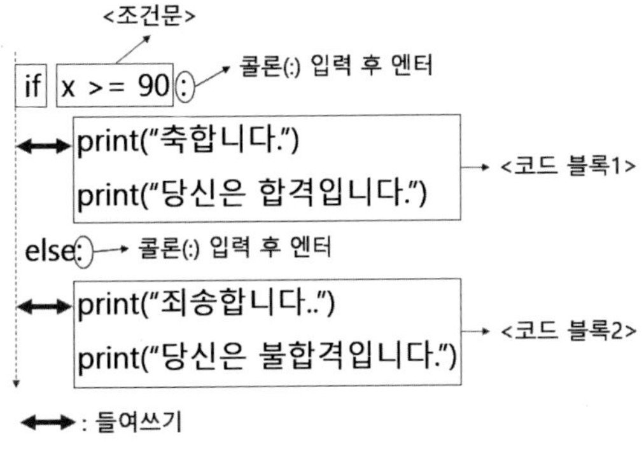

<조건문>
if
x >= 90
:
콜론(:) 입력 후 엔터
print("축합니다.")
print("당신은 합격입니다.")
<코드 블록1>
else:
콜론(:) 입력 후 엔터
print("죄송합니다..")
print("당신은 불합격입니다.")
<코드 블록2>
: 들여쓰기

그림 5-4 if ~ else 문의 사용

다음 코드는 'if ~ else' 문의 구조를 이용한 조건문의 예입니다. 변수 x의 데이터가 90보다 크거나 같으면 'Pass'를 출력하고 90보다 작으면 'Fail'을 출력합니다.

```
In: x = 75
    if x >= 90:
        print("Pass")
    else:
        print("Fail")
```

```
Out: Fail
```

위의 코드에서는 변수 x의 값이 75로 90보다 작으므로 'Fail'을 출력했습니다.

여러 조건에 따른 분기(if ~ elif ~ else)

앞에서 if 구조와 'if ~ else' 구조의 조건문을 살펴봤습니다. 여러 조건에 따라 코드를 각각 다르게 수행하려면 'if ~ elif ~ else' 조건문을 이용합니다. 여기서 elif는 필요에 따라 여러 개를 사용할 수도 있습니다.

```
if 〈조건문 1〉:
    〈코드 블록 1〉
elif 〈조건문 2〉:
    〈코드 블록 2〉
        .
        .
        .
elif 〈조건문 n〉:
    〈코드 블록 n〉
else:
    〈코드 블록 m〉
```

위의 'if ~ elif ~ else' 구조의 조건문에서 우선 〈조건문 1〉이 만족하는지 검사하고 만족하면 〈코드 블록 1〉을 수행합니다. 만약 〈조건문 1〉을 만족하지 않는다면 그다음 조건문인 〈조건문 2〉를 검사하고 만족하면 〈코드 블록 2〉를 수행합니다. 만약 〈조건문 2〉도 만족하지 않는다면 그다음 조건문을 검사합니다. 이와 같은 방법으로 마지막 조건문인 〈조건문 n〉을 검사하고 만족하면 〈코드 블록 n〉을 수행합니다. 마지막 조건문까지 만족하지 않으면 'else:' 아래의 〈코드 블록 m〉을 실행합니다(그림 5-5). 여기서 'else:' 이후는 생략하고 'if ~ elif'만 이용할 수도 있습니다.

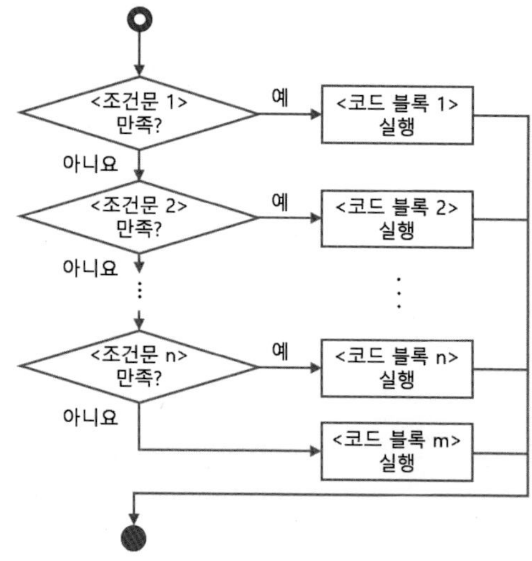

그림 5-5 if ~ elif ~ else 문의 흐름도

다음은 조건이 여러 개인 'if ~ elif ~ else' 조건문을 사용한 코드입니다. 변수 x의 값이 90보다 크거나 같으면 'Very good'을 출력하고 80보다 크거나 같고 90보다 작으면 'Good'을 출력하고 80보다 작으면 'Bad'를 출력합니다.

```
In: x = 85
    if x >= 90:
        print("Very good")
    elif  (x >= 80) and (x < 90):
        print("Good")
    else:
        print("Bad")

Out: Good
```

위의 코드에서 변수 x에는 85가 할당돼 80보다 크거나 같고 90보다 작은 조건('(x >= 80) and (x < 90)')을 만족하므로 'Good'이 출력됐습니다.

앞에서 비교 연산과 논리 연산을 조합해서 만든 조건 '(x >= 80) and (x < 90)'은 '(80 <= x) and (x < 90)'과 같습니다. 파이썬에서는 이와 같은 형태의 경우 '(80 <= x < 90)'처럼 더 직관적으로 표현할 수 있습니다. 다음 예제를 봅시다.

```
In: x = 85
    if x >= 90:
        print("Very Good")
    elif  80 <= x < 90:
        print("Good")
    else:
        print("Bad")

Out: Good
```

중첩 조건에 따른 분기

앞에서 살펴본 조건문의 <코드 블록>에는 또 다른 조건문을 포함할 수 있습니다. 이처럼 조건문 안에 또 다른 조건문을 사용한 구조를 중첩 조건문이라고 합니다. 중첩 조건문을 이용하면 다양한 논리로 이뤄진 조건문을 만들 수 있습니다. 다음은 중첩 조건문을 이용한 예입니다.

```
if 〈조건문 1〉:
    if 〈조건문 1-1〉:
        〈코드 블록 1-1〉
    else:
        〈코드 블록 1-2〉
elif 〈조건문 2〉:
    〈코드 블록 2〉
else:
    〈코드 블록 3〉
```

위의 중첩 조건문에서 〈조건문 1〉을 만족하면 다시 〈조건문 1-1〉을 만족하는지 검사한 후에 만족한다면 〈코드 블록 1-1〉을 수행하고, 만족하지 않으면 〈코드 블록 1-2〉를 수행합니다. 만약 〈조건문 1〉을 만족하지 않는다면 〈조건문 2〉를 만족하는지 검사한 후 만족한다면 〈코드 블록 2〉를 수행하고, 만족하지 않으면 마지막으로 〈코드 블록 3〉을 수행합니다. 조건문 `if` 안에 다시 `'if ~ else'` 조건문이 있는데 여기서도 들여쓰기를 합니다. 위에서는 `if` 문 안에 또 다른 `if` 문을 사용해 두 개의 중첩 조건문을 만들었지만 더 많은 중첩 조건문을 만들 수도 있습니다.

그림 5-6은 중첩 조건문을 이용해 코드를 작성한 예입니다.

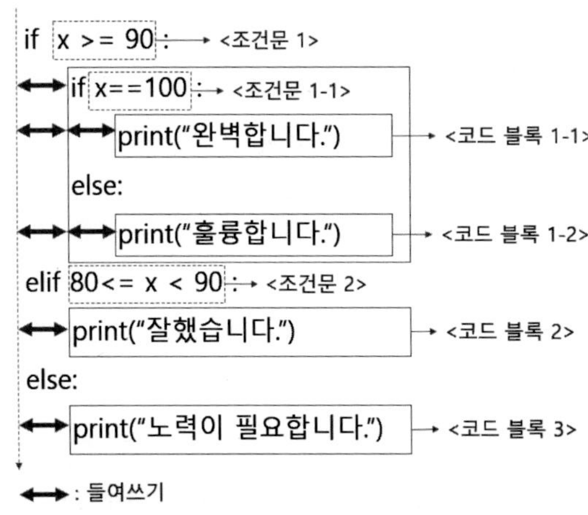

그림 5-6 중첩 조건문의 사용

이제 중첩 조건문을 사용한 코드를 작성해 보겠습니다. 이를 위해 앞에서 작성한 'if ~ elif ~ else' 조건문 내부에 조건문을 추가하겠습니다. 즉, 변수 x가 'x >= 90'을 만족하는 가운데 x가 100이면 'Perfect'를 출력하고, 그렇지 않으면 'Very good'을 출력하는 조건문을 추가하겠습니다.

```
In: x = 100
    if x >= 90:
        if x==100 :
            print("Perfect")
        else:
            print("Very Good")
    elif (x >= 80) and (x < 90):
        print("Good")
    else:
        print("Bad")
```

```
Out: Perfect
```

위에서 변수 x에는 100이 할당돼 첫 번째 조건(x >= 90)을 만족하고 다시 그 안의 조건문에서 'x==100'을 만족해 'Perfect'가 출력됐습니다.

아무 동작도 안 하는 pass 이용하기

코드를 작성하다 보면 우선 전체적인 구조만 먼저 잡고 나중에 상세하게 실행 코드를 구현하는 것이 편리할 때가 있습니다. 이때 사용할 수 있는 것이 바로 pass입니다. pass는 코드가 실행되기는 하지만 아무 일도 일어나지 않습니다. 따라서 코드의 전체적인 구조를 먼저 만들 때 많이 이용합니다. 예를 들어, if 문에서 〈조건문〉을 쓰고 〈코드 블록〉에 아무것도 쓰지 않으면 오류가 발생합니다. 이때 〈코드 블록〉에 pass를 지정해 if 문의 전체적인 구조를 먼저 잡을 수 있습니다.

다음은 if 문의 〈코드 블록〉에 pass 문을 사용한 예입니다.

```
x = 75
if x >= 80:
    pass
else:
    pass
```

02 지정된 범위만큼 반복하는 for 문

코드를 작성할 때 지정된 횟수만큼 작업을 반복하거나 지정된 조건을 만족하면 작업을 반복해야 할 때가 있습니다. 이처럼 작업을 반복적으로 수행하는 구문을 반복문이라고 합니다. 파이썬에서는 반복문을 for 문과 while 문을 이용해 구현할 수 있습니다. 우선 for 문을 이용한 반복문에 대해 살펴보겠습니다.

반복문의 필요성

반복문은 왜 필요한 걸까요? 앞에서부터 순차적으로 코드를 수행하면 안 되는 걸까요? 이를 설명하기 위해 입력한 순서대로 코드가 실행되는 구조로 0부터 5까지 순차적으로 출력하는 코드를 작성해 보겠습니다.

```
In: a = 0 # 변수 a를 0으로 초기화
    print(a) # 변수 a 출력

    a = a + 1 # 변수 a에 1을 더한 후, 다시 a에 대입
    print(a)  # 변수 a 출력

    a = a + 1 # 같은 코드 반복
    print(a)

    a = a + 1 # 같은 코드 반복
    print(a)

    a = a + 1 # 같은 코드 반복
    print(a)

    a = a + 1 # 같은 코드 반복
    print(a)
```

```
Out: 0
     1
     2
     3
     4
     5
```

위의 코드에서 변수 a에 초깃값 0을 넣고 출력한 후 a에 1을 더한 결과를 다시 a에 대입한 후 결과를 출력하는 코드를 5회 반복했습니다. 위의 예처럼 0부터 5까지 출력할 때는 그나마 코드를 반복해도 문제가 없어 보입니다. 하지만 0부터 100까지 출력하는 경우를 생각한다면 위의 코드처럼 똑같은 코드를 반복하는 것은 비효율적입니다. 이때 이용할 수 있는 것이 반복문입니다. 반복문을 이용하면 같은 코드를 반복해서 입력하지 않고 효율적으로 코드를 작성할 수 있습니다.

for 문의 구조

for 문은 다음과 같은 구조를 갖습니다. 또한 구조적인 특징으로 인해 'for ~ in' 문이라고도 합니다.

```
for <반복 변수> in <반복 범위>:
    <코드 블록>
```

위의 for 문에서 <반복 변수>는 <반복 범위>에 따라 변하면서 <코드 블록>을 실행합니다. 즉, for 문을 시작하면 <반복 범위>의 첫 번째 데이터가 <반복 변수>에 들어가고 <코드 블록>을 실행합니다. 다음은 <반복 범위>의 두 번째 데이터가 <반복 변수>에 들어가고 <코드 블록>을 또 실행합니다. 이런 과정을 <반복 범위>의 마지막까지 반복합니다. <코드 블록>에서는 <반복 변수>를 이용할 수 있습니다. for 문에서도 <반복 범위> 다음에 콜론(:)을 입력하고 그다음 줄의 <코드 블록>을 입력할 때는 들여쓰기를 합니다. 그림 5-7은 for 문의 기본 구조를 흐름도로 표시한 것입니다.

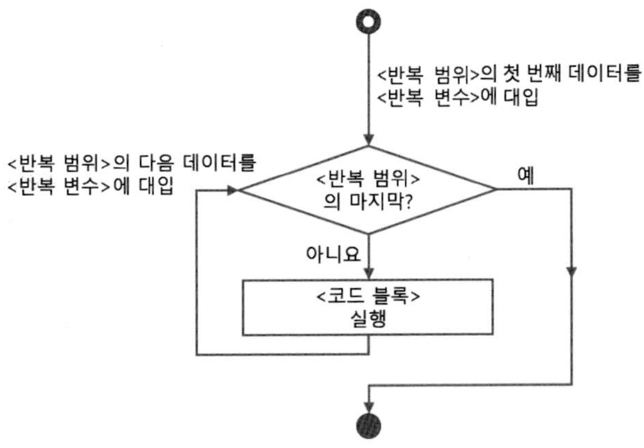

그림 5-7 for 문의 흐름도

그림 5-8은 for 문을 이용해 코드를 작성한 예입니다.

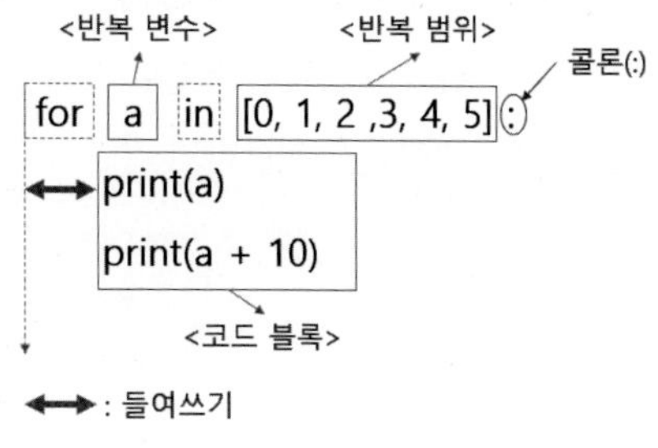

그림 5-8 for문 사용 예

반복 범위 지정

for 문에서 〈반복 범위〉는 리스트와 range() 함수를 이용해 지정할 수 있습니다. 우선 리스트를 이용하는 방법을 먼저 알아보고, 다음으로 range() 함수를 이용하는 방법을 알아보겠습니다.

리스트 이용

리스트는 for 문에서 〈반복 범위〉에 이용할 수 있습니다. 앞의 예에서 0부터 5까지 순차적으로 출력했던 코드를 for 문을 이용해 작성하겠습니다. 이를 위해 for 문에서 〈반복 범위〉는 출력될 숫자 리스트([0, 1, 2, 3, 4, 5])로 지정하겠습니다. 또한 〈반복 변수〉는 a로 지정하고 〈코드 블록〉에서는 print() 함수로 a를 출력하겠습니다. 이를 구현하면 다음과 같은 코드가 됩니다.

```
In: for a in [0, 1, 2, 3, 4, 5]:
        print(a)

Out: 0
     1
     2
     3
     4
     5
```

위의 예제에서 for 문이 처음 실행될 때 a에는 리스트의 첫 번째 항목인 0이 대입되고 print(a)가 실행됩니다. 두 번째로 for 문이 실행될 때 a에 리스트의 두 번째 항목인 1이 대입되고 print(a)가 실행됩니다. 이렇게 계속 반복해 실행되다가 a에 리스트의 마지막 항목인 5가 대입되고 print(a)가 실행된 후 반복문은 끝납니다.

위의 코드와 출력 결과를 보면 for 문을 이용하지 않고 반복해서 코드를 작성했던 것과 결과는 같은데 작성한 코드는 훨씬 간단해졌습니다. 이처럼 for 문을 이용하면 코드를 반복하지 않고 짧고 간단하게 작성할 수 있습니다.

다음은 문자열을 이용해 리스트를 만들고 이를 for 문의 <반복 범위>로 지정한 예입니다. 우선 친구들의 이름을 문자열 리스트로 만들어서 변수 myFriends에 지정합니다. 이것을 for 문의 <반복 범위>로 이용하고 변수 myFriend를 <반복 변수>로 지정한 후 <코드 블록>에서는 print() 함수로 변수 myFriend를 출력하겠습니다.

```
In: myFriends = ['James', 'Robert', 'Lisa', 'Mary']  # 리스트를 변수에 할당
    for myFriend in myFriends:
        print(myFriend)
```

```
Out: James
     Robert
     Lisa
     Mary
```

위의 코드에서 for 문이 처음 실행될 때 myFriend에는 리스트 myFriends의 첫 번째 항목('James')이 대입되고 print(myFriend)가 실행됩니다. 이러한 작업을 리스트 myFriends의 마지막 항목('Mary')까지 순차적으로 반복하고 반복문은 끝나게 됩니다.

range() 함수 이용

for 문의 <반복 범위>를 지정하는 또 다른 방법은 범위를 반환하는 range() 함수를 이용하는 것입니다. 파이썬 내장 함수 range()는 for 문에서 숫자로 <반복 범위>를 지정할 때 많이 이용합니다. range() 함수는 다음과 같이 사용할 수 있습니다.

```
range(start, stop, step)
```

여기서 start는 범위의 시작 지점, stop은 범위의 끝 지점, step은 증감의 크기입니다. 즉, start부터 시작해서 stop 전까지(즉, stop은 포함되지 않음) step만큼 계속 더해 <반복 범위>를 만듭니다. start와 stop은 양의 정수, 음의 정수, 0 모두 사용할 수 있으며 step은 양의 정수와 음의 정수만 사용할 수 있습니다.

이제 range() 함수의 사용 예를 살펴보겠습니다.

```
In: print(range(0, 10, 1))
```

```
Out: range(0, 10)
```

위의 코드에서 print() 함수를 이용해 range() 함수의 결과를 출력하려고 했으나 실제로 출력이 되지 않았습니다. range() 함수로 만들어진 숫자의 리스트를 출력하려면 다음과 같이 list() 함수를 이용해 리스트 타입으로 변환한 후 출력해야 합니다.

```
In: print(list(range(0, 10, 1)))
```

```
Out: [0, 1, 2, 3, 4, 5, 6, 7, 8, 9]
```

출력 결과에서 range() 함수로 생성된 범위는 start부터 stop 전까지입니다. 즉, stop을 포함하지 않습니다.

다음은 range() 함수를 이용해 for 문에서 <반복 범위>를 지정한 예입니다.

```
In: for a in range(0, 6, 1):
        print(a)
```

```
Out: 0
     1
     2
     3
     4
     5
```

위에서 range(0, 6, 1)로 생성하는 범위는 0부터 6 전까지 1씩 증가하는 값으로 {0, 1, 2, 3, 4, 5}가 됩니다. 따라서 for 문의 실행 결과를 보면 0부터 5까지 1씩 증가해서 출력했음을 볼 수 있습니다.

앞의 코드에서 step을 1이 아니라 2로 조정해서 <반복 범위>를 바꾸고 싶다면 다음과 같이 코드를 작성하면 됩니다.

```
In: for a in range(0, 6, 2):
        print(a)
```

```
Out: 0
     2
     4
```

위에서 range(0, 6, 2)는 0부터 6전까지 2씩 증가하는 범위로 {0, 2, 4}가 됩니다

앞에서 range() 함수를 이용할 때 start, start, step을 모두 지정했습니다. 하지만 step이 1인 경우에는 step을 생략해 다음과 같이 사용할 수 있습니다.

```
range(start, stop)
```

더 나아가 step이 1이고 start가 0인 경우는 start 역시 생략하고 다음과 같이 stop만 지정할 수도 있습니다.

```
range(stop)
```

다음 코드는 step과 start를 생략한 예입니다. range(0, 10, 1)에서 step이 1이므로 생략할 수 있어서 range(0, 10)으로 지정했고, 다시 start가 0이므로 생략할 수 있어서 stop만 지정해서 range(10)으로 입력했습니다.

```
In: print(list(range(0, 10, 1)))
    print(list(range(0, 10)))
    print(list(range(10)))
```

```
Out: [0, 1, 2, 3, 4, 5, 6, 7, 8, 9]
     [0, 1, 2, 3, 4, 5, 6, 7, 8, 9]
     [0, 1, 2, 3, 4, 5, 6, 7, 8, 9]
```

위의 결과에서 range(0, 10, 1), range(0, 10), range(10)이 모두 같은 것을 알 수 있습니다.

range() 함수를 이용해 범위를 지정한 다른 예는 다음과 같습니다.

```
In: print(list(range(0, 20, 5)))    # Line 1
    print(list(range(-10, 0, 2)))   # Line 2
    print(list(range(3, -10, -3)))  # Line 3
    print(list(range(0, -5, 1)))    # Line 4
```

```
Out: [0, 5, 10, 15]
     [-10, -8, -6, -4, -2]
     [3, 0, -3, -6, -9]
     []
```

위의 예제에서 첫 번째(Line 1)는 0부터 5씩 증가해 20보다 작은 숫자까지를 출력한 예입니다. 두 번째(Line 2)는 −10에서 2씩 더해 0보다 작은 숫자까지 출력한 예입니다. 세 번째(Line 3)는 3부터 −3씩 증가해서 (혹은 3씩 감소해서) −10보다 큰 숫자까지 출력한 예입니다. 네 번째(Line 4)는 0부터 1씩 증가해서 −5보다 작은 숫자까지 출력한 예지만, 이런 조건을 만족하는 숫자는 없습니다. 따라서 이 경우는 빈 리스트를 반환합니다.

중첩 for 문

앞에서 살펴본 if 문의 중첩 조건문처럼 for 문도 중첩 for 문 구조를 이용해 중첩 반복문을 만들 수 있습니다. 중첩 for 문의 구조는 다음과 같습니다.

```
for <반복 변수 1> in <반복 범위 1>:
    for <반복 변수 2> in <반복 범위 2>:
        <코드 블록>
```

위의 중첩 for 문에서 <반복 변수1>의 첫 번째 데이터가 실행될 때 그 안에 있는 for 문을 만나게 되어 내부 for 문을 실행하고 다시 <반복 변수1>의 두 번째 데이터가 실행될 때 내부 for 문을 수행합니다. 이런 과정을 모두 거쳐서 중첩 for 문을 모두 마치면 코드가 끝납니다. 중첩 for 문에서 내부 for 문과 <코드 블록>을 입력할 때도 각각 들여쓰기합니다. 위에서는 for 문 두 개가 중첩된 구조를 만들었지만 더 많은 for 문을 중첩할 수도 있습니다.

다음은 리스트 변수 x와 y에 각각 ['x1', 'x2']와 ['y1', 'y2']를 할당하고 for 문 두 개를 이용해 각 요소로 이뤄진 (x, y)의 쌍을 출력하는 코드입니다.

```
In: x_list = ['x1', 'x2']
    y_list = ['y1', 'y2']

    print("x y")
    for x in x_list:
        for y in y_list:
            print(x,y)
```

```
Out: x y
    x1 y1
    x1 y2
    x2 y1
    x2 y2
```

위에서 중첩 for 문을 이용해 〈반복 변수 1〉 x의 첫 번째 요소(x1)에 대해 〈반복 변수 2〉 y의 첫 번째 요소(y1)와 두 번째 요소(y2)를 출력하고 x의 두 번째 요소(x2)에 대해 〈반복 변수 2〉 y의 첫 번째 요소(y1)와 두 번째 요소(y2)를 출력했습니다.

참고로 print() 함수의 괄호에 출력하고자 하는 것을 콤마(,)로 구분해서 모두 쓰면 각각을 공백으로 구분해서 전체를 한 줄에 출력할 수 있습니다. print() 함수의 사용법에 관해서는 나중에 자세히 살펴보겠습니다.

여러 개의 리스트 다루기

다음은 여러 개의 리스트가 있을 때 for 문을 이용해 리스트의 데이터를 다루는 방법을 살펴보겠습니다. 이를 위해 이름 리스트와 시험점수 리스트를 다음과 같이 만들겠습니다.

```
In: names = ['James', 'Robert', 'Lisa', 'Mary']
    scores = [95, 96, 97, 94]
```

위와 같이 리스트가 두 개 있을 때 이름별로 시험점수를 출력하려면 어떻게 할까요? 리스트가 하나라면 〈반복 범위〉를 리스트로 지정해 for 문을 이용할 수 있지만 리스트가 두 개이므로 리스트를 〈반복 범위〉에 이용할 수 없습니다. 이때는 리스트, 튜플, 세트, 딕셔너리의 항목 개수(데이터의 '길이'라고도 함)를 반환하는 len() 함수와 범위를 반환하는 range() 함수를 이용해 for 문의 〈반복 범위〉를 지정하고 〈반복 변수〉를 이용해 리스트의 요소를 하나씩 부르면 됩니다.

다음은 이것을 구현한 코드입니다.

```
In: for k in range(len(names)):
        print(names[k], scores[k])
```

```
Out: James 95
     Robert 96
     Lisa 97
     Mary 94
```

위의 for 문에서 〈반복 범위〉를 알기 위해 len() 함수로 리스트의 길이(항목 개수)를 알아냈습니다. 위의 예에서는 len(names)의 항목 개수는 4입니다. 그 결과를 range() 함수의 인자로 넣어서 〈반복 범위〉를 설정했습니다. 따라서 k는 0부터 3까지 1씩 증가하면서 두 리스트(names와 scores)의 항목을 가져와서 출력합니다.

길이가 같은 리스트가 여러 개 있는 경우 위와 같은 방법으로 for 문을 이용해도 되지만 같은 길이의 데이터를 하나로 묶어주는 zip() 함수를 이용해 〈반복 범위〉를 지정하고 데이터별로 〈반복 변수〉를 지정해 이용할 수도 있습니다.

```
for var1, var2 in zip(list1, list2):
    〈코드 블록〉
```

위와 같은 구조로 zip() 함수를 이용해 for 문을 구성하면 〈반복 범위〉인 zip() 안에 있는 list1과 list2의 항목이 각각 순서대로 동시에 〈반복 변수〉인 var1, var2에 대입되고 〈코드 블록〉을 수행합니다.

다음은 for 문에서 zip() 함수를 사용하는 코드의 예입니다.

```
In: for name, score in zip(names, scores):
        print(name, score)
```

```
Out: James 95
     Robert 96
     Lisa 97
     Mary 94
```

위처럼 for 문에서 길이가 같은 여러 개의 리스트를 처리해야 할 때 zip() 함수를 이용하면 좀 더 알아보기 쉽게 코드를 작성할 수 있습니다.

03 조건에 따라 반복하는 while 문

반복 수행을 할 수 있는 또 다른 방법은 while 문을 이용하는 것입니다. while 문은 조건에 따라 반복 여부를 결정합니다. 반복 범위가 정해진 반복을 수행할 경우에는 for 문을 주로 이용하고 반복 범위 없이 조건에 따라서 반복 수행 여부를 결정하는 경우에는 while 문을 주로 이용합니다.

while 문의 구조

while 문의 구조는 다음과 같습니다.

```
while 〈조건문〉:
    〈코드 블록〉
```

위의 while 문에서 <조건문>을 만족하면 <코드 블록>을 계속 수행하고 <조건문>을 만족하지 않으면 <코드 블록>을 실행하지 않고 while 문을 빠져나오게 됩니다(그림 5-9). 앞에서와 마찬가지로 <조건문> 다음에는 콜론(:)을 쓰고 <코드 블록>은 들여쓰기합니다.

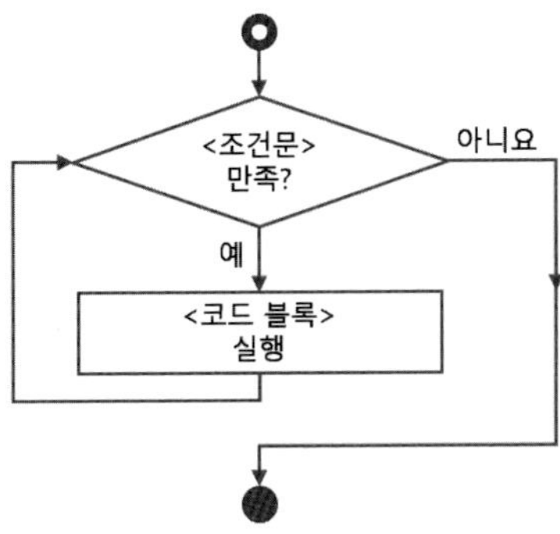

그림 5-9 while 문의 흐름도

이제 몇 가지 예를 살펴보겠습니다. 만약 '자연수 1부터 순차적으로 더해서 출력하다가 합이 20보다 크면 멈춰라'를 실행하는 코드를 작성하려면 어떻게 해야 할까요? for 문을 이용한다면 얼마만큼의 숫자를 더해야 20보다 큰지를 미리 알아서 <반복 범위>를 설정해야 원하는 결과를 얻을 수 있습니다. 하지만 while 문을 이용하면 그럴 필요가 없습니다. 문제의 조건을 그대로 이용하면 됩니다.

다음 예제에서 while 문을 어떻게 활용하는지 살펴보겠습니다. 우선 변수 i와 sum을 0으로 초기화했습니다. 그 후에 while 문에서 sum이 20보다 작을 경우만 <코드 블록>을 반복해서 수행합니다. <코드 블록>에서는 변수 i를 1씩 증가하고 이전의 sum과 현재의 i를 더하고 변수 i와 sum을 출력합니다. sum이 20 이상이 되면 while 문을 빠져나오게 됩니다.

```
In: i = 0     # 초기화
    sum = 0   # 초기화

    print("i sum")
    while (sum < 20):  # 조건 검사
        i = i + 1       # i를 1씩 증가
        sum = sum + i  # 이전의 sum과 현재 i를 더해서 sum을 갱신
        print(i, sum)  # i와 sum을 출력
```

```
Out: i sum
     1 1
     2 3
     3 6
```

```
4 10
5 15
6 21
```

위의 결과를 보면 sum이 21로 20 이상이 되자 while 문의 <코드 블록>을 실행하지 않고 while 문을 빠져나왔음을 알 수 있습니다.

무한 반복 while 문

앞에서는 while 문을 조건이 만족하는 경우에만 수행하게 했습니다. 어떤 경우에는 코드 블록을 무조건 계속 반복하라고 명령을 내려야 할 때가 있습니다. 그때는 다음과 같이 'while True:'라고 작성하면 됩니다. 예를 들어, 다음과 같은 코드를 작성하면 while 문에서 <조건문>이 항상 참이므로 코드 블록을 무조건 수행합니다.

```
while True:
    print("while test")
```

위와 같이 while 문에서 <조건문>이 항상 참일 경우 <코드 블록>에 있는 코드가 무한 반복하므로 주의가 필요합니다. 이렇게 계속 반복 수행되는 것을 멈추려면 주피터 노트북에서는 툴바의 [커널 정지(interrupt the kernel)] 아이콘을 누르고 파이썬 콘솔이나 IPython 콘솔에서는 Ctrl + C를 누릅니다.

04 반복문을 제어하는 break와 continue

앞에서 for 반복문과 while 반복문을 알아봤습니다. for 문에서는 <반복 범위> 동안, while 문에서는 <조건문>을 만족할 때까지 계속해서 <코드 블록>의 코드를 실행합니다. 만약 반복문이 수행되고 있는 동안에 특정 조건을 만족하는 경우 반복을 멈추고 <코드 블록>을 빠져나오거나 다음 반복을 수행하게 하려면 어떻게 해야 할까요? 이를 위해서는 break와 continue를 이용하면 됩니다.

반복문을 빠져나오는 break

반복문(for 문 혹은 while 문) 안에서 break를 만나게 되면 반복문을 빠져나옵니다. 그림 5-10은 반복문에서 break를 사용한 구조의 흐름도입니다. 여기서 <코드 블록>의 구조에 따라 <코드 블록 1>이나 <코드 블록 2>는 없을 수도 있습니다.

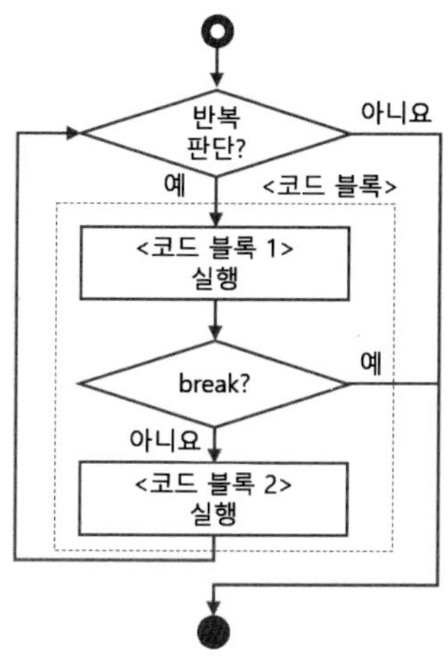

그림 5-10 반복문에서 break 사용 시 흐름도

다음은 break를 이용해 while 문을 빠져나온 예입니다.

```
In: k=0
    while True:
        k = k + 1  # k는 1씩 증가

        if(k > 3): # k가 3보다 크면
            break  # break로 while 문을 빠져나옴

        print(k)   # k 출력
```

```
Out: 1
     2
     3
```

위의 코드에서 while 다음에 True 조건이 있으므로 <코드 블록>을 계속 반복합니다. <코드 블록>에서는 k가 4가 되면 지정한 조건('if(k > 3)')을 만족해서 break 명령을 수행해 while 문을 빠져나옵니다. 따라서 출력 결과에 3까지만 출력되고 그 이후는 출력되지 않았습니다.

다음은 for 문에서 break를 이용한 코드입니다.

```
In: for k in range(10):
        if(k > 2):   # k가 2보다 크면
            break    # break로 for 문을 빠져나옴

        print(k)     # k 출력
```

```
Out: 0
     1
     2
```

위의 코드에서는 k가 3이 되면 지정한 조건('if(k > 2)')을 만족해서 break 명령을 수행해 반복문을 빠져나옵니다. 이렇게 break 명령어를 이용하면 특정 조건을 만족할 때 반복문을 멈추게 할 수 있습니다.

다음 반복을 실행하는 continue

반복문 안에서 continue를 만나면 반복문의 처음으로 돌아가서 다음 반복을 진행합니다(그림 5-11).

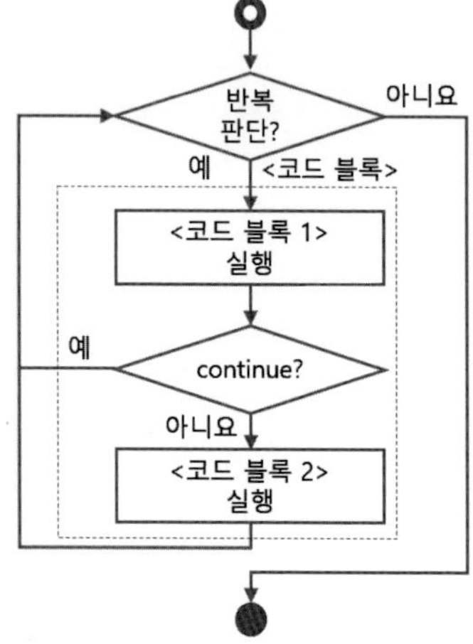

그림 5-11 반복문에서 continue 사용 시 흐름도

다음은 for 문에서 continue를 이용하는 예입니다.

```
In: for k in range(5):
        if(k == 2):
            continue

        print(k)
```

```
Out: 0
     1
     3
     4
```

위의 코드에서 for 문을 이용해 <반복 범위>({0, 1, 2, 3, 4})만큼 <코드 블록>을 실행합니다. 그러다 k가 2일 때는 지정 조건('if(k == 2)')을 만족해 continue가 실행돼 반복문의 처음으로 돌아가서 다음 반복을 진행하므로 continue 다음에 있는 print(k)를 실행하지 않아 출력 결과에 2는 빠져있습니다.

다음은 while 문에서 break와 continue를 모두 사용한 코드의 예입니다.

```
In: k = 0
    while True:
        k = k + 1

        if(k == 2):
            print("continue next")
            continue
        if(k > 4):
            break

        print(k)
```

```
Out: 1
     continue next
     3
     4
```

위 예제에서는 변수 k가 2일 경우에 continue를 실행합니다. 반복문에서 continue를 만나면 그 이후의 코드는 실행하지 않고 반복문의 처음으로 가서 바로 다음 반복을 수행합니다. 따라서 continue 문 다음에 있는 print(k)가 수행되지 않아서 2가 출력되지 않았습니다. 그 이후에 k가 3과 4인 경우에는 print(k)가 수행돼 출력됐고 k가 5가 되면 지정 조건('if(k > 4)')을 만족해 break가 수행돼 while 문을 빠져나옵니다. 그래서 5 이상은 출력되지 않았습니다.

05 간단하게 반복하는 한 줄 for 문

파이썬에서는 리스트, 세트, 딕셔너리 내에서 실행할 수 있는 한 줄 for 문도 지원합니다. 이를 각각 '리스트 컴프리헨션(List comprehension)', '세트 컴프리헨션(Set comprehension)', '딕셔너리 컴프리헨션(Dictionary comprehension)'이라고 합니다. 컴프리헨션(Comprehension)은 우리말로 내포(혹은 내장)라는 뜻으로서 리스트, 세트, 딕셔너리 컴프리헨션은 각각 리스트, 세트, 딕셔너리 내에 코드가 내포돼 실행되는 것을 의미합니다. 컴프리헨션을 잘 이용하면 리스트, 세트, 딕셔너리 데이터를 반복해서 처리해야 할 때 코드를 한 줄로 작성할 수 있어서 편리합니다. 이 책에서는 많이 이용하는 리스트 컴프리헨션을 중심으로 설명하겠습니다.

리스트 컴프리헨션의 기본 구조

리스트 컴프리헨션의 기본적인 구조는 다음과 같습니다

```
[<반복 실행문> for <반복 변수> in <반복 범위>]
```

앞에서 살펴본 for 문에서는 <반복 실행문>이 'for <반복 변수> in <반복 범위>:' 다음 줄에 왔는데 한 줄 for 문에서는 <반복 실행문>이 먼저 나옵니다. 또한 콜론(:)도 이용하지 않습니다.

다음처럼 1~5까지 숫자가 들어있는 리스트에서 각 항목의 숫자를 제곱하려면 어떻게 하면 될까요? 우선 앞에서 배운 for 문을 이용하겠습니다

```
In: numbers = [1,2,3,4,5]
    square = []

    for i in numbers:
        square.append(i**2)

    print(square)
```

```
Out: [1, 4, 9, 16, 25]
```

다음처럼 리스트 컴프리헨션 방법을 이용하면 위의 코드보다 좀 더 간단하게 코드를 작성할 수 있습니다.

```
In: numbers = [1,2,3,4,5]
    square = [i**2 for i in numbers]
    print(square)
```

```
Out: [1, 4, 9, 16, 25]
```

조건문을 포함한 리스트 컴프리헨션

리스트 컴프리헨션은 다음과 같이 for 문 다음에 if 〈조건문〉을 추가할 수 있습니다.

```
[〈반복 실행문〉 for 〈반복 변수〉 in 〈반복 범위〉 if 〈조건문〉]
```

이 경우 반복문을 수행하다가 if 〈조건문〉을 만족하는 경우에만 〈반복 실행문〉을 실행합니다.

리스트 컴프리헨션을 이용하지 않고 앞에서 살펴본 리스트의 각 항목에서 3 이상의 숫자만 제곱하도록 하려면 다음처럼 if 문을 포함한 for문을 작성할 수 있습니다.

```
In: numbers = [1,2,3,4,5]
    square = []

    for i in numbers:
        if i >= 3:
            square.append(i**2)

    print(square)
```

```
Out: [9, 16, 25]
```

다음은 위의 코드를 조건문을 포함한 리스트 컴프리헨션을 이용해 다시 작성한 것입니다.

```
In: numbers = [1,2,3,4,5]
    square = [i**2 for i in numbers if i>=3]

    print(square)
```

```
Out: [9, 16, 25]
```

위 예에서는 조건문을 포함한 리스트 컴프리헨션 방법을 이용해 한 줄로 조건에 맞는 리스트의 항목만 제곱하는 코드를 작성했습니다. 보다시피 리스트 컴프리헨션 방법을 이용하지 않는 코드보다 훨씬 간결하다는 것을 알 수 있습니다.

06 정리

이번 장에서는 조건문인 if 문, 지정된 범위만큼 반복하는 for 문, 조건이 맞을 때만 반복하는 while 문, 그리고 반복문을 빠져나오는 break와 반복문의 처음으로 돌아가서 다음 반복을 수행하는 continue를 살펴봤습니다. 또한 리스트, 세트, 딕셔너리에서 이용할 수 있는 한 줄 for 문에 대해서도 살펴봤습니다. 이번 장에 배운 내용은 조건에 따라서 다른 명령을 수행하게 하거나 반복하게 하는 코드를 작성할 때 많이 이용하니 잘 알아 두시기 바랍니다.

06

입력과 출력

코딩할 때 실행한 결과를 화면이나 파일로 출력해야 할 때가 있습니다. 또한 입력을 키보드로 받거나 파일에 있는 데이터를 읽어서 처리해야 할 때도 있습니다. 이번 장에서는 파이썬으로 코드를 작성할 때 키보드와 화면으로 입출력하는 방법과 파일로 입출력하는 방법을 살펴보겠습니다.

01 화면 출력

작성한 코드의 결과를 확인하는 가장 기본적인 방법은 결과를 화면으로 출력하는 것입니다. 파이썬에서는 print() 함수를 이용해 원하는 내용을 화면으로 출력할 수 있습니다. print() 함수에는 출력 형식을 지정하지 않는 기본 출력 방법과 다양한 형식으로 출력할 수 있는 형식 지정 출력 방법이 있습니다. 이 두 가지 방법에 대해 모두 알아보겠습니다.

기본 출력

먼저 print() 함수의 기본 출력 방법을 이용해 문자열과 숫자를 출력하는 방법을 알아보겠습니다. 문자열을 출력하려면 앞에서도 살펴봤듯이 문자열을 print() 함수 안에 넣으면 됩니다.

```
In: print("Hello Python!!")
```

```
Out: Hello Python!!
```

문자열 여러 개를 연결해 출력하려면 문자열을 콤마(,)로 구분하고 연속해서 입력합니다. 콤마로 구분하면 출력에서 자동으로 빈칸(공백)이 하나씩 들어갑니다.

```
In: print("Best", "python", "book")
```

```
Out: Best python book
```

만약 빈칸 대신 다른 문자열을 넣으려면 print() 함수 안에 두 문자열 사이의 구분하는 값을 설정하는 sep 인자를 이용합니다. print() 함수에서 sep 인자를 지정하지 않으면 기본적으로 빈칸이 들어갑니다. 빈칸을 다른 문자열로 바꾸려면 'sep = 문자열'을 추가합니다.

```
In: print("Best", "python", "book", sep = "-:*:-")
```

```
Out: Best-:*:-python-:*:-book
```

위의 결과에서 sep 인자에 지정한 문자열(-:*:-)로 입력한 세 개의 문자열이 연결돼 출력됐습니다.

만약 빈칸 없이 두 문자열을 연결하려면 콤마 대신 더하기 연산자를 이용합니다.

```
In: print("abcd" + "efg")
```

```
Out: abcdefg
```

문자열을 연결할 때 콤마와 더하기 연산자는 다음과 같이 동시에 사용할 수 있습니다.

```
In: print("Best", "python", "book" + ":", "This book")
```

```
Out: Best python book: This book
```

변수에 저장된 내용을 출력하려면 print() 함수에 변수를 인자로 넣습니다. 단, 변수 이름을 이용해 출력할 때는 따옴표가 없어야 합니다.

```
In: x = 10
    print(x)
```

```
Out: 10
```

문자열과 숫자를 함께 출력하려면 둘을 콤마로 구분해서 print() 함수의 인자로 넣습니다. 문자열과 문자열은 더하기 연산자로 공백 없이 연결해서 출력할 수 있지만 문자열과 숫자는 더하기 연산자로 연결할 수 없습니다.

```
In: name = "James"
    ID_num = 789
    print("Name:", name + ",", "ID Number:", ID_num )
```

```
Out: Name: James, ID Number: 789
```

지금까지 print() 함수를 이용해 문자열을 출력할 때 결과가 한 줄씩 출력됐습니다. 만약 print()함수를 하나만 이용해서 문자열을 여러 줄로 출력하려면 어떻게 할까요? 문자열 안에 줄 바꿈 표시인 개행문자(\n)를 입력하면 출력할 때 줄이 바뀝니다.

```
In: print("James is my friend.\nHe is Korean.")
```

```
Out: James is my friend.
     He is Korean.
```

개행문자 입력

개행문자를 나타내는 '\n'은 한글 키보드에서는 '₩n'으로 입력합니다. 앞으로 문자열을 입력할 때 '\'가 나온다면 '₩'과 같은 것으로 생각하고 입력하면 됩니다.

개행문자(\n)를 하나 더 추하면 다시 줄 바꿈을 합니다. 따라서 다음처럼 개행문자(\n)를 두 개 입력하면 줄 바꿈이 두 번 발생해 한 줄을 띄우게 됩니다.

```
In: print("James is my friend.\n\nHe is Korean.")
```

```
Out: James is my friend.

     He is Korean.
```

줄을 바꿔서 출력해야 할 때도 있지만 줄을 바꾸지 않고 출력해야 할 때도 있습니다. 파이썬 print() 함수는 기본적으로 다음 출력을 위해서 줄을 바꿔 놓으므로 다음처럼 print() 함수를 두 개 사용해 문자열을 출력하면 두 줄로 출력됩니다.

```
In: print("Welcome to ")
    print("python!")
```

```
Out: Welcome to
     python!
```

이처럼 두 줄로 출력된 결과를 한 줄로 출력하려면 print() 함수 안에 라인 끝의 값을 지정할 수 있는 end 인자를 추가합니다. print() 함수에서 end 인자를 지정하지 않으면 기본적으로 라인 끝에 개행문자(\n)가 들어갑니다. 개행문자(\n) 대신 다른 문자열을 입력하려면 'end = 문자열' 형태로 end 인자에 다른 값을 넣습니다. 따라서 다음 예제처럼 print() 함수 안에 『end=""』를 추가하면 라인 끝에 어떤 문자도 넣지 않았으므로 그다음 print() 함수를 실행하면 줄 바꿈 없이 연결되어 출력됩니다.

```
In: print("Welcome to ", end="")
    print("python!")
```

```
Out: Welcome to python!
```

형식 지정 출력

파이썬의 print() 함수에서 문자열에 데이터가 출력될 위치와 형식을 지정하는 방식으로도 데이터를 출력할 수 있습니다. 데이터의 출력 형식을 지정하는 방법으로 파이썬 버전 2.x와 3.x에서 모두 이용할 수 있는 나머지 연산자를 이용하는 방법과 버전 3.x에서만 지원되는 형식 지정 문자열을 이용하는 방법이 있습니다.

나머지 연산자(%)를 이용한 형식 및 위치 지정

나머지 연산자는 print() 함수에서 데이터의 출력 형식과 위치를 지정할 때도 사용합니다. 이 방법은 파이썬 2.x 버전에서부터 이용한 방법입니다. 파이썬 3.x에서는 좀 더 유연하게 문자열 형식을 지정할 수 있는 'string.format()' 방법이 있기에 나머지 연산자를 이용한 출력 방법은 간단히 알아보겠습니다.

print() 함수에서 나머지 연산자를 이용해 데이터의 출력 형식과 위치를 지정하는 기본 구조는 다음과 같습니다.

```
print("%type" % data)
```

위의 print() 함수의 인자에는 두 개의 %가 있습니다. 첫 번째는 따옴표로 둘러싼 문자열 '%type'에서 사용했고 두 번째는 '% data'에서 사용했습니다. 여기서 따옴표와 '% data' 사이에 콤마가 없고 공백이 있다는 점에 유의하시길 바랍니다. 또한 '%type'은 data 형식에 따라 다른 값을 지정해야 합니다. data가 문자열이면 %s를, 정수이면 %d(혹은 %i)를, 실수이면 %f(혹은 %F)를 지정합니다. 실수의 경우 %f로 표시하면 기본적으로 소수점 6자리까지 출력합니다.

data가 두 개 이상이면 따옴표로 둘러싼 문자열 안에 data의 개수에 맞게 '%type'를 순서대로 입력하고 튜플 형식으로 data를 묶어서 이용합니다. 다음은 print() 함수에서 data가 두 개일 때 나머지 연산자를 이용해 data를 출력하는 형식과 위치를 지정하는 구조의 예입니다.

```
print("%type %type" % (data1, data2))
```

다음은 %s를 이용해 문자열을 대입한 변수를 출력한 예입니다.

```
In: name = "광재"
    print("%s는 나의 친구입니다." % name)

Out: 광재는 나의 친구입니다.
```

위의 출력 결과에서 %s 자리에 변수 name에 할당된 문자열이 출력됐습니다.

다음은 %d와 %f를 이용해 정수와 실수를 출력한 예입니다.

```
In: r = 3  # 변수 r에 정수 데이터 할당
    PI = 3.14159265358979 # 변수 PI에 실수 데이터 할당
    print("반지름: %d, 원주율: %f" % (r, PI)) # 지정된 위치에 데이터 출력

Out: 반지름: 3, 원주율: 3.141593
```

위의 출력 결과에서 %d 자리에 변수 r에 할당된 정수가, %f 자리에 변수 PI에 할당된 실수가 각 형식에 맞게 출력된 것을 볼 수 있습니다. 여기서 실수의 경우는 소수점 6자리까지만 출력된 것을 볼 수 있습니다.

형식 지정 문자열에서 출력 위치 지정

다음으로 출력 양식을 좀 더 자유롭게 표현할 수 있는 형식 지정 문자열을 이용하는 방법을 살펴보겠습니다. print() 함수에서 'string.format()'을 이용하는 형식 지정 문자열의 기본 구조는 다음과 같습니다.

```
print("{0} {1} {2} … {n}".format(data_0, data_1, data_2, …, data_n))
```

여기서 {N}의 N은 0부터 시작하는 숫자로 format()에서 데이터의 위치(0부터 시작)를 의미합니다. 이처럼 형식을 지정하면 {N}에는 format()에서 N에 해당하는 위치의 데이터가 들어가서 출력됩니다. 예를 들어, {0}에는 data_0가 출력되고 {1}에는 data_1이 출력됩니다. 그리고 {n}에는 data_n이 출력됩니다.

다음은 형식 지정 문자열의 구조인 'string.format()'으로 데이터를 출력한 예입니다.

```
In: animal_0 = "cat"
    animal_1 = "dog"
    animal_2 = "fox"

    print("Animal: {0}".format(animal_0))
    print("Animal: {0},{1},{2}".format(animal_0, animal_1, animal_2))
```

```
Out: Animal: cat
     Animal: cat,dog,fox
```

위의 결과에서 지정한 순서대로 데이터가 잘 출력됐습니다. 다음과 같이 {N}의 위치를 변경하면 데이터의 출력 위치를 변경할 수 있습니다.

```
In: print("Animal: {1},{2},{0}".format(animal_0, animal_1, animal_2))
```

```
Out: Animal: dog,fox,cat
```

위의 코드에서는 '{1},{2},{0}'는 format() 안의 변수를 '두 번째, 세 번째, 첫 번째' 순서로 출력하라는 의미입니다. 결과를 보면 지정한 순서대로 출력된 것을 볼 수 있습니다. 또한 format() 안에 데이터의 내용 중 일부만 출력할 수도 있습니다.

다음의 예를 살펴보겠습니다.

```
In: print("Animal: {0},{2}".format(animal_0, animal_1, animal_2))
```

```
Out: Animal: cat,fox
```

위의 출력된 결과를 보면 첫 번째와 세 번째 데이터만 출력된 것을 볼 수 있습니다.

앞에서는 {N}으로 format() 안의 데이터 순서를 지정했습니다. 그런데 만약 format() 안의 데이터를 순차적으로 지정하려면 {N}에 N 없이 {}만 써도 됩니다.

다음은 세 개의 {}를 이용해 데이터를 순서대로 출력한 예입니다.

```
In: print("Animal: {}, {}, {}".format(animal_0, animal_1, animal_2))
```

```
Out: Animal: cat, dog, fox
```

지금까지 'string.format()' 방식을 이용해 문자열을 출력하는 방법을 살펴봤습니다. 문자열뿐만 아니라 정수나 실수도 'string.format()' 방식을 이용해 출력할 수 있습니다. 기본 출력 양식을 그대로 이용하면 출력 형식을 별도로 지정하지 않아도 됩니다. 단지 {N}를 이용해 변수를 출력할 위치만 지정하면 됩니다.

다음 예를 살펴보겠습니다.

```
In: name = "Tomas"
    age = 10
    a = 0.1234567890123456789
    fmt_string = "String: {0}. Integer Number: {1}. Floating Number: {2}"
    print(fmt_string.format(name, age, a))
```

```
Out: String: Tomas. Integer Number: 10. Floating Number: 0.12345678901234568
```

위의 코드는 지금까지 출력한 방법과 다르게 print() 함수에서 이용할 문자열을 fmt_string 변수에 대입한 후 이를 이용했습니다. 위에서처럼 {N}으로 데이터의 출력 위치만 지정하면 변수의 데이터 타입을 지정하지 않아도 데이터의 타입에 따라 자동으로 알아서 출력해줍니다. 실수의 경우 기본적으로 소수점 17자리까지 표시됩니다. 그 이상의 소수점 숫자는 반올림돼 출력됩니다.

형식 지정 문자열에서 숫자 출력 형식 지정

'string.format()'을 이용해 형식 지정 문자열을 이용하는 방법으로 데이터를 출력할 경우 출력 형식을 지정하지 않아도 데이터의 타입에 맞게 출력합니다. 하지만 데이터가 문자열이 아니라 숫자인 경우 {N:'출력 형식'} 형태로 좀 더 다양하게 출력 형식을 지정할 수 있습니다. 여기서 N은 앞에서와 마찬가지로 format()에서 N번째 데이터의 위치입니다.

다음의 예제 코드를 살펴보겠습니다.

```
In: a = 0.1234567890123456789
    print("{0:.2f}, {0:.5f}".format(a))
```

```
Out: 0.12, 0.12346
```

위의 예에서 '.2f'와 '.5f'는 모두 '출력 형식'을 지정한 것으로서 각각 실수를 소수점 둘째 자리와 다섯째 자리까지 표시하라는 뜻입니다. 표 6-1은 print() 함수에서 'string.format()'을 이용할 때 참고할 수 있는 '출력 형식' 중 주요 내용을 정리한 것입니다. 표 6-1에서 숫자가 대입된 데이터 x가 있을 때 '출력 형식'을 이용해 'print({N:'출력 형식'}.format(x))'를 실행하면 '출력 결과'가 나옵니다. 예를 들어 표 6-1의 제일 첫 번째 예를 적용하면 데이터 x가 3일 때, 'print("{0:2d}".format(x))'를 실행하면 '출력 형식'에 의해 ' 3'이라는 결과를 출력할 수 있습니다.

표 6-1 숫자의 출력 형식 지정

데이터(x)	출력 형식	출력 결과	설명
3	{N:2d}	↔3	정수를 공백 포함해 두 자리로 표시 (↔은 공백 한 칸을 의미함)
3	{N:05d}	00003	정수를 다섯 자리로 표시. 앞의 공백은 0으로 채움
12	{N:>5d}	↔↔↔12	정수를 다섯 자리로 표시. 숫자는 오른쪽으로 정렬
0.12345	{N:.3f}	0.123	실수를 소수점 셋째 자리까지 표시
7456000	{N:,}	7,456,000	통화 표시처럼 끝에서 셋째 자리마다 콤마(,)를 표시
0.3258	{N:.1%}	32.6%	소수를 퍼센트(%)로 표시. 퍼센트 표시에서 소수점 자리 수는 '.' 다음 숫자로 표시
92500000000	{N:.2e}	9.25e+10	숫자를 지수로 표시. 지수 표시에서 소수점 자리 수는 '.' 다음 숫자로 표시
16	{N:#x}	0x10	숫자를 16진수로 표시. #기호가 없으면 0x 없이 출력됨
8	{N:#o}	0o10	숫자를 8진수로 표시. #기호가 없으면 0o 없이 출력됨
2	{N:#b}	0b10	숫자를 2진수로 표시. #기호가 없으면 0b 없이 출력됨

02 키보드 입력

키보드로 데이터를 입력하기 위해서는 input() 함수를 이용합니다. 이번에는 input() 함수를 이용해 데이터를 입력하고 그 값을 받아서 처리하는 방법을 살펴보겠습니다. input() 함수로 데이터를 입력하기 위한 기본 구조는 다음과 같습니다.

```
data = input("문자열")
```

input() 함수 안의 '문자열'은 화면에 표시되고 키보드로 데이터를 입력한 후 Enter를 누르면 입력된 데이터는 문자열 형태로 data 변수에 대입됩니다.

다음 예는 input() 함수로부터 입력받은 데이터를 print() 함수로 출력하는 코드입니다.

```
In: yourName = input("당신의 이름은? ")
    print("당신은 {}이군요.".format(yourName))
```

```
Out: 당신의 이름은? 홍길동
     당신은 홍길동이군요.
```

다음은 숫자를 입력한 예입니다.

```
In: num = input("숫자를 입력하세요: ")
    print("당신이 입력한 숫자는 {}입니다.".format(num))
```

```
Out: 숫자를 입력하세요: 5
     당신이 입력한 숫자는 5입니다.
```

위에서는 input() 함수로부터 입력받은 숫자를 그대로 출력해서 문제가 없었지만 숫자를 연산에 이용한다면 연산 전에 입력받은 숫자를 정수 혹은 실수로 변환해야 합니다. 이것은 input() 함수로부터 입력받은 데이터는 모두 문자열로 처리되기 때문입니다.

다음은 정사각형의 변의 길이를 입력받아 넓이를 구하는 예입니다.

```
In: a = input("정사각형 한 변의 길이는?: ")
    area = int(a) ** 2
    print("정사각형의 넓이: {}".format(area))
```

```
Out: 정사각형 한 변의 길이는?: 5
     정사각형의 넓이: 25
```

위 코드에서는 정수가 입력될 것이라는 가정하에 int() 함수를 이용해 문자열을 정수로 변환한 후에 제곱 연산으로 넓이를 구했습니다. 만약 입력하려고 하는 숫자가 실수면 어떻게 할까요? 다음 예를 살펴보겠습니다.

```
In: b = input("정사각형 한 변의 길이는?:")
    area = float(b) ** 2
    print("정사각형의 넓이: {}".format(area))
```

```
Out: 정사각형 한 변의 길이는?:1.5
     정사각형의 넓이: 2.25
```

위 예에서는 입력 숫자를 실수로 가정해 float() 함수로 문자열을 실수로 변환해 연산을 수행했습니다. 여기서 코드를 작성할 때는 입력하려는 숫자가 정수인지 실수인지 모르는데 int() 함수와 float() 함수 중 어떤 것을 써야 하는지 의문이 생깁니다. 입력하려는 숫자가 정수인지 실수인지 모를 때는 무조건 float() 함수를 쓰면 됩니다. 즉, 다음의 예처럼 정수를 입력해도 float() 함수를 이용해 실수로 변환한 후에 연산을 수행하면 됩니다. 단, 실수로 변환했으므로 결과는 실수로 출력됩니다.

```
In: c = input("정사각형 한 변의 길이는?: ")
    area = float(c) ** 2
    print("정사각형의 넓이: {}".format(area))
```

```
Out: 정사각형 한 변의 길이는?: 3
     정사각형의 넓이: 9.0
```

03 파일 읽고 쓰기

코드를 작성하다 보면 출력 결과를 화면이 아니라 파일로 출력하거나 키보드가 아닌 파일에서 데이터를 읽어야 할 때가 생깁니다. 이번 절에서는 데이터를 파일로 출력(즉, 파일로 저장)하는 방법과 데이터가 저장된 파일에서 데이터를 읽는 방법을 살펴보겠습니다.

파일 열기

파일에서 데이터를 읽거나 파일에 데이터를 쓰려면 우선 다음과 같이 파이썬 내장 함수인 open()을 이용해 파일을 열어야 합니다.

```
f = open('file_name', 'mode')
```

open() 함수는 file_name과 mode를 입력 인자로 받아서 파일을 열고 파일 객체인 f를 반환합니다. 여기서 반환된 파일 객체를 이용해 파일을 읽고 쓰고 닫습니다. open()의 첫 번째 인자인 file_name은 열고자 하는 파일 이름입니다. 두 번째 인자인 모드(mode)는 표 6-2와 같이 파일의 속성을 설정합니다.

표 6-2 파일 열기의 속성

mode	의미
r	읽기 모드로 파일 열기(기본). 모드를 지정하지 않으면 기본적으로 읽기 모드로 지정됨
w	쓰기 모드로 파일 열기. 같은 이름의 파일이 있으면 기존 내용은 모두 삭제됨
x	쓰기 모드로 파일 열기. 같은 이름의 파일이 있을 경우 오류가 발생함
a	추가 모드로 파일 열기. 같은 이름의 파일이 없으면 w와 기능 같음
b	바이너리 파일 모드로 파일 열기
t	텍스트 파일 모드로 파일 열기(기본). 지정하지 않으면 기본적으로 텍스트 모드로 지정됨

mode는 혼합해서 사용할 수도 있습니다. 예를 들면, 바이너리 파일을 읽기 모드로 열고 싶으면 mode에 'bw' 혹은 'wb'를 입력합니다. 또한 mode에 아무것도 쓰지 않으면 'rt'와 같은 기능을 합니다. 즉, 읽기 모드이면서 텍스트 모드로 파일을 엽니다. 만약 mode에 'w'만 입력하면 'wt' 모드로 파일을 엽니다.

파일 쓰기

파일 읽기와 쓰기 중 우선 파일 쓰기 방법에 대해 먼저 살펴보겠습니다. 파일 쓰기를 하려면 우선 파일을 쓰기 모드로 열어야 합니다. 파일이 텍스트 파일인지 바이너리 파일인지도 지정할 수 있는데 특별히 지정하지 않으면 기본적으로 텍스트 파일 모드로 파일을 엽니다. 파일을 열고 지정한 내용을 쓴 후에는 파일을 닫아야 합니다. 파일 쓰기를 위한 코드의 구조는 다음과 같습니다.

```
f = open('file_name', 'w')
f.write(str)
f.close()
```

open()에서 위와 같이 쓰기 모드('w')로 파일을 열면 지정된 이름으로 파일을 생성한 후에 파일을 엽니다. 혹시 같은 이름의 파일이 있다면 기존 파일의 내용을 모두 삭제하고 파일을 엽니다. 파일을 열 때 파일 객체인 f를 반환하는데, 이를 이용해 열린 파일을 구분합니다. write(str)에서 str은 문자열을 의미합니다. write()에서는 print() 함수에서 사용하는 출력 방식을 그대로 이용할 수 있습니다. 즉, 따옴표를 이용해 문자열을 파일로 출력할 수도 있고 형식 지정 출력 방식을 이용해 문자열을 파일로 출력할 수도 있습니다. 마지막으로 파일에 원하는 내용을 다 썼다면 close()를 이용해 파일을 닫습니다. 파일이 닫히면 파일 객체인 f도 사라집니다.

이제 문자열을 파일에 쓰는 예를 살펴보겠습니다. 우선 앞에서 만든 'C:\myPyCode' 폴더로 이동하겠습니다.

```
In: cd C:\myPyCode
```

```
Out: C:\myPyCode
```

다음으로 파일을 쓰기 모드로 연 후 문자열을 쓰고 파일을 닫는 코드를 작성하겠습니다.

```
In: f = open('myFile.txt', 'w')              # (1)'myFile.txt' 파일 쓰기 모드로 열기
    f.write('This is my first file.')        # (2) 연 파일에 문자열 쓰기
    f.close()                                # (3) 파일 닫기
```

위의 코드를 실행하면 문자열이 저장된 파일 하나가 만들어집니다. 윈도우 탐색기로 'C:\myPyCode'로 가서 'myFile.txt' 파일이 있는지 없는지 확인할 수 있지만 이번 예제에서는 '!type 파일 이름'을 이용해 파일이 있는지 확인해 보겠습니다.

> **운영체제(OS) 명령어 실행**
>
> IPython 콘솔이나 주피터 노트북에서는 '!명령어'로 운영체제 명령어를 수행할 수 있습니다. 예를 들어 텍스트 파일의 내용을 화면으로 출력하려면 윈도우의 경우 '!type 파일 이름'을, 리눅스나 맥 OS의 경우 '!cat 파일 이름'을 실행하면 됩니다. 파일이 있으면 내용을 화면에 출력하고 없으면 오류 메시지를 출력합니다.

```
In: !type myFile.txt
```

```
Out: This is my first file.
```

파일 쓰기로 쓴 문자열이 파일 내용으로 출력됩니다. 이것으로 지정된 파일 이름으로 파일이 잘 만들어졌고 파일에 문자열 쓰기도 잘 수행됐음을 알 수 있습니다.

파일 읽기

파일을 읽으려면 우선 파일을 읽기 모드로 열어야 합니다. 그 후에 파일의 내용을 읽고 마지막으로 파일을 닫습니다.

다음은 파일을 읽기 모드이면서 텍스트 모드로 연 후에 파일 내용을 읽고 파일을 닫는 구조의 예입니다.

```
f = open('file_name', 'r')  # f = open('file_name') 도 가능
data = f.read()
f.close()
```

위와 같이 수행하면 read()로 읽은 파일의 내용은 모두 data 변수에 할당됩니다.

다음은 앞에서 생성한 'myFile.txt' 파일을 열고 파일 내의 문자열을 읽은 후에 파일을 닫는 예제입니다. 파일의 문자열을 잘 읽었는지 확인하기 위해 파일에서 읽은 데이터를 print() 함수로 화면에 출력했습니다.

```
In: f = open('myFile.txt', 'r')        # (1)'myFile.txt' 파일 읽기 모드로 열기
    file_text = f.read()               # (2) 파일 내용 읽은 후에 변수에 저장
    f.close()                          # (3) 파일 닫기

    print(file_text)                   # 변수에 저장된 내용 출력
```

```
Out: This is my first file.
```

04 반복문을 이용해 파일 읽고 쓰기

텍스트 파일의 데이터를 읽거나 데이터를 텍스트 파일로 쓸 때 반복문을 이용해 파일의 내용을 한 줄씩 처리해야 할 때가 많습니다. 이번에는 반복문을 사용해 파일을 읽고 쓰는 방법을 알아보겠습니다.

파일에 문자열 한 줄씩 쓰기

반복문을 이용해 파일을 읽고 쓰는 방법 중에서 우선 for 문을 이용해 문자열을 한 줄씩 파일에 쓰는 방법을 알아보겠습니다. 먼저 파일을 연 후에 for 문에서 지정된 범위만큼 반복해서 문자열을 한 줄씩 파일에 쓰고 마지막으로 파일을 닫겠습니다.

다음은 구구단 2단의 일부를 파일로 저장하는 코드입니다.

```
In: f = open('two_times_table.txt','w')       # (1)파일을 쓰기 모드로 열기
    for num in range(1,6):                    # (2) for문: num이 1~5까지 반복
        format_string = "2 x {0} = {1}\n".format(num,2*num) # 저장할 문자열 생성
        f.write(format_string)                # (3) 파일에 문자열 저장
    f.close()                                 # (4) 파일 닫기
```

예제에서는 open() 함수를 이용해 쓰기 모드로 파일을 연 후(1), for 문으로 반복할 범위를 지정하고(2) for 문에서 <반복 범위>만큼 반복해서 파일에 쓰기를 수행(3)한 후 파일을 닫습니다(4). write() 함수를 이용해 데이터를 파일로 쓸 때 print() 함수에서 사용한 출력 양식을 거의 그대로 이용할 수 있습니다. 단, write() 함수는 자동으로 줄 바꿈이 되지 않으므로 파일에서 줄을 바꾸기 위해서는 문자열 끝에 개행문자(\n)를 추가해야 합니다.

파일이 잘 생성됐는지 확인하기 위해 '!type 파일 이름'을 실행해 파일에 저장된 내용을 출력할 수 있습니다.

```
In: !type two_times_table.txt
```

```
Out: 2 x 1 = 2
     2 x 2 = 4
     2 x 3 = 6
     2 x 4 = 8
     2 x 5 = 10
```

파일에서 문자열 한 줄씩 읽기

이번에는 반복문을 이용해 파일 내용을 한 줄씩 읽는 방법을 알아보겠습니다. 지금까지는 'f = open('file_name')'으로 파일을 연 후 'f.read()'를 이용해 파일 내용을 읽었습니다. 이 방법은 파일 내용 전체를 반환하므로 내용을 한 줄씩 읽어서 처리해야 할 때 사용하기 어렵습니다. 파일 내용을 한 줄씩 읽고 처리하려면 readline()나 readlines()를 이용합니다.

readline()

먼저 readline()을 이용하는 방법을 알아보겠습니다. 파일을 연 후 readline()을 수행하면 파일로부터 문자열 한 줄을 읽습니다. 다시 readline()을 사용하면 바로 그다음 문자열 한 줄을 읽습니다. 이런 식으로 readline()은 실행한 횟수만큼 문자열을 한 줄씩 읽습니다. 만약 파일의 마지막 한 줄을 읽고 나서 다시 readline()을 수행하면 빈 문자열을 반환합니다.

파이썬에서 readline()을 수행하면 한 줄의 첫 문자부터 개행문자(\n)까지의 문자열을 읽습니다. 따라서 readline()으로 파일의 문자열 한 줄을 읽으면 그 문자열에는 개행문자(\n)가 포함돼 있습니다. 단, 파일의 마지막 줄은 텍스트 파일이 생성된 운영체제에 따라 개행문자(\n) 없이 끝나는 경우도 있습니다. 참고로 readline()으로 문자열을 읽었는데 개행문자(\n)만 있다면 그 줄은 공백 줄입니다.

다음은 readline()을 이용해 파일에서 문자열을 한 줄씩 읽어오는 예입니다. 앞에서 만든 파일 'two_times_table.txt'를 이용하겠습니다.

```
In: f = open("two_times_table.txt")          # 파일을 읽기 모드로 열기
    line1 = f.readline()                     # 한 줄씩 문자열을 읽기
    line2 = f.readline()
    f.close()                                # 파일 닫기
    print(line1, end="")                     # 한 줄씩 문자열 출력(줄 바꿈 안 함)
    print(line2, end="")
```

```
Out: 2 x 1 = 2
     2 x 2 = 4
```

위의 코드는 파일을 연 후 readline()을 이용해 문자열을 한 줄씩 두 번 읽고 print()로 출력합니다. readline()으로 읽은 문자열에는 이미 개행문자(\n)가 포함됐으므로 print()에서는 줄 바꿈이 중복되지 않게 『end=""』처럼 end 인자를 빈 문자열("")로 설정했습니다. 출력 결과에서 readline()으로 한 줄씩 읽은 문자열이 잘 출력됐습니다.

앞의 설명에서 readline()은 파일의 맨 끝 줄을 읽고 난 후 다시 실행하면 빈 문자열을 반환한다고 했습니다. 이 특징을 이용해 다음과 같이 while 문과 readline()으로 파일 전체에서 문자열을 한 줄씩 읽어올 수 있습니다. 다음 코드에서 line에는 readline()의 수행 결과로 가져온 한 줄 문자열이 대입되고 'while line:'에서 line이 빈 문자열인지를 검사해서 빈 문자열이 아니면 while 문을 계속 수행하고 빈 문자열이면 while 문을 빠져나옵니다.

```
In: f = open("two_times_table.txt")          # 파일을 읽기 모드로 열기
    line = f.readline()                      # 문자열 한 줄 읽기
    while line:                              # line이 공백인지 검사해서 반복 여부 결정
        print(line, end = "")                # 문자열 한 줄 출력(줄 바꿈 안 함)
        line = f.readline()                  # 문자열 한 줄 읽기
    f.close() # 파일 닫기
```

```
Out: 2 x 1 = 2
     2 x 2 = 4
     2 x 3 = 6
     2 x 4 = 8
     2 x 5 = 10
```

readlines()

readline()은 파일에서 문자열을 한 줄씩 읽었지만 readlines()는 파일 전체의 모든 줄을 읽어서 한 줄씩을 요소로 갖는 리스트 타입으로 반환합니다.

다음은 readlines()를 이용해 파일의 전체 내용을 읽어오는 예입니다. 이번에도 앞에서 만든 파일 'two_times_table.txt'를 그대로 이용하겠습니다.

```
In: f = open("two_times_table.txt")          # (1) 파일을 읽기 모드로 열기
    lines = f.readlines()                    # (2) 파일 전체 읽기(리스트로 반환)
    f.close()                                # (3) 파일 닫기

    print(lines)                             # 리스트 변수 내용 출력
```

```
Out: ['2 x 1 = 2\n', '2 x 2 = 4\n', '2 x 3 = 6\n', '2 x 4 = 8\n', '2 x 5 = 10\n', '2 x 6 = 12\n', '2 x
     7 = 14\n', '2 x 8 = 16\n', '2 x 9 = 18\n']
```

위의 예는 지정된 파일을 열고(1), readlines()를 이용해 파일의 전체 문자열을 읽어서 변수 lines에 할당한 후(2) 파일을 닫는(3) 코드입니다. 변수 lines의 출력 결과에서 readlines()의 반환 값이 리스트인 것을 확인할 수 있습니다. 리스트 항목에는 파일에서 한 줄씩 읽은 문자열이 들어가 있는데, 여기에는 개행문자(\n)도 포함돼 있습니다.

lines 리스트에 할당된 문자열은 다음 코드처럼 for 문을 이용해 항목을 하나씩 처리할 수 있습니다.

```
In: f = open("two_times_table.txt")          # 파일을 읽기 모드로 열기
    lines = f.readlines()                    # 파일 전체 읽기(리스트로 반환)
    f.close()                                # 파일 닫기
    for line in lines:                       # 리스트를 <반복 범위>로 지정
        print(line, end="")                  # 리스트 항목을 출력(줄 바꿈 안 함)
```

```
Out: 2 x 1 = 2
     2 x 2 = 4
     2 x 3 = 6
     2 x 4 = 8
     2 x 5 = 10
```

위의 코드에서 for 문의 <반복 범위>에 lines 변수 대신 바로 f.readlines()를 쓰면 다음처럼 코드가 더 간단해집니다.

```
In: f = open("two_times_table.txt")            # 파일을 읽기 모드로 열기
    for line in f.readlines():                 # 파일 전체를 읽고, 리스트 항목을 line에 할당
        print(line, end="")                    # 리스트 항목을 출력(줄 바꿈 안 함)
    f.close()
```

```
Out: 2 x 1 = 2
     2 x 2 = 4
     2 x 3 = 6
     2 x 4 = 8
     2 x 5 = 10
```

위의 코드에서 for 문의 <반복 범위>에 있는 f.readlines() 대신 f만 입력해도 됩니다. 즉, for 문의 <반복 범위>에 파일 객체만 써도 '파일객체.readlines()'를 쓴 것과 같습니다. 따라서 위의 코드는 다음과 같이 좀 더 간단하게 작성할 수 있습니다.

```
In: f = open("two_times_table.txt")            # 파일을 읽기 모드로 열기
    for line in f:                             # 파일 전체를 읽고, 리스트 항목을 line에 할당
        print(line, end="")                    # line의 내용 출력(줄 바꿈 안 함)
    f.close()                                  # 파일 닫기
```

```
Out: 2 x 1 = 2
     2 x 2 = 4
     2 x 3 = 6
     2 x 4 = 8
     2 x 5 = 10
```

05 with 문을 활용해 파일 읽고 쓰기

with 문의 구조

앞에서 파일을 읽고 쓰려면 다음과 같은 과정을 거쳐야 했습니다.

1. 파일 열기
2. 파일 읽고/쓰기
3. 파일 닫기

예를 들어, 텍스트 파일에 쓰는 코드는 다음과 같습니다.

```
In: f = open('myTextFile.txt', 'w')          # (1) 파일 열기
    f.write('File write/read test.')         # (2) 파일 쓰기
    f.close()                                # (3) 파일 닫기
```

또한 텍스트 파일을 읽는 코드는 다음과 같습니다.

```
In: f = open('myTextFile.txt', 'r')          # (1) 파일 열기
    test = f.read()                          # (2) 파일 읽기
    f.close()                                # (3) 파일 닫기
    print(test)
```

```
Out: File write/read test.
```

지금까지 이용한 방법은 open() 함수를 이용해 파일을 연 후에는 읽기나 쓰기가 끝난 후 close()로 파일을 닫았습니다. 하지만 with 문을 이용한다면 수행이 끝난 후에 자동으로 파일을 닫기 때문에 close()를 수행하지 않아도 됩니다.

with 문을 이용해 파일 열기를 할 경우 다음과 같은 코드 구조를 이용합니다.

```
with open('file_name', 'mode') as f:
    <코드 블록>
```

여기서 open() 함수의 입력 인자는 앞에서 살펴본 것과 같습니다. 즉, file_name은 파일 이름이고, mode는 파일의 속성 지정을 위한 옵션입니다. 또한 f는 open() 함수의 반환 결과인 파일 객체로 <코드 블록>에서 파일을 읽거나 쓸 때 이용합니다. <코드 블록>의 코드가 모두 끝나면 open()으로 열린 파일 객체는 자동으로 닫힙니다.

예를 들어, 텍스트 파일 쓰기를 위해서는 다음과 같이 작성합니다.

```
with open('file_name', 'w') as f:
    f.write(str)
```

또한 텍스트 파일을 읽으려면 다음과 같이 작성합니다.

```
with open('file_name', 'r') as f:
    data = f.read()
```

여기서 읽기 모드를 표시한 'r'은 써도 되고, 안 써도 됩니다.

with 문의 활용

다음은 with 문을 이용해 파일에 문자열을 쓰는 예입니다.

```
In: with open('C:/myPyCode/myTextFile2.txt', 'w') as f:         # (1) 파일 열기
        f.write('File read/write test2: line1\n')               # (2) 파일 쓰기
        f.write('File read/write test2: line2\n')
        f.write('File read/write test2: line3\n')
```

위 코드의 실행으로 'C:\myPyCode' 폴더에 'myTextFile2.txt' 파일을 생성해서 문자열을 썼습니다. 위와 같이 파일명뿐만 아니라 폴더의 위치까지 포함해서 파일명을 쓰는 경우 코드의 실행 위치와 상관없이 파일을 열 수 있어서 유용할 때가 있습니다. 참고로 윈도우 명령어에서는 경로 구분을 위해 \를 이용하지만 파이썬에서는 \ 대신 /를 사용해도 됩니다. 다음은 with 문을 이용해 이렇게 생성한 파일을 읽는 예입니다.

```
In: with open('C:/myPyCode/myTextFile2.txt') as f:     # (1) 파일 열기
        file_string = f.read()                         # (2) 파일 읽기
        print(file_string)
```

```
Out: File read/write test2: line1
     File read/write test2: line2
     File read/write test2: line3
```

with 문을 반복문과 함께 이용하면 한 줄씩 문자열을 읽고 쓸 수 있습니다. 다음은 구구단 3단의 일부가 저장된 텍스트 파일인 'myTextFile3.txt'를 만들기 위해 with 문에 for 문을 적용해 <반복 범위>만큼 문자열을 생성하고 파일에 쓰는 코드입니다.

```
In: with open('C:/myPyCode/myTextFile3.txt', 'w') as f:          # 파일을 쓰기 모드로 열기
        for num in range(1,6):                                   # for문에서 num이 1~5까지 반복
            format_string = "3 x {0} = {1}\n".format(num,3*num) # 문자열 생성
            f.write(format_string)                               # 파일에 문자열 쓰기
```

다음으로 with 문과 for 문을 이용해 앞에서 만든 파일 'myTextFile3.txt'의 문자열을 한 줄씩 읽어서 출력하는 코드를 작성하겠습니다. 여기서 for 문의 <반복 범위>에는 f.readlines() 대신 f만 입력하겠습니다.

```
In: with open('C:/myPyCode/myTextFile3.txt', 'r') as f: # 파일을 읽기 모드로 열기
        for line in f:            # 파일 전체를 읽고 리스트 항목을 line에 할당
            print(line, end="")  # line에 할당된 문자열 출력(줄 바꿈 안 함)
```

```
Out: 3 x 1 = 3
     3 x 2 = 6
     3 x 3 = 9
     3 x 4 = 12
     3 x 5 = 15
```

06 정리

이번 장에서는 파이썬의 입출력 방법을 알아봤습니다. 먼저 print()를 이용해 화면에 다양한 형태의 데이터를 출력하는 방법을 살펴봤습니다. 화면으로 출력하는 방법에서 기본 출력 방법과 형식을 지정해서 출력하는 방법을 살펴봤습니다. 또한 키보드로 데이터를 입력받는 방법도 살펴봤습니다. 마지막으로 파일을 열어서 읽고 쓰는 방법에 대해서도 살펴봤습니다. 특히 문자열로 된 텍스트 파일의 경우 줄 단위로 처리하는 방법도 살펴봤습니다. 이번 장에서 살펴본 입출력 방법은 원하는 형식으로 화면이나 파일로 결과를 출력하거나 데이터가 있는 파일을 읽고 처리할 때 아주 많이 이용되니 잘 알아두세요.

07

함수

코딩하다 보면 특정 기능을 반복해서 수행해야 할 때가 있습니다. 그때마다 같은 기능을 수행하는 코드를 반복해서 작성한다면 비효율적일 것입니다. 이때 사용할 수 있는 것이 함수(function)입니다. 함수는 특정 기능을 수행하는 코드의 묶음입니다. 함수를 이용하면 같은 기능을 수행하는 코드를 반복해서 작성할 필요가 없습니다. 또한 코드가 깔끔해지고 한번 만든 코드를 재사용할 수 있어서 코드를 작성하기가 편해집니다.

앞 장에서 파이썬 코드를 작성하면서 이미 몇몇 내장 함수를 이용했습니다. 출력을 위한 `print()` 함수, 데이터 타입을 알기 위한 `type()` 함수 등이 바로 내장 함수입니다. 이번 장에서는 코드의 묶음인 함수를 만들고, 함수를 이용하는 방법을 알아보고 주요 내장 함수의 사용법도 살펴보겠습니다.

01 함수 정의와 호출

수학 시간에 이미 함수라는 용어에 대해 배웠을 것입니다. 수학에서 말하는 함수는 다음과 같이 표현할 수 있습니다.

$$y=f(x)$$

x에 숫자를 넣으면 함수 $f(x)$에서 연산을 수행해 계산 결과 y를 얻을 수 있습니다. 만약 함수가 $y=x^2$와 같이 정의됐다면 입력값 x에 대해 제곱을 수행한 결괏값을 얻을 수 있습니다. 그림 7-1은 함수에서 입력과 출력의 관계를 보여줍니다.

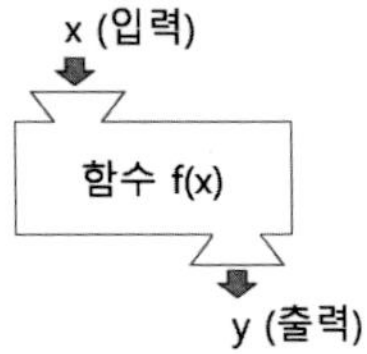

그림 7-1 함수에서 입력과 출력의 관계

함수의 기본 구조

프로그래밍에서의 함수도 수학의 함수와 유사합니다. 함수는 특정 기능을 수행하는 코드의 묶음이라고 했습니다. 수학 함수에서 입력값을 프로그래밍 함수에서는 인자라고 부릅니다. 프로그래밍에서는 이 인자를 통해 함수에 값을 전달할 수 있습니다. 수학 함수에서 계산된 결괏값을 프로그래밍 함수에서는 반환 값이라고 합니다. 단, 프로그래밍의 함수는 수학 함수와 달리 인자와 반환 값이 없을 수도 있습니다.

함수를 이용하려면 먼저 함수를 정의(함수 만들기)해야 합니다. 함수를 정의한 후에야 함수를 호출(정의된 함수 부르기)할 수 있습니다. 함수를 한 번 정의하고 나면 함수는 필요할 때마다 몇 번이고 호출할 수 있습니다.

함수의 구조는 다음과 같습니다.

```
def 함수명([인자1, 인자2, ···, 인자n]):
    <코드 블록>
    [return <반환 값>]
```

함수는 def 키워드로 시작합니다. 그 뒤에 프로그래머가 정의한 함수명(함수 이름)을 입력합니다. 함수명은 주로 영문 알파벳 소문자로 구성되며 가독성을 높이기 위해 밑줄(_)을 이용하기도 합니다. 함수명을 입력한 후에는 소괄호와 콜론을 입력합니다. 위의 구조에서 대괄호 안의 내용은 필요에 따라 쓸 수도 있고 쓰지 않을 수도 있습니다. 함수에서 사용할 인자가 있으면 소괄호 안에 인자를 입력합니다. 인자를 여러 개 입력할 수 있는데 인자와 인자 사이는 콤마로 구분합니다. 함수에서 사용할 인자가 없으면 소괄호만 입력합니다. 소괄호 다음에는 콜론(:)을 입력합니다. 그 이후 줄을 바꾸고 들여쓰기를 한 후에 <코드 블록>에 코드를 입력합니다. 반환 값이 있으면 마지막 줄에 return <반환 값>을 입력하고 없으면 아무것도 입력하지 않습니다.

다음은 인자도 반환 값도 없는 함수(그림 7-2), 인자는 있으나 반환 값이 없는 함수(그림 7-3), 그리고 인자도 있고 반환 값도 있는 함수(그림 7-4)의 예입니다.

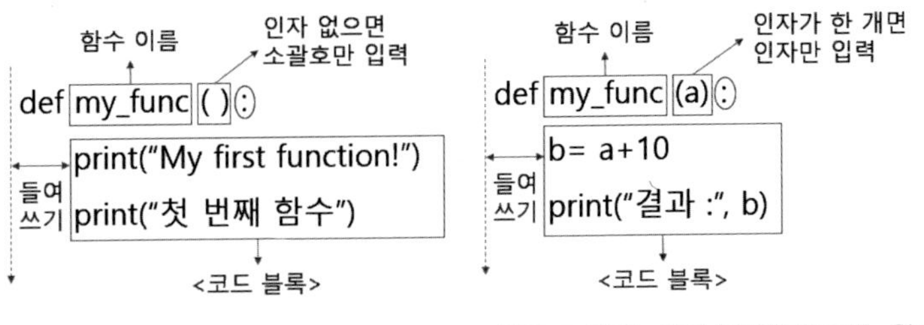

그림 7-2 인자도 반환 값도 없는 함수

그림 7-3 인자는 있으나 반환 값이 없는 함수

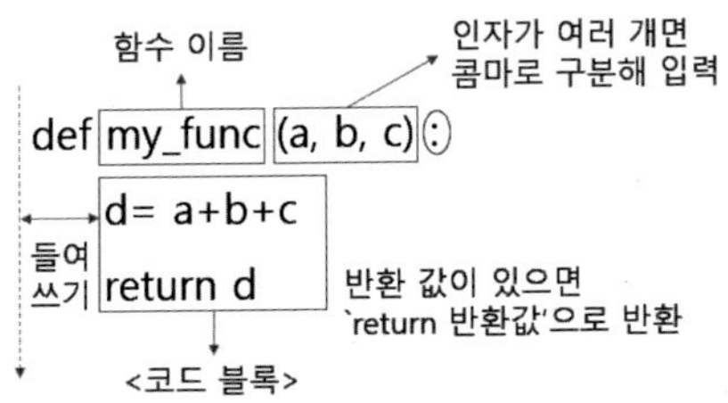

그림 7-4 인자도 있고 반환 값도 있는 함수

함수를 정의한 후 정의된 함수를 호출해야 함수가 실행됩니다. 함수를 호출할 때는 함수를 정의할 때 지정했던 인자도 함께 써야 합니다. 이때 인자의 개수와 순서는 같아야 합니다. 만약 함수를 정의할 때 인자가 없었으면 함수를 호출할 때 소괄호 안에 아무것도 입력하지 않습니다. 다음은 앞에서 정의한 함수를 호출하는 코드 구조입니다.

```
함수명([인자1, 인자2, · · · , 인자n])
```

인자도 반환 값도 없는 함수

함수는 전달할 인자와 반환 값의 유무에 따라 다양한 구조로 만들 수 있습니다. 먼저 인자도 없고 반환 값도 없는 가장 간단한 구조의 함수를 살펴보겠습니다.

```
In: def my_func():
        print("My first function!")
        print("This is a function.")
```

위와 같이 함수를 정의하고 실행하면 아무 일도 일어나지 않습니다. 오류가 발생하지 않고 아무 일도 일어나지 않는다면 함수가 잘 정의된 것입니다. 만약 오류가 발생한다면 잘못된 곳을 수정한 후 다시 실행합니다.

함수를 정의한 후에 호출해야 비로소 함수가 실행됩니다. 앞에서 정의한 my_func() 함수에는 인자가 없기 때문에 다음과 같이 함수명과 소괄호만 입력해 함수를 호출합니다.

```
In: my_func()
```

```
Out: My first function!
     This is a function.
```

인자는 있으나 반환 값이 없는 함수

다음으로 인자는 있지만 반환 값이 없는 함수를 정의하고 호출하는 예를 살펴보겠습니다. 인자가 있는 함수의 예를 살펴보면 함수의 진가를 알 수 있을 것입니다.

먼저 인자(여기서는 문자열) 하나를 넘겨받아 출력하는 함수를 정의하겠습니다.

```
In: def my_friend(friendName):
        print("{}는 나의 친구입니다.".format(friendName))
```

이제 정의한 함수에 인자를 각각 입력해서 호출해 보겠습니다.

```
In: my_friend("철수")
    my_friend("영미")
```

```
Out: 철수는 나의 친구입니다.
     영미는 나의 친구입니다.
```

위의 코드에서 함수를 두 번 호출했는데 각각 인자를 다르게 입력해 출력 결과가 다르게 나왔습니다. 위에서 보듯이 함수에 인자를 이용하면 인자에 따라 다른 결과를 얻을 수 있습니다.

함수에서 인자는 하나일 수도 있고 여러 개일 수도 있습니다. 다음은 인자가 세 개인 함수입니다.

```
In: def my_student_info(name, school_ID, phoneNumber):
        print("------------------------")
        print("- 학생이름:", name)
```

```
        print("- 학급번호:", school_ID)
        print("- 전화번호:", phoneNumber)
```

함수를 정의할 때 세 개의 인자를 넘겨받도록 만들었기 때문에 호출할 때도 다음과 같이 세 개의 인자를 입력해서 함수를 호출합니다.

```
In: my_student_info("현아", "01", "01-235-6789")
    my_student_info("진수", "02", "01-987-6543")
```

```
Out: -----------------------------
     - 학생이름: 현아
     - 학급번호: 01
     - 전화번호: 01-235-6789
     -----------------------------
     - 학생이름: 진수
     - 학급번호: 02
     - 전화번호: 01-987-6543
```

앞에서 정의한 my_student_info() 함수를 수정하면 이 함수를 호출하는 모든 코드에 적용됩니다. 다음은 my_student_info() 함수의 출력 양식을 수정한 함수입니다.

```
In: def my_student_info(name, school_ID,  phoneNumber):
        print("******************************")
        print("* 학생이름:", name)
        print("* 학급번호:", school_ID)
        print("* 전화번호:", phoneNumber)
```

이제 앞에서 입력한 인자를 변경 없이 그대로 입력해서 my_student_info() 함수를 다시 호출하겠습니다.

```
In: my_student_info("현아", "01", "01-235-6789")
    my_student_info("진수", "02", "01-987-6543")
```

```
Out: ******************************
     * 학생이름: 현아
     * 학급번호: 01
     * 전화번호: 01-235-6789
     ******************************
     * 학생이름: 진수
     * 학급번호: 02
     * 전화번호: 01-987-6543
```

함수를 호출한 결과를 보면 수정된 내용이 잘 반영됐음을 확인할 수 있습니다. 이처럼 함수를 이용하면 코드의 작성과 수정이 편리합니다.

인자도 있고 반환 값도 있는 함수

다음으로 인자를 받아서 처리한 후에 값을 반환하는 함수에 대해 알아보겠습니다. 이를 위해 다음과 같이 가로와 세로 길이 인자 두 개를 받아서 넓이를 계산한 후 그 결과를 반환하는 함수를 정의하겠습니다. 반환 값이 있으므로 'return <반환 값>'을 이용합니다.

```
In: def my_calc(x,y):
        z = x*y
        return z
```

이제 인자를 입력해서 함수를 호출하면 다음과 같이 결괏값(넓이)을 출력합니다.

```
In: my_calc(3,4)
```

```
Out: 12
```

앞에서는 문자열이나 숫자가 함수의 인자로 들어가는 예를 살펴봤습니다. 파이썬에서는 함수의 인자로 리스트, 세트, 튜플, 딕셔너리도 사용할 수 있습니다. 다음은 리스트를 인자로 갖는 함수입니다.

```
In: def my_student_info_list(student_info):
        print("****************************")
        print("* 학생이름:", student_info[0])
        print("* 학급번호:", student_info[1])
        print("* 전화번호:", student_info[2])
        print("****************************")
```

위 함수의 인자는 리스트이므로 다음과 같이 인자를 리스트로 입력해서 함수를 호출합니다.

```
In: student1_info = ["현아", "01", "01-235-6789"]
    my_student_info_list(student1_info)
```

```
Out: ****************************
     * 학생이름: 현아
     * 학급번호: 01
     * 전화번호: 01-235-6789
     ****************************
```

위처럼 리스트를 변수에 넣은 후에 이것을 함수의 인자로 넣지 않고 다음처럼 리스트를 바로 인자로 지정할 수도 있습니다.

```
In: my_student_info_list(["진수", "02", "01-987-6543"])
```

```
Out: ****************************
     * 학생이름: 진수
     * 학급번호: 02
     * 전화번호: 01-987-6543
     ****************************
```

02 변수의 유효 범위

함수 안에서 정의한(혹은 생성한) 변수는 함수 안에서만 사용할 수 있습니다. 즉, 함수 안에서 생성한 변수는 함수를 호출해 실행되는 동안만 사용할 수 있고 함수 실행이 끝나면 더는 사용할 수 없습니다. 함수 안에서 정의한 변수는 함수 영역 안에서만 동작하는 변수이므로 지역 변수(local variable)라고 합니다. 지역 변수는 함수가 호출될 때 임시 저장 공간(메모리)에 할당되고 함수 실행이 끝나면 사라집니다. 또한 다른 함수에서 같은 이름으로 변수를 사용해도 각각 다른 임시 저장 공간에 할당되므로 독립적으로 동작합니다. 지역 변수의 상대적인 개념으로 함수 밖에서 생성한 변수인 전역 변수(global variable)가 있습니다. 지역 변수는 함수 안에서만 사용할 수 있지만 전역 변수는 코드 내 어디서나 사용할 수 있습니다.

변수를 정의할 때 변수가 저장되는 공간을 이름 공간이라고 하는데 변수를 함수 안에서 정의했느냐, 함수 밖에서 정의했느냐에 따라 코드 내에서 영향을 미치는 유효 범위(scope)가 달라집니다. 지역 변수를 저장하는 이름 공간을 지역 영역(local scope)이라고 하고 전역 변수를 저장하는 이름 공간을 전역 영역(global scope)이라고 합니다. 또한 파이썬 자체에서 정의한 이름 공간을 내장 영역(built-in scope)이라고 합니다. 함수에서 어떤 변수를 호출하면 지역 영역, 전역 영역, 내장 영역 순서대로 변수가 있는지 확인합니다. 이를 스코핑 룰(Scoping rule) 혹은 LGB 룰(Local/Global/Built-in rule)이라고 합니다.

함수를 작성할 때 지역 변수와 전역 변수의 이름이 다르다면 문제가 되지 않지만 만약 동일한 변수명을 지역 변수와 전역 변수에 모두 이용했다면 이것을 이용할 때 스코핑 룰에 따라 변수가 선택됩니다. 다음은 하나의 코드에서 같은 이름의 변수를 지역 변수와 전역 변수로 모두 사용한 예입니다.

```
In: a = 5 # 전역 변수

    def func1():
        a = 1 # 지역 변수. func1()에서만 사용
        print("[func1] 지역 변수 a =", a)

    def func2():
        a = 2 # 지역 변수. func2()에서만 사용
        print("[func2] 지역 변수 a =", a)

    def func3():
        print("[func3] 전역 변수 a =", a)

    def func4():
        global a   # 함수 내에서 전역 변수를 변경하기 위해 선언
        a = 4      # 전역 변수의 값 변경
        print("[func4] 전역 변수 a =",a)
```

위 코드에서 함수 밖에서 정의된 전역 변수 a에는 5를 할당했습니다. 함수 func1()과 func2() 안에서 정의된 지역 변수 a에는 각각 1과 2를 할당하고 출력했습니다. 함수 func3()에서는 지역 변수 a를 정의하지 않고 a를 출력했습니다. 이때는 전역 변수 a를 가져와서 출력합니다. 전역 변수는 코드 내 어디서나 사용할 수 있으므로 함수 안과 함수 밖에서 모두 이용할 수 있습니다. 함수 func4()에서도 지역 변수 a를 정의하지 않고 a를 이용했습니다. 단, 함수 func4()에서는 전역 변수 a의 값을 변경했습니다. 함수 안에서 전역 변수의 내용을 변경할 때는 'global 전역 변수명'을 먼저 선언해야 전역 변수의 내용을 변경할 수 있습니다.

이제 앞에서 정의한 각각 함수를 호출해 각 함수에서 어떤 a가 사용되는지 살펴보겠습니다.

```
In: func1() #함수 func1() 호출
    func2() #함수 func2() 호출
    print("전역 변수 a =", a) # 전역 변수 출력
```

```
Out: [func1] 지역 변수 a = 1
     [func2] 지역 변수 a = 2
     전역 변수 a = 5
```

위 출력 결과에서 함수 안에서 정의된 지역 변수는 같은 이름의 전역 변수보다 먼저 참조되고 함수가 끝나면 그 효력이 즉시 사라지는 것을 알 수 있습니다. 또한 함수를 호출하지 않고 변수를 이용하면 전역 변수를 참조하는 것을 확인할 수 있습니다.

다음은 함수 안에서 전역 변수 이용하는 함수 func3()과 func4()를 호출하겠습니다.

```
In: func3() #함수 func3() 호출
    func4() #함수 func4() 호출
    func3() #함수 func3() 호출
```

```
Out: [func3] 전역 변수 a = 5
     [func4] 전역 변수 a = 4
     [func3] 전역 변수 a = 4
```

함수 호출 결과를 비교해 보면 함수 func4() 호출로 전역 변수 a의 값이 변경됐음을 알 수 있습니다.

03 람다(lambda) 함수

파이썬에는 한 줄로 함수를 표현하는 람다(lambda) 함수가 있습니다. 람다 함수는 구성이 단순해 간단한 연산을 하는 데 종종 사용됩니다. 람다 함수의 기본 구조는 다음과 같습니다.

```
lambda <인자> : <인자 활용 수행 코드>
```

람다 함수는 <인자>를 전달하면 <인자 활용 수행 코드>를 수행한 후 결과를 바로 반환합니다. <인자>는 콤마(,)로 구분해 여러 개를 사용할 수 있습니다.

람다를 사용할 때는 다음처럼 람다 함수 전체를 소괄호로 감싸고 그다음에 별도의 소괄호에 인자를 씁니다.

```
(lambda <인자> : <인자 활용 수행 코드>) (<인자>)
```

위와 같이 사용하는 것이 기본적인 방법이지만 보통은 사용의 편리성을 위해 다음과 같이 람다 함수를 다른 변수에 할당하고 이 변수를 함수명처럼 이용해 람다 함수를 호출합니다. 이때 정의한 <인자>도 함께 입력합니다. 람다 함수를 변수에 할당할 때는 람다 함수 전체를 소괄호로 감싸지 않아도 됩니다.

```
lambda_function = lambda <인자> : <인자 활용 수행 코드>
lambda_function(<인자>)
```

다음은 람다 함수를 이용해 입력된 수의 제곱을 반환하는 코드입니다. 입력 인자와 연산 코드로 구성된 람다 함수를 정의하고 인자로 3을 입력했습니다.

```
In: (lambda x : x**2) (3)
```

```
Out: 9
```

위에서 제곱을 구하는 람다 함수에 숫자 3을 입력해 원하는 결과를 얻었지만 제곱을 계속 수행해야 한다면 람다 함수를 반복해서 써야 해서 번거롭습니다. 이럴 경우 람다 함수를 변수에 할당하면 편리합니다.

다음은 람다 함수를 변수에 할당한 후에 인자를 입력해서 호출하는 예입니다.

```
In: mySquare = lambda x : x**2
    mySquare(2)
```

```
Out: 4
```

앞에서 람다 함수를 변수로 할당했으므로 이제 다른 인자의 제곱 값을 얻고 싶다면 다음처럼 인자만 바꿔서 람다 함수를 호출하면 됩니다.

```
In: mySquare(5)
```

```
Out: 25
```

다음으로 여러 개의 인자를 입력받아 연산 결과를 반환하는 람다 함수를 만들겠습니다. x, y, z라는 세 개의 인자를 입력받아 '2*x + 3*y + z' 연산의 결과를 반환하겠습니다. 정의한 람다 함수를 변수에 할당하고 세 개의 인자를 입력해서 람다 함수를 호출했습니다.

```
In: mySimpleFunc = lambda x,y,z : 2*x + 3*y + z
    mySimpleFunc(1,2,3)
```

```
Out: 11
```

04 유용한 내장 함수

코드를 작성할 때 함수를 직접 만들어서 이용할 수도 있지만 파이썬의 다양한 내장 함수를 활용하면 함수를 새로 만들지 않고 원하는 기능을 수행할 수 있습니다. 여기서는 파이썬의 많은 내장 함수 중에서 사용 빈도가 높은 함수를 살펴보겠습니다.

형 변환 함수

코드를 작성하다 보면 데이터의 형태(타입)를 변환해야 하는 경우가 발생합니다. 파이썬의 내장 함수를 이용해 데이터의 형태를 변환하는 방법을 알아보겠습니다.

정수형으로 변환

내장 함수 int()는 실수나 문자열(정수 표시) 데이터를 정수로 변환합니다. 우선 실수 데이터를 정수로 변환하겠습니다. 실수의 경우 소수점 이하는 버리는 방식으로 정수로 변환합니다.

```
In: [int(0.123), int(3.5123456), int(-1.312367)]
```

```
Out: [0, 3, -1]
```

문자열의 경우는 다음과 같이 문자열이 정수를 표시할 때만 정수로 변환할 수 있습니다. 문자열이 실수를 표시하거나 숫자 외의 문자가 포함돼 있는 경우 int()로 변환을 시도하면 오류가 발생합니다.

```
In: [int('1234'), int('5678'), int('-9012')]
```

```
Out: [1234, 5678, -9012]
```

실수형으로 변환

내장 함수 float()는 정수나 문자열(정수 및 실수 표시) 데이터를 실수로 변환합니다. 다음은 정수 데이터를 실수로 변환하는 예입니다.

```
In: [float(0), float(123), float(-567)]
```

```
Out: [0.0, 123.0, -567.0]
```

다음은 실수를 표시한 문자열을 실수로 변환하는 예입니다. 문자열에 정수나 실수를 표시하는 문자 외의 다른 문자가 있으면 float()로 변환할 때 오류가 발생합니다.

```
In: [float('10'), float('0.123'), float('-567.89')]
```

```
Out: [10.0, 0.123, -567.89]
```

문자형으로 변환

내장 함수 str()은 정수나 실수 데이터를 문자열로 변환합니다. 다음은 정수 데이터를 문자열 데이터로 변환하는 예입니다.

```
In: [str(123), str(459678), str(-987)]
```

```
Out: ['123', '459678', '-987']
```

다음은 실수 데이터를 문자열 데이터로 변환하는 예입니다.

```
In: [str(0.123), str(345.678), str(-5.987)]
```

```
Out: ['0.123', '345.678', '-5.987']
```

리스트, 튜플, 세트형으로 변환

리스트, 튜플, 세트 데이터는 특성이 비슷해서 표 7-1처럼 서로 변환할 수 있습니다.

표 7-1 list(), tuple(), set() 함수

내장 함수	기능	사용 예
list()	튜플/세트 데이터를 리스트로 변환	list((1,2,3)), list({1,2,3})
tuple()	리스트/세트 데이터를 튜플로 변환	tuple([1,2,3]), tuple({1,2,3})
set()	리스트/튜플 데이터를 세트로 변환	set([1,2,3]), set((1,2,3))

리스트, 튜플, 세트 데이터끼리 변환되는 예를 살펴보기 위해 다음과 같이 리스트, 튜플, 세트 데이터를 만들겠습니다.

```
In: list_data = ['abc', 1, 2, 'def']
    tuple_data = ('abc', 1, 2, 'def')
    set_data = {'abc', 1, 2, 'def'}
```

각 데이터 타입은 다음과 같이 type() 함수로 확인할 수 있습니다.

```
In: [type(list_data), type(tuple_data), type(set_data)]
```

```
Out: [list, tuple, set]
```

이제 list() 함수를 이용해 튜플 데이터와 세트 데이터를 리스트로 변환하겠습니다.

```
In: print("리스트로 변환: ", list(tuple_data), list(set_data))
```

```
Out: 리스트로 변환:  ['abc', 1, 2, 'def'] ['abc', 2, 'def', 1]
```

다음은 tuple() 함수로 리스트 데이터와 세트 데이터를 튜플로 변환하겠습니다.

```
In: print("튜플로 변환:", tuple(list_data), tuple(set_data))
```

```
Out: 튜플로 변환: ('abc', 1, 2, 'def') ('abc', 2, 'def', 1)
```

마지막으로 set() 함수를 이용해 리스트 데이터와 튜플 데이터를 세트로 변환하겠습니다.

```
In: print("세트로 변환:", set(list_data), set(tuple_data))
```

```
Out: 세트로 변환: {1, 2, 'abc', 'def'} {1, 2, 'abc', 'def'}
```

bool 함수

앞에서 불(bool) 형태의 데이터 타입에 대해 알아봤습니다. 내장 함수 bool()은 True 혹은 False의 결과를 반환합니다. 다음으로 입력 인자에 따라 bool()함수가 어떤 결과를 반환하는지 살펴보겠습니다.

숫자를 인자로 bool 함수 호출

먼저 bool() 함수의 인자가 숫자인 경우를 살펴보겠습니다. 숫자 0이면 False, 0 이외의 숫자(양의 정수, 음의 정수, 양의 실수, 음의 실수)이면 True를 반환합니다. 우선 숫자 0을 인자로 삼아 bool() 함수를 호출하면 다음과 같이 False를 반환합니다.

```
In: bool(0) # 인자: 숫자 0
```

```
Out: False
```

0 이외의 숫자를 인자로 삼아 bool() 함수를 호출하면 다음과 같이 모두 True를 반환합니다.

```
In: bool(1) # 인자: 양의 정수
```

```
Out: True
```

```
In: bool(-10) # 인자: 음의 정수
```

```
Out: True
```

```
In: bool(5.12) # 인자: 양의 실수
```

```
Out: True
```

```
In: bool(-3.26) # 인자: 음의 실수
```

```
Out: True
```

문자열을 인자로 bool 함수 호출

bool() 함수의 인자가 문자열인 경우 문자열이 있으면 True를 반환하고 없으면 False를 반환합니다. 따라서 bool() 함수를 어떤 문자열이 빈 문자열인지 아닌지를 검사하는 데 이용할 수 있습니다. 문자열에서 공백은 공백 문자열이 있는 것이고 빈 문자열('')은 문자열이 없는 것입니다. 또한 파이썬에서 None은 아무것도 없는 것으로 간주합니다.

다음은 함수 bool()의 인자로 문자열을 사용한 예입니다.

```
In: bool('a') # 인자: 문자열 'a'
```

```
Out: True
```

```
In: bool(' ') # 인자: 빈 문자열(공백)
```

```
Out: True
```

```
In: bool('') # 인자: 문자열 없음
```

```
Out: False
```

```
In: bool(None) #인자: None
```

```
Out: False
```

리스트, 튜플, 세트를 인자로 bool 함수 호출

bool() 함수는 리스트, 튜플, 세트를 인자로 호출할 수도 있습니다. 이때는 문자열과 마찬가지로 항목이 있으면 True, 없으면 False를 반환합니다. 따라서 bool() 함수는 리스트, 튜플, 세트 데이터에서 항목이 있는지 없는지 검사할 때 유용하게 이용할 수 있습니다.

다음은 데이터 타입이 리스트이지만 리스트에 항목은 아무것도 없는 빈 리스트를 인자로 bool() 함수를 호출한 예입니다.

```
In: myFriends = []
    bool(myFriends) # 인자: 항목이 없는 빈 리스트
```

```
Out: False
```

항목이 있는 리스트를 인자로 bool() 함수를 호출하면 다음과 같이 True를 반환합니다.

```
In: myFriends = ['James', 'Robert', 'Lisa', 'Mary']
    bool(myFriends) # 인자: 항목이 있는 리스트
```

```
Out: True
```

튜플에 대해서도 항목이 없는 튜플과 있는 튜플을 인자로 bool() 함수를 호출하면 다음과 같이 각각 False와 True를 반환합니다.

```
In: myNum = ()
    bool(myNum) # 인자: 항목이 없는 빈 튜플
```

```
Out: False
```

```
In: myNum = (1,2,3)
    bool(myNum) # 인자: 항목이 있는 튜플
```

```
Out: True
```

세트에 대해서도 마찬가지로 항목 유무에 따라 다음과 같이 각각 False와 True를 반환합니다.

```
In: mySetA = {}
    bool(mySetA) # 인자: 항목이 없는 빈 세트
```

```
Out: False
```

```
In: mySetA = {10,20,30}
    bool(mySetA) # 인자: 항목이 있는 세트
```

```
Out: True
```

bool 함수의 활용

이제 bool() 함수를 실제 코드에서 어떻게 이용할 수 있는지 살펴보겠습니다. 아래의 print_name() 함수는 name 인자에 문자열이 있으면 이름을 출력하고, 없으면 입력된 문자열이 없다고 출력합니다.

```
In: def print_name(name):
        if bool(name):
            print("입력된 이름:", name)
        else:
            print("입력된 이름이 없습니다.")
```

이제 print_name() 함수를 호출할 때 인자로 문자열이 있는 경우와 없는 경우에 각각 출력 결과가 어떻게 달라지는지 살펴보겠습니다.

```
In: print_name("James")
```

```
Out: 입력된 이름: James
```

```
In: print_name("")
```

```
Out: 입력된 이름이 없습니다.
```

최솟값과 최댓값을 구하는 함수

데이터에서 최솟값 혹은 최댓값을 구할 때 내장 함수 min()과 max()를 이용합니다. 내장 함수 min()과 max()는 리스트, 튜플, 세트의 항목이나 문자열 중에서 각각 최솟값과 최댓값을 반환합니다.

다음은 숫자를 포함한 리스트에서 최솟값과 최댓값을 구하는 예를 살펴보겠습니다.

```
In: myNum = [10, 5, 12, 0, 3.5, 99.5, 42]
    [min(myNum), max(myNum)]
```

```
Out: [0, 99.5]
```

숫자뿐만 아니라 문자열에 대해서도 최솟값과 최댓값을 구할 수 있습니다. 다음은 문자열을 입력해 문자열에서 최솟값과 최댓값을 구하는 예입니다.

```
In: myStr = 'zxyabc'
    [min(myStr), max(myStr)]
```

```
Out: ['a', 'z']
```

다음은 각각 튜플과 세트에서 최솟값과 최댓값을 구하는 예입니다.

```
In: myNum = (10, 5, 12, 0, 3.5, 99.5, 42)
    [min(myNum), max(myNum)]
```

```
Out: [0, 99.5]
```

```
In: myNum = {"Abc", "abc", "bcd", "efg"}
    [min(myNum), max(myNum)]
```

```
Out: ['Abc', 'efg']
```

위의 예처럼 크기를 비교하고자 하는 항목이 문자열일 경우에는 첫 문자 먼저 비교하고 첫 문자가 같다면 두 번째 문자를 비교하는 식으로 전체를 비교합니다. 참고로 로마자 알파벳의 경우 A ~ Z, a ~ z 순서대로 크기가 큽니다. 또한 문자열로 된 숫자와 로마자 알파벳을 비교했을 때 숫자가 더 작습니다.

절댓값과 전체 합을 구하는 함수

절댓값은 숫자의 부호와 상관없이 숫자의 크기만을 나타냅니다. 내장 함수 abs()로 숫자의 절댓값을 구할 수 있습니다.

다음은 abs()를 이용해 숫자의 절댓값을 구하는 예입니다.

```
In: [abs(10), abs(-10)]
```

```
Out: [10, 10]
```

```
In: [abs(2.45), abs(-2.45)]
```

```
Out: [2.45, 2.45]
```

내장 함수 sum()은 리스트, 튜플, 세트 데이터의 모든 항목을 더해 전체 합을 결괏값으로 반환합니다. 다음은 sum()을 이용해 리스트 데이터의 모든 항목을 더하는 예입니다. 같은 방법으로 튜플과 세트 데이터에 대해서도 sum() 함수를 적용해 모든 항목의 합을 구할 수 있습니다.

```
In: sumList = [1, 2, 3, 4, 5, 6, 7, 8, 9, 10]
    sum(sumList)
```

```
Out: 55
```

항목의 개수를 구하는 함수

코드를 작성하다 보면 문자열, 리스트, 튜플, 딕셔너리 안에 있는 항목의 개수를 알아야 할 때가 있습니다. 내장 함수 len()은 항목의 개수(데이터의 길이)를 반환합니다.

다음은 내장 함수 len()으로 문자열, 리스트, 튜플, 딕셔너리 데이터의 길이를 구하는 예입니다.

```
In: len("ab cd") # 문자열
```

```
Out: 5
```

```
In: len([1, 2, 3, 4, 5, 6, 7, 8]) # 리스트
```

```
Out: 8
```

```
In: len((1, 2, 3, 4, 5)) # 튜플
```

```
Out: 5
```

```
In: len({'a', 'b', 'c', 'd'}) # 세트
```

```
Out: 4
```

```
In: len({1:"Thomas", 2:"Edward", 3:"Henry"}) # 딕셔너리
```

```
Out: 3
```

앞의 예처럼 len() 함수를 이용하면 문자열은 공백을 포함한 문자 길이(개수)를 구할 수 있고 리스트, 튜플, 딕셔너리는 항목의 길이(개수)를 구할 수 있습니다.

내장 함수의 활용

앞에서 많은 내장 함수를 살펴봤습니다. 이제 이 내장 함수를 활용해 실제 코드에 적용해 보겠습니다. 예를 들어, 시험 점수가 입력된 리스트가 있다고 할 때 sum()과 len()을 이용해 데이터 항목의 총합과 길이를 쉽게 구할 수 있습니다. 이를 이용하면 평균값도 쉽게 구할 수 있습니다. 비교를 위해 먼저, sum()과 len()을 이용하지 않고 총점과 평균값을 구해보겠습니다.

```
In: scores = [90, 80, 95, 85] # 과목별 시험 점수

    score_sum = 0                     # 총점 계산을 위한 초깃값 설정
    subject_num = 0                   # 과목수 계산을 위한 초깃값 설정
    for score in scores:
        score_sum = score_sum + score # 과목별 점수 모두 더하기
        subject_num = subject_num + 1 # 과목수 계산

    average = score_sum / subject_num # 평균(총점 / 과목수) 구하기

    print("총점:{0}, 평균:{1}".format(score_sum,average))
```

```
Out: 총점:350, 평균:87.5
```

예제에서는 총점과 과목 수를 구하려고 for 문을 이용했고 평균을 구하려고 총점을 과목 수로 나눴습니다. 같은 작업을 sum()과 len()을 이용해 수행해 보겠습니다.

```
In: scores = [90, 80, 95, 85] # 과목별 시험 점수

    print("총점:{0}, 평균:{1}".format(sum(scores), sum(scores)/len(scores)))
```

```
Out: 총점:350, 평균:87.5
```

앞의 코드와 결과가 같지만 코드가 많이 단순해졌습니다. sum()과 len()을 이용하면 for 문을 사용해 총점과 과목 수를 구하지 않아도 되고 총점과 과목 수 계산을 위한 변수도 필요 없어서 편리하게 총점과 평균값을 구할 수 있습니다.

다음처럼 내장 함수 min()과 max()를 이용하면 시험 점수 중 최고점과 최하점도 손쉽게 구할 수 있습니다.

```
In: print("최하 점수:{0}, 최고 점수:{1}".format(min(scores), max(scores)))
```

```
Out: 최하 점수:80, 최고 점수:95
```

05 정리

이번 장에서는 함수를 정의하고 호출하는 방법을 알아봤습니다. 인자나 반환 값의 유무에 따라 함수를 작성하는 방법과 호출하는 방법이 달라지는 것도 살펴봤습니다. 그리고 지역 변수와 전역 변수의 유효 범위에 대한 개념과 한 줄짜리 함수인 람다 함수에 대해서도 알아봤습니다. 마지막으로 유용한 내장 함수에 대해 알아보고 활용 예도 살펴봤습니다. 이번 장에서 살펴본 내용은 실제 코드를 작성할 때 많이 활용되니 잘 이해하기 바랍니다.

08

객체와 클래스

함수를 이용해 같은 코드를 여러 번 작성하지 않고 간결하게 코드를 작성할 수 있었습니다. 이번 장에서는 변수와 함수를 한꺼번에 다룰 수 있는 객체(Object)와 클래스(Class)에 대해 알아보겠습니다.

01 클래스 선언과 객체 생성

객체란?

객체는 속성(상태, 특징)과 행위(행동, 동작, 기능)로 구성된 대상을 의미합니다. 객체는 자동차나 로봇 같은 사물일 수도 있고 사람이나 동물일 수 있으며 어떤 개념일 수도 있습니다. 프로그래밍 언어에서 객체를 만들 때는 주로 현실 세계를 반영해서 만듭니다. 객체의 특징인 속성은 변수로, 객체가 할 수 있는 일인 행동은 함수로 구현합니다. 즉 객체는 변수와 함수의 묶음입니다. 예를 들어, 객체가 사람이라면 이름, 키, 몸무게 같은 속성은 변수로 구현하고 걷거나 뛰거나 앉는 행동은 함수로 구현합니다. 객체가 자전거라면 바퀴의 크기, 색깔 같은 속성은 변수로 구현하고 전진, 방향 전환, 정지 같은 동작은 함수로 구현합니다.

객체를 만들고 이용할 수 있는 기능을 제공하는 프로그래밍 언어를 객체지향 프로그래밍(Object-Oriented Programming, OOP) 언어 혹은 객체지향 언어라고 합니다. 파이썬도 객체지향 언어입니다. 객체라는 용어가 다소 생소하게 느껴질 수 있지만 앞으로 설명하는 내용을 차근차근 따라온다면 객체를 어떻게 만들고 활용하는지 알게 될 것입니다.

클래스 선언

객체를 만들려면 먼저 클래스를 선언해야 합니다. 클래스는 객체의 공통된 속성과 행위를 변수와 함수로 정의한 것입니다. 다시 말해 클래스는 객체를 만들기 위한 기본 틀이고 객체는 기본 틀을 바탕으로 만들어진 결과입니다. 객체는 클래스에서 생성하므로 객체를 클래스의 인스턴스(Instance)라고 합니다. 그림 8-1은 클래스와 객체의 관계를 개념적으로 설명한 것입니다. 즉, 붕어빵을 만드는 틀이 클래스라면 이 틀로 만들어진 붕어빵은 객체입니다. 같은 붕어빵 틀에서 나왔지만 붕어빵 안에 무엇을 넣느냐에 따라 단팥 붕어빵, 크림 붕어빵, 치즈 붕어빵, 초콜릿 붕어빵이 됩니다. 이것은 마치 객체의 속성을 규정한 변수에 무슨 값을 할당하느냐에 따라 객체의 속성이 달라지는 것과 같습니다.

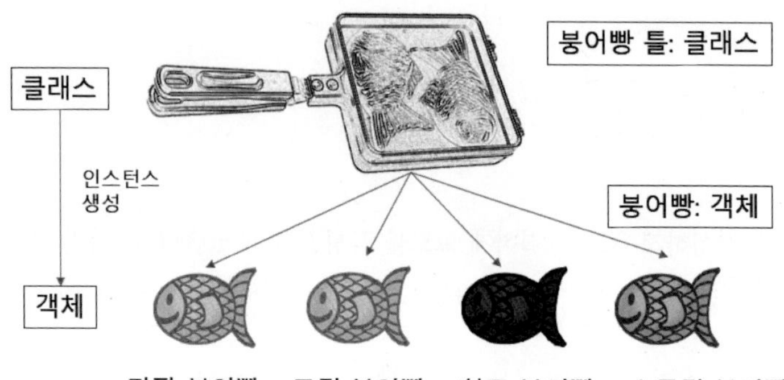

그림 8-1 클래스와 객체의 관계

클래스 선언을 위한 기본 구조는 다음과 같습니다.

```
class 클래스명():
    [변수1]  # 클래스 변수
    [변수2]
    ...
    def 함수1(self[, 인자1, 인자2, ･ ･ ･ , 인자n]): # 클래스 함수
        <코드 블록>
        ...
    def 함수2(self[, 인자1, 인자2, ･ ･ ･ , 인자n]):
        <코드 블록>
        ...
```

클래스를 선언할 때 class 키워드 다음에 클래스명, 소괄호, 콜론(:)을 순서대로 입력합니다. 클래스명(클래스 이름)은 보통 로마자 알파벳 대문자로 시작하며 여러 단어가 연결된 클래스 이름은 가독성을 위해 대문자로 시작하는 단어를 연결해 클래스 이름을 만듭니다. 다음으로 클래스 내에서 변수를 선언하고 'def 함수():' 형태로 함수를 작성합니다. 이때 클래스명 다음 줄에 오는 모든 코드는 들여쓰기해야 합니다. 클래스에서 정의한 함수의 첫 번째 인자는 self입니다. 여기서 self는 객체 생성 후에 자신을 참조하는데 이용됩니다. 위에서 대괄호([ ]) 안에 있는 인자는 필요한 만큼 사용할 수 있으며, 필요 없으면 생략할 수 있습니다.

함수와 메서드

클래스에서 정의한 함수를 객체를 생성한 후에 이용할 때는 메서드(method)라고 합니다. 하지만 객체 생성과 상관없이 클래스에서 정의한 함수를 메서드라고 하기도 합니다. 이처럼 클래스와 객체에서 함수와 메서드라는 용어는 구분 없이 사용하지만 둘 다 클래스에서 정의한 함수를 말하는 것입니다.

객체 생성 및 활용

클래스의 구조를 살펴봤으니 실제로 클래스를 선언하고 객체를 생성해 활용하는 예를 단계별로 살펴보겠습니다. 예제로 사용할 클래스는 자전거 클래스입니다. 자전거 클래스를 만들기 전에 우선 자전거가 갖는 속성과 동작을 정의하겠습니다. 자전거에는 다양한 속성과 동작이 있지만 여기서는 다음과 같이 단순화해서 정의하겠습니다.

- 자전거의 속성: 바퀴 크기(wheel_size), 색상(color)
- 자전거의 동작: 지정된 속도로 이동(move), 좌/우회전(turn), 정지(stop)

자전거의 속성과 동작을 바탕으로 자전거 클래스를 만들겠습니다. 우선 자전거 클래스를 선언하고 객체를 생성한 후 클래스에 변수와 함수를 추가해서 클래스를 완성하겠습니다.

다음은 자전거 클래스를 선언한 것입니다. 클래스를 단순화하기 위해 클래스명이 Bicycle인 자전거 클래스의 원형만 선언했습니다. 즉, 클래스에는 클래스명(Bicycle)만 있고, 코드 부분에는 pass만 있어서 실제로는 아무 일도 일어나지 않습니다. Bicycle 클래스에는 변수도 함수도 없지만 이것도 엄연한 클래스입니다.

```
In: class Bicycle(): # 클래스 선언
        pass
```

선언된 클래스로부터 클래스의 인스턴스인 객체를 생성하는 방법은 다음과 같습니다.

```
객체명 = 클래스명()
```

클래스명()의 클래스는 앞에서 미리 선언돼 있어야 합니다. 객체명은 변수명을 만들 때와 같은 규칙을 적용해서 만듭니다.

앞에서 정의한 Bicycle 클래스의 객체는 다음과 같이 생성할 수 있습니다.

```
In: my_bicycle = Bicycle()
```

앞에서 선언한 Bicycle 클래스에는 변수도 없고 함수도 없으므로 아직은 어떤 작업도 수행할 수 없지만 my_bicycle 객체는 Bicycle 클래스의 인스턴스입니다. 다음과 같이 객체를 실행하면 객체의 클래스와 객체를 생성할 때 할당받은 메모리의 주솟값을 출력합니다.

```
In: my_bicycle
```

```
Out: <__main__.Bicycle at 0x1dd5bdfc240>
```

출력 결과에서 my_bicycle 객체의 클래스는 Bicycle임을 확인할 수 있습니다. 또한 at 다음의 16진수 숫자(0x□□□…)는 생성된 객체의 메모리 주소로서 객체를 생성할 때마다 달라집니다.

객체에 속성을 설정하려면 다음과 같이 '객체명.변수명'에 '속성값'을 할당합니다.

```
객체명.변수명 = 속성값
```

다음은 앞에서 생성한 my_bicycle 객체에 속성값을 설정하는 예입니다.

```
In: my_bicycle.wheel_size = 26
    my_bicycle.color = 'black'
```

객체의 변수에 접근해서 객체의 속성을 가져오려면 다음과 같은 방법을 이용합니다.

```
객체명.변수명
```

다음은 객체의 속성값을 가져와서 출력하는 예입니다.

```
In: print("바퀴 크기:", my_bicycle.wheel_size)  # 객체의 속성 출력
    print("색상:", my_bicycle.color)
```

```
Out: 바퀴 크기: 26
     색상: black
```

다음은 앞에서 선언한 Bicycle 클래스에 함수를 추가하겠습니다.

```
In: class Bicycle():

        def move(self, speed):
            print("자전거: 시속 {0}킬로미터로 전진".format(speed))

        def turn(self, direction):
            print("자전거: {0}회전".format(direction))

        def stop(self):
            print("자전거({0}, {1}): 정지 ".format(self.wheel_size, self.color))
```

Bicycle 클래스에 '지정된 속도로 이동', '좌/우회전', '정지' 동작을 나타내는 move(), turn(), stop() 함수를 각각 추가했습니다. 객체를 생성한 후에는 '객체명.변수명 = 속성값'으로 속성값을 설정하고 '객체명.변수명'으로 속성값을 가져왔지만, 클래스의 함수 안에서는 'self.변수명 = 속성값'으로 속성값을 설정하고 'self.변수명'으로 속성값을 가져옵니다. stop() 함수에서는 self.wheel_size와 self.color로 객체의 속성값을 가져와서 출력했습니다.

클래스에 함수를 추가했으니 객체의 메서드를 호출하는 방법을 알아보겠습니다. 객체의 메서드를 호출할 때는 다음과 같은 방법을 이용합니다.

```
객체명.메서드명([인자1, 인자2, · · · , 인자n])
```

메서드명은 클래스에서 정의한 함수명입니다. 객체에서 메서드를 호출할 때 인자는 클래스에서 정의한 함수의 인자만큼 필요합니다. 단, 클래스를 선언할 때 추가했던 함수의 인자 self는 필요하지 않습니다. 따라서 클래스에서 self만 인자로 갖는 함수를 객체에서 이용할 때는 소괄호 안에 인자를 지정하지 않습니다.

앞에서 구현한 Bicycle 클래스에서 객체를 생성한 후에 속성을 설정하고 객체의 메서드를 호출하는 방법을 살펴보겠습니다.

```
In: my_bicycle = Bicycle() # Bicycle 클래스의 인스턴스인 my_bicycle 객체 생성

    my_bicycle.wheel_size = 26 # 객체의 속성 설정
    my_bicycle.color = 'black'

    my_bicycle.move(30)  # 객체의 메서드 호출
    my_bicycle.turn('좌')
    my_bicycle.stop()
```

```
Out: 자전거: 시속 30킬로미터로 전진
     자전거: 좌회전
     자전거(26, black): 정지
```

예제에서는 Bicycle 클래스에서 my_bicycle 객체를 생성한 후 속성을 설정하고 메서드를 호출합니다. Bicycle 클래스에서 함수를 정의할 때 self 외의 인자가 있는 move(), turn() 함수의 경우에는 객체의 메서드를 호출할 때 인자를 입력했고 self 인자만 있는 stop() 함수의 경우에는 인자 없이 객체의 메서드를 호출했습니다.

앞에서 설명한 클래스의 선언, 객체의 생성 및 활용 방법을 정리하면 그림 8-2와 같습니다. 여기서는 자전거(Bicycle) 클래스를 선언한 후 두 개의 객체(bicycle1, bicycle2)를 생성하고 활용하는 예를 보였습니다.

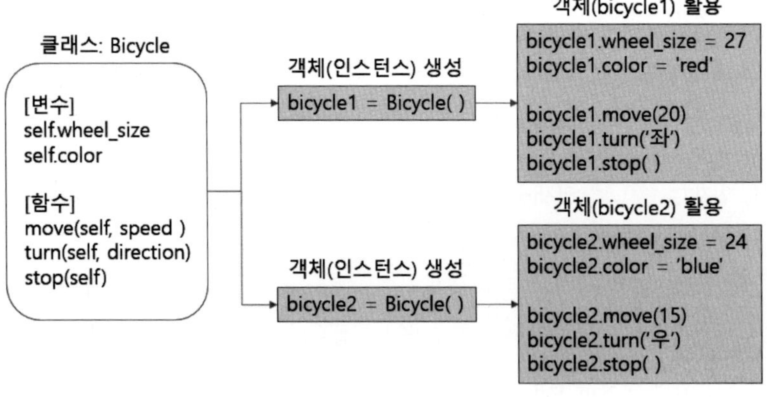

그림 8-2 클래스에서 객체 생성 및 활용

그림 8-2의 객체 생성 및 활용 예를 실제 코드로 작성하면 다음과 같습니다.

```
In: bicycle1 = Bicycle() # Bicycle 클래스의 인스턴스인 bicycle1 객체 생성

    bicycle1.wheel_size = 27 # 객체의 속성 설정
    bicycle1.color = 'red'

    bicycle1.move(20)
    bicycle1.turn('좌')
    bicycle1.stop()
```

```
Out: 자전거: 시속 20킬로미터로 전진
     자전거: 좌회전
     자전거(27, red): 정지
```

```
In: bicycle2 = Bicycle() # Bicycle 클래스의 인스턴스인 bicycle2 객체 생성

    bicycle2.wheel_size = 24 # 객체의 속성 설정
    bicycle2.color = 'blue'

    bicycle2.move(15)
    bicycle2.turn('우')
    bicycle2.stop()
```

```
Out: 자전거: 시속 15킬로미터로 전진
     자전거: 우회전
     자전거(24, blue): 정지
```

예제에서는 Bicycle 클래스를 이용해 두 개의 객체를 만들었지만 객체는 필요한 만큼 얼마든지 만들 수 있습니다.

객체 초기화

앞에서는 Bicycle 클래스를 선언하고 객체를 생성한 후에 객체의 속성을 설정했습니다. 하지만 클래스를 선언할 때 초기화 함수 __init__()를 구현하면 객체를 생성하는 것과 동시에 속성값을 지정할 수 있습니다. __init__() 함수는 클래스의 인스턴스가 생성될 때(즉, 객체가 생성될 때) 자동으로 실행되기 때문에 __init__() 함수에 초기화하려는 인자를 정의하면 객체를 생성할 때 속성을 초기화할 수 있습니다.

다음은 Bicycle 클래스에 __init__() 함수를 추가한 코드입니다.

```
In: class Bicycle():

        def __init__(self, wheel_size, color):
            self.wheel_size = wheel_size
            self.color = color

        def move(self, speed):
            print("자전거: 시속 {0}킬로미터로 전진".format(speed))

        def turn(self, direction):
            print("자전거: {0}회전".format(direction))

        def stop(self):
            print("자전거({0}, {1}): 정지 ".format(self.wheel_size, self.color))
```

위의 __init__(self, wheel_size, color) 함수는 wheel_size와 color를 인자로 입력받아 함수 내에서 'self.변수명 = 인자'로 객체의 속성을 초기화했습니다. 클래스에 __init__() 함수가 정의돼 있으면 객체를 생성할 때 다음과 같이 __init__() 함수의 인자를 입력(self는 제외)합니다.

```
객체명 = 클래스명(인자1, 인자2, 인자3, · · · , 인자n)
```

다음 코드는 Bicycle 클래스에서 객체를 생성할 때 속성값을 지정해서 초기화하는 방법을 보여줍니다.

```
In: my_bicycle = Bicycle(26, 'black') # 객체 생성과 동시에 속성값을 지정

    my_bicycle.move(30)  # 객체 메서드 호출
    my_bicycle.turn('좌')
    my_bicycle.stop()
```

```
Out: 자전거: 시속 30킬로미터로 전진
     자전거: 좌회전
     자전거(26, black): 정지
```

클래스에서 초기화 함수 __init__(self, wheel_size, color)를 구현하지 않았을 때는 객체를 생성한 후에 속성을 지정해야 하지만 초기화 함수를 정의한 후로는 객체를 생성하면서 객체의 속성을 지정할 수 있게 됐습니다.

02 클래스를 구성하는 변수와 함수

앞 절에서 클래스를 선언한 후에 객체를 생성해서 사용하는 방법을 알아봤습니다. 클래스에서 사용하는 변수와 함수는 종류에 따라 기능과 활용 방법에 차이가 있습니다. 이번에는 클래스에서 사용하는 변수와 함수에 대해 좀 더 자세히 알아보겠습니다.

클래스에서 사용하는 변수

클래스에서 사용하는 변수는 위치에 따라 클래스 변수(class variable)와 인스턴스 변수(instance variable)로 구분합니다. 클래스 변수는 클래스 내에 있지만 함수 밖에서 '변수명 = 데이터' 형식으로 정의한 변수로서 클래스에서 생성한 모든 객체가 공통으로 사용할 수 있습니다. 클래스 변수는 '클래스명.변수명' 형식으로 접근할 수 있습니다. 반면 인스턴스 변수는 클래스 내의 함수 안에서 'self.변수명 = 데이터' 형식으로 정의한 변수로서 클래스 내의 모든 함수에서 'self.변수명'으로 접근할 수 있습니다. 인스턴스 변수는 각 인스턴스(객체)에서 개별적으로 관리하며, 객체를 생성한 후에 '객체명.변수명' 형식으로 접근할 수 있습니다. 만약 인스턴스 변수가 정의돼 있지 않고 클래스 변수만 정의돼 있을 때 객체를 생성한 후 '객체명.변수명'으로 접근하면 클래스 변수에 접근합니다. 설명만 들어서는 혼동될 수 있으므로 예제를 살펴보겠습니다.

다음은 클래스 변수와 인스턴스 변수를 사용한 자동차 클래스의 예입니다.

```
In: class Car():
        instance_count = 0 # 클래스 변수 생성 및 초기화

        def __init__(self, size, color):
            self.size = size    # 인스턴스 변수 생성 및 초기화
            self.color = color  # 인스턴스 변수 생성 및 초기화
            Car.instance_count = Car.instance_count + 1 # 클래스 변수 이용
            print("자동차 객체의 수: {0}".format(Car.instance_count))

        def move(self):
            print("자동차({0} & {1})가 움직입니다.".format(self.size, self.color))
```

위에서 클래스 변수인 instance_count를 초기화 함수 __init__()에서 Car.instance_count의 형식으로 이용했습니다. 위와 같이 선언한 클래스를 이용해 클래스 변수와 인스턴스 변수를 각각 어떻게 사용하는지 알아보겠습니다.

먼저, 두 개의 객체(car1과 car2)를 생성하겠습니다.

```
In: car1 = Car('small', 'white')
    car2 = Car('big', 'black')
```

```
Out: 자동차 객체의 수: 1
     자동차 객체의 수: 2
```

클래스 Car를 이용해 객체 car1과 car2를 생성했습니다. 출력된 결과를 보면 객체를 생성할 때마다 클래스 변수 instance_count가 1씩 증가해서 Car 클래스의 객체가 몇 개 생성됐는지 알 수 있습니다. 클래스 변수는 다음과 같이 '클래스명.변수명' 형식으로 언제든지 호출할 수 있습니다.

```
In: print("Car 클래스의 총 인스턴스 개수:{}".format(Car.instance_count))
```

```
Out: Car 클래스의 총 인스턴스 개수:2
```

클래스 변수도 객체를 생성한 후 '객체명.변수명' 형식으로 접근할 수 있습니다.

```
In: print("Car 클래스의 총 인스턴스 개수:{}".format(car1.instance_count))
    print("Car 클래스의 총 인스턴스 개수:{}".format(car2.instance_count))
```

```
Out: Car 클래스의 총 인스턴스 개수:2
     Car 클래스의 총 인스턴스 개수:2
```

출력 결과를 보면 car1과 car2 객체에서 사용한 클래스 변수 instance_count는 값이 같은 것을 볼 수 있습니다. 이는 모든 객체에서 클래스 변수가 공통으로 사용되기 때문입니다.

다음으로 인스턴스 변수가 어떻게 동작하는지 살펴보기 위해 생성된 객체의 메서드를 실행해 보겠습니다.

```
In: car1.move()
    car2.move()
```

```
Out: 자동차(small & white)가 움직입니다.
     자동차(big & black)가 움직입니다.
```

출력 결과에서 볼 수 있듯이 인스턴스 변수(여기서는 self.size와 self.color)는 각 객체에서 별도로 관리됩니다.

다음으로 이름이 같은 클래스 변수와 인스턴스 변수가 있는 클래스를 정의해서 객체에서 각 변수가 어떻게 동작하는지 살펴보겠습니다.

```
In: class Car2():
        count = 0 # 클래스 변수 생성 및 초기화

        def __init__(self, size, num):
            self.size = size    # 인스턴스 변수 생성 및 초기화
            self.count = num  # 인스턴스 변수 생성 및 초기화
            Car2.count = Car2.count + 1 # 클래스 변수 이용
            print("자동차 객체의 수: Car2.count = {0}".format(Car2.count))
            print("인스턴스 변수 초기화: self.count = {0}".format(self.count))

        def move(self):
            print("자동차({0} & {1})가 움직입니다.".format(self.size, self.count))
```

클래스의 초기화 함수 `__init__()`에서 클래스 변수 count(함수 내에서 Car2.count로 이용)와 인스턴스 변수 count(함수 내에서 self.count로 이용)를 이용했습니다. 변수 이름은 같지만 이 둘은 별개로 동작합니다. 이제 객체를 생성해서 각 객체에서 두 변수가 어떻게 동작하는지 확인해 보겠습니다.

```
In: car1 = Car2("big", 20)
    car2 = Car2("small", 30)
```

```
Out: 자동차 객체의 수: Car2.count = 1
     인스턴스 변수 초기화: self.count = 20
     자동차 객체의 수: Car2.count = 2
     인스턴스 변수 초기화: self.count = 30
```

위의 결과는 클래스 변수 count와 인스턴스 변수 count가 별개로 동작하는 것을 보여줍니다.

클래스에서 사용하는 함수

클래스에서 정의할 수 있는 함수(메서드)에는 그 기능과 사용법에 따라 인스턴스 메서드(instance method), 정적 메서드(static method), 클래스 메서드(class method)가 있습니다.

인스턴스 메서드

인스턴스 메서드는 각 객체에서 개별적으로 동작하는 함수를 만들고자 할 때 사용하는 함수로서 이미 앞에서 살펴본 함수입니다. 인스턴스 메서드는 함수를 정의할 때 첫 인자로 self가 필요합니다. self는 클래스의 인스턴스(객체) 자신을 가리킵니다. 인스턴스 메서드에서는 self를 이용해 인스턴스 변수를 만들고 사용합니다. 또한 인스턴스 메서드 안에서는 'self.함수명()' 형식으로 클래스 내의 다른 함수를 호출할 수 있습니다.

인스턴스 메서드의 구조는 다음과 같습니다.

```
class 클래스명():
    def 함수명(self[, 인자1, 인자2, · · · , 인자n]):
        self.변수명1 = 인자1
        self.변수명2 = 인자2
        self.변수명3 = 데이터
        ...
        <코드 블록>
```

인스턴스 메서드는 다음과 같이 객체를 생성한 후에 호출할 수 있습니다.

```
객체명 = 클래스명()
객체명.메서드명([인자1, 인자2, · · · , 인자n])
```

다음은 인스턴스 메서드를 사용한 자동차 클래스의 예입니다. 클래스내의 함수 `__init__()`, `move()`, `auto_cruise()`는 인스턴스 메서드입니다.

```
In: # Car 클래스 선언
    class Car():
        instance_count = 0 # 클래스 변수 생성 및 초기화

        # 초기화 함수(인스턴스 메서드)
        def __init__(self, size, color):
            self.size = size    # 인스턴스 변수 생성 및 초기화
            self.color = color  # 인스턴스 변수 생성 및 초기화
            Car.instance_count = Car.instance_count + 1 # 클래스 변수 이용
            print("자동차 객체의 수: {0}".format(Car.instance_count))
```

```
    # 인스턴스 메서드
    def move(self, speed):
        self.speed = speed  # 인스턴스 변수 생성
        print("자동차({0} & {1})가 ".format(self.size, self.color), end='')
        print("시속 {0}킬로미터로 전진".format(self.speed))

    # 인스턴스 메서드
    def auto_cruise(self):
        print("자율 주행 모드")
        self.move(self.speed) # move() 함수의 인자로 인스턴스 변수를 입력
```

예제 코드에서 함수 auto_cruise()는 'self.함수명()'을 이용해 인스턴스 메서드(move())를 호출했습니다. 클래스 내의 함수에서 인스턴스 메서드를 호출할 때는 인자에 self는 전달하지 않습니다. 이제 인스턴스 메서드를 실행하기 위해 객체를 생성하고 move()와 auto_cruise() 메서드를 호출하겠습니다.

```
In: car1 = Car("small", "red") # 객체 생성 (car1)
    car2 = Car("big", "green") # 객체 생성 (car2)

    car1.move(80) #객체(car1)의 move() 메서드 호출
    car2.move(100) #객체(car2)의 move() 메서드 호출

    car1.auto_cruise() #객체(car1)의 auto_cruise() 메서드 호출
    car2.auto_cruise() #객체(car2)의 auto_cruise() 메서드 호출
```

```
Out: 자동차 객체의 수: 1
     자동차 객체의 수: 2
     자동차(small & red)가 시속 80킬로미터로 전진
     자동차(big & green)가 시속 100킬로미터로 전진
     자율 주행 모드
     자동차(small & red)가 시속 80킬로미터로 전진
     자율 주행 모드
     자동차(big & green)가 시속 100킬로미터로 전진
```

출력 결과에서 볼 수 있듯이 인스턴스 메서드인 move()와 auto_cruise()는 두 개의 객체(car1, car2)에서 개별적으로 동작합니다.

정적 메서드

정적 메서드는 클래스와 관련이 있어서 클래스 안에 두기는 하지만 클래스나 클래스의 인스턴스(객체)와는 무관하게 독립적으로 동작하는 함수를 만들고 싶을 때 이용하는 함수입니다. 함수를 정의할 때 인자로 self를 사용하지 않으며 정적 메서드 안에서는 인스턴스 메서드나 인스턴스 변수에 접근할 수 없습니다. 함수 앞에 데코레이터(Decorator)인 @staticmethod를 선언해 정적 메서드임을 표시합니다.

정적 메서드의 구조는 다음과 같습니다.

```
class 클래스명():
    @staticmethod
    def 함수명([인자1, 인자2, · · · , 인자n]):
        <코드 블록>
```

객체를 생성한 후에 정적 메서드를 호출할 수도 있지만 정적 메서드는 보통 다음과 같이 객체를 생성하지 않고 클래스명을 이용해 바로 메서드를 호출합니다.

```
클래스명.메서드명([인자1, 인자2, · · · , 인자n]):
```

정적 메서드는 날짜 및 시간 정보 제공, 환율 정보 제공, 단위 변환과 같이 객체와 관계없이 독립적으로 동작하는 함수를 만들 때 주로 이용합니다. 다음은 정적 메서드를 사용한 예로, 앞에서 만든 Car() 클래스에 정적 메서드인 check_type()을 추가했습니다.

```
In: # Car 클래스 선언
    class Car():

        # def __init__(self, size, color): => 앞의 코드 활용
        # def move(self, speed): => 앞의 코드 활용
        # def auto_cruise(self): => 앞의 코드 활용

        # 정적 메서드
        @staticmethod
        def check_type(model_code):
            if(model_code >= 20):
                print("이 자동차는 전기차입니다.")
            elif(10 <= model_code < 20):
```

```
        print("이 자동차는 가솔린차입니다.")
    else:
        print("이 자동차는 디젤차입니다.")
```

정적 메서드 check_type()을 살펴보면 self 인자 없이 일반 함수처럼 필요한 인자만 사용합니다. 이제 '클래스명.정적메서드명()' 형식으로 정적 메서드를 호출하겠습니다.

```
In: Car.check_type(25)
    Car.check_type(2)
```

```
Out: 이 자동차는 전기차입니다.
     이 자동차는 디젤차입니다.
```

클래스 메서드

클래스 메서드는 클래스 변수를 사용하기 위한 함수입니다. 클래스 메서드는 함수를 정의할 때 첫 번째 인자로 클래스를 넘겨받는 cls가 필요하며 이를 이용해 클래스 변수에 접근합니다. 클래스 메서드를 사용하기 위해서는 함수 앞에 데코레이터인 @classmethod를 지정해야 합니다.

클래스 메서드의 구조는 다음과 같습니다.

```
class 클래스명():
    @classmethod
    def 함수명(cls[, 인자1, 인자2, · · · , 인자n]):
        <코드 블록>
```

클래스 메서드도 객체를 생성하지 않고 다음과 같이 클래스명을 이용해 바로 호출할 수 있습니다.

```
클래스명.메서드명([인자1, 인자2, · · · , 인자n]):
```

클래스 메서드는 생성된 객체의 개수를 반환하는 등 클래스 전체에서 관리해야 할 기능이 있을 때 주로 이용합니다.

다음은 클래스 메서드를 사용한 예로, Car() 클래스에 클래스 메서드인 count_instance()를 추가했습니다.

```
In: # Car 클래스 선언
    class Car():
        instance_count = 0 # 클래스 변수

        # 초기화 함수(인스턴스 메서드)
        def __init__(self, size, color):
            self.size = size    # 인스턴스 변수
            self.color = color  # 인스턴스 변수
            Car.instance_count = Car.instance_count + 1

        # def move(self, speed): => 앞의 코드 활용
        # def auto_cruise(self): => 앞의 코드 활용
        # @staticmethod
        # def check_type(model_code): => 앞의 코드 활용

        # 클래스 메서드
        @classmethod
        def count_instance(cls):
            print("자동차 객체의 개수: {0}".format(cls.instance_count))
```

클래스 변수 instance_count는 초기화 함수 __init()__에서 1씩 증가하므로 객체가 생성될 때마다 값이 1씩 증가합니다. 따라서 클래스 변수 instance_count를 출력하는 클래스 메서드 count_instance()를 호출하면 현재까지 생성된 객체의 개수를 알 수 있습니다. 다음은 '클래스명.클래스메서드명()' 형식으로 클래스 메서드를 호출하는 예입입니다.

```
In: Car.count_instance()             # 객체 생성 전에 클래스 메서드 호출

    car1 = Car("small", "red")       # 첫 번째 객체 생성
    Car.count_instance()             # 클래스 메서드 호출

    car2 = Car("big", "green")       # 두 번째 객체 생성
    Car.count_instance()             # 클래스 메서드 호출
```

```
Out: 자동차 객체의 개수: 0
     자동차 객체의 개수: 1
     자동차 객체의 개수: 2
```

결과를 보면 객체를 생성할 때마다 클래스 변수 instance_count의 값이 1씩 증가하는 것을 볼 수 있습니다.

03 객체와 클래스를 사용하는 이유

객체를 이용하려면 먼저 클래스를 선언해야 하므로 객체를 사용하지 않고 코딩하는 것보다 코드가 다소 복잡해 보입니다. 클래스와 객체를 사용하지 않고 코드를 작성할 수 있을 것 같은데 왜 굳이 클래스와 객체를 이용해 코드를 작성하는 방법을 배우는 것일까요? 그 이유는 코드 작성과 관리가 편하기 때문입니다. 작은 규모의 프로그램을 만들 때는 클래스와 객체를 사용하지 않고 코드를 작성하기도 하지만 규모가 큰 프로그램을 만들 때는 클래스와 객체를 많이 이용합니다. 또한 게임의 캐릭터와 같이 유사한 객체가 많은 프로그램을 만들 때도 주로 클래스와 객체를 이용해 코드를 작성합니다.

이번 절에서는 클래스와 객체를 사용하는 이유를 설명하기 위해 로봇이 여러 대 나오는 컴퓨터 게임을 만든다고 가정하고 클래스와 객체를 사용해 코드를 작성하는 경우와 그렇지 않은 경우를 비교해 보겠습니다. 이를 통해 클래스와 객체 사용의 편리성을 체감해보겠습니다.

여기서 컴퓨터 게임의 로봇은 위로만 이동할 수 있다고 가정하고 로봇의 속성과 동작을 다음과 같이 정의하겠습니다.

- 로봇의 속성: 이름, 위치
- 로봇의 동작: 한 칸 이동

먼저 클래스와 객체를 사용하지 않고 코드를 작성해봅시다.

```
In: robot_name = 'R1'       # 로봇 이름
    robot_pos = 0           # 로봇의 초기 위치

    def robot_move():
        global robot_pos
        robot_pos = robot_pos + 1
        print("{0} position: {1}".format(robot_name, robot_pos))
```

위에서 robot_name과 robot_pos 변수에 각각 로봇의 속성을 지정했고 함수 robot_move()는 로봇을 한 칸 이동한 후에 로봇의 이름과 위치를 출력합니다. 이제 함수 robot_move()를 호출하겠습니다.

```
In: robot_move()
```

```
Out: R1 position: 1
```

앞에서는 한 대의 로봇을 구현하기 위해 두 개의 변수(robot_name과 robot_pos)와 하나의 함수(robot_move())를 만들었습니다.

다음으로 로봇을 하나 더 추가해 두 대의 로봇을 구현한 코드를 만들어 보겠습니다.

```
In: robot1_name = 'R1'      # 로봇 이름
    robot1_pos = 0          # 로봇의 초기 위치

    def robot1_move():
        global robot1_pos
        robot1_pos = robot1_pos + 1
        print("{0} position: {1}".format(robot1_name, robot1_pos))

    robot2_name = 'R2'      # 로봇 이름
    robot2_pos = 10         # 로봇의 초기 위치

    def robot2_move():
        global robot2_pos
        robot2_pos = robot2_pos + 1
        print("{0} position: {1}".format(robot2_name, robot2_pos))
```

로봇이 한 대에서 두 대로 늘어남에 따라 변수와 함수가 두 배로 늘어났습니다. 각 로봇용으로 정의한 함수를 호출하겠습니다.

```
In: robot1_move()
    robot2_move()
```

```
Out: R1 position: 1
     R2 position: 11
```

만약 게임에서 10대의 각기 다른 로봇을 구현해야 한다고 가정해 봅시다. 그러면 변수는 20개, 함수는 10개가 필요합니다. 만약 더 많은 로봇을 구현해야 한다면 그만큼 변수와 함수도 더 늘어날 것입니다. 로봇이 늘어남에 따라 같은 비율로 변수와 함수가 증가하고 코드 작성과 관리는 상당히 힘들어질 것입니다. 그런데 코드를 잘 살펴보면 로봇별로 변수와 함수의 역할은 같다는 사실을 알 수 있습니다. 이럴 때 클래스와 객체를 이용하면 편리하게 코드를 작성할 수 있습니다.

이제 앞에서 변수와 함수로만 구현한 로봇 코드를 클래스와 객체를 이용해 구현해 보겠습니다. 우선, 로봇 클래스를 다음 코드처럼 선언하겠습니다.

```
In: class Robot():
        def __init__(self, name, pos):
            self.name = name          # 로봇 객체의 이름
            self.pos = pos            # 로봇 객체의 위치

        def move(self):
            self.pos = self.pos + 1
            print("{0} position: {1}".format(self.name, self.pos))
```

Robot 클래스에서 속성값(self.name와 self.pos)은 __init__() 함수에서 초기화하고 move() 함수에 한 칸 이동하는 기능을 구현했습니다. 이제 객체를 생성해 보겠습니다.

```
In: robot1 = Robot('R1', 0)
    robot2 = Robot('R2', 10)
```

Robot 클래스의 인스턴스 robot1과 robot2 객체를 생성했습니다. 클래스와 객체를 이용하지 않은 코드에서 로봇의 개수에 비례해 변수와 함수가 늘어났던 것에 비교하면 코드가 간단해졌습니다. 이제 생성된 각 로봇 객체의 메서드를 실행해 보겠습니다.

```
In: robot1.move()
    robot2.move()
```

```
Out: R1 position: 1
     R2 position: 11
```

robot1과 robot2 객체의 메서드가 잘 실행되어 각 로봇 객체를 한 칸씩 움직였습니다. 만약 더 많은 로봇을 만들어야 한다면 다음과 같이 얼마든지 로봇 객체를 손쉽게 생성하고 움직일 수 있습니다.

```
In: myRobot3 = Robot('R3', 30)
    myRobot4 = Robot('R4', 40)

    myRobot3.move()
    myRobot4.move()
```

```
Out: R3 position: 31
     R4 position: 41
```

위에서 보는 것처럼 클래스를 선언한 이후에는 로봇이 필요할 때마다 로봇 객체만 생성하면 됩니다. 객체가 아무리 늘어나도 변수나 함수를 추가로 구현할 필요가 없으니 앞에서 객체와 클래스 없이 로봇을 구현할 때보다 코드의 양도 줄고 관리도 편해졌습니다.

04 클래스 상속

객체를 생성할 때 먼저 객체의 공통된 속성과 행위를 정의하는 클래스를 선언했습니다. 처음부터 클래스를 만들 수도 있지만 이미 만들어진 클래스의 변수와 함수를 그대로 이어받고 새로운 내용만 추가해서 클래스를 선언할 수도 있습니다. 객체지향 프로그래밍에서는 이어받기를 상속이라고 합니다. 상속 관계에 있는 두 클래스는 자식이 부모의 유전적 형질을 이어받는 관계와 유사하기 때문에 흔히 부모 자식과의 관계로 표현해서 부모 클래스와 자식 클래스라고 합니다. 부모 클래스는 상위 클래스 혹은 슈퍼 클래스라고도 하며, 자식 클래스는 하위 클래스 혹은 서브 클래스라고도 합니다. 자식 클래스가 부모 클래스로부터 상속을 받으면 자식 클래스는 부모 클래스의 속성(변수)과 행위(함수)를 그대로 이용할 수 있습니다. 상속 후에는 자식 클래스만 갖는 속성과 행위를 추가할 수 있습니다.

그림 8-3은 부모 클래스와 자식 클래스의 관계를 보여줍니다. 클래스 B와 클래스 C는 클래스 A로부터 상속받습니다. 이때 클래스 A는 클래스 B와 클래스 C의 부모 클래스가 됩니다. 반면 클래스 B와 클래스 C는 클래스 A의 자식 클래스입니다.

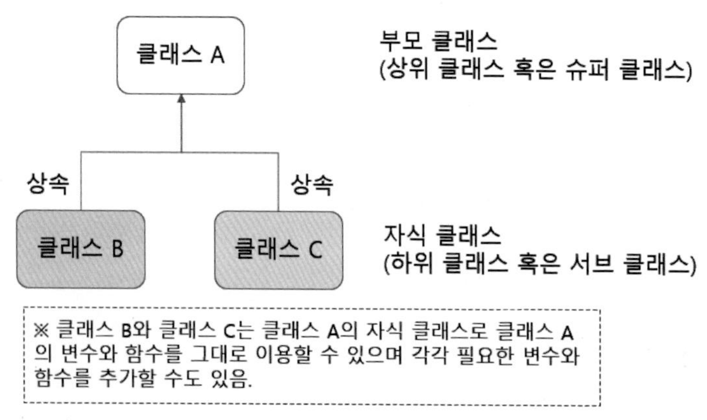

그림 8-3 부모 클래스와 자식 클래스

부모 클래스에서 상속받는 자식 클래스를 선언하는 형식은 다음과 같습니다.

```
class 자식 클래스 이름(부모 클래스 이름):
    <코드 블록>
```

부모 클래스로부터 상속을 받으려면 클래스를 선언할 때 클래스 이름 다음에 있는 소괄호 안에 부모 클래스의 이름을 넣습니다. 이때 부모 클래스는 미리 선언돼 있어야 합니다. 부모 클래스를 상속한 후에는 자식 클래스에서 부모 클래스의 변수나 함수를 자식 클래스에서 정의한 것처럼 사용할 수 있습니다. 단, 부모 클래스에서 정의한 함수와 자식 클래스에서 정의한 함수 이름이 같은 경우 부모 클래스의 함수를 호출하려면 명시적으로 '부모 클래스 이름.함수명()'으로 호출하거나 'super().함수명()'을 사용해야 합니다. 이것은 초기화 함수 __init__()에서 많이 이용합니다.

이제 부모 클래스에서 상속받아서 자식 클래스를 만드는 예를 살펴보겠습니다. 부모 클래스인 자전거 클래스를 상속받아서 자식 클래스인 접는 자전거 클래스를 만들겠습니다. 이것이 가능한 이유는 접는 자전거는 일반 자전거의 속성과 동작을 그대로 갖고 있기 때문입니다. 상속한 후에는 접는 자전거의 속성과 동작만 추가하면 됩니다.

앞에서 선언한 자전거 클래스를 다시 한번 살펴보면 다음과 같습니다.

```
In: class Bicycle():

        def __init__(self, wheel_size, color):
            self.wheel_size = wheel_size
            self.color = color

        def move(self, speed):
            print("자전거: 시속 {0}킬로미터로 전진".format(speed))

        def turn(self, direction):
            print("자전거: {0}회전".format(direction))

        def stop(self):
            print("자전거({0}, {1}): 정지 ".format(self.wheel_size, self.color))
```

이제 자전거 클래스 Bicycle을 상속해 다음과 같이 접는 자전거 클래스인 FoldingBicycle을 만들겠습니다.

```
In: class FoldingBicycle(Bicycle):

        def __init__(self, wheel_size, color, state): # FoldingBicycle 초기화
            Bicycle.__init__(self, wheel_size, color) # Bicycle의 초기화 재사용
            #super().__init__(wheel_size, color) # super()도 사용 가능
            self.state = state  # 자식 클래스에서 새로 추가한 변수

        def fold(self):
            self.state = 'folding'
            print("자전거: 접기, state = {0}".format(self.state))

        def unfold(self):
            self.state = 'unfolding'
            print("자전거: 펴기, state = {0}".format(self.state))
```

FoldingBicycle 클래스는 Bicycle 클래스를 상속받은 후에 self.state 변수를 추가하고 자전거를 접는 기능을 수행하는 fold() 함수와 펴는 기능을 수행하는 unfold() 함수를 추가로 구현했습니다. FoldingBicycle 클래스의 초기화 함수인 __init__()에서 인자 wheel_size와 color를 초기화하기 위해 상속받은 Bicycle 클래스의 초기화 함수인 'Bicycle.__init__(self, wheel_size, color)'를 이용했고 Bicycle 클래스에는 없는 self.state 변수를 초기화하기 위해 'self.state = state'를 추가했습니다. 초기화할 때 부모 클래스의 이름을 이용한 'Bicycle.__init__(self, wheel_size, color)' 대신 'super().__init__(wheel_size, color)'를 이용할 수도 있습니다. 단, super()를 이용할 때는 인자에서 self를 빼야 합니다.

이제 FoldingBicycle 클래스의 인스턴스(객체)를 생성한 후에 메서드를 호출하겠습니다.

```
In: folding_bicycle = FoldingBicycle(27, 'white', 'unfolding') # 객체 생성

    folding_bicycle.move(20)         # 부모 클래스의 함수(메서드) 호출
    folding_bicycle.fold()           # 자식 클래스에서 정의한 함수 호출
    folding_bicycle.unfold()
```

```
Out: 자전거: 시속 20킬로미터로 전진
     자전거: 접기, state = folding
     자전거: 펴기, state = unfolding
```

FoldingBicycle 클래스의 인스턴스인 folding_bicycle 객체를 생성한 후 객체의 메서드를 호출했습니다. FoldingBicycle 클래스에서 move() 함수를 구현하지 않았지만 Bicycle 클래스에서 상속받았으므로 FoldingBicycle 클래스에서 생성된 객체에서도 Bicycle 클래스의 함수를 이용할 수 있습니다. 또한 fold() 함수와 unfold() 함수는 FoldingBicycle 클래스에서 추가로 구현했으므로 folding_bicycle 객체에서 호출할 수 있습니다.

예제에서 볼 수 있듯이 클래스에서 상속을 이용하면 이미 만들어진 클래스의 변수와 함수를 그대로 이용할 수 있으므로 코드의 재사용성이 좋아집니다. 만약 유사한 클래스를 여러 개 만들어야 할 경우 공통 부분은 부모 클래스로 구현하고 부모 클래스를 상속하는 자식 클래스를 각각 구현한다면 좀 더 간편하게 코드를 작성할 수 있습니다.

05 정리

이번 장에서는 객체와 클래스의 개념과 클래스를 선언하고 객체를 생성해 다루는 방법을 배웠습니다. 클래스에서 사용하는 클래스 변수와 인스턴스 변수에 대해 알아봤고 인스턴스 메서드, 정적 메서드, 클래스 메서드의 차이점도 살펴봤습니다. 또한 객체와 클래스를 사용하는 이유와 이미 작성해 놓은 클래스를 상속해서 새로운 클래스를 선언하는 방법도 살펴봤습니다.

객체와 클래스의 개념과 구현 방법은 처음 배우는 사람에게는 이해하기 어려울 수도 있습니다. 하지만 객체와 클래스를 이해하고 있으면 코드를 효율적으로 작성할 수 있으며 파이썬의 다양한 라이브러리를 활용하는 데도 도움이 되므로 잘 익혀 두길 바랍니다.

09

문자열과 텍스트 파일 데이터 다루기

지금까지는 코드 내에 필요한 데이터(숫자나 문자열)를 직접 입력했습니다. 하지만 데이터를 텍스트 파일에서 직접 읽어와서 처리할 때가 많습니다. 이를 위해서는 데이터가 포함된 텍스트 파일에서 문자열을 읽어올 수 있어야 하며, 사용 목적에 맞게 문자열을 처리할 수 있어야 합니다.

파이썬에서는 문자열 처리를 위한 다양한 내장 문자열 메서드가 제공되므로 문자열을 처리하기 쉽습니다. 이번 장에서는 파이썬에서 문자열을 처리하는 방법과 텍스트 파일의 내용을 읽어서 처리하는 방법을 살펴보겠습니다.

01 문자열 다루기

파이썬에서는 큰따옴표(")나 작은따옴표(') 안에 들어 있는 문자의 집합을 문자열이라고 했습니다. 또한 텍스트 파일의 내용을 읽어 오면 그것도 문자열이 됩니다. 텍스트 파일을 읽어서 가져온 문자열은 대부분 문자열 처리를 통해 원하는 형태의 데이터로 변환해서 이용합니다. 문자열을 처리하기 위해서는 문자열 분리, 불필요한 문자열 제거, 문자열 연결 등을 할 수 있어야 합니다. 파이썬에서 문자열을 어떻게 다루는지 알아보겠습니다.

문자열 분리하기

문자열을 부분 문자열로 나누고 싶을 때는 split() 메서드를 이용합니다. split() 메서드의 사용법은 다음과 같습니다.

```
str.split([sep])
```

split() 메서드는 문자열(str)에서 구분자(separator)인 sep을 기준으로 문자열을 분리해 리스트로 반환합니다. 여기서 소괄호 안의 대괄호([ ]) 부분은 생략할 수 있습니다. 구분자(sep)를 입력하지 않고 str.split()을 수행하면 문자열 사이의 모든 공백과 개행문자(\n)를 없애고 분리된 문자열을 항목으로 담은 리스트를 반환합니다.

그림 9-1은 split()을 이용해 문자열을 분리하는 예입니다.

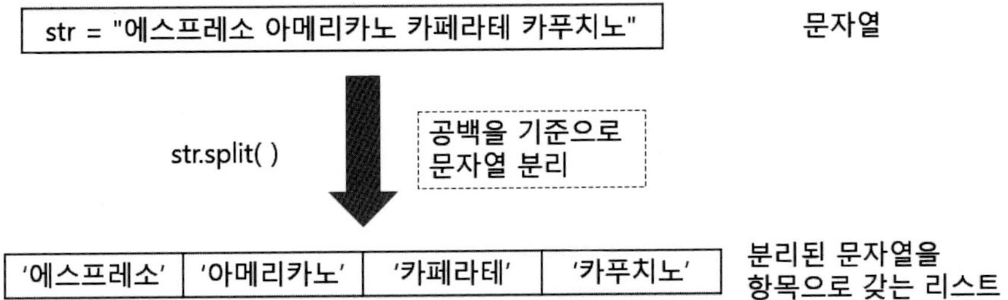

그림 9-1 split()을 이용한 문자열 분리

다음으로 split() 메서드의 사용 예를 살펴보겠습니다.

다음과 같이 콤마(,)로 구분된 단어가 여러 개 적힌 문자열이 있을 때 구분자를 콤마(,)로 입력해 split() 메서드를 적용하면 콤마를 기준으로 단어를 분리할 수 있습니다.

```
In: coffee_menu_str = "에스프레소,아메리카노,카페라테,카푸치노"
    coffee_menu_str.split(',')
```

```
Out: ['에스프레소', '아메리카노', '카페라테', '카푸치노']
```

문자열을 변수에 할당하지 않고 다음과 같이 문자열에 직접 split() 메서드를 사용할 수도 있습니다.

```
In: "에스프레소,아메리카노,카페라테,카푸치노".split(',')
```

```
Out: ['에스프레소', '아메리카노', '카페라테', '카푸치노']
```

하나의 공백으로 구분된 단어가 여러 개 적힌 문자열은 공백 구분자를 인자로 갖는 split() 메서드로 분리할 수 있습니다.

```
In: "에스프레소 아메리카노 카페라테 카푸치노".split(' ')
```

```
Out: ['에스프레소', '아메리카노', '카페라테', '카푸치노']
```

공백 구분자를 인자로 갖는 split() 메서드를 사용할 경우 인자 없이 split()를 적용할 수 있습니다.

```
In: "에스프레소 아메리카노 카페라테 카푸치노".split()
```

```
Out: ['에스프레소', '아메리카노', '카페라테', '카푸치노']
```

문자열에 인자 없이 split()를 사용하면 문자열 사이의 모든 공백과 개행문자(\n)를 없애고 분리된 문자열을 반환합니다. 즉, 단어 사이에 공백과 개행문자가 아무리 많더라도 split()를 이용하면 공백과 개행문자를 모두 없애고 문자열을 분리할 수 있습니다.

```
In: "  에스프레소 \n\n 아메리카노 \n 카페라테   카푸치노 \n\n".split()
```

```
Out: ['에스프레소', '아메리카노', '카페라테', '카푸치노']
```

문자열을 분리할 때 다음과 같이 인자 maxsplit을 추가하면 앞에서부터 원하는 횟수만큼만 문자열을 분리할 수 있습니다.

```
str.split([sep ,] maxsplit=숫자)
```

이 메서드는 문자열(str)을 구분자 sep(생략 가능)을 기준으로 maxsplit만큼 분리해 리스트로 반환합니다.

다음은 maxsplit을 지정해 문자열을 분리하는 예제입니다.

```
In: "에스프레소 아메리카노 카페라테 카푸치노".split(maxsplit=2)
```

```
Out: ['에스프레소', '아메리카노', '카페라테 카푸치노']
```

출력 결과에서는 인자로 지정한 maxsplit=2로 인해 앞에서부터 2개의 공백(sep)까지만 문자열을 나눠 결과적으로 3개의 항목이 담긴 리스트를 반환했습니다.

다음은 split()에서 구분자(sep)와 분할 횟수(maxsplit=숫자)를 모두 지정해 국가 번호까지 있는 전화번호에서 국가 번호를 뺀 나머지 번호를 구하는 예입니다.

```
In: phone_number = "+82-01-2345-6789"          # 국가 번호가 포함된 전화번호
    split_num = phone_number.split("-", 1)    # 국가 번호와 나머지 번호 분리

    print(split_num)
    print("국내전화번호: {0}".format(split_num[1]))
```

```
Out: ['+82', '01-2345-6789']
     국내전화번호: 01-2345-6789
```

필요없는 문자열 삭제하기

문자열에서는 앞뒤 공백 혹은 개행문자와 같이 불필요한 부분을 지워야 할 때가 있습니다. 이때 사용할 수 있는 것이 strip() 메서드입니다. strip() 메서드의 사용법은 다음과 같습니다.

```
str.strip([chars])
```

strip() 메서드는 문자열(str)의 앞과 뒤에서 시작해서 지정한 문자(chars) 외의 다른 문자를 만날 때까지 지정한 문자(chars)를 모두 삭제한 문자열을 반환합니다. 만약 지정한 문자(chars)와 일치하는 것이 없으면 문자열(str)을 그대로 반환합니다. 지정한 문자(chars)가 여러 개일 경우 순서는 상관이 없습니다. 지정한 문자(chars) 없이 str.strip()를 수행하면 문자열 앞과 뒤의 모든 공백과 개행문자(\n)를 삭제한 후에 문자열을 반환합니다.

그림 9-2는 strip()을 이용해 문자열에서 앞과 뒤의 모든 공백을 지우는 예입니다.

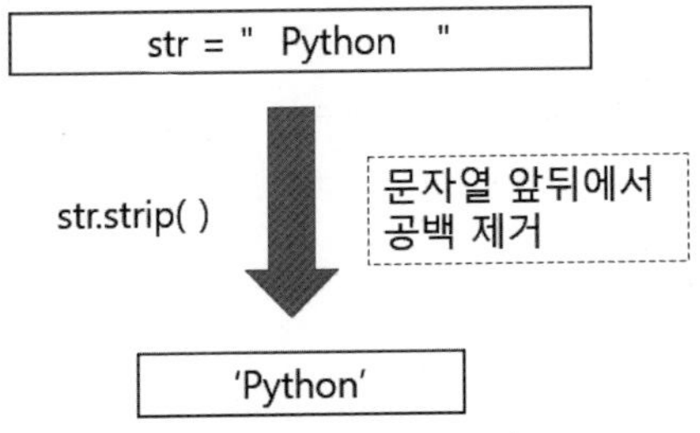

그림 9-2 strip()으로 문자열 앞뒤에서 공백 지우기

다음으로 strip() 메서드의 사용 예를 살펴보겠습니다.

문자열 "aaaaPythonaaa"에서 앞뒤의 모든 'a'를 제거하고 싶다면 다음과 같이 없애고자 하는 문자(chars)를 'a'로 지정해서 strip() 메서드를 실행하면 됩니다.

```
In: "aaaaPythonaaa".strip('a')
```

```
Out: 'Python'
```

문자열에서 지우고자 하는 문자가 하나가 아니라 둘이면 strip() 메서드를 두 번 사용하면 됩니다. 우선 다음과 같이 첫 번째로 지우려고 하는 문자를 지정해서 strip() 메서드를 실행합니다.

```
In: test_str = "aaabbPythonbbbaa"
    temp1 = test_str.strip('a') # 문자열 앞뒤의 'a' 제거
    temp1
```

```
Out: 'bbPythonbbb'
```

변수 test_str에 할당한 문자열의 앞과 뒤에서 'a'가 제거됐습니다. 그다음으로 두 번째로 지우고자 하는 문자(여기서는 'b')를 지정해서 strip() 메서드를 실행합니다.

```
In: temp1.strip('b') # 문자열 앞뒤의 'b' 제거
```

```
Out: 'Python'
```

출력 결과를 보면 test_str 변수에 할당한 문자열에서 앞과 뒤의 'a'와 'b'가 모두 제거됐음을 볼 수 있습니다. strip() 메서드의 경우에는 위와 같이 제거하고자 하는 문자를 하나만 지정해서 여러 번 수행할 수도 있지만 다음과 같이 지우고자 하는 문자를 모두 지정해서 한 번에 제거할 수도 있습니다.

```
In: test_str.strip('ab') # 문자열 앞뒤의 'a'와 'b' 제거
```

```
Out: 'Python'
```

지우고자 하는 문자를 여러 개 지정할 때 순서는 상관이 없습니다. 따라서 앞의 예제의 경우 다음과 같이 지우고자 하는 문자의 순서를 바꿔서 지정해도 됩니다.

```
In: test_str.strip('ba')
```

```
Out: 'Python'
```

다음은 문자열의 앞과 뒤에서 좀 더 많은 문자를 삭제하는 예입니다.

```
In: test_str_multi = "##***!!!##....  Python is powerful.!...  %%!#..  "
    test_str_multi.strip('*.#! %')
```

```
Out: 'Python is powerful'
```

예제에서는 strip() 메서드에 '*.#! %'를 인자로 지정해서 문자열의 앞과 뒤의 다양한 문자('*', '.', '#', '!', ' ', '%')를 모두 삭제했습니다. 인자로 지정한 문자의 순서는 상관없기 때문에 다음과 같이 인자를 지정해도 결과는 같습니다.

```
In: test_str_multi.strip('%* !#.')
```

```
Out: 'Python is powerful'
```

다음은 strip() 메서드를 이용해 문자열 앞뒤의 공백을 제거하는 예입니다.

```
In: "  Python   ".strip(' ')
```

```
Out: 'Python'
```

문자열 앞뒤의 공백과 개행문자(\n)를 지우고 싶을 때는 다음과 같이 지우고자 하는 문자를 ' \n' 혹은 '\n '로 지정해서 strip() 메서드를 실행하면 됩니다.

```
In: "\n  Python  \n\n".strip(' \n')
```

```
Out: 'Python'
```

만약 어떤 문자열에서 지우고자 하는 문자가 공백과 개행문자라면 다음과 같이 인자를 지정하지 않고 strip()을 실행해도 됩니다.

```
In: "\n  Python  \n\n".strip()
```

```
Out: 'Python'
```

strip() 메서드는 문자열(str)의 앞뒤에서 지정한 문자(chars) 외 다른 문자를 만날 때까지만 지정한 문자(chars)를 모두 삭제한다고 했습니다. 따라서 다음과 같이 "aaaBallaaa" 문자열에 strip('a')를 수행하면 'Ball'의 'a'는 지워지지 않습니다.

```
In: "aaaBallaaa".strip('a')
```

```
Out: 'Ball'
```

같은 이유로 공백과 개행문자가 다른 문자들 사이에 있는 문자열에 인자 없이 strip() 메서드를 적용하면 문자열의 앞뒤 공백과 개행문자는 모두 삭제되지만 문자열 사이에 있는 공백과 개행문자는 삭제되지 않습니다.

```
In: "\n This is very \n fast. \n\n".strip()
```

```
Out: 'This is very \n fast.'
```

앞에서 살펴본 strip() 메서드는 문자열의 앞과 뒤 양쪽을 검색해 지정한 문자를 삭제하는 역할을 합니다. 만약 앞이나 뒤 중에서 한쪽만 삭제하고 싶으면 lstrip()나 rstrip() 메서드를 사용합니다. 문자열 왼쪽(즉, 앞쪽) 부분만 삭제하려면 lstrip() 메서드를, 문자열 오른쪽 (즉, 뒤쪽) 부분만 삭제하려면 rstrip() 메서드를 이용합니다.

다음 예제를 보겠습니다.

```
In: str_lr = "000Python is easy to learn.000"
    print(str_lr.strip('0'))
    print(str_lr.lstrip('0'))
    print(str_lr.rstrip('0'))
```

```
Out: Python is easy to learn.
     Python is easy to learn.000
     000Python is easy to learn.
```

예제에서는 문자열을 할당한 변수 str_lr에 strip(), lstrip(), rstrip() 메서드를 각각 적용했습니다. strip()를 적용한 결과로 문자열에서 양쪽 모두 0이 삭제되고 lstrip()이나 rstrip()을 적용한 결과로 문자열의 왼쪽과 오른쪽에서 각각 0이 삭제됐습니다.

다음으로 콤마와 공백을 포함한 문자열에서 콤마를 기준으로 문자열을 분리하고 공백을 모두 제거하겠습니다. 다음의 coffee_menu 변수에는 콤마와 공백을 포함한 여러 커피 종류가 있습니다. 우선 split(',')을 이용해 콤마를 구분자로 삼아 문자열을 리스트로 분리합니다.

```
In: coffee_menu = "  에스프레소, 아메리카노,     카페라테   , 카푸치노  "
    coffee_menu_list = coffee_menu.split(',')
    coffee_menu_list
```

```
Out: ['  에스프레소', ' 아메리카노', '     카페라테   ', ' 카푸치노  ']
```

coffee_menu_list에는 공백을 포함한 문자열을 항목으로 갖는 리스트가 반환됩니다. 다음으로 리스트 변수 coffee_menu_list의 모든 항목에 공백을 제거하기 위해 항목마다 strip() 메서드를 적용합니다. 공백이 제거된 문자열은 append()를 이용해 리스트 변수 coffee_list에 하나씩 추가하면 최종적으로 원하는 결과를 얻을 수 있습니다. 이를 구현한 코드는 다음과 같습니다.

```
In: coffee_list = [] # 빈 리스트 생성
    for coffee in coffee_menu_list:
        temp = coffee.strip() # 문자열의 공백 제거
        coffee_list.append(temp) # 리스트 변수에 공백이 제거된 문자열 추가

    print(coffee_list) #최종 문자열 리스트 출력
```

```
Out: ['에스프레소', '아메리카노', '카페라테', '카푸치노']
```

문자열 연결하기

앞에서 더하기 연산자(+)로 두 문자열을 연결하는 방법은 이미 살펴봤습니다. 다음 예제를 봅시다.

```
In: name1 = "철수"
    name2 = "영미"

    hello = "님, 주소와 전화 번호를 입력해 주세요."
    print(name1 + hello)
    print(name2 + hello)
```

```
Out: 철수님, 주소와 전화 번호를 입력해 주세요.
     영미님, 주소와 전화 번호를 입력해 주세요.
```

더하기 연산자를 이용하면 문자열과 문자열을 연결할 수 있습니다. 그럼 문자열이 아니라 리스트의 모든 항목을 하나의 문자열로 만들려면 어떻게 해야 할까요? 이때 join() 메서드를 사용할 수 있습니다. 다음은 join() 메서드를 사용하는 방법입니다.

```
str.join(seq)
```

join() 메서드는 문자열을 항목으로 갖는 시퀀스(seq)의 항목 사이에 구분자 문자열(str)을 모두 넣은 후에 문자열로 반환합니다. 여기서 시퀀스는 리스트나 튜플과 같이 여러 데이터를 순서대로 담고 있는 나열형 데이터입니다.

그림 9-3은 문자열을 항목으로 갖는 문자열 리스트를 join() 메서드를 이용해 문자열로 변환하는 과정을 보여줍니다. 이때 문자열 리스트의 항목 사이에는 구분자 문자열(여기서는 한 칸 공백)이 들어갑니다.

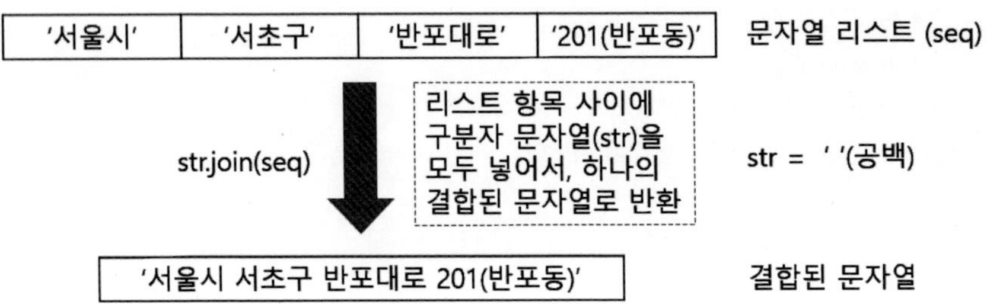

그림 9-3 join()으로 문자열 리스트를 문자열로 변환

다음은 join() 메서드를 이용해 문자열 리스트를 문자열로 변환하는 예입니다. 이를 위해 문자열을 항목으로 갖는 리스트를 생성하겠습니다.

```
In: address_list = ["서울시", "서초구", "반포대로", "201(반포동)"]
    address_list
```

```
Out: ['서울시', '서초구', '반포대로', '201(반포동)']
```

문자열 리스트(address_list)를 공백으로 연결해서 문자열을 생성하고 싶다면 다음과 같이 작성합니다. 여기서 구분자 문자열은 한 칸의 공백이 됩니다.

```
In: a = " "
    a.join(address_list)
```

```
Out: '서울시 서초구 반포대로 201(반포동)'
```

구분자 문자열을 변수에 할당하지 않고 다음과 같이 직접 지정할 수도 있습니다.

```
In: " ".join(address_list)
```

```
Out: '서울시 서초구 반포대로 201(반포동)'
```

다음은 문자열 리스트를 여러 문자로 이뤄진 구분자 문자열("*^-^*")로 연결해서 문자열로 변환한 예입니다.

```
In: "*^-^*".join(address_list)
```

```
Out: '서울시*^-^*서초구*^-^*반포대로*^-^*201(반포동)'
```

문자열 찾기

이번에는 문자열에서 원하는 단어를 찾을 때 사용할 수 있는 find() 메서드에 대해 알아보겠습니다. find() 메서드의 사용법은 다음과 같습니다.

```
str.find(search_str)
```

find() 메서드는 문자열(str)에서 찾으려는 검색 문자열(search_str)과 첫 번째로 일치하는 문자열(str)의 위치를 반환합니다. 여기서, 문자열의 위치는 0부터 시작합니다. 만약 문자열에서 검색 문자열을 찾을 수 없으면 -1을 반환합니다. 그림 9-4는 문자열("Python code.")에서 문자열의 위치와 검색 문자열을 "Python"과 "code"로 지정했을 때 각각 반환되는 값을 보여줍니다.

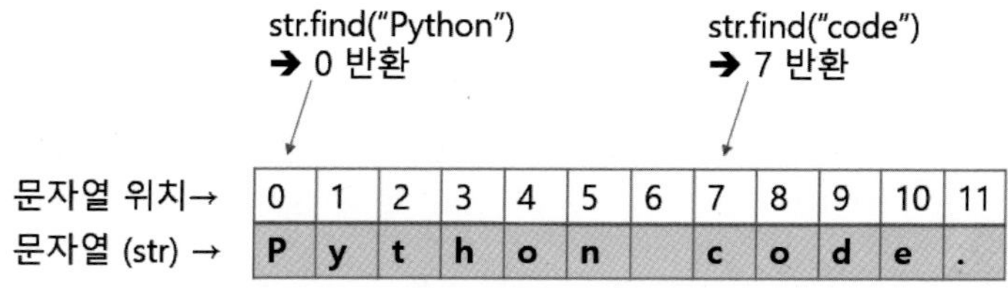

그림 9-4 find()로 문자열에서 검색 문자열 찾기

다음은 find()를 이용해 문자열에서 특정 문자열의 위치를 찾는 예입니다. 특정 문자열을 찾아서 맨 처음 발견된 위치를 반환하고 찾으려는 문자열이 없으면 -1을 반환합니다.

```
In: str_f = "Python code."

    print("찾는 문자열의 위치:", str_f.find("Python"))
    print("찾는 문자열의 위치:", str_f.find("code"))
    print("찾는 문자열의 위치:", str_f.find("n"))
    print("찾는 문자열의 위치:", str_f.find("easy"))
```

```
Out: 찾는 문자열의 위치: 0
     찾는 문자열의 위치: 7
     찾는 문자열의 위치: 5
     찾는 문자열의 위치: -1
```

str.find(search_str)에 다음과 같이 시작 위치(start)와 끝 위치(end)를 추가로 지정해서 검색 범위를 설정할 수도 있습니다.

```
str.find(search_str, start, end)
```

이때 start ~ end-1 범위에서 검색 문자열(search_str)을 검색해 일치하는 문자열(str)의 위치를 반환합니다. 지정된 범위에서 찾지 못하면 −1을 반환합니다.

다음과 같이 시작 위치만 지정해서 검색 범위를 설정할 수도 있습니다.

```
str.find(search_str, start)
```

이때 검색 범위는 start부터 문자열(str)의 끝이 됩니다.

다음은 시작 위치와 끝 위치를 지정해 문자열을 찾는 예입니다.

```
In: str_f_se = "Python is powerful. Python is easy to learn."

    print(str_f_se.find("Python", 10, 30)) # 시작 위치(start)와 끝 위치(end) 지정
    print(str_f_se.find("Python", 35)) # 찾기 위한 시작 위치(start) 지정
```

```
Out: 20
     -1
```

find() 메서드는 찾으려는 문자열과 일치하는 첫 번째 위치를 반환합니다. 만약 해당 문자열이 몇 번 나오는지 알고 싶다면 count() 메서드를 이용합니다.

```
str.count(search_str)
str.count(search_str, start)
str.count(search_str, start, end)
```

count() 메서드는 문자열(str)에서 찾고자 하는 문자열(search_str)과 일치하는 횟수를 반환하고, 없으면 0을 반환합니다. find()와 마찬가지로 start와 end로 검색 범위를 지정할 수도 있습니다.

다음 예제를 봅시다.

```
In: str_c = "Python is powerful. Python is easy to learn. Python is open."

    print("Python의 개수는?:", str_c.count("Python"))
    print("powerful의 개수는?:", str_c.count("powerful"))
    print("IPython의 개수는?:", str_c.count("IPython"))
```

```
Out: Python의 개수는?: 3
     powerful의 개수는?: 1
     IPython의 개수는?: 0
```

또 다른 찾기 메서드로 startwith() 메서드와 endwith() 메서드가 있습니다. 각각 문자열이 지정된 문자열로 시작하는지 끝나는지를 검사할 때 사용합니다. 사용법은 다음과 같습니다.

```
str.startswith(prefix)
str.startswith(prefix, start)
str.startswith(prefix, start, end)
```

startswith() 메서드는 문자열(str)이 지정된 문자열(prefix)로 시작되면 True를, 그렇지 않으면 False를 반환합니다. find()와 마찬가지로 start와 end로 범위를 지정할 수도 있습니다.

```
str.endswith(suffix)
str.endswith(suffix, start)
str.endswith(suffix, start, end)
```

endswith() 메서드는 문자열(str)이 지정된 문자열(suffix)로 끝나면 True를, 그렇지 않으면 False를 반환합니다. 마찬가지로 start와 end로 범위를 지정할 수도 있습니다.

다음은 startwith() 메서드와 endwith() 메서드를 사용한 예입니다.

```
In: str_se = "Python is powerful. Python is easy to learn."

    print("Python으로 시작?:", str_se.startswith("Python"))
    print("is로 시작?:", str_se.startswith("is"))
    print(".로 끝?:", str_se.endswith("."))
    print("learn으로 끝?:", str_se.endswith("learn"))
```

```
Out: Python으로 시작?: True
     is로 시작?: False
     .로 끝?: True
     learn으로 끝?: False
```

문자열 바꾸기

문자열에서 지정한 문자열을 찾아서 바꾸는 메서드로 replace()가 있습니다. 사용법은 다음과 같습니다.

```
str.replace(old, new[, count])
```

replace() 메서드는 문자열(str)에서 지정한 문자열(old)을 찾아서 새로운 문자열(new)로 바꿉니다. 여기서 count는 문자열(str)에서 지정된 문자열을 찾아서 바꾸는 횟수입니다. 만약 횟수를 지정하지 않으면 문자열 전체에서 찾아서 바꿉니다. 다음 예제를 봅시다.

```
In: str_a = 'Python is fast. Python is friendly. Python is open.'
    print(str_a.replace('Python', 'IPython'))
    print(str_a.replace('Python', 'IPython', 2))
```

```
Out: IPython is fast. IPython is friendly. IPython is open.
     IPython is fast. IPython is friendly. Python is open.
```

문자열에서 지정한 문자열을 찾아서 새로운 문자열로 바꾸는 것뿐만 아니라 특정 문자열을 삭제할 때도 replace() 메서드를 이용할 수 있습니다. 다음 예제는 문자열에서 '['와 ']'를 제거합니다. replace() 메서드에는 문자열을 하나씩만 지정할 수 있으므로 '['와 ']'를 모두 제거하려면 replace() 메서드를 두 번 사용해야 합니다.

```
In: str_b = '[Python] [is] [fast]'
    str_b1 = str_b.replace('[', '') # 문자열에서 '['를 제거
    str_b2 = str_b1.replace(']', '') # 결과 문자열에서 다시 ']'를 제거

    print(str_b)
    print(str_b1)
    print(str_b2)
```

```
Out: [Python] [is] [fast]
     Python] is] fast]
     Python is fast
```

문자열의 구성 확인하기

코드를 작성하다 보면 문자열이 숫자만으로 이뤄졌는지, 문자로만 이뤄졌는지 아니면 숫자와 문자가 모두 포함돼 있는지, 로마자 알파벳 대문자로만 이뤄졌는지, 소문자로만 이뤄졌는지 등 문자열의 구성을 알아야 할 때가 있습니다. 이를 위해 파이썬에서는 표 9-1과 같은 메서드를 제공합니다.

표 9-1 문자열의 구성을 확인하기 위한 메서드

메서드	설명	사용 예
isalpha()	문자열이 숫자, 특수 문자, 공백이 아닌 문자로 구성돼 있을 때만 True, 그 밖에는 False 반환	str.isalpha()
isdigit()	문자열이 모두 숫자로 구성돼 있을 때만 True, 그 밖에는 False 반환	str.isdigit()
isalnum()	문자열이 특수 문자나 공백이 아닌 문자와 숫자로 구성돼 있을 때만 True, 그 밖에는 False 반환	str.isalnum()
isspace()	문자열이 모두 공백 문자로 구성돼 있을 때만 True, 그 밖에는 False 반환	str.isspace()
isupper()	문자열이 모두 로마자 대문자로 구성돼 있을 때만 True, 그 밖에는 False 반환	str.isupper()
islower()	문자열이 모두 로마자 소문자로 구성돼 있을 때만 True, 그 밖에는 False 반환	str.islower()

이어서 문자열 구성을 확인하기 위한 메서드의 활용 예를 살펴보겠습니다.

우선 문자열이 숫자, 특수 문자, 공백이 아닌 문자로 구성돼 있는지 검사하는 isalpha() 메서드의 사용법을 살펴보겠습니다.

```
In: print('Python'.isalpha())       # 문자열에 공백, 특수 문자, 숫자가 없음
    print('Ver. 3.x'.isalpha())     # 공백, 특수 문자, 숫자 중 하나가 있음
```

```
Out: True
     False
```

다음은 모든 문자가 숫자로 이뤄져 있는지를 검사하는 isdigit() 메서드의 사용 예입니다.

```
In: print('12345'.isdigit())        # 문자열이 모두 숫자로 구성됨
    print('12345abc'.isdigit())     # 문자열이 숫자로만 구성되지 않음
```

```
Out: True
     False
```

다음은 문자열이 특수 문자나 공백이 아닌 문자와 숫자로 구성돼 있는지 검사하는 isalnum() 메서드의 예입니다.

```
In: print('abc1234'.isalnum())      # 특수 문자나 공백이 아닌 문자와 숫자로 구성됨
    print('   abc1234'.isalnum())   # 문자열에 공백이 있음
```

```
Out: True
     False
```

다음은 문자열이 공백 문자로만 구성돼 있는지를 검사하는 isspace() 메서드의 예입니다.

```
In: print('   '.isspace())          # 문자열이 공백으로만 구성됨
    print(' 1 '.isspace())          # 문자열에 공백 외에 다른 문자가 있음
```

```
Out: True
     False
```

다음은 문자열이 모두 로마자 알파벳 대문자로 구성돼 있는지, 소문자로 구성돼 있는지를 각각 알아보는 isupper()와 islower() 메서드의 사용 예입니다.

```
In: print('PYTHON'.isupper())       # 문자열이 모두 대문자로 구성됨
    print('Python'.isupper())       # 문자열에 대문자와 소문자가 있음
    print('python'.islower())       # 문자열이 모두 소문자로 구성됨
    print('Python'.islower())       # 문자열에 대문자와 소문자가 있음
```

```
Out: True
     False
     True
     False
```

대소문자로 변경하기

문자열에서 로마자 알파벳을 모두 대문자나 소문자로 변경하는 lower()와 upper() 메서드에 대해서 알아보겠습니다. 두 메서드의 사용법은 다음과 같습니다.

```
str.lower()
str.upper()
```

lower() 메서드는 문자열(str)에서 로마자 알파벳의 모든 문자를 소문자로 바꾸고 upper() 메서드는 대문자로 바꿉니다. 다음 예제를 봅시다.

```
In: string1 = 'Python is powerful. PYTHON IS EASY TO LEARN.'
    print(string1.lower())
    print(string1.upper())
```

```
Out: python is powerful. python is easy to learn.
     PYTHON IS POWERFUL. PYTHON IS EASY TO LEARN.
```

파이썬에서는 로마자 알파벳 대문자와 소문자를 구분하므로 같은 의미의 문자열을 비교하더라도 대소문자까지 같지 않으면 다른 문자열입니다. 실제로 그런지 다음 코드로 살펴보겠습니다.

```
In: 'Python' == 'python'
```

```
Out: False
```

'Python'과 'python'은 의미가 같은 문자열이지만 대소문자의 차이 때문에 다른 문자열로 인식합니다. 이런 경우에 문자열을 모두 대문자나 소문자로 바꾼 후에 비교하면 같은 문자열이라고 인식할 것입니다. 이제 lower()와 upper() 메서드를 이용해 문자열 비교를 다시 해 보겠습니다.

```
In: print('Python'.lower() == 'python'.lower())
    print('Python'.upper() == 'python'.upper())
```

```
Out: True
     True
```

예제에서는 문자열을 비교할 때 lower()와 upper() 메서드를 이용해 문자열을 모두 소문자 혹은 대문자로 변경한 후에 비교함으로써 대소문자 차이 때문에 다른 문자열로 인식하는 문제를 해결했습니다.

02 텍스트 파일의 데이터를 읽고 처리하기

지금까지는 코드에 들어있는 데이터를 다루는 방법을 살펴봤습니다. 이번에는 데이터가 파일에 저장돼 있다고 가정하고 그 파일에서 데이터를 읽고 처리하는 방법을 알아보겠습니다. 파일의 데이터를 읽기 위해서는 6장에서 배운 파일 읽기 방법을 이용합니다. 파일의 내용을 한 번에 읽어오는 것이 아니라 한 줄씩 읽어서 처리하겠습니다. 파일에서 읽은 내용은 문자열 데이터가 되는데 이 문자열 데이터를 원하는 형태로 분리하고 연산이 필요한 부분은 숫자 데이터로 변환한 후에 처리하는 방법을 살펴보겠습니다.

데이터 파일 준비 및 읽기

데이터가 저장된 텍스트 파일을 읽고 처리하기 위해 먼저 처리할 데이터와 원하는 작업을 다음과 같이 정의하겠습니다.

- 데이터: 어느 커피 전문점에서 나흘 동안 기록한 메뉴별 커피 판매량
- 원하는 작업: 나흘 동안 메뉴당 전체 판매량과 하루 평균 판매량 구하기

메뉴별 커피 판매량은 2장에서 생성한 작업 폴더의 안의 `data` 폴더(`'C:\myPyCode\data'`)에 텍스트 파일(`'coffeeShopSales.txt'`)로 저장돼 있다고 가정합니다.

해당 폴더에 데이터가 저장된 텍스트 파일이 있는지 확인하기 위하여 다음과 같이 윈도우의 `type` 명령어를 이용해 파일의 내용을 출력하겠습니다. 앞에서도 설명했지만, IPython 콘솔이나 주피터 노트북에서는 `'!명령어'`로 운영체제 명령어를 수행할 수 있습니다.

```
In: !type c:\myPyCode\data\coffeeShopSales.txt
```

```
Out: 날짜    에스프레소  아메리카노  카페라테  카푸치노
     10.15      10         50         45       20
     10.16      12         45         41       18
     10.17      11         53         32       25
     10.18      15         49         38       22
```

출력 결과를 보면 텍스트 파일(`'coffeeShopSales.txt'`)의 첫 번째 줄에는 각 항목의 이름이 있고 두 번째 줄 이후로는 각 항목의 값이 있습니다. 만약 해당 텍스트 파일이 없다면 `'C:\myPyCode\data'` 폴더에 `'coffeeShopSales.txt'` 파일을 만들고 위와 같이 내용을 입력합니다.

우선 6장에서 배운 파일 읽는 방법을 이용해 텍스트 파일을 연 후에 한 줄씩 읽고 출력해 보겠습니다.

파이썬 코드에서 파일 경로 지정하기

파일이 위치한 경로를 지정할 때 폴더를 구분하기 위해 윈도우에서는 \를 이용하고, 리눅스나 맥 OS에서는 /를 이용합니다. 하지만 파이썬 코드 안에서는 윈도우에서 실행하는 파이썬 코드를 작성할 때도 \ 대신 /를 사용해도 됩니다. 따라서 윈도우에서 실행하는 파이썬 코드에서는 `file_name = 'c:\myPyCode\data\coffeeShopSales.txt'`와 같이 파일 경로와 파일 이름을 지정해도 되고 `file_name = 'c:/myPyCode/data/coffeeShopSales.txt'`와 같이 지정해도 됩니다.

```
In: # file_name = 'c:\myPyCode\data\coffeeShopSales.txt'
    file_name = 'c:/myPyCode/data/coffeeShopSales.txt'

    f = open(file_name)             # 파일 열기
    for line in f:                  # 한 줄씩 읽기
        print(line, end='')         # 한 줄씩 출력
    f.close()                       # 파일 닫기
```

```
Out: 날짜     에스프레소  아메리카노  카페라테  카푸치노
     10.15    10         50         45       20
     10.16    12         45         41       18
     10.17    11         53         32       25
     10.18    15         49         38       22
```

위 코드에서 파일명을 경로와 함께 지정해 `file_name` 변수에 할당한 후 파일 열기로 해당 파일을 열고 한 줄씩 읽어서 `line` 변수에 할당하고 출력했습니다. `line` 변수에는 문자열 한 줄 전체가 들어가 있습니다.

파일에서 읽은 문자열 데이터 처리

파일에서 데이터를 읽어 왔으니 다음으로 읽어온 문자열 데이터를 처리해서 원하는 작업을 수행하는 방법을 알아보겠습니다. 우선 첫 번째 줄에 있는 항목 이름을 가져와 빈칸을 기준으로 나누고, 두 번째 줄 이후의 항목 값을 처리하겠습니다.

다음은 첫 번째 줄의 항목 이름을 가져오는 코드입니다.

```
In: f = open(file_name)    # 파일 열기
    header = f.readline() # 데이터의 첫 번째 줄을 읽음
```

```
    f.close()              # 파일 닫기

    header
```

```
Out: '날짜    에스프레소  아메리카노  카페라테  카푸치노\n'
```

파일의 첫 번째 줄을 읽었습니다. 첫 줄의 문자열을 분리해 리스트로 변환하려고 하는데 단어 사이에 공백과 개행문자가 보입니다. 따라서 다음과 같이 인자 없이 split() 메서드를 호출해 첫 줄의 문자열에서 항목 이름을 분리해 리스트로 만듭니다.

```
In: header_list = header.split() # 첫 줄의 문자열을 분리후 리스트로 변환
    header_list
```

```
Out: ['날짜', '에스프레소', '아메리카노', '카페라테', '카푸치노']
```

파일의 첫 번째 줄에 있는 항목 이름을 리스트 변수인 header_list에 할당했습니다.

다음으로 for 문을 이용해 두 번째 줄부터 끝줄까지의 데이터를 앞에서와 같은 방법으로 문자열에서 공백과 개행문자를 제거하고 각 항목을 data_list에 넣는 코드를 추가합니다.

```
In: f = open(file_name)             # 파일 열기
    header = f.readline()           # 데이터의 첫 번째 줄을 읽음
    header_list = header.split()    # 첫 줄의 문자열을 분리한 후 리스트로 변환

    for line in f:                  # 두 번째 줄부터 데이터를 읽어서 반복적으로 처리
        data_list = line.split()    # 문자열을 분리해서 리스트로 변환
        print(data_list)            # 결과 확인을 위해 리스트 출력

    f.close()                       # 파일 닫기
```

```
Out: ['10.15', '10', '50', '45', '20']
     ['10.16', '12', '45', '41', '18']
     ['10.17', '11', '53', '32', '25']
     ['10.18', '15', '49', '38', '22']
```

위의 출력 결과를 보면 리스트 변수 data_list의 각 항목이 문자열로 돼 있습니다. 전체 판매량과 평균을 계산하려면 일일 판매량 데이터 문자열은 숫자로 바꿔야 합니다. 앞에서 배운 int()나 float()을 이용하면 문자열 타입의 데이터를 정수나 실수 타입으로 변환할 수 있습니다. 여기서는 판매량 데이터가

정수인 것을 이미 알고 있으므로 int()를 이용해 판매량 데이터를 숫자로 변환할 것입니다. 또한 커피 종류별로 생성한 빈 리스트에 항목을 추가하는 append()를 이용해 커피 종류별로 판매량 데이터를 분류해서 넣겠습니다.

다음은 지금까지 설명한 내용을 구현한 코드입니다.

```
In: f = open(file_name)              # 파일 열기
    header = f.readline()            # 데이터의 첫 번째 줄을 읽음
    headerList = header.split()      # 첫 줄의 문자열을 분리한 후 리스트로 변환

    espresso = []                    # 커피 종류별로 빈 리스트 생성
    americano = []
    cafelatte = []
    cappucino = []

    for line in f:                   # 두 번째 줄부터 데이터를 읽어서 반복적으로 처리
        dataList = line.split()      # 문자열에서 공백을 제거해서 문자열 리스트로 변환

        # 커피 종류별로 정수로 변환한 후, 리스트의 항목으로 추가
        espresso.append(int(dataList[1]))
        americano.append(int(dataList[2]))
        cafelatte.append(int(dataList[3]))
        cappucino.append(int(dataList[4]))

    f.close() # 파일 닫기

    print("{0}: {1}".format(headerList[1], espresso)) # 변수에 할당된 값을 출력
    print("{0}: {1}".format(headerList[2], americano))
    print("{0}: {1}".format(headerList[3], cafelatte))
    print("{0}: {1}".format(headerList[4], cappucino))
```

```
Out: 에스프레소: [10, 12, 11, 15]
     아메리카노: [50, 45, 53, 49]
     카페라테: [45, 41, 32, 38]
     카푸치노: [20, 18, 25, 22]
```

이번에는 리스트를 이용해 나흘간 메뉴별 전체 판매량과 하루 평균 판매량을 구해보겠습니다. 이를 위해 리스트, 튜플, 세트 데이터에서 항목의 합을 구하는 내장 함수 sum()과 항목의 개수(길이)를 구하는 내장 함수 len()을 이용했습니다.

```
In: total_sum = [sum(espresso), sum(americano), sum(cafelatte), sum(cappucino)]
    total_mean = [sum(espresso)/len(espresso), sum(americano)/len(americano),
                  sum(cafelatte)/len(cafelatte), sum(cappucino)/len(cappucino) ]

    for k in range(len(total_sum)):
        print('[{0}] 판매량'.format(headerList[k+1]))
        print('- 나흘 전체: {0}, 하루 평균: {1}'.format(total_sum[k], total_mean[k]))
```

```
Out: [에스프레소] 판매량
     - 나흘 전체: 48, 하루 평균: 12.0
     [아메리카노] 판매량
     - 나흘 전체: 197, 하루 평균: 49.25
     [카페라테] 판매량
     - 나흘 전체: 156, 하루 평균: 39.0
     [카푸치노] 판매량
     - 나흘 전체: 85, 하루 평균: 21.25
```

지금까지 날짜별로 커피 판매량 데이터가 저장된 텍스트 파일에서 메뉴별로 판매량 데이터를 읽어와서 숫자로 변환한 후 리스트의 합과 길이를 구하는 내장 함수를 이용해 메뉴별 전체 판매량과 평균 판매량을 구했습니다. 이번 예제 코드는 앞에서 살펴본 다른 코드에 비해 코드가 조금 길어서 이해하기 힘들었을 수도 있습니다. 하지만 지금까지 배운 내용을 바탕으로 코드를 작성한 것이니 배운 내용을 다시 한번 차근차근 살펴보면 코드를 충분히 이해할 수 있을 것입니다.

03 정리

이번 장에서는 문자열의 다양한 처리 방법을 살펴봤습니다. 문자열 분리, 삭제, 연결, 찾기 및 바꾸기를 위한 메서드와 사용법을 살펴봤으며, 문자열의 구성 요소를 확인하는 방법과 대소문자로 바꾸는 방법도 알아봤습니다. 또한 파일에 있는 문자열 데이터를 읽어서 원하는 정보로 가공하는 방법도 알아봤습니다. 이번 장에서 학습한 문자열 처리 방법은 파일에서 읽어온 데이터를 처리할 때 많이 이용하므로 잘 알아두길 바랍니다.

10

모듈

앞 장에서 변수에 값을 할당하고 함수와 클래스를 만들고 활용하는 방법을 살펴봤습니다. 파이썬 코드를 작성한 후 파일로 저장하면 다른 코드에서도 이 파일의 변수, 함수, 클래스를 불러와 이용할 수가 있습니다. 파이썬에서는 코드가 저장된 파일을 모듈(Module)이라고 합니다.

코드를 작성할 때 이미 만들어진 모듈을 활용하면 코드를 효과적으로 작성할 수 있습니다. 이번 장에서는 이미 만들어진 파이썬 코드를 활용할 수 있도록 해주는 모듈에 대해 알아보겠습니다. 이번 장을 학습하고 나면 자신이 만든 모듈을 재사용하고 파이썬의 기본 내장 모듈을 활용하는 방법도 알게 될 것입니다.

01 모듈을 사용하는 이유

파이썬에서 모듈은 상수, 변수, 함수, 클래스를 포함하는 코드가 저장된 파일입니다. 모듈은 다른 모듈에서도 불러서 실행할 수도 있고 파이썬(혹은 IPython) 콘솔이나 주피터 노트북에서 불러서 실행할 수도 있습니다. 지금까지는 모듈을 사용하지 않고 코드를 작성했지만 파이썬으로 코딩할 때는 다음과 같은 이유로 모듈을 활용하기 때문에 모듈의 사용법은 꼭 익혀야 합니다.

- **모듈로 나누면 코드 작성과 관리가 쉬워집니다**

  규모가 작은 프로그램은 하나의 파일에 모든 코드를 작성해도 문제가 없습니다. 하지만 어느 정도 규모가 있는 프로그램을 만들 때 파일 하나에 모든 코드를 작성하면 코드가 복잡해져 관리하기가 어려워집니다. 따라서 어느 정도 규모가 큰 프로그램을 작성할 경우 파일 하나에 전체 코드를 구현하지 않고 기능별로 나눈 후에 여러 파일에서 해당 기능의 코드를 구현합니다. 그러면 하나의 코드 파일에서는 해당 기능의 구현에만 신경 쓰면 되므로 코드 작성과 관리가 편해집니다.

- **이미 작성된 코드를 재사용할 수 있습니다**
  특정 프로그램을 만들기 위해 작성한 모듈은 다른 코드를 만들 때도 활용할 수 있습니다. 즉, 특정 기능을 구현한 모듈은 다른 프로그램을 작성할 때 재사용할 수 있습니다. 이렇게 되면 코드를 다시 만들지 않아도 되니 코드를 빨리 작성할 수 있습니다. 또한 자신이 만든 모듈뿐 아니라 다른 사람이 만든 모듈도 사용할 수가 있습니다.

- **공동 작업이 편리해집니다**
  규모가 큰 프로그램을 만들 때는 일반적으로 여러 사람이 같이 작업을 진행합니다. 공동으로 프로그램을 만들 때는 전체 프로그램을 모듈별로 설계하고 개인별로 나누어 코딩한 후 전체 모듈을 통합합니다. 이처럼 모듈별로 구분해 코드를 작성하면 자신이 맡은 모듈만 신경 쓰면 되므로 공동 작업으로 인한 복잡성이 줄고 효율은 높아집니다.

02 모듈 생성 및 호출

이제 실제로 모듈을 만들고 호출하고 활용하는 방법을 알아보겠습니다. 모듈은 파이썬 코드가 저장된 파일이라고 했습니다. 모듈 이름은 확장자(.py)를 제외한 파일 이름입니다. 예를 들어 `my_module`이라는 모듈을 만들고 싶으면 `'my_module.py'` 파일로 저장하면 됩니다. 파일로 저장된 모듈을 활용하려면 모듈이 저장된 위치(경로)에서 파이썬(혹은 IPython) 콘솔 혹은 주피터 노트북을 실행해서 코드를 작성하거나 파이썬 코드 파일을 실행하면 됩니다. 또 다른 방법은 모듈이 저장된 위치(경로)를 지정하는 것입니다. 이렇게 하면 모듈과 같은 위치(경로)에 있지 않더라도 모듈을 수행할 수 있습니다.

모듈을 생성하고 호출하는 방법을 알아보기 위해 먼저 모듈을 만드는 방법을 알아보고 모듈과 동일한 위치와 다른 위치에서 모듈을 호출하는 방법을 알아보겠습니다.

모듈 만들기

모듈을 만드는 방법은 간단합니다. 코드를 `'모듈이름.py'`로 저장하기만 하면 됩니다. 코드를 파일로 저장하기 위해 다른 에디터를 이용할 수도 있지만 여기서는 주피터 노트북에서 사용할 수 있는 IPython의 내장 마술 명령어(magic command)인 `'%%writefile'`을 이용해 코드를 파일로 저장하겠습니다.

파일 처리 관련 마술 명령어

주피터 노트북에서 사용할 수 있는 IPython의 마술 명령어 중 여기서는 파일을 저장하고 불러오고 실행하기 위한 명령어에 대해 알아보겠습니다.

- 코드 셀의 코드를 파이썬 코드 파일로 저장하기

```
%%writefile [-a] file.py
<코드 블록>
```

코드 셀 안의 전체 코드가 'file.py'에 저장됩니다. 여기서 -a 옵션을 사용하지 않을 경우 같은 이름의 파일이 있으면 덮어씁니다. -a 옵션을 사용할 경우 같은 이름의 파일이 있으면 기존 파일의 내용 뒤에 추가합니다.

- 저장된 파이썬 코드 파일을 불러오기

```
%load file.py
```

지정된 파이썬 코드 파일('file.py')의 코드를 읽어서 코드 셀에 표시합니다.

- 파이썬 코드 파일을 실행하기

```
%run file.py
```

지정된 파이썬 코드 파일('file.py')을 실행합니다.

간단한 모듈을 작성해서 다음과 같이 2장에서 만든 작업 폴더('C:\myPyCode')에 저장하겠습니다.

```
In: %%writefile C:\myPyCode\my_first_module.py
    # File name: my_first_module.py

    def my_function():
        print("This is my first module.")
```

```
Out: Writing C:\myPyCode\my_first_module.py
```

마술 명령어인 '%%writefile 파일명'을 실행했을 때 파일이 잘 생성됐다면 'Writing 파일명'을 출력합니다. 만약 같은 이름의 파일이 있다면 기존 파일을 덮어쓰고 'Overwriting 파일명'을 출력합니다. 또한 '%%writefile -a 파일명'처럼 -a 옵션을 사용하는 경우에는 같은 이름의 파일이 이미 있다면 이 파일의 뒤에 내용을 추가하고 'Appending to 파일명'을 출력합니다.

파일이 잘 생성됐는지 확인하기 위해 다음과 같이 윈도우 명령어인 `type` 명령어를 이용해 파일을 화면으로 출력해 보겠습니다.

```
In: !type C:\myPyCode\my_first_module.py
```

```
Out: # File name: my_first_module.py

    def my_function():
        print("This is my first module.")
```

모듈 불러오기

이번에는 생성된 모듈을 사용하는 방법을 살펴보겠습니다. 모듈은 다음과 같이 `import`를 이용해 부릅니다.

```
import 모듈명
```

모듈을 임포트한 후에는 '`모듈명.변수`', '`모듈명.함수()`', '`모듈명.클래스()`'와 같은 형식으로 모듈에서 정의한 내용을 사용할 수 있습니다. 모듈을 불러올 때 '`import 모듈명.py`'를 입력하지 않도록 주의하세요.

앞에서 만든 모듈을 부르기 위해서는 모듈이 있는 위치로 이동해야 합니다. 모듈을 작업 폴더('`C:\myPyCode`')에 만들었으므로 작업 폴더로 이동해서 모듈을 부르겠습니다.

```
In: cd C:\myPyCode
```

```
Out: C:\myPyCode
```

이제 앞에서 만든 모듈(`my_first_module`)을 불러서 모듈의 함수를 실행해 보겠습니다.

```
In: import my_first_module

    my_first_module.my_function()

Out: This is my first module.
```

여기서는 앞에서 만든 my_first_module 모듈을 'import 모듈명'으로 불러왔고 모듈의 함수는 '모듈명.함수()'로 실행했습니다.

앞에서는 모듈을 불러오기 위해 모듈이 있는 위치로 이동한 후에 모듈을 불러왔습니다. 하지만 모듈의 경로를 지정하면 모듈을 부르는 위치에 상관없이 어디서나 모듈을 불러와서 실행할 수 있어서 모듈이 있는 위치로 이동할 필요가 없습니다.

이번에는 2장에서 생성한 작업 폴더 안의 modules 폴더('C:\myPyCode\modules')에 모듈을 저장하고 모듈의 경로를 지정해 다른 위치에서 이 모듈을 부르겠습니다. 모듈의 경로는 PYTHONPATH 환경 변수 설정을 통해 지정하는데, 이미 2장에서 통합 개발 환경인 Spyder의 PYTHONPATH Manager를 통해 'C:\myPyCode\modules' 폴더와 'C:\myPyCode\packages' 폴더를 경로로 지정했습니다. 다음과 같은 윈도우 명령어를 통해 PYTHONPATH 환경 변수 설정이 잘 됐는지 확인할 수 있습니다.

```
In: !echo %PYTHONPATH%

Out: C:\myPyCode\packages;C:\myPyCode\modules
```

PYTHONPATH 환경 변수 설정 및 주피터 노트북 재시작 방법

만약 PYTHONPATH 환경 변수에 경로가 지정되지 않았다면 '!echo %PYTHONPATH%'의 결과로 %PYTHONPATH%가 출력될 것입니다. 그렇다면 2장에서 설명한 Spyder의 PYTHONPATH Manager를 통해 'C:\myPyCode\modules' 폴더와 'C:\myPyCode\packages' 폴더를 경로로 지정합니다. 경로를 지정한 후에는 2장에서 살펴본 방법으로 브라우저에서 주피터 노트북 관련된 탭을 모두 닫고, 주피터 서버가 실행 중인 명령 창도 닫습니다. 그 후에 다음 과정을 통해 주피터 노트북을 다시 실행합니다.

1. Anaconda 메뉴에서 [Anaconda Prompt]를 클릭해서 명령 프롬프트를 실행
2. 프롬프트에 'cd C:\myPyCode'를 입력해 작업 폴더로 이동
3. 'jupyter notebook'을 입력해 주피터 노트북을 실행
4. 새로운 노트북을 만들거나 저장했던 노트북을 클릭해서 열기

이제 'C:\myPyCode\modules' 폴더에 다음과 같이 코드를 작성해서 my_area 모듈을 생성합니다. 이 모듈에서 square_area() 함수는 변의 길이를 입력받아 정사각형의 넓이를 반환하며, circle_area() 함수는 반지름의 길이를 입력받아 원의 넓이를 반환합니다.

```
In: %%writefile C:\myPyCode\modules\my_area.py
    # File name: my_area.py

    PI = 3.14
    def square_area(a): # 정사각형의 넓이 반환
        return a ** 2

    def circle_area(r): # 원의 넓이 반환
        return PI * r ** 2
```

```
Out: Writing C:\myPyCode\modules\my_area.py
```

모듈이 저장된 위치가 아닌 위치에서 모듈을 불러오기 위해 다음과 같이 작업 폴더로 이동하겠습니다.

```
In: cd C:\myPyCode
```

```
Out: C:\myPyCode
```

이제 앞에서 생성한 my_area 모듈을 import로 불러온 후 my_area 모듈에 있는 변수와 함수를 호출하겠습니다.

```
In: import my_area                   # 모듈 불러오기

    print('pi =', my_area.PI)        # 모듈의 변수 이용
    print('square area =', my_area.square_area(5)) # 모듈의 함수 이용
    print('circle area =', my_area.circle_area(2))
```

```
Out: pi = 3.14
     square area = 25
     circle area = 12.56
```

오류 없이 실행되면 해당 모듈을 잘 불러온 것입니다. 모듈의 경로가 PYTHONPATH 환경 변수에 지정돼 있으면 이처럼 모듈이 있는 폴더('C:\myPyCode\modules')와 모듈을 부르는 폴더('C:\myPyCode')가 달라도 해당 모듈을 불러올 수 있습니다. 앞에서 설명한 대로 모듈을 불러온 이후에 '모듈명.변수', '모듈명.함수()'의 형식으로 모듈 내의 변수와 함수를 호출했습니다.

불러온 모듈에서 사용할 수 있는 변수, 함수, 클래스를 알고 싶다면 'dir(모듈명)'을 이용하면 됩니다. 앞에서 생성한 my_area 모듈에서 정의한 내용을 알고 싶다면 다음과 같이 수행합니다.

```
In: dir(my_area)
```

```
Out: ['PI',
      '__builtins__',
      '__cached__',
      '__doc__',
      '__file__',
      '__loader__',
      '__name__',
      '__package__',
      '__spec__',
      'circle_area',
      'square_area']
```

출력된 결과를 보면 my_area 모듈에서 정의한 변수 PI와 함수 circle_area()와 square_area()가 있습니다. 모듈에서 정의한 변수와 함수뿐만 아니라 '__문자__' 형태의 정의하지 않은 것들도 있지만 이것은 특수한 용도로 사용되는 것으로 지금은 신경 쓰지 않아도 됩니다.

모듈을 불러오는 다른 형식

모듈의 내용 바로 선언

앞에서는 모듈 내의 변수와 함수를 호출하기 위해 'import 모듈명'으로 모듈을 불러와 '모듈명.변수', '모듈명.함수()'와 같은 형식을 이용했습니다. 이 경우 모듈 내에서 정의한 내용을 호출하기 위해 계속해서 모듈명을 써야 하므로 코드를 작성할 때 불편합니다.

다음과 같은 형식으로 선언하면 모듈 내에 있는 변수와 함수, 그리고 클래스를 '모듈명.' 없이 '변수', '함수()', '클래스()'처럼 직접 호출해서 이용할 수 있습니다.

```
from 모듈명 import 변수명
from 모듈명 import 함수명
from 모듈명 import 클래스명
```

다음은 'from 모듈명 import 변수명' 형식으로 모듈에서 변수를 바로 불러와서 사용하는 예입니다.

```
In: from my_area import PI # 모듈의 변수 바로 불러오기

    print('pi =', PI) # 모듈의 변수 이용
```

```
Out: pi = 3.14
```

이제 '모듈명.변수명'과 같이 모듈명을 지정해 변수를 불러오지 않고 모듈의 변수명으로 변수를 바로 이용할 수 있기 때문에 코드 작성이 간편해졌습니다.

다음은 모듈 함수를 'from 모듈명 import 함수명' 형식으로 바로 불러서 사용하는 예입니다.

```
In: from my_area import square_area
    from my_area import circle_area

    print('square area =', square_area(5)) # 모듈의 함수 이용
    print('circle area =', circle_area(2))
```

```
Out: square area = 25
     circle area = 12.56
```

위의 예에서는 모듈의 변수와 함수를 이용하기 위해 'from 모듈명 import 변수명'과 'from 모듈명 import 함수명'으로 필요한 변수와 함수 개수만큼 각각 선언해서 이용했습니다. 하지만 'from 모듈명 import 변수명/함수명/클래스명'은 하나만 선언할 수 있는 것이 아니라 콤마(,)로 구분해서 여러 개를 선언할 수 있습니다.

다음은 불러오려는 변수와 함수를 콤마를 이용해 여러 개 선언해서 이용한 예입니다.

```
In: from my_area import PI, square_area, circle_area

    print('pi =', PI) # 모듈의 변수 이용
    print('square area =', square_area(5)) # 모듈의 함수 이용
    print('circle area =', circle_area(2))
```

```
Out: pi = 3.14
     square area = 25
     circle area = 12.56
```

만약 모듈의 모든 변수, 함수, 클래스를 바로 모듈명 없이 바로 이용하고 싶다면 다음과 같은 형식으로 선언합니다.

```
from 모듈명 import *
```

다음은 'from 모듈명 import *' 형식으로 선언해서 모듈 내의 모든 변수, 함수, 클래스를 불러오는 예입니다.

```
In: from my_area import *

    print('pi =', PI) # 모듈의 변수 이용
    print('square area =', square_area(5)) # 모듈의 함수 이용
    print('circle area =', circle_area(2))
```

```
Out: pi = 3.14
     square area = 25
     circle area = 12.56
```

'from 모듈명 import *' 형식으로 선언하는 방법은 일일이 '모듈명.'을 쓰지 않고 모듈 내의 변수, 함수, 클래스를 사용할 수 있어서 편리하기는 하지만 모듈을 두 개 이상 이용할 때는 주의가 필요합니다.

다음 예제를 살펴봅시다. 다음 예제에서는 my_module1과 my_module2 모듈을 작성하겠습니다.

```
In: %%writefile C:\myPyCode\modules\my_module1.py
    # File name: my_module1.py

    def func1():
        print("func1 in  my_module1 ")

    def func2():
        print("func2 in  my_module1 ")
```

```
Out: Writing C:\myPyCode\modules\my_module1.py
```

```
In: %%writefile C:\myPyCode\modules\my_module2.py
    # File name: my_module2.py

    def func2():
```

```
    print("func2 in  my_module2 ")

def func3():
    print("func3 in  my_module2 ")
```

```
Out: Writing C:\myPyCode\modules\my_module2.py
```

모듈 my_module1에는 func1 함수와 func2 함수가 있고 my_module2에는 func2 함수와 func3 함수가 있습니다. 여기서 함수 func2는 my_module1에도 있고 my_module2에도 있습니다. 이때 my_module1과 my_module2를 'from 모듈명 import *' 방법을 이용해 각 모듈의 함수를 불러온다면 모듈 my_module1과 모듈 my_module2에 공통으로 있는 func2는 어떤 것이 실행될까요? 다음을 살펴보겠습니다.

```
In: from my_module1 import *
    from my_module2 import *

    func1()
    func2()
    func3()
```

```
Out: func1 in  my_module1
     func2 in  my_module2
     func3 in  my_module2
```

위의 예처럼 코드는 오류 없이 잘 수행됩니다. 모듈 my_module1과 모듈 my_module2에만 각각 존재하는 func1과 func3은 불러오는 데 문제가 없습니다. 하지만 모듈 my_module1과 모듈 my_module2에 모두 있는 func2 함수를 호출하면 나중에 선언해서 불러온 모듈의 함수가 호출됩니다. 앞의 모듈 선언 순서와는 반대로 'from my_module2 import *'를 'from my_module1 import *'보다 먼저 선언하고 코드를 실행해 보겠습니다.

```
In: from my_module2 import *
    from my_module1 import *

    func1()
    func2()
    func3()
```

```
Out: func1 in  my_module1
     func2 in  my_module1
     func3 in  my_module2
```

출력 결과를 보면 func2()를 호출했을 때 이번에는 my_module1 모듈에서 함수를 불러온 것을 알 수 있습니다. 앞의 예에서 볼 수 있듯이 여러 모듈을 동시에 'from 모듈명 import *' 형식으로 선언해서 모듈 내의 변수, 함수, 클래스 이용할 때는 주의해야 합니다.

모듈명을 별명으로 선언

'import 모듈명' 형식으로 모듈을 선언해서 이용할 경우 '모듈명.변수', '모듈명.함수()', '모듈명.클래스()'와 같은 형식으로 모듈에서 정의한 내용을 불러오는데 코드에서 매번 모듈명을 입력하기가 번거롭습니다. 특히 모듈명이 길다면 입력이 더욱 번거로울 것입니다. 'from 모듈명 import *' 방법으로 선언해서 '모듈명.'을 생략할 수도 있지만 여러 모듈을 임포트할 경우에는 주의가 필요합니다. 이런 문제는 다음과 같이 모듈명에 새로운 이름(별명)을 붙이면 해결할 수 있습니다.

```
import 모듈명 as 별명
```

위와 같이 선언하면 코드를 작성할 때 '모듈명.변수', '모듈명.함수()', '모듈명.클래스()' 대신 '별명.변수', '별명.함수()', '별명.클래스()'처럼 지정할 수 있습니다.

모듈뿐 아니라 변수명, 함수명, 클래스명도 다음과 같이 별명을 붙일 수 있습니다.

```
from 모듈명 import 변수명 as 별명
from 모듈명 import 함수명 as 별명
from 모듈명 import 클래스명 as 별명
```

이 경우에도 변수명, 함수명, 클래스명 대신 별명으로 이용할 수 있습니다.

다음은 모듈을 불러올 때 모듈명 대신 별명을 사용하는 예입니다.

```
In: import my_area as area # 모듈명(my_area)에 별명(area)을 붙임

    print('pi =', area.PI) # 모듈명 대신 별명 이용
    print('square area =', area.square_area(5))
    print('circle area =', area.circle_area(2))
```

```
Out: pi = 3.14
     square area = 25
     circle area = 12.56
```

보다시피 모듈의 변수나 함수를 부를 때 모듈명 my_area 대신 별명인 area를 이용했습니다.

다음으로 'from 모듈명 import 변수명/함수명/클래스명 as 별명'의 예를 살펴보겠습니다.

```
In: from my_area import PI as pi
    from my_area import square_area as square
    from my_area import circle_area as circle

    print('pi =', pi) # 모듈 변수의 별명 이용
    print('square area =', square(5)) # 모듈 함수의 별명 이용
    print('circle area =', circle(2))
```

```
Out: pi = 3.14
     square area = 25
     circle area = 12.56
```

위의 코드에서는 모듈 my_area의 내의 변수 PI의 이름을 pi로, 함수 이름 square_area와 circle_area를 각각 square와 circle로 별명을 붙이고 코드에서 별명을 이용했습니다.

03 모듈을 직접 실행하는 경우와 임포트한 후 실행하는 경우 구분하기

앞에서 작성한 모듈은 'import 모듈명'로 불러온 후에 모듈과 관련된 코드를 실행해야 결과를 확인할 수 있었습니다. 하지만 모듈을 작성할 때 매번 이런 방법을 이용하는 것은 상당히 번거로운 일입니다. 그래서 모듈을 만들 때는 함수나 클래스가 잘 작성됐는지 확인하기 위해 모듈 내에서 함수나 클래스를 직접 호출합니다.

다음 예제의 my_module_test1 모듈에는 입력된 숫자를 출력하는 함수가 있습니다. 함수가 잘 작성됐는지 확인하기 위해 모듈 안에서 함수를 호출했습니다.

```
In: %%writefile C:\myPyCode\modules\my_module_test1.py
    # File name: my_module_test1.py

    def func(a):
        print("입력 숫자:", a)

    func(3)
```

```
Out: Writing C:\myPyCode\modules\my_module_test1.py
```

이제 저장된 모듈을 실행해 보겠습니다. 앞에서도 설명했지만 주피터 노트북에서는 다음과 같이 코드 셀에서 '%run file.py'로 모듈을 실행할 수 있습니다.

```
In: %run C:\myPyCode\modules\my_module_test1.py
```

```
Out: 입력 숫자: 3
```

위의 출력 결과에서 모듈 내에서 호출한 함수(func(3))가 실행된 것을 알 수 있습니다. 만약 이 모듈을 사용하기 위해 임포트하면 어떻게 될까요?

```
In: import my_module_test1
```

```
Out: 입력 숫자: 3
```

'import 모듈명'을 통해 모듈을 불러오면 모듈 내의 코드를 실행합니다. 따라서 위와 같이 'import my_module_test1'를 수행하면 my_module_test1 모듈의 코드가 수행됩니다.

모듈 수정 후 다시 불러올 때의 주의 사항

'import my_module_test1'을 처음 선언했을 때는 '입력 숫자: 3'이 출력되지만 한 번 더 'import my_module_test1' 선언하면 '입력 숫자: 3'이 출력되지 않습니다. 이것은 'import 모듈명'으로 한번 불러온 모듈은 다시 'import 모듈명'을 선언하면 반영되지 않기 때문입니다. 따라서 모듈을 부른 이후에 해당 모듈이 수정된 경우 수정된 내용을 반영하기 위해서는 파이썬 콘솔이나 IPython 프로그램을 종료한 후 다시 시작해야 합니다. 주피터 노트북의 경우 메뉴에서 [Kernel] → [Restart]를 클릭해서 커널을 재시작한 후에 모듈을 다시 불러오면 모듈의 수정된 사항을 반영할 수 있습니다.

my_module_test1 모듈 내 코드에서 func(3)는 작성한 함수가 잘 실행되는지를 확인하기 위해 작성해 놓은 것이지 모듈을 임포트할 때 실행하기 위해 작성한 코드가 아닙니다. 따라서 모듈을 마지막으로 저장할 때는 테스트를 위해 작성한 코드는 삭제해야 합니다. 하지만 테스트를 위해 작성한 코드를 일일이 삭제하는 것은 번거롭습니다. 만약 모듈을 테스트하기 위해 직접 수행하는 경우와 임포트해서 사용하는 경우를 구분할 수 있으면 좋을 것입니다. 파이썬에서는 이 두 가지 경우를 구분하기 위한 방법을 제공합니다.

다음은 모듈을 직접 수행하는 경우와 임포트해서 이용하는 경우를 구분해 사용하게 해 주는 코드의 구조입니다.

```
if __name__ == "__main__":
    <직접 수행할 때만 실행되는 코드>
```

위의 구조를 이용하면 코드를 모듈 파일에서 직접 수행하느냐 아니면 임포트해서 사용하느냐에 따라 코드를 다르게 수행할 수 있습니다. 즉, 같은 모듈에서 코드를 직접 수행할 때만 'if __name__ == "__main__":' 안의 코드가 실행되고 임포트해서 사용하면 수행되지 않습니다.

앞에서 만든 모듈의 테스트 코드를 다음과 같이 수정한 후에 'my_module_test2.py'로 저장해 보겠습니다.

```
In: %%writefile C:\myPyCode\modules\my_module_test2.py
    # File name: my_module_test2.py

    def func(a):
        print("입력 숫자:",a)

    if __name__ == "__main__":
        print("모듈을 직접 실행")
        func(3)
        func(4)
```

```
Out: Writing C:\myPyCode\modules\my_module_test2.py
```

이제 'my_module_test2.py' 파일을 실행해 보겠습니다.

```
In: %run C:\myPyCode\modules\my_module_test2.py
```

```
Out: 모듈을 직접 실행
     입력 숫자: 3
     입력 숫자: 4
```

실행 결과를 보면 'if __name__ == "__main__":' 내의 코드가 잘 수행된 것을 볼 수 있습니다.

다음으로 my_module_test2 모듈을 임포트해 보겠습니다.

```
In: import my_module_test2
```

실행 결과를 보면 아무것도 출력되지 않습니다. 이것은 'if __name__ == "__main__":' 내에 작성한 코드는 임포트한 경우에는 실행되지 않기 때문입니다.

다음은 모듈에서 코드를 직접 수행하는 경우와 임포트해서 사용하는 경우를 구분해서 코드를 실행하기 위한 구조입니다.

```
if __name__ == "__main__":
    <직접 수행할 때만 실행되는 코드>
else:
    <임포트됐을 때만 실행되는 코드>
```

위 구조의 예를 살펴보기 위해 다음과 같이 코드를 작성한 후 my_module_test3.py로 저장합니다.

```
In: %%writefile C:\myPyCode\modules\my_module_test3.py
    # File name: my_module_test3.py

    def func(a):
        print("입력 숫자:",a)

    if __name__ == "__main__":
        print("모듈을 직접 실행")
        func(3)
        func(4)
    else:
        print("모듈을 임포트해서 실행")
```

```
Out: Writing C:\myPyCode\modules\my_module_test3.py
```

저장된 모듈을 직접 실행해 보겠습니다.

```
In: %run C:\myPyCode\modules\my_module_test3.py
```

```
Out: 모듈을 직접 실행
     입력 숫자: 3
     입력 숫자: 4
```

직접 수행했을 때는 'if __name__ == "__main__":' 내의 코드가 수행됐습니다. 이제 my_module_test3 모듈을 임포트해 보겠습니다.

```
In: import my_module_test3
```

```
Out: 모듈을 임포트해서 실행
```

위에서 모듈을 임포트했을 때 출력된 결과를 보면 해당 모듈을 임포트한 경우에만 실행하게 만든 코드만 실행된 것을 볼 수 있습니다. 이처럼 'if __name__ == "__main__": ~ else' 구조를 이용하면 모듈을 직접 실행하는 경우와 임포트해서 실행하는 경우를 구분해서 코드를 실행할 수 있습니다.

04 내장 모듈

앞에서 모듈을 직접 만들고 활용하는 방법을 살펴봤습니다. 이처럼 모듈을 직접 만들어서 사용해도 되지만 파이썬에는 개발 환경을 설치할 때 함께 설치되는 내장 모듈과 다양한 공개 모듈이 있어서 이를 활용하면 자신이 원하는 코드를 쉽고 간편하게 작성할 수 있습니다.

이번에는 파이썬에서 제공하는 내장 모듈 중 임의로 숫자(난수)를 발생시키는 random 모듈, 날짜 및 시간 관련 처리할 수 있는 datetime 모듈, 그리고 연도/월/주 등 달력과 관련된 처리를 할 수 있는 calendar 모듈을 이용하는 방법을 살펴보겠습니다. 여기서는 각 내장 모듈에서 주요한 내용만 간단히 살펴보겠습니다. 내장 모듈의 사용법에 대해 자세히 알고 싶다면 파이썬 표준 라이브러리에 관해 설명한 사이트(https://docs.python.org/3.6/library/)를 참조하세요.

난수 발생 모듈

코드에서는 정해진 숫자가 아닌 실행할 때마다 임의의 숫자를 사용해야 할 때가 있습니다. 예를 들어 두 개의 주사위를 던져서 나온 결과로 게임을 진행하는 프로그램을 만들 때 계속 같은 숫자가 순서대로 나온다면 그 게임은 재미없을 것입니다. 게임이 재미있으려면 두 주사위의 결과가 1~6까지의 숫자 중 임의의 숫자가 나오도록 게임을 만들어야 합니다. 여기서 임의의 숫자를 난수(random number)라고 합니다.

파이썬에서는 random 모듈을 이용해 난수를 만들 수 있습니다. random 모듈을 이용하려면 'import random'으로 random 모듈을 먼저 불러온 후에 다음과 같은 방법으로 random 모듈의 함수를 이용합니다.

```
import random
random.random모듈함수()
```

먼저 random 모듈에서 0~1 사이의 임의의 실수를 발생시키는 random() 함수의 예를 살펴보겠습니다.

```
In: import random

    random.random()
```

```
Out: 0.479891168214428
```

위에서 'import random'으로 random 모듈을 불러왔고 'random.random()'으로 0~1 사이의 실수 중에서 임의의 숫자를 생성했습니다. 여기서 random은 모듈명이고 random()은 random 모듈의 함수입니다. 코드에서 random.random()를 실행할 때마다 다른 값이 출력됩니다. 실제로 random.random() 코드를 실행하면 책과 결과가 다를 것입니다. 이것은 당연한 결과로 난수를 발생시키는 함수의 특징입니다.

난수를 발생시키기 위해 random()을 이용했으나 이 밖에도 random 모듈의 함수는 더 존재합니다. random 모듈에서 많이 사용하는 함수를 중심으로 살펴보면 표 10-1과 같습니다.

표 10-1 random 모듈의 함수와 사용 예

random 모듈의 함수	설명	사용 예
random()	0.0 <= 실수 < 1.0 범위의 임의의 실수를 반환	random.random()
randint(a,b)	a <= 정수 <= b의 범위의 임의의 정수 반환	random.randint(1,6)
randrange([start,] stop [,step])	range([start,] stop [,step])에서 임의의 정수를 반환	random.randrange(0, 10, 2)
choice(seq)	공백이 아닌 시퀀스(seq)에서 임의의 항목을 반환	random.choice([1,2,3])
sample(population, k)	시퀀스로 이뤄진 모집단(population)에서 중복되지 않는 k개의 인자를 반환	random.sample([1,2,3,4,5], 2)

임의의 실수를 반환할 때 사용하는 random() 함수의 예는 앞에서 살펴봤으므로 그 밖의 함수에 대한 사용 예를 살펴보겠습니다. 만약 특정 범위의 정수 안에서 임의의 정수를 발생시키려면 randint() 함수를 이용합니다. 숫자가 1에서 6까지 있는 주사위 두 개를 던져서 두 개의 숫자가 임의로 나오게 하려면 다음과 같이 코드를 작성할 수 있습니다.

```
In: import random

    dice1 = random.randint(1,6) # 임의의 정수가 생성됨
    dice2 = random.randint(1,6) # 임의의 정수가 생성됨
    print('주사위 두 개의 숫자: {0}, {1}'.format(dice1, dice2))
```

```
Out: 주사위 두 개의 숫자: 2, 5
```

위의 코드를 실행할 때마다 다른 결과가 나오는 것을 볼 수 있습니다.

다음은 randrange() 함수의 예입니다. 이 함수는 정해진 범위 안에서 특정 수만큼 차이가 나는 정수를 발생시킬 때 이용합니다. 예를 들어 0부터 10까지 임의의 짝수를 발생시키려면 다음과 같이 코드를 작성합니다.

```
In: import random

    random.randrange(0,11,2)
```

```
Out: 4
```

위 코드를 실행하면 0 ~ 10(11-1) 범위의 임의의 짝수가 발생한 것을 알 수 있습니다. 또한 다음과 같이 홀수를 발생시킬 때나 10단위로 숫자를 발생시킬 때도 이용할 수 있습니다.

```
In: import random

    num1 = random.randrange(1, 10, 2) # 1 ~ 9(10-1) 중 임의의 홀수 선택
    num2 = random.randrange(0,100,10) # 0 ~ 99(100-1) 중 임의의 10의 단위 숫자 선택
    print('num1: {0}, num2: {1}'.format(num1,num2))
```

```
Out: num1: 3, num2: 80
```

다음은 시퀀스(리스트, 튜플) 데이터에서 임의의 항목을 하나 선택할 때 이용할 수 있는 choice() 함수에 대해 알아보겠습니다. 만약 식사 때마다 무엇을 먹을지 매번 고민이라면 다음처럼 선택할 수 있는 메뉴 전체를 리스트 변수로 지정한 후 choice() 함수를 실행해 나온 임의 결과를 선택해 보는 것은 어떨까요?

```
In: import random

    menu = ['비빔밥', '된장찌개', '볶음밥', '불고기', '스파게티', '피자', '탕수육']
    random.choice(menu)
```

```
Out: '탕수육'
```

예제에서는 리스트에서 임의의 항목 하나를 선택했습니다. 만약 하나가 아니라 여러 항목을 임의로 선택하려면 어떻게 할까요? 이때 사용하는 것이 sample() 함수입니다. 이 함수는 시퀀스(리스트, 튜플)로 이뤄진 모집단 데이터에서 정해진 숫자만큼 임의의 인자를 중복 없이 선택하고 싶을 때 사용할 수 있습니다.

다음은 sample() 함수를 이용해 모집단(여기서는 리스트 데이터)에서 지정한 개수만큼 중복 없이 임의의 인자를 반환하는 예입니다.

```
In: import random

    random.sample([1, 2, 3, 4, 5], 2) # 모집단에서 두 개의 인자 선택

Out: [5, 2]
```

날짜 및 시간 관련 처리 모듈

이번에는 날짜와 시간을 다룰 수 있는 파이썬 내장 모듈인 datetime 모듈에 대해 살펴보겠습니다.

datetime 모듈에는 날짜를 표현하는 date 클래스, 시간을 표현하는 time 클래스, 날짜와 시간을 표현하는 datetime 클래스 등이 있습니다. datetime 모듈을 이용하려면 먼저 'import datetime'으로 datetime 모듈을 불러와야 합니다. datetime 모듈을 불러온 후에는 클래스에서 객체를 생성해 이용하는 방법이 있고 각 클래스의 클래스 메서드를 이용하는 방법이 있습니다.

다음은 datetime 모듈의 각 클래스에서 객체를 생성해 이용하는 방법입니다.

```
import datetime


date_obj = datetime.date(year, month, day)
time_obj = datetime.time(hour, minute, second)
datetime_obj = datetime.datetime(year, month, day, hour, minute, second)
```

위에서 생성한 객체를 이용해 각 클래스의 속성을 이용할 수 있습니다. date 클래스에는 year, month, day의 속성이 있으며 time 클래스에는 hour, minute, second의 속성이 있습니다. 또한 datetime 클래스는 date 클래스와 time 클래스의 모든 속성이 있습니다.

내장 모듈 datetime을 이용하는 다른 방법은 객체를 생성하지 않고 각 클래스의 클래스 메서드를 이용하는 것입니다. 다음 예제를 봅시다.

```
import datetime


date_var = datetime.date.date_classmethod()
time_var = datetime.time.time_classmethod()
datetime_var = datetime.datetime.datetime_classmethod()
```

위와 같이 클래스 메서드를 이용하는 경우에도 각 클래스의 속성은 그대로 이용할 수 있습니다.

이제 date 클래스, time 클래스, datetime 클래스를 이용하는 방법을 살펴보겠습니다. 우선 날짜를 표현하는 date 클래스에 대해 알아보겠습니다.

```
In: import datetime

    set_day = datetime.date(2019, 3, 1)
    print(set_day)
```

```
Out: 2019-03-01
```

위 코드에서처럼 date 객체를 생성할 때 인자로 연도, 월, 일을 입력할 수 있습니다. 생성된 date 객체는 print()로 입력한 날짜를 출력할 수 있습니다. 만약 연도, 월, 일을 각각 구하려면 다음과 같이 date 클래스의 속성(year, month, day)을 이용합니다.

```
In: print('{0}/{1}/{2}'.format(set_day.year,set_day.month,set_day.day ))
```

```
Out: 2019/3/1
```

datetime 모듈의 date 객체는 타입이 date로 그 객체끼리 빼기 연산을 할 수 있습니다. 만약 빼기 연산에서 앞의 객체의 날짜가 뒤의 객체의 날짜보다 더 나중이면 결과 날짜가 양수로 나오고 더 먼저이면 결과 날짜가 음수로 나옵니다. 참고로 빼기 연산을 수행한 후에 결과의 데이터 타입은 timedelta로 바뀝니다. 예를 들어 2019년 4월 1일에 처음 만난 연인이 2019년 7월 10일이면 만난 지 며칠이 되는지 알아보려면 다음과 같이 하면 됩니다.

```
In: import datetime

    day1 = datetime.date(2019, 4, 1)
    day2 = datetime.date(2019, 7, 10)
```

```
diff_day = day2 - day1
print(diff_day)
```

```
Out: 100 days, 0:00:00
```

두 날짜의 차이가 100일로 출력됐습니다. 여기서 날짜 뒤에 나온 0:00:00은 시각을 나타내는 부분인데 날짜를 계산할 때는 중요하지 않으니 무시해도 됩니다.

다음은 빼기 연산을 수행한 후 데이터 타입이 어떻게 변경되는지 보기 위해 type() 함수를 이용해 앞에서 생성한 객체와 빼기 연산을 한 결과의 데이터 타입을 확인해 보겠습니다.

```
In: type(day1)
```

```
Out: datetime.date
```

```
In: type(diff_day)
```

```
Out: datetime.timedelta
```

date 데이터 타입이 빼기 연산을 수행한 후에는 timedelta 데이터 타입으로 변경됐습니다.

앞의 두 날짜 차이 계산에서 날짜만 출력하려면 다음과 같이 timedelta 클래스 속성인 days를 이용합니다.

```
In: print("** 지정된 두 날짜의 차이는 {}일입니다. **".format(diff_day.days))
```

```
Out: ** 지정된 두 날짜의 차이는 100일입니다. **
```

datetime 모듈의 date 클래스에는 오늘 날짜를 반환하는 클래스 메서드인 today()를 제공합니다. 따라서 오늘 날짜를 확인하려면 다음과 같이 코드를 작성합니다. 클래스 메서드 today()는 인자 없이 호출합니다.

```
In: import datetime

    print(datetime.date.today())
```

```
Out: 2018-05-13
```

또 다른 예로 오늘과 특정 날짜의 차이를 알려면 다음과 같이 빼기 연산을 수행합니다.

```
In: import datetime

    today = datetime.date.today()
    special_day = datetime.date(2018, 12, 31)
    print(special_day - today)
```

```
Out: 232 days, 0:00:00
```

다음은 시간(시각)과 관련된 처리할 수 있는 time 클래스에 대해 알아보겠습니다. time 클래스에서 객체를 생성할 때 다음처럼 시, 분, 초를 인자로 입력할 수 있습니다.

```
In: import datetime

    set_time = datetime.time(15, 30, 45)
    print(set_time)
```

```
Out: 15:30:45
```

다음과 같이 time 클래스의 속성(hour, minute, second)을 이용해 시, 분, 초를 각각 출력할 수도 있습니다.

```
In: print('{0}:{1}:{2}'.format(set_time.hour,set_time.minute,set_time.second ))
```

```
Out: 15:30:45
```

다음으로 날짜와 시간을 모두 다룰 수 있는 datetime 클래스에 대해 살펴보겠습니다.

```
In: import datetime

    set_dt = datetime.datetime(2018, 10, 9, 10, 20, 0)
    print(set_dt)
```

```
Out: 2018-10-09 10:20:00
```

'import datetime'의 datetime은 모듈 이름이고 datetime()은 datetime 모듈 안에 있는 클래스 이름입니다. 모듈 이름과 클래스 이름이 같아서 혼동될 수 있는데 다른 것이니 사용할 때 주의합니다. datetime 클래스의 경우에도 속성을 이용해 연, 월, 일, 시, 분, 초를 각각 구하려면 다음과 같이 수행합니다.

```
In: print('날짜 {0}/{1}/{2}'.format(set_dt.year, set_dt.month, set_dt.day))
```

```
    print('시각 {0}:{1}:{2}'.format(set_dt.hour, set_dt.minute, set_dt.second))
```

```
Out: 날짜 2018/10/9
     시각 10:20:0
```

현재 시각을 구하려면 다음과 같이 datetime 클래스의 클래스 메서드인 now()를 이용합니다.

```
In: import datetime

    now = datetime.datetime.now()
    print(now)
```

```
Out: 2018-05-13 23:30:49.649207
```

now()로 얻은 결과는 오늘 날짜(연, 월, 일)와 현재 시각(시, 분, 초)입니다. 초는 소수점 이하의 초까지 반환합니다.

지금까지 각 클래스의 속성을 이용해 날짜와 시간을 출력했지만 다음과 같이 날짜 및 시간 출력 양식을 지정해 출력할 수 있습니다.

```
In: print("Date & Time: {:%Y-%m-%d, %H:%M:%S}".format(now))
```

```
Out: Date & Time: 2018-05-13, 23:30:49
```

위에서 %Y, %m, %d는 각각 연도, 월, 일을 나타내고 %H, %M, %S는 각각 시, 분, 초를 나타냅니다. 여기서 이 값들은 '{: }' 안에 있어야 하며 일부만 사용할 수도 있습니다.

다음은 날짜와 시각을 각각 출력한 예입니다.

```
In: print("Date: {:%Y, %m, %d}".format(now))
    print("Time: {:%H/%M/%S}".format(now))
```

```
Out: Date: 2018, 05, 13
     Time: 23/30/49
```

'date' 클래스의 객체와 마찬가지로 datetime 클래스의 객체도 빼기 연산을 할 수 있습니다. 현재 날짜 및 시각과 특정일의 날짜 및 시각의 차이를 구하려면 다음과 같이 수행합니다.

```
In: now = datetime.datetime.now()
```

```
set_dt = datetime.datetime(2017, 12, 1, 12, 30, 45)

print("현재 날짜 및 시각:", now)
print("차이:", set_dt - now)
```

```
Out: 현재 날짜 및 시각: 2018-05-13 23:43:02.340587
     차이: -164 days, 12:47:42.659413
```

위의 결과에서 차이가 음수로 나온 것은 set_dt가 now보다 과거이기 때문입니다.

앞에서는 datetime 모듈의 객체를 'import 모듈명'을 수행한 후에 사용했지만 'from 모듈명 import 클래스명' 방법을 이용하면 다음과 같이 모듈명 없이 바로 클래스 이름이나 클래스 메서드 이름으로 이용할 수 있습니다.

```
In: from datetime import date, time, datetime

    print(date(2019, 7, 1))
```

```
Out: 2019-07-01
```

```
In: print(date.today())
```

```
Out: 2018-05-13
```

```
In: print(time(15, 30, 45))
```

```
Out: 15:30:45
```

```
In: print(datetime(2020, 2, 14, 18, 10, 50))
```

```
Out: 2020-02-14 18:10:50
```

```
In: print(datetime.now())
```

```
Out: 2018-05-13 23:44:37.975887
```

달력 생성 및 처리 모듈

이번에는 파이썬 내장 모듈인 calendar 모듈을 이용해 다양한 형태로 달력을 생성해 출력하고 날짜와 관련된 정보(연도, 월, 주)를 구하는 방법을 살펴보겠습니다.

calendar 모듈은 달력과 관련된 클래스와 함수를 제공합니다. 여기서는 calendar 모듈의 주요 함수의 사용법을 예를 통해 알아보겠습니다. 표 10-2는 calendar 모듈의 주요 함수와 사용법을 보여줍니다.

표 10-2 calendar 모듈의 주요 함수 및 사용 예

calendar 모듈의 함수	설명	사용 예
calendar(year [,m=3])	지정된 연도(year)의 전체 달력을 문자열로 반환(기본 형식은 3개의 열)	calendar.calendar(2017)
month(year, month)	지정된 연도(year)와 월(month)의 달력을 문자열로 반환	calendar.month(2019,1)
monthrange(year, month)	지정된 연도(year)와 월(month)의 시작 요일과 일수 반환. 요일의 경우 0(월요일) ~ 6(일요일) 사이의 숫자로 반환	calendar.monthrange(2020,1)
firstweekday()	달력에 표시되는 주의 첫 번째 요일값을 반환. 기본값으로는 월요일(0)로 지정됨	calendar.firstweekday()
setfirstweekday(weekday)	달력에 표시되는 주의 첫 번째 요일을 지정	calendar.setfirstweekday(6)
weekday(year,month,day)	지정된 날짜[연도(year), 월(month), 일(day)]의 요일을 반환	calendar.weekday(year,month,day)
isleap(year)	지정된 연도(year)가 윤년인지를 판단해 윤년이면 True를, 아니면 False를 반환	calendar.isleap(2020)

calendar 모듈에서 요일(weekday)을 지정할 때 숫자 0(월요일) ~ 6(일요일)을 이용해도 되지만 표 10-3처럼 정의된 상수를 이용할 수도 있습니다.

표 10-3 calendar 모듈에서 요일 지정 상수

요일	요일 지정 상수	숫자로 표시
월	calendar.MONDAY	0
화	calendar.TUESDAY	1
수	calendar.WEDNESDAY	2
목	calendar.THURSDAY	3

요일	요일 지정 상수	숫자로 표시
금	calendar.FRIDAY	4
토	calendar.SATURDAY	5
일	calendar.SUNDAY	6

이제 calendar 모듈의 주요 함수에 대해 하나씩 사용 예를 살펴보겠습니다. calendar 모듈을 이용하려면 먼저 'import calendar'로 모듈을 불러와야 합니다. 우선 calendar() 함수를 이용해 지정한 연도의 전체 달력을 출력하는 방법을 알아보겠습니다.

```
In: import calendar

    print(calendar.calendar(2018))
```

```
Out:                                2018

       January                   February                   March
Mo Tu We Th Fr Sa Su      Mo Tu We Th Fr Sa Su      Mo Tu We Th Fr Sa Su
 1  2  3  4  5  6  7                1  2  3  4                1  2  3  4
 8  9 10 11 12 13 14       5  6  7  8  9 10 11       5  6  7  8  9 10 11
15 16 17 18 19 20 21      12 13 14 15 16 17 18      12 13 14 15 16 17 18
22 23 24 25 26 27 28      19 20 21 22 23 24 25      19 20 21 22 23 24 25
29 30 31                  26 27 28                  26 27 28 29 30 31

        April                      May                       June
Mo Tu We Th Fr Sa Su      Mo Tu We Th Fr Sa Su      Mo Tu We Th Fr Sa Su
                   1          1  2  3  4  5  6                   1  2  3
 2  3  4  5  6  7  8       7  8  9 10 11 12 13       4  5  6  7  8  9 10
 9 10 11 12 13 14 15      14 15 16 17 18 19 20      11 12 13 14 15 16 17
16 17 18 19 20 21 22      21 22 23 24 25 26 27      18 19 20 21 22 23 24
23 24 25 26 27 28 29      28 29 30 31               25 26 27 28 29 30
30

        July                     August                  September
Mo Tu We Th Fr Sa Su      Mo Tu We Th Fr Sa Su      Mo Tu We Th Fr Sa Su
                   1             1  2  3  4  5                      1  2
 2  3  4  5  6  7  8       6  7  8  9 10 11 12       3  4  5  6  7  8  9
 9 10 11 12 13 14 15      13 14 15 16 17 18 19      10 11 12 13 14 15 16
```

```
16 17 18 19 20 21 22      20 21 22 23 24 25 26      17 18 19 20 21 22 23
23 24 25 26 27 28 29      27 28 29 30 31            24 25 26 27 28 29 30
30 31

      October                   November                  December
Mo Tu We Th Fr Sa Su      Mo Tu We Th Fr Sa Su      Mo Tu We Th Fr Sa Su
 1  2  3  4  5  6  7                    1  2  3  4                         1  2
 8  9 10 11 12 13 14       5  6  7  8  9 10 11       3  4  5  6  7  8  9
15 16 17 18 19 20 21      12 13 14 15 16 17 18      10 11 12 13 14 15 16
22 23 24 25 26 27 28      19 20 21 22 23 24 25      17 18 19 20 21 22 23
29 30 31                  26 27 28 29 30            24 25 26 27 28 29 30
                                                    31
```

calendar() 함수의 기본적인 달력 출력 양식은 달을 3열로 출력하는 것입니다. 만약 달의 출력 양식을 변경하고 싶다면 calendar() 함수에 'm=숫자' 인자를 추가하면 됩니다. 다음은 달력 출력 형식을 4열로 지정한 예입니다.

```
In: print(calendar.calendar(2019, m=4))
```

```
Out:                                    2019

      January                   February                   March                     April
Mo Tu We Th Fr Sa Su      Mo Tu We Th Fr Sa Su      Mo Tu We Th Fr Sa Su      Mo Tu We Th Fr Sa Su
    1  2  3  4  5  6                    1  2  3                   1  2  3       1  2  3  4  5  6  7
 7  8  9 10 11 12 13       4  5  6  7  8  9 10       4  5  6  7  8  9 10       8  9 10 11 12 13 14
14 15 16 17 18 19 20      11 12 13 14 15 16 17      11 12 13 14 15 16 17      15 16 17 18 19 20 21
21 22 23 24 25 26 27      18 19 20 21 22 23 24      18 19 20 21 22 23 24      22 23 24 25 26 27 28
28 29 30 31               25 26 27 28               25 26 27 28 29 30 31      29 30

        May                       June                      July                     August
Mo Tu We Th Fr Sa Su      Mo Tu We Th Fr Sa Su      Mo Tu We Th Fr Sa Su      Mo Tu We Th Fr Sa Su
       1  2  3  4  5                      1  2       1  2  3  4  5  6  7                1  2  3  4
 6  7  8  9 10 11 12       3  4  5  6  7  8  9       8  9 10 11 12 13 14       5  6  7  8  9 10 11
13 14 15 16 17 18 19      10 11 12 13 14 15 16      15 16 17 18 19 20 21      12 13 14 15 16 17 18
20 21 22 23 24 25 26      17 18 19 20 21 22 23      22 23 24 25 26 27 28      19 20 21 22 23 24 25
27 28 29 30 31            24 25 26 27 28 29 30      29 30 31                  26 27 28 29 30 31
```

```
          September                      October                       November                      December
Mo Tu We Th Fr Sa Su          Mo Tu We Th Fr Sa Su          Mo Tu We Th Fr Sa Su          Mo Tu We Th Fr Sa Su
                   1              1  2  3  4  5  6                       1  2  3                             1
 2  3  4  5  6  7  8           7  8  9 10 11 12 13           4  5  6  7  8  9 10           2  3  4  5  6  7  8
 9 10 11 12 13 14 15          14 15 16 17 18 19 20          11 12 13 14 15 16 17           9 10 11 12 13 14 15
16 17 18 19 20 21 22          21 22 23 24 25 26 27          18 19 20 21 22 23 24          16 17 18 19 20 21 22
23 24 25 26 27 28 29          28 29 30 31                   25 26 27 28 29 30             23 24 25 26 27 28 29
30                                                                                        30 31
```

지정한 연도의 특정 월만 표시하려면 다음과 같이 month() 함수를 이용합니다.

```
In: print(calendar.month(2020,9))
```

```
Out:    September 2020
Mo Tu We Th Fr Sa Su
    1  2  3  4  5  6
 7  8  9 10 11 12 13
14 15 16 17 18 19 20
21 22 23 24 25 26 27
28 29 30
```

연도와 월을 지정해 그달 1일이 시작하는 요일과 그달의 날짜 수를 알고 싶다면 monthrange() 함수를 이용하면 됩니다. 다음 코드를 봅시다.

```
In: calendar.monthrange(2020,2)
```

```
Out: (5, 29)
```

결과로 두 개의 숫자가 반환됐습니다. 첫 번째 숫자는 해당 월의 1일의 요일에 해당하는 숫자(월요일 ~ 일요일을 의미하는 0~ 6 중 하나가 반환됨)이고 두 번째 숫자는 해당 월의 날짜 수입니다. 위의 결과 (5, 29)는 2020년 2월 1일은 토요일이고, 2월은 29일까지 있는 것을 의미합니다.

출력된 달력을 보면 일주일의 시작 요일이 월요일인 것을 알 수 있습니다. 달력에서 일주일의 시작 요일을 구하려면 다음 코드처럼 firstweekday() 함수를 실행하면 됩니다.

```
In: calendar.firstweekday()
```

```
Out: 0
```

결과로 0이 출력돼 달력에서 일주일의 시작 요일이 월요일로 지정된 것을 알 수 있습니다. 일주일의 시작 요일을 지정하려면 setfirstweekday(weekday) 함수를 이용합니다. 시작 요일을 일요일로 지정하려면 weekday에는 6(혹은 calendar.SUNDAY)을 입력하면 됩니다. 다음은 setfirstweekday(calendar.SUNDAY)로 달력에서 일주일의 시작 요일을 일요일로 바꾸고 달력을 출력하는 예입니다.

```
In: calendar.setfirstweekday(calendar.SUNDAY)
    print(calendar.month(2020,9))
```

```
Out:    September 2020
Su Mo Tu We Th Fr Sa
       1  2  3  4  5
 6  7  8  9 10 11 12
13 14 15 16 17 18 19
20 21 22 23 24 25 26
27 28 29 30
```

다음에 살펴볼 calendar 모듈 함수는 weekday() 함수입니다. 이 함수는 해당 날짜의 요일을 반환합니다. 다음 코드를 봅시다.

```
In: print(calendar.weekday(2018, 10, 14))
```

```
Out: 6
```

위의 결과에서 반환된 값이 6이므로 2018년 10월 14일은 일요일인 것을 알 수 있습니다.

마지막으로 isleap(year) 함수를 이용해 어떤 연도가 윤년인지를 확인하는 코드를 살펴보겠습니다.

```
In: print(calendar.isleap(2018))
    print(calendar.isleap(2020))
```

```
Out: False
     True
```

위의 출력 결과에서 2020년은 윤년인 것을 알 수 있습니다.

05 패키지

파이썬에서 모듈은 코드가 저장된 파일이라고 했습니다. 어떤 기능을 구현할 때 하나의 모듈로 구성하기보다는 여러 개의 모듈로 구현하는 경우가 많은데, 이때 여러 모듈을 체계적으로 모아서 꾸러미로 관리하면 편리할 것입니다. 파이썬에서는 이런 꾸러미를 패키지(Package)라고 합니다. 파이썬 패키지는 여러 모듈을 폴더로 묶어서 계층적으로 관리합니다. 간단한 프로그램을 만들 경우에는 패키지까지 만들 일은 많지 않을 것입니다. 하지만 복잡하고 규모가 큰 프로그램을 작성할 때는 각 모듈을 묶어서 패키지로 만들면 좀 더 효율적으로 코드를 관리할 수 있습니다. 또한 응용 예에서 살펴볼 모듈들도 패키지로 구성된 경우가 많이 있으니 패키지의 구조를 알면 모듈을 활용하는 데 도움될 것입니다.

이제 파이썬 패키지의 구조, 생성, 활용법을 살펴보겠습니다.

패키지의 구조

파이썬 패키지는 폴더 구조로 돼 있으며 각 폴더에는 '__init__.py'라는 특별한 파일이 있습니다. '__init__.py' 파일은 해당 폴더가 패키지의 일부인 것을 알려주는 역할을 합니다. '__init__.py' 파일은 패키지를 초기화하는 코드를 넣을 수도 있고 아무 코드도 없는 빈 파일일 수도 있습니다. 파이썬 버전 3.3 이후로는 패키지를 만들 때 '__init__.py' 파일이 없어도 되지만 하위 호환성을 고려하면 '__init__.py' 파일을 포함하는 것이 좋습니다.

다음은 설명을 위해서 임의로 만든 이미지 처리를 수행하는 image 패키지의 폴더 구조입니다.

```
\---image
    ¦   __init__.py
    ¦
    +---effect
    ¦       rotate.py
    ¦       zoomInOut.py
    ¦       __init__.py
    ¦
    +---filter
    ¦       blur.py
```

```
|       sharpen.py
|       __init__.py
|
\---io_file
        imgread.py
        imgwrite.py
        __init__.py
```

image 폴더 안에는 '__init__.py' 파일과 effect, filter, io_file 폴더가 있으며, 각 폴더 안에는 다시 '__init__.py' 파일과 모듈들이 있습니다. 모듈들은 '모듈이름.py'로 저장돼 있습니다.

패키지 만들기

이번에는 위에서 예로 제시한 image 패키지 중 일부를 실제로 구현해 보겠습니다. 패키지를 활용하기 위해서는 파이썬 참조 경로인 PYTHONPATH 환경 변수에 패키지가 위치한 폴더를 지정해야 합니다. 이번 예제에서는 패키지를 'C:\myPyCode\packages' 폴더에 만들 예정인데 이 폴더는 앞에서 이미 만들었고 PYTHONPATH 환경 변수에도 경로가 입력돼 있습니다. 폴더를 생성하지 않았다면 'C:\myPyCode\packages' 폴더를 만들고 PYTHONPATH 환경 변수에도 경로를 입력한 후, 앞에서와 마찬가지로 실행 중이던 주피터 노트북을 완전히 종료하고 다시 실행합니다.

예제에서는 image 패키지의 구조 전체를 다 만들지 않고 일부만 만들겠습니다. 우선 'C:\myPyCode\packages' 폴더 아래에 image 폴더와 'image\io_file' 폴더를 만들고 그 안에 다음과 같이 파일을 만들겠습니다.

```
\---image
    |  __init__.py
    |
    \---io_file
            __init__.py
            imgread.py
```

이를 위해 우선 필요한 폴더를 생성하겠습니다.

```
In: mkdir C:\myPyCode\packages\image; C:\myPyCode\packages\image\io_file
```

다음으로 필요한 파일을 생성하겠습니다. 여기서 '__init__.py' 파일은 모두 빈 파일입니다. 따라서 다음과 같이 'C:\myPyCode\packages\image' 폴더와 'C:\myPyCode\packages\image\io_file' 폴더에 빈 '__init__.py' 파일을 생성합니다.

```
In: %%writefile C:\myPyCode\packages\image\__init__.py
    # File name: __init__.py
```

```
Out: Writing C:\myPyCode\packages\image\__init__.py
```

```
In: %%writefile C:\myPyCode\packages\image\io_file\__init__.py
    # File name: __init__.py
```

```
Out: Writing C:\myPyCode\packages\image\io_file\__init__.py
```

imgread 모듈에는 다음과 같이 pngread() 함수와 jpgread() 함수를 만듭니다.

```
In: %%writefile C:\myPyCode\packages\image\io_file\imgread.py
    # File name: imgread.py

    def pngread():
        print("pngread in imgread module")

    def jpgread():
        print("jpgread in imgread module")
```

```
Out: Writing C:\myPyCode\packages\image\io_file\imgread.py
```

폴더와 파일이 잘 생성됐는지 다음과 같이 윈도우 명령어인 tree로 확인해 보겠습니다. 참고로 윈도우 명령어 tree는 폴더의 구조를 표시하고 'tree /F'는 폴더의 구조뿐만 아니라 파일까지 표시합니다.

```
In: !tree /F  c:\myPyCode\packages
```

```
Out: System 볼륨에 대한 폴더 경로의 목록입니다.
     볼륨 일련 번호가 00000028 A8C5:B1DE입니다.
     C:\MYPYCODE\PACKAGES
      └─image
         │  __init__.py
```

```
    |
    └──io_file
           imgread.py
           __init__.py
```

필요한 폴더와 파일을 모두 생성했습니다. 위의 과정을 통해 간단하지만 패키지를 만들었습니다. 다음으로 앞에서 만든 패키지를 사용하는 방법을 알아보겠습니다.

패키지 사용하기

패키지 모듈을 이용하려면 'import 패키지 내 모듈명'으로 선언합니다. 패키지명에서 시작해 모듈명까지 구분하기 위해 패키지명, 폴더명, 모듈명 사이에 온점(.)을 입력합니다. 패키지 폴더 안에 바로 모듈이 있다면 'import 패키지명.모듈명'으로 모듈을 호출하고 패키지와 모듈 사이에 폴더가 있다면 'import 패키지명.폴더명.모듈명'으로 모듈을 호출합니다. 다음 예제를 통해 패키지에서 모듈 내의 함수를 호출하는 방법을 살펴보겠습니다.

```
In: import image.io_file.imgread # image 패키지 io_file 폴더의 imgread 모듈 임포트

    image.io_file.imgread.pngread() # imgread 모듈 내의 pngread() 함수 호출
    image.io_file.imgread.jpgread() # imgread 모듈 내의 jpgread() 함수 호출
```

```
Out: pngread in imgread module
     jpgread in imgread module
```

예제에서 패키지의 모듈 내의 함수를 호출하려면 패키지 이름과 모듈 이름을 모두 써야 해서 복잡해 보입니다. 앞에서 모듈의 사용법을 살펴볼 때 배운 'from A import B' 형식을 이용하면 패키지 안에 있는 모듈 내 함수를 더 간단하게 호출할 수 있습니다. 첫 번째 방법은 'from A import B'에서 A에는 '패키지명[.폴더명]'을 입력하고 B에는 사용할 모듈명을 입력하는 것입니다. 다음 예제를 살펴보겠습니다.

```
In: from image.io_file import imgread

    imgread.pngread()
    imgread.jpgread()
```

```
Out: pngread in imgread module
     jpgread in imgread module
```

보다시피 'import 패키지 내 모듈명'을 이용할 때보다 좀 더 간단하게 모듈 내의 함수를 호출할 수 있게 됐습니다. 더 간단하게 호출하려면 'from A import B'에서 A에는 '패키지명[.폴더명].모듈명'을 입력하고 B에는 사용할 함수명을 입력합니다.

다음 코드를 살펴보겠습니다.

```
In: from image.io_file.imgread import pngread

    pngread()
```

```
Out: pngread in imgread module
```

위에서 imgread 모듈의 모든 함수를 바로 부르려면 다음과 같이 'from 패키지명[.폴더명].모듈명 import *'를 이용합니다.

```
In: from image.io_file.imgread import *

    pngread()
    jpgread()
```

```
Out: pngread in imgread module
     jpgread in imgread module
```

위에서처럼 'from 패키지명[.폴더명].모듈명 import *'를 이용해 전체 함수를 임포트한 후에는 모듈 내의 모든 함수를 바로 불러서 이용할 수 있습니다. 또한 전체 함수를 임포트하지 않고 필요한 함수만 선택적으로 임포트할 수도 있습니다.

```
In: from image.io_file.imgread import pngread, jpgread

    pngread()
    jpgread()
```

```
Out: pngread in imgread module
     jpgread in imgread module
```

패키지의 모듈 이름에 다음과 같이 별명을 붙여서 모듈을 이용할 수 있습니다.

```
In: from image.io_file import imgread as img
```

```
img.pngread()
img.jpgread()
```

```
Out: pngread in imgread module
     jpgread in imgread module
```

또한 패키지의 모듈 안에 있는 변수, 함수, 클래스에도 별명을 붙일 수 있습니다. 다음은 모듈 내의 함수에 별명을 붙여서 호출한 예입니다.

```
In: from image.io_file.imgread import pngread as pread
    from image.io_file.imgread import jpgread as jread

    pread()
    jread()
```

```
Out: pngread in imgread module
     jpgread in imgread module
```

06 정리

이번 장에서는 모듈이 무엇인지 살펴보고 모듈의 생성 방법과 활용법을 알아봤습니다. 또한 파이썬 내장 모듈인 난수 발생 모듈(random)과 날짜 및 시간 관련 모듈(datetime), 달력 관련 모듈(calendar)의 사용법에 대해서도 알아봤습니다. 마지막으로 패키지의 구조와 생성 및 사용 방법을 살펴봤습니다.

파이썬의 표준 라이브러리에 있는 내장 모듈과 패키지 외에도 활용도가 아주 높은 다양한 모듈과 패키지가 공개돼 있습니다. 공개 모듈과 패키지를 잘 활용하면 멋진 기능을 수행하는 코드를 어렵지 않게 작성할 수 있습니다. 또한 다른 사람이 사용할 수 있게 여러분이 만든 모듈과 패키지도 공개할 수 있습니다. 이 책에서 다양한 기능을 수행하는 응용 코드를 작성할 때도 모듈과 패키지를 이용할 테니 이번 장에서 배운 내용을 잘 알아두길 바랍니다.

11

데이터 분석을 위한 패키지

앞에서 파이썬의 기본적인 문법과 내장 모듈 및 패키지의 사용법을 살펴봤습니다. 파이썬의 기본 기능과 내장 모듈을 이용해서도 원하는 코드를 작성할 수 있지만 외부 패키지를 이용한다면 원하는 기능을 훨씬 쉽게 코드로 작성할 수 있습니다. 다양한 외부 패키지가 있지만 이번 장에서는 숫자 데이터를 좀 더 쉽고 편리하게 다룰 수 있게 도와주는 패키지인 NumPy와 pandas에 대해 살펴보겠습니다. 이 패키지들은 데이터를 주로 다루는 데이터 과학 및 데이터 분석에 많이 사용되는 패키지이니 잘 알아두면 데이터 분석 및 처리 시에 아주 유용하게 활용할 수 있습니다.

01 배열 데이터를 효과적으로 다루는 NumPy

NumPy는 파이썬으로 과학 연산을 쉽고 빠르게 할 수 있게 만든 패키지입니다. NumPy를 이용하면 파이썬의 기본 데이터 형식과 내장 함수를 이용하는 것보다 다차원 배열 데이터를 효과적으로 처리할 수 있습니다. NumPy는 기능이 방대해 그 내용을 모두 다루는 것은 이 책의 범위를 벗어납니다. 따라서 이 책에서는 NumPy의 기본적인 내용만 살펴볼 예정입니다. 좀 더 자세한 정보가 필요하다면 NumPy 홈페이지(`https://www.numpy.org`)를 참조하세요.

배열 생성하기

NumPy는 파이썬의 내장 모듈이 아니므로 NumPy를 이용하려면 별로도 설치해야 합니다. 하지만 아나콘다 배포판에는 NumPy가 포함돼 있어서 아나콘다를 설치할 때 NumPy도 설치됩니다. 따라서 NumPy를 따로 설치하지 않아도 됩니다. 설치된 NumPy를 이용하려면 먼저 NumPy 패키지를 불러와야 합니다. NumPy 패키지를 불러올 때 'import numpy'라고 작성해도 되지만 보통은 다음과 같이 'import ~ as ~ ' 형식을 이용해 NumPy를 불러옵니다.

```
In: import numpy as np
```

위와 같이 선언하면 NumPy를 이용할 때 numpy를 다 적는 대신 np로 줄여서 작성할 수 있습니다.

선언된 모듈과 패키지의 영향 범위

파이썬(혹은 IPython) 콘솔 혹은 주피터 노트북의 코드 셀에서 import로 불러온 모듈이나 패키지는 한 번만 선언하면 다시 선언하지 않고 이용할 수 있습니다. 단, 주피터 노트북의 경우에는 새로운 노트북을 생성했다면 다시 선언해야 합니다. 파이썬 코드를 파일로 저장할 때도 모듈과 패키지는 이를 사용하는 코드 앞에 한 번만 선언하면 됩니다.

배열(Array)이란 순서가 있는 같은 종류의 데이터가 저장된 집합을 말합니다. NumPy를 이용해 배열을 처리하기 위해서는 우선 NumPy로 배열을 생성해야 합니다. NumPy를 이용해 다양한 방법으로 배열을 생성하는 방법을 살펴보겠습니다.

시퀀스 데이터로부터 배열 생성

먼저 시퀀스 데이터(seq_data)로 NumPy의 배열을 생성하는 방법을 알아보겠습니다.

```
arr_obj = np.array(seq_data)
```

위 예제는 시퀀스 데이터(seq_data)를 인자로 받아 NumPy의 배열 객체(array object)를 생성합니다. 여기서 np는 'import numpy as np'가 실행돼 numpy를 줄여서 사용한 것입니다. 시퀀스 데이터(seq_data)로 리스트와 튜플 타입의 데이터를 모두 사용할 수 있지만 주로 리스트 데이터를 이용합니다.

다음은 리스트로부터 NumPy의 1차원 배열을 생성하는 예입니다.

```
In: import numpy as np
```

```
data1 = [0, 1, 2, 3, 4, 5]
a1 = np.array(data1)
a1
```

```
Out: array([0, 1, 2, 3, 4, 5])
```

위에서는 리스트 데이터(data1)를 NumPy의 array() 인자로 넣어서 NumPy 배열을 만들었습니다. 위의 data1은 정수만으로 구성돼 있는데, 이번에는 정수와 실수가 혼합된 리스트 데이터로 NumPy 배열을 만들어 보겠습니다.

```
In: data2 = [0.1, 5, 4, 12, 0.5]
    a2 = np.array(data2)
    a2
```

```
Out: array([ 0.1,  5. ,  4. , 12. ,  0.5])
```

a2의 출력 결과를 살펴보면 입력된 리스트 데이터(data2)와 차이가 있습니다. 이것은 NumPy에서 인자로 정수와 실수가 혼합돼 있을 때 모두 실수로 변환하기 때문입니다.

일반적으로 NumPy 배열의 속성을 표현하려면 'ndarray.속성' 같이 작성합니다. 여기서 ndarray는 NumPy의 배열 객체를 말합니다. 다음은 배열 객체의 타입을 확인하는 예입니다.

```
In: a1.dtype
```

```
Out: dtype('int32')
```

```
In: a2.dtype
```

```
Out: dtype('float64')
```

위에서 'ndarray.dtype'로 NumPy 배열 변수 a1과 a2의 데이터 타입을 알아봤습니다. 결과에서 볼 수 있듯이 a1은 32비트 정수 타입(int32)이고, a2는 64비트 실수 타입(float64)입니다.

앞에서는 리스트 data1과 data2를 NumPy array()의 인자로 넣어서 NumPy의 배열을 만들었습니다. 하지만 다음과 같이 array()에 리스트 데이터를 직접 넣어서 배열 객체를 생성할 수도 있습니다.

```
In: np.array([0.5, 2, 0.01, 8])
```

```
Out: array([0.5 , 2.  , 0.01, 8.  ])
```

지금까지는 1차원 배열을 생성했는데 NumPy는 다차원 배열도 생성할 수 있습니다.

다음 예제를 봅시다.

```
In: np.array([[1,2,3], [4,5,6], [7,8,9]])
```

```
Out: array([[1, 2, 3],
            [4, 5, 6],
            [7, 8, 9]])
```

위의 예에서는 2차원 배열을 표시했습니다. 이처럼 NumPy에서는 1차원뿐만 아니라 다차원 배열도 생성할 수 있습니다.

범위를 지정해 배열 생성

이어서 범위를 지정해 NumPy 배열을 생성하는 방법을 알아보겠습니다. 우선 NumPy의 arange()를 이용해 NumPy 배열을 생성하는 방법을 살펴보겠습니다.

```
arr_obj = np.arange([start,] stop[, step])
```

위 예제는 start부터 시작해서 stop 전까지 step만큼 계속 더해 NumPy의 배열을 생성합니다. step이 1인 경우에는 생략할 수 있어서 'numpy.arange(start, stop)'처럼 사용할 수 있습니다. 또한 start가 0인 경우에는 start도 생략하고 'numpy.arange(stop)'처럼 사용할 수 있습니다.

이제 사용 예를 살펴보겠습니다.

```
In: np.arange(0, 10, 2)
```

```
Out: array([0, 2, 4, 6, 8])
```

```
In: np.arange(1, 10)
```

```
Out: array([1, 2, 3, 4, 5, 6, 7, 8, 9])
```

```
In: np.arange(5)
```

```
Out: array([0, 1, 2, 3, 4])
```

NumPy 배열의 arange()를 이용해 생성한 1차원 배열에 '.reshape(m,n)'을 추가하면 m x n 형태의 2차원 배열(행렬)로 변경할 수 있습니다. 그림 11-1은 m x n 행렬의 구조를 보여줍니다. NumPy 배열에서 행과 열의 위치는 각각 0부터 시작합니다.

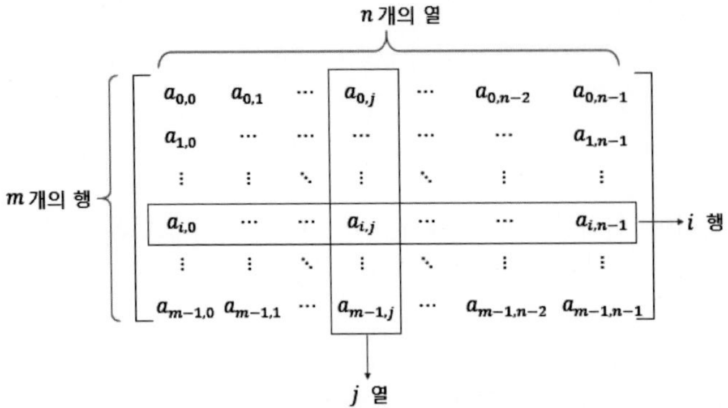

그림 11-1 NumPy 2차원 배열(m x n 행렬)의 구조

다음 예제를 봅시다.

```
In: np.arange(12).reshape(4,3)
```

```
Out: array([[ 0,  1,  2],
            [ 3,  4,  5],
            [ 6,  7,  8],
            [ 9, 10, 11]])
```

위 예제에서는 arange(12)로 12개의 숫자를 생성한 후 reshape(4,3)으로 4 x 3 행렬을 만들었습니다. 여기서 주의할 점은 arange()로 생성되는 배열의 원소 개수와 reshape(m,n)의 m x n 개수는 같아야 한다는 것입니다. 그렇지 않으면 오류가 발생합니다.

NumPy 배열의 형태를 알기 위해서는 'ndarray.shape'를 실행하면 됩니다.

다음 예제를 봅시다.

```
In: b1 = np.arange(12).reshape(4,3)
    b1.shape
```

```
Out: (4, 3)
```

이 예제에서 b1에는 '.reshape(4,3)'을 통해 만들어진 4 x 3 행렬이 할당됐습니다. m x n 행렬(2차원 배열)의 경우에는 'ndarray.shape'를 수행하면 (m, n)이 출력됩니다. 따라서 4 x 3 행렬인 b1의 경우 'b1.shape'을 수행하면 (4, 3)이 출력됩니다. 1차원 배열의 경우에는 어떻게 표시될까요? n개의 요소를 갖는 1차원 배열의 경우에는 'ndarray.shape'를 수행하면 '(n,)'처럼 표시됩니다. 다음 예제를 봅시다.

```
In: b2 = np.arange(5)
    b2.shape
```

```
Out: (5,)
```

앞에서 생성한 변수 b2에는 5개의 요소를 갖는 1차원 배열이 할당돼 있으므로 'b2.shape'을 수행하면 결과로 (5,)가 나옵니다.

다음으로 범위의 시작과 끝을 지정하고 데이터의 개수를 지정해 NumPy 배열을 생성하는 linspace()를 살펴보겠습니다.

```
arr_obj = np.linspace(start, stop[, num])
```

linspace()는 start부터 stop까지 num개의 NumPy 배열을 생성합니다. num을 지정하지 않으면 50으로 간주합니다.

다음은 1부터 10까지 10개의 데이터를 생성하는 예입니다.

```
In: np.linspace(1, 10, 10)
```

```
Out: array([ 1.,  2.,  3.,  4.,  5.,  6.,  7.,  8.,  9., 10.])
```

위의 출력 결과에서 보다시피 지정된 범위(1~10)에 해당하는 10개의 데이터가 잘 생성됐습니다.

다음은 0부터 π까지 동일한 간격으로 나눈 20개의 데이터를 생성한 예입니다.

```
In: np.linspace(0, np.pi, 20 )
```

```
Out: array([0.        , 0.16534698, 0.33069396, 0.49604095, 0.66138793,
            0.82673491, 0.99208189, 1.15742887, 1.32277585, 1.48812284,
            1.65346982, 1.8188168 , 1.98416378, 2.14951076, 2.31485774,
            2.48020473, 2.64555171, 2.81089869, 2.97624567, 3.14159265])
```

위에서 사용한 'np.pi'는 NumPy에서 π를 입력할 때 이용합니다.

특별한 형태의 배열 생성

다음으로 특별한 형태의 배열을 생성하는 방법을 알아보겠습니다. 먼저 모든 원소가 0 혹은 1인 다차원 배열을 만들기 위해서는 다음과 같이 zeros()와 ones()를 이용합니다.

```
arr_zero_n = np.zeros(n)
arr_zero_mxn = np.zeros((m,n))
arr_one_n = np.ones(n)
arr_one_mxn = np.ones((m,n))
```

위 예제에서 zeros()는 모든 원소가 0, ones()는 모든 원소가 1인 다차원 배열을 생성합니다. n개의 원소가 모두 0을 갖는 1차원 배열을 만들려면 np.zeros(n)을, 모든 원소가 0인 m x n 형태의 2차원 배열(행렬)을 생성하려면 np.zeros((m, n))을 이용합니다. ones()도 마찬가지로, np.ones(n)과 np.ones((m,n))을 이용합니다.

우선 zero() 함수로 원소의 개수가 10개(n=10)인 1차원 배열을 생성해 보겠습니다.

```
In: np.zeros(10)
```

```
Out: array([0., 0., 0., 0., 0., 0., 0., 0., 0., 0.])
```

다음은 zero()를 이용해 3 x 4의 2차원 배열을 생성하는 예입니다.

```
In: np.zeros((3,4))
```

```
Out: array([[0., 0., 0., 0.],
            [0., 0., 0., 0.],
            [0., 0., 0., 0.]])
```

이제 ones()으로 1차원 배열과 2차원 배열을 생성해 보겠습니다.

```
In: np.ones(5)
```

```
Out: array([ 1.,  1.,  1.,  1.,  1.])
```

```
In: np.ones((3,5))

Out: array([[ 1.,  1.,  1.,  1.,  1.],
            [ 1.,  1.,  1.,  1.,  1.],
            [ 1.,  1.,  1.,  1.,  1.]])
```

이번에는 단위행렬(Identity matrix)을 생성하는 방법을 살펴보겠습니다. 단위행렬은 n x n인 정사각형 행렬에서 주 대각선이 모두 1이고 나머지는 0인 행렬을 의미합니다.

```
arr_I = np.eye(n)
```

위는 n x n의 단위행렬을 갖는 2차원 배열 객체를 생성합니다.

다음은 3 × 3 단위행렬을 생성하는 예입니다.

```
In: np.eye(3)

Out: array([[1., 0., 0.],
            [0., 1., 0.],
            [0., 0., 1.]])
```

배열의 데이터 타입 변환

NumPy의 배열은 숫자뿐만 아니라 문자열도 원소로 가질 수 있습니다. 다음은 문자열이 원소인 NumPy 배열을 생성한 예입니다.

```
In: np.array(['1.5', '0.62', '2', '3.14', '3.141592'])

Out: array(['1.5', '0.62', '2', '3.14', '3.141592'], dtype='<U8')
```

위의 출력 결과에서 dtype은 NumPy 데이터의 형식(타입)을 표시합니다 『dtype='<U8'』의 의미는 NumPy 데이터의 형식이 유니코드이며 문자의 수는 최대 8개라는 것을 의미합니다. NumPy 데이터의 형식을 정리하면 표 11-1과 같습니다.

표 11-1 NumPy 데이터의 형식

기호	의미
'b'	불, bool
'i'	기호가 있는 정수, (signed) integer
'u'	기호가 없는 정수, unsigned integer
'f'	실수, floating-point
'c'	복소수, complex-floating point
'M'	날짜, datetime
'O'	파이썬 객체, (Python) objects
'S' 혹은 'a'	바이트 문자열, (byte) string
'U'	유니코드, Unicode

만약 NumPy 배열이 문자열(숫자 표시)로 돼 있다면 연산을 위해서는 문자열을 숫자(정수나 실수)로 변환해야 합니다. NumPy 배열의 형 변환은 다음과 같이 astype()으로 할 수 있습니다.

```
num_arr = str_arr.astype(dtype)
```

위는 NumPy 배열의 모든 요소를 지정한 데이터 타입(dtype)으로 변환합니다. 예를 들어 문자열로 구성된 NumPy 배열의 모든 원소를 정수나 실수로 변환하거나, 정수를 실수로 혹은 실수를 정수로 변환합니다. 또한 정수나 실수를 문자열로 변환할 수도 있습니다. 정수로 바꾸려면 dtype에 int를 입력하고, 실수로 바꾸려면 float를 입력하며, 문자열로 바꾸려면 str을 입력합니다.

먼저 실수가 입력된 문자열을 원소로 갖는 NumPy 배열을 실수 타입으로 변환하는 예를 살펴보겠습니다.

```
In: str_a1 = np.array(['1.567', '0.123', '5.123', '9', '8'])
    num_a1 = str_a1.astype(float)
    num_a1
```

```
Out: array([1.567, 0.123, 5.123, 9.   , 8.   ])
```

앞에서 살펴본 'ndarray.dtype'을 이용해 NumPy의 데이터 타입을 확인할 수 있습니다. 변환 전후의 NumPy 배열의 데이터 타입을 확인해 보겠습니다.

```
In: str_a1.dtype
```

```
Out: dtype('<U5')
```

```
In: num_a1.dtype
```

```
Out: dtype('float64')
```

위에서 변수 str_a1은 dtype이 유니코드(U)였는데 변수 num_a1은 dtype이 실수(float)로 변경된 것을 볼 수 있습니다.

정수를 문자열 원소로 갖는 NumPy 배열을 정수로 변환하는 예도 살펴보겠습니다.

```
In: str_a2 = np.array(['1', '3', '5', '7', '9'])
    num_a2 = str_a2.astype(int)
    num_a2
Out: array([1, 3, 5, 7, 9])
```

역시 'ndarray.dtype'으로 NumPy 배열의 데이터 타입을 확인하겠습니다.

```
In: str_a2.dtype
```

```
Out: dtype('<U1')
```

```
In: num_a2.dtype
```

```
Out: dtype('int32')
```

출력 결과에서 배열의 데이터 타입이 유니코드(U)에서 정수 타입(int)으로 변경된 것을 알 수 있습니다.

다음으로 실수를 원소로 갖는 NumPy 배열을 정수로 변환해 보겠습니다.

```
In: num_f1 = np.array([10, 21, 0.549, 4.75, 5.98])
    num_i1 = num_f1.astype(int)
    num_i1
```

```
Out: array([10, 21,  0,  4,  5])
```

변환 전후의 NumPy 배열의 데이터 타입을 확인해보겠습니다.

```
In: num_f1.dtype
```

```
Out: dtype('float64')
```

```
In: num_i1.dtype
```

```
Out: dtype('int32')
```

NumPy 배열의 데이터 타입이 실수(float)에서 정수 타입(int)으로 바뀐 것을 볼 수 있습니다.

난수 배열의 생성

앞에서 random 모듈을 이용해 임의의 숫자인 난수(random number)를 생성했습니다. NumPy에서도 난수를 발생시킬 수 있는 다양한 함수가 있습니다. 그중 rand() 함수를 이용하면 실수 난수를 요소로 갖는 NumPy 배열을 생성할 수 있으며, randint() 함수를 이용하면 정수 난수를 요소로 갖는 NumPy 배열을 생성할 수 있습니다. 이 함수의 사용법은 다음과 같습니다.

```
rand_num = np.random.rand([d0, d1, ..., dn])
rand_num = np.random.randint([low,] high [,size])
```

위에서 rand() 함수는 [0,1) 사이의 실수 난수를 갖는 NumPy 배열을 생성합니다. [a, b)의 표현은 값의 범위가 a 이상이고 b 미만이라는 의미입니다. 즉, a는 범위에 포함되고 b는 포함되지 않습니다. 여기서 rand(d0, d1, ..., dn)를 실행하면 (d0, d1, ..., dn)의 형태를 보이는 실수 난수 배열을 생성합니다. 예를 들어 rand(2,3)를 수행하면 (2,3) 형태를 보이는 2 x 3의 2차원 배열의 실수 난수를 생성합니다. 또한 인자가 없으면 임의의 실수 난수를 하나 생성합니다.

또한 randint() 함수는 [low, high) 사의의 정수 난수를 갖는 배열을 생성합니다. 여기서 size는 배열의 형태를 지정하는 것으로 (d0, d1, ..., dn) 형식으로 입력합니다. low가 입력되지 않으면 0으로 간주하고, size가 입력되지 않으면 1로 간주합니다.

다음으로 NumPy에서 난수를 생성하는 예를 살펴보겠습니다. 우선 다음은 [0,1) 사이의 실수로 난수 배열을 생성하는 rand()의 예입니다.

```
In: np.random.rand(2,3)
```

```
Out: array([[0.65311939, 0.89752463, 0.63411962],
            [0.1345534 , 0.27230463, 0.02711115]])
```

```
In: np.random.rand()
```

```
Out: 0.8324172369983784
```

```
In: np.random.rand(2,3,4)
```

```
Out: array([[[ 0.06256587,  0.48831201,  0.57252114,  0.78417988],
            [ 0.62835321,  0.13173961,  0.46895454,  0.00443031],
            [ 0.76377121,  0.71765738,  0.0828908 ,  0.57340376]],

           [[ 0.97789304,  0.94486134,  0.86353152,  0.2843577 ],
            [ 0.1634681 ,  0.39515681,  0.21691386,  0.19066458],
            [ 0.38078663,  0.35489043,  0.60452622,  0.91283752]]])
```

다음은 지정한 범위에 해당하는 정수로 난수 배열을 생성하는 `randint()`의 예입니다.

```
In: np.random.randint(10, size=(3, 4))
```

```
Out: array([[4, 1, 8, 7],
           [2, 9, 3, 2],
           [2, 9, 3, 8]])
```

```
In: np.random.randint(1, 30)
```

```
Out: 12
```

배열의 연산

기본 연산

NumPy 배열은 다양하게 연산할 수 있습니다. 배열의 형태(shape)가 같다면 덧셈과 뺄셈, 곱셈과 나눗셈 연산을 할 수 있습니다.

다음 예제를 봅시다.

```
In: arr1 = np.array([10, 20, 30, 40])
    arr2 = np.array([1, 2, 3, 4])
```

배열의 형태가 같은 두 개의 1차원 배열을 생성했습니다. 두 배열의 형태가 같다는 의미는 두 배열의 'ndarray.shape'의 결과가 같다는 의미입니다. 예를 들어 1차원 배열의 경우에는 두 배열의 원소 개수가 같다면 형태가 같은 배열입니다. 만약 2차원 배열이라면 m x n 행렬에서 두 행렬의 m과 n이 각각 같은 경우를 말합니다

두 배열의 합은 각 배열의 같은 위치의 원소끼리 더합니다. 다음은 두 NumPy 배열의 합을 구하는 예입니다.

```
In: arr1 + arr2
```

```
Out: array([11, 22, 33, 44])
```

두 배열의 합과 마찬가지로 두 배열의 차는 같은 위치의 원소끼리 뺍니다.

```
In: arr1 - arr2
```

```
Out: array([ 9, 18, 27, 36])
```

배열에 상수를 곱할 수도 있습니다. 배열에 상수를 곱하면 각 원소에 상수를 곱합니다.

```
In: arr2 * 2
```

```
Out: array([2, 4, 6, 8])
```

또한 배열의 거듭제곱도 할 수 있습니다. 배열의 거듭제곱은 배열의 각 원소에 거듭제곱을 합니다.

```
In: arr2 ** 2
```

```
Out: array([ 1,  4,  9, 16], dtype=int32)
```

두 배열끼리의 곱셈은 각 원소끼리 곱합니다.

```
In: arr1 * arr2
```

```
Out: array([ 10,  40,  90, 160])
```

두 배열의 나눗셈은 각 원소끼리 나눕니다.

```
In: arr1 / arr2
```

```
Out: array([ 10.,  10.,  10.,  10.])
```

다음과 같이 배열의 복합 연산도 할 수 있습니다.

```
In: arr1 / (arr2 ** 2)
```

```
Out: array([10.        ,  5.        ,  3.33333333,  2.5       ])
```

배열은 비교 연산도 할 수 있습니다. 원소별로 조건과 일치하는지 검사한 후 일치하면 True를, 그렇지 않으면 False를 반환합니다. 비교 연산을 수행한 예는 다음과 같습니다.

```
In: arr1 > 20
```

```
Out: array([False, False,  True,  True])
```

통계를 위한 연산

NumPy에는 배열의 합, 평균, 표준 편차, 분산, 최솟값과 최댓값, 누적 합과 누적 곱 등 주로 통계에서 많이 이용하는 메서드가 있습니다. 이 메서드는 각각 sum(), mean(), std(), var(), min(), max(), cumsum(), cumprod()입니다.

각 메서드의 실행 예를 살펴보기 전에 다음과 같이 먼저 배열을 생성하겠습니다.

```
In: arr3 = np.arange(5)
    arr3
```

```
Out: array([0, 1, 2, 3, 4])
```

우선 배열의 합(sum())과 평균(mean())을 구해보겠습니다.

```
In: [arr3.sum(), arr3.mean()]
```

```
Out: [10, 2.0]
```

다음으로 배열의 표준 편차(std())와 분산(var())을 구하겠습니다.

```
In: [arr3.std(), arr3.var()]
```

```
Out: [1.4142135623730951, 2.0]
```

다음은 배열의 최솟값(min())과 최댓값(max())을 구하는 예입니다.

```
In: [arr3.min(), arr3.max()]
```

```
Out: [0, 4]
```

마지막으로 누적 합(cumsum())과 누적 곱(cumprod())의 예를 살펴보겠습니다. arr3의 경우에는 배열의 원소에 0이 있어서 누적 곱이 모두 0이 되므로 새로운 배열을 생성해서 적용하겠습니다.

```
In: arr4 = np.arange(1,5)
    arr4
```

```
Out: array([1, 2, 3, 4])
```

이제 arr4를 이용해 누적 합(cumsum())과 누적 곱(cumprod())을 구해보겠습니다.

```
In: arr4.cumsum()
```

```
Out: array([ 1,  3,  6, 10], dtype=int32)
```

```
In: arr4.cumprod()
```

```
Out: array([ 1,  2,  6, 24], dtype=int32)
```

행렬 연산

NumPy는 배열의 단순 연산뿐만 아니라 선형 대수(Linear algebra)를 위한 행렬(2차원 배열) 연산도 지원합니다. 다양한 기능 중 행렬 곱, 전치 행렬, 역행렬, 행렬식을 구하는 방법을 간단히 살펴보겠습니다. 더 자세한 내용은 NumPy 홈페이지를 참고하길 바랍니다.

행렬 A와 B에 대해 행렬 곱, 전치 행렬, 역행렬, 행렬식을 구하기 위한 사용법을 정리하면 표 11-2와 같습니다.

표 11-2 NumPy의 행렬 연산

행렬 연산	사용 예
행렬곱(matrix product)	A.dot(B), 혹은 np.dot(A,B)
전치행렬(transpose matrix)	A.transpose(), 혹은 np.transpose(A)
역행렬(inverse matrix)	np.linalg.inv(A)
행렬식(determinant)	np.linalg.det(A)

행렬 연산을 하기 위해 다음과 같이 2 x 2 행렬 A와 B를 만들겠습니다.

```
In: A = np.array([0, 1, 2, 3]).reshape(2,2)
    A
```

```
Out: array([[0, 1],
            [2, 3]])
```

```
In: B = np.array([3, 2, 0, 1]).reshape(2,2)
    B
```

```
Out: array([[3, 2],
            [0, 1]])
```

다음은 행렬 A와 B를 이용한 행렬 곱의 예입니다. 두 방법 중 어느 것을 이용해도 됩니다.

```
In: A.dot(B)
```

```
Out: array([[0, 1],
            [6, 7]])
```

```
In: np.dot(A,B)
```

```
Out: array([[0, 1],
            [6, 7]])
```

다음은 행렬 A의 전치 행렬을 구하는 예입니다. 역시 두 방법 중 어느 것을 이용해도 됩니다.

```
In: np.transpose(A)
```

```
Out: array([[0, 2],
            [1, 3]])
```

```
In: A.transpose()
```

```
Out: array([[0, 2],
            [1, 3]])
```

다음은 행렬 A의 역행렬을 구하는 예입니다.

```
In: np.linalg.inv(A)
```

```
Out: array([[-1.5,  0.5],
            [ 1. ,  0. ]])
```

마지막으로 행렬 A의 행렬식을 구하는 예입니다.

```
In: np.linalg.det(A)
```

```
Out: -2.0
```

배열의 인덱싱과 슬라이싱

배열을 다루다 보면 배열의 원소를 이용해야 할 때가 있습니다. NumPy에서는 배열의 위치, 조건, 범위를 지정해 배열에서 필요한 원소를 선택할 수 있습니다. 배열에서 선택된 원소는 값을 가져오거나 변경할 수 있습니다. 배열의 위치나 조건을 지정해 배열의 원소를 선택하는 것을 인덱싱(Indexing)이라 하고 범위를 지정해 배열의 원소를 선택하는 것을 슬라이싱(Slicing)이라고 합니다.

배열의 인덱싱

1차원 배열에서 특정 위치의 원소를 선택하려면 다음과 같이 원소의 위치를 지정합니다.

```
배열명[위치]
```

여기서 배열 원소의 위치는 0부터 시작합니다.

배열의 인덱싱 예를 살펴보기 위해 다음과 같은 1차원 배열을 생성하겠습니다.

```
In: a1 = np.array([0, 10, 20, 30, 40, 50])
    a1
```

```
Out: array([ 0, 10, 20, 30, 40, 50])
```

위의 배열(a1)에서 위치 0의 원소를 선택해서 가져오려면 다음과 같이 a1[0]을 입력합니다.

```
In: a1[0]
```

```
Out: 0
```

위의 배열(a1)에서 위치 4의 원소를 선택하려면 다음처럼 a[4]라고 입력합니다.

```
In: a1[4]
```

```
Out: 40
```

배열의 원소를 가져올 수 있을 뿐더러 다음과 같이 변경할 수도 있습니다.

```
In: a1[5] = 70
    a1
```

```
Out: array([ 0, 10, 20, 30, 40, 70])
```

1차원 배열에서 여러 개의 원소를 선택하려면 다음과 같이 지정합니다.

```
배열명[[위치1, 위치2, …, 위치n]]
```

다음의 예를 살펴보겠습니다.

```
In: a1[[1,3,4]]
```

```
Out: array([10, 30, 40])
```

예제에서는 1차원 배열 a1에서 1, 3, 4의 위치에 있는 원소 10, 30, 40을 가져왔습니다.

2차원 배열에서 특정 위치의 원소를 선택하려면 다음과 같이 행과 열의 위치를 지정합니다.

```
배열명[행_위치, 열_위치]
```

만약 '열_위치' 없이 '배열명[행_위치]'만 입력하면 지정한 행 전체가 선택됩니다.

다음은 2차원 배열에서 인덱싱으로 특정 원소를 선택해서 가져오는 예입니다. 이를 위해 다음과 같이 2차원 배열을 생성하겠습니다.

```
In: a2 = np.arange(10, 100, 10).reshape(3,3)
    a2
```

```
Out: array([[10, 20, 30],
            [40, 50, 60],
            [70, 80, 90]])
```

2차원 배열 a2에서 '행_위치'가 0이고 '열_위치'가 2인 원소를 선택해서 가져오려면 다음과 같이 작성합니다.

```
In: a2[0, 2]
```

```
Out: 30
```

다음처럼 2차원 배열의 행과 열의 위치를 지정해서 원소를 선택한 후 값을 변경할 수도 있습니다.

```
In: a2[2, 2] = 95
    a2
```

```
Out: array([[10, 20, 30],
            [40, 50, 60],
            [70, 80, 95]])
```

다음은 2차원 배열에서 '행_위치'를 지정해 행 전체를 가져오는 예입니다.

```
In: a2[1]
```

```
Out: array([40, 50, 60])
```

2차원 배열의 특정 행을 지정해서 행 전체를 변경할 수도 있습니다. 새로운 값을 입력할 때 'np.array(seq_data)'를 이용해도 되고 리스트를 이용해도 됩니다. 다음은 특정 행을 지정해 행 전체의 값을 변경하는 예입니다.

```
In: a2[1] = np.array([45, 55, 65])
    a2
```

```
Out: array([[10, 20, 30],
            [45, 55, 65],
            [70, 80, 95]])
```

```
In: a2[1] = [47, 57, 67]
    a2
```

```
Out: array([[10, 20, 30],
            [47, 57, 67],
            [70, 80, 95]])
```

2차원 배열의 여러 원소를 선택하기 위해서는 다음과 같이 지정합니다.

```
배열명[[행_위치1, 행_위치2, …, 행_위치n], [열_위치1, 열_위치2, …, 열_위치n]]
```

위와 같이 지정하면 (행_위치1, 열_위치1)의 원소, (행_위치2, 열_위치2)의 원소, …, (행_위치n, 열_위치n)의 원소를 가져옵니다.

다음은 2차원 배열에서 행과 열의 위치를 지정해 여러 원소를 선택해서 가져오는 예입니다.

```
In: a2[[0, 2], [0, 1]]
```

```
Out: array([10, 80])
```

위 예제에서는 2차원 배열 a2에서 (0, 0) 위치의 원소 10과 (2, 1) 위치의 원소 80을 선택해 가져왔습니다.

다음과 같이 배열에 조건을 지정해 조건을 만족하는 배열을 선택할 수도 있습니다.

```
배열명[조건]
```

위와 같이 지정하면 배열에서 조건을 만족하는 원소만 선택됩니다.

다음은 조건을 지정해 조건에 맞는 배열의 원소만 선택하는 예입니다.

```
In: a = np.array([1, 2, 3, 4, 5, 6])
    a[a > 3]
```

```
Out: array([4, 5, 6])
```

보다시피 배열 a에서 'a > 3' 조건을 만족하는 원소만 가져옵니다. 다음은 '(a % 2) == 0' 조건을 이용해 배열 a에서 짝수인 원소만 선택하는 예입니다.

```
In: a[(a % 2) == 0]
```

```
Out: array([2, 4, 6])
```

배열의 슬라이싱

지금까지는 인덱싱을 통해 원소 하나를 선택하는 방법을 살펴봤습니다. 다음으로 범위를 지정해 배열의 일부분을 선택하는 슬라이싱에 대해 알아보겠습니다.

1차원 배열의 경우 슬라이싱은 다음과 같이 배열의 시작과 끝 위치를 지정합니다.

```
배열[시작_위치:끝_위치]
```

여기서 반환되는 원소의 범위는 '시작_위치 ~ 끝_위치-1'가 됩니다. 만약 '시작_위치'를 지정하지 않으면 '시작_위치'는 0이 되어 범위는 '0 ~ 끝_위치-1'이 됩니다. '끝_위치'를 지정하지 않으면 '끝_위치'는 배열의 길이가 되어 범위는 '시작_위치 ~ 배열의 끝'이 됩니다.

다음은 1차원 배열에서 '시작_위치'와 '끝_위치를 지정해서 슬라이싱하는 예입니다.

```
In: b1 = np.array([0, 10, 20, 30, 40, 50])
    b1[1:4]
```

```
Out: array([10, 20, 30])
```

보다시피 배열 b1에서 '시작_위치'는 1로 '끝_위치'는 4로 지정했습니다. 따라서 '1~3(시작_위치 ~ 끝_위치-1)'의 배열 원소가 반환됐습니다.

다음은 1차원 배열에서 '시작_위치'와 '끝_위치'를 지정하지 않고 슬라이싱하는 예입니다.

```
In: b1[:3]
```

```
Out: array([ 0, 10, 20])
```

```
In: b1[2:]
```

```
Out: array([20, 30, 40, 50])
```

슬라이싱을 이용해 원소를 가져올 수 있을 뿐만 아니라 다음과 같이 원소를 변경할 수도 있습니다.

```
In: b1[2:5] = np.array([25, 35, 45])
    b1
```

```
Out: array([ 0, 10, 25, 35, 45, 50])
```

b1[2:5]를 이용해 b1 배열의 '시작_위치'(2)부터 '끝_위치-1'(4)까지 3개의 원소를 새로운 값으로 변경했습니다. 만약 여러 원소의 값을 같은 값으로 변경하려면 다음과 같이 하나의 값을 지정해 변경할 수 있습니다.

```
In: b1[3:6] = 60
    b1
```

```
Out: array([ 0, 10, 25, 60, 60, 60])
```

2차원 배열(행렬)의 경우 슬라이싱은 다음과 같이 행과 열의 시작과 끝 위치를 지정합니다.

```
배열[행_시작_위치:행_끝_위치, 열_시작_위치:열_끝_위치]
```

여기서 반환되는 원소의 행 범위는 '행_시작_위치 ~ 행_끝_위치-1'이 되고, 열 범위는 '열_시작_위치 ~ 열_끝_위치-1'이 됩니다. '행_시작_위치'나 '열_시작_위치'를 생략하면 행과 열의 시작 위치는 0이 됩니다. 또한 '행_끝_위치'를 생략하면 원소의 행 범위는 '행_시작_위치'부터 행의 끝까지 지정되고, '열_끝_위치'를 생략하면 원소의 열 범위는 '열_시작_위치'부터 열의 끝까지 지정됩니다.

특정 행을 선택한 후 열을 슬라이싱하려면 다음과 같이 행의 위치를 지정하고 열의 시작과 끝 위치를 지정합니다.

```
배열[행_위치][열_시작_위치:열_끝_위치]
```

2차원 배열의 슬라이싱을 위해 2차원 배열을 생성하겠습니다.

```
In: b2 = np.arange(10, 100, 10).reshape(3,3)
    b2
```

```
Out: array([[10, 20, 30],
            [40, 50, 60],
            [70, 80, 90]])
```

다음은 2차원 배열에서 '행_시작_위치:행_끝_위치, 열_시작_위치:열_끝_위치'를 지정해 슬라이싱하는 예입니다.

```
In: b2[1:3, 1:3]
```

```
Out: array([[50, 60],
            [80, 90]])
```

다음은 2차원 배열을 슬라이싱할 때 '행_시작_위치', '행_끝_위치', '열_시작_위치', '열_끝_위치' 중 일부를 생략한 예입니다.

```
In: b2[:3, 1:]
```

```
Out: array([[20, 30],
            [50, 60],
            [80, 90]])
```

다음은 2차원 배열에서 행을 지정하고 열을 슬라이싱하는 예입니다.

```
In: b2[1][0:2]
```

```
Out: array([40, 50])
```

1차원 배열에서와 마찬가지로 다음과 같이 2차원 배열에서도 슬라이싱된 배열에 값을 지정할 수 있습니다.

```
In: b2[0:2, 1:3] = np.array([[25, 35], [55, 65]])
    b2
```

```
Out: array([[10, 25, 35],
            [40, 55, 65],
            [70, 80, 90]])
```

지금까지 NumPy를 이용해 배열을 효율적으로 처리하는 방법을 배웠습니다. 우리가 다루는 데이터 중 많은 부분이 배열로 이뤄져 있습니다. 따라서 NumPy를 잘 배워두면 배열을 좀 더 편리하고 효율적으로 처리할 수 있습니다.

02 구조적 데이터 표시와 처리에 강한 pandas

우리는 지금 데이터가 넘쳐나는 데이터 시대에 살고 있습니다. 데이터를 얼마나 잘 처리하느냐가 개인적으로나 업무적으로 중요해졌습니다. 파이썬을 이용하면 다량의 데이터를 손쉽게 처리할 수 있습니다. 파이썬에서 데이터 분석과 처리를 쉽게 할 수 있게 도와주는 것이 바로 pandas 라이브러리입니다. pandas는 NumPy를 기반으로 만들어졌지만 좀 더 복잡한 데이터 분석에 특화돼 있습니다. NumPy가 같은 데이터 타입의 배열만 처리할 수 있는 데 반해 pandas는 데이터 타입이 다양하게 섞여 있을 때도 처리할 수 있습니다. pandas에는 아주 많은 기능이 있습니다. 따라서 여기서는 NumPy와 마찬가지로 pandas의 기본적인 활용법 위주로 살펴보겠습니다. 좀 더 자세한 정보가 필요하다면 pandas 홈페이지(`https://pandas.pydata.org`)를 방문하길 바랍니다.

구조적 데이터 생성하기

pandas를 이용해 데이터를 생성하는 방법을 살펴보겠습니다. pandas를 이용하려면 따로 설치해야 하지만 NumPy처럼 pandas도 아나콘다를 설치할 때 이미 설치됐으므로 따로 설치할 필요가 없습니다.

Series를 활용한 데이터 생성

앞에서 살펴본 NumPy처럼 pandas도 사용하려면 먼저 다음과 같이 pandas를 불러와야 합니다.

NumPy처럼 pandas도 보통 다음과 같이 `'import ~ as ~ '` 형식으로 불러옵니다.

```
In: import pandas as pd
```

위와 같이 pandas를 불러오면 이제 pandas를 이용할 때 pandas 대신 pd를 이용할 수 있습니다.

pandas에서 데이터를 생성하는 가장 기본적인 방법은 `Series()`를 이용하는 것입니다. `Series()`를 이용하면 Series 형식의 구조적 데이터(라벨을 갖는 1차원 데이터)를 생성할 수 있습니다.

다음은 `Series()`를 이용해 Series 형식의 데이터를 생성하는 방법입니다.

```
s = pd.Series(seq_data)
```

`Series()`의 인자로는 시퀀스 데이터(seq_data)가 들어갑니다. 시퀀스 데이터(seq_data)로는 리스트와 튜플 타입의 데이터를 모두 사용할 수 있지만 주로 리스트 데이터를 이용합니다. 위와 같은 형식으로 지

정하면 인자로 넣은 시퀀스 데이터(seq_data)에 순서를 표시하는 라벨이 자동으로 부여됩니다. Series 데이터에서는 세로축 라벨을 index라고 하고, 입력한 시퀀스 데이터를 values라고 합니다. 그림 11-2는 Series 데이터의 구조를 보여줍니다.

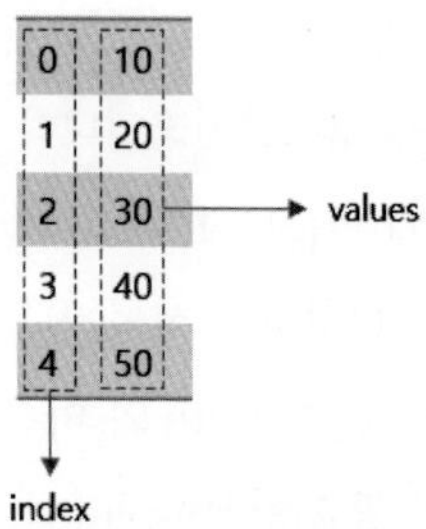

그림 11-2 Series 데이터의 구조

다음의 예를 살펴보겠습니다.

```
In: s1 = pd.Series([10, 20, 30, 40, 50])
    s1
```

```
Out: 0    10
     1    20
     2    30
     3    40
     4    50
     dtype: int64
```

위의 결과에서 볼 수 있듯이 Series 데이터를 출력하면 데이터 앞에 index가 함께 표시됩니다. 이 index는 Series 데이터 생성 시 자동으로 만들어진 것으로 데이터를 처리할 때 이용하게 될 것입니다.

Series 데이터는 index와 values를 분리해서 가져올 수 있습니다. Series 데이터를 s라고 할 때 index는 's.index'로 values는 's.values'로 가져올 수 있습니다. 다음은 앞에서 만든 Series 데이터에서 index를 가져온 예입니다.

```
In: s1.index
    print(s1.index)
```

```
Out: RangeIndex(start=0, stop=5, step=1)
```

출력 결과에서 RangeIndex는 index를 범위로 표시했음을 의미합니다. index의 범위는 'start ~ stop-1'이며 간격은 step만큼씩 증가합니다.

다음은 Series 데이터에서 values를 가져온 예입니다.

```
In: s1.values
```

```
Out: array([10, 20, 30, 40, 50], dtype=int64)
```

출력된 결과가 NumPy의 배열과 형식이 같습니다.

NumPy의 경우 배열의 모든 원소가 데이터 타입이 같아야 했지만 pandas의 경우에는 원소의 데이터 타입이 달라도 됩니다. 따라서 Series()로 데이터를 생성할 때 문자와 숫자가 혼합된 리스트를 인자로 이용할 수 있습니다.

다음 예제를 봅시다.

```
In: s2 = pd.Series(['a', 'b', 'c', 1, 2, 3])
    s2
```

```
Out: 0    a
     1    b
     2    c
     3    1
     4    2
     5    3
     dtype: object
```

변수 s2에는 문자열과 숫자가 혼합돼 있습니다.

데이터가 없으면 NumPy를 임포트한 후에 np.nan으로 데이터가 없다고 표시할 수도 있습니다. 다음은 np.nan를 이용해서 Series 데이터에 특정 원소가 없음을 표시한 예입니다.

```
In: import numpy as np

    s3 = pd.Series([np.nan,10,30])
    s3
```

```
Out: 0     NaN
     1    10.0
```

```
2    30.0
dtype: float64
```

출력 결과에서 NaN은 데이터가 없다는 것을 의미합니다. 즉, 데이터를 위한 자리(index)는 있지만 실제 값은 없습니다.

Series 데이터를 생성할 때 다음과 같이 인자로 index를 추가할 수 있습니다.

```
s = pd.Series(seq_data, index = index_seq)
```

위와 같이 인자로 index를 명시적으로 입력하면 Series 변수(s)의 index에는 자동 생성되는 index 대신 index_seq가 들어가게 됩니다. index_seq도 리스트와 튜플 타입의 데이터를 모두 사용할 수 있지만 주로 리스트 데이터를 이용합니다. 주의할 점은 seq_data의 항목 개수와 index_seq의 항목 개수는 같아야 한다는 것입니다. 그렇지 않으면 오류가 발생합니다.

다음 예제는 어느 가게의 날짜별 판매량을 pandas의 Series 형식으로 입력한 것입니다. 하루는 판매량 데이터가 없어서 np.nan를 입력했습니다.

```
In: index_date = ['2018-10-07','2018-10-08','2018-10-09','2018-10-10']
    s4 = pd.Series([200, 195, np.nan, 205], index = index_date)
    s4
```

```
Out: 2018-10-07    200.0
     2018-10-08    195.0
     2018-10-09      NaN
     2018-10-10    205.0
     dtype: float64
```

출력된 결과에서 index에는 입력 인자 index의 리스트 데이터가 지정됐음을 확인할 수 있습니다.

앞에서는 리스트 형식의 데이터와 index를 따로 입력했지만 파이썬의 딕셔너리를 이용하면 데이터와 index를 함께 입력할 수 있습니다.

```
s = pd.Series(dict_data)
```

위와 같이 입력 인자로 딕셔너리 데이터를 입력하면 딕셔너리 데이터의 키(keys)와 값(values)이 각각 Series 데이터의 index와 values로 들어갑니다.

다음 예제를 봅시다.

```
In: s5 = pd.Series({'국어': 100, '영어': 95, '수학': 90})
    s5
```

```
Out: 국어    100
     수학     90
     영어     95
     dtype: int64
```

위에서 Series 데이터의 index는 '국어', '영어', '수학'으로 지정됐고 values는 100, 90, 95로 지정된 것을 확인할 수 있습니다.

날짜 자동 생성: date_range

앞에서는 index에 날짜를 입력할 때 'index = ['2018-10-07','2018-10-08','2018-10-09','2018-10-10']'처럼 문자열을 하나씩 입력했습니다. 입력해야 하는 날짜가 몇 개 없다면 일일이 입력해도 괜찮지만 날짜의 개수가 증가하면 날짜를 입력하기가 쉽지 않습니다. 이때 사용할 수 있는 것이 pandas에서 제공하는 date_range()입니다. 몇 가지 설정만 하면 원하는 날짜를 자동으로 생성하므로 날짜 데이터를 입력할 때 편리합니다. 다음은 pandas의 date_range()를 이용하는 방법입니다.

```
pd.date_range(start=None, end=None, periods=None, freq='D')
```

여기서 start는 시작 날짜, end는 끝 날짜, periods는 날짜 데이터 생성 기간, freq는 날짜 데이터 생성 주기를 나타냅니다. start는 반드시 있어야 하며 end나 periods는 둘 중 하나만 있어도 됩니다. 또한 freq를 입력하지 않으면 'D' 옵션이 설정돼 달력 날짜 기준으로 하루씩 증가합니다. date_range()의 자세한 사용법은 예를 통해 설명하겠습니다.

우선 시작 날짜와 끝 날짜를 지정해 날짜 데이터를 생성해 보겠습니다.

```
In: import pandas as pd

    pd.date_range(start='2019-01-01',end='2019-01-07')
```

```
Out: DatetimeIndex(['2019-01-01', '2019-01-02', '2019-01-03', '2019-01-04',
                    '2019-01-05', '2019-01-06', '2019-01-07'],
                    dtype='datetime64[ns]', freq='D')
```

실행 결과에서 시작 날짜(start)에서 끝 날짜(end)까지 하루씩 증가한 날짜 데이터가 생성된 것을 볼 수 있습니다.

날짜를 입력할 때 yyyy-mm-dd 형식(yyyy, mm, dd는 각각 연도, 월, 일을 의미함) 외에도 yyyy/mm/dd, yyyy.mm.dd, mm-dd-yyyy, mm/dd/yyyy, mm.dd.yyyy 같은 형식으로도 입력할 수 있습니다. 그러나 생성된 날짜 데이터의 형식은 모두 yyyy-mm-dd 입니다.

다음 예제를 봅시다.

```
In: pd.date_range(start='2019/01/01',end='2019.01.07')
```

```
Out: DatetimeIndex(['2019-01-01', '2019-01-02', '2019-01-03', '2019-01-04',
               '2019-01-05', '2019-01-06', '2019-01-07'],
               dtype='datetime64[ns]', freq='D')
```

```
In: pd.date_range(start='01-01-2019',end='01/07/2019')
```

```
Out: DatetimeIndex(['2019-01-01', '2019-01-02', '2019-01-03', '2019-01-04',
               '2019-01-05', '2019-01-06', '2019-01-07'],
               dtype='datetime64[ns]', freq='D')
```

```
In: pd.date_range(start='2019-01-01',end='01.07.2019')
```

```
Out: DatetimeIndex(['2019-01-01', '2019-01-02', '2019-01-03', '2019-01-04',
               '2019-01-05', '2019-01-06', '2019-01-07'],
               dtype='datetime64[ns]', freq='D')
```

보다시피 다양한 형식으로 연도, 월, 일을 입력할 수 있지만 생성된 날짜 데이터의 형식은 모두 yyyy-mm-dd가 됩니다.

지금까지 시작 날짜와 끝 날짜를 지정해 날짜 데이터를 생성했는데 끝 날짜를 지정하지 않고 periods를 입력해서 날짜를 생성할 수 있습니다.

다음 예제를 봅시다.

```
In: pd.date_range(start='2019-01-01', periods = 7)
```

```
Out: DatetimeIndex(['2019-01-01', '2019-01-02', '2019-01-03', '2019-01-04',
               '2019-01-05', '2019-01-06', '2019-01-07'],
               dtype='datetime64[ns]', freq='D')
```

코드에서는 시작 날짜(start)를 '2019-01-01'로, 날짜 생성 기간(periods)을 7로 입력했습니다. 따라서 시작 날짜로부터 7개의 날짜가 하루씩 증가해 생성됐습니다. 앞에서도 설명했지만 freq 옵션을 쓰지 않으면 기본적으로 'D'가 지정되어 하루씩 날짜가 증가합니다. 표 11-3은 pandas date_rage() 함수의 freq 옵션입니다.

표 11-3 pandas date_rage() 함수의 freq 옵션

약어	설명	부가 설명 및 사용 예
D	달력 날짜 기준 하루 주기	하루 주기: freq = 'D', 이틀 주기: freq = '2D'
B	업무 날짜 기준 하루 주기	업무일(월요일 ~ 금요일) 기준으로 생성. freq = 'B', freq = '3B'
W	요일 시작 기준 일주일 주기	일요일: freq = 'W' 혹은 'W-SUN', 월요일: freq = 'W-MON'
M	월말 날짜 기준 주기	한 달 주기: freq = 'M', 네 달 주기: freq = '4M'
BM	업무 월말 날짜 기준 주기	freq = 'BM', freq = '2BM'
MS	월초 날짜 기준 주기	freq = 'MS', freq = '3MS'
BMS	업무 월초 날짜 기준 주기	freq = 'BMS', freq = '3BMS'
Q	분기 끝 날짜 기준 주기	freq = 'Q', freq = '2Q'
BQ	업무 분기 끝 날짜 기준 주기	freq = 'BQ', freq = '2BQ'
QS	분기 시작 날짜 기준 주기	freq = 'QS', freq = '2QS'
BQS	업무 분기 시작 날짜 기준 주기	freq = 'BQS', freq = '2BQS'
A	일년 끝 날짜 기준 주기	freq = 'A', freq = '5A'
BA	업무 일년 끝 날짜 기준 주기	freq = 'BA', freq = '3BA'
AS	일년 시작 날짜 기준 주기	freq = 'AS', freq = '2AS'
BAS	업무 일년 시작 날짜 기준 주기	freq = 'BAS', freq = '2BAS'
H	시간 기준 주기	1시간 주기: freq = 'H', 2시간 주기: freq = '2H'
BH	업무 시간 기준 주기	업무 시간 (09:00 ~ 17:00) 기준으로 생성
T, min	분 주기	10분 주기: freq = '10T', 30분 주기: freq = '30min'
S	초 주기	1초 주기: freq = 'S', 10초 주기: freq = '10S'

앞에서 설명한 freq 옵션 중에서 몇 가지 예를 살펴보겠습니다. 먼저 2일씩 증가하는 날짜를 생성해 보겠습니다.

```
In: pd.date_range(start='2019-01-01', periods = 4, freq = '2D')
```

```
Out: DatetimeIndex(['2019-01-01', '2019-01-03', '2019-01-05', '2019-01-07'], dtype='datetime64[ns]',
freq='2D')
```

다음으로 달력의 요일을 기준으로 일주일씩 증가하는 날짜를 생성해 보겠습니다.

```
In: pd.date_range(start='2019-01-01', periods = 4, freq = 'W')
```

```
Out: DatetimeIndex(['2019-01-06', '2019-01-13', '2019-01-20', '2019-01-27'], dtype='datetime64[ns]',
freq='W-SUN')
```

다음은 업무일 기준 2개월 월말 주기로 12개의 날짜를 생성한 예입니다.

```
In: pd.date_range(start='2019-01-01', periods = 12, freq = '2BM')
```

```
Out: DatetimeIndex(['2019-01-31', '2019-03-29', '2019-05-31', '2019-07-31',
                    '2019-09-30', '2019-11-29', '2020-01-31', '2020-03-31',
                    '2020-05-29', '2020-07-31', '2020-09-30', '2020-11-30'],
                    dtype='datetime64[ns]', freq='2BM')
```

다음은 분기 시작일을 기준으로 4개의 날짜를 생성한 예입니다.

```
In: pd.date_range(start='2019-01-01', periods = 4, freq = 'QS')
```

```
Out: DatetimeIndex(['2019-01-01', '2019-04-01', '2019-07-01', '2019-10-01'], dtype='datetime64[ns]',
freq='QS-JAN')
```

다음은 연도의 첫날을 기준으로 1년 주기로 3개의 날짜를 생성한 예입니다.

```
In: pd.date_range(start='2019-01-01', periods = 3, freq = 'AS')
```

```
Out: DatetimeIndex(['2019-01-01', '2020-01-01', '2021-01-01'], dtype='datetime64[ns]', freq='AS-
JAN')
```

앞에서는 date_range()를 이용해 날짜를 생성하는 방법을 살펴봤습니다. 이어서 date_range()를 이용해 날짜뿐만 아니라 시간을 생성하는 방법을 살펴보겠습니다.

다음은 1시간 주기로 10개의 시간을 생성한 예입니다.

```
In: pd.date_range(start = '2019-01-01 08:00', periods = 10, freq='H')
```

```
Out: DatetimeIndex(['2019-01-01 08:00:00', '2019-01-01 09:00:00',
                    '2019-01-01 10:00:00', '2019-01-01 11:00:00',
                    '2019-01-01 12:00:00', '2019-01-01 13:00:00',
```

```
                '2019-01-01 14:00:00', '2019-01-01 15:00:00',
                '2019-01-01 16:00:00', '2019-01-01 17:00:00'],
                dtype='datetime64[ns]', freq='H')
```

다음은 업무 시간을 기준으로 1시간 주기로 10개의 시간을 생성하는 예입니다.

```
In: pd.date_range(start = '2019-01-01 08:00', periods = 10, freq='BH')
```

```
Out: DatetimeIndex(['2019-01-01 09:00:00', '2019-01-01 10:00:00',
                '2019-01-01 11:00:00', '2019-01-01 12:00:00',
                '2019-01-01 13:00:00', '2019-01-01 14:00:00',
                '2019-01-01 15:00:00', '2019-01-01 16:00:00',
                '2019-01-02 09:00:00', '2019-01-02 10:00:00'],
                dtype='datetime64[ns]', freq='BH')
```

업무 시간은 9시부터 17시까지이므로 start 시간을 9시 이전으로 설정해도 9시부터 표시됩니다. 또한 업무 시간은 17시까지이므로 17시 이후의 시간은 표시되지 않습니다. 더 표시할 시간이 있다면 다음 날로 넘어갑니다.

다음은 30분 단위로 4개의 시간을 생성한 예입니다.

```
In: pd.date_range(start = '2019-01-01 10:00', periods = 4, freq='30min')
```

```
Out: DatetimeIndex(['2019-01-01 10:00:00', '2019-01-01 10:30:00',
                '2019-01-01 11:00:00', '2019-01-01 11:30:00'],
                dtype='datetime64[ns]', freq='30T')
```

출력 결과에서 입력은 freq='30min'로 했는데 출력은 freq='30T'인 것을 볼 수 있습니다. 위의 표에서처럼 분 단위를 입력하려면 'min'이나 'T'를 모두 쓸 수 있지만 출력은 'T'로 됩니다.

다음과 같이 분 단위를 'T'로 입력해도 결과는 같습니다.

```
In: pd.date_range(start = '2019-01-01 10:00', periods = 4, freq='30T')
```

```
Out: DatetimeIndex(['2019-01-01 10:00:00', '2019-01-01 10:30:00',
                '2019-01-01 11:00:00', '2019-01-01 11:30:00'],
                dtype='datetime64[ns]', freq='30T')
```

마지막으로 다음은 10초 단위로 증가하면서 4개의 시간을 생성한 예입니다.

```
In: pd.date_range(start = '2019-01-01 10:00:00', periods = 4, freq='10S')
```

```
Out: DatetimeIndex(['2019-01-01 10:00:00', '2019-01-01 10:00:10',
                    '2019-01-01 10:00:20', '2019-01-01 10:00:30'],
                    dtype='datetime64[ns]', freq='10S')
```

다음은 date_range()를 이용해 Series의 index를 지정한 예입니다. 특정 날짜부터 5일간의 판매량을 표시하려면 다음과 같이 입력하면 됩니다.

```
In: index_date = pd.date_range(start = '2019-03-01', periods = 5, freq='D')
    pd.Series([51, 62, 55, 49, 58], index = index_date )
```

```
Out: 2019-03-01    51
     2019-03-02    62
     2019-03-03    55
     2019-03-04    49
     2019-03-05    58
     Freq: D, dtype: int64
```

지금까지 pandas의 date_range()를 이용해 날짜와 시간을 자동으로 생성하는 방법을 알아봤습니다. 이를 pandas 데이터를 생성할 때 이용한다면 날짜를 일일이 입력하지 않아도 돼서 편리합니다.

DataFrame을 활용한 데이터 생성

앞에서 Series를 이용해 1차원 데이터를 생성했습니다. pandas에서는 표(Table)와 같은 2차원 데이터 처리를 위해 DataFrame을 제공합니다. DataFrame은 이름에서 알 수 있듯이 자료(Data)를 담는 틀(Frame)입니다. DataFrame을 이용하면 라벨이 있는 2차원 데이터를 생성하고 처리할 수 있습니다.

다음은 DataFrame을 이용해 데이터를 생성하는 방법입니다.

```
df = pd.DataFrame(data [, index = index_data, columns = columns_data])
```

DataFrame()의 인자인 data에는 리스트와 형태가 유사한 데이터 타입은 모두 사용할 수 있습니다. 즉, 리스트와 딕셔너리 타입의 데이터, NumPy의 배열 데이터, Series나 DataFrame 타입의 데이터를 입력할 수 있습니다. DataFrame의 세로축 라벨을 index라고 하고 가로축 라벨을 columns라고 합니다.

또한 index와 columns를 제외한 부분을 values라고 합니다. 이 values가 관심 있는 데이터입니다. 그림 11-3은 DataFrame 데이터의 구조를 보여줍니다. index와 columns에는 1차원 배열과 유사한 데이터 타입(리스트, NumPy의 배열 데이터, Series 데이터 등)의 데이터를 입력할 수 있습니다. 한 가지 주의할 점은 DataFrame의 data의 행 개수와 index 요소의 개수, data 열의 개수와 columns 요소의 개수가 일치해야 한다는 것입니다. index와 columns는 선택 사항이므로 입력하지 않을 수 있는데 그러면 index와 columns에는 자동으로 0부터 숫자가 생성되어 채워집니다.

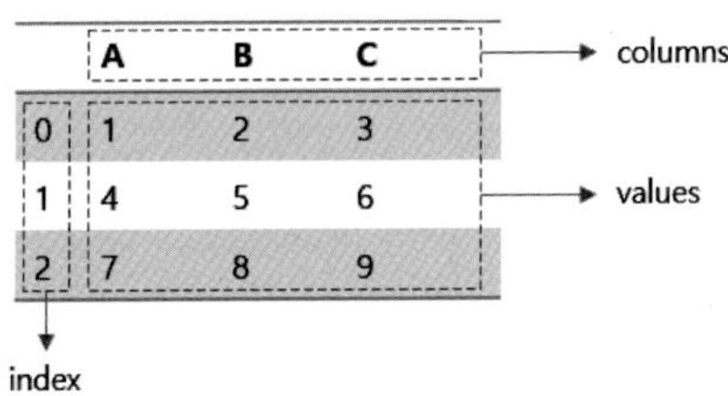

그림 11-3 DataFrame 데이터의 구조

DataFrame 데이터를 생성하는 예를 살펴보겠습니다. 우선 리스트를 이용해 DataFrame의 데이터를 생성하는 예입니다.

```
In: import pandas as pd

    pd.DataFrame([[1, 2, 3], [4, 5, 6], [7, 8, 9]])
```

Out:

	0	1	2
0	1	2	3
1	4	5	6
2	7	8	9

출력 결과에서 입력한 데이터는 보기 좋게 표 형식으로 출력됐습니다. values 부분에는 입력한 data가 순서대로 입력돼 있고 가장 좌측의 열과 가장 윗줄의 행에는 각각 숫자가 자동으로 생성되어 index와 columns를 구성했습니다. 이처럼 명시적으로 index와 columns를 입력하지 않더라도 자동으로 index와 columns가 생성됩니다. 그림 11-4는 자동으로 생성된 index, columns와 입력한 data를 values로 갖는 DataFrame을 보여줍니다.

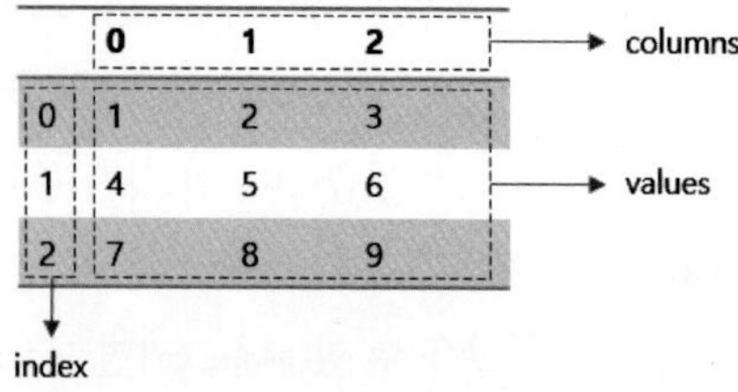

그림 11-4 자동으로 생성된 index와 columns를 갖는 DataFrame 데이터

다음은 NumPy의 배열 데이터를 입력해 생성한 DataFrame 데이터의 예입니다.

```
In: import numpy as np
    import pandas as pd

    data_list = np.array([[10, 20, 30], [40, 50, 60], [70, 80, 90]])
    pd.DataFrame(data_list)
```

Out:

	0	1	2
0	10	20	30
1	40	50	60
2	70	80	90

이번에는 data 뿐만 아니라 index와 columns도 지정해 보겠습니다.

```
In: import numpy as np
    import pandas as pd

    data = np.array([[1, 2, 3], [4, 5, 6], [7, 8 ,9], [10, 11, 12]])
    index_date = pd.date_range('2019-09-01', periods=4)
    columns_list = ['A', 'B', 'C']
    pd.DataFrame(data, index=index_date, columns=columns_list)
```

Out:

	A	B	C
2019-09-01	1	2	3
2019-09-02	4	5	6
2019-09-03	7	8	9
2019-09-04	10	11	12

출력 결과에서 index와 columns에 지정한 값이 들어간 것을 볼 수 있습니다. index에는 date_range()로 생성한 날짜를, columns에는 리스트 데이터(['A', 'B','C'])를 입력했습니다.

다음은 딕셔너리 타입으로 2차원 데이터를 입력한 예입니다. 우선 표 11-4와 같이 어느 회사의 연도 및 지사별 고객 수의 데이터가 있다고 가정해 보겠습니다.

표 11-4 연도 및 지사별 고객의 수

연도	지사	고객 수
2015	한국	200
2016	한국	250
2016	미국	450
2017	한국	300
2017	미국	500

표 11-4의 자료를 이용해 다음과 같이 딕셔너리 타입의 데이터를 만들었습니다.

```
In: table_data = {'연도': [2015, 2016, 2016, 2017, 2017],
                  '지사': ['한국', '한국', '미국', '한국','미국'],
                  '고객 수': [200, 250, 450, 300, 500]}
    table_data
```

```
Out: {'고객 수': [200, 250, 450, 300, 500],
      '연도': [2015, 2016, 2016, 2017, 2017],
      '지사': ['한국', '한국', '미국', '한국', '미국']}
```

이제 위에서 만든 딕셔너리 데이터를 이용해 DataFrame 형식의 데이터를 생성하겠습니다.

```
In: pd.DataFrame(table_data)
```

Out:

	고객 수	연도	지사
0	200	2015	한국
1	250	2016	한국
2	450	2016	미국
3	300	2017	한국
4	500	2017	미국

출력 결과를 보면 index는 자동으로 생성됐고 딕셔너리 데이터의 키(keys)는 DataFrame에서 columns로 지정돼 표에서 각 열의 제목(고객 수, 연도, 지사)처럼 들어간 것을 볼 수 있습니다. 자세히 살펴보면 DataFrame 데이터의 열은 입력한 데이터의 순서대로 생성되지 않았습니다. 이것은 딕셔너리 데이터가 키(keys)에 따라서 자동으로 정렬됐기 때문입니다. 한글은 가나다순으로 영어는 알파벳순으로 정렬됩니다[1]. 데이터의 정렬 순서는 다음과 같이 'columns = columns_list'를 이용해 키의 순서를 지정할 수 있습니다.

```
In: df = pd.DataFrame(table_data, columns=['연도', '지사', '고객 수'])
    df
```

Out:

	연도	지사	고객 수
0	2015	한국	200
1	2016	한국	250
2	2016	미국	450
3	2017	한국	300
4	2017	미국	500

이제 columns에 지정한 순서대로 DataFrame의 데이터가 정렬됐습니다. 그림 11-5는 연도 및 지사별 고객 수의 데이터를 입력한 DataFrame의 구조를 보여줍니다.

	연도	지사	고객 수
0	2015	한국	200
1	2016	한국	250
2	2016	미국	450
3	2017	한국	300
4	2017	미국	500

columns / values / index

그림 11-5 연도 및 지사별 고객 수의 DataFrame 데이터

DataFrame 데이터에서 index, columns, values는 각각 DataFrame_data.index, DataFrame_data.columns, DataFrame_data.values로 확인할 수 있습니다. 다음은 DataFrame 데이터에서 index, columns, values를 각각 구한 예입니다.

1 파이썬 버전 3.6 이상과 pandas 버전 0.23 이상을 사용한다면 딕셔너리 데이터를 입력한 순서대로 DataFrame 데이터의 열이 생성됩니다.

```
In: df.index
```

```
Out: RangeIndex(start=0, stop=5, step=1)
```

```
In: df.columns
```

```
Out: Index(['연도', '지사', '고객 수'], dtype='object')
```

```
In: df.values
```

```
Out: array([[2015, '한국', 200],
            [2016, '한국', 250],
            [2016, '미국', 450],
            [2017, '한국', 300],
            [2017, '미국', 500]], dtype=object)
```

지금까지는 pandas의 Series와 DataFrame을 이용해 데이터를 생성하는 방법을 살펴봤습니다. 다음으로 생성된 데이터를 어떻게 이용하는지 알아보겠습니다.

데이터 연산

pandas의 `Series()`와 `DataFrame()`으로 생성한 데이터끼리는 사칙 연산을 할 수 있습니다.

먼저 `Series()`로 생성한 Series 데이터의 예를 살펴보겠습니다.

```
In: s1 = pd.Series([1, 2, 3, 4, 5])
    s2 = pd.Series([10, 20, 30, 40, 50])
    s1 + s2
```

```
Out: 0    11
     1    22
     2    33
     3    44
     4    55
     dtype: int64
```

```
In: s2 - s1
```

```
Out: 0     9
     1    18
```

```
2    27
3    36
4    45
dtype: int64
```

```
In: s1 * s2
```

```
Out: 0     10
     1     40
     2     90
     3    160
     4    250
     dtype: int64
```

```
In: s2 / s1
```

```
Out: 0    10.0
     1    10.0
     2    10.0
     3    10.0
     4    10.0
     dtype: float64
```

파이썬의 리스트와 NumPy의 배열과 달리 pandas의 데이터끼리는 서로 크기가 달라도 연산할 수 있습니다. 이 경우 연산을 할 수 있는 항목만 연산을 수행합니다. 다음 예제를 봅시다.

```
In: s3 = pd.Series([1, 2, 3, 4])
    s4 = pd.Series([10, 20, 30, 40, 50])
    s3 + s4
```

```
Out: 0    11.0
     1    22.0
     2    33.0
     3    44.0
     4     NaN
     dtype: float64
```

```
In: s4 - s3
```

```
Out: 0     9.0
     1    18.0
     2    27.0
     3    36.0
     4     NaN
     dtype: float64
```

```
In: s3 * s4
```

```
Out: 0     10.0
     1     40.0
     2     90.0
     3    160.0
     4      NaN
     dtype: float64
```

```
In: s4/s3
```

```
Out: 0    10.0
     1    10.0
     2    10.0
     3    10.0
     4     NaN
     dtype: float64
```

s3와 s4의 데이터 크기는 다릅니다. 이 경우 연산할 수 있는 부분만 연산해 결과를 보여주고 연산할 수 없는 부분은 NaN으로 표시합니다.

DataFrame()으로 생성한 DataFrame 데이터끼리도 사칙 연산을 할 수 있습니다.

이를 확인하기 위해 다음 예제에서는 먼저 DataFrame 데이터 df1과 df2를 생성하겠습니다.

```
In: table_data1 = {'A': [1, 2, 3, 4, 5],
                   'B': [10, 20, 30, 40, 50],
                   'C': [100, 200, 300, 400, 500]}
    df1 = pd.DataFrame(table_data1)
    df1
```

Out:

	A	B	C
0	1	10	100
1	2	20	200
2	3	30	300
3	4	40	400
4	5	50	500

```
In: table_data2 = {'A': [6, 7, 8],
                   'B': [60, 70, 80],
                   'C': [600, 700, 800]}
    df2 = pd.DataFrame(table_data2)
    df2
```

Out:

	A	B	C
0	6	60	600
1	7	70	700
2	8	80	800

두 개의 DataFrame 데이터 df1과 df2는 길이가 같지 않습니다. 두 데이터의 길이가 같지 않더라도 앞의 Series 데이터처럼 연산할 수 있습니다.

```
In: df1 + df2
```

Out:

	A	B	C
0	7.0	70.0	700.0
1	9.0	90.0	900.0
2	11.0	110.0	1100.0
3	NaN	NaN	NaN
4	NaN	NaN	NaN

Series 데이터의 경우와 마찬가지로 DataFrame 데이터의 경우도 연산할 수 있는 항목끼리만 연산하고 그렇지 못한 항목은 NaN으로 표시합니다.

또한 pandas에는 데이터의 통계 분석을 위한 다양한 메서드가 있어서 데이터의 총합, 평균, 표준 편차 등을 쉽게 구할 수 있습니다.

다음 예제를 통해 pandas의 메서드로 통계 분석하는 방법을 살펴보겠습니다. 표 11-5는 2012년부터 2016년까지 우리나라의 계절별 강수량(단위 mm)입니다.

표 11-5 2012년부터 2016년까지 우리나라의 계절별 강수량

연도	봄	여름	가을	겨울
2012	256.5	770.6	363.5	139.3
2013	264.3	567.5	231.2	59.9
2014	215.9	599.8	293.1	76.9
2015	223.2	387.1	247.7	109.1
2016	312.8	446.2	381.6	108.1

표 11-5를 다음과 같이 DataFrame 데이터로 입력하겠습니다.

```
In: table_data3 = {'봄':  [256.5, 264.3, 215.9, 223.2, 312.8],
                   '여름': [770.6, 567.5, 599.8, 387.1, 446.2],
                   '가을': [363.5, 231.2, 293.1, 247.7, 381.6],
                   '겨울': [139.3, 59.9, 76.9, 109.1, 108.1]}
    columns_list = ['봄', '여름', '가을', '겨울']
    index_list = ['2012', '2013', '2014', '2015', '2016']

    df3 = pd.DataFrame(table_data3, columns = columns_list, index = index_list)
    df3
```

Out:

	봄	여름	가을	겨울
2012	256.5	770.6	363.5	139.3
2013	264.3	567.5	231.2	59.9
2014	215.9	599.8	293.1	76.9
2015	223.2	387.1	247.7	109.1
2016	312.8	446.2	381.6	108.1

이제 생성된 DataFrame 데이터(df3)를 이용해 통계를 구해보겠습니다. pandas에서 제공하는 통계 메서드는 원소의 합을 구하는 sum(), 평균을 구하는 mean(), 표준 편차를 구하는 std(), 분산을 구하는 var(), 최솟값을 구하는 min(), 최댓값을 구하는 max(), 각 원소의 누적 합을 구하는 cumsum(), 각 원소의 누적 곱을 구하는 cumprod() 등이 있습니다. 몇 가지 예만 살펴보겠습니다. 앞의 DataFrame 데이터(df3)에서 2012년에서 2016년에 걸쳐 계절별로 강수량의 평균(mean)과 표준 편차(std)를 구하면 다음과 같습니다.

```
In: df3.mean()
```

```
Out: 봄      254.54
     여름    554.24
     가을    303.42
     겨울     98.66
     dtype: float64
```

```
In: df3.std()
```

```
Out: 봄       38.628267
     여름    148.888895
     가을     67.358496
     겨울     30.925523
     dtype: float64
```

계절별로 평균과 표준 편차를 구하는 방법을 살펴봤습니다. 만약 연도별 평균 강수량과 표준 편차를 구하려면 어떻게 하면 될까요? mean()과 std()는 연산의 방향 설정하기 위해 axis 인자를 추가할 수 있습니다. 인자 axis가 0이면 DataFrame의 values에서 열별로 연산을 수행하고, 1이면 행별로 연산을 수행합니다. axis 인자를 설정하지 않으면 기본값으로 0이 설정됩니다. 따라서 df3에서 연도별 강수량의 평균과 표준 편차를 구하려면 다음과 같이 연산의 방향을 행 방향으로 설정합니다.

```
In: df3.mean(axis=1)
```

```
Out: 2012    382.475
     2013    280.725
     2014    296.425
     2015    241.775
     2016    312.175
     dtype: float64
```

```
In: df3.std(axis=1)
```

```
Out: 2012    274.472128
     2013    211.128782
     2014    221.150739
     2015    114.166760
     2016    146.548658
     dtype: float64
```

앞에서는 평균과 표준 편차를 개별적으로 구했으나 다음과 같이 describe()를 이용하면 평균, 표준 편차, 최솟값과 최댓값 등을 한 번에 구할 수 있습니다.

```
In: df3.describe()
```

Out:

	봄	여름	가을	겨울
count	5.000000	5.000000	5.000000	5.000000
mean	254.540000	554.240000	303.420000	98.660000
std	38.628267	148.888895	67.358496	30.925523
min	215.900000	387.100000	231.200000	59.900000
25%	223.200000	446.200000	247.700000	76.900000
50%	256.500000	567.500000	293.100000	108.100000
75%	264.300000	599.800000	363.500000	109.100000
max	312.800000	770.600000	381.600000	139.300000

데이터를 원하는 대로 선택하기

다수의 데이터가 입력된 데이터 표에서 원하는 데이터만을 선택하는 기능은 데이터를 분석할 때 꼭 필요합니다. 이번에는 pandas의 DataFrame 데이터를 원본 훼손 없이 원하는 부분만 선택하는 방법을 알아보겠습니다.

표 11-6은 예제에서 사용할 2011년부터 2017년까지 노선별 KTX 이용자 수(단위: 천 명) 데이터입니다. 데이터가 없는 항목은 '–'로 표시했습니다.

표 11-6 2011년부터 2017년까지 노선별 KTX 이용자 수

연도	경부선 KTX	호남선 KTX	경전선 KTX	전라선 KTX	동해선 KTX
2011	39060	7313	3627	309	–
2012	39896	6967	4168	1771	–
2013	42005	6873	4088	1954	–
2014	43621	6626	4424	2244	–
2015	41702	8675	4606	3146	2395
2016	41266	10622	4984	3945	3786
2017	32427	9228	5570	5766	6667

표 11-6에 있는 데이터를 이용해 다음과 같이 DataFrame 데이터를 생성합니다.

```
In: import pandas as pd
    import numpy as np

    KTX_data = {'경부선 KTX': [39060, 39896, 42005, 43621, 41702, 41266, 32427],
                '호남선 KTX': [7313, 6967, 6873, 6626, 8675, 10622, 9228],
                '경전선 KTX': [3627, 4168, 4088, 4424, 4606, 4984, 5570],
                '전라선 KTX': [309, 1771, 1954, 2244, 3146, 3945, 5766],
                '동해선 KTX': [np.nan,np.nan, np.nan, np.nan, 2395, 3786, 6667]}
    col_list = ['경부선 KTX','호남선 KTX','경전선 KTX','전라선 KTX','동해선 KTX']
    index_list = ['2011', '2012', '2013', '2014', '2015', '2016', '2017']

    df_KTX = pd.DataFrame(KTX_data, columns = col_list, index = index_list)
    df_KTX
```

Out:

	경부선 KTX	호남선 KTX	경전선 KTX	전라선 KTX	동해선 KTX
2011	39060	7313	3627	309	NaN
2012	39896	6967	4168	1771	NaN
2013	42005	6873	4088	1954	NaN
2014	43621	6626	4424	2244	NaN
2015	41702	8675	4606	3146	2395.0
2016	41266	10622	4984	3945	3786.0
2017	32427	9228	5570	5766	6667.0

위 코드에서 DataFrame 데이터를 변수 df_KTX에 할당했습니다. df_KTX 변수를 이용해 다양한 방법으로 데이터를 선택해 보겠습니다.

우선 DataFrame 데이터의 index, columns, values를 확인하려면 다음과 같이 작성하면 됩니다.

```
In: df_KTX.index
```

```
Out: Index(['2011', '2012', '2013', '2014', '2015', '2016', '2017'], dtype='object')
```

```
In: df_KTX.columns
```

```
Out: Index(['경부선 KTX', '호남선 KTX', '경전선 KTX', '전라선 KTX', '동해선 KTX'], dtype='object')
```

```
In: df_KTX.values
```

```
Out: array([[39060.,  7313.,  3627.,   309.,    nan],
            [39896.,  6967.,  4168.,  1771.,    nan],
            [42005.,  6873.,  4088.,  1954.,    nan],
            [43621.,  6626.,  4424.,  2244.,    nan],
            [41702.,  8675.,  4606.,  3146.,  2395.],
            [41266., 10622.,  4984.,  3945.,  3786.],
            [32427.,  9228.,  5570.,  5766.,  6667.]])
```

DataFrame 데이터를 분석할 때 크기가 큰 데이터는 데이터 전체를 출력하면 너무 많은 데이터가 출력돼 분석할 때 오히려 불편합니다. 이 경우 데이터 중 일부만 보면서 분석한 후 코드를 작성하면 편리합니다. pandas에서는 다음과 같이 head()와 tail()을 이용해 DataFrame의 전체 데이터 중 처음 일부분과 끝 일부분만 반환할 수 있습니다.

```
DataFrame_data.head([n])
DataFrame_data.tail([n])
```

여기서 인자 n을 지정하면 head(n)의 경우에는 처음 n개의 행의 데이터를 반환하고 tail(n)의 경우에는 마지막 n개의 행 데이터를 반환합니다. 인자 n을 지정하지 않으면 기본값으로 5가 지정됩니다.

다음 예제를 봅시다. 먼저 인자 n 없이 DataFrame_data.head()와 DataFrame_data.tail()을 수행하겠습니다.

```
In: df_KTX.head()
```

Out:

	경부선 KTX	호남선 KTX	경전선 KTX	전라선 KTX	동해선 KTX
2011	39060	7313	3627	309	NaN
2012	39896	6967	4168	1771	NaN
2013	42005	6873	4088	1954	NaN
2014	43621	6626	4424	2244	NaN
2015	41702	8675	4606	3146	2395.0

```
In: df_KTX.tail()
```

Out:

	경부선 KTX	호남선 KTX	경전선 KTX	전라선 KTX	동해선 KTX
2013	42005	6873	4088	1954	NaN
2014	43621	6626	4424	2244	NaN
2015	41702	8675	4606	3146	2395.0
2016	41266	10622	4984	3945	3786.0
2017	32427	9228	5570	5766	6667.0

보다시피 인자 없이 head()와 tail()을 실행하면 각각 DataFrame 데이터의 첫 5개 행 데이터와 마지막 5개의 행 데이터를 반환한 것을 볼 수 있습니다. n개의 처음과 마지막 행 데이터를 반환하려면 다음과 같이 인자 n을 지정해서 head(n)와 tail(n)을 실행합니다.

```
In: df_KTX.head(3)
```

Out:

	경부선 KTX	호남선 KTX	경전선 KTX	전라선 KTX	동해선 KTX
2011	39060	7313	3627	309	NaN
2012	39896	6967	4168	1771	NaN
2013	42005	6873	4088	1954	NaN

```
In: df_KTX.tail(2)
```

Out:

	경부선 KTX	호남선 KTX	경전선 KTX	전라선 KTX	동해선 KTX
2016	41266	10622	4984	3945	3786.0
2017	32427	9228	5570	5766	6667.0

결과를 보면 지정된 수 만큼의 행 데이터만 출력된 것을 볼 수 있습니다.

DataFrame 데이터에서 연속된 구간의 행 데이터를 선택하려면 다음과 같이 '행 시작 위치'와 '끝 위치'를 지정합니다.

```
DataFrame_data[행_시작_위치:행_끝_위치]
```

위와 같이 지정하면 DataFrame 데이터(DataFrame_data) 중에서 '행_시작_위치 ~ 행_끝_위치-1'까지의 행 데이터를 반환합니다. 행의 위치는 0부터 시작합니다.

다음으로 DataFrame 데이터 df_KTX를 이용해 원하는 행을 선택하는 방법을 알아보겠습니다. 만약 변수 df_KTX에서 행 위치 1의 행 데이터 하나를 선택하려면 다음과 같이 작성합니다.

```
In: df_KTX[1:2]
```

Out:

	경부선 KTX	호남선 KTX	경전선 KTX	전라선 KTX	동해선 KTX
2012	39896	6967	4168	1771	NaN

변수 df_KTX에서 행 위치 2에서 4까지의 행 데이터를 선택하려면 다음과 같이 작성합니다.

```
In: df_KTX[2:5]
```

Out:

	경부선 KTX	호남선 KTX	경전선 KTX	전라선 KTX	동해선 KTX
2013	42005	6873	4088	1954	NaN
2014	43621	6626	4424	2244	NaN
2015	41702	8675	4606	3146	2395.0

DataFrame 데이터를 생성할 때 index를 지정했다면 다음과 같이 index 항목 이름을 지정해 행을 선택할 수도 있습니다.

```
DataFrame_data.loc[index_name]
```

위 코드는 DataFrame_data의 데이터에서 index가 index_name인 행 데이터를 반환합니다.

다음은 df_KTX에서 index로 지정한 항목 중 2011년 데이터만 선택한 예입니다.

```
In: df_KTX.loc['2011']
```

```
Out: 경부선 KTX    39060.0
     호남선 KTX     7313.0
     경전선 KTX     3627.0
     전라선 KTX      309.0
     동해선 KTX        NaN
     Name: 2011, dtype: float64
```

DataFrame 데이터에서 다음과 같이 index 항목 이름으로 구간을 지정해서 연속된 구간의 행을 선택할 수도 있습니다.

```
DataFrame_data.loc[start_index_name:end_index_name]
```

이를 수행하면 DataFrame_data의 데이터 중 index가 start_index_name에서 end_index_name까지 구간의 행 데이터가 선택됩니다.

다음은 df_KTX에서 index로 지정한 항목 중 2013년부터 2016년까지의 행 데이터를 선택한 예입니다.

```
In: df_KTX.loc['2013':'2016']
```

Out:

	경부선 KTX	호남선 KTX	경전선 KTX	전라선 KTX	동해선 KTX
2013	42005	6873	4088	1954	NaN
2014	43621	6626	4424	2244	NaN
2015	41702	8675	4606	3146	2395.0
2016	41266	10622	4984	3945	3786.0

데이터에서 하나의 열만 선택하려면 다음과 같이 하나의 columns 항목 이름을 지정합니다.

```
DataFrame_data[column_name]
```

위와 같이 작성하면 DataFrame_data에서 column_name으로 지정한 열이 선택됩니다.

다음은 df_KTX에서 columns의 항목 중 '경부선 KTX'를 지정해 하나의 열 데이터만 선택한 예입니다.

```
In: df_KTX['경부선 KTX']
```

```
Out: 2011    39060
     2012    39896
     2013    42005
     2014    43621
     2015    41702
     2016    41266
     2017    32427
     Name: 경부선 KTX, dtype: int64
```

다음과 같이 DataFrame 데이터에서 하나의 열을 선택한 후 index의 범위를 지정해 원하는 데이터만 선택할 수도 있습니다.

```
DataFrame_data[column_name][start_index_name:end_index_name]
DataFrame_data[column_name][start_index_pos:end_index_pos]
```

여기서 column_name으로 하나의 열을 선택한 후 'start_index_name:end_index_name'으로 index의 이름을 지정해 index의 범위를 선택할 수도 있고, 'start_index_pos:end_index_pos'로 index의 위치를 지정해 index의 범위를 선택할 수도 있습니다. index의 위치는 0부터 시작합니다.

다음은 df_KTX에서 '경부선 KTX'로 열을 선택한 후 2012년에서 2014년까지 index의 범위를 index의 이름으로 지정한 예입니다.

```
In: df_KTX['경부선 KTX']['2012':'2014']
```

```
Out: 2012    39896
     2013    42005
     2014    43621
     Name: 경부선 KTX, dtype: int64
```

다음은 index의 위치로 범위를 지정한 예입니다.

```
In: df_KTX['경부선 KTX'][2:5]
```

```
Out: 2013    42005
     2014    43621
     2015    41702
     Name: 경부선 KTX, dtype: int64
```

어떤 방법으로 index의 범위를 지정해도 원하는 범위의 데이터를 선택할 수 있습니다.

DataFrame 데이터 중 하나의 원소만 선택하려면 다음 방법 중 하나를 이용하면 됩니다.

```
DataFrame_data.loc[index_name][column_name]
DataFrame_data.loc[index_name, column_name]
DataFrame_data[column_name][index_name]
DataFrame_data[column_name][index_pos]
DataFrame_data[column_name].loc[index_name]
```

예를 들어 변수 df_KTX에서 2016년의 '호남선 KTX'의 이용자 수를 선택하려면 다음과 같이 여러 방법으로 수행할 수 있습니다.

```
In: df_KTX.loc['2016']['호남선 KTX']
```

```
Out: 10622.0
```

```
In: df_KTX.loc['2016','호남선 KTX']
```

```
Out: 10622
```

```
In: df_KTX['호남선 KTX']['2016']
```

```
Out: 10622
```

```
In: df_KTX['호남선 KTX'][5]
```

```
Out: 10622
```

```
In: df_KTX['호남선 KTX'].loc['2016']
```

```
Out: 10622
```

지금까지 원하는 데이터를 추출하는 방법을 살펴봤습니다. 이어서 DataFrame 데이터의 행과 열을 바꾸는 방법을 살펴보겠습니다. 행렬에서 행과 열을 바꾸는 것을 전치(transpose)라고 합니다. pandas에서는 다음과 같은 방법으로 DataFrame 데이터의 전치를 구할 수 있습니다.

```
DataFrame_data.T
```

다음은 df_KTX의 전치를 구하는 예입니다. 결과를 보면 df_KTX의 행과 열이 바뀐 것을 볼 수 있습니다.

In: df_KTX.T

Out:

	2011	2012	2013	2014	2015	2016	2017
경부선 KTX	39060.0	39896.0	42005.0	43621.0	41702.0	41266.0	32427.0
호남선 KTX	7313.0	6967.0	6873.0	6626.0	8675.0	10622.0	9228.0
경전선 KTX	3627.0	4168.0	4088.0	4424.0	4606.0	4984.0	5570.0
전라선 KTX	309.0	1771.0	1954.0	2244.0	3146.0	3945.0	5766.0
동해선 KTX	NaN	NaN	NaN	NaN	2395.0	3786.0	6667.0

DataFrame 데이터는 열의 항목 이름을 지정해 열의 순서를 지정할 수 있습니다. 먼저 앞에서 생성한 df_KTX를 다시 한번 출력해보겠습니다.

In: df_KTX

Out:

	경부선 KTX	호남선 KTX	경전선 KTX	전라선 KTX	동해선 KTX
2011	39060	7313	3627	309	NaN
2012	39896	6967	4168	1771	NaN
2013	42005	6873	4088	1954	NaN
2014	43621	6626	4424	2244	NaN
2015	41702	8675	4606	3146	2395.0
2016	41266	10622	4984	3945	3786.0
2017	32427	9228	5570	5766	6667.0

DataFrame 데이터 변수 df_KTX에 열의 항목을 지정해 열의 순서를 다음과 같이 변경하겠습니다.

```
In: df_KTX[['동해선 KTX', '전라선 KTX', '경전선 KTX', '호남선 KTX', '경부선 KTX']]
```

Out:

	동해선 KTX	전라선 KTX	경전선 KTX	호남선 KTX	경부선 KTX
2011	NaN	309	3627	7313	39060
2012	NaN	1771	4168	6967	39896
2013	NaN	1954	4088	6873	42005
2014	NaN	2244	4424	6626	43621
2015	2395.0	3146	4606	8675	41702
2016	3786.0	3945	4984	10622	41266
2017	6667.0	5766	5570	9228	32427

데이터 통합하기

이번에는 두 개의 데이터를 하나로 통합하는 방법을 살펴보겠습니다. 통합 방법에는 세로로 증가하는 방향으로 통합하기, 가로로 증가하는 방향으로 통합하기, 특정 열을 기준으로 통합하는 방법이 있습니다.

세로 방향으로 통합하기

DataFrame에서 columns가 같은 두 데이터를 세로 방향(index 증가 방향)으로 합하려면 다음과 같이 'append()'를 이용합니다.

```
DataFrame_data1.append(DataFrame_data2 [,ignore_index=True])
```

위와 같이 실행하면 세로 방향으로 DataFrame_data1 다음에 DataFrame_data2가 추가돼서 DataFrame 데이터로 반환됩니다. 여기서 'ignore_index=True'를 입력하지 않으면 생성된 DataFrame 데이터에는 기존의 데이터의 index가 그대로 유지되고 'ignore_index=True'를 입력하면 생성된 DataFrame 데이터에는 데이터 순서대로 새로운 index가 할당됩니다.

> 리스트에서 list_data1.append(list_data2)를 실행하면 list_data1에 list_data2가 추가되고 아무것도 반환되지 않는 것과 달리 DataFrame에서 'DataFrame_data1.append(DataFrame_data2 [,ignore_index=True])'를 실행하면 DataFrame_data1이 수정되지 않고, DataFrame_data1 다음에 DataFrame_data2가 추가된 복사본이 DataFrame 데이터로 반환됩니다.

이를 확인하기 위해 다음과 같이 두 개의 DataFrame 데이터를 생성하겠습니다. 먼저 두 학급의 시험 점수가 담긴 DataFrame 데이터(df1)를 다음과 같이 생성하겠습니다.

```
In: import pandas as pd
    import numpy as np

    df1 = pd.DataFrame({'Class1': [95, 92, 98, 100],
                        'Class2': [91, 93, 97, 99]})
    df1
```

Out:

	Class1	Class2
0	95	91
1	92	93
2	98	97
3	100	99

각 반에 각각 두 명의 학생이 전학을 와서 다음과 같이 DataFrame 데이터(df2)를 추가로 생성했습니다.

```
In: df2 = pd.DataFrame({'Class1': [87, 89],
                        'Class2': [85, 90]})
    df2
```

Out:

	Class1	Class2
0	87	85
1	89	90

이제 'append()'이용해 df1에 df2를 추가해서 데이터를 하나로 만들어 보겠습니다.

```
In: df1.append(df2)
```

Out:

	Class1	Class2
0	95	91
1	92	93
2	98	97

	Class1	Class2
3	100	99
0	87	85
1	89	90

보다시피 기존 데이터 df1에 세로 방향으로 df2가 추가됐는데 생성된 데이터의 index가 기존의 index와 같은 것을 볼 수 있습니다. 생성된 데이터에서 순차적으로 index가 증가하게 하려면 옵션으로 'ignore_index=True'를 입력하면 됩니다.

다음 예제를 봅시다.

```
In: df1.append(df2, ignore_index=True)
```

Out:

	Class1	Class2
0	95	91
1	92	93
2	98	97
3	100	99
4	87	85
5	89	90

결과에서 두 개의 DataFrame 데이터가 합쳐졌지만 index가 순차적으로 증가해 하나의 데이터처럼 만들어졌습니다.

만약 columns가 같지 않은 DataFrame 데이터를 'append()'를 이용해 추가한다면 데이터가 없는 부분은 NaN으로 채워집니다. 이를 확인하기 위해 다음과 같이 열이 하나만 있는 DataFrame 데이터(df3)를 생성하겠습니다.

```
In: df3 = pd.DataFrame({'Class1': [96, 83]})
    df3
```

Out:

	Class1
0	96
1	83

이제 열이 두 개인 DataFrame 데이터(df2)에 열이 하나인 DataFrame 데이터(df3)를 추가하겠습니다.

```
In: df2.append(df3, ignore_index=True)
```

Out:

	Class1	Class2
0	87	85.0
1	89	90.0
2	96	NaN
3	83	NaN

결과에서 볼 수 있듯이 데이터가 없는 부분은 NaN으로 채워졌습니다.

가로 방향으로 통합하기

앞에서는 columns가 같은 두 DataFrame 데이터에 대해 세로 방향(index 증가 방향)으로 데이터를 추가하는 방법을 살펴봤습니다. 이제 index가 같은 두 DataFrame 데이터에 대해 가로 방향(columns 증가 방향)에 새로운 데이터를 추가하는 방법을 알아보겠습니다. 두 개의 DataFrame 데이터를 가로 방향으로 합치려면 다음과 같이 'join()'을 이용합니다.

```
DataFrame_data1.join(DataFrame_data2)
```

위와 같이 작성하면 DataFrame_data1 다음에 가로 방향으로 DataFrame_data2가 추가돼서 DataFrame 데이터로 반환됩니다.

다음으로 'join()'을 이용한 예를 살펴보겠습니다. 우선 다음과 같이 df1과 index 방향으로 크기가 같은 DataFrame 데이터 하나를 생성합니다.

```
In: df4 = pd.DataFrame({'Class3': [93, 91, 95, 98]})
    df4
```

Out:

	Class3
0	93
1	91
2	95
3	98

이제 join()을 이용해 df1에 df4를 가로 방향으로 추가하겠습니다.

```
In: df1.join(df4)
```

Out:

	Class1	Class2	Class3
0	95	91	93
1	92	93	91
2	98	97	95
3	100	99	98

다음과 같이 index 라벨을 지정한 DataFrame의 데이터의 경우에도 index가 같으면 'join()'을 이용해 가로 방향으로 데이터를 추가할 수 있습니다.

```
In: index_label = ['a','b','c','d']
    df1a = pd.DataFrame({'Class1': [95, 92, 98, 100],
                         'Class2': [91, 93, 97, 99]}, index= index_label)
    df4a = pd.DataFrame({'Class3': [93, 91, 95, 98]}, index=index_label)

    df1a.join(df4a)
```

Out:

	Class1	Class2	Class3
a	95	91	93
b	92	93	91
c	98	97	95
d	100	99	98

만약 index의 크기가 다른 DataFrame 데이터를 'join()'을 이용해 추가한다면 데이터가 없는 부분은 NaN으로 채워집니다. 다음 예제를 봅시다.

```
In: df5 = pd.DataFrame({'Class4': [82, 92]})
    df5
```

Out:

	Class4
0	82
1	92

위와 같이 index의 크기가 2인 DataFrame 데이터(df5)를 'join()'을 이용해 index 크기가 4인 DataFrame 데이터(df1)에 추가하겠습니다.

```
In: df1.join(df5)
```

Out:

	Class1	Class2	Class4
0	95	91	82.0
1	92	93	92.0
2	98	97	NaN
3	100	99	NaN

위의 결과처럼 index의 크기가 작은 DataFrame 데이터에서 원소가 없는 부분은 NaN으로 채워집니다.

특정 열을 기준으로 통합하기

다음으로 두 개의 DataFrame 데이터를 특정 열을 기준으로 통합해 보겠습니다. 특정 열을 키(key)라고 합니다. 만약 두 개의 DataFrame 데이터에 공통된 열이 있다면 이 열을 기준으로 두 데이터를 다음과 같은 방법으로 통합할 수 있습니다.

```
DataFrame_left_data.merge(DataFrame_right_data)
```

이를 수행하면 왼쪽 데이터(DataFrame_left_data)와 오른쪽 데이터(DataFrame_right_data)가 공통된 열(key)을 중심으로 좌우로 통합됩니다.

이를 확인하기 위해 우선 두 개의 DataFrame 데이터를 생성해 보겠습니다. 먼저 1월부터 4월까지 제품A와 제품B의 판매량 데이터를 변수 df_A_B에 할당하고 같은 기간 동안 제품C와 제품D의 판매량 데이터를 변수 df_C_D에 다음과 같이 할당하겠습니다.

```
In: df_A_B = pd.DataFrame({'판매월': ['1월', '2월', '3월', '4월'],
                           '제품A': [100, 150, 200, 130],
                           '제품B': [90, 110, 140, 170]})
    df_A_B
```

Out:

	제품A	제품B	판매월
0	100	90	1월
1	150	110	2월
2	200	140	3월
3	130	170	4월

```
In: df_C_D = pd.DataFrame({'판매월': ['1월', '2월', '3월', '4월'],
                          '제품C': [112, 141, 203, 134],
                          '제품D': [90, 110, 140, 170]})
    df_C_D
```

Out:

	제품C	제품D	판매월
0	112	90	1월
1	141	110	2월
2	203	140	3월
3	134	170	4월

DataFrame 데이터 df_A_B와 df_C_D에 모두 있는 것이 '판매월'인 열 데이터이므로 이를 중심으로 두 DataFrame 데이터를 통합하려면 다음과 같이 작성하면 됩니다.

```
In: df_A_B.merge(df_C_D)
```

Out:

	제품A	제품B	판매월	제품C	제품D
0	100	90	1월	112	90
1	150	110	2월	141	110
2	200	140	3월	203	140
3	130	170	4월	134	170

위 결과는 두 데이터가 '판매월'을 기준으로 통합된 결과입니다. 특정 열을 기준으로 두 DataFrame 데이터가 모두 값을 갖고 있을 때 특정 열을 기준으로 통합하는 방법을 살펴봤습니다.

두 개의 DataFrame 데이터가 특정 열을 기준으로 일부만 공통된 값을 갖는 경우에 통합하려면 다음과 같이 'merge()'에 선택 인자를 지정하면 됩니다.

```
DataFrame_left_data.merge(DataFrame_right_data, how=merge_method, on=key_label)
```

여기서 on 인자에는 통합하려는 기준이 되는 특정 열(key)의 라벨 이름(key_label)을 입력합니다. on 인자를 입력하지 않으면 자동으로 두 데이터에서 공통적으로 포함된 열이 선택됩니다. how 인자에는 지정된 특정 열(key)을 기준으로 통합 방법(merge_method)을 지정합니다. 표 11-7은 how 선택 인자에 따라 달라지는 통합 방법을 설명합니다.

표 11-7 merge() 함수의 how 선택 인자에 따른 통합 방법

how 선택 인자	설명
left	왼쪽 데이터는 모두 선택하고 지정된 열(key)에 값이 있는 오른쪽 데이터를 선택
right	오른쪽 데이터는 모두 선택하고 지정된 열(key)에 값이 있는 왼쪽 데이터를 선택
outer	지정된 열(key)을 기준으로 왼쪽과 오른쪽 데이터를 모두 선택
inner	지정된 열(key)을 기준으로 왼쪽과 오른쪽 데이터 중 공통 항목만 선택(기본값)

이제 특정 열을 기준으로 일부만 공통 데이터를 가진 두 DataFrame 데이터를 통합한 예를 살펴보겠습니다. 이를 위해 다음과 같이 두 개의 DataFrame 데이터를 생성하겠습니다.

```
In: df_left = pd.DataFrame({'key':['A','B','C'], 'left': [1, 2, 3]})
    df_left
```

Out:

	key	left
0	A	1
1	B	2
2	C	3

```
In: df_right = pd.DataFrame({'key':['A','B','D'], 'right': [4, 5, 6]})
    df_right
```

Out:

	key	right
0	A	4
1	B	5
2	D	6

두 개의 데이터(df_left와 df_right)에서 특정 열(key)의 일부('A'와 'B') 데이터는 공통으로 있고 나머지('C'와 'D')는 각각 한쪽에만 있습니다. 두 데이터를 이용해 다음과 같이 how의 인자를 변경하면 통합 결과가 어떻게 달라지는지 살펴보겠습니다.

```
In: df_left.merge(df_right, how='left', on = 'key')
```

Out:

	key	left	right
0	A	1	4.0
1	B	2	5.0
2	C	3	NaN

```
In: df_left.merge(df_right, how='right', on = 'key')
```

Out:

	key	left	right
0	A	1.0	4
1	B	2.0	5
2	D	NaN	6

```
In: df_left.merge(df_right, how='outer', on = 'key')
```

Out:

	key	left	right
0	A	1.0	4.0
1	B	2.0	5.0
2	C	3.0	NaN
3	D	NaN	6.0

```
In: df_left.merge(df_right, how='inner', on = 'key')
```

Out:

	key	left	right
0	A	1	4
1	B	2	5

예제에서 on 인자의 값은 key로 지정하고 how 인자의 값을 각각 left, right, outer, inner로 변경했습니다. 각각 출력된 결과를 보면 how 인자의 값에 따라 통합 결과가 달라지는 것을 볼 수 있습니다. 여기서 해당 항목에 데이터가 없는 경우는 NaN이 자동으로 입력됐습니다.

데이터 파일을 읽고 쓰기

앞에서 파이썬에서 기본적으로 제공하는 방법으로 파일을 읽고 쓰는 방법을 알아봤습니다. pandas는 표 형식의 데이터 파일을 DataFrame 형식의 데이터로 읽어오는 방법과 DataFrame 형식의 데이터를 표 형식으로 파일로 저장하는 편리한 방법을 제공합니다.

표 형식의 데이터 파일을 읽기

pandas에서는 표 형식의 데이터 파일을 읽어 오는 몇 가지 방법을 제공합니다. 그중 대표적인 read_csv()를 이용해 표 형식의 텍스트 데이터 파일을 읽는 방법을 살펴보겠습니다. read_csv()는 기본적으로 각 데이터 필드가 콤마(,)로 구분된 CSV(comma-separated values) 파일을 읽는 데 이용합니다. 또한 옵션을 지정하면 각 데이터 필드가 콤마 외의 다른 구분자로 구분돼 있어도 데이터를 읽어올 수 있습니다.

다음은 read_csv()를 이용하는 방법입니다.

```
DataFrame_data = pd.read_csv(file_name [, options])
```

file_name은 텍스트 파일의 이름으로 경로를 포함할 수도 있습니다. options는 선택 사항인데 이것에 대해서는 예제를 통해 자세히 살펴보겠습니다.

CSV 파일

CSV 파일은 CSV 형식으로 데이터를 저장한 텍스트 파일입니다. 여기서 CSV는 comma-separated values의 줄임말로 말 그대로 데이터 필드 사이(값과 값의 사이)를 콤마로 구분한 것을 의미합니다. CSV 파일의 확장자는 '.csv'이지만 일반 text 파일입니다. CSV 형식은 오랫동안 사용됐으며 간단하게 데이터를 표현할 수 있어서 테이블 형태의 데이터를 표현할 때 표준처럼 사용되고 있습니다. 따라서 데이터를 처리하는 각종 프로그램(마이크로소프트 엑셀, 오픈 오피스, 구글 문서도구 등)에서 CSV 파일을 읽을 수 있도록 지원하고 있습니다. pandas에서는 CSV 파일을 DataFrame 형식으로 읽어오는 것을 지원합니다.

앞에서 작업 폴더인 'C:\myPyCode' 아래에 data 폴더를 만들었습니다. data 폴더 아래에 다음과 같이 csv 데이터 파일('sea_rain1.csv')을 생성합니다.

```
In: %%writefile C:\myPyCode\data\sea_rain1.csv
    연도,동해,남해,서해,전체
    1996,17.4629,17.2288,14.436,15.9067
    1997,17.4116,17.4092,14.8248,16.1526
    1998,17.5944,18.011,15.2512,16.6044
    1999,18.1495,18.3175,14.8979,16.6284
    2000,17.9288,18.1766,15.0504,16.6178
```

```
Out: Writing C:\myPyCode\data\sea_rain1.csv
```

이제 pandas의 read_csv()로 위의 csv 파일을 읽어보겠습니다.

```
In: import pandas as pd

    pd.read_csv('C:/myPyCode/data/sea_rain1.csv')
```

Out:

	연도	동해	남해	서해	전체
0	1996	17.4629	17.2288	14.4360	15.9067
1	1997	17.4116	17.4092	14.8248	16.1526
2	1998	17.5944	18.0110	15.2512	16.6044
3	1999	18.1495	18.3175	14.8979	16.6284
4	2000	17.9288	18.1766	15.0504	16.6178

텍스트 파일의 인코딩

파이썬에서 텍스트 파일을 생성하면 기본 문자 인코딩 형식이 'utf-8'입니다. 하지만 윈도우의 메모장에서 파일을 저장하면 인코딩 형식이 'cp949'가 됩니다. pandas의 read_csv()로 csv 파일을 읽어 올 때 텍스트 파일의 인코딩 형식에 따라 옵션을 지정해야 합니다. 그렇지 않으면 한글을 제대로 표현할 수 없습니다. 텍스트 파일이 'utf-8'로 인코딩돼 있으면 『encoding = "utf8"』로 옵션을 지정하거나 인코딩 옵션을 생략할 수 있습니다. 텍스트 파일의 인코딩 형식이 'cp949'인 경우 『encoding = "cp949"』를 추가해야 합니다. 텍스트 파일의 인코딩 방식은 여러 가지가 있지만 윈도우에서 한글로 작성된 파일의 경우 대부분 이 두 가지 인코딩 형식 중 하나를 선택하면 오류 없이 읽어 올 수 있습니다.

그림 11-6은 윈도우 메모장을 이용해 csv 형식의 데이터를 'C:\myPyCode\data'에 저장한 것입니다. 이 경우 문자 인코딩은 'cp949'가 됩니다.

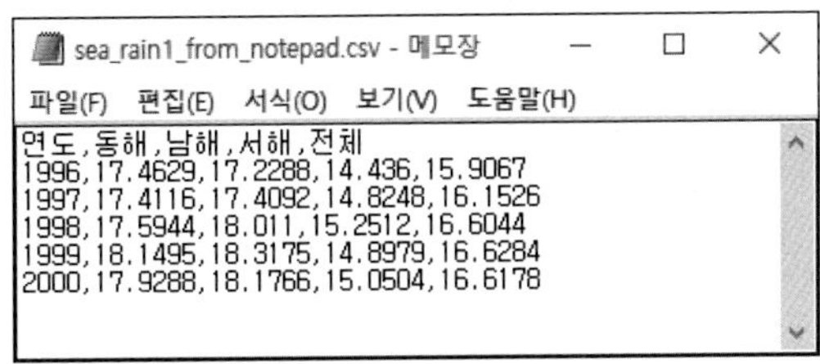
```
연도,동해,남해,서해,전체
1996,17.4629,17.2288,14.436,15.9067
1997,17.4116,17.4092,14.8248,16.1526
1998,17.5944,18.011,15.2512,16.6044
1999,18.1495,18.3175,14.8979,16.6284
2000,17.9288,18.1766,15.0504,16.6178
```

그림 11-6 윈도우 메모장을 이용해 csv 형식의 데이터를 저장

윈도우 메모장으로 저장한 csv 파일'sea_rain1_from_notepad.csv'를 read_csv()로 읽어오겠습니다. 이 경우 『encoding = "cp949"』 옵션을 추가해야 한글을 제대로 읽어올 수 있습니다.

```
In: pd.read_csv('C:/myPyCode/data/sea_rain1_from_notepad.csv', encoding = "cp949")
```

Out:

	연도	동해	남해	서해	전체
0	1996	17.4629	17.2288	14.4360	15.9067
1	1997	17.4116	17.4092	14.8248	16.1526
2	1998	17.5944	18.0110	15.2512	16.6044
3	1999	18.1495	18.3175	14.8979	16.6284
4	2000	17.9288	18.1766	15.0504	16.6178

만약 텍스트 파일에서 각 데이터 필드가 콤마가 아니라 다음 데이터 파일처럼 공백(빈칸)으로 구분돼 있으면 어떻게 해야 할까요?

```
In: %%writefile C:\myPyCode\data\sea_rain1_space.txt
    연도 동해 남해 서해 전체
    1996 17.4629 17.2288 14.436 15.9067
    1997 17.4116 17.4092 14.8248 16.1526
    1998 17.5944 18.011 15.2512 16.6044
    1999 18.1495 18.3175 14.8979 16.6284
    2000 17.9288 18.1766 15.0504 16.6178
```

```
Out: Writing C:\myPyCode\data\sea_rain1_space.txt
```

read_csv()에서 읽고자 하는 데이터 파일의 구분자가 콤마가 아닌 경우에는 'sep=구분자' 옵션을 추가해야 텍스트 파일에서 pandas의 DataFrame 형식으로 데이터를 제대로 읽어올 수 있습니다. 만약 텍스트 파일에서 각 데이터 필드가 공백으로 구분돼 있으면 다음과 같이 read_csv()에 『sep=" "』 옵션을 추가해서 구분자가 공백임을 지정합니다.

```
In: pd.read_csv('C:/myPyCode/data/sea_rain1_space.txt', sep=" ")
```

Out:

	연도	동해	남해	서해	전체
0	1996	17.4629	17.2288	14.4360	15.9067
1	1997	17.4116	17.4092	14.8248	16.1526
2	1998	17.5944	18.0110	15.2512	16.6044
3	1999	18.1495	18.3175	14.8979	16.6284
4	2000	17.9288	18.1766	15.0504	16.6178

위와 같이 텍스트 파일의 확장자가 csv가 아니더라도 read_csv()를 이용해 텍스트 데이터를 DataFrame 데이터로 읽어올 수 있습니다.

pandas에서 제공하는 read_csv()로 텍스트 파일을 읽어오면 index가 자동으로 지정됩니다. 이때 자동으로 생성된 index 말고 데이터 파일에서 특정 열(column)을 index로 선택하려면 옵션에 'index_col=열 이름'을 추가하면 됩니다.

다음은 앞의 csv 데이터 파일 'sea_rain1.csv'에서 '연도' 열을 index로 선택해 DataFrame 형식으로 데이터를 불러온 예입니다.

```
In: pd.read_csv('C:/myPyCode/data/sea_rain1.csv', index_col="연도" )
```

Out:

	동해	남해	서해	전체
연도				
1996	17.4629	17.2288	14.4360	15.9067
1997	17.4116	17.4092	14.8248	16.1526
1998	17.5944	18.0110	15.2512	16.6044
1999	18.1495	18.3175	14.8979	16.6284
2000	17.9288	18.1766	15.0504	16.6178

출력된 결과를 보면 DataFrame 데이터에는 자동으로 생성된 index 대신 index_col에 지정한 '연도'의 열 데이터가 index로 설정됐습니다.

표 형식의 데이터를 파일로 쓰기

앞에서 텍스트 파일을 pandas의 DataFrame 형식으로 읽어오는 방법을 살펴봤습니다. 이번에는 pandas에서 제공하는 to_csv()를 이용해 DataFrame 형식의 데이터를 텍스트 파일로 저장하는 방법을 살펴보겠습니다.

```
DataFrame_data.to_csv(file_name [, options])
```

file_name은 텍스트 파일 이름으로 경로를 포함할 수도 있습니다. 선택사항인 options에는 구분자와 문자의 인코딩 방식 등을 지정할 수 있는데 지정하지 않으면 구분자는 콤마가 되고 문자의 인코딩 방식은 'utf-8'이 됩니다.

DataFrame 데이터를 파일로 저장하기 위해 우선 다음과 같이 네 명의 몸무게(Weight, 단위: kg)와 키(Height, 단위: cm) 데이터를 DataFrame 형식으로 생성하겠습니다. DataFrame 데이터에서 index에 이름을 추가하고 싶으면 'df.index.name=문자열'과 같이 작성합니다.

```
In: df_WH = pd.DataFrame({'Weight':[62, 67, 55, 74],
                          'Height':[165, 177, 160, 180]},
                           index=['ID_1', 'ID_2', 'ID_3', 'ID_4'])
    df_WH.index.name = 'User'
    df_WH
```

Out:

	Height	Weight
User		
ID_1	165	62
ID_2	177	67
ID_3	160	55
ID_4	180	74

파일로 저장하기 전에 몸무게와 키를 이용해 체질량 지수(BMI)를 구해서 df_WH에 추가하겠습니다.

체질량 지수(BMI)

체질량 지수(Body Mass Index, BMI)는 성인의 몸무게(W[kg])와 키(H[m])를 이용해 비만도를 추정하는 지수로서 계산 공식은 다음과 같습니다.

$$BMI = W/H^2$$

이제 df_WH의 몸무게와 키 데이터를 이용해 체질량 지수(BMI)를 구해보겠습니다. 키의 경우 입력한 데이터는 cm 단위여서 m 단위로 변경하기 위해 100으로 나눴습니다.

```
In: bmi = df_WH['Weight']/(df_WH['Height']/100)**2
    bmi
```

```
Out: User
     ID_1    22.773186
     ID_2    21.385936
     ID_3    21.484375
     ID_4    22.839506
     dtype: float64
```

DataFrame 데이터(df)에 'df['column_name']=column_data'로 새로운 열 데이터를 추가할 수 있습니다. 이제 앞에서 구한 체질량 지수(BMI)를 df_WH에 추가해 보겠습니다.

```
In: df_WH['BMI'] = bmi
    df_WH
```

Out:

	Height	Weight	BMI
User			
ID_1	165	62	22.773186
ID_2	177	67	21.385936
ID_3	160	55	21.484375
ID_4	180	74	22.839506

결과를 보면 기존에 생성된 DataFrame 데이터 df_WH에 체질량 지수(BMI) 열이 추가됐습니다. 이제 DataFrame 데이터 df_WH를 csv 파일로 저장해 보겠습니다.

```
In: df_WH.to_csv('C:/myPyCode/data/save_DataFrame.csv')
```

DataFrame 데이터가 csv 파일로 잘 저장됐는지는 다음과 같이 텍스트 파일을 보는 윈도우 명령어를 이용해 확인할 수 있습니다.

```
In: !type C:\myPyCode\data\save_DataFrame.csv
```

```
Out: User,Height,Weight,BMI
     ID_1,165,62,22.77318640955005
     ID_2,177,67,21.38593635289987
     ID_3,160,55,21.484374999999996
     ID_4,180,74,22.839506172839506
```

다음으로 DataFrame 데이터를 파일로 저장할 때 옵션을 지정하는 예제를 살펴보겠습니다. 먼저 한 회사의 제품별 판매 가격과 판매량 정보가 있는 DataFrame 데이터를 생성하겠습니다.

```
In: df_pr = pd.DataFrame({'판매가격':[2000, 3000, 5000, 10000],
                           '판매량':[32, 53, 40, 25]},
                           index=['P1001', 'P1002', 'P1003', 'P1004'])
    df_pr.index.name = '제품번호'
    df_pr
```

Out:

	판매가격	판매량
제품번호		
P1001	2000	32
P1002	3000	53
P1003	5000	40
P1004	10000	25

이제 DataFrame 데이터 df_pr를 텍스트 파일로 저장해 보겠습니다. 이때 옵션으로 데이터 필드는 공백으로 구분하고 문자 인코딩은 'cp949'로 지정하겠습니다.

```
In: file_name = 'C:/myPyCode/data/save_DataFrame_cp949.txt'
    df_pr.to_csv(file_name, sep=" ", encoding = "cp949")
```

마찬가지로 텍스트 파일을 보는 윈도우 명령어로 저장된 파일을 확인할 수 있습니다.

```
In: !type C:\myPyCode\data\save_DataFrame_cp949.txt
```

```
Out: 제품번호 판매가격 판매량
     P1001 2000 32
     P1002 3000 53
     P1003 5000 40
     P1004 10000 25
```

윈도우 메모장의 경우 텍스트 파일을 열 때 인코딩 방식을 자동으로 인식해서 처리하기 때문에 문자 인코딩 방식이 'utf-8'이거나 'cp949'이거나 상관없이 한글이 깨지지 않고 잘 보입니다. 하지만 윈도우 명령어인 'type'으로 파일을 출력할 때 문자의 인코딩 방식이 'cp949'인 경우에는 한글이 잘 보이지만 'utf-8'인 경우 한글이 깨져 보입니다.

03 정리

이번 장에서는 데이터 분석에 아주 유용하게 활용할 수 있는 NumPy와 pandas에 대해 살펴봤습니다. 여기서는 자주 쓰는 기능을 중심으로 살펴봤는데 더 자세한 정보가 필요하다면 각 프로젝트의 홈페이지를 방문해서 확인해 보길 바랍니다. 이번에 살펴봤듯이 잘 만들어진 외부 패키지를 이용하면 코딩을 좀 더 편리하고 빠르게 할 수 있습니다. 일반적으로 파이썬 프로그램을 작성할 때는 파이썬의 기본 기능과 외부 패키지나 라이브러리를 함께 이용합니다. 이번 장에서 살펴본 패키지 외에도 Python Package Index 홈페이지(https://pypi.org)를 방문하면 다양한 패키지에 대한 정보를 얻을 수 있습니다.

12

데이터 시각화

앞에서 숫자 데이터를 다루는 다양한 방법을 살펴봤습니다. 숫자 데이터를 그래프로 시각화하면 한눈에 데이터를 파악할 수 있어서 편리합니다. 이번에는 시각화 라이브러리인 matplotlib을 이용해 파이썬에서 숫자로 이뤄진 데이터를 다양한 그래프로 보기 좋게 표현하는 시각화 방법을 살펴보겠습니다.

01 matplotlib로 그래프 그리기

matplotlib는 파이썬에서 데이터를 효과적으로 시각화하기 위해 만든 라이브러리입니다. matplotlib는 MATLAB(과학 및 공학 연산을 위한 소프트웨어)의 시각화 기능을 모델링해서 만들어졌습니다. 따라서 MATLAB의 시각화 기능을 이용해본 경험이 있다면 matplotlib을 쉽게 이용할 수 있습니다. matplotlib을 이용하면 몇 줄의 코드로 간단하게 2차원 선 그래프(plot), 산점도(scatter plot), 막대 그래프(bar chart), 히스토그램(histogram), 파이 그래프(pie chart) 등을 그릴 수 있습니다. matplotlib의 기능과 사용법을 모두 다루는 것은 이 책의 범위를 벗어나므로 여기서는 주요 기능만 살펴보겠습니다. 추가 정보가 필요하다면 matplotlib 홈페이지(`https://matplotlib.org/`)를 방문하길 바랍니다.

matplotlib 라이브러리 역시 아나콘다를 설치할 때 이미 설치됐으므로 따로 설치할 필요가 없습니다. 이제 matplotlib에 대해 살펴보겠습니다.

matplotlib의 그래프 기능을 이용하려면 우선 다음과 같이 matplotlib의 서브모듈(submodule)을 불러와야 합니다. matplotlib의 서브모듈도 NumPy나 pandas처럼 다음과 같이 'import ~ as ~' 형식으로 불러옵니다.

```
In: import matplotlib.pyplot as plt
```

위와 같이 matplotlib의 서브모듈을 불러오면 matplotlib.pyplot 대신 plt를 이용할 수 있습니다. 따라서 matplotlib에서 제공하는 그래프 기능을 'plt.그래프_함수()' 형식으로 사용할 수 있습니다.

Spyder의 IPython 콘솔이나 주피터 노트북의 코드 셀에서 '그래프_함수()'를 실행하면 기본적으로 코드 결과 출력 부분에 그래프를 출력합니다. 만약 별도의 팝업창에 그래프를 출력하려면 '그래프_함수()'를 실행하기 전에 다음을 실행합니다.

```
%matplotlib qt
```

그래프를 다시 코드 결과 출력 부분에 출력하려면 '그래프_함수()'를 실행하기 전에 다음을 실행합니다.

```
%matplotlib inline
```

이제 matplotlib에서 제공하는 다양한 그래프 기능의 사용법을 알아보겠습니다.

선 그래프

기본적인 선 그래프 그리기

선 그래프는 그래프 중 가장 기본이 되는 그래프입니다. 순서가 있는 숫자 데이터를 시각화하거나 시간에 따라 변하는 숫자 데이터를 시각화하는 데 많이 사용합니다. matplotlib에서는 다음과 같은 형식으로 2차원 선 그래프를 그립니다.

```
plt.plot([x,] y [,fmt])
```

x와 y는 각각 x축과 y축 좌표의 값을 의미합니다. 즉, x와 y는 각각 2차원 좌표 집합 $\{(x_0, y_0), (x_1, y_1), (x_2, y_2), \cdots, (x_n, y_n)\}$에서 x축 좌표의 요소만 모아서 만든 시퀀스 데이터 $[x_0, x_1, x_2, \cdots, x_n]$과 y축 좌표의 요소만 모아서 만든 시퀀스 데이터 $[y_0, y_1, y_2, \cdots, y_n]$을 의미합니다. 다시 말해 $x=[x_0, x_1, x_2, \cdots, x_n]$이고,

y=[y_0, y_1, y_2, ⋯, y_n]입니다. 여기서 x와 y는 시퀀스의 길이가 같아야 합니다. x와 y 데이터 중에서 x는 생략할 수 있습니다. x가 없다면 x는 0부터 y의 개수만큼 1씩 증가하는 값으로 자동 할당됩니다. 또한 fmt는 format string으로 다양한 형식으로 그래프를 그릴 수 있는 옵션입니다. fmt가 없다면 기본 형식으로 그래프를 그립니다. 이 fmt에 대해서는 나중에 살펴보겠습니다.

위의 plot([x,] y [,fmt])에서 생략할 수 있는 x와 fmt를 고려해 조합할 수 있는 모든 조건을 표현하면 다음과 같습니다.

```
plt.plot(y)
plt.plot(y, fmt)
plt.plot(x, y)
plt.plot(x, y, fmt)
```

선 그래프를 그리기 위해 먼저 다음과 같이 숫자로 이뤄진 리스트 데이터를 생성하겠습니다.

```
In: data1 = [10, 14, 19, 20, 25]
```

이제 데이터 data1을 이용해 선 그래프를 생성하겠습니다.

```
In: plt.plot(data1)
```

```
Out: [<matplotlib.lines.Line2D at 0x23310f30588>]
```

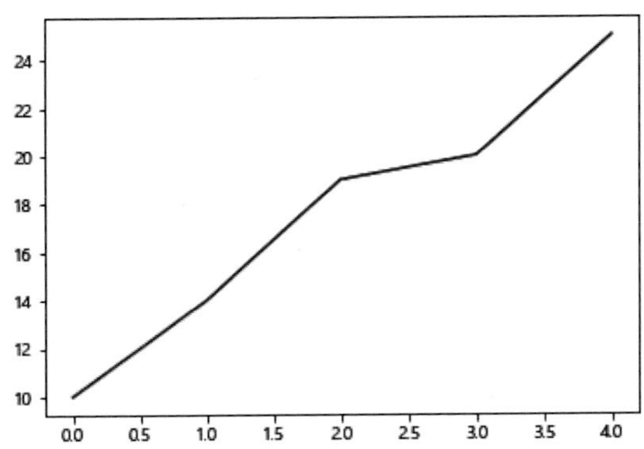

위 그래프에서 y축 데이터는 data1의 값으로 그려졌습니다. x축 데이터는 별도로 설정하지 않아 자동으로 0부터 1씩 증가하는 값으로 자동 할당됐습니다. 따라서 5개의 (x, y) 좌푯값인 $\{(0, 10), (1, 14), (2, 19), (3, 20), (4, 25)\}$가 그래프로 그려졌습니다. plot()으로 데이터를 시각화할 때 특별한 옵션을 지정하지 않으면 기본적으로 선 그래프가 그려집니다.

Spyder의 IPython 콘솔이나 주피터 노트북의 코드 셀에서 '그래프_함수()'를 실행하면 위와 같이 Out[]에 그래프와 함께 그래프 객체의 정보가 출력됩니다. 그래프 객체의 정보 없이 그래프만 출력하려면 다음처럼 '그래프_함수()'를 실행한 이후에 show()를 실행하면 됩니다.

```
In: plt.plot(data1)
    plt.show()
```

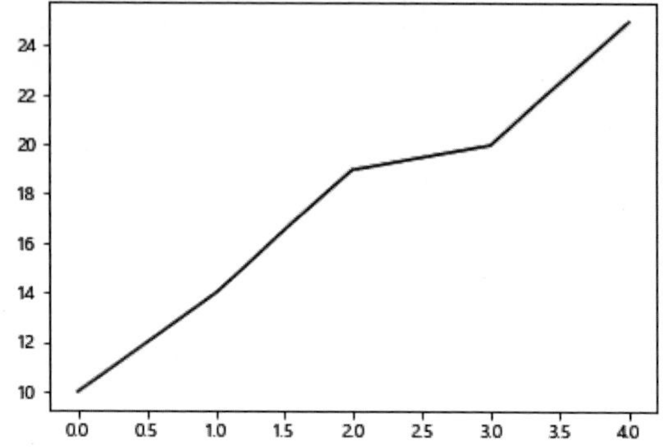

만약 그래프가 출력되지 않는다면 '%matplotlib inline'을 실행한 후에 위의 코드를 다시 실행합니다.

별도의 창에 그래프를 출력하려면 '그래프_함수()'를 실행하기 전에 다음을 실행합니다.

```
In: %matplotlib qt
```

이제 다음 코드를 실행하면 별도의 팝업창에 그래프가 출력됩니다.

```
In: plt.plot(data1)
```

```
Out: [<matplotlib.lines.Line2D at 0x23310f38be0>]
```

그림 12-1은 위 코드를 수행해 별도의 팝업창에 그려진 그래프입니다. 팝업창에 그려진 그래프의 경우 GUI(그래픽 사용자 인터페이스)를 통해 원하는 위치로 이동하거나 관심 부분을 확대할 수 있습니다.

또한 다양한 그래프 옵션을 설정하거나 그래프를 이미지 파일로 저장할 수도 있습니다. 여기서는 팝업 창에 그려진 그래프의 GUI 사용법을 설명하지 않겠지만 앞으로 나오는 내용을 잘 이해하면 GUI 사용에 어려움이 없을 것입니다.

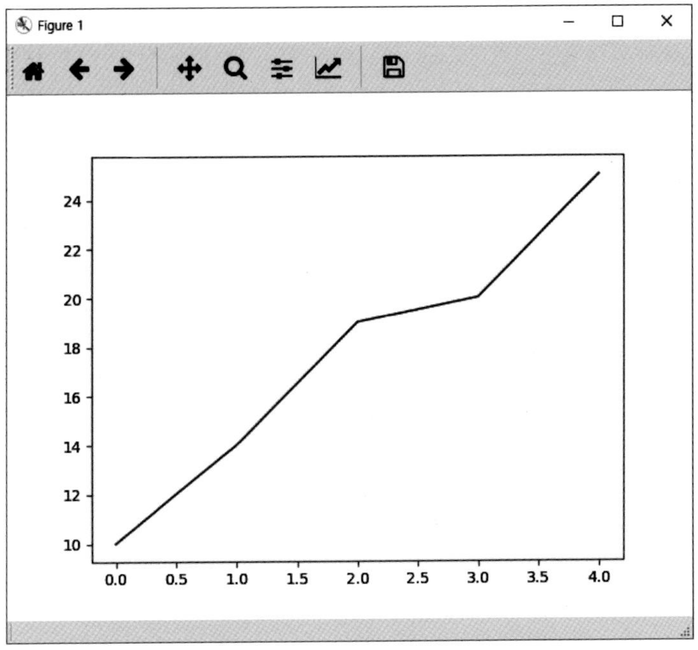

그림 12-1 팝업창에 그래프 출력

다시 결과 창에 그래프를 출력하게 하려면 다음과 같이 실행합니다.

```
In: %matplotlib inline
```

앞에서는 x축 데이터는 지정하지 않고 y축 데이터만 있는 경우에 대해서 살펴봤습니다. 이제 x값과 y값이 모두 있는 데이터를 2차원 선 그래프로 그려보겠습니다. 이를 위해 x 데이터와 $y=2x^2$ 수식을 이용해 y 데이터를 생성하겠습니다.

```
In: import numpy as np

    x = np.arange(-4.5, 5, 0.5) # 배열 x 생성. 범위: [-4.5, 5), 0.5씩 증가
    y = 2*x**2 # 수식을 이용해 배열 x에 대응하는 배열 y 생성
    [x,y]
```

```
Out: [array([-4.5, -4. , -3.5, -3. , -2.5, -2. , -1.5, -1. , -0.5,  0. ,  0.5,
          1. ,  1.5,  2. ,  2.5,  3. ,  3.5,  4. ,  4.5]),
      array([40.5, 32. , 24.5, 18. , 12.5,  8. ,  4.5,  2. ,  0.5,  0. ,  0.5,
          2. ,  4.5,  8. , 12.5, 18. , 24.5, 32. , 40.5])]
```

생성된 x값과 y값으로 plot()을 이용해 그래프를 그려보겠습니다.

```
In: plt.plot(x,y)
    plt.show()
```

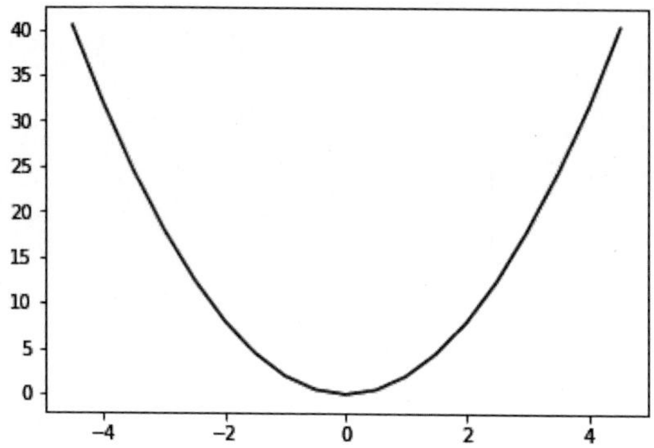

plot()을 이용해 y=$2x^2$ 관계가 있는 x와 y 데이터를 시각화했습니다. x와 y 데이터를 숫자로 출력하는 것보다 그래프로 보니 데이터 특성을 한 번에 파악할 수 있습니다.

여러 그래프 그리기

앞에서 plot()을 수행하면 그래프 창(그래프를 그리기 위한 창으로 Figure라고 함)이 하나 생성되고 그 안에 하나의 선 그래프를 그렸습니다. 하지만 그래프로 표시할 데이터가 여러 개일 때는 하나의 그래프 창에 하나의 그래프만 표시해서는 데이터를 효과적으로 표현할 수가 없습니다. 이번에는 여러 개의 데이터를 효과적으로 시각화하는 방법을 살펴보겠습니다.

우선 여러 데이터를 하나의 그래프 창에 한 번에 표시하는 방법을 알아보겠습니다. 이를 위해 다음처럼 x에 대해 y1, y2, y3 데이터를 생성해 보겠습니다. 여기서 y1, y2, y3 데이터 생성을 위한 수식은 각각 $y1=2x^2$, $y2=5x+30$, $y3=4x^2+10$입니다.

```
In: import numpy as np
```

```
x = np.arange(-4.5, 5, 0.5)
y1 = 2*x**2
y2 = 5*x + 30
y3 = 4*x**2 + 10
```

하나의 그래프 창에 여러 개의 데이터를 선 그래프로 표시하는 방법은 다음과 같습니다.

```
plt.plot([x1,] y1 [, fmt1])
plt.plot([x2,] y2 [, fmt2])
 · · ·
plt.plot([xn,] yn [, fmtn])
```

위와 같이 연속해서 plot()을 수행하면 하나의 그래프 창에 여러 개의 그래프를 그릴 수 있습니다.

또한 다음처럼 하나의 plot()에 표시하고자 하는 데이터를 모두 입력하는 방법으로도 하나의 그래프 창에 여러 개의 선 그래프를 그릴 수 있습니다.

```
plt.plot(x1, y1 [, fmt1], x2, y2 [, fmt2], · · · , xn, yn [, fmtn])
```

위 형식의 경우 x와 y 데이터는 쌍을 이뤄야 하므로 x 데이터를 생략하지 않습니다. 생략할 수 있는 fmt를 고려하면 다음 예와 같이 다양한 조합으로 사용할 수 있습니다.

```
plt.plot(x1, y1, x2, y2, · · · , xn, yn)
plt.plot(x1, y1, fmt1, x2, y2, fmt2, · · · , xn, yn, fmtn)
plt.plot(x1, y1, x2, y2, fmt2, · · · , xn, yn)
plt.plot(x1, y1, fmt1, x2, y2, · · · , xn, yn)
```

이제 생성한 데이터 x, y1, y2, y3를 이용해 그래프를 그려보겠습니다. 수식으로 생성한 y1, y2, y3는 모두 공통으로 x에 대응됩니다. 따라서 y1, y2, y3 데이터를 하나의 그래프 창에 그리려면 다음과 같이 코드를 작성합니다.

```
In: import matplotlib.pyplot as plt

    plt.plot(x, y1)
    plt.plot(x, y2)
```

```
    plt.plot(x, y3)
    plt.show()
```

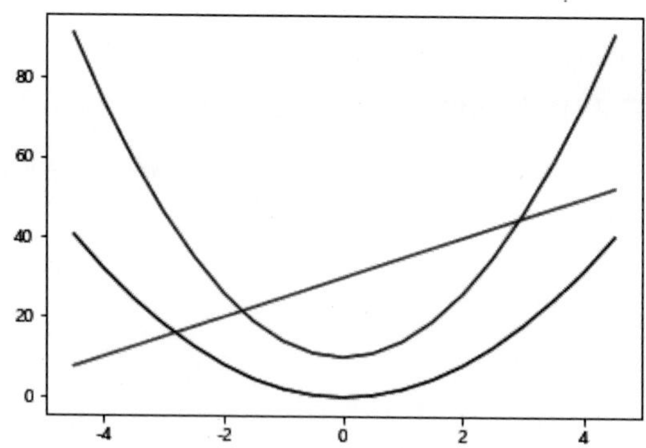

위의 결과를 보면 x에 대한 데이터 y1, y2, y3이 각각 다른 색의 선 그래프로 그려진 것을 볼 수 있습니다. 나중에 살펴볼 옵션을 설정하면 각 데이터 y1, y2, y3의 선 색을 원하는 대로 지정할 수도 있습니다. 위의 코드에서는 하나의 그래프 창에 여러 개의 선 그래프를 그리기 위해 여러 번 plot()을 수행했지만, 다음과 같이 하나의 plot()에 여러 개의 x, y 데이터 쌍을 입력해서 하나의 그래프 창에 여러 개의 선 그래프를 그릴 수도 있습니다.

```
In: plt.plot(x, y1, x, y2, x, y3)
    plt.show()
```

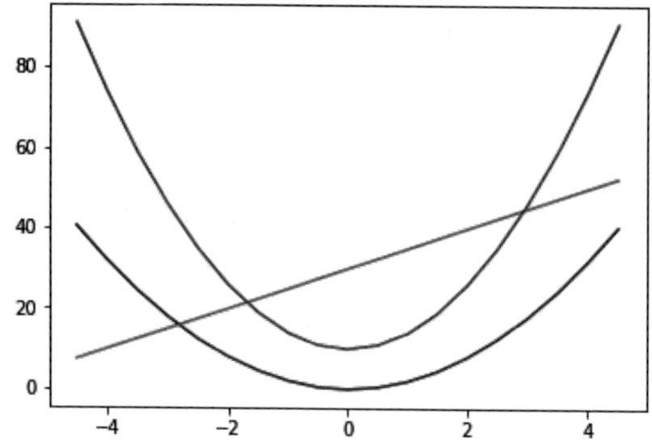

하나의 그래프 창에 여러 개의 그래프를 그리는 대신 새로운 그래프 창에 그래프를 그리려면 '그래프_함수()'를 실행하기 전에 다음과 같이 먼저 그래프 창을 생성합니다.

```
plt.figure()
```

다음은 figure()로 새로운 그래프 창을 생성해서 그래프를 그리는 예입니다. plot()과 같은 '그래프_함수()'를 처음 수행하는 경우에는 새로운 그래프 창이 자동으로 생성되므로 figure()를 실행할 필요가 없습니다.

```
In: plt.plot(x, y1)          # 처음 그리기 함수를 수행하면 그래프 창이 자동으로 생성됨

    plt.figure()             # 새로운 그래프 창을 생성함
    plt.plot(x, y2)          # 새롭게 생성된 그래프 창에 그래프를 그림

    plt.show()
```

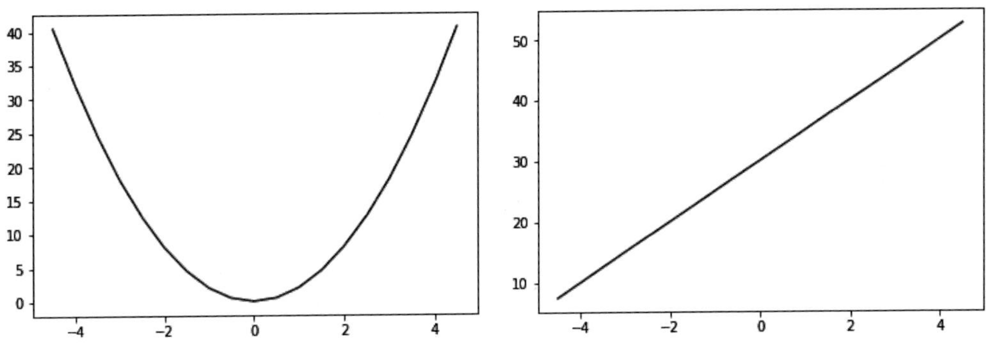

보다시피 '그래프_함수()'를 실행하기 전에 figure()를 실행하면 새로운 그래프 창이 생성되고 그곳에 그래프를 그립니다.

다음과 같은 방법으로 그래프 창의 번호를 명시적으로 지정한 후 해당 창에 그래프를 그릴 수도 있습니다.

```
plt.figure(n)
```

인자 n(정수)을 지정하면 지정된 번호로 그래프 창이 지정됩니다. 이후에 '그래프_함수()'를 실행하면 지정된 번호의 그래프 창에 그래프가 그려집니다. 만약 지정된 번호의 그래프 창이 없다면 새로 그래프 창을 생성한 후에 그래프가 그려집니다. '%matplotlib inline'이 실행된 경우는 그래프 창의 번호가 명시적으로 나타나지 않지만 '%matplotlib qt'를 실행해 별도의 팝업창에 그래프를 생성하면 제목에 'Figure 번호'가 표시됩니다.

figure(n)로 그래프 창을 지정한 후에 '그래프_함수()'를 실행하기 전에 현재 그래프 창의 그래프를 모두 지우려면 clf()를 이용합니다. 또한 현재의 그래프 창을 닫으려면 close()를 이용합니다.

다음은 두 개의 데이터 쌍 (x, y1), (x, y2)를 지정된 번호의 그래프 창에 그래프로 그리는 예입니다. 여기서 x에 대해 y1, y2 데이터 생성을 위한 수식은 각각 $y1=x^2-2$, $y2=20cos(x)^2$입니다.

```
In: import numpy as np

    # 데이터 생성
    x = np.arange(-5, 5, 0.1)
    y1 = x**2 -2
    y2 = 20*np.cos(x)**2 # NumPy에서 cos()는 np.cos()으로 입력

    plt.figure(1) # 1번 그래프 창을 생성함
    plt.plot(x, y1) # 지정된 그래프 창에 그래프를 그림

    plt.figure(2) # 2번 그래프 창을 생성함
    plt.plot(x, y2) # 지정된 그래프 창에 그래프를 그림

    plt.figure(1) # 이미 생성된 1번 그래프 창을 지정함
    plt.plot(x, y2) # 지정된 그래프 창에 그래프를 그림

    plt.figure(2) # 이미 생성된 2번 그래프 창을 지정함
    plt.clf() # 2번 그래프 창에 그려진 모든 그래프를 지움
    plt.plot(x, y1) # 지정된 그래프 창에 그래프를 그림

    plt.show()
```

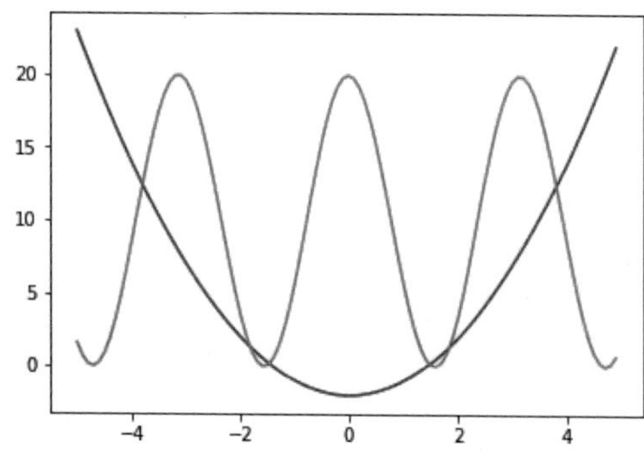

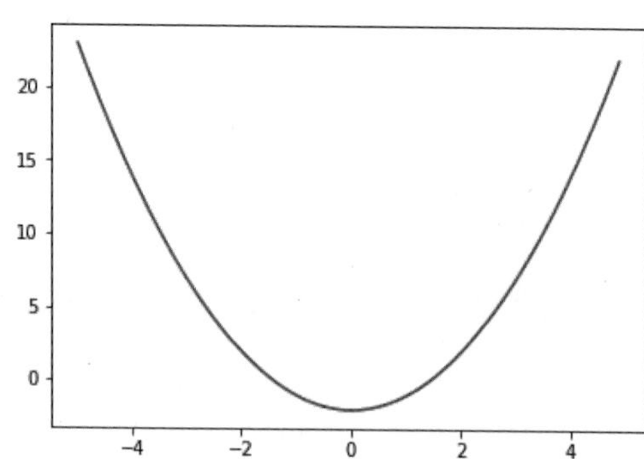

위에서 첫 번째 그래프 창에는 두 개의 그래프가 그려진 것을 볼 수 있습니다. 이것은 figure(1)로 1번 그래프 창을 생성해서 plot(x, y1)로 그래프를 그린 후에 다시 figure(1)로 1번 그래프 창을 지정해서 plot(x, y2)로 그래프를 그렸기 때문입니다. 두 번째 그래프 창에는 한 개의 그래프가 그려졌습니다. 이것은 figure(2)로 2번 그래프 창을 지정한 후 clf()로 이전에 그렸던 그래프를 지우고 plot(x, y1)로 그래프를 그렸기 때문입니다.

지금까지 하나의 그래프 창에 여러 개의 그래프를 그리는 방법과 새로운 그래프 창을 생성해서 그래프를 그리는 방법을 살펴봤습니다. 이번에는 하나의 그래프 창을 하위 그래프 영역으로 나눈 후에 각 영역에 그래프를 그리는 방법을 살펴보겠습니다. 하나의 그래프 창을 하위 그래프 영역으로 나누기 위해서는 다음과 같이 subplot()을 이용합니다.

```
plt.subplot(m, n, p)
```

위와 같이 실행하면 m × n 행렬로 이뤄진 하위 그래프 중에서 p 번 위치에 그래프가 그려지도록 지정합니다. p는 왼쪽에서 오른쪽으로, 그리고 위에서 아래로 행렬의 위치를 지정합니다. 예를 들어 subplot(2, 2, 1)이라고 지정했으면 2 × 2 행렬로 이뤄진 4개의 하위 그래프 위치에서 1번 위치에 그래프를 그린다는 의미입니다.

그림 12-2, 12-3, 12-4는 각각 subplot(2, 1, p), subplot(2, 2, p), subplot(3, 2, p) 그래프에서 p가 지정하는 하위 그래프의 위치를 표시한 예입니다.

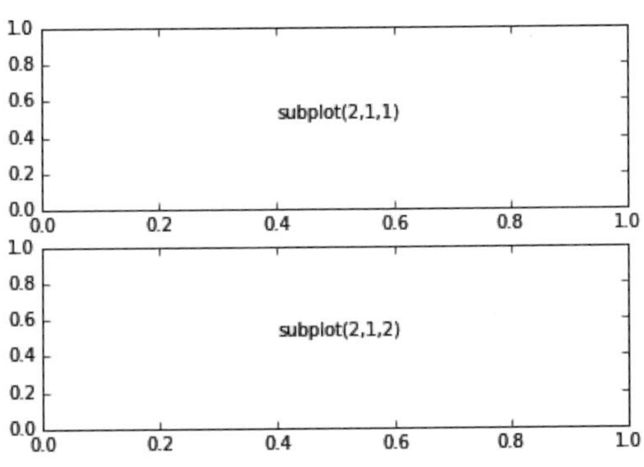

그림 12-2 subplot(2, 1, p) 그래프에서 p에 따른 하위 그래프의 위치

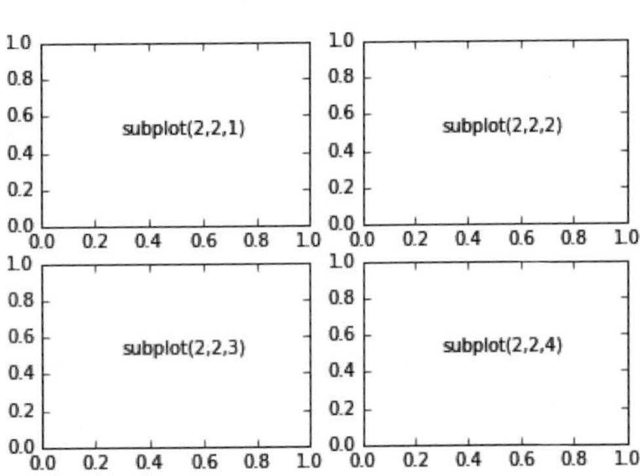

그림 12-3 subplot(2, 2, p) 그래프에서 p에 따른 하위 그래프의 위치

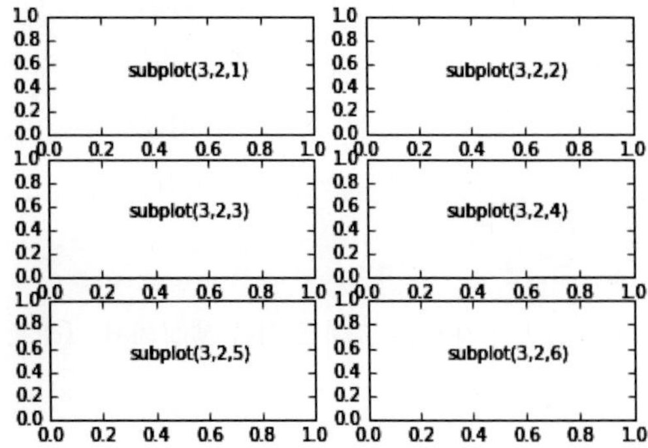

그림 12-4 subplot(3, 2, p) 그래프에서 p에 따른 하위 그래프의 위치

subplot()을 이용해 하위 그래프의 위치를 지정한 후에 '그래프_함수()'로 지정한 위치에 그래프를 그립니다.

예제를 통해 subplot()을 활용하는 방법을 살펴보겠습니다. 우선 NumPy를 이용해 4개의 배열 데이터를 생성하고 각 데이터를 4개의 하위 그래프에 나눠서 그려보겠습니다.

우선 배열 x에 대해 y1, y2, y3, y4의 데이터를 수식 $y1{=}0.3(x{-}5)^2{+}1$, $y2{=}{-}1.5x{+}3$, $y3{=}sin(x)^2$, $y4{=}10e^{-x}{+}1$로 생성하고 각 데이터를 4개의 하위 그래프에 나눠서 그려보겠습니다.

```
In: import numpy as np

    # 데이터 생성
    x = np.arange(0, 10, 0.1)
    y1 = 0.3*(x-5)**2 + 1
    y2 = -1.5*x + 3
    y3 = np.sin(x)**2 # NumPy에서 sin()은 np.sin()으로 입력
    y4 = 10*np.exp(-x) + 1 # NumPy에서 exp()는 np.exp()로 입력

    # 2 × 2 행렬로 이뤄진 하위 그래프에서 p에 따라 위치를 지정
    plt.subplot(2,2,1) # p는 1
    plt.plot(x,y1)

    plt.subplot(2,2,2) # p는 2
    plt.plot(x,y2)

    plt.subplot(2,2,3) # p는 3
```

```
plt.plot(x,y3)

plt.subplot(2,2,4) # p는 4
plt.plot(x,y4)

plt.show()
```

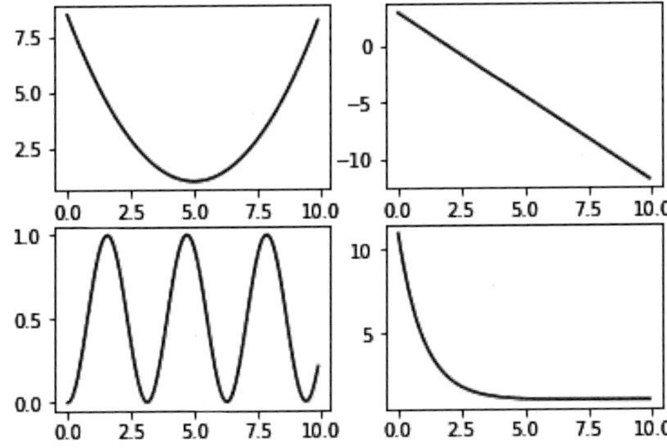

결과를 보면 4개의 그래프가 각각 subplot()으로 지정한 위치에 잘 그려진 것을 볼 수 있습니다.

그래프의 출력 범위 지정하기

그래프로 데이터를 분석할 때 전체 그래프 중 관심 영역만 확대해서 보고 싶을 때가 있습니다. matplotlib에서는 다음과 같은 방법으로 출력되는 그래프의 x축과 y축의 좌표 범위를 지정해 전체 그래프 중 관심 영역만 그래프로 그릴 수 있습니다.

```
plt.xlim(xmin, xmax)  # x축의 좌표 범위 지정(xmin ~ xmax)
plt.ylim(ymin, ymax)  # y축의 좌표 범위 지정(xmin ~ xmax)
```

위에서 xmin과 xmax는 각각 그래프에서 표시하고자 하는 범위의 x축의 최솟값과 최댓값이고 ymin과 ymax는 각각 y축의 최솟값과 최댓값입니다. xlim()과 ylim()은 독립적으로 동작하므로 둘 중 하나만 이용할 수도 있습니다.

현재 그래프의 x축과 y축의 범위를 가져오려면 다음과 같은 방법을 이용합니다.

```
[xmin, xmax] = plt.xlim()  # x축의 좌표 범위 가져오기
[ymin, ymax] = plt.ylim()  # y축의 좌표 범위 가져오기
```

xlim()과 ylim()은 모두 '그래프_함수()'로 그래프를 출력한 후에 실행해야 현재 출력한 그래프의 x축과 y축의 범위를 지정하거나 가져올 수 있습니다.

이제 그래프의 출력 범위 지정하는 예를 살펴보겠습니다. 먼저 배열 x에 대해 y1과 y2의 데이터를 수식 $y1=x^3$과 $y2=10x^2-2$ 로 생성하고 하나의 그래프 창에 y1과 y2의 그래프를 그려보겠습니다.

```
In: import numpy as np

    x = np.linspace(-4, 4,100) # [-4, 4] 범위에서 100개의 값 생성
    y1 = x**3
    y2 = 10*x**2 - 2

    plt.plot(x, y1, x, y2)
    plt.show()
```

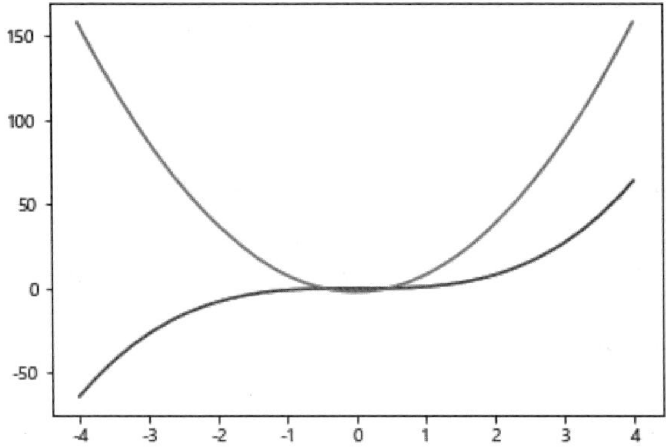

생성된 그래프에서 y1과 y2 두 개의 그래프가 만나는 것처럼 보이는데, 만나는 부분이 잘 보이지 않습니다. 따라서 다음 코드에서 그래프의 출력 범위를 지정해 관심 영역을 확대해 보겠습니다.

```
In: plt.plot(x, y1, x, y2)
    plt.xlim(-1, 1)
    plt.ylim(-3, 3)
    plt.show()
```

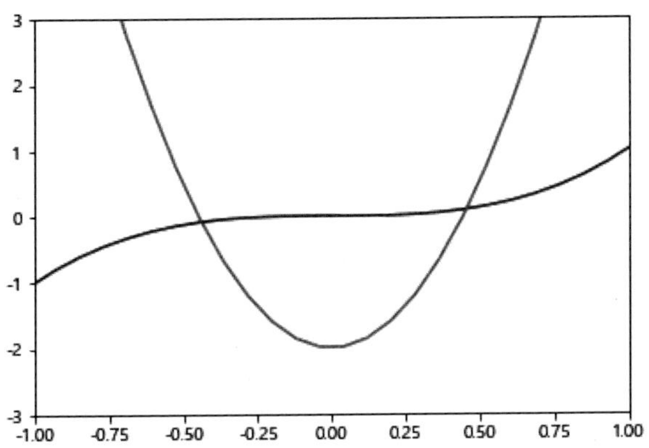

위 코드에서 xlim()와 ylim()로 축의 범위를 지정해 그래프의 관심 영역을 확대해서 보니 두 그래프가 만나는 지점을 좀 더 잘 볼 수가 있습니다.

그래프 꾸미기

앞에서는 plot()을 이용해 선 그래프를 그리는 방법을 알아봤습니다. 이번에는 plot()에서 사용할 수 있는 fmt 옵션을 활용해 그래프에서 선의 출력 형식을 지정하고 그래프에 축의 라벨, 제목, 격자, 문자열을 추가하는 방법을 살펴보겠습니다.

출력 형식 지정

plot()에서 fmt 옵션을 이용하면 그래프의 컬러, 선의 스타일, 마커를 지정할 수 있습니다. fmt 옵션을 지정하는 형식은 다음과 같습니다.

```
fmt = '[color][line_style][marker]'
```

color, line_style, marker는 각각 컬러, 선의 스타일, 마커 지정을 위한 약어(문자)를 나타냅니다. 이것은 하나씩만 지정할 수도 있고 조합해서 지정할 수도 있습니다. 표 12-1, 12-2, 12-3은 각각 matplotlib에서 컬러, 선의 스타일, 마커의 지정을 위한 약어입니다.

표 12-1 컬러 지정을 위한 약어

컬러 약어	컬러
b	파란색(blue)
g	녹색(green)
r	빨간색(red)
c	청녹색(cyan)
m	자홍색(magenta)
y	노란색(yellow)
k	검은색(black)
w	흰색(white)

표 12-2 선의 스타일 지정을 위한 약어

선 스타일 약어	선 스타일
-	실선(solid line) ————
--	파선(dashed line) ------------
:	점선 (dotted line) ···················
-.	파선 점선 혼합선(dash-dot line) -·-·-·-·-·

표 12-3 마커 지정을 위한 약어

마커 약어	마커
o	원 모양 ●
^, v, <, >	삼각형 위쪽(▲), 아래쪽(▼), 왼쪽(◀), 오른쪽 (▶) 방향
s	사각형(square) ■
p	오각형(pentagon)
h, H	육각형(hexagon)1, 육각형2
*	별 모양(star) ★
+	더하기(plus) +
x, X	×, 채워진 ×
D, d	다이아몬드(diamond, ◆), 얇은 다이아몬드

fmt 옵션의 지정 예를 살펴보기 위해 다음과 같이 데이터를 생성하겠습니다.

```
In: import numpy as np
    x = np.arange(0, 5, 1)
    y1 = x
    y2 = x + 1
    y3 = x + 2
    y4 = x + 3
```

우선 fmt 옵션을 지정하지 않고 여러 개의 선 그래프를 plot()으로 그려보겠습니다.

```
In: plt.plot(x, y1, x, y2, x, y3, x, y4)
    plt.show()
```

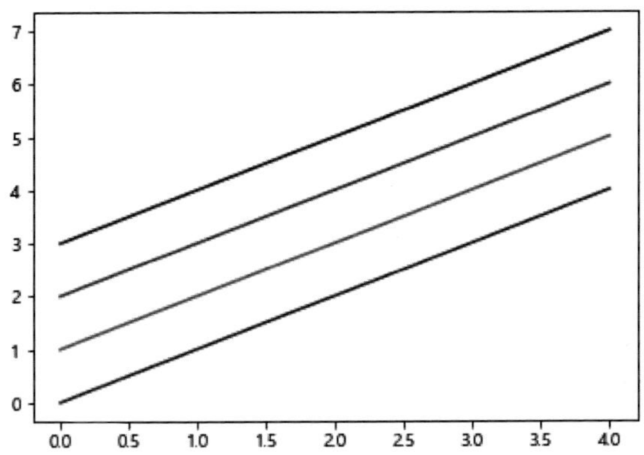

보다시피 특별히 fmt 옵션을 지정하지 않아도 데이터에 따라 그래프 선의 칼라가 다르게 그려집니다.

이제 fmt 옵션에 따라서 그래프의 출력 형식이 어떻게 바뀌는지 확인해 보겠습니다. 다음은 fmt 옵션을 이용해 선 그래프에서 데이터별로 선의 컬러를 지정하는 예입니다.

```
In: plt.plot(x, y1, 'm', x, y2,'y', x, y3, 'k', x, y4, 'c')
    plt.show()
```

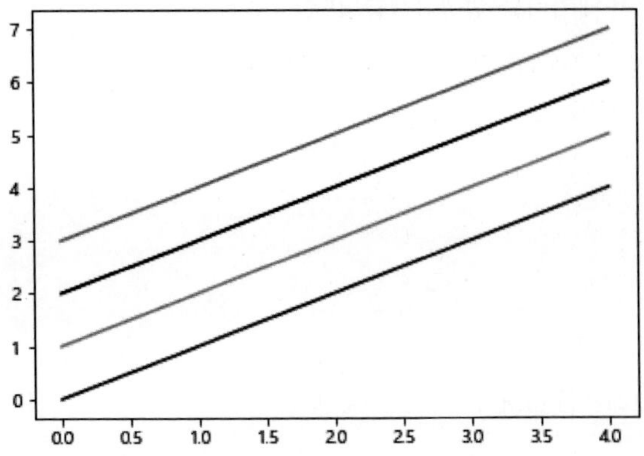

다음으로 선의 스타일을 지정해 그래프를 그려보겠습니다. 선 스타일만 지정하면 선 컬러는 자동으로 다르게 지정되어 그려집니다.

```
In: plt.plot(x, y1, '-', x, y2, '--', x, y3, ':',  x, y4, '-.')
    plt.show()
```

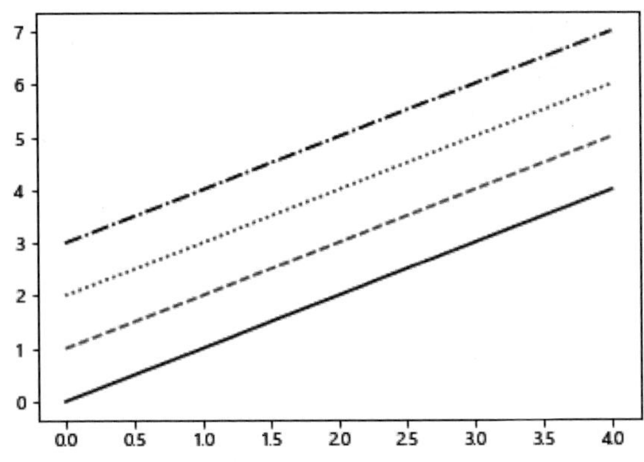

다음은 (x, y) 데이터의 각 점을 선으로 연결하는 것이 아니라, 각 데이터가 표시하는 지점을 다양한 모양의 마커로 표시하는 예입니다.

```
In: plt.plot(x, y1, 'o', x, y2, '^',x, y3, 's', x, y4, 'd')
    plt.show()
```

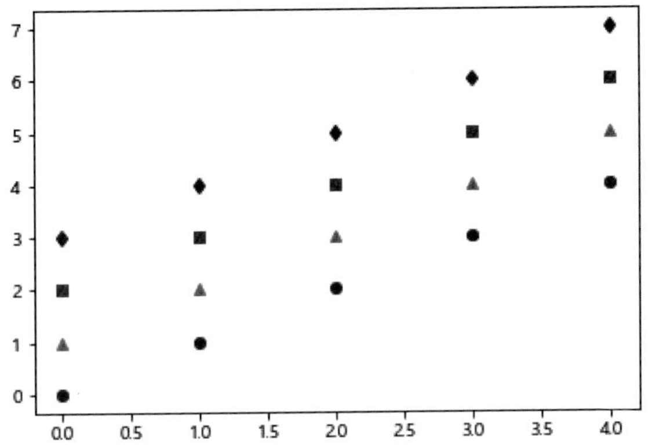

plot()의 fmt 옵션에서 컬러, 선의 스타일, 마커는 혼합해서 지정할 수 있습니다.

다음 예를 살펴보겠습니다.

```
In: plt.plot(x, y1, '>--r', x, y2, 's-g', x, y3, 'd:b', x, y4, '-.Xc')
    plt.show()
```

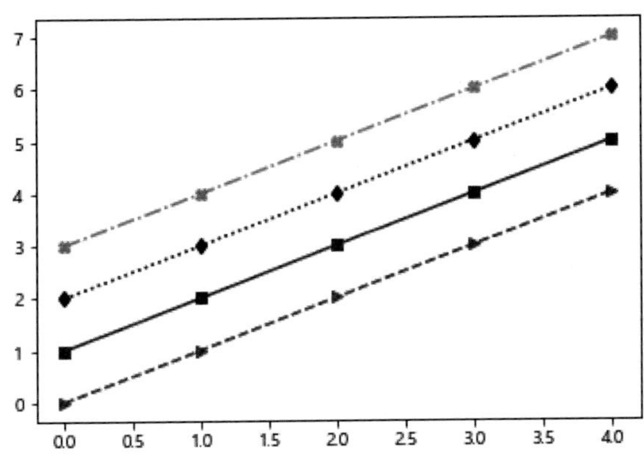

이번에는 plot()에서 사용 가능한 fmt 옵션으로 컬러, 선의 스타일, 마커를 다양하게 지정하는 방법을 알아봤습니다. plot()의 fmt 옵션을 활용하면 여러 개의 (x, y) 데이터를 하나의 그래프 창에 그려도 각 데이터를 쉽게 구분할 수 있습니다.

라벨, 제목, 격자, 범례, 문자열 표시

이번에는 그래프의 x축과 y축의 라벨, 그래프 제목, 격자, 범례, 문자열을 표시하는 방법을 살펴보겠습니다.

먼저 x축과 y축 라벨은 각각 xlabel('문자열')과 ylabel('문자열')로 추가할 수 있습니다. 다음 예제를 봅시다.

```
In: import numpy as np

    x = np.arange(-4.5, 5, 0.5)
    y = 2*x**3

    plt.plot(x,y)
    plt.xlabel('X-axis')
    plt.ylabel('Y-axis')
    plt.show()
```

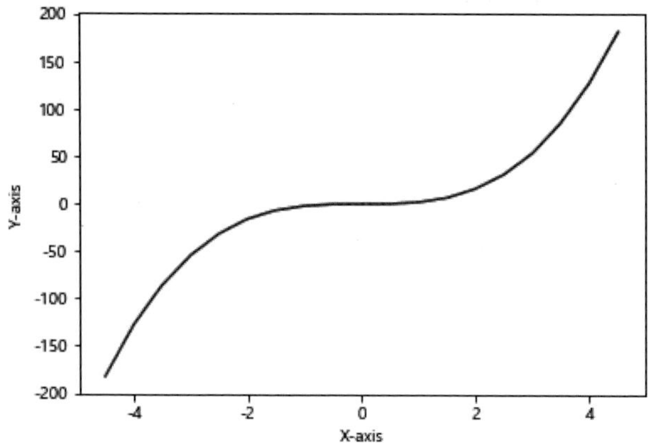

위의 그래프를 보면 x축과 y축에 각각 라벨이 추가된 것을 볼 수 있습니다.

그래프 제목은 title('문자열')로 추가할 수 있습니다. 다음 예제를 봅시다.

```
In: plt.plot(x,y)
    plt.xlabel('X-axis')
    plt.ylabel('Y-axis')
    plt.title('Graph title')
    plt.show()
```

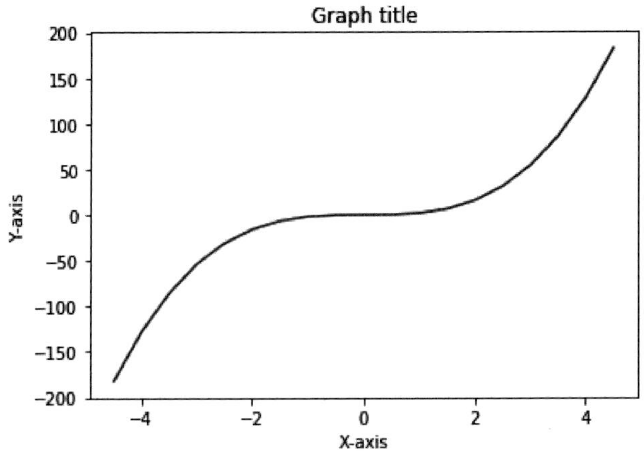

보다시피 그래프 제목이 추가됐습니다.

그래프에 격자를 추가하려면 grid(True) 혹은 grid()를 이용합니다. 이미 격자가 있는 그래프에서 격자를 제거하고 싶으면 grid(False)를 이용합니다. 참고로 grid()를 수행하면 show()를 수행하지 않아도 Out[]에 그래프 객체의 정보를 출력하지 않고 그래프만 출력합니다.

```
In: plt.plot(x,y)
    plt.xlabel('X-axis')
    plt.ylabel('Y-axis')
    plt.title('Graph title')
    plt.grid(True) # 'plt.grid()'도 가능
```

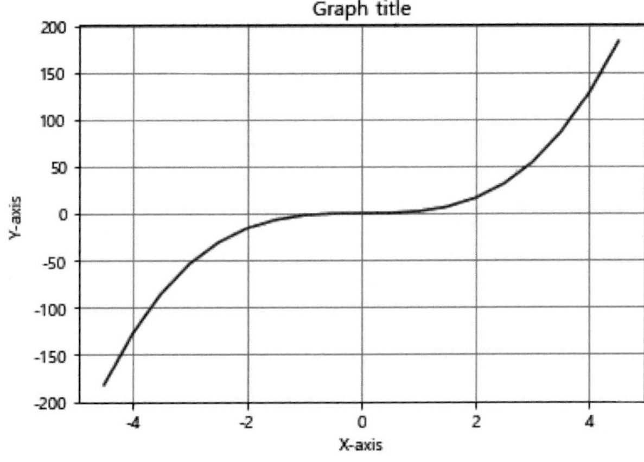

앞에서 하나의 그래프 창에 여러 개의 선 그래프를 동시에 그리는 방법을 살펴봤습니다. 하나의 그래프에 선이 여러 개 있다면 선을 구별하기가 어려울 수 있습니다. 이때 사용할 수 있는 것이 범례(legend)를 표시하는 것입니다. matplotlib에서는 여러 개의 선이 있는 그래프에서 `legend(['str1', 'str2', 'str3', · · · ])`를 이용해 범례를 표시할 수 있습니다.

다음 예제를 봅시다.

```
In: import numpy as np
    x = np.arange(0, 5, 1)
    y1 = x
    y2 = x + 1
    y3 = x + 2
    y4 = x + 3

    plt.plot(x, y1, '>--r', x, y2, 's-g', x, y3, 'd:b', x, y4, '-.Xc')
    plt.legend(['data1', 'data2', 'data3', 'data4'])
    plt.show()
```

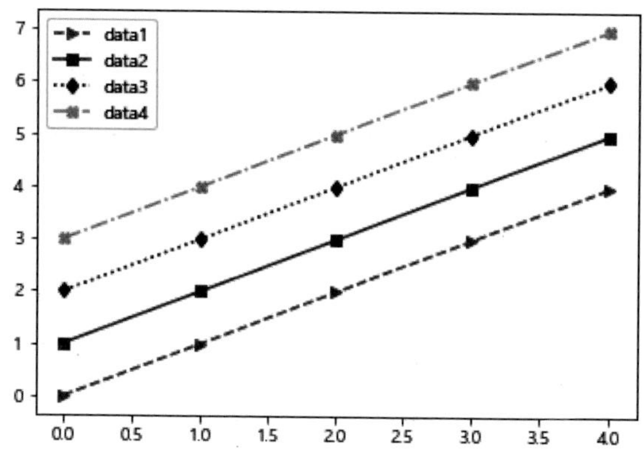

그래프 출력 결과를 보면 범례가 추가된 것을 알 수 있습니다. `legend()`에서 범례의 위치를 지정하지 않으면 자동으로 지정되지만, `loc` 옵션으로 범례의 위치를 지정할 수도 있습니다. 이 경우 『`loc='위치 문자열'`』을 지정하는 방식과 『`loc = 위치 코드`』를 입력하는 방식이 있습니다. 표 12-4는 범례의 위치를 지정하는 '위치 문자열'과 '위치 코드'입니다.

표 12-4 legend()에서 loc 옵션으로 범례의 위치 지정

범례 위치	위치 문자열	위치 코드
최적 위치 자동 선정	best	0
상단 우측	upper right	1
상단 좌측	upper left	2
하단 좌측	lower left	3
하단 우측	lower right	4
우측	right	5
중앙 좌측	center left	6
중앙 우측	center right	7
하단 중앙	lower center	8
상단 중앙	upper center	9
중앙	center	10

다음은 범례가 '하단 우측'에 표시되도록 범례의 위치를 지정한 예제입니다.

```
In: plt.plot(x, y1, '>--r', x, y2, 's-g', x, y3, 'd:b', x, y4, '-.Xc')
    plt.legend(['data1', 'data2', 'data3', 'data4'], loc = 'lower right')
    plt.show()
```

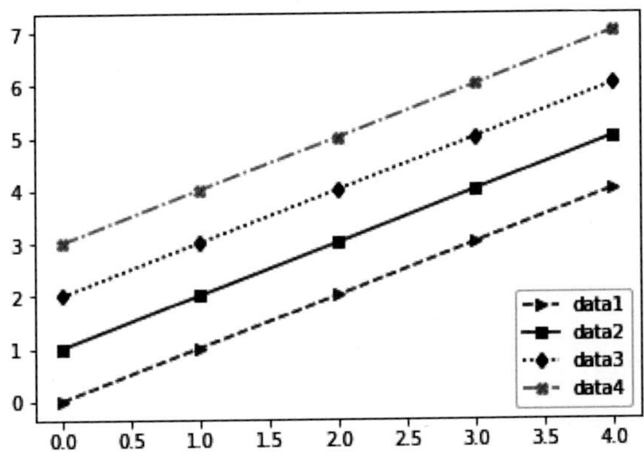

위의 그래프에 x축과 y축 라벨, 그래프 제목, 격자, 범례를 모두 추가하면 다음과 같습니다.

```
In: plt.plot(x, y1, '>--r', x, y2, 's-g', x, y3, 'd:b', x, y4, '-.Xc')
    plt.legend(['data1', 'data2', 'data3', 'data4'], loc = 4)
    plt.xlabel('X-axis')
    plt.ylabel('Y-axis')
    plt.title('Graph title')
    plt.grid(True)
```

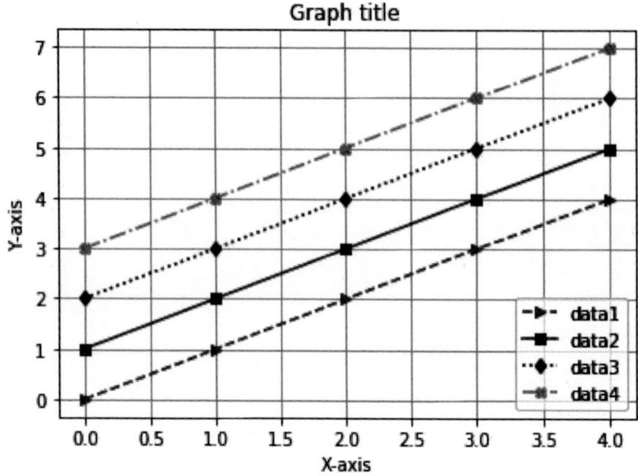

앞에서 x축과 y축 라벨, 그래프 제목, 범례를 추가하는 방법을 살펴봤습니다. 이때 사용한 문자열은 모두 영어입니다. 만약 그래프에서 한글을 표시하고 싶다면 matplotlib에서 사용하는 폰트를 한글 폰트로 지정해야 합니다. 먼저 현재 사용하고 있는 기본 폰트는 다음과 같은 방법으로 알 수 있습니다.

```
import matplotlib
matplotlib.rcParams['font.family']
```

폰트를 변경하지 않았다면 기본 폰트는 'sans-serif'입니다. 폰트를 변경하려면 다음과 같이 수행합니다.

```
matplotlib.rcParams['font.family'] = '폰트 이름'
matplotlib.rcParams['axes.unicode_minus'] = False
```

위에서 'matplotlib.rcParams['axes.unicode_minus'] = False'는 한글 폰트를 지정한 후에 그래프에서 마이너스(–) 폰트가 깨지는 문제를 해결해 줍니다. 참고로 matplotlib에서 사용 가능한 '폰트 이름'은 다음과 같은 방법으로 알 수 있습니다.

```
import matplotlib.font_manager


font_list = matplotlib.font_manager.get_fontconfig_fonts()
font_names = [matplotlib.font_manager.FontProperties(fname=fname).get_name() for fname in
font_list]


f = open("C:\myPyCode\my_font_list.txt", 'w')
for font_name in font_names:
    f.write(font_name + "\n")
f.close()
```

사용 가능한 폰트 이름을 생성하는 위의 코드는 실행하는 데 약간 시간이 걸립니다. 실행이 완료된 후 'C:\myPyCode\my_font_list.txt' 파일을 열면 이용 가능한 폰트명을 알 수 있습니다.

여기서는 matplotlib의 그래프에서 사용할 한글 폰트로 윈도우에 기본으로 설치된 '맑은 고딕'을 지정하겠습니다.

```
In: import matplotlib

    matplotlib.rcParams['font.family'] = 'Malgun Gothic'        # '맑은 고딕'으로 설정
    matplotlib.rcParams['axes.unicode_minus'] = False
```

matplotlib에 사용할 폰트를 한글 폰트로 지정한 후에는 다음과 같이 x축과 y축 라벨, 그래프 제목, 범례를 한글로 입력할 수 있습니다.

```
In: plt.plot(x, y1, '>--r', x, y2, 's-g', x, y3, 'd:b', x, y4, '-.Xc')
    plt.legend(['데이터1', '데이터2', '데이터3', '데이터4'], loc = 'best')
    plt.xlabel('X 축')
    plt.ylabel('Y 축')
    plt.title('그래프 제목')
    plt.grid(True)
```

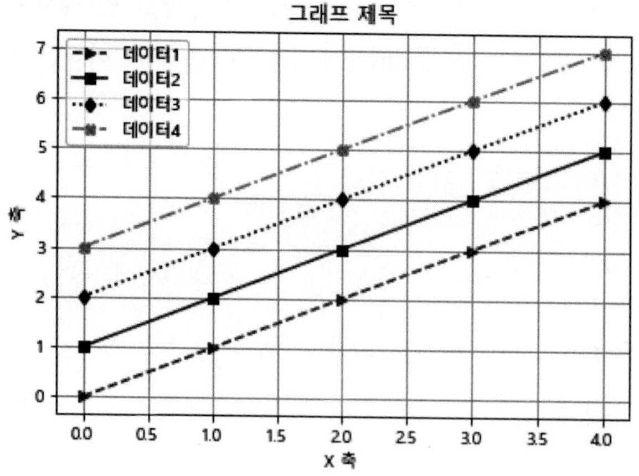

다음과 같이 그래프 창에 좌표(x, y)를 지정해 문자열(str)을 표시할 수도 있습니다.

```
plt.text(x, y, str)
```

다음은 그래프 창에 문자열을 표시한 예입니다.

```
In: plt.plot(x, y1, '>--r', x, y2, 's-g', x, y3, 'd:b', x, y4, '-.Xc')
    plt.text(0, 6, "문자열 출력 1")
    plt.text(0, 5, "문자열 출력 2")
    plt.text(3, 1, "문자열 출력 3")
    plt.text(3, 0, "문자열 출력 4")
    plt.show()
```

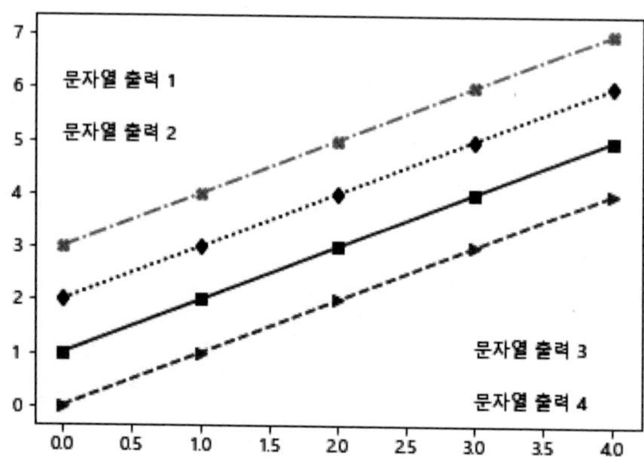

산점도

산점도(scatter 그래프)는 두 개의 요소로 이뤄진 데이터 집합의 관계(예를 들면, 키와 몸무게와의 관계, 기온과 아이스크림 판매량과의 관계, 공부 시간과 시험 점수와의 관계)를 시각화하는 데 유용합니다.

산점도는 다음과 같은 형식으로 그립니다.

```
plt.scatter(x, y [,s=size_n, c=colors, marker='marker_string', alpha=alpha_f])
```

x와 y는 앞의 plot()에서와 같이 각각 두 개의 데이터로 이뤄진 데이터 쌍에서의 x축과 y축 좌표의 값을 의미합니다. 옵션인 s, c, marker, alpha를 이용해 각각 마커의 크기, 컬러, 모양, 투명도를 지정할 수 있습니다. 옵션을 지정하지 않으면 기본 값(s=36, c='b', marker='o', alpha=1)으로 지정됩니다. 옵션을 지정하고 싶으면 s에는 원하는 크기의 값을 넣으면 되고 c와 marker에는 fmt 옵션의 컬러와 마커 지정 약어를 선택해서 입력하면 됩니다. s 옵션에 하나의 숫자만 입력하면 모든 마커에 동일한 크기가 적용되고 배열이나 시퀀스로 입력하면 마커마다 크기를 다르게 지정할 수 있습니다. c 옵션의 경우도 하나의 컬러만 입력하면 모든 마커에 동일한 컬러가 적용되고 시퀀스로 입력하면 마커마다 컬러를 다르게 지정할 수 있습니다. 투명도를 지정하는 alpha에는 [0, 1] 범위의 실수를 입력합니다. alpha에 0을 지정하면 완전 투명이고 1을 지정하면 완전 불투명입니다.

다음과 같이 키와 몸무게의 데이터 쌍을 생성해 산점도를 그려보겠습니다. 산점도에서도 앞에서 살펴본 xlabel(), ylabel(), title(), grid()를 이용할 수 있습니다.

```
In: import matplotlib.pyplot as plt

    height = [165, 177, 160, 180, 185, 155, 172] # 키 데이터
    weight = [62, 67, 55, 74, 90, 43, 64] # 몸무게 데이터

    plt.scatter(height, weight)
    plt.xlabel('Height(m)')
    plt.ylabel('Weight(Kg)')
    plt.title('Height & Weight')
    plt.grid(True)
```

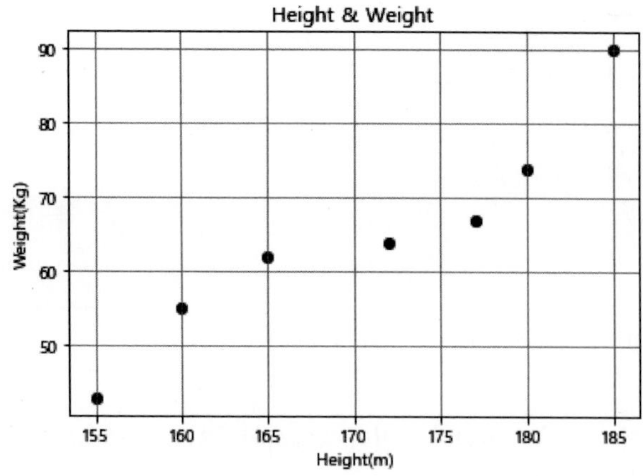

산점도를 그릴 때 옵션인 마커 크기(s)와 컬러(c)는 전체적으로 혹은 데이터 쌍마다 지정할 수 있습니다. 우선 데이터 전체에 마커 크기와 컬러를 동일하게 지정하는 예를 살펴보겠습니다.

```
In: plt.scatter(height, weight, s=500, c='r') # 마커 크기는 500, 컬러는 붉은색(red)
    plt.show()
```

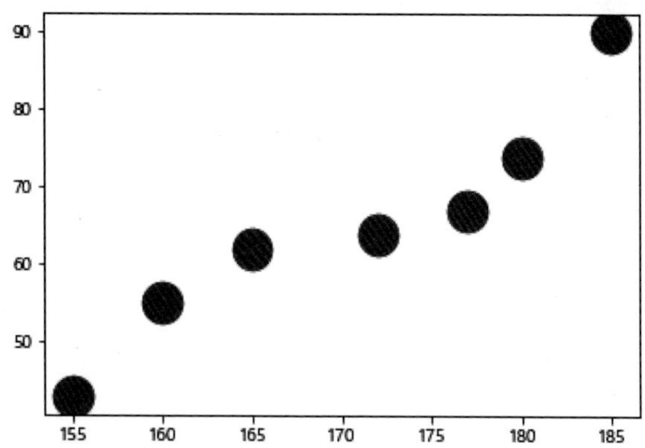

다음은 데이터마다 마커의 크기와 컬러를 다르게 지정하는 예제입니다.

```
In: size = 100 * np.arange(1,8) # 데이터별로 마커의 크기 지정
    colors = ['r', 'g', 'b', 'c', 'm', 'k', 'y'] # 데이터별로 마커의 컬러 지정

    plt.scatter(height, weight, s=size, c=colors)
    plt.show()
```

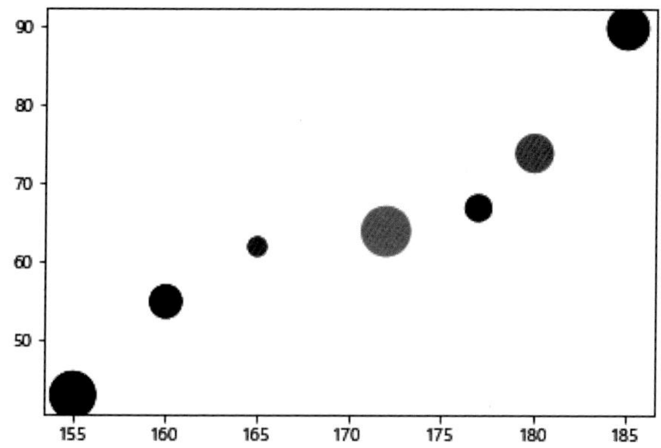

위의 그래프처럼 데이터마다 마커의 크기와 색깔을 다르게 지정하는 기능을 이용하면 지역별 인구 밀도, 질병 발생률 등을 직관적으로 그래프에 나타낼 수 있습니다.

다음은 산점도를 이용해 우리나라 주요 도시의 인구 밀도를 시각화한 예입니다. 먼저 주요 도시의 이름, 위도, 경도, 인구 밀도를 순서에 맞게 리스트 데이터로 입력했습니다. 이 데이터로 산점도를 그릴 때, 각 도시의 경도와 위도를 (x, y) 좌표로 지정하고 도시별로 마커의 컬러를 다르게 지정했습니다. 또한 마커의 크기는 인구 밀도에 비례하도록 설정하고 마커의 투명도를 중간으로 설정했습니다. 마지막으로 마커가 위치한 곳에 도시의 이름을 표시했습니다.

```
In: import numpy as np

    city = ['서울', '인천', '대전', '대구', '울산', '부산', '광주']

    # 위도(latitude)와 경도(longitude)
    lat  = [37.56, 37.45, 36.35, 35.87, 35.53, 35.18, 35.16]
    lon = [126.97, 126.70, 127.38, 128.60, 129.31, 129.07, 126.85]

    # 인구 밀도(명/km^2): 2017년 통계청 자료
    pop_den = [16154, 2751, 2839, 2790, 1099, 4454, 2995]

    size = np.array(pop_den) * 0.2 # 마커의 크기 지정
    colors = ['r', 'g', 'b', 'c', 'm', 'k', 'y'] # 마커의 컬러 지정

    plt.scatter(lon, lat, s=size, c=colors, alpha=0.5)
    plt.xlabel('경도(longitude)')
    plt.ylabel('위도(latitude)')
```

```
plt.title('지역별 인구 밀도(2017)')

for x, y, name in zip(lon, lat, city):
    plt.text(x, y, name) # 위도 경도에 맞게 도시 이름 출력

plt.show()
```

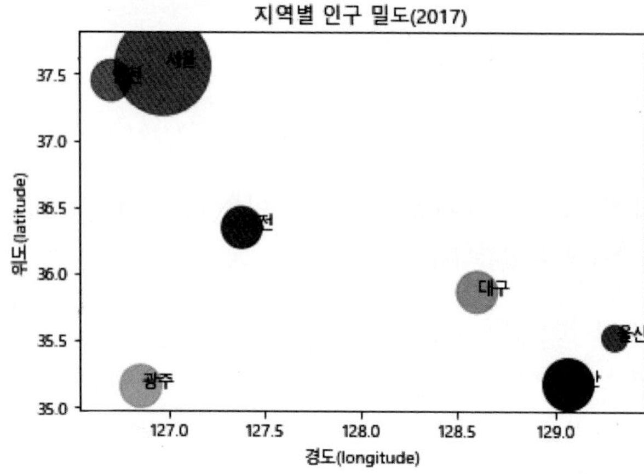

막대 그래프

막대 그래프(bar 그래프)는 값을 막대의 높이로 나타내므로 여러 항목의 수량이 많고 적음을 한눈에 알아볼 수 있습니다. 따라서 여러 항목의 데이터를 서로 비교할 때 주로 이용합니다.

막대 그래프는 다음과 같은 형식으로 그립니다.

```
plt.bar(x, height [,width=width_f, color=colors, tick_label=tick_labels, align='center'(기본)
혹은 'edge', label=labels])
```

여기서 height는 시각화하고자 하는 막대 그래프의 데이터입니다. x는 height와 길이가 일치하는 데이터로 x축에 표시될 위치를 지정합니다. 일반적으로 순서만 지정하므로 0부터 시작해서 height의 길이만큼 1씩 증가하는 값을 갖습니다. 그 밖의 옵션들은 입력하지 않아도 막대 그래프가 그려지지만 옵션을 지정하면 좀 더 보기 좋은 막대 그래프를 그릴 수 있습니다. width 옵션으로 [0, 1] 사이의 실수를 지정해 막대의 폭을 조절할 수 있습니다. width 옵션을 입력하지 않으면 기본값인 0.8이 입력됩니다. color 옵션으로는 fmt 옵션의 컬러 지정 약어를 이용해 막대 그래프의 색을 지정할 수 있습니다. 또한 tick_ label 옵션에 문자열 혹은 문자열 리스트를 입력해 막대 그래프 각각의 이름을 지정할 수 있습니다. tick_label 옵션을 지정하지 않으면 기본적으로 숫자로 라벨이 지정됩니다. align은 막대 그래프의 위치를 가운데로 할지(center) 한쪽으로 치우치게 할지(edge)를 설정합니다. align 옵션의 기본은 center입니다. label에는 범례에 사용될 문자열을 지정할 수 있습니다. 여기서 설명한 옵션 외에도 다양한 옵션이 있습니다만 위에서 설명한 옵션에 대해서만 예제를 통해 좀 더 자세히 살펴보겠습니다.

이제 막대 그래프를 그리기 위해 데이터를 생성하겠습니다. 데이터로는 헬스클럽 회원 네 명이 운동을 시작하기 전에 측정한 윗몸 일으키기 횟수와 한 달 후에 다시 측정한 윗몸 일으키기 횟수(표 12-5)를 이용하겠습니다.

표 12-5 운동 시작 전과 한 달 후의 윗몸 일으키기 횟수

회원 ID	운동 시작 전	운동 한 달 후
m_01	27	30
m_02	35	38
m_03	40	42
m_04	33	37

표 12-5를 이용해 데이터를 생성하면 다음과 같습니다.

```
In: member_IDs = ['m_01', 'm_02', 'm_03', 'm_04'] # 회원 ID
    before_ex = [27, 35, 40, 33]     # 운동 시작 전
    after_ex = [30, 38, 42, 37]      # 운동 한 달 후
```

이제 이 데이터를 이용해 막대 그래프를 그려보겠습니다.

```
In: import matplotlib.pyplot as plt
    import numpy as np

    n_data = len(member_IDs)         # 회원이 네 명이므로 전체 데이터 수는 4
    index = np.arange(n_data)        # NumPy를 이용해 배열 생성 (0, 1, 2, 3)
    plt.bar(index, before_ex)        # bar(x,y)에서 x=index, height=before_ex 로 지정
    plt.show()
```

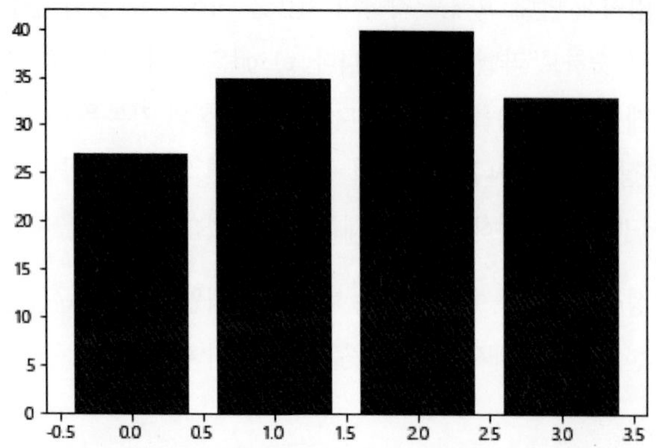

위에서 생성된 막대 그래프의 네 개의 막대는 {0, 1, 2, 3}을 중심으로 0.8의 두께를 갖습니다. 생성된 막대 그래프 자체적으로도 훌륭하지만 막대 그래프의 옵션을 지정한다면 좀 더 보기 좋은 막대 그래프를 얻을 수 있습니다.

다음으로 막대 그래프에서 옵션을 추가하는 예를 몇 가지 살펴보겠습니다.

앞에서 생성한 막대 그래프에서 x축의 tick 라벨은 숫자로 돼 있는데 이 숫자는 막대 그래프의 x축 위치를 나타낼 뿐 큰 의미가 없습니다. `tick_label` 옵션을 이용하면 x축의 tick 라벨을 원하는 데이터로 지정할 수 있습니다. 다음은 x축의 tick 라벨을 앞에서 생성한 리스트 변수(`member_IDs`)로 지정한 예입니다.

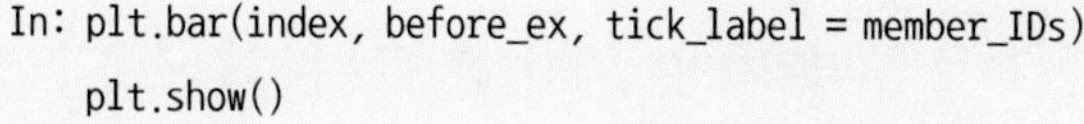

```
In: plt.bar(index, before_ex, tick_label = member_IDs)
    plt.show()
```

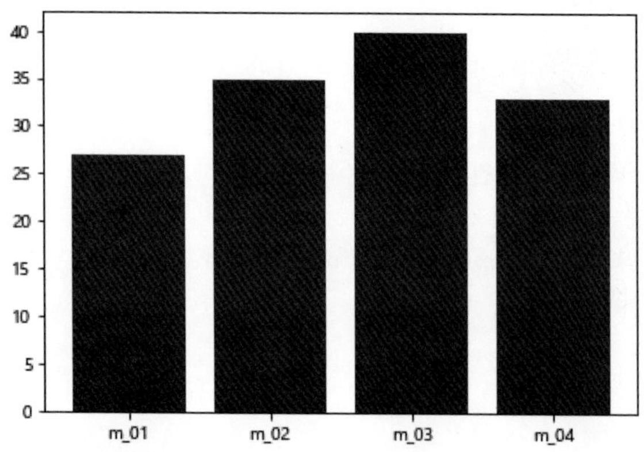

이제 x축이 숫자 대신 각각 막대 그래프가 의미하는 라벨로 변경됐습니다. 만약 각 막대 그래프의 색깔도 변경하고 싶다면 다음과 같이 막대 그래프별로 컬러를 지정합니다.

```
In: colors=['r', 'g', 'b', 'm']
    plt.bar(index, before_ex, color = colors, tick_label = member_IDs)
    plt.show()
```

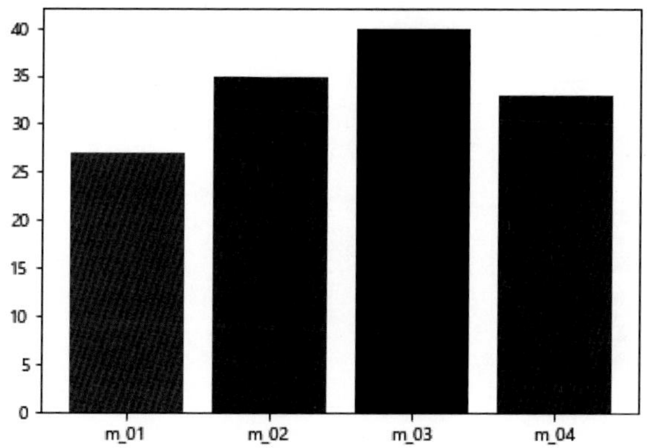

막대 그래프의 폭을 변경하려면 다음과 같이 width에 값을 지정합니다.

```
In: plt.bar(index, before_ex, tick_label = member_IDs, width = 0.6)
    plt.show()
```

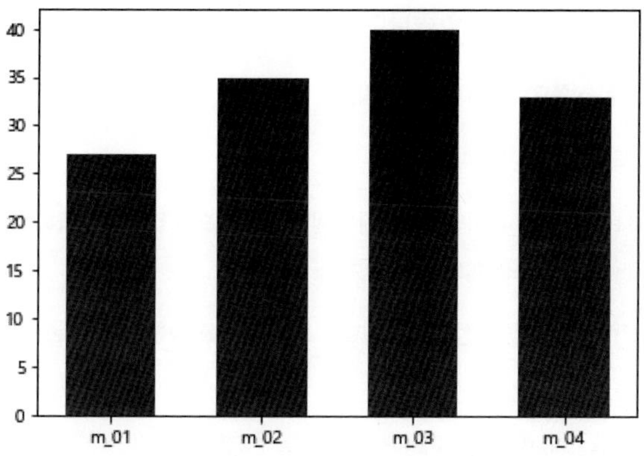

지금까지 세로 막대 그래프를 그렸습니다. 만약 가로 막대 그래프를 그리려면 barh()를 이용하면 됩니다. barh()는 bar() 그래프와 사용법이 같습니다. 단, barh()에서는 width 옵션을 이용할 수 없습니다.

다음은 barh()의 예입니다.

```
In: colors=['r', 'g', 'b', 'm']
    plt.barh(index, before_ex, color = colors, tick_label = member_IDs)
    plt.show()
```

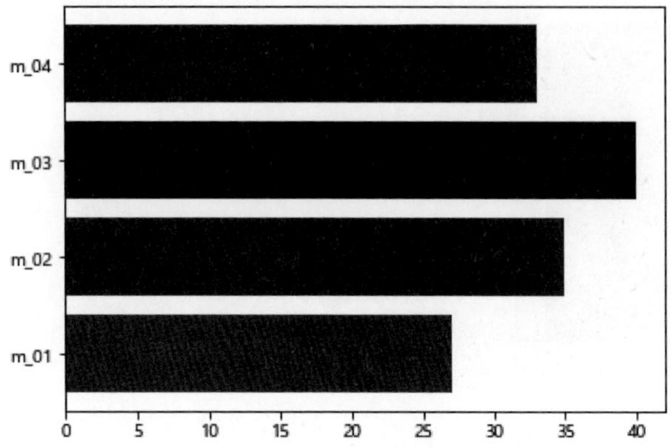

앞에서 헬스클럽 회원 네 명의 운동 시작 전 윗몸 일으키기 데이터만 막대 그래프로 그렸습니다. 이제 운동 시작 전(before_ex)과 한 달 후(after_ex)의 데이터를 하나의 그래프 창에 막대 그래프로 그려서 비교해 보겠습니다. 이를 위해 각 데이터에 대해 bar()를 실행하는데, 다음과 같이 실행하면 두 개의 데이터에 대한 막대 그래프를 하나의 그래프 창에서 비교할 할 수 있습니다.

- bar()의 align 옵션은 edge로 지정해 막대 그래프를 한쪽으로 치우치게 합니다.
- width 옵션은 두 개의 막대 그래프가 들어갈 수 있도록 여유 있게 0.4로 지정합니다.
- after_ex 데이터를 이용해 막대 그래프를 그릴 때 before_ex 데이터를 이용해 그린 막대 그래프와 겹치지 않게 x 좌표에서 막대 그래프의 시작 위치를 막대 그래프의 두께(0.4)만큼 오른쪽으로 이동합니다.
- 범례로 두 데이터를 구분하기 위해 label 옵션에 각각 문자열을 지정합니다. 이후에 legend()를 실행하면 label 옵션에 지정한 문자열이 범례에 표시됩니다.
- 두 개의 데이터를 그린 경우에는 앞에서 이용했던 tick_label 옵션을 이용해 tick 라벨을 변경할 수가 없습니다. 이 경우는 xticks(tick_위치, tick_label)를 이용해 x축의 tick 라벨을 붙입니다.

위의 내용을 코드로 구현하면 다음과 같습니다.

```
In: barWidth = 0.4
    plt.bar(index, before_ex, color='c', align='edge', width = barWidth, label='before')
    plt.bar(index + barWidth, after_ex , color='m', align='edge', width = barWidth, label='after')

    plt.xticks(index + barWidth, member_IDs)
    plt.legend()
    plt.xlabel('회원 ID')
    plt.ylabel('윗몸일으키기 횟수')
    plt.title('운동 시작 전과 후의 근지구력(복근) 변화 비교')
    plt.show()
```

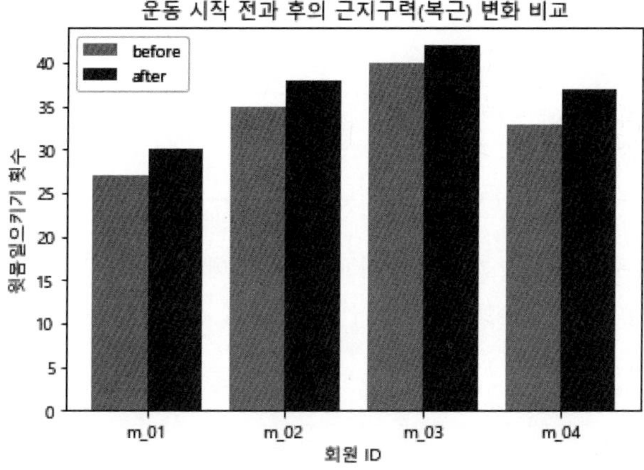

히스토그램

히스토그램(histogram)은 데이터를 정해진 간격으로 나눈 후 그 간격 안에 들어간 데이터 개수를 막대로 표시한 그래프로, 데이터가 어떤 분포를 갖는지를 볼 때 주로 이용합니다. 즉, 히스토그램은 도수 분포표를 막대 그래프로 시각화한 것입니다. 히스토그램은 주로 통계 분야에서 데이터가 어떻게 분포하는지 알아볼 때 많이 이용합니다.

도수 분포표

도수 분포표의 용어를 이해하려면 우선 용어 몇 개를 더 알아야 합니다. 도수 분포표와 관련된 용어는 다음과 같습니다.

- 변량(variate): 자료를 측정해 숫자로 표시한 것(예: 점수, 키, 몸무게, 판매량, 시간 등)
- 계급(class): 변량을 정해진 간격으로 나눈 구간(예: 시험 점수를 60~70, 70~80, 80~90, 90~100점 구간으로 나눔)
- 계급의 간격(class width): 계급을 나눈 크기(예: 앞의 시험 점수를 나눈 간격은 10)
- 도수(frequency): 나눠진 계급에 속하는 변량의 수(예: 각 계급에서 발생한 수로 3, 5, 7, 4)
- 도수 분포표(frequency distribution table): 계급에 도수를 표시한 표

히스토그램을 그리려면 우선 도수 분포표에 대해 이해해야 합니다. 이를 위해 먼저 어떤 학급에서 수학 시험 결과를 이용해 도수 분포표를 만드는 과정을 살펴보겠습니다.

1. 변량 생성: 학생 25명의 수학 시험 결과는 다음과 같습니다.

```
76  82  84  83  90 86  85  92  72  71 100 87  81  76  94 78  81  60  79  69
74  87  82  68  79
```

2. 계급 간격 설정 및 계급 생성: 변량 중 가장 작은 숫자가 60이고 가장 큰 숫자가 100이므로 60에서 100까지 일정한 간격(여기서는 5로 설정)으로 나눠서 다음과 같이 8개의 계급을 설정합니다.

```
60~65, 65~70, 70~75, 75~80, 80~85, 85~90, 90~95, 95~100
```

3. 계급별 도수 확인 및 도수 분포표 만들기: 각 계급에 몇 개의 변량이 들어있는지를 확인해 계급별로 도수를 구합니다. 이를 이용해 표 12-6처럼 계급별로 도수를 표시한 도수 분포표를 만듭니다. 추가적으로 각 도수를 시각적으로 쉽게 알도록 마크(●)로 도수를 표시할 수도 있습니다.

표 12-6 도수 분포표

계급(수학 점수)	도수	마크로 도수 표시
60(이상)~65(미만)	1	●
65~70	2	●●
70~75	3	●●●
75~80	5	●●●●●
80~85	6	●●●●●●

계급(수학 점수)	도수	마크로 도수 표시
85~90	4	●●●●
90~95	3	●●●
95~100(이하)	1	●

앞에서 데이터(변량)로부터 도수 분포표를 만드는 과정을 알아봤습니다. 이를 잘 이해했다면 다음의 히스토그램에 대한 설명이 어렵지 않을 것입니다.

히스토그램은 다음과 같은 형식을 이용해 그립니다.

```
plt.hist(x, [,bins = bins_n 혹은 'auto'])
```

여기서 x는 변량 데이터입니다. 옵션 bins는 계급의 개수로 이 개수만큼 자동으로 계급이 생성되어 히스토그램을 그립니다. 옵션 bins를 입력하지 않으면 기본적으로 bins는 10이 됩니다. bin ='auto'가 입력되면, x에 맞게 자동으로 bins에 값이 들어갑니다. bins 외에 다양한 옵션이 있지만 여기서는 bins만 다루겠습니다.

이제 앞의 예제에서 살펴본 수학 점수를 다음과 같이 변량 데이터로 입력하고 히스토그램을 그려보겠습니다.

```
In: import matplotlib.pyplot as plt

    math = [76, 82, 84, 83, 90, 86, 85, 92, 72, 71, 100, 87, 81, 76, 94, 78, 81, 60, 79, 69, 74, 87,
    82, 68, 79]
    plt.hist(math)
```

```
Out: (array([1., 0., 3., 2., 5., 5., 5., 1., 2., 1.]),
     array([ 60.,  64.,  68.,  72.,  76.,  80.,  84.,  88.,  92.,  96., 100.]),
     <a list of 10 Patch objects>)
```

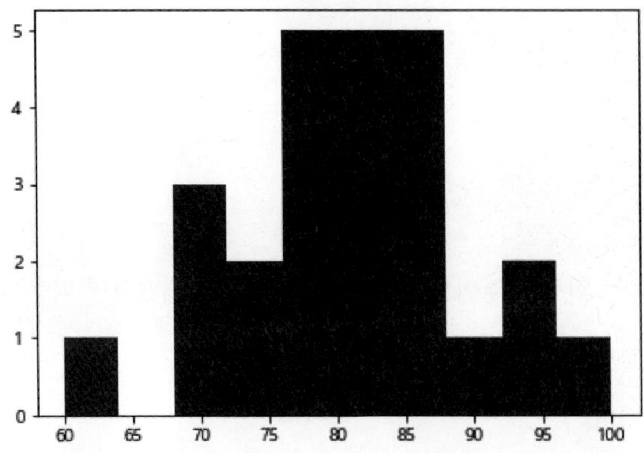

출력 결과에서 볼 수 있듯이 hist()는 기본적으로 변량을 10개의 계급으로 나눠서 표시합니다.

hist()의 경우는 show()를 수행하지 않으면 각 계급의 도수와 계급을 나눈 구간을 출력합니다. 이러한 출력 없이 그래프만 보려면 show()를 수행합니다.

앞에서 도수 분포표를 만들 때 60에서 100까지 5 간격으로 8개의 계급으로 나눴으니 다음과 같이 bins 옵션에 8을 입력해서 히스토그램을 그리겠습니다.

```
In: plt.hist(math, bins= 8)
    plt.show()
```

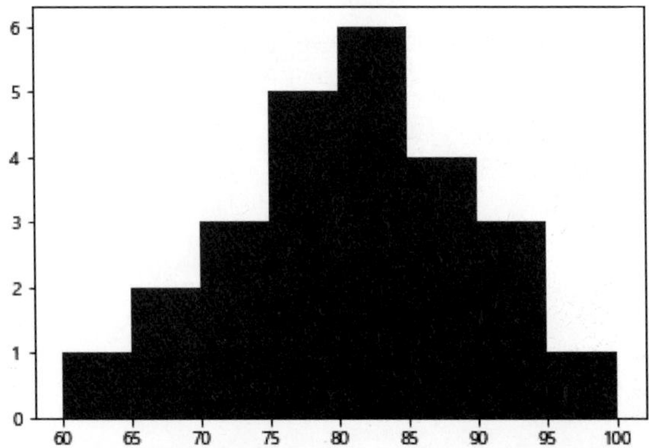

다른 matplotlib의 그래프처럼 hist()를 이용한 히스토그램에서도 x 라벨, y 라벨, 그래프 제목, 격자를 추가할 수 있습니다. 다음 예제를 봅시다.

```
In: plt.hist(math, bins= 8)
    plt.xlabel('시험 점수')
    plt.ylabel('도수(frequency)')
    plt.title('수학 시험의 히스토그램')
    plt.grid()
    plt.show()
```

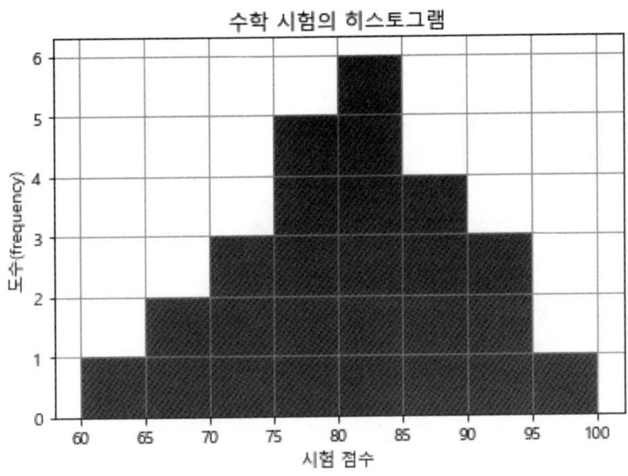

파이 그래프

파이(pie) 그래프는 원 안에 데이터의 각 항목이 차지하는 비율만큼 부채꼴의 크기를 갖는 영역으로 이뤄진 그래프입니다. 각 부채꼴 부분이 파이 조각처럼 생겨서 파이 그래프라고 합니다. 파이 그래프에서 부채꼴 부분의 크기는 각 항목 크기에 비례합니다. 따라서 파이 그래프는 전체 데이터에서 각 항목이 차지한 비율을 비교할 때 많이 이용합니다.

파이 그래프는 다음과 같은 형식으로 그립니다.

```
plt.pie(x, [,labels = label_seq, autopct='비율 표시 형식(ex: %0.1f)', shadow = False(기본) 혹은
True, explode = explode_seq, counterclock = True(기본) 혹은 False, startangle = 각도 (기본은 0) ])
```

x는 배열 혹은 시퀀스 형태의 데이터입니다. pie()는 x를 입력하면 x의 각 요소가 전체에서 차지하는 비율을 계산하고 그 비율에 맞게 부채꼴 부분의 크기를 결정해서 파이 그래프를 그립니다. 데이터 x 외에도 다양한 옵션을 추가할 수 있습니다. 여기서는 다음과 같이 주요 옵션만 살펴보겠습니다.

- labels: x 데이터 항목의 수와 같은 문자열 시퀀스(리스트, 튜플)를 지정해 파이 그래프의 각 부채꼴 부분에 문자열을 표시합니다.
- autopct: 각 부채꼴 부분에 항목의 비율이 표시되는 숫자의 형식을 지정합니다. 예를 들어, '%0.1f'가 입력되면 소수점 첫째 자리까지 표시되며 '%0.0f'가 입력되면 정수만 표시됩니다. 이때 숫자뿐만 아니라 '%'를 추가하고 싶으면 '%0.1f%%'와 같이 입력하면 됩니다.
- shadow: 그림자 효과를 지정하는 것으로 기본값은 그림자 효과를 지정하지 않는 False입니다.
- explode: 부채꼴 부분이 원에서 돌출되는 효과를 주어 특정 부채꼴 부분을 강조할 때 이용합니다. x 데이터 항목의 수와 같은 시퀀스(리스트, 튜플) 데이터로 지정합니다. 기본 설정은 강조 효과가 없는 것입니다.
- counterclock: x 데이터에서 부채꼴 부분이 그려지는 순서가 반시계방향(True)인지 시계방향(False)인지를 지정합니다. 기본값은 True로 반시계방향입니다.
- startangle: 제일 처음 부채꼴 부분이 그려지는 각도로 x 축을 중심으로 반시계방향으로 증가합니다. 기본값은 0입니다.

다른 그래프와 달리 파이 그래프는 가로와 세로 비율이 1대 1로 같아야 그래프가 제대로 보입니다. 이를 위해서는 파이 그래프를 그리기 전에 다음처럼 그래프 크기(너비와 높이)를 지정해서 비율을 조절할 필요가 있습니다.

```
plt.figure(figsize = (w,h))
```

w와 h는 그래프의 너비(width)와 높이(height)를 의미하며 단위는 인치(inch)입니다. figure(figsize = (w, h))를 이용해 w와 h 값을 지정하지 않으면 (w, h)의 기본값은 (6, 4)가 됩니다. w와 h를 같은 값으로 지정하면 생성되는 그래프의 가로와 세로 비율은 1대 1이 됩니다.

파이 그래프의 설명을 위해 데이터를 생성해 보겠습니다. 어떤 학급에서 20명의 학생에게 5개의 과일(사과, 바나나, 딸기, 오렌지, 포도) 중 제일 좋아하는 과일을 선택하라고 했을 때 각각 (7, 6, 3, 2, 2)의 결과를 얻었다고 가정해 봅시다. 이를 바탕으로 과일 이름과 이를 선택한 학생 수를 할당한 데이터를 다음과 같이 생성합니다.

```
In: fruit = ['사과', '바나나', '딸기', '오렌지', '포도']
    result = [7, 6, 3, 2, 2]
```

위에서 생성한 데이터를 이용해 파이 그래프를 그려 보겠습니다.

```
In: import matplotlib.pyplot as plt
```

```
plt.pie(result)
plt.show()
```

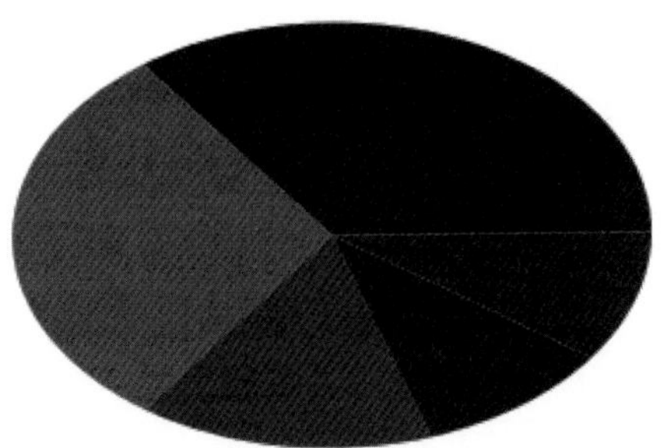

위에 생성한 파이 그래프는 원이 아니라 타원처럼 보입니다.[1] 이것은 그래프의 너비와 높이의 비율이 1대 1이 아니기 때문입니다. 비율을 맞추기 위해 파이 그래프를 생성 전에 그래프의 너비와 높이가 같아지도록 지정하겠습니다.

```
In: plt.figure(figsize=(5,5))
    plt.pie(result)
    plt.show()
```

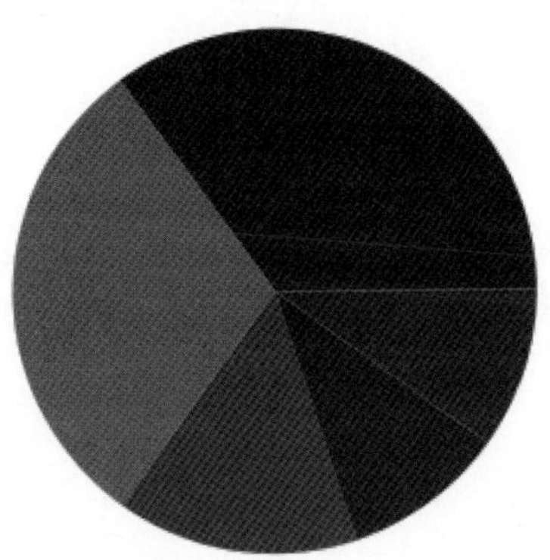

1 matplotlib v3.0부터는 특별한 설정 없이도 기본적으로 원으로 파이 그래프를 그립니다.

이제 파이 그래프가 타원이 아니라 원으로 보입니다. 하지만 파이 그래프에서 부채꼴 부분이 각각 무엇을 의미하는지, 전체에서 비율은 얼마인지가 표시돼 있지 않아서 알아보기 어렵습니다. 이제 각 부채꼴 부분에 속하는 데이터의 라벨과 비율을 추가해 보겠습니다.

```
In: plt.figure(figsize=(5,5))
    plt.pie(result, labels= fruit, autopct='%.1f%%')
    plt.show()
```

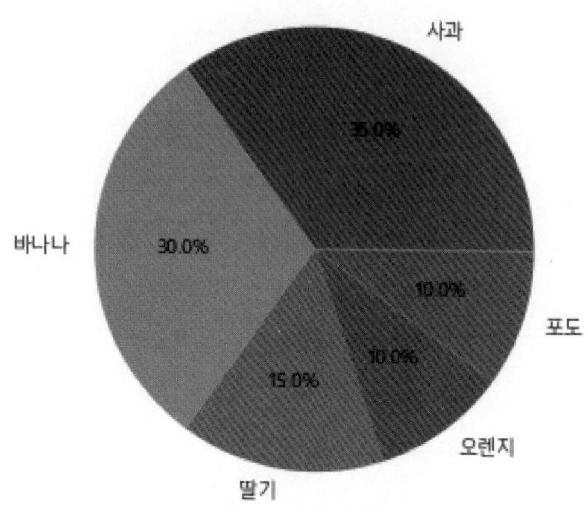

각 부채꼴 부분의 라벨과 비율을 추가하니 이제 알아보기 편해졌습니다. 위의 파이 그래프에서 각 부채꼴 부분은 x축 기준 각도 0도를 시작으로 반시계방향으로 각 부채꼴 부분이 그려집니다. 만약 x축 기준 각도 90도에서 시작해서 시계방향으로 설정해서 각 부채꼴 부분을 표시하려면 다음과 같이 파이 그래프의 옵션을 지정하면 됩니다.

```
In: plt.figure(figsize=(5,5))
    plt.pie(result, labels= fruit, autopct='%.1f%%', startangle=90, counterclock = False)
    plt.show()
```

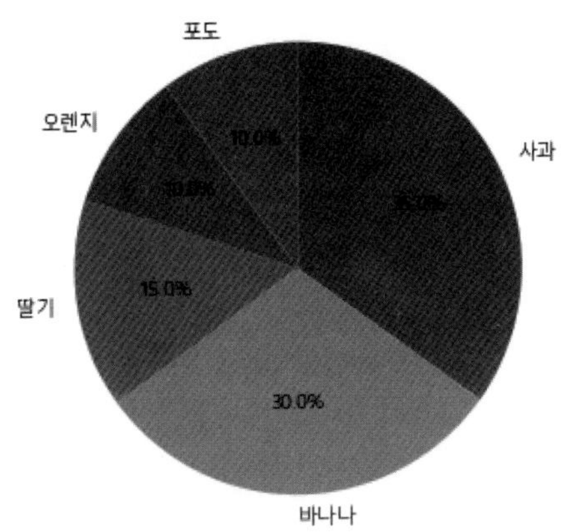

처음에 단순히 부채꼴 부분만 표시했던 파이 그래프보다 좀 더 보기 좋아졌습니다. 마지막으로 그림자를 추가하고 특정 요소(여기서는 사과)를 표시한 부채꼴 부분만 강조하려면 다음과 같이 옵션을 추가합니다.

```
In: explode_value = (0.1, 0, 0, 0, 0)

    plt.figure(figsize=(5,5))
    plt.pie(result, labels= fruit, autopct='%.1f%%', startangle=90, counterclock = False,
    explode=explode_value, shadow=True)
    plt.show()
```

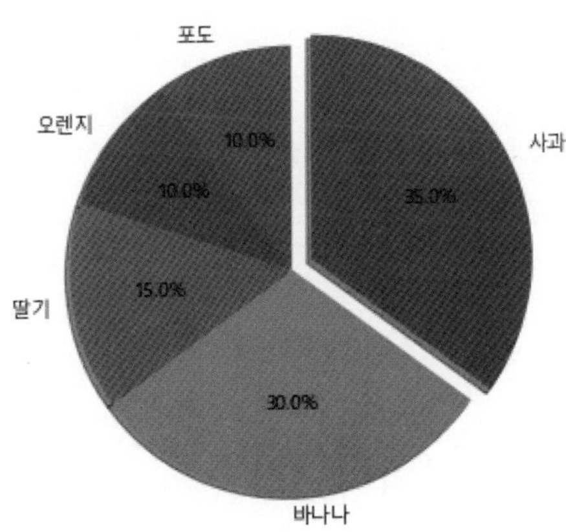

그래프 저장하기

앞에서 다양한 그래프를 생성해 화면에 출력했습니다. matplotlib를 이용해 생성한 그래프는 화면으로 출력할 수 있을 뿐만 아니라 이미지 파일로 저장할 수도 있습니다. 그래프를 이미지 파일로 저장하면 다른 자료에서도 활용할 수 있습니다.

그래프를 파일로 저장하려면 다음 방법을 이용합니다.

```
plt.savefig(file_name, [,dpi = dpi_n(기본은 72)])
```

file_name은 저장하고자 하는 이미지 파일 이름입니다. 파일 이름에는 폴더의 경로를 포함할 수 있습니다. 저장할 수 있는 이미지 파일의 확장자에는 'eps, jpeg, jpg, pdf, pgf, png, ps, raw, rgba, svg, svgz, tif, tiff'가 있습니다. 그리고 옵션 dpi에는 숫자가 들어갑니다. 원래 dpi는 dots per inch의 준말로 1인치 안에 그려지는 점의 수를 말하는 단위입니다. 옵션 dpi에 대입되는 숫자가 클수록 해상도가 높아져서 세밀한 그림이 그려지지만, 파일의 크기도 커지므로 적당한 숫자를 설정해야 합니다. 옵션 dpi를 지정하지 않으면 기본적으로 72가 지정됩니다. 이것은 1인치 안에 72개의 점을 찍는 해상도로 그래프를 저장한다는 의미입니다. 옵션 dpi에 큰 값을 지정하면 출판에 사용할 수 있을 만큼 높은 품질의 이미지 파일을 생성할 수 있습니다. 참고로, savefig()는 show() 전에 수행해야 합니다.

matplotlib에서 현재 설정된 그래프의 크기와 dpi 값이 무엇인지 알 수 있습니다. 우선 그래프의 크기는 다음과 같은 방법으로 확인할 수 있습니다.

```
In: import matplotlib as mpl
    mpl.rcParams['figure.figsize']
```

```
Out: [6.0, 4.0]
```

위에서 출력된 결과([6.0, 4.0])는 기본적으로 생성되는 그래프의 크기가 너비 6.0인치(inch), 높이 4.0인치(inch)라는 것을 의미합니다. 그래프의 크기를 변경하지 않으면 기본으로 이 값을 이용해 그래프를 그리고 이미지 파일을 생성합니다. 그래프의 크기는 figure(figsize = (w,h))를 이용해 변경할 수 있습니다.

다음은 현재 설정된 dpi 값을 확인하는 방법입니다.

```
In: mpl.rcParams['figure.dpi']
```

```
Out: 72.0
```

앞에서도 설명했듯이 dpi의 기본값은 72임을 알 수 있습니다. 이미지 파일을 생성할 때 dpi도 역시 원하는 값으로 변경할 수 있습니다.

이제 앞에서 생성한 그래프를 이미지 파일로 저장해 보겠습니다. 이미지가 저장될 폴더는 2장에서 이미 만든 'C:\myPyCode\figures'입니다.

다음은 생성된 그래프를 이미지 파일로 저장하는 코드입니다. savefig()에서 이미지 파일 이름을 지정했고, dpi 값은 100으로 지정했습니다. 그래프를 이미지 파일로 저장하는 부분 외의 코드는 앞에서 살펴본 코드를 그대로 이용했습니다.

```
In: import numpy as np
    import matplotlib.pyplot as plt

    x = np.arange(0, 5, 1)
    y1 = x
    y2 = x + 1
    y3 = x + 2
    y4 = x + 3

    plt.plot(x, y1, x, y2, x, y3, x, y4)

    plt.grid(True)
    plt.xlabel('x')
    plt.ylabel('y')
    plt.title('Saving a figure')

    # 그래프를 이미지 파일로 저장. dpi는 100으로 설정
    plt.savefig('C:/myPyCode/figures/saveFigTest1.png', dpi = 100)
    plt.show()
```

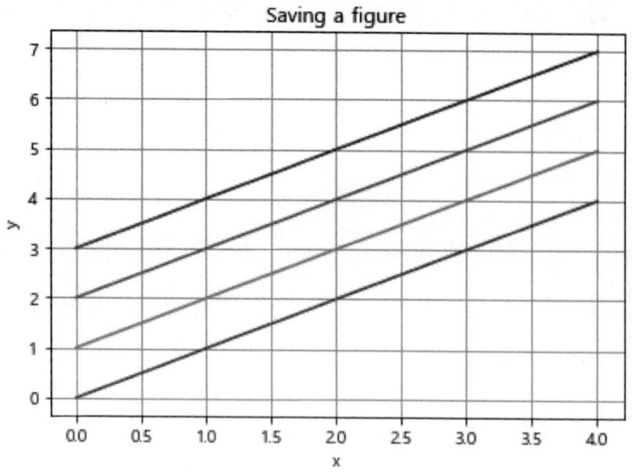

위의 코드에서 plt.savefig()에 'C:/myPyCode/figures/saveFigTest1.png'와 같이 파일 경로(폴더)와 파일 이름을 지정하면 지정된 폴더(윈도우의 경우 'C:\myPyCode\figures')에 'saveFigTest1.png' 이미지 파일이 생성됩니다. 옵션 dpi를 100으로 지정했으니 1인치 안에 100개의 점을 갖는 해상도의 이미지 파일이 생성됩니다. 그래프의 크기는 변경하지 않아서 그래프의 너비가 6인치이고 높이가 4인치로 기본값이 지정돼 있으므로 너비가 600픽셀(pixel)이고 높이가 400픽셀인 이미지 파일이 생성됩니다. 따라서 600 x 400의 이미지 크기를 갖는 이미지 파일이 생성됩니다. 저장된 이미지 파일의 이미지 크기 정보는 운영체제에서 제공하는 파일의 '속성'이나 이미지 파일을 보는 프로그램을 통해 알 수 있습니다. 그림 12-5는 'saveFigTest1.png' 이미지 파일의 속성을 윈도우에서 확인한 것입니다.

saveFigTest1.png 속성

일반 | 보안 | 자세히 | 이전 버전

속성	값
원본	
찍은 날짜	
이미지	
사진 크기	600 x 400
너비	600픽셀
높이	400픽셀
비트 수준	32
파일	
이름	saveFigTest1.png
항목 유형	알씨 PNG 파일
폴더 경로	C:₩myPyCode₩figures

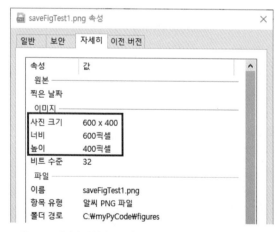

그림 12-5 이미지 파일의 속성 확인

다음은 plt.figure(figsize=(w,h))로 생성되는 그래프의 크기를 지정해 이미지 파일로 저장하는 예입니다. 이미지 파일로 저장하는 부분을 제외하고는 이미 앞에서 살펴본 코드입니다.

```
In: import matplotlib.pyplot as plt

    fruit = ['사과', '바나나', '딸기', '오렌지', '포도']
    result = [7, 6, 3, 2, 2]
    explode_value = (0.1, 0, 0, 0, 0)

    plt.figure(figsize=(5,5)) # 그래프의 크기를 지정
    plt.pie(result, labels= fruit, autopct='%.1f%%', startangle=90, counterclock = False,
    explode=explode_value, shadow=True)

    # 그래프를 이미지 파일로 저장. dpi는 200으로 설정
    plt.savefig('C:/myPyCode/figures/saveFigTest2.png', dpi = 200)
    plt.show()
```

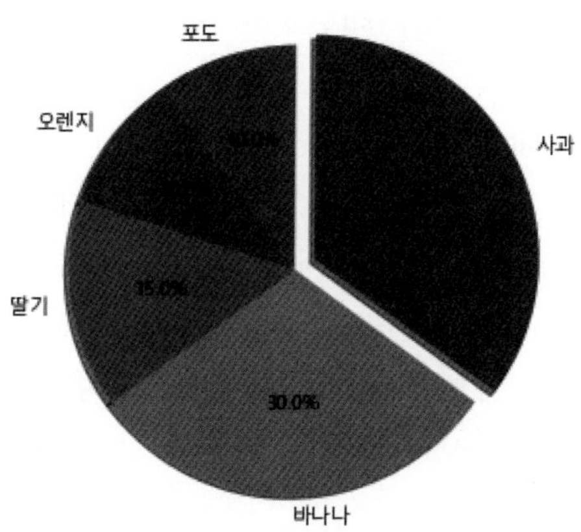

위의 코드에서는 plt.figure(figsize=(5,5))로 그래프의 너비와 높이를 모두 5인치로 지정했습니다. 즉, 그래프의 크기는 '5인치 x 5인치'입니다. 그리고 해상도는 인치당 200이므로 저장된 그림 파일(saveFigTest2.png)은 '1000 x 1000'의 이미지 크기를 갖습니다. 만약 plt.figure(figsize=(7,7))로 지정하면 '1400 x 1400'의 이미지 크기를 갖는 이미지 파일이 생성됩니다.

02 pandas로 그래프 그리기

앞에서 데이터 시각화를 위해 matplotlib을 이용했습니다. 이때 사용한 데이터는 NumPy로 생성한 데이터 또는 리스트 데이터였습니다. 만약 pandas로 생성한 데이터가 있다면 pandas의 시각화 기능을 이용해 그래프를 그릴 수 있습니다. 이번에는 pandas로 생성한 데이터와 pandas의 그래프 그리기 기능을 이용해 선 그래프, 산점도, 막대 그래프, 히스토그램, 파이 그래프를 그리는 방법을 살펴보겠습니다.

pandas의 그래프 구조

pandas의 그래프 그리기 기능은 matplotlib.pyplot를 기반으로 만들어졌지만 각 그래프를 그리는 방법은 matplotlib의 그래프 그리기 방법과 차이가 있습니다. pandas의 Series나 DataFrame으로 생성한 데이터가 있을 때 다음과 같은 형식으로 그래프를 그립니다.

```
Series_data.plot([kind='graph_kind'][,option])
DataFrame_data.plot([x=label 혹은 position, y=label 혹은 position,] [kind='graph_kind'][,option])
```

`Series_data`와 `DataFrame_data`는 각각 pandas의 Series나 DataFrame으로 생성한 데이터입니다. `kind` 옵션은 그래프의 종류를 선택하는 것으로 표 12-7과 같은 그래프를 그릴 수 있습니다. `plot()`에 `kind` 옵션을 선택해 그래프의 종류를 선택할 수도 있지만 `plot.graph_kind()`처럼 사용할 수도 있습니다. 예를 들어 `Series_data.plot(kind='line')`은 `Series_data.plot.line()`처럼 사용할 수도 있습니다. `kind` 옵션을 생략하면 기본적으로 선 그래프가 그려집니다. 나머지 옵션에 대해서는 해당 그래프를 설명할 때 알아보겠습니다. DataFrame 데이터의 경우는 `plot(x=label 혹은 position, y=label 혹은 position)`처럼 x축 데이터와 y축 데이터를 지정할 수도 있습니다.

표 12-7 pandas의 그래프 종류 선택

kind 옵션	의미
line	선 그래프(기본)
scatter	산점도(DataFrame 데이터만 가능)
bar	수직 바 그래프
barh	수평 바 그래프
hist	히스토그램
pie	파이 그래프

pandas의 선 그래프

pandas로 생성한 데이터를 `plot()`을 이용해 그래프로 그려보겠습니다.

우선 다음과 같이 pandas의 Series 데이터를 생성해 보겠습니다.

```
In: import pandas as pd
    import matplotlib.pyplot as plt

    s1 = pd.Series([1,2,3,4,5,6,7,8,9,10])
    s1
```

```
Out: 0     1
     1     2
     2     3
     3     4
     4     5
     5     6
     6     7
     7     8
     8     9
     9    10
     dtype: int64
```

앞 장에서 살펴봤듯이 출력된 결과 중 첫 번째 줄은 index이고 두 번째 줄은 values입니다. 다음은 이 데이터로 선 그래프를 그리는 예입니다.

```
In: s1.plot()
    plt.show()
```

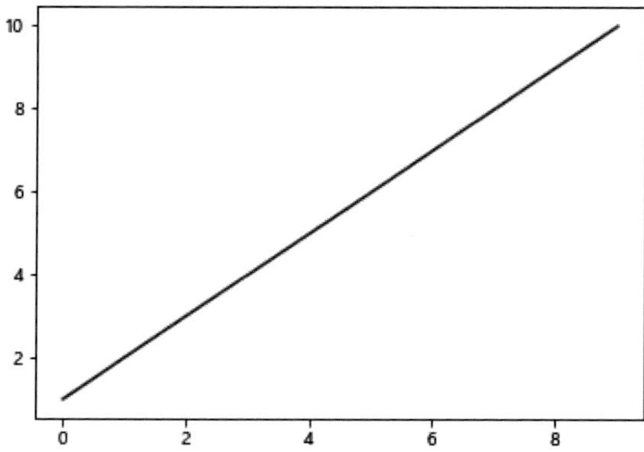

위의 코드에서와 같이 인자 없이 's1.plot()'을 수행하면 s1의 index와 values가 각각 x축과 y축 좌푯값으로 입력되어 그래프를 그립니다.

만약 pandas의 Series 데이터의 index 값을 변경하면 plot()을 수행할 때 x 좌푯값이 변경된 index 값으로 그려집니다. 다음은 index를 날짜로 지정한 Series 데이터입니다.

```
In: s2 = pd.Series([1,2,3,4,5,6,7,8,9,10], index = pd.date_range('2019-01-01', periods=10))
    s2
```

```
Out: 2019-01-01     1
     2019-01-02     2
     2019-01-03     3
     2019-01-04     4
     2019-01-05     5
     2019-01-06     6
     2019-01-07     7
     2019-01-08     8
     2019-01-09     9
     2019-01-10    10
     Freq: D, dtype: int64
```

pandas의 Series 데이터 s2를 plot()을 이용해 그래프로 그리면 다음과 같습니다.

```
In: s2.plot()
    plt.show()
```

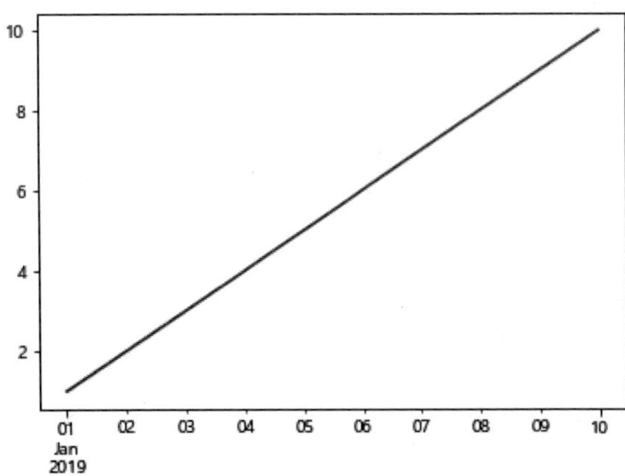

위 그래프에서 보듯이 index가 날짜로 지정됐으므로 x축 값이 날짜로 변경된 것을 볼 수 있습니다. 격자를 추가하려면 plot()의 인자로 grid=True를 입력합니다.

다음은 격자를 추가한 예입니다.

```
In: s2.plot(grid=True)
    plt.show()
```

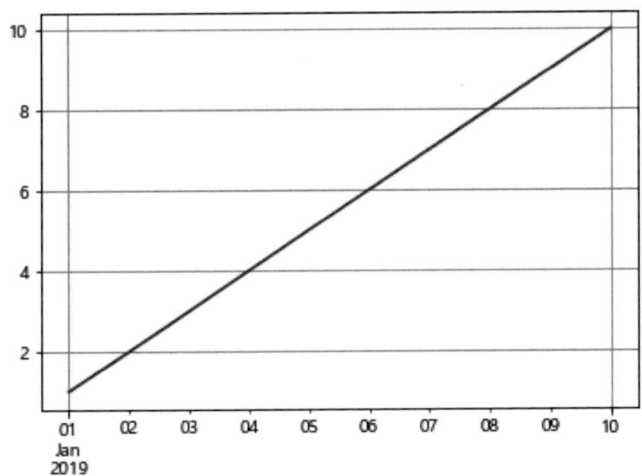

다음으로 pandas의 DataFrame 데이터를 이용해 그래프를 그리는 방법을 살펴보겠습니다. 이 방법을 살펴보기 위해 다음과 같이 pandas의 read_csv()를 이용해 앞 장에서 만든 csv 데이터 파일을 읽어와서 DataFrame 데이터를 생성하겠습니다.

```
In: df_rain = pd.read_csv('C:/myPyCode/data/sea_rain1.csv', index_col="연도" )
    df_rain
```

Out:

	동해	남해	서해	전체
연도				
1996	17.4629	17.2288	14.4360	15.9067
1997	17.4116	17.4092	14.8248	16.1526
1998	17.5944	18.0110	15.2512	16.6044
1999	18.1495	18.3175	14.8979	16.6284
2000	17.9288	18.1766	15.0504	16.6178

DataFrame의 데이터가 생성됐으니 plot()을 이용해 데이터를 그래프로 그리겠습니다. pandas의 DataFrame 데이터에 대해 인자 없이 plot() 실행하면 index는 그래프의 x축 데이터가 되고 모든 열 데이터(values)는 각각 그래프의 y축 데이터가 됩니다. 또한 columns의 경우는 범례로 표시됩니다. csv 데이터 파일에 한글이 포함돼 있으므로 그래프에 한글을 표시하기 위해 앞에서 살펴본 방법으로 matplotlib의 그래프 폰트를 한글 폰트로 지정한 후에 그래프를 그리겠습니다.

```
In: import matplotlib
    matplotlib.rcParams['font.family'] = 'Malgun Gothic'        # '맑은 고딕'으로 설정
    matplotlib.rcParams['axes.unicode_minus'] = False

    df_rain.plot()
    plt.show()
```

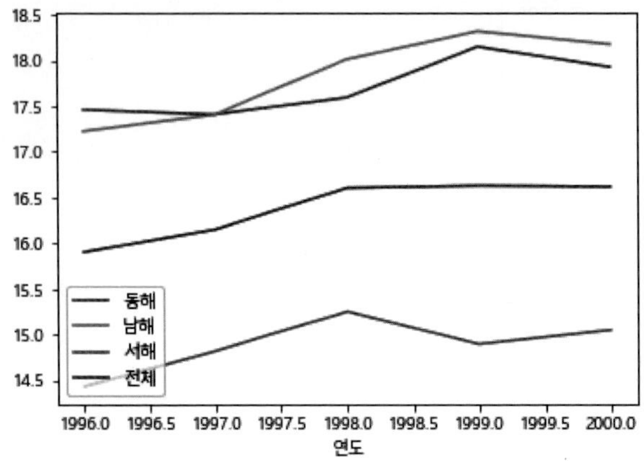

다음은 plot()의 옵션으로 'grid = True'를 지정해 격자를 추가하고 style에는 데이터마다 선의 컬러, 선의 모양, 마커를 지정하는 예입니다. 또한 pandas 데이터로 그래프를 그릴 때 x축과 y축 라벨과 제목을 지정하고 싶다면 다음과 같이 plot()의 반환 값에 set_xlabel(), set_ylabel(), set_title() 메서드를 이용해 각각 x축 라벨, y축 라벨, 제목을 추가할 수 있습니다.

```
In: rain_plot = df_rain.plot(grid = True, style = ['r--*', 'g-o', 'b:*', 'm-.p'])
    rain_plot.set_xlabel("연도")
    rain_plot.set_ylabel("강수량")
    rain_plot.set_title("연간 강수량")
    plt.show()
```

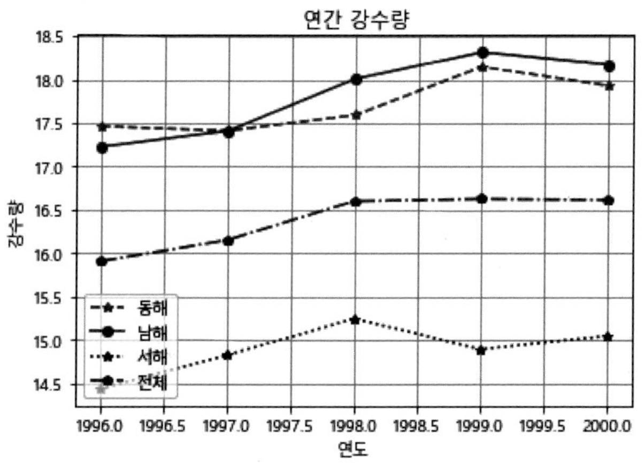

또 다른 예를 살펴보기 위해 다음과 같이 연도별 1인당 주거면적 데이터(전국)를 이용해 DataFrame 데이터를 생성하겠습니다.

```
In: year = [2006, 2008, 2010, 2012, 2014, 2016] # 연도
    area = [26.2, 27.8, 28.5, 31.7, 33.5, 33.2] # 1인당 주거면적
    table = {'연도':year, '주거면적':area}
    df_area = pd.DataFrame(table, columns=['연도', '주거면적'])
    df_area
```

Out:

	연도	주거면적
0	2006	26.2
1	2008	27.8
2	2010	28.5
3	2012	31.7
4	2014	33.5
5	2016	33.2

앞에서 생성된 pandas의 DataFrame 변수 `df_area`에 `plot()`을 적용해 그래프를 그려보겠습니다. 이때 `plot()`의 인자 `x`와 `y`에 각각 열 이름을 지정하면 `x`에 지정한 열 데이터는 x축 데이터로, `y`에 지정한 열 데이터는 y축 데이터로 지정돼 선 그래프를 그립니다. 앞에서와 마찬가지로 `'grid = True'`를 입력하면 격자를 넣을 수도 있습니다. 또한 `'title = 문자열'` 옵션을 추가하면 그래프의 제목을 추가할 수 있습니다.

다음 코드를 봅시다.

```
In: df_area.plot(x='연도', y='주거면적', grid = True, title = '연도별 1인당 주거면적')
    plt.show()
```

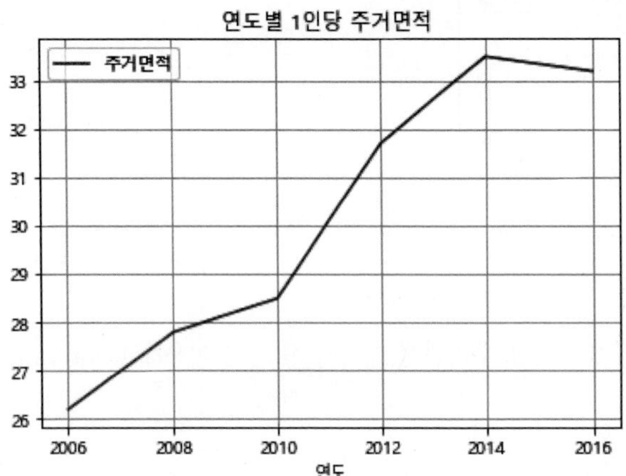

위의 그래프를 살펴보면 x와 y에 지정한 열 데이터로 2차원 선 그래프를 그렸습니다. 또한 x축 라벨에는 x에 넣은 열 이름('연도')이 들어가 있고, 범례(legend)에는 y에 넣은 열 이름('주거면적')이 들어간 것을 확인할 수 있습니다. 또한 격자와 제목도 표시됐습니다.

pandas의 산점도

이제 pandas로 생성한 데이터를 이용해 선 그래프 외에 다른 그래프를 그려보겠습니다. 먼저 두 데이터의 관계를 추정할 때 사용할 수 있는 산점도에 대해 살펴보겠습니다.

다음과 같이 일정 기간(10일) 동안 기록한 일일 최고 기온과 아이스크림 판매량 데이터를 이용해 pandas의 DataFrame 데이터를 생성해 보겠습니다.

```
In: import matplotlib.pyplot as plt
    import pandas as pd

    temperature = [25.2, 27.4, 22.9, 26.2, 29.5, 33.1, 30.4, 36.1, 34.4, 29.1]
    Ice_cream_sales = [236500, 357500, 203500, 365200, 446600, 574200, 453200, 675400, 598400,
    463100]
```

```
dict_data = {'기온':temperature, '아이스크림 판매량':Ice_cream_sales}
df_ice_cream = pd.DataFrame(dict_data, columns=['기온', '아이스크림 판매량'])

df_ice_cream
```

Out:

	기온	아이스크림 판매량
0	25.2	236500
1	27.4	357500
2	22.9	203500
3	26.2	365200
4	29.5	446600
5	33.1	574200
6	30.4	453200
7	36.1	675400
8	34.4	598400
9	29.1	463100

위에서 생성된 pandas의 DataFrame 데이터를 이용해 산점도 그래프를 그려보겠습니다. pandas에서 산점도 그래프를 그리려면 `DataFrame_data.plot(kind='scatter')` 혹은 `DataFrame_data.plot.scatter()`를 이용합니다. 인자 x와 y에 각각 열 이름을 지정하면 x에 지정한 열 데이터는 x축 데이터로, y에 지정한 열 데이터는 y축 데이터로 지정돼 산점도 그래프를 그립니다.

다음 코드를 봅시다.

```
In: df_ice_cream.plot.scatter(x='기온', y='아이스크림 판매량', grid=True, title='최고 기온과
    아이스크림 판매량')
    plt.show()
```

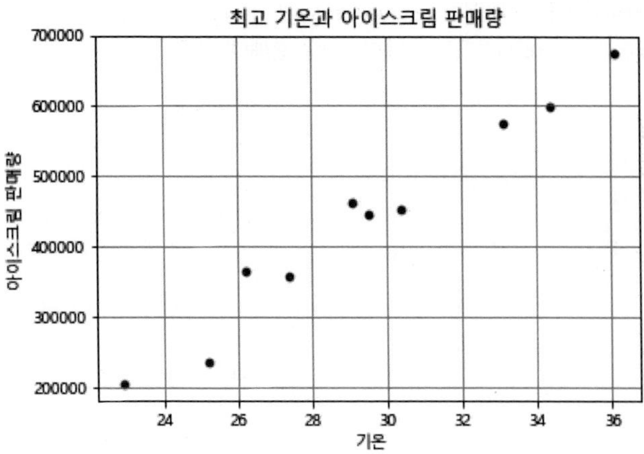

위의 그래프를 살펴보면 x와 y에 지정한 열 데이터로 산점도 그래프를 그렸습니다. 또한 x축 라벨에는 x의 열 이름('기온')이, y축 라벨에는 y의 열 이름('아이스크림 판매량')이 들어가 있는 것을 확인할 수 있습니다. title 옵션으로 제목도 추가했으며, 'grid=True' 옵션을 추가해서 격자도 표시됐습니다. 결과 그래프를 분석하면 일일 최고 온도와 아이스크림 판매량이 비례 관계임을 알 수 있습니다. 이처럼 산점도는 두 데이터의 관계를 살펴보는 데 유용하게 이용할 수 있습니다.

pandas의 막대 그래프

이번에는 막대 그래프에 대해 살펴보겠습니다. 한 학급에서 학점이 (A, B, C, D)인 학생이 각각 (5, 14, 12, 3)명이라고 가정할 때 이를 이용해 pandas의 DataFrame 형식으로 데이터를 생성하면 다음과 같습니다.

```
In: import matplotlib.pyplot as plt
    import pandas as pd

    grade_num = [5, 14, 12, 3]
    students = ['A', 'B', 'C', 'D']

    df_grade = pd.DataFrame(grade_num, index=students, columns = ['Student'])
    df_grade
```

Out:

	Student
A	5
B	14
C	12
D	3

위에서 생성된 pandas의 DataFrame 데이터로 막대 그래프를 그려보겠습니다. pandas에서 막대 그래프를 그리려면 plot(kind='bar') 혹은 plot.bar()를 이용합니다.

다음은 막대 그래프를 그리는 코드입니다.

```
In: grade_bar = df_grade.plot.bar(grid = True)
    grade_bar.set_xlabel("학점")
    grade_bar.set_ylabel("학생수")
    grade_bar.set_title("학점별 학생 수 막대 그래프")
    plt.show()
```

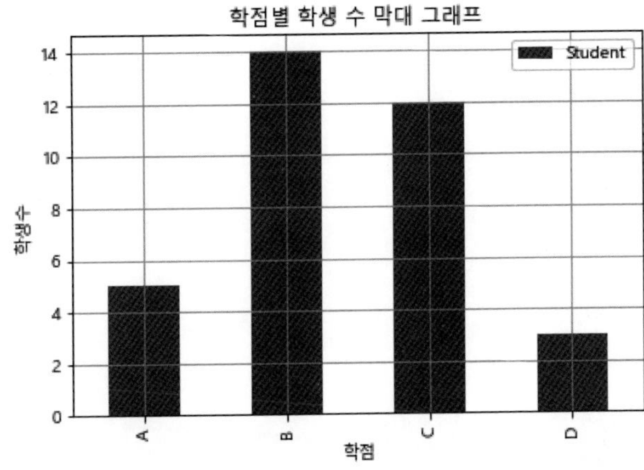

출력된 그래프를 보면 DataFrame 데이터의 index인 [A, B, C, D]는 x축의 tick 라벨로 표시됐고 values인 [5,14,12,3]는 y축의 막대 그래프로 표시됐습니다. 또한 columns는 그래프의 범례로 표시됐습니다.

pandas의 히스토그램

pandas에서 히스토그램을 그리려면 plot(kind='hist'[, bin=num]) 혹은 plot.hist([bin=num])를 이용합니다. 옵션 bin은 계급의 개수입니다. bin 옵션이 없으면 기본적으로 bin은 10입니다. 히스토그램의 예를 들기 위해 앞에서 이용했던 25명 학생의 수학 점수를 그대로 이용하겠습니다.

히스토그램을 그리는 예제 코드는 다음과 같습니다. 여기서 hist()의 인자로 'bin=8'을 넣어서 계급의 개수를 8로 조정했습니다.

```
In: import matplotlib.pyplot as plt
    import pandas as pd

    math = [76,82,84,83,90,86,85,92,72,71,100,87,81,76,94,78,81,60,79,69,74,87,82,68,79]

    df_math = pd.DataFrame(math, columns = ['Student'])

    math_hist = df_math.plot.hist(bins=8, grid = True)
    math_hist.set_xlabel("시험 점수")
    math_hist.set_ylabel("도수(frequency)")
    math_hist.set_title("수학 시험의 히스토그램")

    plt.show()
```

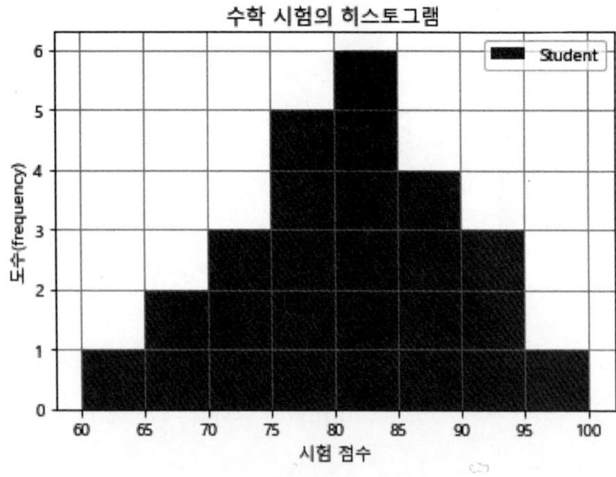

pandas의 파이 그래프

pandas에서 파이 그래프를 그리려면 `plot(kind='pie')` 혹은 `plot.pie()`를 이용합니다. 파이 그래프의 예를 보이기 위해 앞에서 사용했던, 한 학급에서 20명의 학생이 5개의 과일(사과, 바나나, 딸기, 오렌지, 포도) 중 제일 좋아하는 과일을 선택하라고 했을 때 과일별로 선택한 학생 수(7, 6, 3, 2, 2)를 그대로 이용하겠습니다.

이 값으로 다음과 같이 pandas의 Series 데이터를 생성하겠습니다.

```
In: import matplotlib.pyplot as plt
    import pandas as pd

    fruit = ['사과', '바나나', '딸기', '오렌지', '포도']
    result = [7, 6, 3, 2, 2]

    df_fruit = pd.Series(result, index = fruit, name = '선택한 학생수')
    df_fruit
```

```
Out: 사과     7
     바나나    6
     딸기     3
     오렌지    2
     포도     2
     Name: 선택한 학생수, dtype: int64
```

위에서 생성된 pandas의 Series 데이터를 이용해 파이 그래프를 그리면 다음과 같습니다.[2]

```
In: df_fruit.plot.pie()
    plt.show()
```

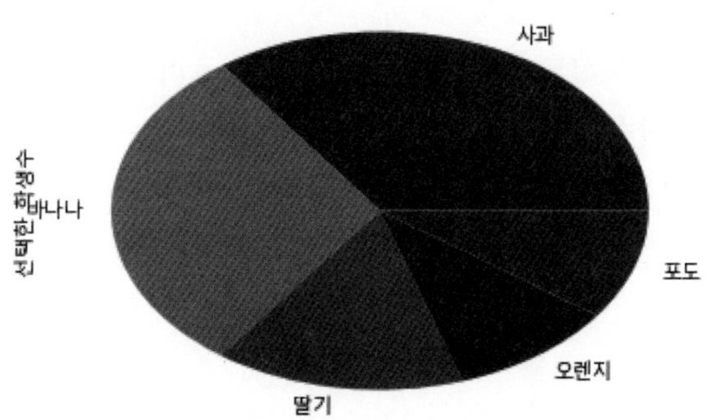

2 matplotlib v3.0부터는 특별한 설정 없이도 기본적으로 원으로 파이 그래프를 그립니다.

생성된 파이 그래프는 기본 설정으로 그렸는데 옵션을 지정해 기본 설정을 다음과 같이 변경하면 좀 더 알아보기 쉬운 파이 그래프를 그릴 수 있습니다. 여기서 사용한 옵션은 앞의 matplotlib의 파이 그래프에서 사용한 옵션과 유사합니다. 또한 pandas의 그래프도 plt.savefig()를 이용해 이미지 파일로 저장할 수 있습니다.

```
In: explode_value = (0.1, 0, 0, 0, 0)
    fruit_pie = df_fruit.plot.pie(figsize=(5, 5), autopct='%.1f%%', startangle=90,
        counterclock = False, explode=explode_value, shadow=True, table=True)
    fruit_pie.set_ylabel("") # 불필요한 y축 라벨 제거
    fruit_pie.set_title("과일 선호도 조사 결과")

    # 그래프를 이미지 파일로 저장. dpi는 200으로 설정
    plt.savefig('C:/myPyCode/figures/saveFigTest3.png', dpi = 200)
    plt.show()
```

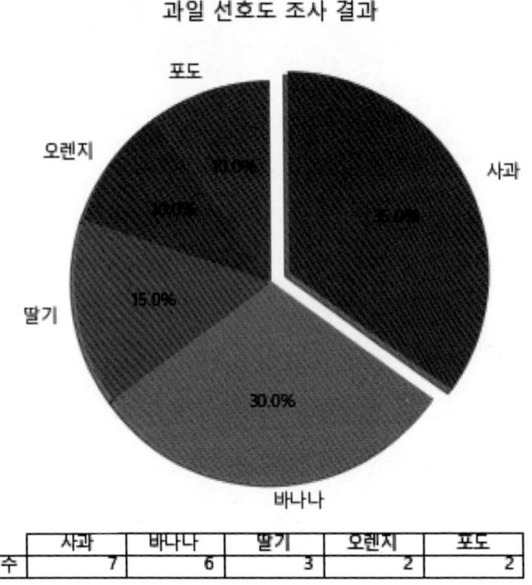

	사과	바나나	딸기	오렌지	포도
선택한 학생수	7	6	3	2	2

이제 그래프가 좀 더 보기 좋게 만들어졌습니다. 위의 코드에서 pie() 안의 옵션은 matplotlib의 파이 그래프에서 설명할 때 이용했던 것과 같으므로 출력된 그래프도 같습니다. pandas의 pie()의 경우 'figsize=(w,h)'를 옵션 인자로 입력해서 그래프 창의 크기를 조절할 수 있습니다. 또한 'table=True' 옵션을 입력하면 데이터를 표(table) 형식으로도 출력합니다.

03 정리

이번 장에는 matplotlib을 이용해 숫자 데이터를 그래프로 시각화하는 방법을 살펴봤습니다. 가장 기본인 선 그래프를 그리는 것에서 시작해 컬러, 선 스타일, 마커를 지정하는 방법도 살펴봤습니다. 또한 그래프 창 하나에 여러 그래프를 그리는 방법과 여러 개의 창을 나눠 그래프를 그리는 방법도 살펴봤습니다. 라벨, 제목, 격자, 문자를 그래프에 추가하는 방법도 알아보고 선 그래프뿐만 아니라 산점도, 막대 그래프, 히스토그램, 파이 그래프를 그리는 방법도 살펴봤습니다. 이렇게 그려진 그래프를 다른 자료에 사용할 수 있도록 그림 파일로 저장하는 방법도 살펴봤습니다. 마지막으로 pandas 형식의 데이터를 이용해 시각화하는 방법도 알아봤습니다.

여기서 배운 데이터를 시각화하는 방법을 잘 활용하면 데이터 분석을 좀 더 효율적으로 할 수 있습니다. 또한 데이터에 따라 적절한 그래프를 생성해 문서에 활용한다면 숫자 데이터로만 이뤄진 문서와 비교해서 좀 더 직관적으로 데이터의 의미를 전달할 수 있습니다. 이번 장에서 살펴본 다양한 시각화 방법을 잘 익혀서 데이터를 시각화할 때 효과적으로 활용하길 바랍니다.

13

엑셀 파일 다루기

마이크로소프트의 오피스 프로그램(워드, 엑셀, 파워포인트 등)은 문서나 발표 자료를 작성할 때 자주 사용하는 프로그램입니다. 특히 데이터를 다루는 직장인들은 데이터의 정리, 통합, 처리, 저장 등의 작업에 엑셀을 많이 이용합니다. 엑셀은 직관적이고 사용하기 쉬운 프로그램이지만 다뤄야 할 데이터가 많은 경우 이런 작업을 하기가 쉽지 않습니다. 이번 장에는 파이썬을 이용해 엑셀에서 수행하던 데이터 처리를 좀 더 쉽고 간편하게 수행하는 방법을 살펴보겠습니다.

01 엑셀 파일을 읽고 쓰기

pandas 패키지를 이용하면 파이썬에서 엑셀 파일의 데이터를 읽고 쓸 수 있습니다. 파이썬에서 엑셀 파일의 데이터를 처리하기 전에 우선 파이썬에서 엑셀 파일의 데이터를 읽고, 파이썬의 데이터를 엑셀 파일로 쓰는(저장하는) 방법을 살펴보겠습니다.

엑셀 파일의 데이터 읽기

앞에서 pandas를 이용해 csv 파일을 읽어오는 방법을 살펴봤습니다. 이번에는 엑셀 파일을 읽어오는 방법을 알아보겠습니다. pandas에서 엑셀 파일의 데이터를 읽어오는 방법은 다음과 같습니다.

```
df = pd.read_excel('excel_file.xlsx' [, sheet_name = number 혹은 '시트이름', index_col = number
혹은 '열이름'])
```

이렇게 하면 엑셀 파일('excel_file.xlsx')을 읽어와서 엑셀 파일의 내용을 pandas의 DataFrame 데이터로 변환한 후에 반환합니다. 'excel_file.xlsx'은 읽기를 원하는 엑셀 파일명으로 파일의 경로를 포함할 수 있습니다. 인자 sheet_name에는 불러오고자 하는 엑셀의 시트 번호나 시트 이름을 지정합니다. 엑셀의 경우는 시트 이름에 'Sheet1'처럼 1부터 시작하는 번호가 붙지만, pandas에서 엑셀의 시트 번호를 지정할 때는 0부터 시작합니다. 따라서 'sheet_name = 0'으로 지정하면 엑셀의 첫 번째 시트를 읽어오고, 'sheet_name = 1'로 지정하면 두 번째 시트의 내용을 읽어옵니다. 만약 sheet_name 옵션을 지정하지 않으면 기본적으로 'sheet_name = 0'으로 지정돼 첫 번째 시트를 읽어옵니다. 또한 sheet_name 옵션은 『sheet_name='Sheet1'』이나 『sheet_name='Sheet3'』처럼 시트 이름을 문자열로도 지정할 수 있습니다. 인자 index_col은 index로 지정할 데이터 열을 번호나 열 이름으로 지정합니다. 예를 들어 엑셀 파일의 첫 번째 열을 index로 지정하려면 'index_col = 0'으로 지정하고 두 번째 열을 지정하려면 'index_col = 1'과 같이 지정하면 됩니다. 또한 엑셀 파일에서 첫 줄에 있는 열 이름으로도 index_col을 지정할 수 있습니다. index_col 옵션을 지정하지 않으면 index가 0부터 시작하는 숫자로 자동으로 설정됩니다.

실제로 엑셀 파일을 읽기 위해 그림 13-1처럼 엑셀 파일을 생성했습니다. 이 파일은 'C:\myPyCode\data' 폴더 내에 '학생시험성적.xlsx'로 저장합니다.

	A	B	C	D	E
1	학생	국어	영어	수학	평균
2	A	80	90	85	85.00
3	B	90	95	95	93.33
4	C	95	70	75	80.00
5	D	70	85	80	78.33
6	E	75	90	85	83.33

그림 13-1 학생 시험 성적을 저장한 엑셀 파일 생성

마이크로소프트 오피스 온라인 앱

만약 마이크로소프트 오피스 프로그램이 없다면 기능이 일부 제한적이지만 무료로 이용할 수 있는 오피스 온라인을 이용하면 됩니다. 오피스닷컴(https://www.office.com)에 브라우저로 접속해서 회원 가입을 하면 온라인 앱을 통해 워드, 엑셀, 파워포인트 등을 이용할 수 있습니다. 온라인 엑셀의 경우 고급 기능과 고급 함수는 이용할 수 없지만 대부분의 기본 기능은 그대로 사용할 수 있습니다. 또한 오피스닷컴에서 만든 문서를 내 컴퓨터로 내려받거나 내 컴퓨터에 있는 문서를 오피스닷컴에 업로드해서 활용할 수 있습니다.

생성한 엑셀 파일을 pandas를 이용해 읽어오겠습니다.

```
In: import pandas as pd
    df = pd.read_excel('C:/myPyCode/data/학생시험성적.xlsx')
    df
```

Out:

	학생	국어	영어	수학	평균
0	A	80	90	85	85.000000
1	B	90	95	95	93.333333
2	C	95	70	75	80.000000
3	D	70	85	80	78.333333
4	E	75	90	85	83.333333

엑셀 파일에서 첫 번째 시트(Sheet) 외에 다른 시트의 데이터를 읽어오려면 앞에서 설명했던 것처럼 sheet_name 옵션에 시트 이름을 문자열로 직접 지정하거나 '시트의 순서 - 1' 번호로 지정합니다. 여기서 주의할 것은 엑셀 파일에 sheet_name 옵션으로 지정한 시트가 반드시 있어야 한다는 것입니다. 만약 지정한 시트가 없다면 오류가 발생합니다.

앞에서 생성한 엑셀 파일('학생시험성적.xlsx')에 두 번째 시트를 만들고 시트 이름을 '2차시험'으로 지정합니다. 두 번째 시트('2차시험')에는 그림 13-2처럼 데이터를 입력합니다.

	A	B	C	D	E
1	학생	과학	사회	역사	평균
2	A	90	95	85	90.00
3	B	85	90	80	85.00
4	C	70	80	75	75.00
5	D	75	90	100	88.33
6	E	90	80	90	86.67

Sheet1 | 2차시험

그림 13-2 두 번째 시트에 데이터 입력

엑셀 파일에서 특정 시트(여기서는 두 번째 시트)의 내용을 pandas를 이용해 읽어 오려면 다음과 같이 sheet_name 옵션에 번호를 지정합니다.

```
In: pd.read_excel('C:/myPyCode/data/학생시험성적.xlsx', sheet_name = 1)
```

Out:

	학생	과학	사회	역사	평균
0	A	90	95	85	90.000000
1	B	85	90	80	85.000000
2	C	70	80	75	75.000000
3	D	75	90	100	88.333333
4	E	90	80	90	86.666667

다음과 같이 sheet_name 옵션에 시트이름(여기서는 '2차시험')을 입력해도 데이터를 읽어올 수 있습니다.

```
In: pd.read_excel('C:/myPyCode/data/학생시험성적.xlsx', sheet_name = '2차시험')
```

Out:

	학생	과학	사회	역사	평균
0	A	90	95	85	90.000000
1	B	85	90	80	85.000000
2	C	70	80	75	75.000000
3	D	75	90	100	88.333333
4	E	90	80	90	86.666667

엑셀 파일에서 읽어온 DataFrame 데이터를 보면 index가 0부터 열 개수만큼 자동으로 생성됐습니다. read_excel()에서 인자 index_col을 지정하지 않으면 index가 자동으로 설정되지만 index_col에 번호나 '열이름'을 지정하면 지정된 열이 index가 됩니다.

다음은 엑셀 데이터에서 첫 번째 열인 '학생' 열을 index로 지정한 예입니다. 이를 위해 index_col에는 0을 지정해도 되고 엑셀의 '열이름'인 '학생'을 지정해도 됩니다.

```
In: df = pd.read_excel('C:/myPyCode/data/학생시험성적.xlsx',sheet_name = '2차시험', index_col = 0)
    df
```

Out:

	과학	사회	역사	평균
학생				
A	90	95	85	90.000000
B	85	90	80	85.000000

	과학	사회	역사	평균
C	70	80	75	75.000000
D	75	90	100	88.333333
E	90	80	90	86.666667

```
In: df = pd.read_excel('C:/myPyCode/data/학생시험성적.xlsx', sheet_name = '2차시험', index_col =
    '학생')
    df
```

Out:

	과학	사회	역사	평균
학생				
A	90	95	85	90.000000
B	85	90	80	85.000000
C	70	80	75	75.000000
D	75	90	100	88.333333
E	90	80	90	86.666667

출력된 결과를 보면 변수 df의 index로 엑셀 파일에서 '학생'에 해당하는 열의 내용이 지정됐습니다.

데이터를 엑셀 파일로 쓰기

다음으로 pandas를 이용해 파이썬의 데이터를 엑셀 파일로 쓰는 방법을 살펴보겠습니다. 엑셀 파일을 pandas의 DataFrame 데이터로 읽어오는 것은 간단하지만 DataFrame 데이터를 엑셀 파일로 쓰려면 다음과 같이 세 단계를 거쳐야 합니다.

```
# (1) pandas의 ExcelWriter 객체 생성
excel_writer = pd.ExcelWriter('excel_output.xlsx', engine='xlsxwriter')

# (2) DataFrame 데이터를 지정된 엑셀 시트(Sheet)에 쓰기
df1.to_excel(excel_writer[, index=True 혹은 False, sheet_name='시트이름1'])
df2.to_excel(excel_writer[, index=True 혹은 False, sheet_name='시트이름2'])

# (3) ExcelWriter 객체를 닫고, 지정된 엑셀 파일 생성
excel_writer.save()
```

(1) 먼저 pandas의 ExcelWriter()를 이용해 pandas ExcelWriter의 객체(excel_writer)를 생성합니다. 이때 파일 이름('excel_output.xlsx')과 엑셀 쓰기 엔진(engine)을 지정합니다. 파일 이름에는 파일이 있는 폴더의 위치를 함께 지정할 수 있습니다. 엑셀 쓰기 엔진을 지정하려면 『engine='엔진 이름'』을 이용합니다. 여기서는 아나콘다를 설치할 때 설치된 xlsxwriter 모듈을 이용하기 위해 『engine='xlsxwriter'』로 지정합니다.

(2) 다음으로 to_excel()을 이용해 지정된 엑셀 시트에 DataFrame 데이터를 씁니다. 여기서 index 옵션에 True를 지정하면 DataFrame 데이터의 index를 엑셀 시트의 데이터에 포함하고, False를 지정하면 제외합니다. index 옵션을 쓰지 않으면 True로 지정됩니다. 그리고 『sheet_name='시트이름'』을 이용해 엑셀의 시트 이름을 지정합니다. 『sheet_name='시트이름'』을 지정하지 않으면 기본 옵션인 『sheet_name='Sheet1'』이 적용돼 엑셀의 'Sheet1' 시트에 DataFrame 데이터가 들어갑니다. to_excel()에서 DataFrame 데이터마다 『sheet_name='시트이름'』을 다르게 지정해 수행하면 하나의 엑셀 파일에 여러 개의 시트를 생성할 수 있습니다.

(3) 마지막으로 save()를 이용해 생성된 ExcelWriter 객체(excel_writer)를 닫고 지정된 파일('excel_output.xlsx')을 생성합니다.

xlsxwriter 모듈

pandas의 ExcelWriter()에서 쓰기 엔진으로 지정한 xlsxwriter는 엑셀 파일에 데이터를 쓸 때 사용하는 xlsxwriter 모듈입니다. 이 모듈은 엑셀 2007 이후의 파일 포맷인 XLSX 파일을 지원하며 엑셀 파일에 문자, 숫자를 쓸 수 있고 연산을 하거나 차트를 생성 또는 이미지를 추가할 수 있습니다. 여기서는 다양한 기능 중 일부만 살펴볼 것이며 더 많은 정보가 필요하면 xlsxwriter에 대해 설명한 웹 사이트(http://xlsxwriter.readthedocs.io/)를 참고하길 바랍니다.

다음으로 pandas의 DataFrame 데이터를 엑셀로 저장하는 예를 살펴보겠습니다. 이를 위해 다음처럼 엑셀 파일로 저장할 DataFrame 데이터를 생성하겠습니다.

```
In: import pandas as pd

    excel_exam_data1 = {'학생': ['A', 'B', 'C', 'D', 'E', 'F'],
                        '국어': [80, 90, 95, 70, 75, 85],
                        '영어': [90, 95, 70, 85, 90, 95],
                        '수학': [85, 95, 75, 80, 85, 100]}
    df1 = pd.DataFrame(excel_exam_data1,columns=['학생','국어','영어','수학'] )
    df1
```

Out:

	학생	국어	영어	수학
0	A	80	90	85
1	B	90	95	95

	학생	국어	영어	수학
2	C	95	70	75
3	D	70	85	80
4	E	75	90	85
5	F	85	95	100

앞에서 생성된 pandas의 DataFrame 데이터(`df1`)를 이용해 엑셀 파일을 생성하겠습니다. `ExcelWriter()`에서 파일 이름은 경로를 포함해 `'C:/myPyCode/data/학생시험성적2.xlsx'`로 지정하고 시트 이름은 지정하지 않겠습니다. 이 경우 엑셀의 'Sheet1'에 DataFrame 데이터(`df1`)가 들어갑니다. 이를 구현한 코드는 다음과 같습니다.

```
In: excel_writer = pd.ExcelWriter('C:/myPyCode/data/학생시험성적2.xlsx', engine='xlsxwriter')
    df1.to_excel(excel_writer, index=False)
    excel_writer.save()
```

위를 수행하면 지정된 폴더(`'C:\myPyCode\data'`)에 지정한 이름의 엑셀 파일(`'학생시험성적2.xlsx'`)이 생성됩니다. 이 파일을 열어보면 그림 13-3과 같이 엑셀 파일에 DataFrame 데이터(`df1`)가 잘 들어간 것을 확인할 수 있습니다. 위의 `to_excel()`에서 `'index=False'` 옵션을 지정했으므로 DataFrame 데이터(`df1`)의 index는 엑셀 파일에 포함되지 않았습니다.

	A	B	C	D
1	학생	국어	영어	수학
2	A	80	90	85
3	B	90	95	95
4	C	95	70	75
5	D	70	85	80
6	E	75	90	85
7	F	85	95	100

Sheet1

그림 13-3 pandas로 생성한 엑셀 파일

엑셀 파일 생성 시 주의할 점

엑셀 프로그램으로 엑셀 파일을 연 상태에서 pandas를 이용해 같은 이름의 엑셀 파일을 생성하면 오류가 발생합니다. pandas로 엑셀 파일을 생성하는 코드를 실행하기 전에는 반드시 지정된 엑셀 파일을 닫아야 합니다. 또한 pandas를 이용해 엑셀 파일을 생성할 때 같은 이름의 엑셀 파일이 있으면 사용자에게 확인하지 않고 덮어쓰므로 주의해야 합니다.

이번에는 엑셀의 시트 이름을 지정해 엑셀 파일을 생성하겠습니다. 지정한 엑셀 파일의 경로는 앞에서 지정한 경로와 같고 파일 이름은 '학생시험성적3.xlsx'로 하겠습니다.

```
In: excel_writer2 = pd.ExcelWriter('C:/myPyCode/data/학생시험성적3.xlsx', engine='xlsxwriter')
    df1.to_excel(excel_writer2, index=False, sheet_name='중간고사')
    excel_writer2.save()
```

위와 같이 실행하면 지정한 폴더('C:\myPyCode\data')에 지정한 이름의 엑셀 파일('학생시험성적3.xlsx')이 생성됩니다. 이 파일을 엑셀 프로그램으로 열어 보면 그림 13-4처럼 엑셀 시트 이름이 지정돼 파일이 생성된 것을 볼 수 있습니다.

	A	B	C	D
1	학생	국어	영어	수학
2	A	80	90	85
3	B	90	95	95
4	C	95	70	75
5	D	70	85	80
6	E	75	90	85
7	F	85	95	100

중간고사

그림 13-4 시트 이름을 지정해서 생성된 엑셀 파일

이번에는 하나의 엑셀 파일에 두 개의 데이터 시트를 생성해 보겠습니다. 이를 위해 앞에서 생성한 DataFrame 데이터와 유사하게 데이터를 하나 더 생성하겠습니다.

```
In: import pandas as pd

    excel_exam_data2 = {'학생': ['A', 'B', 'C', 'D', 'E', 'F'],
                        '국어': [85, 95, 75, 80, 85, 100],
                        '영어': [80, 90, 95, 70, 75, 85],
                        '수학': [90, 95, 70, 85, 90, 95]}
    df2 = pd.DataFrame(excel_exam_data2,columns=['학생','국어','영어','수학'] )
    df2
```

Out:

	학생	국어	영어	수학
0	A	85	80	90
1	B	95	90	95
2	C	75	95	70

	학생	국어	영어	수학
3	D	80	70	85
4	E	85	75	90
5	F	100	85	95

앞에서 생성한 DataFrame 데이터(df1과 df2)를 이용해 엑셀 파일에 두 개의 시트를 생성해 보겠습니다.

```
In: excel_writer3 = pd.ExcelWriter('C:/myPyCode/data/학생시험성적4.xlsx', engine='xlsxwriter')
    df1.to_excel(excel_writer3, index=False, sheet_name='중간고사')
    df2.to_excel(excel_writer3, index=False, sheet_name='기말고사')
    excel_writer3.save()
```

위 코드를 수행하면 그림 13-5와 같이 하나의 엑셀 파일에 두 개의 시트가 생성됩니다. 해당 시트를 확인해 보면 각 시트에 DataFrame의 데이터(df1과 df2)가 잘 들어간 것을 알 수 있습니다.

	A	B	C	D
1	학생	국어	영어	수학
2	A	85	80	90
3	B	95	90	95
4	C	75	95	70
5	D	80	70	85
6	E	85	75	90
7	F	100	85	95

중간고사 기말고사

그림 13-5 두 개의 시트가 생성된 엑셀 파일

02 엑셀 파일 통합하기

엑셀로 업무를 하다 보면 여러 개의 엑셀 파일을 하나의 파일로 통합해야 하는 일이 종종 발생합니다. 만약 마케팅 부서의 직장 상사가 지역별 담당자가 따로 관리하는 분기별 제품 판매량 데이터를 엑셀 파일로 정리해 내일까지 보내달라고 요청했다면 보통 다음과 같은 과정을 통해 여러 데이터를 하나로 통합합니다.

01. 통합 담당자가 지역별 담당자에게 엑셀로 작성한 예제 파일을 보내고 분기별 제품 판매 현황을 정리해서 달라고 이메일을 보낸다.

02. 지역별 담당자가 분기별 제품 판매 현황을 엑셀 파일로 정리한 후, 통합 담당자에게 이메일로 답장을 보낸다.

03. 통합 담당자가 이메일에 첨부된 엑셀 파일을 열어서 필요한 부분만 복사한다.

04. 보고할 통합 버전의 엑셀 파일에 차례대로 일일이 붙여넣는다.

05. 지역별 담당자가 보낸 파일을 모두 통합하기 위해 3, 4단계를 담당자 수만큼 반복한다.

정리해야 할 엑셀 파일이 5개 정도라면 엑셀 파일을 일일이 수작업으로 통합하는 데 큰 무리가 없을 것입니다. 하지만 10개, 20개, 50개, 심지어 100개 이상의 파일을 대상으로 일일이 필요한 곳을 선택한 후 복사해서 다른 파일에 붙여넣어야 한다면 이러한 작업은 쉽지 않을 것입니다. 반복된 작업으로 인해 집중력이 점점 떨어져 시간은 더 걸리고 심지어 데이터가 누락될 수도 있습니다. 엑셀 파일의 단순 통합을 위해 지루하게 반복하던 '선택, 복사 및 붙여넣기(select, copy & paste)'는 이제 그만할 수 있습니다. 파이썬을 이용하면 이런 단순 통합 작업을 쉽고 빠르게 수행할 수 있습니다. 이제 파이썬으로 엑셀 파일을 통합하는 방법을 알아보겠습니다.

효율적인 데이터 처리를 위한 엑셀 데이터 구조

엑셀 파일에 저장된 데이터를 파이썬으로 읽어와서 효율적으로 처리하려면 엑셀에서 데이터를 생성할 때부터 데이터 구조에 신경 써야 합니다. 다음은 효율적인 데이터 처리를 위해 엑셀에서 데이터를 생성할 때 주의할 점입니다.

- 열의 머리글(header)은 한 줄로만 만들고 데이터는 그 아래에 입력한다.
- 열 머리글이나 데이터 입력 부분에 셀 병합 기능은 이용하지 않는다.
- 데이터를 입력할 때 하나의 셀에 숫자와 단위를 같이 쓰지 않는다.
- 하나의 열에 입력한 값의 데이터 형식은 모두 일치해야 한다. 즉, 하나의 열에 문자열, 숫자, 날짜 등을 혼합해서 쓰지 않는다.
- 데이터를 연도, 분기, 월, 업체별, 제품별 등의 시트로 나누지 않는다. 즉, 가능하면 모든 데이터를 하나의 시트에 다 넣는다.

엑셀에서 데이터를 생성할 때 주의할 점은 엑셀뿐만 아니라 다른 형식의 파일로 데이터를 생성할 때도 그대로 적용할 수 있습니다. 데이터를 생성할 때부터 데이터 구조에 신경 쓰면 파이썬과 같은 프로그래밍 언어에서 데이터를 처리하기가 편해집니다.

그림 13-6은 엑셀 데이터를 생성할 때 주의점을 고려해 앞에서 이야기한 지역 담당자별로 제품의 분기별 판매량을 조사하기 위한 예제 파일입니다.

	A	B	C	D	E	F	G
1	제품명	담당자	지역	1분기	2분기	3분기	4분기
2	시계						
3	구두						
4	핸드백						

그림 13-6 제품의 분기별 판매량을 조사하기 위한 예제 파일

이제 그림 13-6의 예제 파일을 이용해 지역별 담당자가 작성한 엑셀 파일을 하나의 엑셀 파일로 통합해 보겠습니다.

여러 개의 엑셀 파일 데이터를 통합하기

앞에서 pandas를 이용해 하나의 엑셀 파일에서 데이터 읽어오는 방법을 살펴봤습니다. 이번에는 여러 개의 엑셀 파일에서 데이터를 읽어와서 pandas의 DataFrame 데이터로 통합하는 방법을 알아보겠습니다.

지역별 담당자가 작성한 엑셀 파일은 각각 '담당자별_판매량_Andy사원.xlsx', '담당자별_판매량_Becky사원.xlsx', '담당자별_판매량_Chris사원.xlsx'입니다. 그림 13-7, 13-8, 13-9는 각각의 엑셀 파일을 보여줍니다.

	A	B	C	D	E	F	G
1	제품명	담당자	지역	1분기	2분기	3분기	4분기
2	시계	A	가	198	123	120	137
3	구두	A	가	273	241	296	217
4	핸드백	A	가	385	316	355	331

그림 13-7 Andy사원의 판매량('담당자별_판매량_Andy사원.xlsx')

	A	B	C	D	E	F	G
1	제품명	담당자	지역	1분기	2분기	3분기	4분기
2	시계	B	나	154	108	155	114
3	구두	B	나	200	223	213	202
4	핸드백	B	나	350	340	377	392

그림 13-8 Becky사원의 판매량('담당자별_판매량_Becky사원.xlsx')

	A	B	C	D	E	F	G
1	제품명	담당자	지역	1분기	2분기	3분기	4분기
2	시계	C	다	168	102	149	174
3	구두	C	다	231	279	277	292
4	핸드백	C	다	365	383	308	323

그림 13-9 Chris사원의 판매량('담당자별_판매량_Chris사원.xlsx')

여러 개의 엑셀 파일을 읽으려면 먼저 파일을 지정해야 합니다. 여기서는 다음과 같이 excel_data_files 변수에 읽으려는 엑셀 파일명을 파일 경로와 함께 지정했습니다.

```
In: excel_data_files = ['C:/myPyCode/data/담당자별_판매량_Andy사원.xlsx',
                        'C:/myPyCode/data/담당자별_판매량_Becky사원.xlsx',
                        'C:/myPyCode/data/담당자별_판매량_Chris사원.xlsx']
```

이제 엑셀 파일 각각에서 읽어온 데이터를 통합하기 위해 pandas의 DataFrame 형태로 변수를 하나 생성하겠습니다.

```
In: total_data = pd.DataFrame()
```

이제 다음처럼 excel_data_files 리스트에 있는 엑셀 파일을 하나씩 읽은 후에 append()를 이용해 total_data 변수에 차례대로 추가하면 여러 개의 엑셀 파일에서 읽은 데이터는 모두 total_data에 통합됩니다.

```
In: import pandas as pd

    for f in excel_data_files:
        df = pd.read_excel(f)
        total_data = total_data.append(df)

    total_data
```

Out:

	제품명	담당자	지역	1분기	2분기	3분기	4분기
0	시계	A	가	198	123	120	137
1	구두	A	가	273	241	296	217
2	핸드백	A	가	385	316	355	331
0	시계	B	나	154	108	155	114
1	구두	B	나	200	223	213	202
2	핸드백	B	나	350	340	377	392
0	시계	C	다	168	102	149	174
1	구두	C	다	231	279	277	292
2	핸드백	C	다	365	383	308	323

결과를 보면 각 엑셀 파일에서 불러온 데이터가 하나로 통합된 것을 확인할 수 있습니다. 그런데 파일별 index '[0,1,2]'가 그대로 붙여져 있습니다. 이는 pandas의 DataFrame 데이터를 append()를 이용해 추가할 때 index가 그대로 들어가서 발생한 문제로 다음과 같이 append()의 옵션에 'ignore_index=True'를 추가하면 해결됩니다.

```
In: import pandas as pd

    total_data = pd.DataFrame()

    for f in excel_data_files:
        df = pd.read_excel(f)
        total_data = total_data.append(df, ignore_index=True)

    total_data
```

Out:

	제품명	담당자	지역	1분기	2분기	3분기	4분기
0	시계	A	가	198	123	120	137
1	구두	A	가	273	241	296	217
2	핸드백	A	가	385	316	355	331
3	시계	B	나	154	108	155	114
4	구두	B	나	200	223	213	202
5	핸드백	B	나	350	340	377	392
6	시계	C	다	168	102	149	174
7	구두	C	다	231	279	277	292
8	핸드백	C	다	365	383	308	323

위의 결과를 보면 이제 index가 순차적으로 잘 지정된 것을 볼 수 있습니다.

앞에서 수행한 코드의 출력 결과를 보면 알겠지만 데이터 형식이 같은 세 개의 엑셀 파일을 읽어서 하나로 통합하는 작업은 파이썬을 이용하면 손쉽게 수행할 수 있습니다. 이를 위해 변수 excel_data_files에 폴더 위치와 함께 엑셀 파일명을 리스트로 지정했습니다. 앞의 예처럼 파일의 수가 작을 때는 파일명을 일일이 입력하는 것이 어렵지 않지만 통합해야 하는 엑셀 파일이 100개 혹은 1000개 이상으로 늘어나면 파일명을 수동으로 일일이 입력하기는 쉽지 않은 일입니다.

파이썬 내장 모듈인 glob을 이용하면 파일명을 일일이 입력하지 않고 자동으로 파일명을 가져올 수 있습니다. 사용법은 다음과 같습니다.

```
import glob
glob.glob('path_file_name')
```

위의 glob 모듈의 glob()은 지정된 문자열에 대응되는 모든 파일과 디렉터리의 리스트를 반환합니다. 이때 문자열에는 '*'와 '?'를 사용할 수 있습니다. 여기서 '*'는 길이와 상관없이 모든 문자열을, '?'는 한 글자로 된 모든 문자열을 의미합니다.

이제 glob()을 이용해 지정된 폴더에서 원하는 엑셀 파일명을 추출해 보겠습니다. 이를 위해 지정 문자열에 '*'를 포함해서 특정 문자열을 포함한 모든 파일을 검색하는 코드를 작성해 보겠습니다.

```
In: import glob

    glob.glob("C:/myPyCode/data/담당자별_판매량_*사원.xlsx")
```

```
Out: ['C:/myPyCode/data\\담당자별_판매량_Andy사원.xlsx',
      'C:/myPyCode/data\\담당자별_판매량_Becky사원.xlsx',
      'C:/myPyCode/data\\담당자별_판매량_Chris사원.xlsx']
```

결과를 보면 통합해야 할 '담당자별_판매량_Andy사원.xlsx', '담당자별_판매량_Becky사원.xlsx', '담당자별_판매량_Chris사원.xlsx' 파일이 모두 검색된 것을 볼 수 있습니다. 이것은 지정된 경로에서 파일 이름 중 '담당자별_판매량_[모든문자]_사원.xlsx' 형태의 모든 파일을 찾아서 리스트로 반환했기 때문입니다. 출력 결과에서 폴더 구분을 위해 파일 이름 앞에 / 대신 \\가 출력됐지만 폴더 구분은 잘 되니 신경 쓰지 않아도 됩니다.

정규 표현식

파일이 많고 파일 이름을 찾는 규칙이 복잡하다면 원하는 파일을 찾기 위해 정규 표현식(Regular Expression)을 이용할 수 있습니다. 정규 표현식은 특정 규칙을 갖는 문자열을 표현하는 데 사용하는 표현식으로 특정 패턴을 보이는 문자열을 찾거나 바꿀 때 사용합니다. 정규 표현식은 파이썬에서만 사용하는 것이 아니라 문자열 처리가 필요한 텍스트 에디터나 다양한 프로그래밍 언어에서 사용하고 있습니다. 파이썬에서는 정규 표현식을 위해 re 내장 모듈을 이용합니다. re 내장 모듈을 이용해 정규 표현식을 사용하는 방법은 https://docs.python.org/3/howto/regex.html을 참고하세요.

자동으로 필요한 엑셀 파일 리스트를 얻어오는 코드와 엑셀 파일에서 데이터를 읽어서 각 데이터를 하나의 DataFrame 변수에 추가하는 코드를 통합하면 다음과 같습니다.

```
In: import glob
    import pandas as pd

    excel_data_files1 = glob.glob("C:/myPyCode/data/담당자별_판매량_*사원.xlsx")
    total_data1 = pd.DataFrame()

    for f in excel_data_files1:
        df = pd.read_excel(f)
        total_data1 = total_data1.append(df, ignore_index=True)

    total_data1
```

Out:

	제품명	담당자	지역	1분기	2분기	3분기	4분기
0	시계	A	가	198	123	120	137
1	구두	A	가	273	241	296	217
2	핸드백	A	가	385	316	355	331
3	시계	B	나	154	108	155	114
4	구두	B	나	200	223	213	202
5	핸드백	B	나	350	340	377	392
6	시계	C	다	168	102	149	174
7	구두	C	다	231	279	277	292
8	핸드백	C	다	365	383	308	323

위 코드를 통해 엑셀 파일 이름을 일일이 지정하지 않고 폴더에서 원하는 엑셀 파일을 리스트로 만들고 각 엑셀 파일의 데이터를 하나의 DataFrame 변수에 통합해서 할당하는 작업을 수행했습니다.

통합 결과를 엑셀 파일로 저장하기

다음은 엑셀 파일에서 얻은 데이터의 통합 결과를 엑셀 파일로 저장하겠습니다. 이를 위해 다음과 같이 앞에서 살펴본 pandas의 DataFrame 형식의 데이터를 엑셀 파일로 쓰는 방법을 이용하겠습니다.

```
In: import glob
    import pandas as pd

    excel_file_name = 'C:/myPyCode/data/담당자별_판매량_통합.xlsx'

    excel_total_file_writer = pd.ExcelWriter(excel_file_name, engine='xlsxwriter')
    total_data1.to_excel(excel_total_file_writer, index=False, sheet_name='담당자별_판매량_통합')
    excel_total_file_writer.save()

    glob.glob(excel_file_name)
```

```
Out: ['C:/myPyCode/data/담당자별_판매량_통합.xlsx']
```

출력 결과에서 보듯이 '담당자별_판매량_통합.xlsx' 파일이 생성됐습니다. 이 엑셀 파일을 열어보면 그림 13-10처럼 여러 엑셀 파일의 데이터가 통합된 것을 확인할 수 있습니다.

	A	B	C	D	E	F	G
1	제품명	담당자	지역	1분기	2분기	3분기	4분기
2	시계	A	가	198	123	120	137
3	구두	A	가	273	241	296	217
4	핸드백	A	가	385	316	355	331
5	시계	B	나	154	108	155	114
6	구두	B	나	200	223	213	202
7	핸드백	B	나	350	340	377	392
8	시계	C	다	168	102	149	174
9	구두	C	다	231	279	277	292
10	핸드백	C	다	365	383	308	323

담당자별_판매량_통합

그림 13-10 세 개의 파일이 통합된 엑셀 파일

03 엑셀 파일로 읽어온 데이터 다루기

엑셀에서 수행하던 다양한 데이터 처리도 파이썬을 이용해 얼마든지 수행할 수 있습니다. 이번에는 엑셀 파일에서 불러온 데이터를 처리하는 몇 가지 방법을 살펴보겠습니다.

데이터를 추가하고 변경하기

엑셀 파일에서 읽어온 DataFrame 데이터에 새로운 값을 추가하거나 기존의 값을 변경하려면 어떻게 해야 할까요? 물론 엑셀 프로그램을 열어서 특정 셀에 내용을 추가하거나 변경한 후에 이 파일을 파이썬에서 다시 읽어오는 방법도 있지만, 수정해야 할 엑셀 파일이 많다면 쉽지 않은 일입니다. 이번에는 읽어온 엑셀 파일의 데이터에 새로운 값을 추가하거나 변경하는 방법을 알아보겠습니다.

엑셀 파일을 pandas로 읽은 후에 다음과 같은 방법으로 DataFrame 데이터에 값을 추가하거나 변경할 수 있습니다.

```
import pandas as pd

df = pd.read_excel('excel_file.xlsx')
df.loc[index_name, column_name] = value
```

`index_name`은 pandas의 DataFrame 데이터에서 행 지정을 위한 index 라벨의 이름이고, `column_name`은 열 지정을 위한 columns 라벨의 이름입니다. 또한 `value`는 지정하고자 하는 값입니다.

앞에서 활용했던 `'담당자별_판매량_Andy사원.xlsx'` 엑셀 파일에서 특정 데이터의 값을 변경해 보겠습니다. 우선 다음과 같이 pandas를 이용해 엑셀 파일을 읽어와서 DataFrame 데이터로 할당합니다.

```
In: import pandas as pd

    df = pd.read_excel('C:/myPyCode/data/담당자별_판매량_Andy사원.xlsx')
    df
```

Out:

	제품명	담당자	지역	1분기	2분기	3분기	4분기
0	시계	A	가	198	123	120	137
1	구두	A	가	273	241	296	217
2	핸드백	A	가	385	316	355	331

위의 DataFrame 데이터인 `df`에서 index 라벨 이름이 2이고 columns 라벨 이름이 '4분기'인 데이터 값 331을 0으로 변경하려면 다음과 같이 수행합니다.

```
In: df.loc[2, '4분기']= 0
    df
```

Out:

	제품명	담당자	지역	1분기	2분기	3분기	4분기
0	시계	A	가	198	123	120	137

1	구두	A	가	273	241	296	217
2	핸드백	A	가	385	316	355	0

결과를 보면 index_name과 column_name으로 지정한 위치의 데이터값이 331에서 0으로 변경된 것을 알 수 있습니다. 다음은 'df.loc[index_name, column_name] = value'를 이용해 기존 데이터에 행을 하나 더 추가하겠습니다.

```
In: df.loc[3, '제품명'] = '벨트'
    df.loc[3, '담당자'] = 'A'
    df.loc[3, '지역'] = '가'
    df.loc[3, '1분기'] = 100
    df.loc[3, '2분기'] = 150
    df.loc[3, '3분기'] = 200
    df.loc[3, '4분기'] = 250

    df
```

Out:

	제품명	담당자	지역	1분기	2분기	3분기	4분기
0	시계	A	가	198.0	123.0	120.0	137.0
1	구두	A	가	273.0	241.0	296.0	217.0
2	핸드백	A	가	385.0	316.0	355.0	0.0
3	벨트	A	가	100.0	150.0	200.0	250.0

위에서는 특정 위치에 데이터값을 추가하는 방법으로 데이터 행 하나를 추가했습니다. 결과를 보면 마지막 행의 데이터가 추가된 것을 볼 수 있습니다.

만약 특정 열의 데이터값 전체를 변경하려면 다음과 같이 수행합니다.

```
df[column_name] = value
```

다음은 '담당자' 행의 모든 'A'를 'Andy'로 변경하는 코드입니다.

```
In: df['담당자'] = 'Andy'
    df
```

Out:

	제품명	담당자	지역	1분기	2분기	3분기	4분기
0	시계	Andy	가	198.0	123.0	120.0	137.0
1	구두	Andy	가	273.0	241.0	296.0	217.0
2	핸드백	Andy	가	385.0	316.0	355.0	0.0
3	벨트	Andy	가	100.0	150.0	200.0	250.0

새롭게 변경된 데이터 내용은 다음과 같이 다른 이름('담당자별_판매량_Andy사원_new.xlsx')으로 저장할 수 있습니다.

```
In: excel_file_name = 'C:/myPyCode/data/담당자별_판매량_Andy사원_new.xlsx'

    new_excel_file = pd.ExcelWriter(excel_file_name, engine='xlsxwriter')
    df.to_excel(new_excel_file, index=False)
    new_excel_file.save()

    glob.glob(excel_file_name)
```

Out: ['C:/myPyCode/data/담당자별_판매량_Andy사원_new.xlsx']

이제 지정된 폴더에 새로운 엑셀 파일('담당자별_판매량_Andy사원_new.xlsx')이 생성됐습니다. 이 파일을 열어보면 그림 13-11처럼 수정된 내용이 잘 반영된 것을 볼 수 있습니다.

	A	B	C	D	E	F	G
1	제품명	담당자	지역	1분기	2분기	3분기	4분기
2	시계	Andy	가	198	123	120	137
3	구두	Andy	가	273	241	296	217
4	핸드백	Andy	가	385	316	355	0
5	벨트	Andy	가	100	150	200	250

Sheet1

그림 13-11 데이터를 수정하고 다른 이름으로 저장한 엑셀 파일

여러 개의 엑셀 파일에서 데이터 수정하기

앞에서 하나의 엑셀 파일에서 데이터를 수정하고 다른 이름의 엑셀 파일로 저장하는 방법을 알아봤습니다. 이번에는 여러 개의 엑셀 파일에 대해 데이터를 수정한 후에 각각 다른 이름으로 저장하는 방법을 알아보겠습니다. 앞의 코드에서 파일명을 다른 이름으로 저장하기 위해 '담당자별_판매량_Andy사원_new.xlsx'라고 파일명을 지정했습니다. 하지만 파일이 많아지면 파일명을 일일이 지정하기가 쉽지 않습

니다. 이때 사용할 수 있는 것이 내장 모듈인 re의 sub()입니다. 내장 모듈인 re는 정규 표현식을 위한 모듈로 문자열 처리에 다양하게 활용할 수 있지만, 여기서는 문자열을 교체할 때 사용하는 sub()만 살펴보겠습니다.

```
import re
re.sub(pattern, repl, string)
```

위는 문자열(string)에서 패턴(pattern)을 찾아서 대체 문자열(repl)로 바꾼 후에 문자열을 반환합니다.

다음 코드는 sub()를 이용해 지정된 문자열에서 패턴('.xlsx')을 찾아서 대체 문자열('2.xlsx')로 변경함으로써 지정된 파일명을 새로운 파일명으로 변경하는 예를 보여줍니다.

```
In: import re

    file_name  = 'C:/myPyCode/data/담당자별_판매량_Andy사원.xlsx'

    new_file_name = re.sub(".xlsx", "2.xlsx", file_name)
    new_file_name
```

```
Out: 'C:/myPyCode/data/담당자별_판매량_Andy사원2.xlsx'
```

다음은 여러 개의 엑셀 파일에서 기존에 'A', 'B', 'C'로 돼 있던 담당자 이름을 각각 'Andy', 'Becky', 'Chris'로 변경하고 새로운 파일명으로 저장하는 코드입니다.

```
In: import glob
    import re
    import pandas as pd

    # 원하는 문자열이 포함된 파일을 검색해 리스트를 할당한다.
    excel_data_files1 = glob.glob("C:/myPyCode/data/담당자별_판매량_*사원.xlsx")

    # 리스트에 있는 엑셀 파일만큼 반복 수행한다.
    for f in excel_data_files1:
        # 엑셀 파일에서 DataFrame 형식으로 데이터를 가져온다.
        df = pd.read_excel(f)

        # 특정 열의 값을 변경한다.
        if(df.loc[1, '담당자']=='A'):
```

```
        df['담당자']='Andy'
    elif(df.loc[1, '담당자']=='B'):
        df['담당자']='Becky'
    elif(df.loc[1, '담당자']=='C'):
        df['담당자']='Chris'

    # 엑셀 파일 이름에서 지정된 문자열 패턴을 찾아서 파일명을 변경한다.
    f_new = re.sub(".xlsx", "2.xlsx", f)
    print(f_new)

    # 수정된 데이터를 새로운 이름의 엑셀 파일로 저장한다.
    new_excel_file = pd.ExcelWriter(f_new, engine='xlsxwriter')
    df.to_excel(new_excel_file, index=False)
    new_excel_file.save()
```

```
Out: C:/myPyCode/data\담당자별_판매량_Andy사원2.xlsx
     C:/myPyCode/data\담당자별_판매량_Becky사원2.xlsx
     C:/myPyCode/data\담당자별_판매량_Chris사원2.xlsx
```

위의 코드를 수행하면 원하는 폴더에서 특정 문자열이 포함된 엑셀 파일을 찾아서 리스트로 할당한 후 그 엑셀 파일의 데이터를 하나씩 읽어서 특정 열의 데이터값을 변경한 후에 다른 이름으로 저장합니다. 결과를 보면 기존 엑셀 파일에서 이름을 따와 새로운 엑셀 파일이 생성된 것을 볼 수 있습니다. 위의 출력 결과는 새로운 엑셀 파일명만 출력한 것이고 실제로 엑셀 파일이 생성됐는지는 다음 코드로 확인할 수 있습니다.

```
In: glob.glob("C:/myPyCode/data/담당자별_판매량_*사원?.xlsx")
```

```
Out: ['C:/myPyCode/data\\담당자별_판매량_Andy사원2.xlsx',
      'C:/myPyCode/data\\담당자별_판매량_Becky사원2.xlsx',
      'C:/myPyCode/data\\담당자별_판매량_Chris사원2.xlsx']
```

엑셀의 필터 기능 수행하기

엑셀로 작성된 데이터에서 특정 부분만 선별해서 보고 싶을 때 엑셀의 필터 기능을 이용합니다. 앞에서 만든 통합된 엑셀 파일('담당자별_판매량_통합.xlsx')에서 제품명 중 핸드백의 판매량만을 보려면 다음과 같은 방법으로 수행할 할 수 있습니다.

1. '제품명' 셀을 마우스로 클릭해서 지정한 후 데이터 탭에서 [필터] 아이콘을 클릭합니다(그림 13-12).

2. 각 머리글에 화살표가 나타나는데 '제품명' 셀에 있는 화살표를 클릭합니다(그림 13-13).

3. '제품명'에 있는 여러 항목이 나타나는데 이 가운데 '핸드백'만 선택합니다(13-14).

4. [확인]을 누르면 '핸드백' 제품에 대한 데이터만 나옵니다(그림 13-15).

	A	B	C	D	E	F	G
1	제품명	담당자	지역	1분기	2분기	3분기	4분기
2	시계	A	가	198	123	120	137
3	구두	A	가	273	241	296	217
4	핸드백	A	가	385	316	355	331
5	시계	B	나	154	108	155	114
6	구두	B	나	200	223	213	202
7	핸드백	B	나	350	340	377	392
8	시계	C	다	168	102	149	174
9	구두	C	다	231	279	277	292
10	핸드백	C	다	365	383	308	323

그림 13-12 엑셀에서 셀 지정 후 [필터] 아이콘 클릭

	A	B	C	D	E	F	G
1	제품명	담당자	지역	1분기	2분기	3분기	4분기
2	시계	A	가	198	123	120	137
3	구두	A	가	273	241	296	217
4	핸드백	A	가	385	316	355	331
5	시계	B	나	154	108	155	114
6	구두	B	나	200	223	213	202
7	핸드백	B	나	350	340	377	392
8	시계	C	다	168	102	149	174
9	구두	C	다	231	279	277	292
10	핸드백	C	다	365	383	308	323

그림 13-13 엑셀에서 '제품명' 셀의 화살표 클릭

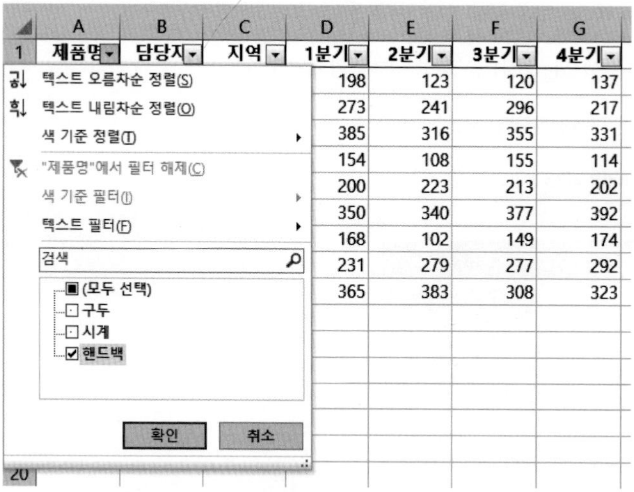

그림 13-14 여러 항목 중 특정 항목만 선택

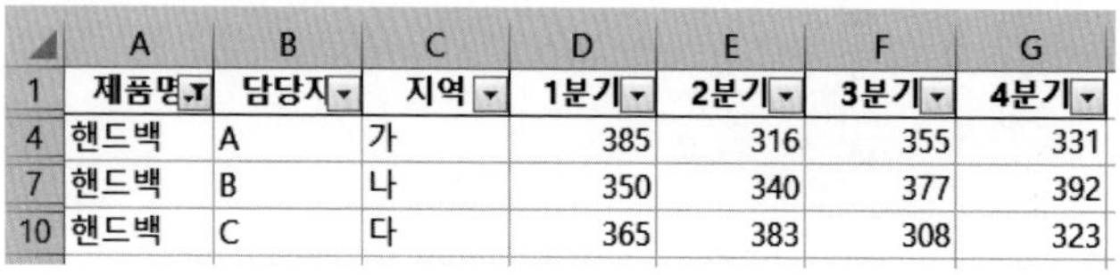

	A	B	C	D	E	F	G
1	제품명	담당자	지역	1분기	2분기	3분기	4분기
4	핸드백	A	가	385	316	355	331
7	핸드백	B	나	350	340	377	392
10	핸드백	C	다	365	383	308	323

그림 13-15 엑셀에서 필터 기능으로 특정 항목만 선택한 결과

엑셀에서 필터 기능을 이용해 핸드백 제품에 대한 데이터만 선택했습니다. 이제 파이썬을 이용해 엑셀의 필터 기능을 수행하는 방법을 알아보겠습니다.

우선 앞에서 통합한 엑셀 파일('담당자별_판매량_통합.xlsx')을 읽어오겠습니다.

```
In: import pandas as pd

    df = pd.read_excel('C:/myPyCode/data/담당자별_판매량_통합.xlsx')
    df
```

Out:

	제품명	담당자	지역	1분기	2분기	3분기	4분기
0	시계	A	가	198	123	120	137
1	구두	A	가	273	241	296	217
2	핸드백	A	가	385	316	355	331
3	시계	B	나	154	108	155	114

	제품명	담당자	지역	1분기	2분기	3분기	4분기
4	구두	B	나	200	223	213	202
5	핸드백	B	나	350	340	377	392
6	시계	C	다	168	102	149	174
7	구두	C	다	231	279	277	292
8	핸드백	C	다	365	383	308	323

변수 df에서 '제품명'의 열만 추출하려면 다음과 같이 코드를 수행하면 됩니다.

```
In: df['제품명']
```

```
Out: 0      시계
     1      구두
     2     핸드백
     3      시계
     4      구두
     5     핸드백
     6      시계
     7      구두
     8     핸드백
     Name: 제품명, dtype: object
```

이제 비교 연산자 중 ==로 '제품명'이 있는 열에서 '핸드백' 문자열이 있는지 검사합니다.

```
In: df['제품명'] == '핸드백'
```

```
Out: 0    False
     1    False
     2     True
     3    False
     4    False
     5     True
     6    False
     7    False
     8     True
     Name: 제품명, dtype: bool
```

결과를 보면 '제품명'이 있는 열에서 '핸드백' 문자열과 일치하면 True, 일치하지 않으면 False가 반환된 것을 확인할 수 있습니다. 이 결과를 df[]에 넣으면 True에 해당하는 행만 출력하므로 '제품명' 열에 '핸드백' 문자열이 있는 행만 추출할 수 있습니다. 코드는 다음과 같습니다.

```
In: handbag = df[df['제품명'] == '핸드백']
    handbag
```

Out:

	제품명	담당자	지역	1분기	2분기	3분기	4분기
2	핸드백	A	가	385	316	355	331
5	핸드백	B	나	350	340	377	392
8	핸드백	C	다	365	383	308	323

이제 변수 df에서 '제품명' 열에서 '핸드백' 문자열과 일치하는 행만 추출했습니다. 이것은 엑셀의 필터 기능을 이용한 결과와 같습니다.

DataFrame 데이터에서 원하는 문자열을 찾는 또 다른 방법도 있습니다. 바로 DataFrame의 isin()을 이용하는 것입니다. 활용법은 다음과 같습니다.

```
DataFrame_data.isin(values)
```

이렇게 하면 DataFrame 데이터(DataFrame_data)에서 values가 들어 있는 값이 있으면 True를 없으면 False를 반환합니다. values는 리스트나 딕셔너리, 그리고 pandas의 Series나 DataFrame 타입의 데이터가 될 수 있습니다.

이제 isin()을 이용해 '제품명' 열에서 '핸드백' 문자열이 있는 행만 추출하겠습니다.

```
In: import pandas as pd

    df = pd.read_excel('C:/myPyCode/data/담당자별_판매량_통합.xlsx')
    handbag1 = df[df['제품명'].isin(['핸드백'])]
    handbag1
```

Out:

	제품명	담당자	지역	1분기	2분기	3분기	4분기
2	핸드백	A	가	385	316	355	331
5	핸드백	B	나	350	340	377	392
8	핸드백	C	다	365	383	308	323

엑셀 필터에서는 항목을 여러 개 선택할 수 있습니다. 그림 13-16은 엑셀 필터에서 항목을 여러 개 선택한 예입니다.

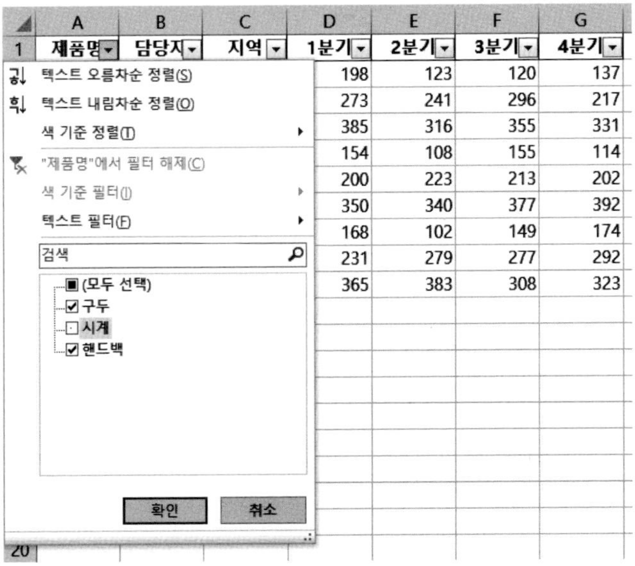

	A	B	C	D	E	F	G
1	제품명	담당자	지역	1분기	2분기	3분기	4분기
				198	123	120	137
				273	241	296	217
				385	316	355	331
				154	108	155	114
				200	223	213	202
				350	340	377	392
				168	102	149	174
				231	279	277	292
				365	383	308	323
20							

텍스트 오름차순 정렬(S)
텍스트 내림차순 정렬(O)
색 기준 정렬(T)
"제품명"에서 필터 해제(C)
색 기준 필터(I)
텍스트 필터(F)
검색
(모두 선택)
☑ 구두
☐ 시계
☑ 핸드백
확인 취소

그림 13-16 엑셀의 필터 기능으로 여러 개의 항목을 선택

선택하고 나서 [확인]을 누르면 그림 13-17처럼 '구두'와 '핸드백' 제품에 대한 데이터만 추출됩니다.

	A	B	C	D	E	F	G
1	제품명	담당자	지역	1분기	2분기	3분기	4분기
3	구두	A	가	273	241	296	217
4	핸드백	A	가	385	316	355	331
6	구두	B	나	200	223	213	202
7	핸드백	B	나	350	340	377	392
9	구두	C	다	231	279	277	292
10	핸드백	C	다	365	383	308	323

그림 13-17 엑셀의 필터 기능으로 여러 개의 항목을 선택한 결과

엑셀 필터에서 항목을 여러 개 선택하는 것과 유사하게 pandas의 DataFrame 데이터에서도 문자열을 여러 개 선택해 원하는 행을 추출할 수 있습니다. 이를 위해 앞에서 살펴본 열에서 문자열 검사의 조건문을 여러 개로 확장하는 방법과 `isin()`의 인자(`values`)에 여러 항목을 갖는 리스트를 입력하는 방법이 있습니다.

pandas에서는 논리곱(and), 논리합(or), 논리 부정(not) 연산을 위해 각각 '&', '|', '~' 기호를 이용합니다. 다음 코드는 '제품명' 열에서 '구두'와 '핸드백' 문자열을 검색해 논리합 연산(|)을 수행하는 코

드입니다. 논리합 연산의 결과로 '제품명' 열에서 두 개의 문자열('구두'와 '핸드백')을 포함한 행이 모두 선택됩니다.

```
In: df[(df['제품명']== '구두') | (df['제품명']== '핸드백')]
```

Out:

	제품명	담당자	지역	1분기	2분기	3분기	4분기
1	구두	A	가	273	241	296	217
2	핸드백	A	가	385	316	355	331
4	구두	B	나	200	223	213	202
5	핸드백	B	나	350	340	377	392
7	구두	C	다	231	279	277	292
8	핸드백	C	다	365	383	308	323

isin()을 이용하는 경우 추출하려는 문자열을 항목으로 갖는 리스트(여기서는 ['구두', '핸드백'])를 인자로 넣어주면 됩니다. 코드는 다음과 같습니다.

```
In: df[df['제품명'].isin(['구두', '핸드백'])]
```

Out:

	제품명	담당자	지역	1분기	2분기	3분기	4분기
1	구두	A	가	273	241	296	217
2	핸드백	A	가	385	316	355	331
4	구두	B	나	200	223	213	202
5	핸드백	B	나	350	340	377	392
7	구두	C	다	231	279	277	292
8	핸드백	C	다	365	383	308	323

조건을 설정해 원하는 행만 선택하기

앞에서 지정된 열에서 원하는 문자열이 있는 행을 선택하는 방법을 살펴봤습니다. 이 밖에도 지정된 열에서 특정 데이터와의 관계를 지정할 수도 있습니다. 앞에서 DataFrame 형식으로 읽어온 엑셀 데이터를 대입한 변수 df에서 '3분기'의 판매량이 250 이상인 행만 추출하려면 다음과 같이 수행하면 됩니다.

```
In: df[(df['3분기'] >= 250)]
```

Out:

	제품명	담당자	지역	1분기	2분기	3분기	4분기
1	구두	A	가	273	241	296	217
2	핸드백	A	가	385	316	355	331
5	핸드백	B	나	350	340	377	392
7	구두	C	다	231	279	277	292
8	핸드백	C	다	365	383	308	323

또한 df 데이터에서 '제품명'이 '핸드백'이면서 '3분기'의 판매량이 350 이상인 행만 추출하려면 다음과 같이 조건문을 조합해서 수행하면 됩니다. 두 개의 조건을 모두 만족하는 항목을 찾기 위해서는 논리곱 연산(&)을 수행합니다.

```
In: df[(df['제품명'] == '핸드백') & (df['3분기'] >= 350)]
```

Out:

	제품명	담당자	지역	1분기	2분기	3분기	4분기
2	핸드백	A	가	385	316	355	331
5	핸드백	B	나	350	340	377	392

원하는 열만 선택하기

엑셀에서는 '숨기기' 기능을 이용해 원하는 열만 선택해 볼 수 있습니다. 앞에서 이용했던 '담당자별_판매량_Andy사원.xlsx' 파일에서 '담당자'와 '지역' 열을 숨기려면 그림 13-18과 같이 엑셀의 '숨기기' 기능을 이용해 해당 열을 숨길 수 있습니다.

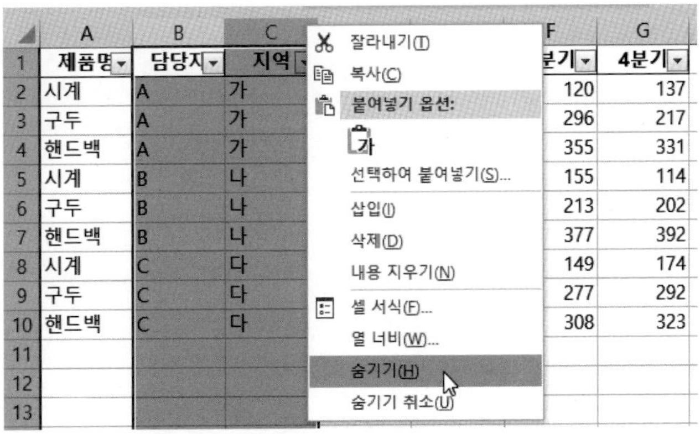

그림 13-18 엑셀의 '숨기기' 기능으로 열 숨기기

숨기기를 선택하면 그림 13-19와 같이 '담당자'와 '지역' 열이 보이지 않게 됩니다.

	A	D	E	F	G
1	제품명	1분기	2분기	3분기	4분기
2	시계	198	123	120	137
3	구두	273	241	296	217
4	핸드백	385	316	355	331
5	시계	154	108	155	114
6	구두	200	223	213	202
7	핸드백	350	340	377	392
8	시계	168	102	149	174
9	구두	231	279	277	292
10	핸드백	365	383	308	323

그림 13-19 엑셀의 '숨기기' 기능을 적용한 결과

엑셀 파일의 데이터를 pandas의 DataFrame 형식으로 가져오면 엑셀의 숨기기 기능처럼 원하는 열만 선택할 수 있습니다. 이를 위해 먼저 '담당자별_판매량_Andy사원.xlsx' 엑셀 파일을 DataFrame 형식으로 읽어오겠습니다.

```
In: import pandas as pd

    df = pd.read_excel('C:/myPyCode/data/담당자별_판매량_Andy사원.xlsx')
    df
```

Out:

	제품명	담당자	지역	1분기	2분기	3분기	4분기
0	시계	A	가	198	123	120	137
1	구두	A	가	273	241	296	217
2	핸드백	A	가	385	316	355	331

DataFrame 데이터에서 특정 열만 선택하려면 다음과 같이 원하는 열의 헤더(header)를 리스트 형식으로 지정합니다.

```
In: df[['제품명','1분기', '2분기','3분기', '4분기']]
```

Out:

	제품명	1분기	2분기	3분기	4분기
0	시계	198	123	120	137
1	구두	273	241	296	217
2	핸드백	385	316	355	331

위의 코드에서 출력하려는 열의 헤더(header)를 지정해 df 변수에서 '담당자'와 '지역' 열을 제외한 나머지 열을 가져왔습니다. 이 방법 외에 다음처럼 행과 열의 위치를 숫자로 지정해 원하는 위치의 데이터만 선택하는 방법도 있습니다.

```
DataFrame_data.iloc[row_num, col_num]
```

여기서 row_num과 col_num은 행과 열의 위치를 항목으로 갖는 리스트입니다. 위치를 표시하는 숫자는 0부터 시작합니다. 만약 리스트 대신에 ':'를 입력하면 행이나 열 전체를 선택합니다.

다음은 iloc를 이용해 원하는 열만 선택한 예입니다.

```
In: df.iloc[:,[0,3,4,5,6]]
```

Out:

	제품명	1분기	2분기	3분기	4분기
0	시계	198	123	120	137
1	구두	273	241	296	217
2	핸드백	385	316	355	331

위의 코드에서 row_num은 ':'를 입력해 모든 행을 선택하고 col_num은 '[0,3,4,5,6]'을 입력해 해당 열만 선택했습니다. 결과를 보면 앞에서 열의 헤더(header)를 리스트 형식으로 직접 지정한 것과 같습니다.

참고로 다음과 같이 행의 위치를 지정해서 원하는 행만 선택할 수도 있습니다.

```
In: df.iloc[[0,2],:]
```

Out:

	제품명	담당자	지역	1분기	2분기	3분기	4분기
0	시계	A	가	198	123	120	137
2	핸드백	A	가	385	316	355	331

엑셀 데이터 계산하기

엑셀에서 수행하는 계산 기능을 파이썬에서는 어떻게 수행하는지 살펴보겠습니다. 다양한 계산 기능을 수행할 수 있지만 여기서는 데이터 테이블에서 행별로 혹은 열별로 합계를 구하는 방법을 알아보겠습니다.

행 데이터의 합계 구하기

앞에서 만든 통합된 엑셀 파일('담당자별_판매량_통합.xlsx')에서 필터 기능으로 핸드백 항목만 선택한 후 분기별 판매량을 이용해 지역별 연간 판매량을 구하려고 한다면 행 데이터의 합계를 구해야 합니다. 엑셀에서 이 작업은 다음과 같은 방법으로 수행할 할 수 있습니다.

01. 행 데이터가 있는 마지막 셀 다음의 빈 셀을 마우스로 선택합니다(그림 13-20).

02. 수식 탭에서 [자동 합계] 아이콘을 마우스로 클릭(그림 13-20)하면 SUBTOTAL이 나오면서 합계를 위한 셀들이 자동으로 선택됩니다(그림 13-21).

03. SUBTOTAL을 SUM('범위')로 수정(그림 13-22)하고 엔터를 누르면 행 데이터의 합계가 표시됩니다(그림 13-23).

04. 다른 행의 합계도 구하기 위해 이미 합계가 계산된 셀을 마우스로 클릭한 후에 사각형 오른쪽 아래의 점을 마우스로 선택합니다(그림 13-24).

05. 마우스로 드래그(그림 13-25)하면 다른 행도 자동으로 합계가 계산됩니다(그림 13-26).

	A	B	C	D	E	F	G	H
1	제품명	담당자	지역	1분기	2분기	3분기	4분기	연간판매량
4	핸드백	A	가	385	316	355	331	
7	핸드백	B	나	350	340	377	392	
10	핸드백	C	다	365	383	308	323	

그림 13-20 빈 셀 선택 및 '자동 합계' 아이콘 선택

	A	B	C	D	E	F	G	H
1	제품명	담당자	지역	1분기	2분기	3분기	4분기	연간판매량
4	핸드백	A	가	385	316	355	331	=SUBTOTAL(9,D4:G4)
7	핸드백	B	나	350	340	377	392	SUBTOTAL(function_num
10	핸드백	C	다	365	383	308	323	

그림 13-21 행 데이터 합계를 위한 셀이 자동으로 선택됨

	A	B	C	D	E	F	G	H
1	제품명	담당자	지역	1분기	2분기	3분기	4분기	연간판매량
4	핸드백	A	가	385	316	355	331	=SUM(D4:G4)
7	핸드백	B	나	350	340	377	392	SUM(number1,
10	핸드백	C	다	365	383	308	323	

그림 13-22 SUBTOTAL을 SUM('범위')로 수정

	A	B	C	D	E	F	G	H
1	제품명	담당자	지역	1분기	2분기	3분기	4분기	연간판매량
4	핸드백	A	가	385	316	355	331	1387
7	핸드백	B	나	350	340	377	392	
10	핸드백	C	다	365	383	308	323	

그림 13-23 행 데이터의 합계를 표시

	A	B	C	D	E	F	G	H
1	제품명	담당자	지역	1분기	2분기	3분기	4분기	연간판매량
4	핸드백	A	가	385	316	355	331	1387
7	핸드백	B	나	350	340	377	392	
10	핸드백	C	다	365	383	308	323	

그림 13-24 셀 클릭 후 사각형 오른쪽 아래의 점을 마우스로 선택

	A	B	C	D	E	F	G	H
1	제품명	담당자	지역	1분기	2분기	3분기	4분기	연간판매량
4	핸드백	A	가	385	316	355	331	1387
7	핸드백	B	나	350	340	377	392	
10	핸드백	C	다	365	383	308	323	

그림 13-25 마지막 행까지 마우스로 드래그

	A	B	C	D	E	F	G	H
1	제품명	담당자	지역	1분기	2분기	3분기	4분기	연간판매량
4	핸드백	A	가	385	316	355	331	1387
7	핸드백	B	나	350	340	377	392	1459
10	핸드백	C	다	365	383	308	323	1379

그림 13-26 다른 행의 합계도 계산되어 모든 행에서 지역별 연간 판매량이 구해짐

엑셀에서 행의 합을 이용해 핸드백의 지역별 연간 판매량을 구해봤습니다. 이제 파이썬으로 이를 수행하는 방법을 알아보겠습니다. 이를 위해 앞에서 살펴본 통합 데이터에서 핸드백의 분기별 판매량을 활용하겠습니다. 코드는 다음과 같습니다.

```
In: import pandas as pd

    df = pd.read_excel('C:/myPyCode/data/담당자별_판매량_통합.xlsx')

    handbag = df[(df['제품명']== '핸드백')]
    handbag
```

Out:

	제품명	담당자	지역	1분기	2분기	3분기	4분기
2	핸드백	A	가	385	316	355	331
5	핸드백	B	나	350	340	377	392
8	핸드백	C	다	365	383	308	323

위 코드를 통해 핸드백 판매량 데이터만 DataFrame 형태로 변수 handbag에 할당됩니다. 이제 DataFrame 데이터에 적용할 수 있는 sum()을 이용해 합계를 구해보겠습니다. 활용법은 다음과 같습니다.

```
DataFrame_data.sum([axis = 0(기본) or 1])
```

위 코드를 실행하면 DataFrame 데이터의 축별 합계를 구할 수 있습니다. 여기서 'sum()'의 인자인 axis가 0이면 열 방향으로 합계가 구해지고, axis가 1이면 행 방향으로 합계가 구해집니다. 만약 인자가 없으면 'axis = 0'입니다.

변수 'handbag'에서 핸드백의 지역별 연간 판매량을 구하려면 행 축의 합계를 구하면 되므로 'sum()'의 인자로 'axis=1'을 입력합니다. 코드를 실행한 결과는 다음과 같습니다.

```
In: handbag.sum(axis=1)
```

```
Out: 2    1387
     5    1459
     8    1379
     dtype: int64
```

위에서 구한 행 축의 합계를 이용해 다음과 같이 열의 헤더가 '연간판매량'인 DataFrame 데이터를 생성합니다.

```
In: handbag_sum = pd.DataFrame(handbag.sum(axis=1), columns = ['연간판매량'])
    handbag_sum
```

Out:

	연간판매량
2	1387
5	1459
8	1379

이제 다음과 같이 앞에서 살펴본 DataFrame의 `join()`을 이용해 기존의 DataFrame 데이터 handbag과 합계를 구한 DataFrame 데이터인 handbag_sum을 가로 방향으로 통합합니다.

```
In: handbag_total = handbag.join(handbag_sum)
    handbag_total
```

Out:

	제품명	담당자	지역	1분기	2분기	3분기	4분기	연간판매량
2	핸드백	A	가	385	316	355	331	1387
5	핸드백	B	나	350	340	377	392	1459
8	핸드백	C	다	365	383	308	323	1379

위의 결과를 보면 기존의 데이터에 합계를 구한 열이 잘 통합됐음을 확인할 수 있습니다.

지금까지 합계를 구하는 방법을 살펴봤습니다. 구한 합계를 바탕으로 어느 지역의 연간 판매량이 많은지 한눈에 보려면 데이터를 오름차순 혹은 내림차순으로 정렬하는 것이 좋습니다. 이번에는 특정 데이터를 기준으로 오름차순이나 내림차순으로 정렬하는 방법을 알아보겠습니다.

엑셀은 그림 13-27처럼 정렬을 위한 기준 열을 선택한 후 [데이터] 탭에서 [오름차순 정렬] 혹은 [내림차순 정렬] 아이콘을 클릭해 데이터를 정렬합니다.

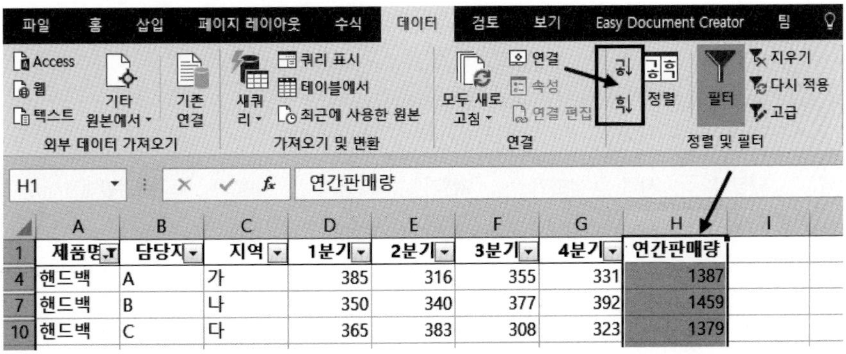

그림 13-27 엑셀의 '오름차순 정렬'과 '내림차순 정렬'

그림 13-28은 엑셀에서 '오름차순 정렬'의 결과를 보여줍니다.

	A	B	C	D	E	F	G	H
1	제품명	담당자	지역	1분기	2분기	3분기	4분기	연간판매량
4	핸드백	C	다	365	383	308	323	1379
7	핸드백	A	가	385	316	355	331	1387
10	핸드백	B	나	350	340	377	392	1459

그림 13-28 엑셀에서 '오름차순 정렬'의 결과

이제 파이썬에서 이를 수행하는 방법을 알아보겠습니다. 파이썬에서는 오름차순이나 내림차순으로 정렬을 위해 다음과 같이 DataFrame 데이터의 sort_values()를 이용합니다.

```
DataFrame_data.sort_values(by [, axis=0(기본) or 1, ascending=True(기본) or False])
```

인자 by에는 정렬하려는 데이터의 이름을 문자열이나 문자열 리스트로 입력합니다. 인자 axis에 0을 입력하면 열 방향을 기준으로, 1을 입력하면 행 방향을 기준으로 정렬이 이뤄집니다. 만약 인자 axis가 없으면 'axis=0'입니다. 인자 ascending에 True를 입력하면 오름차순으로 데이터를 정렬하고, False를 입력하면 내림차순으로 정렬합니다. 인자 ascending을 입력하지 않으면 기본적으로 'ascending=True'가 됩니다.

앞의 코드에서 변수 handbag_total에 대해 '연간판매량' 열을 기준으로 오름차순으로 정렬하려면 다음과 같이 sort_values()의 인자 by에는 '연간판매량'을 입력하고 ascending에는 True를 입력합니다. 인자 axis는 0이므로 입력하지 않아도 됩니다.

```
In: handbag_total.sort_values(by='연간판매량', ascending=True)
```

Out:

	제품명	담당자	지역	1분기	2분기	3분기	4분기	연간판매량
8	핸드백	C	다	365	383	308	323	1379
2	핸드백	A	가	385	316	355	331	1387
5	핸드백	B	나	350	340	377	392	1459

내림차순으로 데이터를 정렬하려면 다음과 같이 ascending에 False를 입력합니다.

```
In: handbag_total.sort_values(by='연간판매량', ascending=False)
```

Out:

	제품명	담당자	지역	1분기	2분기	3분기	4분기	연간판매량
5	핸드백	B	나	350	340	377	392	1459
2	핸드백	A	가	385	316	355	331	1387
8	핸드백	C	다	365	383	308	323	1379

열 데이터의 합계 구하기

이번에는 데이터 테이블에서 열 데이터의 합계를 구하는 방법을 알아보겠습니다. 데이터는 앞에서 사용한 핸드백의 분기별 판매량을 다시 이용하겠습니다.

먼저 엑셀에서 열 데이터 합계를 구하는 방법에 대해 알아보겠습니다. 엑셀에서 열 데이터가 있는 마지막 셀 다음의 빈 셀을 마우스로 선택한 후 [수식] 탭에서 [자동 합계] 아이콘을 누르면 그림 13-29와 같이 SUBTOTAL이 나오면서 합계를 위한 셀이 자동으로 선택됩니다.

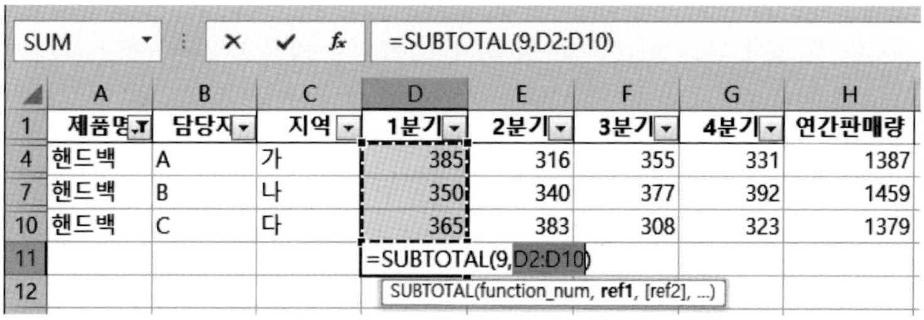

SUM | =SUBTOTAL(9,D2:D10)

	A	B	C	D	E	F	G	H
1	제품명	담당자	지역	1분기	2분기	3분기	4분기	연간판매량
4	핸드백	A	가	385	316	355	331	1387
7	핸드백	B	나	350	340	377	392	1459
10	핸드백	C	다	365	383	308	323	1379
11				=SUBTOTAL(9,D2:D10)				
12				SUBTOTAL(function_num, **ref1**, [ref2], ...)				

그림 13-29 열 데이터 합계를 위한 셀이 자동으로 선택됨

엔터를 누르면 선택된 데이터의 합계를 구합니다. 이제 앞에서 수행했던 방법과 마찬가지로 합계가 계산된 셀을 마우스로 선택한 후에 사각형 오른쪽 아래의 점을 마우스로 선택하고 드래그하면 자동으로 합계를 계산합니다. 그러면 그림 13-30과 같이 분기별 합계와 지역별 연간판매량의 합계가 모두 구해집니다.

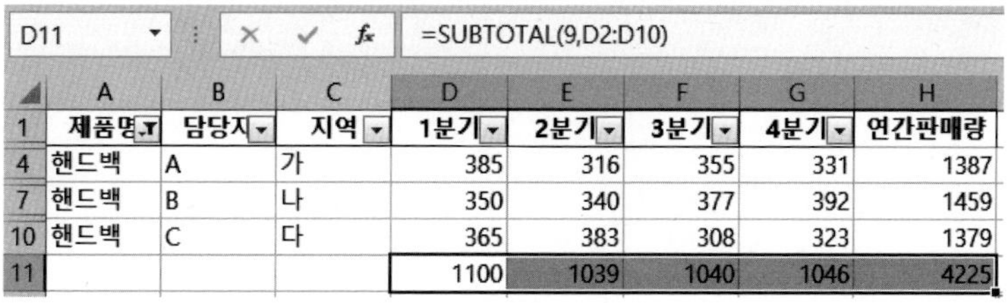

D11 | =SUBTOTAL(9,D2:D10)

	A	B	C	D	E	F	G	H
1	제품명	담당자	지역	1분기	2분기	3분기	4분기	연간판매량
4	핸드백	A	가	385	316	355	331	1387
7	핸드백	B	나	350	340	377	392	1459
10	핸드백	C	다	365	383	308	323	1379
11				1100	1039	1040	1046	4225

그림 13-30 분기별 합계와 지역별 연간판매량 합계

이제 파이썬으로 열 데이터 합계를 구해 보겠습니다. 앞에서 사용한 변수 handbag_total의 열 데이터 합계는 DataFrame의 sum()을 이용해 다음과 같이 구할 수 있습니다.

```
In: handbag_total.sum()
```

```
Out: 제품명        핸드백핸드백핸드백
     담당자                ABC
     지역                가나다
     1분기              1100
     2분기              1039
     3분기              1040
     4분기              1046
     연간판매량            4225
     dtype: object
```

위의 코드에서 열 데이터의 합을 구하는 것이므로 sum()의 인자는 아무것도 넣지 않았습니다. 원하는 합계 외에 '제품명', '담당자', '지역' 열에 있는 문자열의 합계도 출력됐습니다. 이런 불필요한 부분은 나중에 제거하기로 하고 우선 앞에서 수행했던 것을 이용해 분기별 합계를 구해 보겠습니다. 앞의 행 데이터 합계를 구할 때와 마찬가지로 위에서 구한 열 데이터의 합계를 이용해 다음과 같이 열의 헤더가 '합계'인 DataFrame 데이터를 생성합니다.

```
In: handbag_sum2 = pd.DataFrame(handbag_total.sum(), columns=['합계'])
    handbag_sum2
```

Out:

	합계
제품명	핸드백핸드백핸드백
담당자	ABC
지역	가나다
1분기	1100
2분기	1039
3분기	1040
4분기	1046
연간판매량	4225

이제 다음과 같이 앞에서 살펴본 DataFrame의 append()을 이용해 변수 handbag_total의 데이터에 열 데이터의 합계를 구한 handbag_sum2을 세로 방향으로 추가합니다. 이때 handbag_sum2의 행과 열을 바꾸기 위해서 DataFrame_data.T를 이용합니다.

```
In: handbag_total2  = handbag_total.append(handbag_sum2.T)
    handbag_total2
```

Out:

	제품명	담당자	지역	1분기	2분기	3분기	4분기	연간판매량
2	핸드백	A	가	385	316	355	331	1387
5	핸드백	B	나	350	340	377	392	1459
8	핸드백	C	다	365	383	308	323	1379
합계	핸드백핸드백핸드백	ABC	가나다	1100	1039	1040	1046	4225

위의 결과에서 보듯이 기존 데이터에 열 데이터를 합한 결과가 잘 통합됐습니다. 하지만 새로 통합된 부분에서 '제품명', '담당자', '지역'에 필요 없는 문자열이 들어있습니다. 이는 다음과 같은 방법으로 해당 항목의 문자열을 변경해서 해결할 수 있습니다.

```
In: handbag_total2.loc['합계', '제품명'] = '핸드백'
    handbag_total2.loc['합계', '담당자'] = '전체'
    handbag_total2.loc['합계', '지역'] = '전체'

    handbag_total2
```

Out:

	제품명	담당자	지역	1분기	2분기	3분기	4분기	연간판매량
2	핸드백	A	가	385	316	355	331	1387
5	핸드백	B	나	350	340	377	392	1459
8	핸드백	C	다	365	383	308	323	1379
합계	핸드백	전체	전체	1100	1039	1040	1046	4225

지금까지 설명한 것이 복잡한 것 같지만 코드를 정리하면 다음과 같이 간단합니다.

```
In: import pandas as pd

    # 엑셀 파일을 pandas의 DataFrame 형식으로 읽어온다.
    df = pd.read_excel('C:/myPyCode/data/담당자별_판매량_통합.xlsx')
```

```
# 제품명 열에서 핸드백이 있는 행만 선택한다.
product_name = '핸드백'
handbag = df[(df['제품명']== product_name)]

# 행별로 합계를 구하고 마지막 열 다음에 추가한다.
handbag_sum = pd.DataFrame(handbag.sum(axis=1), columns = ['연간판매량'])
handbag_total = handbag.join(handbag_sum)

# 열별로 합해 분기별 합계와 연간판매량 합계를 구하고 마지막 행 다음에 추가한다.
handbag_sum2 = pd.DataFrame(handbag_total.sum(), columns=['합계'])
handbag_total2  = handbag_total.append(handbag_sum2.T)

# 지정된 항목의 문자열을 변경한다.
handbag_total2.loc['합계', '제품명'] = product_name
handbag_total2.loc['합계', '담당자'] = '전체'
handbag_total2.loc['합계', '지역'] = '전체'

# 결과를 확인한다.
handbag_total2
```

Out:

	제품명	담당자	지역	1분기	2분기	3분기	4분기	연간판매량
2	핸드백	A	가	385	316	355	331	1387
5	핸드백	B	나	350	340	377	392	1459
8	핸드백	C	다	365	383	308	323	1379
합계	핸드백	전체	전체	1100	1039	1040	1046	4225

위 코드에서 product_name 변수에 할당하는 값을 '핸드백'이 아니라 '시계'나 '구두'로 변경하면 각 제품에 대해 합계를 간단히 구할 수 있습니다. 이렇게 파이썬으로 엑셀 파일에서 데이터를 읽어서 처리하는 코드를 작성하면 항목이 변경되거나 파일이 많아도 데이터를 편하고 빠르게 처리할 수 있습니다.

04 엑셀 데이터의 시각화

엑셀에서는 데이터를 시각화하기 위해 엑셀 차트 기능을 제공합니다. 하지만 엑셀 파일에 차트를 생성하려면 마우스와 키보드로 데이터의 범위와 차트의 종류를 일일이 지정해야 합니다. 엑셀 파일이 몇 개

안 될 때는 이런 작업을 하는 데 큰 문제가 없지만 엑셀 파일이 많아서 이런 작업을 반복해야 한다면 시간이 오래 걸리고 쉽지 않을 것입니다. 이번에는 이런 반복적인 작업을 파이썬을 이용해 손쉽고 빠르게 수행하는 방법을 알아보겠습니다.

엑셀 데이터의 시각화를 위해 두 가지 방법으로 엑셀 파일에 그래프를 추가할 수 있습니다. 첫 번째는 파이썬에서 생성한 그래프를 엑셀 파일에 넣는 방법이고 두 번째는 엑셀의 차트 기능을 파이썬으로 수행하는 방법입니다. 이제 이 두 가지 방법을 차례대로 살펴보겠습니다.

그래프를 엑셀 파일에 넣기

앞에서 matplotlib과 pandas를 이용해 데이터를 시각화하는 방법을 살펴봤습니다. 또한 생성한 그래프를 별도의 이미지 파일로 저장하는 방법도 알아봤습니다. 이렇게 생성한 이미지 파일은 다음의 방법을 이용해 데이터와 함께 엑셀 파일에 추가할 수 있습니다.

다음은 데이터와 이미지를 엑셀 파일에 넣는 방법입니다.

```
# (1) pandas의 ExcelWriter 객체 생성
excel_writer = pd.ExcelWriter('excel_output.xlsx', engine='xlsxwriter')

# (2) DataFrame 데이터를 지정된 엑셀 시트(Sheet)에 쓰기
df.to_excel(excel_writer, index=False 혹은 True, sheet_name='시트이름')

# (3) ExcelWriter 객체에서 워크시트(worksheet) 객체 생성
worksheet = excel_writer.sheets['시트이름']

# (4) 워크시트에 차트가 들어갈 위치를 지정해 이미지 넣기
worksheet.insert_image('셀위치', image_file [,{'x_scale': x_scale_num, 'y_scale': y_scale_num}])
혹은
worksheet.insert_image(row_num, col_num, image_file [,{'x_scale': x_scale_num, 'y_scale': y_scale_num}])

# (5) ExcelWriter 객체를 닫고 엑셀 파일 출력
excel_writer.save()
```

위에서 (1), (2), (5)번의 내용은 앞에서 살펴본 '데이터를 엑셀 파일로 쓰기'와 같습니다. (3)의 워크시트를 생성할 때 (2)에서 sheet_name에 지정한 시트 이름을 그대로 사용해야 합니다. (4)에서는 insert_image()를 이용해 이미지의 좌측 상단이 위치할 셀의 위치와 경로를 포함한 이미지 파일명(image_file)을 지정합니다. 셀의 위치는 B1과 같이 엑셀의 셀을 지정할 수 있고 0부터 시작되는 숫자로 행(row_num)과 열(col_num)을 지정할 수도 있습니다. x_scale과 y_scale에 각각 숫자를 지정하면 이미지의 가로와 세로 배율을 조절할 수 있습니다. 이 숫자가 1보다 작으면 그 비율만큼 원래 이미지보다 작아지고 1보다 크면 그 값에 비례해 커집니다.

위의 방법이 다소 복잡할 수 있으나, 정형화된 방법이니 한 번만 잘 습득해 놓으면 상황에 따라 코드 중 일부만 수정해 사용할 수 있습니다. 이제 위의 방법으로 엑셀 파일에 그래프를 추가하기 위해 다음과 같이 시간에 따른 제품1과 제품2의 생산량 데이터를 DataFrame 형식으로 생성하겠습니다.

```
In: import matplotlib.pyplot as plt
    import pandas as pd

    sales = {'시간': [9, 10, 11, 12, 13, 14, 15],
             '제품1': [10, 15, 12, 11, 12, 14, 13],
             '제품2': [9, 11, 14, 12, 13, 10, 12]}

    df = pd.DataFrame(sales, index = sales['시간'], columns = ['제품1', '제품2'])
    df.index.name = '시간' #index 라벨 추가

    df
```

Out:

	제품1	제품2
시간		
9	10	9
10	15	11
11	12	14
12	11	12
13	12	13
14	14	10
15	13	12

위의 데이터를 이용해 '시간' 데이터는 x축으로 '제품1'과 '제품2'의 생산량은 y축으로 지정한 그래프를 생성하겠습니다. 생성된 그래프는 지정된 폴더('C:\myPyCode\figures')에 이미지 파일('fig_for_excel1.png')로 저장하겠습니다. 이를 코드로 구현하면 다음과 같습니다.

```
In: import matplotlib
    import pandas as pd

    matplotlib.rcParams['font.family'] = 'Malgun Gothic'# '맑은 고딕'으로 설정
    matplotlib.rcParams['axes.unicode_minus'] = False

    product_plot = df.plot(grid = True, style = ['-*', '-o'], title='시간대별 생산량')
    product_plot.set_ylabel("생산량")

    image_file = 'C:/myPyCode/figures/fig_for_excel1.png' # 이미지 파일 경로 및 이름
    plt.savefig(image_file, dpi = 400) # 그래프를 이미지 파일로 저장

    plt.show()
```

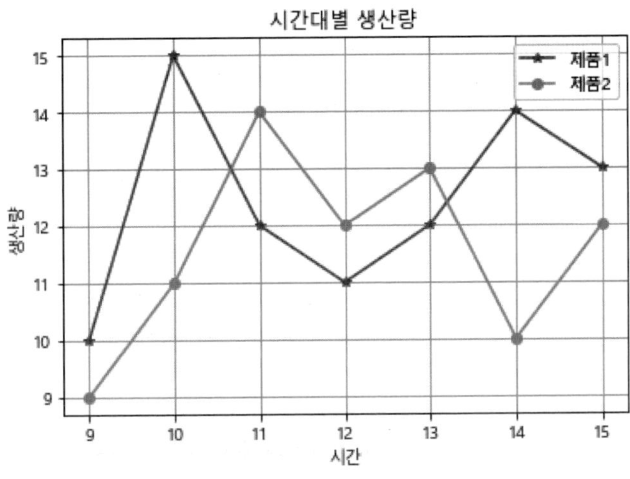

다음으로 엑셀 파일에 데이터와 이미지 파일을 추가하겠습니다. 여기서 생성하려는 엑셀 파일('data_image_to_excel.xlsx')은 지정된 폴더('C:\myPyCode\data')에 있다고 가정하고 넣으려는 이미지 파일의 경로와 이름은 앞에서 지정한 변수 image_file의 값을 이용하겠습니다. 이를 코드로 구현하면 다음과 같습니다.

```
In: import pandas as pd

    # (1) pandas의 ExcelWriter 객체 생성
    excel_file = 'C:/myPyCode/data/data_image_to_excel.xlsx'
    excel_writer = pd.ExcelWriter(excel_file, engine='xlsxwriter')

    # (2) DataFrame 데이터를 지정된 엑셀 시트(Sheet)에 쓰기
    df.to_excel(excel_writer, index=True, sheet_name='Sheet1')

    # (3) ExcelWriter 객체에서 워크시트(worksheet) 객체 생성
    worksheet = excel_writer.sheets['Sheet1']

    # (4) 워크시트에 차트가 들어갈 위치를 지정해 이미지 넣기
    worksheet.insert_image('D2', image_file, {'x_scale': 0.7, 'y_scale': 0.7})
    # worksheet.insert_image(1, 3, image_file, {'x_scale': 0.7, 'y_scale': 0.7})

    # (5) ExcelWriter 객체를 닫고 엑셀 파일 출력
    excel_writer.save()
```

위 코드의 worksheet.insert_image()에서 이미지가 들어갈 위치는 엑셀 파일의 셀 지정 방식으로 D2로 지정했습니다. 앞의 알파벳은 엑셀에서 열의 위치를 나타내며 뒤의 숫자는 행의 위치를 나타냅니다. 위치는 0부터 시작하는 행과 열의 위치 지정 방식으로 입력할 수도 있습니다. 또한 x_scale과 y_scale에 값을 지정해 이미지의 배율을 설정해 이미지 크기를 조절했습니다. 위의 코드로 생성된 엑셀 파일을 열면 그림 13-31과 같이 데이터와 그래프 이미지가 들어간 것을 볼 수 있습니다.

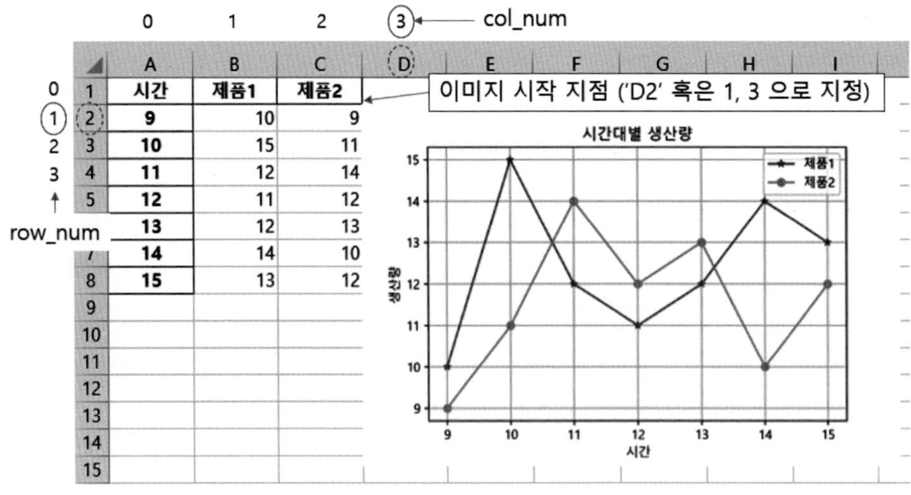

그림 13-31 엑셀 파일에 그래프 이미지 추가

그림 13-31에는 그래프 이미지가 들어갈 시작 지점 위치를 엑셀 파일의 셀 지정 방식과 숫자로 행(row_num)과 열(col_num)을 표시하는 방식을 모두 표시했습니다. 위의 코드의 (4)부분에는 숫자로 행과 열의 위치를 표시하는 방식의 코드는 주석으로 처리했으나 셀 지정 방식 대신 이 부분을 사용해도 됩니다. 어느 것을 사용해도 그래프 이미지의 시작 지점 위치는 같습니다.

엑셀 차트 만들기

엑셀은 숫자 데이터를 그래프로 보기 쉽게 표시하는 차트 기능을 제공합니다. 이번에는 파이썬으로 엑셀의 차트 기능을 수행하는 방법을 살펴보겠습니다. 이를 위한 단계는 다음과 같습니다.

```
# (1) pandas의 ExcelWriter 객체 생성
excel_writer = pd.ExcelWriter('excel_output.xlsx', engine='xlsxwriter')

# (2) DataFrame 데이터를 지정된 엑셀 시트(Sheet)에 쓰기
df.to_excel(excel_writer, index=False 혹은 True, sheet_name='시트이름')

# (3) ExcelWriter 객체에서 워크북(workbook)과 워크시트(worksheet) 객체 생성
workbook  = excel_writer.book
worksheet = excel_writer.sheets['시트이름']

# (4) 차트 객체 생성(원하는 차트의 종류 지정)
chart = workbook.add_chart({'type': '차트유형'})

# (5) 차트를 생성하기 위한 데이터값의 범위 지정
chart.add_series({'values': values_range})

# (6) 워크시트에 차트가 들어갈 위치 지정해 차트 넣기
worksheet.insert_chart('셀위치', chart)
혹은
worksheet.insert_chart(row_num, col_num, chart)

# (7) ExcelWriter 객체를 닫고 엑셀 파일을 출력
excel_writer.save()
```

파이썬으로 엑셀의 차트 기능을 수행하는 방법은 앞에서 그래프 이미지를 엑셀 파일에 추가하는 방법과 유사합니다. 단, (4)에서 차트의 종류를 선택하고 (5)에서 데이터값의 범위를 지정하고 (6)에서 차트가 들어갈 위치를 지정하는 것이 다릅니다. 위의 (4)에서 add_chart()를 이용해 엑셀에서 그릴 수 있는 차트 유형('type')을 정리하면 표 13-1과 같습니다.

표 13-1 엑셀에서 그릴 수 있는 차트 유형

지정 가능한 차트 유형	엑셀 차트 유형
area	영역형 차트
bar	가로 막대형 차트
column	세로 막대형 차트
line	꺾은 선형 차트
pie	원형 차트
doughnut	도넛형 차트
scatter	분산형 차트
stock	주식형 차트
radar	방사형 차트

또한 (5)에서 add_series()의 데이터 값('values') 범위는 두 가지 방법으로 지정할 수 있습니다. 첫 번째 방법은 엑셀의 셀 지정 방식인 '=시트 이름!시작 셀 위치:끝 셀 위치'를 이용하는 것이고 두 번째 방법은 pandas에서 행과 열을 지정하는 방식으로 [시트 이름, 시작 행, 시작 열, 끝 행, 끝 열]을 이용하는 것입니다. 하나의 그래프에 여러 데이터의 값을 차트로 그리려면 데이터값의 범위를 다르게 해서 (5)의 add_series()를 여러 번 수행합니다. (6)에서 차트가 들어갈 위치를 insert_chart()에 지정합니다.

이제 파이썬에서 엑셀의 차트를 생성하기 위해 앞에서 만든 DataFrame 데이터 변수 df를 이용하겠습니다. 다음은 변수 df로 엑셀 차트를 생성해서 엑셀 파일에 추가하는 코드입니다. 여기서 엑셀 파일 이름은 'data_chart_in_excel.xlsx'로 지정하겠습니다.

```
In: # (1) pandas의 ExcelWriter 객체 생성
    excel_chart = pd.ExcelWriter('C:/myPyCode/data/data_chart_in_excel.xlsx', engine='xlsxwriter')

    # (2) DataFrame 데이터를 지정된 엑셀 시트(Sheet)에 쓰기
    df.to_excel(excel_chart, index=True, sheet_name='Sheet1')

    # (3) ExcelWriter 객체에서 워크북(workbook)과 워크시트(worksheet) 객체 생성
```

```
workbook  = excel_chart.book
worksheet = excel_chart.sheets['Sheet1']

# (4) 차트 객체 생성(원하는 차트의 종류 지정)
chart = workbook.add_chart({'type': 'line'})

# (5) 차트 생성을 위한 데이터값의 범위 지정
chart.add_series({'values': '=Sheet1!$B$2:$B$8'})
chart.add_series({'values': '=Sheet1!$C$2:$C$8'})

# (6) 워크시트에 차트가 들어갈 위치를 지정해 차트 넣기
worksheet.insert_chart('D2', chart)

# (7) ExcelWriter 객체를 닫고 엑셀 파일 출력
excel_chart.save()
```

위 코드 (4)에서 차트 객체를 생성할 때 add_chart()의 유형('type')은 꺾은 선형 차트('line')를 선택했습니다. 또한 (5)에서 데이터값의 범위는 엑셀의 셀 지정 방식으로 지정했습니다. 두 개의 열을 그래프로 그리기 위해 데이터값의 범위를 다르게 지정해 add_series()를 두 번 수행했습니다. (6)에서는 셀 지정 방식으로 차트가 들어갈 위치(D2)를 지정했습니다. 코드를 실행한 결과는 그림 13-32와 같습니다.

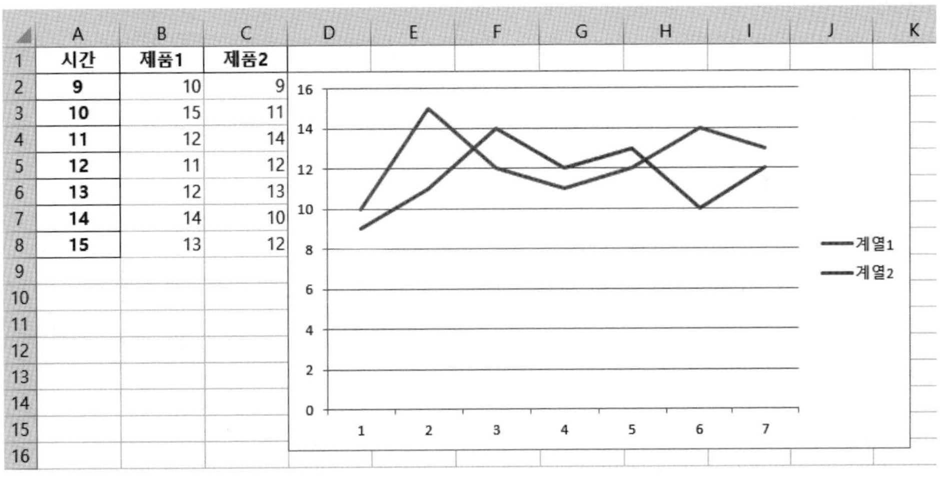

	A	B	C
1	시간	제품1	제품2
2	9	10	9
3	10	15	11
4	11	12	14
5	12	11	12
6	13	12	13
7	14	14	10
8	15	13	12

그림 13-32 엑셀 파일에 엑셀 차트 추가

그림 13-32와 같이 출력된 엑셀 차트를 보면 '제품1'과 '제품2'의 생산량은 잘 표시됐으나 x축의 값은 '시간' 열이 아니라, 1부터 증가하는 숫자로 돼 있고 범례도 제대로 표시되지 않았습니다. 차트에서 x축

의 값을 원하는 열로 지정하고 범례를 제대로 표시하려면 다음처럼 add_series()에 인자 categories와 name을 추가하고 데이터값의 범위를 지정합니다.

```
In: # (5) 차트 생성을 위한 데이터값의 범위 지정
    chart.add_series({'values': '=Sheet1!$B$2:$B$8',
                      'categories': '=Sheet1!$A$2:$A$8',
                      'name': '=Sheet1!$B$1'})

    chart.add_series({'values': '=Sheet1!$C$2:$C$8',
                      'categories': '=Sheet1!$A$2:$A$8',
                      'name': '=Sheet1!$C$1'})
```

위와 같이 add_series()의 인자 categories와 name에 값의 범위를 지정하면 그림 13-33과 같이 엑셀 차트의 x축은 categories에 지정한 데이터값이 표시되고 범례에는 name에 지정한 데이터값이 표시됩니다.

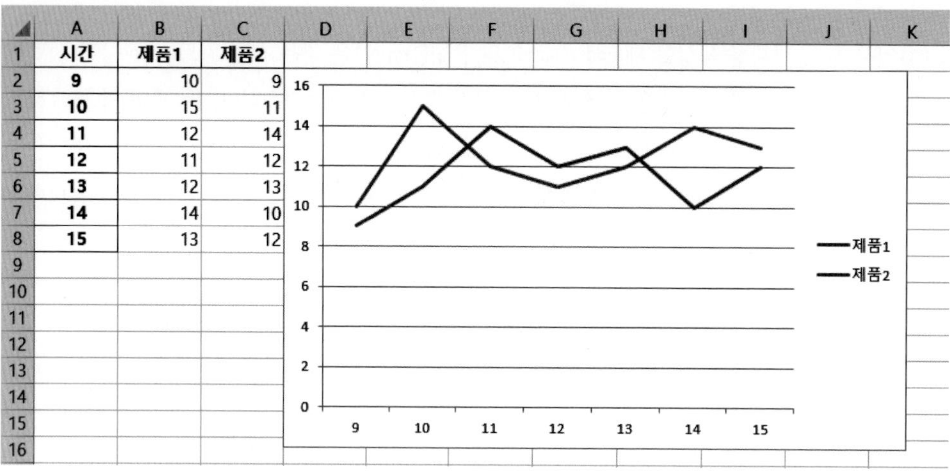

그림 13-33 엑셀 차트에 x축 및 범례 지정

이제 엑셀 차트의 x축과 범례가 원하는 값으로 잘 지정됐습니다. 하지만 엑셀 차트를 보면 x축과 y축 라벨도 없고 제목도 없습니다. 다음 코드를 이용해 엑셀 차트에 라벨과 제목을 추가합니다.

```
In: # (5-1) 엑셀 차트에 x, y축 라벨과 제목 추가
    chart.set_title({'name': '시간대별 생산량'})
    chart.set_x_axis({'name': '시간'})
    chart.set_y_axis({'name': '생산량'})
```

위의 코드를 이용하면 그림 13-34와 같이 엑셀 차트에 x축과 y축 라벨과 제목이 추가됩니다.

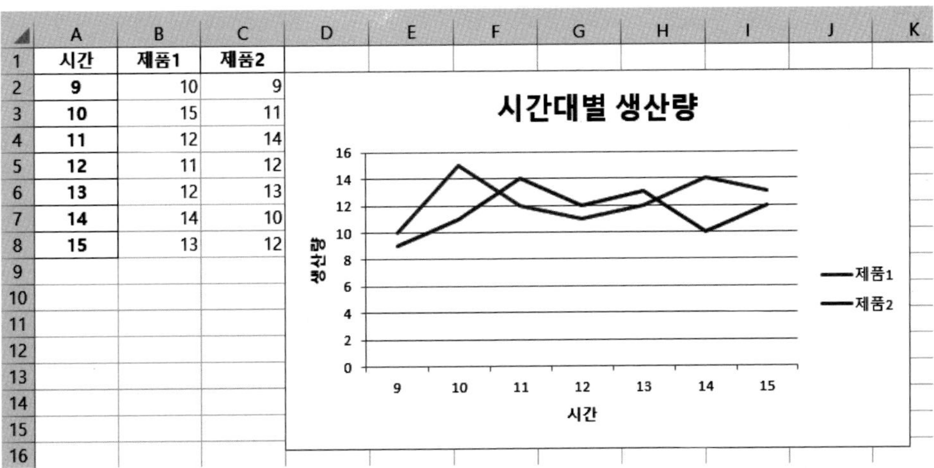

시간	제품1	제품2
9	10	9
10	15	11
11	12	14
12	11	12
13	12	13
14	14	10
15	13	12

그림 13-34 엑셀 차트에 x축과 y축 라벨 및 제목 추가

지금까지의 추가 사항을 모두 적용해 새로운 엑셀 파일('data_chart_in_excel2.xlsx')에 DataFrame의 데이터와 엑셀 차트를 추가하는 코드를 작성하면 다음과 같습니다.

```
In: # (1) pandas의 ExcelWriter 객체 생성
    excel_chart = pd.ExcelWriter('C:/myPyCode/data/data_chart_in_excel2.xlsx',
engine='xlsxwriter')

    # (2) DataFrame 데이터를 지정된 엑셀 시트(Sheet)에 쓰기
    df.to_excel(excel_chart, index=True, sheet_name='Sheet1')

    # (3) ExcelWriter 객체에서 워크북(workbook)과 워크시트(worksheet) 객체 생성
    workbook  = excel_chart.book
    worksheet = excel_chart.sheets['Sheet1']

    # (4) 차트 객체 생성(원하는 차트의 종류 지정)
    chart = workbook.add_chart({'type': 'line'})

    # (5) 차트 생성을 위한 데이터값의 범위 지정
    chart.add_series({'values': '=Sheet1!$B$2:$B$8',
                      'categories': '=Sheet1!$A$2:$A$8',
                      'name': '=Sheet1!$B$1'})
    chart.add_series({'values': '=Sheet1!$C$2:$C$8',
```

```
                    'categories': '=Sheet1!$A$2:$A$8',
                    'name': '=Sheet1!$C$1'})

# (5-1) 엑셀 차트에 x, y축 라벨과 제목 추가
chart.set_title ({'name': '시간대별 생산량'})
chart.set_x_axis({'name': '시간'})
chart.set_y_axis({'name': '생산량'})

# (6) 워크시트에 차트가 들어갈 위치를 지정해 차트 넣기
worksheet.insert_chart('D2', chart)

# (7)  ExcelWriter 객체를 닫고 엑셀 파일 출력
excel_chart.save()
```

05 정리

이번 장에서는 엑셀로 작성된 데이터를 읽고 처리하는 방법을 살펴봤습니다. 가장 먼저 엑셀 파일의 데이터를 파이썬에서 읽는 방법과 파이썬의 데이터를 엑셀 파일로 쓰는 방법을 살펴봤습니다. 그리고 여러 개의 엑셀 파일을 효율적으로 통합하는 방법을 살펴봤습니다. 또한 파이썬으로 읽어온 엑셀 파일을 처리하는 다양한 방법을 살펴봤습니다. 마지막으로 파이썬을 이용해 엑셀 파일에 그래프를 추가하거나 차트를 생성하는 시각화 방법도 알아봤습니다. 이와 더불어 데이터를 만들 때부터 나중에 처리하기 쉽도록 데이터의 구조를 잘 설계한다면 좀 더 편리하게 데이터를 다룰 수 있는 것도 알게 됐습니다.

엑셀은 데이터를 다룰 때 많이 사용하는 프로그램입니다. 따라서 많은 데이터가 아마도 엑셀 파일로 저장돼 있을 것입니다. 하지만 엑셀 파일을 통합하거나 엑셀의 데이터를 일일이 처리하는 것은 대부분 반복적이고 귀찮은 작업일 경우가 많습니다. 이번 장에 살펴본 내용을 잘 활용한다면 엑셀에서 처리하던 반복적인 일은 파이썬 코드를 작성해서 자동화할 수 있을 것입니다.

14

웹 스크레이핑

신문이나 잡지에서 원하는 글이나 사진을 오려서 모아두는 활동을 스크랩이라고 합니다. 최근에는 정보통신과 인터넷 기술의 발달로 예전처럼 종이 신문이나 잡지 스크랩 대신 웹 사이트에 접속해 필요한 자료를 수집하고 정리합니다. 웹 사이트의 자료를 모아서 정리하기 위해 보통은 웹 브라우저(인터넷 익스플로러, 크롬, 파이어폭스 등)를 실행해 검색 엔진으로 원하는 웹 페이지를 찾고 원하는 자료가 나오면 그것을 선택해 복사한 후, 각자 원하는 형태로 정리해 파일로 저장합니다. 수집하려는 자료의 양이 적을 때는 이렇게 수작업으로 자료를 정리해도 별 어려움이 없지만 자료의 양이 많아질수록 수작업으로 웹 사이트에서 자료를 모아서 정리하기가 쉽지 않습니다. 그래서 이런 일을 전문적으로 해주는 업체나 컴퓨터 프로그램도 있습니다.

웹 스크레이핑(Web scraping)은 컴퓨터 소프트웨어 기술을 활용해 웹 사이트 내에 있는 정보를 추출하는 것입니다. 파이썬에는 웹 사이트에 접속해 자료를 가져오거나 처리하기 위한 다양한 패키지들이 있어서 비교적 쉽게 웹 스크레이핑을 위한 코드를 작성할 수 있습니다. 파이썬으로 웹 스크레이핑하는 방법을 익히고 나면 많은 양의 웹 자료를 정리하기 위해 반복적으로 수행하던 작업(웹 사이트에 접속, 자료 선택, 복사 및 붙여넣기)을 줄일 수 있습니다. 이번 장에는 파이썬을 이용해 웹 스크레이핑을 하는 방법을 살펴보겠습니다.

01 웹 브라우저로 웹 사이트 접속하기

파이썬을 이용한 웹 스크레이핑에 대해 알아보기에 앞서 먼저 파이썬으로 웹 브라우저를 열고 원하는 웹 사이트에 접속하는 방법을 살펴보겠습니다. 원하는 웹 사이트에 접속하고자 할 때 일반적으로 웹 브라우저를 실행한 후에 웹 사이트 주소를 입력하거나 북마크에 저장해 놓은 링크를 클릭합니다. 보통 이 방법으로 원하는 웹 사이트에 접속하지만, 지정된 웹 사이트에 반복적으로 접속하거나 여러 웹 사이트를 한 번에 접속해야 할 경우에 파이썬을 이용하면 빠르고 편리하게 웹 사이트에 접속할 수 있습니다. 파이썬에서는 내장 모듈인 webbrowser를 통해 웹 브라우저를 열고 지정된 웹 사이트에 접속할 수 있습니다. 자, 이제 webbrowser를 어떻게 이용하는지 살펴보겠습니다.

하나의 웹 사이트에 접속하기

우선 웹 사이트를 하나 지정한 후에 웹 브라우저를 열어서 접속하는 방법을 살펴보겠습니다. 먼저 `'import webbrowser'`로 webbrowser 모듈을 불러옵니다. 그런 후에 `'webbrowser.open(url)'`을 실행합니다. `url`은 웹 사이트 주소입니다. 그러면 기본 웹 브라우저가 열리면서 지정된 웹 사이트(`url`)로 접속합니다.

다음은 webbrowser 모듈을 이용해 국내 포털 사이트인 네이버(naver)에 접속하는 예입니다.

```
In: import webbrowser

    url = 'www.naver.com'
    webbrowser.open(url)
```

```
Out: True
```

위 코드를 실행하면 기본 웹 브라우저가 실행되면서 변수 `url`에 지정된 웹 사이트(`www.naver.com`)에 접속합니다. 만약 네이버에서 특정 검색어를 입력해 결과를 얻으려면 다음과 같이 검색을 위한 웹 사이트 주소(`'http://search.naver.com/search.naver?query='`)에 검색어를 연결해서 입력합니다.

```
In: import webbrowser

    naver_search_url = "http://search.naver.com/search.naver?query="
    search_word = '파이썬'
```

```
    url = naver_search_url + search_word

    webbrowser.open_new(url)
Out: True
```

위 코드를 실행하면 기본 웹 브라우저가 실행되면서 네이버의 검색 결과를 보여주는 웹 사이트로 바로 접속됩니다. 구글(Google)에서도 검색을 위한 웹 사이트 주소('www.google.com/#q=')와 검색어를 연결해 입력하면 검색 결과를 바로 볼 수 있습니다. 이를 구현한 코드는 다음과 같습니다.

```
In: import webbrowser

    google_url = "www.google.com/#q="
    search_word = 'python'
    url = google_url + search_word

    webbrowser.open_new(url)
Out: True
```

위의 코드를 실행하면 기본 웹 브라우저에서 구글 검색 결과가 나오는 것을 확인할 수 있습니다.

여러 개의 웹 사이트에 접속하기

앞에서는 하나의 웹 사이트 주소(url)를 입력해 웹 브라우저를 여는 방법을 알아봤습니다. 한 번에 여러 개의 웹 사이트에 접속하려면 어떻게 하면 될까요? 다음과 같이 url 주소 리스트와 for 문을 이용하면 됩니다.

```
In: import webbrowser

    urls = ['www.naver.com', 'www.daum.net', 'www.google.com']

    for url in urls:
        webbrowser.open_new(url)
```

위 코드를 실행하면 각 웹 사이트가 웹 브라우저의 새 탭에서 열립니다. 여러 개의 웹 사이트를 매일 열 경우에 일일이 웹 사이트 주소를 입력하거나 북마크에서 찾아서 선택할 필요 없이 위 코드를 활용하면 됩니다. 즉, 위 코드에서 urls 변수만 접속하려는 웹 사이트 주소로 변경하면 웹 사이트가 여러 개일지라도 한 번에 접속할 수 있습니다.

웹 사이트에 접속하는 것뿐만 아니라 여러 검색어의 결과를 한 번에 얻으려면 앞에서 살펴본 검색어 하나를 입력해 검색 결과를 얻은 방법을 확장해 여러 개의 검색어를 가진 리스트와 for 문을 이용합니다.

다음은 구글에서 여러 개의 검색어를 입력해 결과를 얻는 코드입니다.

```
In: import webbrowser

    google_url = "www.google.com/#q="
    search_words = ['python web scraping', 'python webbrowser']

    for search_word in search_words:
        webbrowser.open_new(google_url + search_word)
```

위 코드는 웹 브라우저로 구글 웹 사이트에 접속해 각각의 검색어를 입력하고 검색 결과를 확인하는 과정을 한 번에 수행할 수 있게 해줍니다. 이 코드를 응용하면 여러 개의 검색 결과를 한 번에 확인할 수 있습니다.

앞에서는 자동으로 웹 브라우저를 열고 원하는 웹 사이트를 접속하기 위해 webbrowser 모듈을 이용했습니다. 다음으로 웹 브라우저를 열지 않고 웹 사이트에 접속해 원하는 정보를 가져오는 웹 스크레이핑 방법을 살펴보겠습니다.

02 웹 스크레이핑을 위한 기본 지식

웹 스크레이핑을 수행하기 전에 웹 브라우저가 웹 사이트에 접속해 데이터를 가져오는 과정과 웹 페이지를 구성하는 언어인 HTML의 구조에 대해 살펴보겠습니다. 그리고 파이썬을 이용해 웹 사이트에서 HTML 파일의 소스코드를 가져오는 방법과 HTML 소스코드를 분석하는 방법도 알아보겠습니다.

데이터의 요청과 응답 과정

웹 브라우저에서 포털 사이트나 검색 사이트 및 기타 웹 사이트에 접속해 검색하고 뉴스 기사를 보고 만화도 보며 동영상도 감상하고 SNS도 합니다. 이렇게 매일 사용하는 인터넷과 웹 브라우저는 어떤 과정을 거쳐서 웹 사이트에 접속해 컴퓨터나 스마트폰으로 정보를 가져올까요? 웹 스크레이핑을 하기 위해서는 이런 과정을 간단하게나마 이해할 필요가 있습니다.

그림 14-1은 컴퓨터에서 웹 브라우저를 통해 웹 사이트의 데이터를 가져오는 과정을 보여줍니다. 웹 사이트에 접속하는 컴퓨터나 스마트폰 등을 클라이언트(Client)라고 하고 웹 사이트를 운영하는 시스템을 서버(Server) 혹은 웹 서버(Web Server)라고 합니다. 컴퓨터에서 웹 브라우저로 인터넷을 통해 웹 사이트(웹 서버)에 HTTP 형식으로 원하는 정보를 요청(Request)합니다. 그러면 이 요청에 웹 사이트(웹 서버)가 HTTP 형식으로 응답(Response)해 HTML 파일을 보내줍니다. 이 HTML 파일을 컴퓨터의 웹 브라우저가 해석해 사람이 알아보기 쉬운 형태로 변환해 줍니다. 즉, 웹 브라우저에 인터넷 주소를 입력하면 웹 사이트로 요청하고 그 요청을 받은 웹 사이트는 응답해 HTML 파일을 보냅니다. 그것을 웹 브라우저가 사람이 보기 쉽게 해석해 보여줘서 웹 브라우저를 통해 다양한 일을 할 수 있습니다.

HTTP, HTML, 웹 페이지

- HTTP: HyperText Transfer Protocol의 약자로 인터넷 상에서 HTML 문서의 정보를 주고받을 수 있도록 만든 프로토콜(Protocol, 전송 규약)입니다.
- HTML: HyperText Markup Language의 약자로 웹 페이지의 구조적 구성을 위한 언어입니다.
- 웹 페이지: 웹 상에 있는 HTML로 구성된 개별 문서입니다. 보통 하나의 웹 사이트는 여러 개의 웹 페이지로 구성합니다.

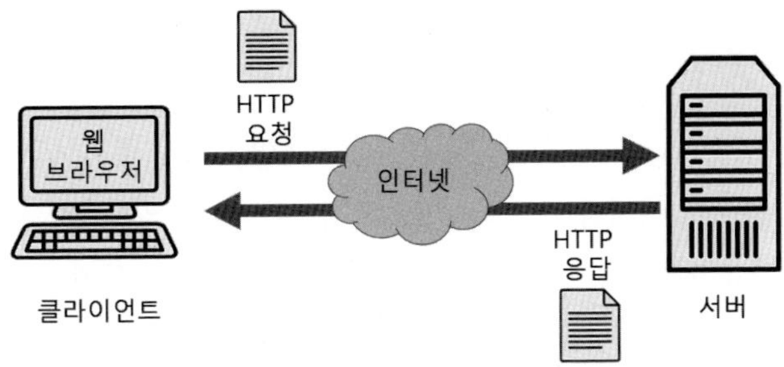

그림 14-1 웹 브라우저를 통해 웹 사이트의 데이터를 가져오는 과정

HTML의 기본 구조

웹 스크레이핑하기 전에 먼저 웹 페이지를 구성하는 언어인 HTML에 대해 이해할 필요가 있습니다. 이 책에서는 HTML 문법에 대해서 자세히 다루지는 않겠습니다. 웹 스크레이핑에 필요한 주요 내용만 살

펴보겠습니다. HTML 문법에 대한 설명은 관련 서적이나 인터넷에 많이 나와 있으니 참조하길 바랍니다. 앞에서도 설명했지만 HTML은 웹 페이지의 문서를 구조적으로 표현할 수 있는 언어입니다. 즉, 인터넷 상에서 웹 페이지의 문서를 만들기 위한 표준화된 언어입니다. HTML은 구조화된 언어로 크게 머리(head)와 몸통(body)으로 이뤄져 있습니다. 내부적으로는 각 항목을 이루는 요소와 그 속성으로 구성돼 있습니다.

우선 간단한 HTML 파일의 예를 살펴보면 다음과 같습니다.

```
<!doctype html>
<html>
 <head>
  <title>이것은 HTML 예제</title>
 </head>
 <body>
  <h1>출간된 책 정보</h1>
  <p id="book_title">이해가 쏙쏙 되는 파이썬</p>
  <p id="author">홍길동</p>
  <p id="publisher">위키북스 출판사</p>
  <p id="year">2018</p>
 </body>
</html>
```

위의 HTML 소스코드의 첫 줄에 있는 `<!doctype html>`은 문서가 HTML임을 명시하기 위한 DTD(Document Type Definition) 선언입니다. 나머지 부분에서 '< >'로 둘러싸인 부분은 HTML 태그(Tag)라고 합니다. 이 태그에 따라서 HTML 파일의 문서 구조가 결정되며 웹 브라우저를 통해 보이는 것이 달라집니다. 태그 중 '<태그>'를 시작 태그라고 하고 '</태그>'를 끝 태그라고 합니다. 시작 태그 안에는 부가적인 정보를 제공하는 속성(Attributes)을 지정할 수 있습니다. 시작 태그와 끝 태그 그리고 그 안에 포함된 내용 전체를 태그의 요소(Element)라고 합니다. 요소 내부에는 일반 텍스트뿐만 아니라 태그를 포함하는 다른 요소를 넣을 수도 있습니다.

HTML 소스코드는 트리(Tree) 형태의 구조로 표현할 수 있습니다. 위의 HTML 소스코드의 경우 그림 14-2와 같이 트리 구조로 나타낼 수 있습니다.

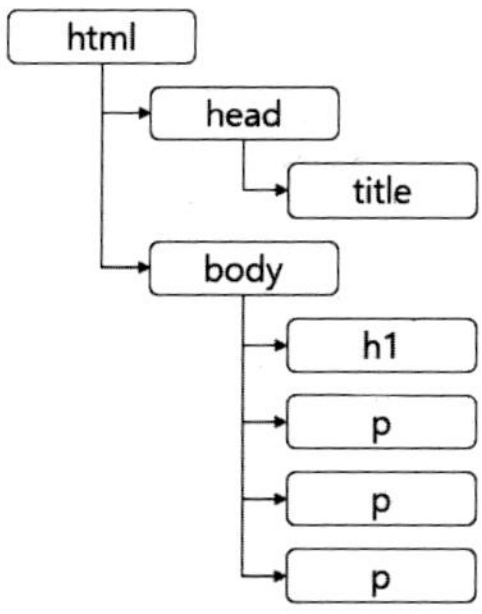

그림 14-2 예제 HTML 소스코드를 트리 구조로 표현

위의 HTML 소스코드에서 태그 p의 요소('<p id="id_속성값">텍스트</p>') 중 시작 태그 안에 있는 속성(id="id_속성값")은 웹 브라우저로 보는 결과에는 영향을 주지 않습니다. 즉, 있어도 없어도 웹 브라우저로 보는 결과는 똑같습니다.

앞에서 살펴본 마술명령어 %%writefile을 이용해 위의 HTML 코드를 작업 폴더('C:\myPyCode')에 'HTML_example.html' 파일로 저장하겠습니다.

```
In: %%writefile C:\myPyCode\HTML_example.html
    <!doctype html>
    <html>
     <head>
      <meta charset="utf-8">
      <title>이것은 HTML 예제</title>
     </head>
     <body>
      <h1>출간된 책 정보</h1>
      <p id="book_title">이해가 쏙쏙 되는 파이썬</p>
      <p id="author">홍길동</p>
      <p id="publisher">위키북스 출판사</p>
      <p id="year">2018</p>
     </body>
    </html>
```

```
Out: Writing C:\myPyCode\HTML_example.html
```

위에서 <head> 태그 안에 <meta charset="utf-8">가 추가됐는데, 이것은 작성된 HTML 파일이 utf-8로 인코딩돼 있음을 웹 브라우저에게 알려주는 것입니다. 이제 작업 폴더('C:\myPyCode')에서 'HTML_ example.html' 파일을 마우스로 더블클릭하면 웹 브라우저가 실행되면서 그림 14-3처럼 HTML 파일의 결과가 보입니다. 여기서는 인터넷 익스플로러로 HTML 파일을 확인했지만 크롬이나 파이어폭스 등 다른 웹 브라우저를 이용해도 됩니다.

그림 14-3 HTML 파일을 웹 브라우저로 확인한 결과

웹 브라우저에서 읽은 결과에서 보듯이 태그 p의 시작 태그 안에 있는 속성(id="id_속성값")의 내용은 보이지 않습니다. 위의 HTML 코드에서 태그 p의 모든 시작 태그 안에 있는 속성을 제거하고 다음과 같이 HTML 코드를 작성하면 웹 브라우저에서 어떻게 보일까요?

```
In: %%writefile C:/myPyCode/HTML_example2.html
    <!doctype html>
    <html>
      <head>
        <meta charset="utf-8">
        <title>이것은 HTML 예제</title>
      </head>
      <body>
        <h1>출간된 책 정보</h1>
        <p>이해가 쏙쏙 되는 파이썬</p>
        <p>홍길동</p>
        <p>위키북스 출판사</p>
        <p>2018</p>
      </body>
    </html>
```

```
Out: Overwriting C:/myPyCode/HTML_example2.html
```

그림 14-4는 HTML 파일('HTML_example2.html')을 웹 브라우저로 열어서 본 것입니다. 앞의 결과와 비교해 보면 HTML 태그에 속성이 있는 경우와 결과는 같습니다. 웹 브라우저에서 똑같이 보이는데 왜 이런 태그의 속성이 HTML 파일에 필요할까요?

그림 14-4 수정된 HTML 소스 파일을 웹 브라우저로 확인한 결과

앞 HTML 코드의 id와 같은 태그의 속성은 웹 페이지에서 특정 데이터를 추출할 때 아주 중요한 정보입니다. 이 속성을 이용하면 HTML 파일에서 손쉽게 원하는 데이터를 획득할 수 있습니다. 하지만 이렇게 유용한 속성이 모든 웹 페이지의 HTML 파일에 있는 것은 아닙니다. 따라서 웹 페이지에서 정보를 추출하려면 웹 페이지마다 가진 특징을 잘 분석해야 합니다.

웹 페이지의 HTML 소스 갖고 오기

앞에서 웹 페이지가 HTML 파일로 구성돼 있다는 것을 배웠습니다. 일반적으로 웹 브라우저로 웹 사이트에 접속해 웹 페이지를 읽는다면 HTML 파일을 웹 브라우저가 해석한 결과를 본 것입니다. 하지만 웹 브라우저에서 웹 페이지의 HTML 소스도 볼 수 있습니다.

인터넷 익스플로러로 앞에서 예제로 만든 'HTML_example.html' 파일을 연 후에 마우스 오른쪽 버튼을 눌러 [소스 보기(V)]를 클릭하면 그림 14-5처럼 HTML 소스를 확인할 수 있습니다.

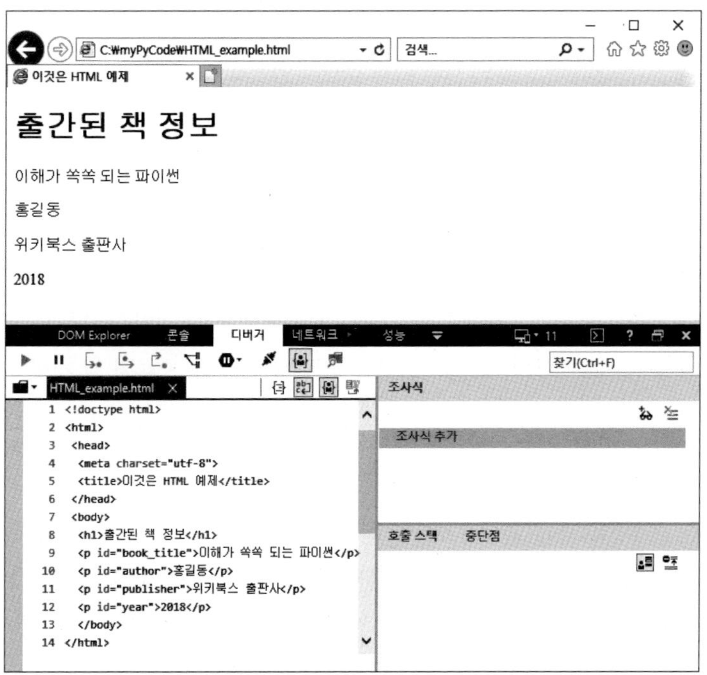

그림 14-5 웹 브라우저로 HTML 소스 보기

소스 부분에는 앞에서 만든 HTML 소스코드가 그대로 보입니다. 만약 웹 브라우저가 크롬이라면 웹 페이지에서 마우스 오른쪽 버튼을 누른 후 [페이지 소스 보기(V)]를 클릭하면 HTML 소스코드를 볼 수 있고, 파이어폭스라면 [페이지 소스(V)]를 클릭해서 HTML 소스코드를 볼 수 있습니다.

웹 페이지에서 어떤 데이터를 가져오기 위해서는 웹 브라우저처럼 파이썬으로 웹 페이지의 HTML 파일의 소스를 가져와야 합니다. 그럼 이제 파이썬으로 웹 페이지의 소스코드를 가져오는 방법을 알아보겠습니다. 웹 페이지의 HTML 소스코드를 가져오기 위한 파이썬의 내장 패키지로는 urllib가 있습니다. 하지만 urllib는 사용하기 불편하므로 사용하기 편한 requests 라이브러리를 이용해 HTML 소스코드를 읽어보겠습니다. 아나콘다를 설치할 때 이미 requests 라이브러리가 설치됐으므로 따로 설치할 필요는 없습니다. requests에 대해 더 많은 정보를 얻고 싶다면 requests에 대해 설명한 웹 사이트(http://docs.python-requests.org/en/latest/)를 참조하세요.

우선 'import requests'로 requests 라이브러리를 불러온 후에 'requests.get("웹 사이트 주소")'를 수행하면 지정된 '웹 사이트 주소'에 접속해 HTML 소스를 위한 응답 객체를 반환합니다. 만약 접속이 잘 됐다면 '<Response [200]>'를 반환합니다. 다음 예제에서는 구글 웹 페이지(https://www.google.co.kr)의 소스코드를 가져오겠습니다.

```
In: import requests

    r = requests.get("https://www.google.co.kr")
    r
```

```
Out: <Response [200]>
```

위의 출력 결과가 '<Response [200]>'이므로 잘 접속돼 응답 객체(r)가 반환된 것을 알 수 있습니다. 인터넷 환경이나 웹 사이트에 따라서 접속해서 결과가 나오기까지 시간이 조금 걸릴 수도 있습니다. 만약 웹 사이트 주소를 잘못 입력했거나 웹 사이트가 없거나 인터넷 연결에 문제가 있다면 오류가 날 것입니다. 오류가 발생했다면 모든 코드를 잘 입력했는지 웹 사이트 주소를 잘 입력했는지를 다시 한번 확인해 보기 바랍니다.

응답 객체(r)에서 가져온 소스코드를 보기 위해서는 'r.text'를 수행하면 되는데, 이렇게 하면 HTML 파일 전체를 보여주므로 대부분 아주 많은 양의 출력 결과가 나오게 됩니다. 여기서는 응답 객체를 잘 가져왔는지 확인만 하면 되므로 HTML 파일 전체 중 다음과 같은 방법으로 일부분만 출력하겠습니다.

```
In: r.text[0:100]
```

```
Out: '<!doctype html><html itemscope="" itemtype="http://schema.org/WebPage" lang="ko"><head><meta
     content'
```

위의 코드에서 HTML 파일의 소스코드를 갖고 오는 것은 다음과 같이 'requests.get("웹 사이트 주소").text'를 이용해 한 번에 수행할 수도 있습니다.

```
In: import requests

    html = requests.get("https://www.google.co.kr").text
    html[0:100]

Out: '<!doctype html><html itemscope="" itemtype="http://schema.org/WebPage" lang="ko"><head><meta
       content'
```

이제 웹 브라우저를 열지 않고 파이썬 코드를 이용해 웹 페이지에 접속해 HTML 소스코드를 가져올 수 있게 됐습니다. 다음으로 웹 페이지에서 원하는 데이터를 추출하기 위해 웹 페이지에서 가져온 HTML 소스코드를 요소별로 분석하고 처리하는 방법을 알아보겠습니다.

HTML 소스코드를 분석하고 처리하기

앞에서 웹 페이지로부터 HTML 소스코드를 갖고 왔습니다. 이제 갖고 온 HTML 코드를 분석해 원하는 데이터를 추출하는 방법을 알아보겠습니다. HTML 코드를 분석하기 위해서는 HTML 코드 구문을 이해하고 요소별로 HTML 코드를 분류해야 합니다. 이런 작업을 파싱(Parsing)이라고 합니다. 파싱을 하려면 지금까지 배운 문자열 처리 방법을 이용해도 되지만 코드를 많이 작성해야 합니다. Beautiful Soup 라이브러리를 사용하면 파싱을 좀 더 손쉽게 할 수 있습니다. 여기서는 Beautiful Soup 라이브러리를 이용해 HTML 소스를 파싱하고 태그나 속성을 통해 원하는 데이터를 추출하겠습니다. 이 책에서는 Beautiful Soup의 다양한 기능 중 필요한 내용만 살펴보겠습니다. Beautiful Soup 라이브러리를 활용하는 방법을 좀 더 알고 싶다면 Beautiful Soup 라이브러리 웹 사이트(https://www.crummy.com/software/BeautifulSoup/bs4/doc/)를 참조하세요.

데이터 찾고 추출하기

Beautiful Soup 라이브러리 역시 아나콘다를 설치할 때 함께 설치됐습니다. 따라서 별도로 설치할 필요가 없습니다. Beautiful Soup 라이브러리를 이용하기 위해서는 먼저 Beautiful Soup 라이브러리를 불러와야 합니다. 일반적으로는 'from bs4 import BeautifulSoup'으로 불러온 후에 코드에서는 BeautifulSoup()으로 이용합니다.

다음의 예를 살펴보겠습니다.

```
In: from bs4 import BeautifulSoup

    # 테스트용 html 코드
    html = """<html><body><div><span>\
            <a href=http://www.naver.com>naver</a>\
            <a href=https://www.google.com>google</a>\
            <a href=http://www.daum.net/>daum</a>\
            </span></div></body></html>"""

    # BeautifulSoup를 이용해 HTML 소스를 파싱
    soup = BeautifulSoup(html, 'lxml')
    soup
```

```
Out: <html><body><div><span> <a href="http://www.naver.com">naver</a> <a href="https://
     www.google.com">google</a> <a href="http://www.daum.net/">daum</a> </span></div></body></html>
```

위의 코드 `BeautifulSoup(html, 'lxml')`에서 `lxml` 은 HTML 소스를 처리하기 위한 파서(parser)입니다. 위의 간단한 예제에서 출력된 결과를 보면 문자열이 입력된 변수 `html`과 별 차이가 없지만 출력 결과는 Beautiful Soup 라이브러리를 이용해 파싱한 결과입니다. 파싱 결과를 좀 더 보기 편하게 HTML 구조의 형태로 확인하려면 다음처럼 `prettify()` 메서드를 이용해 출력하면 됩니다.

```
In: print(soup.prettify())
```

```
Out: <html>
      <body>
       <div>
        <span>
         <a href="http://www.naver.com">
          naver
         </a>
     <a href="https://www.google.com">
          google
         </a>
         <a href="http://www.daum.net/">
          daum
         </a>
        </span>
```

```
  </div>
 </body>
</html>
```

위 결과를 보면 Beautiful Soup 라이브러리를 통해 HTML 구조를 갖는 파일이 잘 파싱된 것을 알 수 있습니다. 이제 파싱한 결과에서 `BeautifulSoup.find('태그')`를 수행하면 HTML 소스코드에서 해당 '태그'가 있는 첫 번째 요소를 찾아서 반환합니다.

다음 코드를 살펴보겠습니다.

```
In: soup.find('a')
```

```
Out: <a href="http://www.naver.com">naver</a>
```

위의 코드를 실행하면 HTML 소스코드에 있는 첫 번째 a 태그를 찾아서 a 태그의 요소 전체를 반환합니다. a 태그로 시작하는 요소 전체가 아니라 그 안의 내용(위의 경우 'naver')만 얻으려면 '요소반환결과.get_text()'를 이용합니다. `get_text()`는 HTML 소스코드의 요소에서 태그와 속성을 제거하고 텍스트 문자열만 반환합니다. 보통 `get_text()`는 원하는 HTML 요소를 가져온 후에 마지막 단계에서 요소의 텍스트 부분만 추출할 때 이용합니다.

다음은 a 태그의 요소에서 텍스트만 추출한 예입니다.

```
In: soup.find('a').get_text()
```

```
Out: 'naver'
```

`soup.find('a')`는 HTML 코드 중 첫 번째 a 태그를 찾지만 HTML 코드 안의 모든 a 태그를 찾아서 a 태그로 시작하는 모든 요소를 다 반환하려면 '`BeautifulSoup.find_all('태그')`'를 이용하면 됩니다.

다음 예제를 살펴보겠습니다.

```
In: soup.find_all('a')
```

```
Out: [<a href="http://www.naver.com">naver</a>,
      <a href="https://www.google.com">google</a>,
      <a href="http://www.daum.net/">daum</a>]
```

위의 결과에서 보듯이 a 태그로 시작하는 모든 요소가 다 반환됐습니다. 이 결과와 앞에서 배운 get_text()를 이용하면 다음과 같은 방법으로 a 태그의 텍스트 내용을 얻을 수 있습니다. 일치하는 태그 이름의 모든 요소를 반환하는 find_all()의 결과는 리스트 형태로 반환되는데 get_text()는 리스트에 적용할 수 없으므로 다음처럼 for 문을 이용해 항목별로 get_text()를 적용합니다.

다음 코드를 살펴봅시다.

```
In: site_names = soup.find_all('a')
    for site_name in site_names:
        print(site_name.get_text())
```

```
Out: naver
     google
     daum
```

이제 HTML 코드가 저장된 변수 html에서 웹 사이트 이름을 모두 추출했습니다.

다음은 다른 예를 살펴보겠습니다. 앞에서와 마찬가지로 임의로 HTML 파일을 작성한 후에 html2 변수에 할당했습니다.

```
In: from bs4 import BeautifulSoup

    # 테스트용 HTML 코드
    html2 = """
    <html>
      <head>
        <title>작품과 작가 모음</title>
      </head>
      <body>
        <h1>책 정보</h1>
        <p id="book_title">토지</p>
        <p id="author">박경리</p>

        <p id="book_title">태백산맥</p>
        <p id="author">조정래</p>

        <p id="book_title">감옥으로부터의 사색</p>
        <p id="author">신영복</p>
      </body>
```

```
</html>
"""

soup2 = BeautifulSoup(html2, "lxml")
```

위의 코드에서도 역시 Beautiful Soup를 이용해 HTML 코드를 파싱했습니다. 이제 Beautiful Soup의 다양한 기능을 활용해 HTML 소스로부터 필요한 데이터를 추출하겠습니다. HTML 소스에서 title 태그의 요소는 'BeautifulSoup.title'을 이용해 가져올 수 있습니다. 위의 코드의 변수 soup2에 적용하면 다음과 같이 title 태그의 요소를 가져올 수 있습니다.

```
In: soup2.title
```

```
Out: <title>작품과 작가 모음</title>
```

그리고 HTML 소스의 body 태그의 요소는 'BeautifulSoup.body'를 이용해 가져올 수 있습니다.

```
In: soup2.body
```

```
Out: <body>
     <h1>책 정보</h1>
     <p id="book_title">토지</p>
     <p id="author">박경리</p>
     <p id="book_title">태백산맥</p>
     <p id="author">조정래</p>
     <p id="book_title">감옥으로부터의 사색</p>
     <p id="author">신영복</p>
     </body>
```

또한 body 태그 요소 내에 h1 태그의 요소는 'BeautifulSoup.body.h1'로 가져올 수 있습니다.

```
In: soup2.body.h1
```

```
Out: <h1>책 정보</h1>
```

앞에서 살펴본 find_all()을 이용하면 다음처럼 변수 html2에 있는 HTML 소스코드에서 p 태그가 들어간 요소를 모두 가져올 수 있습니다.

```
In: soup2.find_all('p')
```

```
Out: [<p id="book_title">토지</p>,
      <p id="author">박경리</p>,
      <p id="book_title">태백산맥</p>,
      <p id="author">조정래</p>,
      <p id="book_title">감옥으로부터의 사색</p>,
      <p id="author">신영복</p>]
```

위의 결과를 보면 책 제목과 작가를 구분하지 않고 p 태그가 있는 요소를 모두 가지고 온 것을 볼 수 있습니다. p 태그 중 책 제목과 작가를 분리해서 가져오려면 다음처럼 find()나 find_all()을 이용할 때 '태그'뿐만 아니라 태그 내의 '속성'도 함께 지정하면 됩니다.

```
BeautifulSoup.find_all('태그', '속성')
BeautifulSoup.find('태그', '속성')
```

실제로 find()나 find_all()에는 더 많은 인자를 입력할 수 있지만 대부분은 '태그'나 '속성'을 지정하는 것만으로도 대부분 원하는 결과를 얻을 수 있습니다.

앞에서 만든 변수 html2의 HTML 코드 내에 있는 p 태그의 요소에는 id 속성이 있으며 속성값에는 book_title과 author가 있습니다. 속성과 속성값을 이용하면 find()에서 좀 더 세밀하게 조건을 지정해서 데이터를 찾을 수 있습니다. 예를 들어 변수 html2의 HTML 코드의 p 태그 요소 중 id가 book_title인 속성을 갖는 첫 번째 요소만 반환하고자 한다면 다음과 같이 하면 됩니다.

```
In: soup2.find('p', {"id":"book_title"})
```

```
Out: <p id="book_title">토지</p>
```

p 태그 요소 중 id가 author인 속성을 갖는 첫 번째 요소만 반환하고 싶다면 다음과 같이 합니다.

```
In: soup2.find('p', {"id":"author"})
```

```
Out: <p id="author">박경리</p>
```

앞에서처럼 조건을 만족하는 요소 전체를 가지고 오려면 다음과 같이 find_all()을 이용하면 됩니다.

```
In: soup2.find_all('p', {"id":"book_title"})
```

```
Out: [<p id="book_title">토지</p>,
      <p id="book_title">태백산맥</p>,
      <p id="book_title">감옥으로부터의 사색</p>]
```

```
In: soup2.find_all('p', {"id":"author"})
```

```
Out: [<p id="author">박경리</p>, <p id="author">조정래</p>, <p id="author">신영복</p>]
```

변수 html2의 HTML 소스코드처럼 p 태그의 내용에 책 제목과 작가가 모두 있으면 다음과 같이 책 제목과 작가를 포함한 요소를 각각 추출한 후에 텍스트만 뽑는 코드를 작성할 수 있습니다.

```
In: from bs4 import BeautifulSoup

    soup2 = BeautifulSoup(html2, "lxml")

    book_titles = soup2.find_all('p', {"id":"book_title"})
    authors = soup2.find_all('p', {"id":"author"})

    for book_title, author in zip(book_titles, authors):
        print(book_title.get_text() + '/' + author.get_text())
```

```
Out: 토지/박경리
     태백산맥/조정래
     감옥으로부터의 사색/신영복
```

지금까지 HTML 소스에서 원하는 요소를 찾기 위해 find() 혹은 find_all()을 이용했습니다. 또 다른 방법은 CSS 선택자(selector)를 이용하는 것입니다. CSS 선택자는 CSS에서 원하는 요소를 선택하는 것으로서 파이썬뿐만 아니라 다른 프로그래밍 언어에서도 HTML 소스를 처리할 때 많이 이용합니다. Beautiful Soup도 'BeautifulSoup.select('태그 및 속성')'를 통해 CSS 선택자를 지원합니다. 'BeautifulSoup.select()'의 인자로 '태그 및 속성'을 단계적으로 입력하면 원하는 요소를 찾을 수 있습니다. 예를 들어 앞의 html2 변수에 할당된 HTML 소스에서 body 태그 요소 내에 h1 태그 요소를 가지고 오려면 다음과 같이 하면 됩니다.

CSS

CSS는 Cascading Style Sheets의 약자로 시각적으로 스타일을 꾸밀 때 사용하는 언어입니다. CSS는 다른 언어와 함께 사용할 수 있지만 보통은 HTML과 함께 사용해 웹 페이지를 구성합니다. HTML 코드가 웹 페이지의 주요 구조를 담당한다면 CSS는 객체의 글꼴, 배경색, 크기 등 상세한 스타일을 담당합니다.

```
In: soup2.select('body h1')
```

```
Out: [<h1>책 정보</h1>]
```

위의 코드에서 body와 h1 사이는 공백입니다. body 태그 요소 중에 p 태그를 포함한 요소를 모두 갖고 오려면 다음과 같이 하면 됩니다.

```
In: soup2.select('body p')
```

```
Out: [<p id="book_title">토지</p>,
      <p id="author">박경리</p>,
      <p id="book_title">태백산맥</p>,
      <p id="author">조정래</p>,
      <p id="book_title">감옥으로부터의 사색</p>,
      <p id="author">신영복</p>]
```

변수 html2의 HTML 소스에서 p 태그는 body 태그 요소 내에서만 있으므로 다음과 같이 수행할 수 있습니다.

```
In: soup2.select('p')
```

```
Out: [<p id="book_title">토지</p>,
      <p id="author">박경리</p>,
      <p id="book_title">태백산맥</p>,
      <p id="author">조정래</p>,
      <p id="book_title">감옥으로부터의 사색</p>,
      <p id="author">신영복</p>]
```

또한 태그 안의 속성과 속성값을 이용해 요소를 세밀하게 구분해 추출할 수 있습니다. 만약 태그 안의 속성이 class인 경우 '태그.class_속성값'으로 입력하고 속성이 id인 경우에는 '태그#id_속성값'으로 입력해 추출할 수 있습니다. 앞의 예에서 p 태그 안에 있는 속성이 id이므로 p#id_속성값'으로 원하는 요소를 추출하겠습니다. 만약 책 제목만 뽑고 싶다면 'id_속성값'을 book_title로 지정하고 저자 정보만 뽑고 싶다면 'id_속성값'을 author로 지정하면 됩니다.

다음 예제를 살펴보겠습니다.

```
In: soup2.select('p#book_title')
```

```
Out: [<p id="book_title">토지</p>,
```

```
    <p id="book_title">태백산맥</p>,
    <p id="book_title">감옥으로부터의 사색</p>]
```

```
In: soup2.select('p#author')
```

```
Out: [<p id="author">박경리</p>, <p id="author">조정래</p>, <p id="author">신영복</p>]
```

앞의 변수 html2의 HTML 소스에는 class 속성이 없지만 대부분의 HTML 소스에서 태그 안에 class 속성을 자주 보게 됩니다. 다음으로 class 속성이 있는 HTML 소스를 살펴보겠습니다. 이를 위해 아래처럼 HTML 소스 파일('HTML_example_my_site.html')을 만들겠습니다.

```
In: %%writefile C:/myPyCode/HTML_example_my_site.html
    <!doctype html>
    <html>
     <head>
      <meta charset="utf-8">
      <title>사이트 모음</title>
     </head>
     <body>
      <p id="title"><b>자주 가는 사이트 모음</b></p>
      <p id="contents">이곳은 자주 가는 사이트를 모아둔 곳입니다.</p>
      <a href="http://www.naver.com" class="portal" id="naver">네이버</a> <br>
      <a href="https://www.google.com" class="search" id="google">구글</a> <br>
      <a href="http://www.daum.net" class="portal" id="daum">다음</a> <br>
      <a href="http://www.nl.go.kr" class="government" id="nl">국립중앙도서관</a>
     </body>
    </html>
```

```
Out: Writing C:/myPyCode/HTML_example_my_site.html
```

위의 HTML 소스 파일('HTML_example_my_site.html')을 브라우저로 열면 그림 14-6과 같습니다.

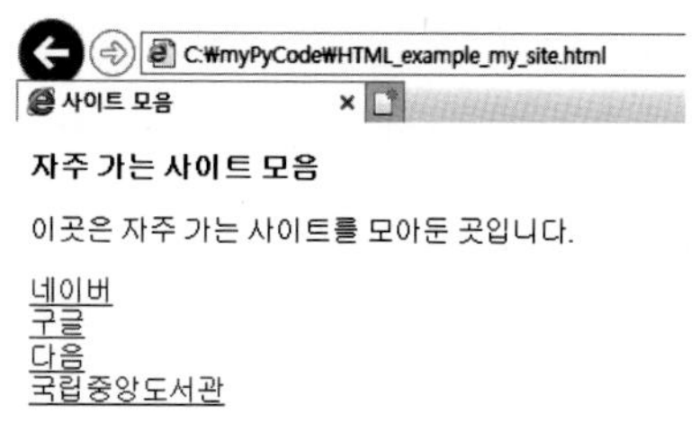

그림 14-6 HTML 소스 파일을 브라우저로 확인한 결과

위의 HTML 소스 파일('HTML_example_my_site.html')에는 a 태그 안에 class 속성을 지정했습니다. 다음은 'BeautifulSoup.select('태그 및 속성')'에서 태그 안의 속성이 class인 경우는 '태그.class_속성값'으로 원하는 요소를 추출하는 예입니다. HTML 소스 파일은 이미 저장돼 있으므로 텍스트 파일을 읽어와서 변수 html3에 할당했습니다.

```
In: f = open('C:/myPyCode/HTML_example_my_site.html', encoding='utf-8')

    html3 = f.read()
    f.close()

    soup3 = BeautifulSoup(html3, "lxml")
```

위에서 읽어온 HTML 소스에서 태그가 a인 요소를 모두 가져오려면 다음과 같이 수행합니다.

```
In: soup3.select('a')
```

```
Out: [<a class="portal" href="http://www.naver.com" id="naver">네이버</a>,
     <a class="search" href="https://www.google.com" id="google">구글</a>,
     <a class="portal" href="http://www.daum.net" id="daum">다음</a>,
     <a class="government" href="http://www.nl.go.kr" id="nl">국립중앙도서관</a>]
```

HTML 소스에서 태그가 a이면서 class 속성값이 "portal"인 요소만 가져오려면 다음과 같이 수행합니다.

```
In: soup3.select('a.portal')
```

```
Out: [<a class="portal" href="http://www.naver.com" id="naver">네이버</a>,
     <a class="portal" href="http://www.daum.net" id="daum">다음</a>]
```

웹 브라우저의 요소 검사

앞에서는 설명을 위해 간단한 HTML 소스코드로 HTML 소스의 구조 및 태그와 속성이 어떻게 구성돼 있는지 살펴봤습니다. 짧고 단순한 HTML 소스코드의 경우에는 소스코드를 보면서 분석할 수도 있지만 실제 웹 사이트의 HTML 소스코드는 대부분 길고 복잡해서 눈으로 확인하면서 분석하기가 쉽지 않습니다. 이때 웹 브라우저에서 제공하는 요소 검사 기능을 이용하면 관심 위치에서 HTML 소스코드가 어떠한 구조로 구성돼 있는지 좀 더 쉽게 분석할 수 있습니다. 다음은 웹 브라우저로 요소 검사를 수행하는 예입니다.

01. 웹 브라우저로 요소 검사를 원하는 웹 사이트에 접속한다.

실제로는 웹 사이트에 접속해야 하지만 예에서는 앞의 HTML 소스 파일('HTML_example_my_site.html')을 열겠습니다.

02. 웹 사이트 화면의 관심 위치로 마우스 커서를 옮기고 마우스 오른쪽 버튼을 클릭(그림 14-7)한다.

예에서는 마우스 커서를 '네이버'로 위치합니다.

03. [요소검사](인터넷 익스플로러와 파이어폭스는 [요소 검사], 크롬은 [검사])를 마우스로 클릭(그림 14-7)한다.

요소 검사 결과(그림 14-8)가 나옵니다.

여기서는 웹 브라우저로 파이어폭스를 이용했지만 다른 브라우저를 이용해도 유사한 요소 검사 결과가 나옵니다.

그림 14-7 웹 사이트 화면의 관심 위치에서 마우스 오른쪽 버튼 클릭 후 [요소 검사] 클릭

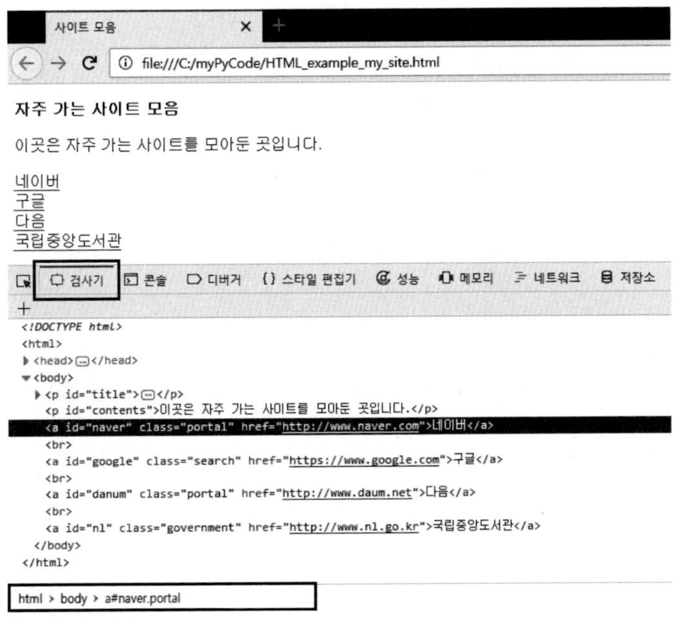

그림 14-8 웹 브라우저의 요소 검사 결과

그림 14-8을 보면 선택한 '네이버'의 요소 검사 결과는 '<a class="portal" id="naver" href="http://www.naver.com">네이버</a>'입니다. 그림 14-8의 오른쪽 아래를 보면 HTML 소스의 태그, 속성, 속성값을 분석한 결과가 보입니다. 분석 결과를 보면 '네이버'가 위치한 곳의 HTML 구조는 'html → body → a' 트리 구조로 돼 있고 태그 a의 id 속성은 "naver"이고 class 속성은 "portal"임을 알 수 있습니다. 이렇게 브라우저의 '요소 검사' 기능을 이용하면 HTML 소스코드를 일일이 분석하지 않아도 원하는 위치에서 HTML의 구조 및 태그, 속성, 속성값을 알 수 있습니다.

이제 요소 분석 결과를 이용해 'BeautifulSoup.select('태그 및 속성')'의 인자로 태그, 속성, 속성값을 지정하겠습니다.

그림 14-8에서 '네이버'가 위치한 곳의 HTML 구조는 'html → body → a' 트리 구조인데, html 태그 요소 안에는 하나의 body 태그의 요소만 있고, 모든 a 태그의 요소는 body 태그의 요소 안에 있습니다. 이 경우 a 태그의 요소를 찾기 위해 html이나 body 태그는 생략할 수 있습니다. 따라서 다음의 코드는 모두 같은 결과를 보여줍니다.

```
soup3.select('html body a')
soup3.select('body a')
soup3.select('html a')
soup3.select('a')
```

여기서는 다음과 같이 'BeautifulSoup.select('태그 및 속성')'의 인자로 a만 입력해 태그 a를 포함하는 모든 요소를 추출합니다.

```
In: soup3.select('a')
```

```
Out: [<a class="portal" href="http://www.naver.com" id="naver">네이버</a>,
      <a class="search" href="https://www.google.com" id="google">구글</a>,
      <a class="portal" href="http://www.daum.net" id="daum">다음</a>,
      <a class="government" href="http://www.nl.go.kr" id="nl">국립중앙도서관</a>]
```

HTML 소스에서 태그 a를 포함하는 요소 중 class 속성이 "portal"인 요소만 선택하려면 다음과 같이 수행합니다.

```
In: soup3.select('a.portal')
```

```
Out: [<a class="portal" href="http://www.naver.com" id="naver">네이버</a>,
      <a class="portal" href="http://www.daum.net" id="daum">다음</a>]
```

또한 a 태그를 포함하는 요소 중 id 속성이 "naver"인 요소를 선택하려면 다음과 같이 수행합니다.

```
In: soup3.select('a#naver')
```

```
Out: [<a class="portal" href="http://www.naver.com" id="naver">네이버</a>]
```

여기서 살펴본 웹 브라우저의 요소 검사 기능을 이용하는 방법은 앞으로 실제 웹 사이트에 접속해서 HTML 구조와 태그 및 속성을 분석하는 데 이용되니 잘 알아두길 바랍니다.

줄 바꿈으로 가독성 높이기

Beautiful Soup로 웹 사이트의 HTML 소스를 가져온 후에 get_text()를 이용해 요소의 텍스트를 가져와서 출력하면 웹 브라우저에서 보는 것과 달리 줄 바꿈이 없어서 가독성이 떨어질 때가 있습니다. 이번에는 이런 문제점을 해결해 가독성을 높이는 방법을 살펴보겠습니다. 먼저 다음과 같이 HTML 소스코드를 파일('br_example_constitution.html')로 저장해 봅시다.

```
In: %%writefile C:/myPyCode/br_example_constitution.html
    <!doctype html>
    <html>
      <head>
        <meta charset="utf-8">
        <title>줄 바꿈 테스트 예제</title>
      </head>
      <body>
        <p id="title"><b>대한민국헌법</b></p>
        <p id="content">제1조 <br/>①대한민국은 민주공화국이다.<br/>②대한민국의 주권은 국민에게 있고,
         모든 권력은 국민으로부터 나온다.</p>
        <p id="content">제2조 <br/>①대한민국의 국민이 되는 요건은 법률로 정한다.<br/>②국가는 법률이
         정하는 바에 의하여 재외국민을 보호할 의무를 진다.</p>
      </body>
    </html>
```

```
Out: Writing C:/myPyCode/br_example_constitution.html
```

위의 HTML 소스코드에서 p 태그는 텍스트의 내용을 새로운 문단으로 시작하게 해 줍니다. 즉, 한 줄을 띄운 후에 맨 앞쪽부터 텍스트가 시작됩니다. 또한
은 문장에서 줄 바꿈을 합니다. 위의 HTML 소스를 웹 브라우저로 보면 그림 14-9와 같습니다.

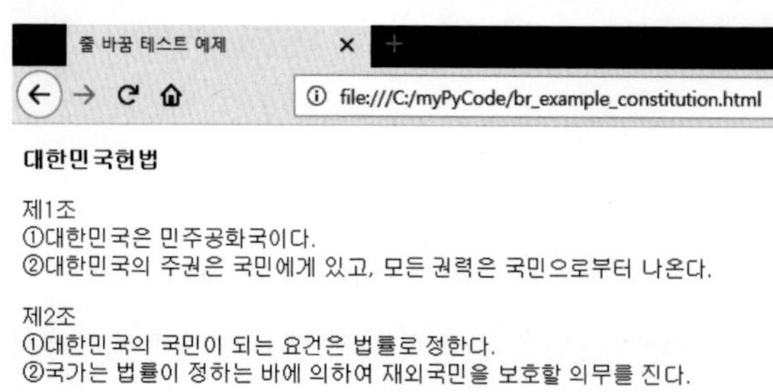
줄 바꿈 테스트 예제
file:///C:/myPyCode/br_example_constitution.html
대한민국헌법
제1조
①대한민국은 민주공화국이다.
②대한민국의 주권은 국민에게 있고, 모든 권력은 국민으로부터 나온다.
제2조
①대한민국의 국민이 되는 요건은 법률로 정한다.
②국가는 법률이 정하는 바에 의하여 재외국민을 보호할 의무를 진다.
그림 14-9 저장된 HTML 소스 파일을 웹 브라우저로 보기

이제 p 태그나 br 태그가 있는 HTML 소스에서 Beautiful Soup를 이용해 태그 요소에서 텍스트만 추출한 후 그대로 출력하면 어떻게 보이는지 알아보겠습니다. 이를 위해 다음과 같이 HTML 파일('br_example_constitution.html')을 읽어서 변수 html_source에 할당한 후 요소에서 텍스트를 추출하고 출력하겠습니다.

```
In: from bs4 import BeautifulSoup

    f = open('C:/myPyCode/br_example_constitution.html', encoding='utf-8')

    html_source = f.read()
    f.close()

    soup = BeautifulSoup(html_source, "lxml")

    title = soup.find('p', {"id":"title"})
    contents = soup.find_all('p', {"id":"content"})

    print(title.get_text())
    for content in contents:
        print(content.get_text())
```

```
Out: 대한민국헌법
     제1조 ①대한민국은 민주공화국이다.②대한민국의 주권은 국민에게 있고, 모든 권력은 국민으로부터 나온다.
     제2조 ①대한민국의 국민이 되는 요건은 법률로 정한다.②국가는 법률이 정하는 바에 의하여 재외국민을 보호할 의무를 진다.
```

출력된 결과에서 보듯이 텍스트는 잘 추출됐는데 웹 브라우저로 읽어온 결과와 비교했을 때 차이가 있습니다. 줄 바꿈이 하나도 안 돼 있습니다. HTML 소스에서 데이터를 추출하다 보면 이처럼 웹 브라우저로 읽었을 때의 결과와 달라서 가독성이 떨어지는 경우가 종종 발생합니다. 이제 위와 같은 문제를 해결해 웹 브라우저로 확인하는 것과 유사하게 출력 결과를 만들어 보겠습니다.

우선 추출된 HTML 코드에서 줄 바꿈 태그(<br/>)를 파이썬의 개행 문자(\n)로 바꾸겠습니다. 이때 다음처럼 Beautiful Soup의 'replace_with(새로운 문자열)'를 이용해 기존의 태그나 문자열을 새로운 태그나 문자열로 바꿀 수 있습니다.

```
find_result = BeautifulSoup.find('태그')
find_result.replace_with('새 태그나 문자열')
```

예를 들어 HTML 코드에서 br 태그를 파이썬의 개행문자로 바꾸고 싶으면 다음과 같이 수행하면 됩니다.

```
In: html1 = '<p id="content">제1조 <br/>①대한민국은 민주공화국이다.<br/>②대한민국의 주권은 국민에게
                있고, 모든 권력은 국민으로부터 나온다.</p>'

    soup1 = BeautifulSoup(html1, "lxml")

    print("==> 태그 p로 찾은 요소")
    content1 = soup1.find('p', {"id":"content"})
    print(content1)

    br_content = content1.find("br")
    print("==> 결과에서 태그 br로 찾은 요소:", br_content)

    br_content.replace_with("\n")
    print("==> 태그 br을 개행문자로 바꾼 결과")
    print(content1)
```

```
Out: ==> 태그 p로 찾은 요소
     <p id="content">제1조 <br/>①대한민국은 민주공화국이다.<br/>②대한민국의 주권은 국민에게 있고,
     모든 권력은 국민으로부터 나온다.</p>
     ==> 결과에서 태그 br로 찾은 요소: <br/>
     ==> 태그 br을 개행문자로 바꾼 결과
     <p id="content">제1조
     ①대한민국은 민주공화국이다.<br/>②대한민국의 주권은 국민에게 있고, 모든 권력은 국민으로부터
     나온다.</p>
```

위의 코드에서 마지막 라인의 print(content1)의 실행으로 출력된 결과를 보면 첫 번째 br 태그가 개행문자(\n)로 교환돼서 줄이 바뀌어서 출력된 것을 볼 수 있습니다. 하지만 위의 예에는 첫 번째 br 태그만 문자열 교환이 이뤄졌습니다. 추출된 요소 전체에 적용하려면 다음과 같이 하면 됩니다.

```
In: soup2 = BeautifulSoup(html1, "lxml")
    content2 = soup2.find('p', {"id":"content"})

    br_contents = content2.find_all("br")
    for br_content in br_contents:
        br_content.replace_with("\n")
    print(content2)
```

```
Out: <p id="content">제1조
     ①대한민국은 민주공화국이다.
     ②대한민국의 주권은 국민에게 있고, 모든 권력은 국민으로부터 나온다.</p>
```

위의 결과를 보면 이제 추출된 요소에 대해 모든 br 태그가 개행문자(\n)로 바뀐 것을 확인할 수 있습니다. 이 기능을 함수로 만들면 다음과 같습니다.

```
In: def replace_newline(soup_html):
        br_to_newlines = soup_html.find_all("br")
        for br_to_newline in br_to_newlines:
            br_to_newline.replace_with("\n")
        return soup_html
```

위의 함수는 Beautiful Soup로 파싱된 HTML 소스에서 br 태그를 개행문자(\n)로 변경합니다. 이 함수를 이용한 결과에서 요소의 내용만 추출하기 위해 get_text()를 적용하면 다음과 같습니다.

```
In: soup2 = BeautifulSoup(html1, "lxml")
    content2 = soup2.find('p', {"id":"content"})
    content3 = replace_newline(content2)
    print(content3.get_text())
```

```
Out: 제1조
     ①대한민국은 민주공화국이다.
     ②대한민국의 주권은 국민에게 있고, 모든 권력은 국민으로부터 나온다.
```

위 결과를 보면 줄 바꿈이 잘 됐습니다. 이제 앞의 HTML 소스코드를 할당한 변수 html_source에 위의 파이썬 코드를 적용해 보겠습니다.

```
In: from bs4 import BeautifulSoup

    soup = BeautifulSoup(html_source, "lxml")

    title = soup.find('p', {"id":"title"})
    contents = soup.find_all('p', {"id":"content"})

    print(title.get_text(), '\n')

    for content in contents:
        content1 = replace_newline(content)
        print(content1.get_text(),'\n')
```

```
Out: 대한민국헌법

     제1조
     ①대한민국은 민주공화국이다.
     ②대한민국의 주권은 국민에게 있고, 모든 권력은 국민으로부터 나온다.

     제2조
     ①대한민국의 국민이 되는 요건은 법률로 정한다.
     ②국가는 법률이 정하는 바에 의하여 재외국민을 보호할 의무를 진다.
```

위의 코드에서는 줄을 바꾸어 문단을 구분하는 p 태그를 표기하기 위해 'content1.get_text()'를 print()로 출력할 때 개행문자(\n)를 추가했습니다. 출력 결과를 보면 줄 바꿈이 잘 수행돼 웹 브라우저에서 HTML의 소스코드를 보는 것과 유사하게 보입니다.

지금까지 임의로 생성한 HTML 소스로 Beautiful Soup 라이브러리를 이용해 HTML 소스를 분석하고 처리하는 방법을 살펴봤습니다. 여기서 배운 기본 지식은 다음에 살펴볼 실제 웹 사이트를 웹 스크레이핑할 때 활용되니 잘 알아 두길 바랍니다.

03 웹 사이트에서 데이터 가져오기

지금까지는 임의로 만들어진 HTML 소스코드에서 데이터를 추출하는 방법을 살펴봤습니다. 이번에는 앞에서 살펴본 requests와 Beautiful Soup 라이브러리를 이용해 실제 웹 사이트에 접속해 원하는 데이터를 가져오는 방법을 알아보겠습니다.

웹 스크레이핑 시 주의 사항

실제 웹 사이트에 접속해 필요한 데이터를 갖고 오는 웹 스크레이핑 코드를 작성할 때는 고려해야 할 사항들이 많이 있습니다. 그중 중요한 몇 가지만 살펴보면 다음과 같습니다.

- 웹 페이지의 소스코드에서 데이터를 얻기 위한 규칙을 발견할 수 있어야 합니다. HTML 소스코드에서 데이터를 가져오기 위한 특정 규칙을 발견할 경우에는 손쉽게 웹 스크레이핑할 수 있습니다. 만약 어떤 규칙을 쉽게 발견할 수 없다면 여러 과정을 거쳐야 하므로 웹 스크레이핑을 위한 코드는 복잡해질 수 있습니다. 따라서 같은 데이터를 가진 웹 사이트가 여러 개 있다면 웹 스크레이핑에 편리한 웹 사이트를 선택하는 것이 좋습니다.
- 파이썬 코드를 이용해 웹 스크레이핑을 할 경우 해당 웹 사이트에 너무 빈번하게 접근하지 말아야 합니다. 빈번한 접근은 해당 웹 사이트의 서버에 부담이 됩니다. 따라서 웹 사이트에 반복적으로 접근해서 데이터를 갖고 오는 웹 스크레이핑 코드를 만들 때 필요 이상으로 접근 주기를 짧게 설정하지 않는 것이 예의입니다. 대부분의 웹 사이트는 빈번한 접근에 의한 과부하를 막기 위해 한 번 접근 후 일정 시간(Crawl-delay)이 지나야 다시 접근할 수 있도록 설정해 뒀습니다. 이 시간은 웹 사이트마다 다른데 보통은 수 초에서 수십 초로 설정돼 있습니다. 이를 무시하고 너무 빈번하게 접근하면 어떤 웹 사이트는 아예 접근을 차단하기도 합니다.
- 웹 사이트는 언제든지 예고 없이 변경될 수 있습니다. 심지어 웹 사이트가 없어지거나 웹 사이트 주소가 변경되기도 합니다. 따라서 웹 스크레이핑을 위한 코드를 작성할 당시에 잘 수행되던 코드가 어느 순간 수행되지 않거나 엉뚱한 결과를 가져올 수 있습니다. 그러므로 웹 스크레이핑을 위한 코드는 한 번 만들고 끝나는 것이 아니라 지속해서 관리해야 합니다.
- 인터넷 상에 공개된 데이터라고 하더라도 저작권(copyright)이 있는 경우가 있습니다. 따라서 웹 사이트에서 얻은 데이터를 활용하기 전에 저작권 침해 여부를 미리 확인해야 합니다.

웹 스크레이핑(Web scraping)과 웹 크롤링(Web crawling)

웹 스크레이핑을 검색해 보면 웹 크롤링이라는 용어도 많이 볼 수 있습니다. 웹 크롤링은 웹 스크레이핑과 같은 의미로 쓰이기도 하지만 구분하자면 웹 크롤링은 가능한 웹 사이트 전체의 내용을 긁어와서 복제하는 것을 말하며 보통은 대규모로 이뤄집니다. 반면 웹 스크레이핑은 웹 사이트의 내용을 가져와서 특정 데이터를 추출하는 것을 포함합니다. 웹 스크레이핑을 수행하는 프로그램을 웹 스크레이퍼(web scraper)라고 하고, 웹 크롤링을 수행하는 프로그램을 웹 크롤러(web crawler)라고 합니다.

순위 데이터를 가져오기

인터넷 상에는 웹 사이트 순위, 국가별 운동 경기 순위, 책 판매 순위, 음악이나 영화 순위와 같은 다양한 순위 데이터가 있습니다. 이번에는 파이썬 웹 스크레이핑을 활용해 실제 웹 사이트에서 순위 정보를 가져오는 방법을 알아보겠습니다.

> 실제 웹 사이트에 접속해 웹 스크레이핑을 수행하는 이 책의 예제 코드는 해당 웹 사이트가 변경될 경우에는 제대로 동작하지 않을 수 있습니다. 하지만 이 책에서 설명하는 웹 사이트의 데이터를 가져와 가공하는 기본적인 원리를 이해한다면 해당 웹 사이트가 변경되더라도 예제 코드를 수정해 원하는 데이터를 얻어올 수 있을 것입니다.

영화 순위

영화 감상은 많은 사람들이 사랑하는 대표적인 취미입니다. 영화를 보기 전 대부분의 사람들은 관심 있는 영화에 대해 알아보기 위해 영화를 소개하는 웹 사이트를 방문하기도 하고 평점이나 예매율을 참고하기도 합니다. 또한 인기 있는 영화를 보기 위해 영화 순위를 알아보기도 합니다. 네이버 영화에서는 영화와 관련된 다양한 정보와 영화의 순위 정보를 제공합니다. 이번에는 네이버 영화에서 영화 순위별로 영화 제목과 해당 영화의 링크를 추출해 보겠습니다.

먼저 웹 브라우저로 네이버 영화(`https://movie.naver.com`)에 접속한 후 오른쪽에 있는 [영화랭킹]을 클릭하면 그림 14-10처럼 오늘 날짜를 기준으로 영화 랭킹을 볼 수 있습니다. 네이버의 영화 랭킹은 검색어를 바탕으로 선정된 것으로, 영화관의 예매율을 기준으로 선정된 순서와는 차이가 있을 수 있습니다. 웹 브라우저의 주소창을 보면 URL이 `https://movie.naver.com/movie/sdb/rank/rmovie.naver`인 것을 볼 수 있습니다.

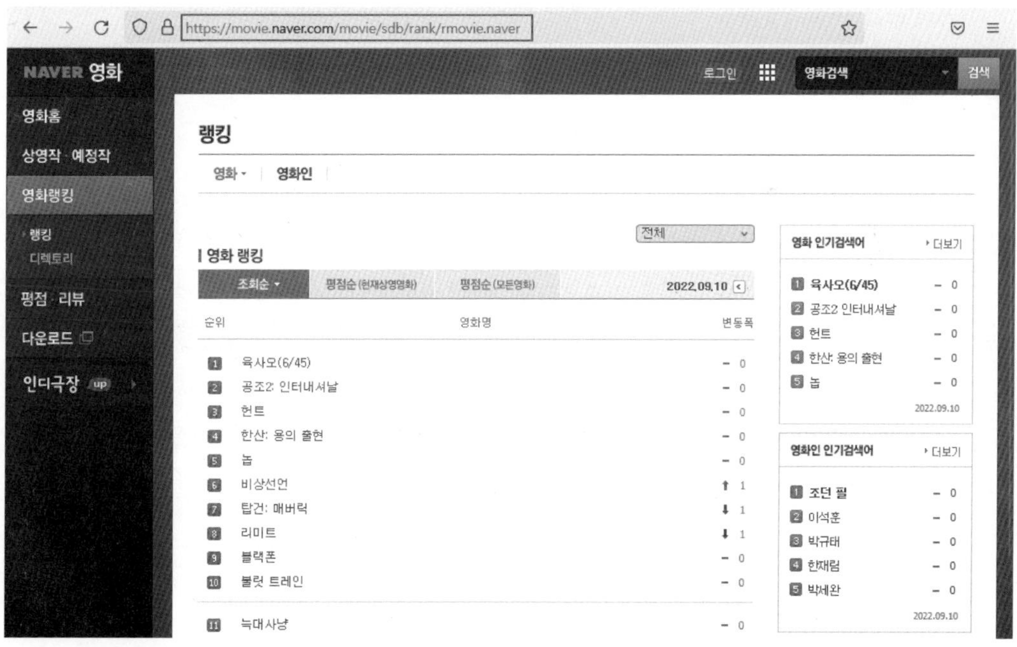

그림 14-10 네이버 영화의 영화 랭킹

웹 브라우저에서 날짜를 변경하면 날짜까지 포함한 URL(https://movie.naver.com/movie/sdb/rank/rmovie.naver?sel=cnt&tg=0&date=20220910)이 생성되는 것을 볼 수 있습니다. 즉, 오늘 날짜의 영화 순위를 알고 싶다면 URL을 https://movie.naver.com/movie/sdb/rank/rmovie.naver로 지정하고, 특정 날짜의 영화 순위를 알고 싶다면 URL을 https://movie.naver.com/movie/sdb/rank/rmovie.naver?sel=cnt&tg=0&date=YYYYMMDD 형식으로 지정하면 됩니다. 여기서 YYYYMMDD는 날짜로 20220910처럼 연도 4자리, 월 2자리, 일 2자리를 의미합니다. 이 URL을 이용하면 특정 날짜의 영화 순위를 가져올 수 있습니다.

위의 URL을 이용해 2022년 9월 10일의 영화 순위가 담긴 HTML 코드를 가져오려면 다음과 같이 수행합니다.

```
In: import requests
    from bs4 import BeautifulSoup

    base_url = 'https://movie.naver.com/movie/sdb/rank/rmovie.naver'
    date = '20220910'
    url = base_url + '?sel=cnt&tg=0&date=' + date # 날짜를 지정해 URL 생성

    html = requests.get(url).text
    soup = BeautifulSoup(html, 'lxml')

    print(url)
    https://movie.naver.com/movie/sdb/rank/rmovie.naver?sel=cnt&tg=0&date=20220910
```

```
Out: https://movie.naver.com/movie/sdb/rank/rmovie.naver?sel=cnt&tg=0&date=20220910
```

웹 브라우저에서 영화 제목에 대해 요소 검사를 실시하면 그림 14-12처럼 『<a href="/movie/bi/mi/basic.naver?code=204640" title="육사오(6/45)">육사오(6/45)</a>』 요소가 찾아집니다. 이제 요소 검사 결과를 이용해 웹 사이트의 순위를 가져오도록 'BeautifulSoup.select('태그 및 속성')'의 '태그 및 속성'을 선택합니다. 여기서 a 태그를 이용하면 너무 많은 요소가 선택되기 때문에 한 단계 상위 요소인 『<div class="tit3"><a href="/movie/bi/mi/basic.naver?code=204640" title="육사오(6/45)">육사오(6/45)</a></div>』를 이용합니다. 결과적으로 div 태그와 class 속성이 tit3인 요소를 모두 찾기 위해 select(div.tit3)를 이용해 영화 제목을 가져올 수 있습니다.

그림 14-12 영화 랭킹의 영화 제목에 대해 요소 검사를 수행한 결과

다음은 앞의 요소 검사 분석 결과를 적용한 코드입니다.

```
In: movies = soup.select('div.tit3')
    movies[0:5] # 전체 중 일부만 출력
```

```
Out: [<div class="tit3">
      <a href="/movie/bi/mi/basic.naver?code=204640" title="육사오(6/45)">육사오(6/45)</a>
      </div>,
      <div class="tit3">
      <a href="/movie/bi/mi/basic.naver?code=201641" title="공조2: 인터내셔날">공조2: 인터내셔날</a>
      </div>,
      <div class="tit3">
      <a href="/movie/bi/mi/basic.naver?code=195758" title="헌트">헌트</a>
      </div>,
      <div class="tit3">
      <a href="/movie/bi/mi/basic.naver?code=194196" title="한산: 용의 출현">한산: 용의 출현</a>
      </div>,
```

```
<div class="tit3">
<a href="/movie/bi/mi/basic.naver?code=214552" title="놉">놉</a>
</div>]
```

출력 결과를 살펴보면 <div class="tit3"> ~ </div>가 포함된 요소를 잘 가져온 것을 볼 수 있습니다. 이 요소는 영화 제목과 관련된 a 태그의 요소를 포함합니다. 여기서 a 태그 안에 있는 영화 제목 관련 정보만 가져오려면 리스트의 각 항목에 대해 find('a')를 수행합니다. 다음은 movies 변수에서 첫 번째 항목에 대해 find('a')를 수행하는 예입니다.

```
In: movies[0].find('a')
```

```
Out: <a href="/movie/bi/mi/basic.naver?code=204640" title="육사오(6/45)">육사오(6/45)</a>
```

출력 결과를 보면 a 태그 안에는 영화 URL 정보와 제목 정보가 있습니다. 태그 안에 있는 속성의 내용을 가져오려면 요소반환결과['속성'] 혹은 요소반환결과.get('속성')을 이용합니다. 다음은 a 태그가 담긴 요소를 추출한 후 title과 href 속성을 추출하는 예입니다.

```
In: ranking_title = movies[0].find('a')['title'] # a 태그의 요소를 추출한 후 title 속성을 추출
    ranking_href = movies[0].find('a')['href']   # a 태그의 요소를 추출한 후 href 속성을 추출

    [ranking_title, ranking_href]
```

```
Out: ['육사오(6/45)', '/movie/bi/mi/basic.naver?code=204640']
```

모든 영화에 대해 제목과 링크를 추출하는 코드를 작성하면 다음과 같습니다. 추출한 결과는 pandas의 DataFrame 데이터 형식으로 변환했습니다.

```
In: import pandas as pd

    title_hrefs = [] # 빈 리스트 생성
    base_url = 'https://movie.naver.com'
    for movie in movies:
        ranking_title = movie.find('a')['title'] # a 태그의 요소를 추출한 후 title 속성을 추출
        ranking_href = movie.find('a')['href']   # a 태그의 요소를 추출한 후 href 속성을 추출

        title_hrefs.append([ranking_title, base_url + ranking_href]) # 리스트의 항목 추가
```

```
# 리스트를 이용해 DataFrame 데이터 생성(영화 순위를 index로 지정)
ranking = range(1, len(movies)+1) # 영화 순위 생성
df_movie = pd.DataFrame(title_hrefs, index=ranking, columns=['영화 제목', '링크'])

# head()를 이용해 일부만 출력 (링크 열 너비 지정)
df_movie.head(10).style.set_properties(subset=['링크'], **{'width': '400px'})

# df_movie # 전체 출력
```

Out:

	영화 제목	링크
1	육사오(6/45)	https://movie.naver.com/movie/bi/mi/basic.naver?code=204640
2	공조2: 인터내셔날	https://movie.naver.com/movie/bi/mi/basic.naver?code=201641
3	헌트	https://movie.naver.com/movie/bi/mi/basic.naver?code=195758
4	한산: 용의 출현	https://movie.naver.com/movie/bi/mi/basic.naver?code=194196
5	놉	https://movie.naver.com/movie/bi/mi/basic.naver?code=214552
6	비상선언	https://movie.naver.com/movie/bi/mi/basic.naver?code=184519
7	탑건: 매버릭	https://movie.naver.com/movie/bi/mi/basic.naver?code=81888
8	리미트	https://movie.naver.com/movie/bi/mi/basic.naver?code=193324
9	블랙폰	https://movie.naver.com/movie/bi/mi/basic.naver?code=202465
10	불릿 트레인	https://movie.naver.com/movie/bi/mi/basic.naver?code=218056

출력 결과를 보면 영화 제목과 링크를 잘 가져온 것을 볼 수 있습니다. 참고로 위의 코드에서는 DataFrame 데이터(df_movie)를 출력할 때 링크 열에 있는 URL이 일부만 표시되지 않도록 DataFrame_data.style.set_properties()를 이용해 링크 열의 너비(width)를 400px로 지정했습니다. 여기서 px는 픽셀(pixel) 단위를 의미합니다.

주간 음악 순위

이번에는 파이썬을 이용해 음악 서비스를 제공하는 벅스(Bugs)에서 음악 순위 정보(곡명과 아티스트)를 가져오는 코드를 작성해 보겠습니다. 벅스의 벅스차트에서는 실시간, 일간, 주간 음악 순위를 제공하는데, 실시간 음악 순위는 계속 바뀌므로 이를 이용해 코딩하는 방법을 설명하면 이 책을 쓸 때의 음악 순위와 여러분이 코드를 실행할 때의 음악 순위가 달라서 혼동될 것입니다. 일간이나 주간은 날짜를 지정할 수 있는데 여기서는 주간 음악 순위를 이용해 데이터를 가져오는 예를 살펴보겠습니다.

벅스차트에서 주간 음악 순위를 가져오려면 그림 14-12와 같이 [주간]을 선택하고 날짜를 선택하는 아이콘을 클릭한 후 달력에서 원하는 날짜(여기서는 2020년 9월 21일)를 선택합니다. 날짜를 선택하면 그 날짜가 포함된 주의 뮤직 차트(1~100위)를 가져옵니다. 브라우저 주소창을 보면 웹 사이트 주소로 `https://music.bugs.co.kr/chart/track/week/total?chartdate=20200921`을 볼 수 있습니다. 여기서 `chartdate=20200921`에는 선택한 날짜의 연도(네 자리), 월(두 자리), 일(두 자리)이 들어간 것을 확인할 수 있습니다. 따라서 주소창의 `chartdate`에 원하는 연도, 월, 일을 직접 입력해 해당 날짜가 포함된 주의 뮤직 차트를 가져올 수도 있습니다.

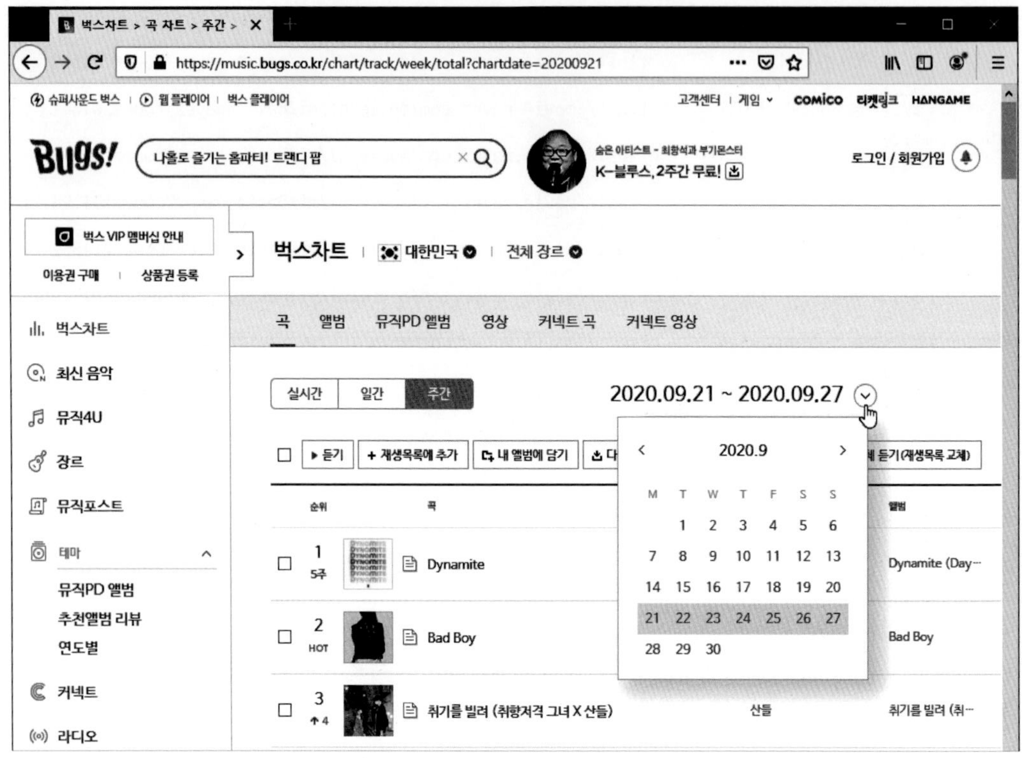

그림 14-12 벅스차트에서 주간 음악 순위를 가져오기 위해 달력에서 날짜 지정

벅스차트에서 2020년 9월 21일이 포함된 주의 음악 순위는 그림 14-13과 같습니다.

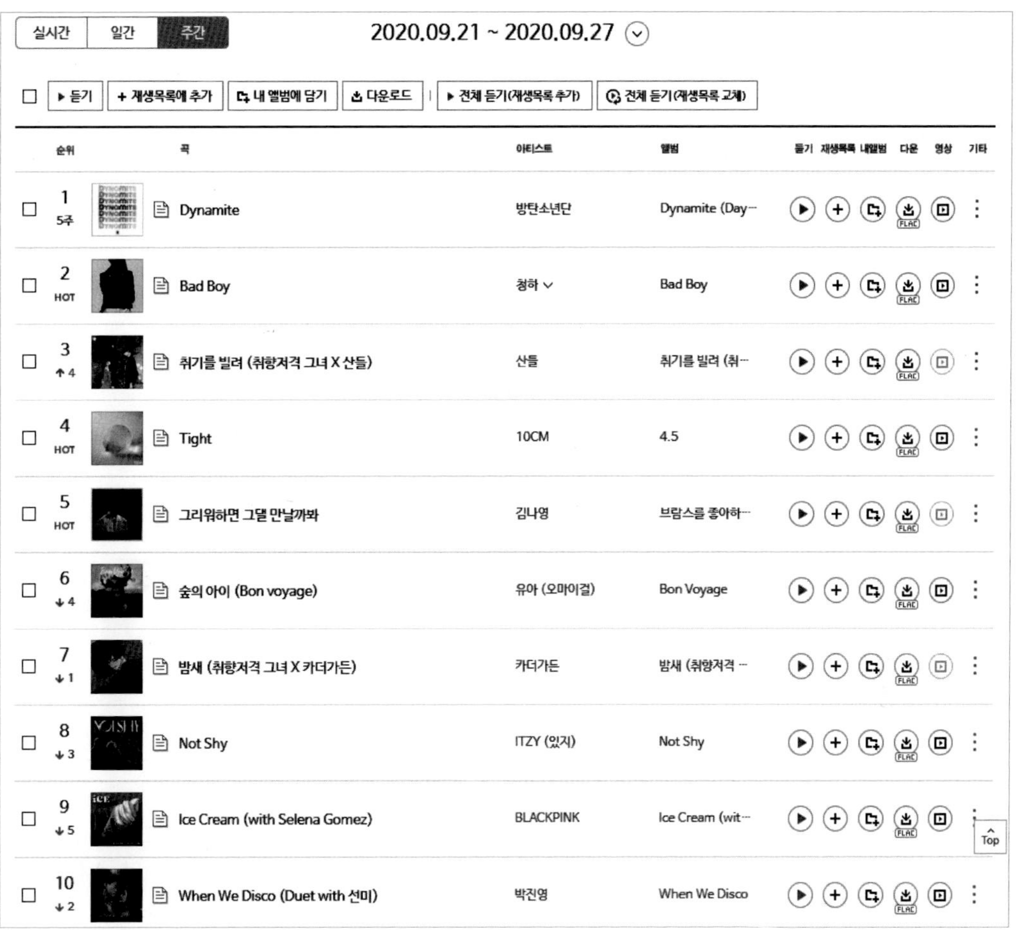

그림 14-13 벅스차트에서 2020년 9월 21일이 포함된 주의 음악 순위

이제 HTML 소스코드를 분석하기 위해 1위의 노래 제목에서 마우스 오른쪽 버튼을 클릭한 다음 [요소 검사]를 클릭합니다. 그림 14-14는 요소 검사 결과입니다.

그림 14-14 벅스차트에서 요소 검사 결과(곡)

위의 요소 검사 결과를 이용해 BeautifulSoup.select('태그 및 속성')에서 '태그 및 속성'을 선택합니다. 그림 14-14에서 보면 선택한 1위 곡명의 요소 검사 결과로 얻은 요소는 『<a href="javascript:;" adultcheckval="1" onclick="bugs.wiselog.area('list_tr_09_chart');bugs.music.listen('31999479',true); " title="Dynamite" aria-label="새창">Dynamite</a>』입니다. 태그 a를 지정하면 되는데 그러면 곡명뿐만 아니라 다른 내용의 요소도 가지고 옵니다. 따라서 곡명만 가져오기 위해 트리 구조의 바로 위 단계 태그 요소를 살펴봐야 합니다. 위 단계의 태그 요소로 『<p class="title" adult_yn="N"><a href="javascript:;" ~ >Dynamite</a></p>』가 보입니다. 태그 p에서 class의 속성값이 title이므로 select()의 인자로 'p.title'을 지정하면 됩니다. 이를 순서대로 표시하면 select('p.title a')가 됩니다. 이것은 태그 p의 요소 중에서 class의 속성값이 "title"을 포함하는 요소를 찾고, 그 안에서 다시 태그 a의 요소를 선택하라는 의미입니다. 약간은 복잡해 보이는데, 차근차근 따져보면 어렵지 않습니다.

이를 코드에 적용했을 때 결과가 어떻게 되는지 살펴봅시다.

```
In: import requests
    from bs4 import BeautifulSoup

    url = "https://music.bugs.co.kr/chart/track/week/total?chartdate=20200921" # 주간 뮤직 차트
    (날짜 지정)
    # url = "https://music.bugs.co.kr/chart/track/realtime/total" # 실시간 뮤직 차트
    # url = "https://music.bugs.co.kr/chart/track/day/total" # 일간 뮤직 차트
    # url = "https://music.bugs.co.kr/chart/track/week/total" # 주간 뮤직 차트

    html_music = requests.get(url).text
    soup_music = BeautifulSoup(html_music, "lxml")

    # p 태그의 요소 중에서 class 속성값이 "title"인 것을 찾고
    # 그 안에서 a 태그의 요소를 추출
    titles = soup_music.select('p.title a')
    titles[0:7]
```

```
Out: [<a adultcheckval="1" aria-label="새창" href="javascript:;"
      onclick="bugs.wiselog.area('list_tr_09_chart');bugs.music.listen('31999479',true);
      " title="Dynamite">Dynamite</a>,
     <a adultcheckval="1" aria-label="새창" href="javascript:;"
     onclick="bugs.wiselog.area('list_tr_09_chart');bugs.music.listen('5990595',true);
      " title="Bad Boy">Bad Boy</a>,
     <a adultcheckval="1" aria-label="새창" href="javascript:;"
     onclick="bugs.wiselog.area('list_tr_09_chart');bugs.music.listen('5956261',true);
      " title="취기를 빌려 (취향저격 그녀 X 산들)">취기를 빌려 (취향저격 그녀 X 산들)</a>,
     <a adultcheckval="1" aria-label="새창" href="javascript:;"
     onclick="bugs.wiselog.area('list_tr_09_chart');bugs.music.listen('5990489',true);
      " title="Tight">Tight</a>,
     <a adultcheckval="1" aria-label="새창" href="javascript:;"
     onclick="bugs.wiselog.area('list_tr_09_chart');bugs.music.listen('5989318',true);
      " title="그리워하면 그댈 만날까봐">그리워하면 그댈 만날까봐</a>,
     <a adultcheckval="1" aria-label="새창" href="javascript:;"
    onclick="bugs.wiselog.area('list_tr_09_chart');bugs.music.listen('71578163',true);
      " title="숲의 아이 (Bon voyage)">숲의 아이 (Bon voyage)</a>,
     <a adultcheckval="1" aria-label="새창" href="javascript:;"
     onclick="bugs.wiselog.area('list_tr_09_chart');bugs.music.listen('32010261',true);
      " title="밤새 (취향저격 그녀 X 카더가든)">밤새 (취향저격 그녀 X 카더가든)</a>]
```

위의 코드에서는 titles 변수에 어떤 내용이 대입됐는지 살펴보기 위해 처음 일부만 출력했습니다. 출력 결과를 보면 곡명을 포함한 요소는 모두 찾았습니다. 찾은 요소에는 태그와 곡명이 함께 포함돼 있습니다. 앞의 코드에서 url 변수에는 날짜를 지정해 주간 음악 순위를 가져오는 웹 사이트 주소를 입력했는데, 실시간 뮤직 차트를 보고 싶으면 https://music.bugs.co.kr/chart/track/realtime/total을, 일간 뮤직 차트를 보고 싶다면 https://music.bugs.co.kr/chart/track/day/total을, 주간 뮤직 차트를 보고 싶다면 https://music.bugs.co.kr/chart/track/week/total을 입력하면 됩니다.

이제 앞에서 가져온 요소에서 곡명만 뽑아내면 됩니다. 이를 위해 다음처럼 리스트 컴프리헨션을 이용해 리스트의 항목에 get_text()를 적용합니다.

```
In: music_titles = [title.get_text() for title in titles]
```

위의 코드에서 태그와 곡명을 추출한 결과(titles)에 get_text()를 이용해 리스트의 각 항목에서 태그 부분은 제외하고 텍스트에 해당하는 곡명만 추출해 music_titles 변수에 리스트 타입으로 반환했습니다. 곡명만 잘 추출됐는지 확인하기 위해 추출된 곡명 중 처음 일부만 출력해 보겠습니다.

```
In: music_titles[0:7]
```

```
Out: ['Dynamite',
      'Bad Boy',
      '취기를 빌려 (취향저격 그녀 X 산들)',
      'Tight',
      '그리워하면 그댈 만날까봐',
      '숲의 아이 (Bon voyage)',
      '밤새 (취향저격 그녀 X 카더가든)']
```

출력된 결과를 보면 곡명이 잘 추출된 것을 알 수 있습니다. 만약 전체 곡명을 확인하려면 music_titles[0:7] 대신 music_titles를 입력하면 됩니다.

곡명을 추출했으니 이제 아티스트도 추출해 보겠습니다. 곡명을 추출했을 때와 마찬가지로 1위를 차지한 아티스트에서 마우스 오른쪽 버튼을 클릭한 후 [요소 검사]를 클릭합니다. 그러면 그림 14-15와 같은 요소 검사 결과를 얻습니다.

그림 14-15 벅스차트에서 요소 검사 결과(아티스트)

그림 14-15를 보면 1위를 차지한 아티스트의 요소 검사 결과로 얻은 요소는 『<a href="https://music.bugs.co.kr/artist/80079394?wl_ref=list_tr_10_chart" title="방탄소년단" onclick=" ">방탄소년단</a>』입니다. 앞에서와 마찬가지로 select()의 인자로 'a'만 지정하면 아티스트를 포함한 요소 외에 다른 요소도 가져오므로 한 단계 위의 요소도 이용합니다. 한 단계의 위의 요소로는 『<p class="artist"> <a href= ~ >방탄소년단</a></p>』가 보입니다. 태그 p에서 class의 속성값이 artist이므로 selection()에 'p.artist a'를 인자로 넣으면 아티스트를 포함한 요소만 추출될 것 같습니다. 추출이 잘 되는지 다음 코드로 확인해봅시다.

```
In: # p 태그의 요소 중에서 class 속성값이 "artist"인 것을 찾고
    # 그 안에서 a 태그의 요소를 추출
    artists = soup_music.select('p.artist a')
    artists[0:7]
```

```
Out: [<a href="https://music.bugs.co.kr/artist/80079394?wl_ref=list_tr_10_chart" onclick="
     " title="방탄소년단">방탄소년단</a>,
```

```
<a class="artistTitle" href="https://music.bugs.co.kr/artist/80259080?wl_ref=list_tr_10_chart"
title="청하">청하</a>,
<a class="more" href="javascript:void(0);" name="atag_martist_list"
onclick="bugs.layermenu.openMultiArtistSearchResultPopLayer(this, '청하||청하||80259080||OK\\
nChristopher||Christopher(크리스토퍼)||80197801||OK', ''); return false;" title="아티스트
전체보기" wise_log_str="?wl_ref=list_tr_10_chart">청하 </a>,
<a href="https://music.bugs.co.kr/artist/80098628?wl_ref=list_tr_10_chart" onclick="
" title="산들">산들</a>,
<a href="https://music.bugs.co.kr/artist/80067149?wl_ref=list_tr_10_chart" onclick="
" title="10CM">10CM</a>,
<a href="https://music.bugs.co.kr/artist/80173310?wl_ref=list_tr_10_chart" onclick="
" title="김나영">김나영</a>,
<a href="https://music.bugs.co.kr/artist/80226922?wl_ref=list_tr_10_chart" onclick="
" title="유아 (오마이걸)">유아 (오마이걸)</a>]
```

위에서 select('p.artist a')를 이용해 아티스트가 포함된 요소를 추출했습니다. 그런데 자세히 살펴보면 아티스트 '청하'가 포함된 요소가 두 개 있는 것을 볼 수 있습니다. 이것은 그림 14-16처럼 아티스트가 여러 명인 경우는 태그 a의 요소가 한 명인 경우와 다르기 때문입니다.

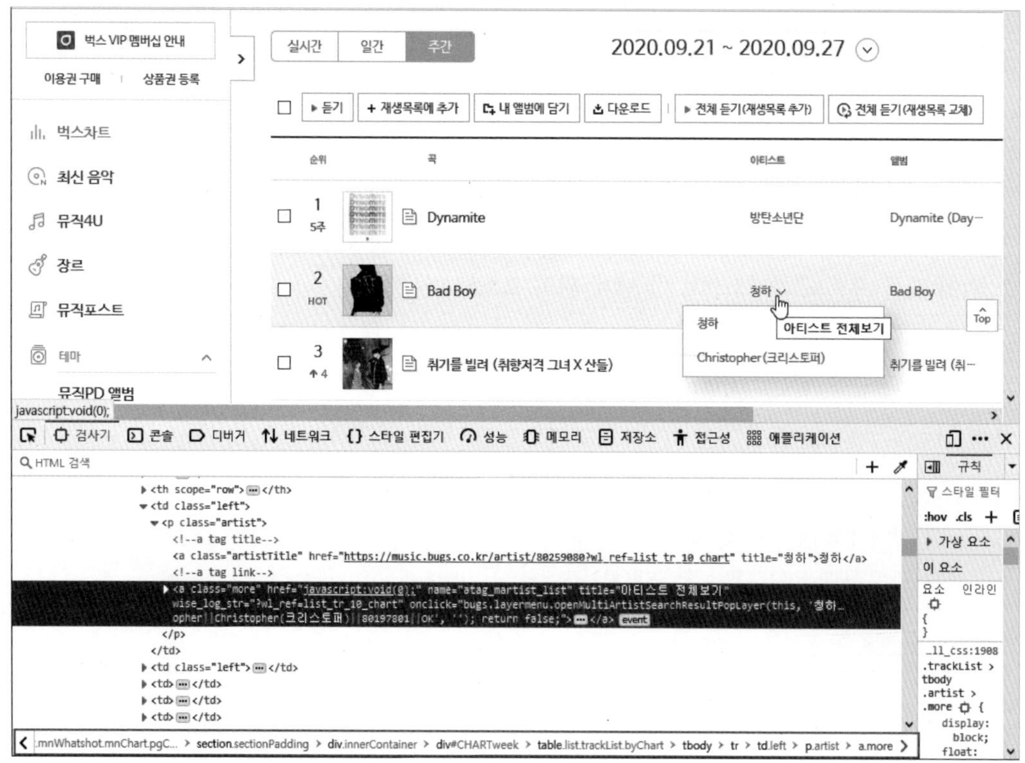

그림 14-16 벅스차트의 요소 검사 결과(아티스트 '청하')

아티스트가 한 명인 경우는 태그 a의 요소에 class 속성이 없는데, 여러 명일 경우는 『class="artistTitle"』을 포함하는 요소와 『class="more"』 속성을 포함하는 요소가 있는 것을 볼 수 있습니다. 이제 대표 아티스트만 포함하기 위해 『class ="more"』 속성을 포함하는 요소는 선택하지 않으면 될 것 같습니다. 이를 위해서는 select(태그:not(.class_속성값)를 이용해 선택한 태그 요소 중 지정한 class 속성값을 포함한 요소를 선택하지 않으면 됩니다.

다음은 select('p.artist a:not(.more)')를 이용해 태그 a의 요소 중 class 속성값이 "more"인 항목은 제외하는 코드입니다.

```
In: artists = soup_music.select('p.artist a:not(.more)')
    artists[0:7]
```

```
Out: [<a href="https://music.bugs.co.kr/artist/80079394?wl_ref=list_tr_10_chart" onclick="
     " title="방탄소년단">방탄소년단</a>,
     <a class="artistTitle" href="https://music.bugs.co.kr/artist/80259080?wl_ref=list_tr_10_cha
     rt" title="청하">청하</a>,
     <a href="https://music.bugs.co.kr/artist/80098628?wl_ref=list_tr_10_chart" onclick="
     " title="산들">산들</a>,
     <a href="https://music.bugs.co.kr/artist/80067149?wl_ref=list_tr_10_chart" onclick="
     " title="10CM">10CM</a>,
     <a href="https://music.bugs.co.kr/artist/80173310?wl_ref=list_tr_10_chart" onclick="
     " title="김나영">김나영</a>,
     <a href="https://music.bugs.co.kr/artist/80226922?wl_ref=list_tr_10_chart" onclick="
     " title="유아 (오마이걸)">유아 (오마이걸)</a>,
     <a href="https://music.bugs.co.kr/artist/80153142?wl_ref=list_tr_10_chart" onclick="
     " title="카더가든">카더가든</a>]
```

출력 결과를 보면 이제 아티스트 '청하'가 포함된 요소는 하나만 선택됐습니다. 이제 추출된 요소에서 아티스트만 추출하기 위해 앞에서처럼 리스트 컴프리헨션을 이용해 리스트의 각 항목에 get_text()를 적용하면 됩니다. 이를 위한 코드는 다음과 같습니다.

```
In: music_artists = [artist.get_text() for artist in artists]
```

아티스트가 잘 추출됐는지 확인하기 위해 리스트 변수 music_artists의 요소 중 처음 일부만 출력해 보겠습니다.

```
In: music_artists[0:7]
```

```
Out: ['방탄소년단', '청하', '산들', '10CM', '김나영', '유아 (오마이걸)', '카더가든']
```

결과를 보면 아티스트를 잘 가져온 것을 볼 수 있습니다.

지금까지 수행한 코드를 모두 통합해 벅스차트에서 곡명과 아티스트 데이터를 추출하고 출력하는 코드를 작성하면 다음과 같습니다.

```
In: import requests
    from bs4 import BeautifulSoup

    url = "https://music.bugs.co.kr/chart/track/week/total?chartdate=20200921"
    html_music = requests.get(url).text
    soup_music = BeautifulSoup(html_music, "lxml")

    titles = soup_music.select('p.title a')
    artists = soup_music.select('p.artist a:not(.more)')

    music_titles = [title.get_text() for title in titles]
    music_artists = [artist.get_text().strip() for artist in artists]

    for k in range(7):
        print("{0}: {1} / {2}".format(k+1, music_titles[k], music_artists[k]))
```

```
Out: 1: Dynamite / 방탄소년단
     2: Bad Boy / 청하
     3: 취기를 빌려 (취향저격 그녀 X 산들) / 산들
     4: Tight / 10CM
     5: 그리워하면 그댈 만날까봐 / 김나영
     6: 숲의 아이 (Bon voyage) / 유아 (오마이걸)
     7: 밤새 (취향저격 그녀 X 카더가든) / 카더가든
```

이 코드를 실행하면 변수 music_titles와 music_artists에는 곡명과 아티스트가 할당됩니다. 앞에서는 곡명과 아티스트를 각각 다른 변수에 할당했지만 하나의 변수로 관리할 수도 있습니다. 다음은 곡명과 아티스트를 묶어서 순위별로 딕셔너리 변수에 할당한 코드입니다.

```
In: music_titles_artists={}
    order = 0

    for (music_title, music_artist) in zip(music_titles, music_artists):
        order = order + 1
        music_titles_artists[order] = [music_title, music_artist]
```

이 코드에서 딕셔너리 변수 music_titles_artists의 키(key)에는 순위에 해당하는 숫자를 넣고, 값(value)에는 곡명과 아티스트를 리스트로 만들어서 넣었습니다. 따라서 딕셔너리의 키에 순위를 입력하면 곡명과 아티스트가 나옵니다. 즉, 1위를 알아보려면 키로 1을 입력하고 2위를 알아보려면 키로 2를 입력하면 됩니다.

다음을 살펴보겠습니다.

```
In: music_titles_artists[1]
```

```
Out: ['Dynamite', '방탄소년단']
```

```
In: music_titles_artists[2]
```

```
Out: ['Bad Boy', '청하']
```

다음은 앞에서 작성한 코드를 이용해 연도, 월, 일을 인자로 받는 함수로 만들겠습니다. 이 함수는 연도, 월, 일을 인자로 받아 지정한 날짜를 기준으로 가져온 주간 뮤직 차트의 곡명과 아티스트를 리스트 형식으로 반환합니다. 이 함수에서 연도(year)는 네 자리로 입력한다고 가정하고, 월(month)과 일(day)은 항상 두 자리로 만들어 chartdate에 날짜를 지정합니다.

```
In: import requests
    from bs4 import BeautifulSoup

    # 날짜를 입력하면 벅스 차트에서 주간 음악 순위(1~100위)의 곡명과 아티스트를 반환
    def bugs_music_week_top100(year, month, day):

        # 월과 일의 경우는 항상 두 자리로 맞춤
        month = "{0:02d}".format(month)
        day = "{0:02d}".format(day)
```

```
    base_url = 'https://music.bugs.co.kr/chart/track/week/total?'
    url = base_url + 'chartdate={0}{1}{2}'.format(year, month, day)

    html_music = requests.get(url).text
    soup_music = BeautifulSoup(html_music, "lxml")

    titles = soup_music.select('p.title a')
    artists = soup_music.select('p.artist a:not(.more)')

music_titles = [title.get_text() for title in titles]
music_artists = [artist.get_text().strip() for artist in artists]

return music_titles, music_artists
```

위 코드에서 bugs_music_week_top100() 함수는 두 개의 변수를 반환합니다. 함수에서 여러 개의 변수를 반환할 때는 return 다음에 반환하고자 하는 변수를 모두 쓰면 됩니다. 이때 변수와 변수 사이는 콤마로 구분합니다. 이 함수를 호출할 때도 변수와 변수 사이는 콤마로 구분합니다.

이제 연도, 월, 일을 지정해 위 함수를 호출하고, 반환된 주간 음악 순위의 곡명과 아티스트를 C:\myPyCode\data 폴더에 'bugs_week_top100.txt' 파일로 저장하는 코드를 작성하겠습니다.

```
In: import glob

    # 날짜를 지정해 bugs_music_week_top100() 함수를 호출
    bugs_music_titles, bugs_music_artists = bugs_music_week_top100(2020, 9, 21)

    # 곡명과 아티스트를 저장할 파일 이름을 폴더와 함께 지정
    file_name = 'C:/myPyCode/data/bugs_week_top100.txt'

    f = open(file_name,'w') # 파일 열기

    # 추출된 노래 제목과 아티스트를 파일에 저장
    for k in range(len(bugs_music_titles)):
        f.write("{0:2d}: {1}/{2}\n".format(k+1, bugs_music_titles[k],  bugs_music_artists[k]))

    f.close() # 파일 닫기

    glob.glob(file_name) # 생성된 파일 확인
```

```
Out: ['C:/myPyCode/data/bugs_week_top100.txt']
```

위 코드를 실행하면 `C:\myPyCode\data` 폴더에 `'bugs_week_top100.txt'` 파일이 생성됩니다. 이 파일을 열어보면 1위부터 100위까지의 곡명과 아티스트를 순서대로 가져온 결과를 볼 수 있습니다. 그림 14-17은 이 파일의 처음과 끝 일부를 보여줍니다.

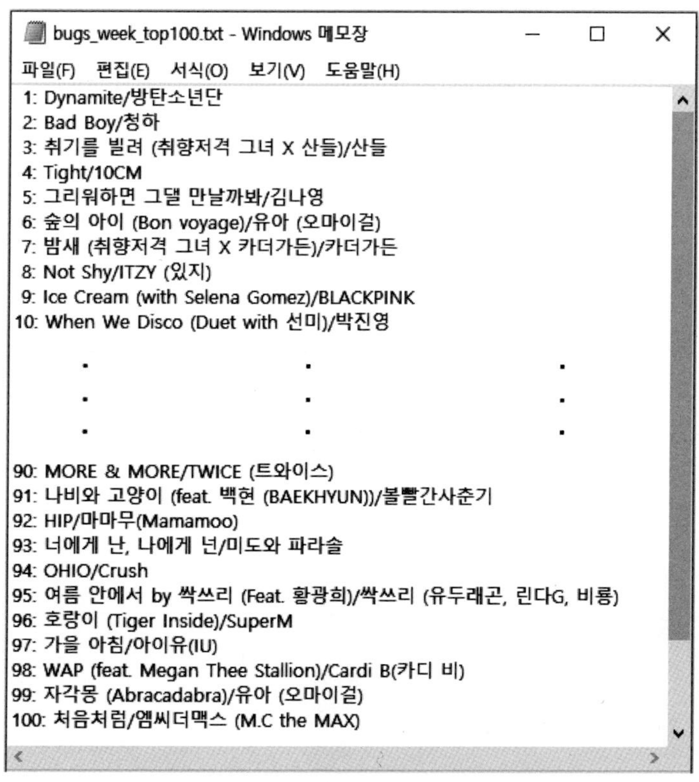
bugs_week_top100.txt - Windows 메모장

파일(F) 편집(E) 서식(O) 보기(V) 도움말(H)

1: Dynamite/방탄소년단
2: Bad Boy/청하
3: 취기를 빌려 (취향저격 그녀 X 산들)/산들
4: Tight/10CM
5: 그리워하면 그댈 만날까봐/김나영
6: 숲의 아이 (Bon voyage)/유아 (오마이걸)
7: 밤새 (취향저격 그녀 X 카더가든)/카더가든
8: Not Shy/ITZY (있지)
9: Ice Cream (with Selena Gomez)/BLACKPINK
10: When We Disco (Duet with 선미)/박진영
⋮
90: MORE & MORE/TWICE (트와이스)
91: 나비와 고양이 (feat. 백현 (BAEKHYUN))/볼빨간사춘기
92: HIP/마마무(Mamamoo)
93: 너에게 난, 나에게 넌/미도와 파라솔
94: OHIO/Crush
95: 여름 안에서 by 싹쓰리 (Feat. 황광희)/싹쓰리 (유두래곤, 린다G, 비룡)
96: 호랑이 (Tiger Inside)/SuperM
97: 가을 아침/아이유(IU)
98: WAP (feat. Megan Thee Stallion)/Cardi B(카디 비)
99: 자각몽 (Abracadabra)/유아 (오마이걸)
100: 처음처럼/엠씨더맥스 (M.C the MAX)

그림 14-17 벅스차트의 주간 순위(곡명과 아티스트)를 텍스트 파일로 출력한 결과

앞에서 웹 브라우저로 웹 페이지에 접속한 후 마우스로 원하는 데이터를 선택하고 복사한 후에 그 내용을 파일로 정리하는 귀찮은 과정을 어떻게 파이썬으로 자동화할 수 있는지 살펴봤습니다. 실제 예제로 웹 사이트 순위와 노래 순위 정보가 있는 웹 사이트에서 HTML 소스코드를 어떻게 분석하고 그 결과를 어떻게 코딩에 활용하는지 알아봤습니다. 앞에서 살펴본 예제의 웹 스크레이핑 방법을 이해한다면 이제 파이썬을 이용해 다른 웹 사이트에서도 원하는 데이터를 가지고 올 수 있을 것입니다.

웹 페이지에서 이미지 가져오기

웹 사이트에는 텍스트뿐만 아니라 이미지도 있습니다. 웹 사이트에 있는 이미지 파일을 자신의 컴퓨터로 저장하기 위해서 보통은 웹 브라우저로 해당 이미지를 캡처해서 저장하거나 마우스 오른쪽 버튼을 클릭해 이미지를 파일로 저장합니다. 몇 개 안 되는 이미지를 저장하는 경우라면 이런 방법도 괜찮지만 저장해야 할 이미지가 많을 경우에 이런 방법은 매우 번거롭고 시간도 오래 걸립니다. 이런 반복적인 작업을 없애고자 이번에는 웹 브라우저를 열지 않고도 파이썬 코드로 웹 사이트에 있는 이미지 파일을 내 컴퓨터로 내려받기(download, 다운로드)하는 방법을 살펴보겠습니다. 우선 하나의 이미지 파일을 내 컴퓨터로 내려받는 방법을 살펴보고 다음으로 여러 개의 이미지 파일을 내려받는 방법을 알아보겠습니다.

하나의 이미지 내려받기

웹 브라우저로 웹 사이트에 접속해서 보는 이미지는 웹 서버의 특정 폴더에 있는 이미지 파일입니다. 이미지 파일이 있는 폴더의 위치와 파일명을 안다면 파이썬 코드를 이용해 자신의 컴퓨터로 이미지 파일을 가져올 수 있습니다. 이번에 가지고 올 이미지는 그림 14-17처럼 파이썬 웹 사이트(`https://www.python.org/`)에 있는 파이썬 로고입니다.

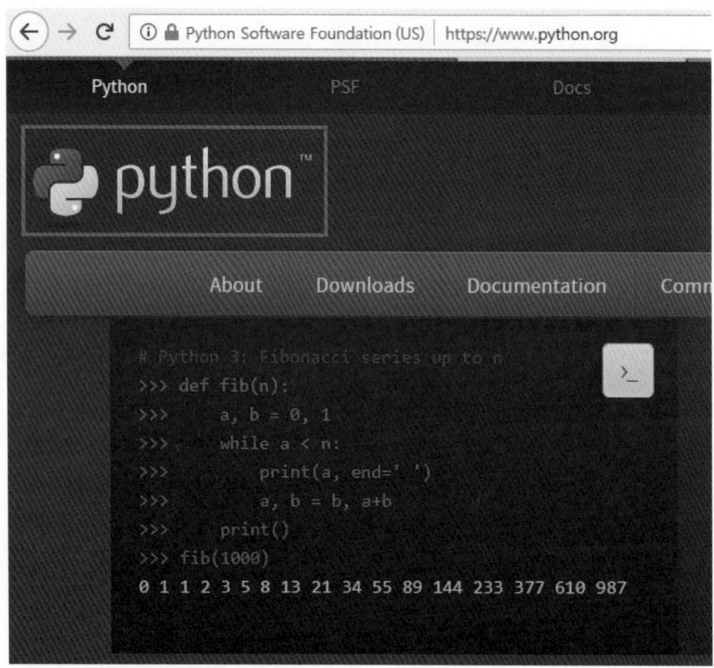

그림 14-17 파이썬 웹 사이트의 파이썬 로고

웹 브라우저에서 보이는 이미지의 위치와 파일명을 알기 위해서는 그림 14-18처럼 관심 이미지에서 마우스 오른쪽 버튼을 클릭한 후 [이미지 주소 복사]를 클릭하면 이미지의 주소가 복사됩니다. 여기서는 웹 브라우저로 파이어폭스를 이용했는데, 크롬도 같은 기능이 있습니다. 인터넷 익스플로러의 경우는 '마우스 오른쪽 버튼' → '속성' → '주소(URL)'에 있는 이미지 주소를 복사하면 됩니다.

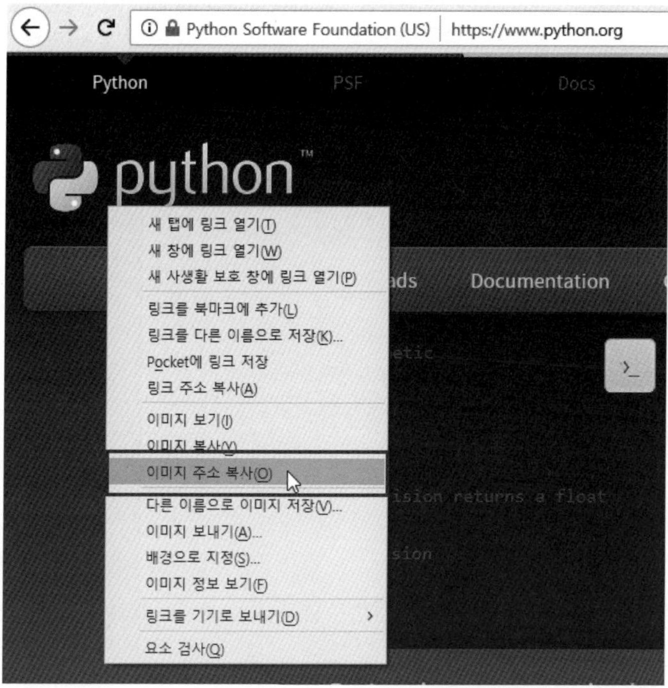

그림 14-18 파이썬 로고의 이미지 주소 복사

그런 후에 텍스트 에디터나 작성할 코드에 붙여넣기를 하면 다음과 같이 이미지의 주소가 나타납니다.

```
https://www.python.org/static/img/python-logo.png
```

파이썬 로고의 이미지 주소를 알았으니 이제 이미지를 가져오기 위한 파이썬 코드를 작성하겠습니다. 우선 requests 라이브러리를 이용해 이미지 파일을 위한 응답 객체를 가져오겠습니다.

```
In: import requests

    url = 'https://www.python.org/static/img/python-logo.png'
    html_image = requests.get(url)
    html_image
```

```
Out: <Response [200]>
```

위에서 반환된 값이 <Response [200]>이므로 이미지 파일의 주소에는 이상 없음을 알 수 있습니다. 앞에서는 텍스트를 가져오기 위해'requests.get(url).text'를 이용했는데 이번에 우리가 가져올 데이터는 텍스트가 아니므로 '.text' 없이 인터넷 주소 정보에서 이미지를 위한 응답 객체를 가져왔습니다.

웹 페이지에서 이미지 파일을 저장할 때 일반적으로 파일을 저장할 폴더와 파일 이름을 지정합니다. 파이썬을 이용해 이미지를 내려받을 때도 마찬가지로 이미지 파일을 저장할 폴더와 파일명을 지정해야 합니다. 파이썬에서 이것을 어떻게 하는지 먼저 살펴보겠습니다.

내려받을 이미지의 파일 이름은 임의로 지정해도 되지만 여기서는 이미지 주소에서 이미지 파일명만 추출해 이용하겠습니다. 이를 위해서 내장 모듈 os의 'os.path.basename(path)'를 이용합니다. 이 메서드는 파일의 경로 정보에서 다른 정보를 제외하고 파일 이름만 반환합니다.

다음의 코드를 살펴봅시다.

```
In: import os

    image_file_name = os.path.basename(url)
    image_file_name
```

```
Out: 'python-logo.png'
```

위의 출력된 결과를 보면 이미지 파일의 전체 경로에서 파일 이름만 추출한 것을 볼 수 있습니다.

다음으로 이미지 파일을 내 컴퓨터로 내려받을 폴더를 생성하겠습니다. 운영체제(OS)의 명령어를 이용해서 폴더를 생성할 수도 있지만 다음과 같이 os 모듈의 메서드를 이용해 폴더를 생성할 수도 있습니다.

```
os.makedirs(folder)
```

이 메서드는 코드가 실행되는 위치에 폴더(folder)를 생성합니다. 만약 생성하려는 폴더가 이미 있다면 오류가 발생합니다. 따라서 보통은 다음과 같이 기존에 폴더가 있는지 확인하는 os 모듈 메서드와 같이 이용합니다.

```
os.path.exists(folder)
```

이 메서드는 폴더(folder)가 있으면 True를 반환하고 없으면 False를 반환합니다.

다음은 os 모듈을 이용해 작업 폴더('C:\myPyCode')에 이미지를 내려받을 새로운 폴더(download)를 생성하는 코드입니다. 다음 코드는 지정한 폴더가 없으면 생성하고, 있다면 생성하지 않습니다.

```
In: folder = 'C:/myPyCode/download'

    if not os.path.exists(folder):
        os.makedirs(folder)
```

생성된 폴더와 추출한 이미지 파일명을 합치기 위해서 다음과 같은 os모듈의 메서드를 이용할 수 있습니다.

```
os.path.join(path1[,path2[,...]])
```

이 메서드는 운영체제에 맞도록 path1과 path2를 합쳐서 새로운 경로를 생성합니다. 만약 파일을 저장하려는 폴더가 folder이고 파일 이름이 file이라면 'os.path.join(folder, file)'로 파일의 전체 경로를 생성할 수 있습니다.

다음은 앞에서 생성한 이미지 파일을 위한 폴더와 추출한 이미지 파일을 통합하는 코드입니다.

```
In: image_path = os.path.join(folder, image_file_name)
    image_path
```

```
Out: 'C:/myPyCode/download\\python-logo.png'
```

위의 출력된 결과를 보면 이미지 파일을 저장하기 위한 경로(폴더와 파일 이름)가 잘 생성됐음을 알 수 있습니다.

이제 이미지 파일 저장을 위한 폴더도 생성했고 경로도 지정했으니 이미지 파일을 저장해 보겠습니다. 이미지 파일을 저장하기 전에 우선 open('file_name', 'mode')을 이용해 파일을 열겠습니다. file_name에는 앞에서 지정한 경로 이름을 넣고 mode에는 쓰기 모드와 바이너리 파일 모드를 지정합니다. 저장하려는 파일이 텍스트 파일이 아니고 이미지 파일이므로 바이너리 파일 모드로 지정해야 합니다. 이를 구현하면 다음과 같습니다.

```
In: imageFile = open(image_path, 'wb')
```

이제 마지막으로 requests 라이브러리의 iter_content(chunk_size)를 이용해 전체 이미지를 chunk_size[bytes]만큼 나눠서 내려받습니다. 전체 파일의 마지막까지 나눠서 내려받은 데이터를 차례대로 파일 쓰기를 하면 최종적으로 완전한 하나의 이미지 파일을 내려받을 수 있습니다. 이를 구현한 코드는 다음과 같습니다.

```
In: # 이미지 데이터를 1000000바이트씩 나눠서 내려받고 파일에 순차적으로 저장
    chunk_size = 1000000
    for chunk in html_image.iter_content(chunk_size):
        imageFile.write(chunk)
    imageFile.close()
```

위를 수행할 때 오류가 없다면 앞에서 지정한 download 폴더에 이미지 파일이 생성됐을 겁니다. 지정한 폴더에 이미지 파일 내려받기가 잘 됐는지 확인하려면 다음과 같이 지정된 폴더의 파일 목록을 보여주는 'os.listdir(folder)'를 수행하면 됩니다. 결과는 파일 목록을 보여줍니다.

```
In: os.listdir(folder)
```

```
Out: ['python-logo.png']
```

출력 결과로 이미지 파일명이 나왔다면 이미지를 잘 내려받은 것입니다. 그림 14-19는 지정된 폴더에 내려받은 이미지 파일입니다.

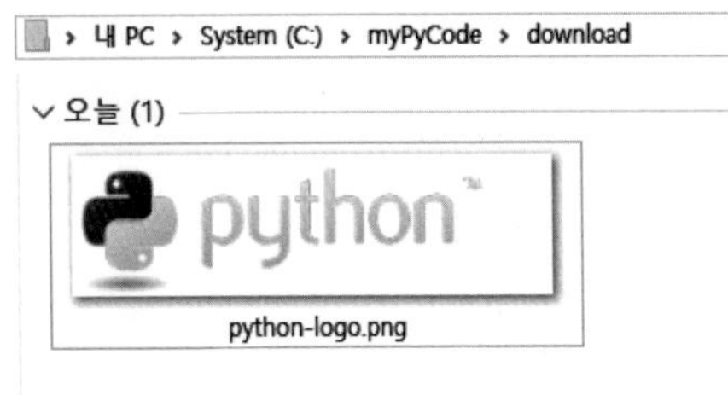

그림 14-19 지정된 폴더에 내려받은 파이썬 로고 파일

지금까지 이미지 주소를 알 경우 이미지 파일을 컴퓨터로 내려받는 방법을 모두 설명했습니다. 전체 코드를 통합하면 다음과 같습니다.

```
In: import requests
    import os
```

```
url = 'https://www.python.org/static/img/python-logo.png'
html_image = requests.get(url)
image_file_name = os.path.basename(url)

folder = 'C:/myPyCode/download'

if not os.path.exists(folder):
    os.makedirs(folder)

image_path = os.path.join(folder, image_file_name)

imageFile = open(image_path, 'wb')
# 이미지 데이터를 1000000바이트씩 나눠서 저장
chunk_size = 1000000
for chunk in html_image.iter_content(chunk_size):
    imageFile.write(chunk)
imageFile.close()
```

이번에 이미지 주소를 이용해 컴퓨터로 이미지 파일을 저장하는 방법을 살펴봤습니다. 이 방법을 이용하면 웹 브라우저를 이용해 이미지 파일을 저장하지 않고도 파이썬 코드를 수행해 이미지 파일을 저장할 수 있습니다.

여러 이미지 내려받기

앞에서는 하나의 이미지를 내려받는 방법을 살펴봤습니다. 하나의 이미지를 내려받을 때는 코드를 작성하는 것보다 바로 마우스를 이용해 수동으로 내려받는 방법이 더 편할 수도 있습니다. 하지만 여러 개의 이미지가 모여 있는 사이트에서 이미지 파일을 모두 내려받아야 한다면 어떨까요? 마우스를 이용해 일일이 저장하는 것은 시간도 오래 걸리고 귀찮은 작업이 될 것입니다. 이번에는 여러 개의 이미지가 있는 웹 사이트에서 이미지를 한 번에 내려받는 방법을 살펴보겠습니다.

웹 사이트 중에는 이미지만 전문적으로 제공하는 유로 혹은 무료 웹 사이트가 있습니다. 이 가운데 reshot(https://www.reshot.com)은 무료로 높은 수준의 이미지를 제공합니다. 하지만 이미지의 사용에는 제한이 있을 수 있으니 웹 사이트의 자주 묻는 질문(https://www.reshot.com/faq)을 참조하세요. 이제 파이썬을 이용한 웹 스크레이핑으로 해당 사이트(여기서는 reshot)에서 이미지를 자동으로 내려받는 방법을 알아보겠습니다.

reshot에서 제공하는 다양한 이미지 중 여기서는 동물 이미지를 검색해서 내려받도록 하겠습니다. 이를 위해 웹 브라우저로 reshot 웹 사이트에 접속한 후에 그림 14-20처럼 검색창에 'animal'을 입력(①)한 후 엔터를 입력하거나 [SEARCH]를 클릭(②)합니다. 또 다른 방법은 동물 이미지를 위한 웹 사이트 주소(`https://www.reshot.com/search/animal`)를 입력해서 바로 접속하는 것입니다.

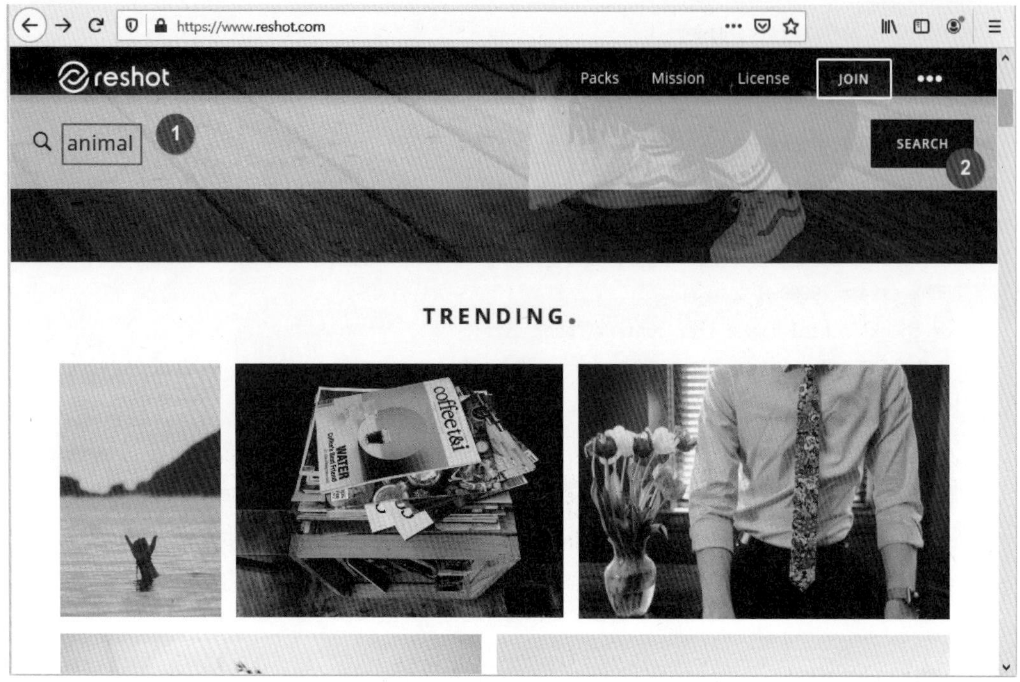

그림 14-20 reshot 검색창에 'animal'을 입력한 후 [SEARCH]를 클릭

이제 이 웹 사이트의 HTML 구조를 분석해보겠습니다. 웹 브라우저에서 관심 이미지에 마우스 커서를 옮기고 오른쪽 버튼을 눌러서 [요소 검사]를 클릭하면 그림 14-21과 같은 요소 검사 결과를 얻을 수 있습니다. 이 웹 사이트의 이미지는 지속적해서 업데이트되므로 그림 14-21의 이미지는 변경될 수 있습니다. 하지만 이미지를 내려받는 방법은 동일하니 다음의 방법은 그대로 적용할 수 있습니다.

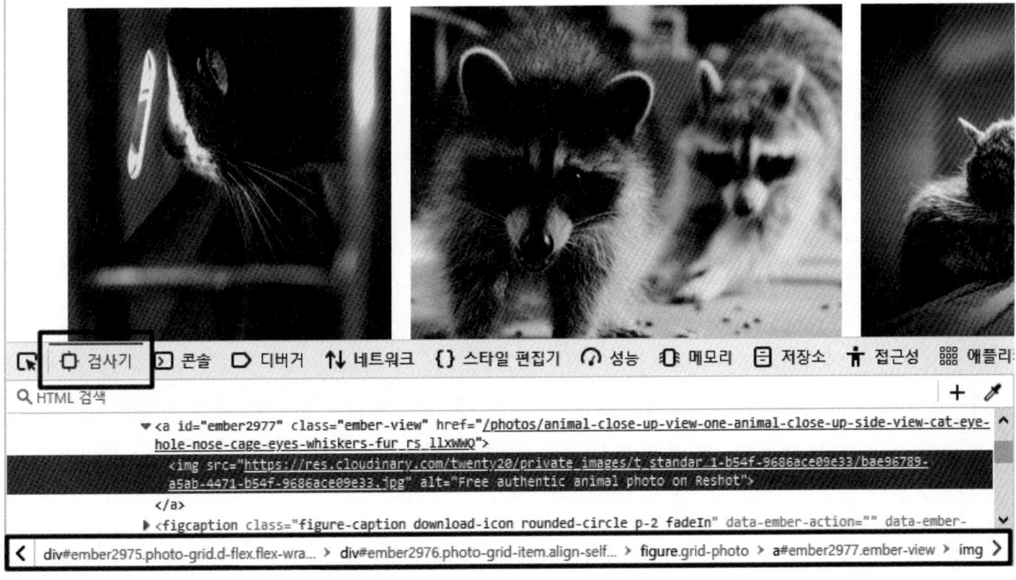

그림 14-21 reshot의 동물 이미지 웹 사이트의 요소 검사

그림 14-21에서 보면 선택한 이미지의 요소는 『<img src="https://res.cloudinary.com/twenty20/private_images/t_standard-fit/v1521838685/photosp/bae96789-a5ab-4471-b54f-9686ace09e33/bae96789-a5ab-4471-b54f-9686ace09e33.jpg" alt="Free authentic animal photo on Reshot">』입니다. 요소를 살펴보면 마지막에 img 태그가 보이고 그 앞에 a 태그가 보입니다. 따라서 select('a img')를 수행하면 해당 이미지의 요소가 추출될 것입니다. 이제 select('a img')를 이용해 다음과 같이 이미지의 요소를 추출하겠습니다.

```
In: import requests
    from bs4 import BeautifulSoup

    URL = 'https://www.reshot.com/search/animal'


    html_reshot_image = requests.get(URL).text
    soup_reshot_image = BeautifulSoup(html_reshot_image, "lxml")
    reshot_image_elements = soup_reshot_image.select('a img')
    reshot_image_elements[0:4]
```

```
Out: [<img alt="Reshot navbar logo" class="black" src="https://assets-static.reshot-cdn.com/brand/
     reshot-logo.png"/>,
      <img alt="Free authentic animal photo on Reshot" src="https://res.cloudinary.com/twenty20/
      private_images/t_standard-fit/v1521838685/photosp/bae96789-a5ab-4471-b54f-9686ace09e33/
      bae96789-a5ab-4471-b54f-9686ace09e33.jpg"/>,
      <img alt="Back off!" src="https://res.cloudinary.com/twenty20/private_images/t_standard-
      fit/v1521838682/photosp/a44357c5-b1c3-41ef-9a65-7a4937b06a44/a44357c5-b1c3-41ef-9a65-
      7a4937b06a44.jpg"/>,
      <img alt='"Orphans"' src="https://res.cloudinary.com/twenty20/private_images/t_standard-
      fit/v1521838681/photosp/34fd9c70-8996-4706-a0f1-113231ed3eee/34fd9c70-8996-4706-a0f1-
      113231ed3eee.jpg"/>]
```

위에서 변수 reshot_image_elements의 내용을 모두 출력하면 너무 많기 때문에 4개의 요소만 출력했습니다. 출력 결과를 보면 img 태그가 포함된 이미지가 있는 요소가 추출된 것을 알 수 있습니다. 리스트 reshot_image_elements의 제일 첫 번째 요소는 reshot의 로고 이미지이므로 동물 이미지만 가져오기 위해서는 reshot_image_elements[1:]을 이용합니다.

BeautifulSoup에서 get('속성')은 '속성'에 들어간 '속성값'을 반환합니다. 따라서 추출된 요소에서 src의 속성값인 이미지 주소를 구하려면 다음 코드처럼 get('src')을 수행하면 됩니다.

```
In: reshot_image_url = reshot_image_elements[1].get('src')
    reshot_image_url
```

```
Out: 'https://res.cloudinary.com/twenty20/private_images/t_standard-fit/v1521838685/photosp/
     bae96789-a5ab-4471-b54f-9686ace09e33/bae96789-a5ab-4471-b54f-9686ace09e33.jpg'
```

출력된 결과를 보면 내려받으려는 이미지의 주소가 출력된 것을 알 수 있습니다. 이미지의 주소를 알고 있을 때 이미지를 내려받는 방법은 앞에서 이미 알아봤습니다. 이 방법을 이용해 이미지를 저장하는 코드를 작성하면 다음과 같습니다.

```
In: html_image = requests.get(reshot_image_url)

    folder = "C:/myPyCode/download" # 이미지를 내려받을 폴더를 지정

    # os.path.basename(URL)는 웹사이트나 폴더가 포함된 파일명에서 파일명만 분리
    imageFile = open(os.path.join(folder, os.path.basename(reshot_image_url)), 'wb')

    # 이미지 데이터를 1000000 바이트씩 나눠서 저장
    chunk_size = 1000000
    for chunk in html_image.iter_content(chunk_size):
        imageFile.write(chunk)
    imageFile.close()
```

위 코드를 실행한 후 지정된 폴더로 가면 그림 14-22처럼 내려받은 이미지가 있는 것을 확인할 수 있습니다.

그림 14-22 지정된 폴더에 내려받은 이미지

앞에서 설명한 코드를 정리해 함수로 만들고 반복문으로 지정한 개수만큼 이미지를 내려받는 코드를 작성하면 다음과 같습니다. 다음은 인터넷으로 이미지 파일을 내려받는 코드이므로 전체 코드를 실행하는 데 시간이 좀 걸릴 수 있습니다. 오류가 나지 않는다면 이미지가 받아지는 대로 메시지가 출력되며 지정된 폴더에 이미지 파일이 생성될 것입니다.

```
In: import requests
    from bs4 import BeautifulSoup
    import os

    # URL(주소)에서 이미지 주소를 추출
    def get_image_url(url):
```

```
    html_image_url = requests.get(url).text
    soup_image_url = BeautifulSoup(html_image_url, "lxml")
    image_elements = soup_image_url.select('a img')
    if(image_elements != None):
        image_urls = []
        for image_element in image_elements[1:]:
            image_urls.append(image_element.get('src'))
        return image_urls
    else:
        return None

# 폴더를 지정해 이미지 주소에서 이미지 내려받기
def download_image(img_folder, img_url):
    if(img_url != None):
        html_image = requests.get(img_url)
        # os.path.basename(URL)은 웹사이트나 폴더가 포함된 파일명에서 파일명만 분리
        imageFile = open(os.path.join(img_folder, os.path.basename(img_url)), 'wb')

        chunk_size = 1000000 # 이미지 데이터를 1000000 바이트씩 나눠서 저장
        for chunk in html_image.iter_content(chunk_size):
            imageFile.write(chunk)
            imageFile.close()
        print("이미지 파일명: '{0}'. 내려받기 완료!".format(os.path.basename(img_url)))
    else:
        print("내려받을 이미지가 없습니다.")

# 웹 사이트의 주소를 지정
reshot_url = 'https://www.reshot.com/search/animal'

figure_folder = "C:/myPyCode/download" # 이미지를 내려받을 폴더를 지정

reshot_image_urls = get_image_url(reshot_url) # 이미지 파일의 주소 가져오기

num_of_download_image = 7 # 내려받을 이미지 개수를 지정
# num_of_download_image = len(reshot_image_urls) # 전체 이미지 개수

for k in range(num_of_download_image):
    download_image(figure_folder, reshot_image_urls[k])
```

```
print("=============================")
print("선택한 모든 이미지 내려받기 완료!")
```

```
Out: 이미지 파일명: 'bae96789-a5ab-4471-b54f-9686ace09e33.jpg'. 내려받기 완료!
     이미지 파일명: 'a44357c5-b1c3-41ef-9a65-7a4937b06a44.jpg'. 내려받기 완료!
     이미지 파일명: '34fd9c70-8996-4706-a0f1-113231ed3eee.jpg'. 내려받기 완료!
     이미지 파일명: 'dbd9fa3b-238b-47b1-8e20-c05400cbe921.jpg'. 내려받기 완료!
     이미지 파일명: '737d192f-ba38-4a71-9bb9-9d40b45d0263.jpg'. 내려받기 완료!
     이미지 파일명: 'c3c3604d-36eb-4f8a-9768-cebc0749d5a5.jpg'. 내려받기 완료!
     이미지 파일명: 'bd35932f-98e9-4164-bb40-24f2df77ce93.jpg'. 내려받기 완료!
     =============================
     선택한 모든 이미지 내려받기 완료!
```

위 코드를 실행하는 데 문제가 없다면 그림 14-23처럼 지정된 폴더에 이미지가 내려받아져 있을 것입니다. 위 코드 중 함수 get_image_url(url)은 앞에서 이미 설명한 코드를 활용해서 만든 것입니다. 차이점은 원하는 발견하지 못할 경우에 오류가 발생하기 때문에 태그를 발견한 경우에만 이미지 주소를 반환하고, 발견하지 못할 경우에는 None을 반환하게 한 것입니다. 함수 download_image(img_folder, img_url)에서도 이미지 주소가 있을 때만 이미지를 내려받는 코드를 실행하고, 그렇지 않은 경우에는 '내려받을 이미지가 없습니다.'라는 메시지만 출력하도록 코드를 추가했습니다.

download 검색

34fd9c70-8996-4706-a0f1-113231ed3eee.jpg

737d192f-ba38-4a71-9bb9-9d40b45d0263.jpg

a44357c5-b1c3-41ef-9a65-7a4937b06a44.jpg

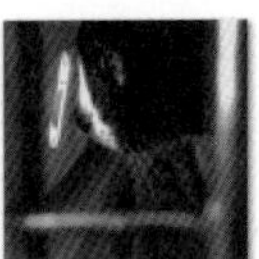
bae96789-a5ab-4471-b54f-9686ace09e33.jpg

bd35932f-98e9-4164-bb40-24f2df77ce93.jpg

c3c3604d-36eb-4f8a-9768-cebc0749d5a5.jpg

dbd9fa3b-238b-47b1-8e20-c05400cbe921.jpg

그림 14-23 지정된 폴더에 내려받은 여러 개의 이미지

그 밖의 나머지 코드도 대부분 앞에서 수행한 것을 그대로 가져왔습니다. 단, 마지막에 for 문을 이용해 원하는 개수만큼 이미지를 가져오는 부분이 추가됐습니다. 코드에서는 'num_of_download_image = 7'로 지정해 7개의 이미지만 다운로드했습니다. 만약 전체 이미지를 내려받으려면 'num_of_download_image = 7' 대신 'num_of_download_image = len(reshot_image_urls)'를 실행하면 됩니다. 하지만 주의할 사항이 하나 있습니다. 내려받을 이미지가 너무 많을 수 있다는 것입니다. 여기서 len(reshot_image_urls)로 이미지가 몇 개인지 확인해 보겠습니다.

```
In: num_of_download_image = len(reshot_image_urls)
    num_of_download_image
Out: 51
```

위의 코드로 이미지의 전체 개수를 알 수 있습니다. 만약 앞의 코드에서 'num_of_download_image = 7' 대신 'num_of_download_image = len(reshot_image_urls)'를 실행하면 51개의 이미지를 내려받게 됩니다. 여기서 이미지 개수는 많지 않지만 어떤 웹 사이트의 경우 아주 많은 이미지를 가져올 수도 있습니다. 따라서 웹 스크레이핑으로 이미지 파일을 자신의 컴퓨터에 내려받을 때는 우선 몇 개의 이미지 파일만 가져와 파일의 크기를 살펴본 후 내려받으려는 전체 이미지 파일을 위한 충분한 저장 공간이 있는지 따져봐야 합니다.

04 정리

이번 장에서는 파이썬을 이용해 웹 스크레이핑하는 방법을 살펴봤습니다. 우선 webbrowser 라이브러리를 이용해 원하는 웹 사이트를 웹 브라우저로 열어서 접속하는 방법을 살펴봤습니다. 또한 간단하게 웹 사이트의 HTML 코드를 분석하고 requests 라이브러리를 이용해 HTML 소스를 가져오는 방법을 살펴봤습니다. 이렇게 가져온 HTML 소스를 Beautiful Soup 라이브러리를 이용해 파싱하고 원하는 결과를 추출하는 방법도 알아봤습니다. 그런 후에 실제 웹 사이트에 접속해 웹 사이트 트래픽 순위와 음악 순위 정보를 가지고 오는 방법과 웹 사이트에 있는 이미지 파일을 내려받는 방법을 알아봤습니다.

여기서 살펴본 웹 사이트 분석 방법과 파이썬을 이용한 웹 스크레이핑 방법을 응용하면 다양한 웹 사이트에서 원하는 내용을 빠르고 손쉽게 추출할 수 있을 것입니다. 이제 더는 일일이 수작업으로 웹 사이트의 정보를 모으지 말고 여기서 배운 내용을 활용해 자동으로 웹 사이트의 정보를 수집하길 기대합니다.

15

웹 API

앞장에서는 웹 사이트에서 HTML 소스를 가져와 필요한 부분만 추출하는 웹 스크레이핑에 대해 알아봤습니다. 웹 스크레이핑으로 원하는 데이터를 추출하려면 웹 사이트에서 가져온 HTML 소스를 일일이 분석해야 했습니다. 이에 반해 웹 API(Application Programming Interface)를 이용하면 HTML 소스를 분석하는 과정 없이 웹 서버에 원하는 데이터를 요청하고 받을 수 있습니다. 이번 장에서는 파이썬을 이용해 웹 API에 데이터를 요청하고 응답받은 데이터를 처리하는 방법을 알아보겠습니다.

01 웹 API의 이해

웹 API가 나오기 전에 API가 있었습니다. 위키백과(한국어 위키피디아)에서는 API와 웹 API를 다음과 같이 설명하고 있습니다.

- API(Application Programming Interface, 응용 프로그램 프로그래밍 인터페이스): 응용 프로그램에서 사용할 수 있도록 운영체제나 프로그래밍 언어가 제공하는 기능을 제어할 수 있게 만든 인터페이스를 뜻한다. 주로 파일 제어, 창 제어, 화상 처리, 문자 제어 등을 위한 인터페이스를 제공한다.
- 웹 API: 웹 애플리케이션 개발에서 다른 서비스에 요청을 보내고 응답을 받기 위해 정의된 명세를 일컫는다.

API는 주로 하나의 컴퓨터 안에서 프로그램을 만들 때 운영체제(OS)나 프로그래밍 언어가 제공하는 기능을 제어할 수 있게 하는 데 이용됐습니다. 반면 웹 API는 웹 서버가 웹으로 연결된 다른 기기들과 데이터를 공유하기 위해 제공하는 API입니다. 웹 API는 어떤 기기가 웹 서버에 데이터를 요청하면 웹 서버가 응답하는 방식으로 데이터를 주고받습니다. 웹 API를 이용하면 응용 프로그램이나 서비스를 직접 만들지 않아도 다양한 기능을 손쉽게 구현할 수 있습니다.

최근에는 많은 웹 사이트들이 웹 API를 공개하고 있어서 이 API만 잘 활용해도 훌륭한 프로그램을 만들 수 있습니다. 웹 API를 제공하는 사이트가 많고 다양해서 어떤 웹 사이트에서 어떤 API를 제공하는지를 정리한 사이트(`https://www.programmableweb.com/category/all/apis`)도 있습니다. 이 사이트를 방문하면 구글(Google), 트위터(Twitter), 유튜브(YouTube), 플리커(Flickr), 페이스북(Facebook) 등 많은 사이트에서 API를 제공하고 있다는 사실을 알 수 있습니다.

이번 절에서는 웹 API를 이용해 원하는 데이터를 가져오는 데 필요한 기본적인 내용을 살펴보겠습니다. 즉, 웹 API에 데이터를 요청하고 응답받는 과정, 응답받은 데이터를 처리하는 방법, 웹 API에 요청을 보내기 위해 웹 사이트 주소에 부가정보를 추가하는 방법을 살펴보겠습니다.

웹 API의 데이터 획득 과정

웹 API를 통해 필요한 데이터를 요청하고 응답받는 과정은 앞에서 살펴본 웹 페이지의 정보를 획득하는 과정과 유사합니다. 클라이언트가 서버에 필요한 데이터를 요청하면 서버가 응답해서 데이터를 보냅니다. 그 후에 응답받은 데이터를 분석하고 필요한 정보를 추출합니다. 웹 API에는 REST(Representational State Transfer) API와 Streaming API가 있습니다. 웹 서비스가 웹 API를 지원한다고 하면 대부분 REST API를 지원하는 것을 의미합니다. 일부 웹 API는 REST API와 함께 Streaming API도 지원합니다.

REST API는 이미 존재하고 있는 데이터를 공유하는 데 이용되며 데이터를 요청하고 응답한 후에는 연결이 끊어집니다. 반면 Streaming API는 향후 발생할 이벤트에 대해 등록해 놓고 그 이벤트가 발생하면 데이터를 갱신(update)한 후에 응답합니다. 응답한 이후에도 강제로 연결을 끊기 전까지는 연결을 계속 유지합니다. REST API와 Streaming API의 연결을 요청하는 클라이언트(Client)와 응답하는 서버(Sever) 간의 동작을 표현하면 그림 15-1과 같습니다.

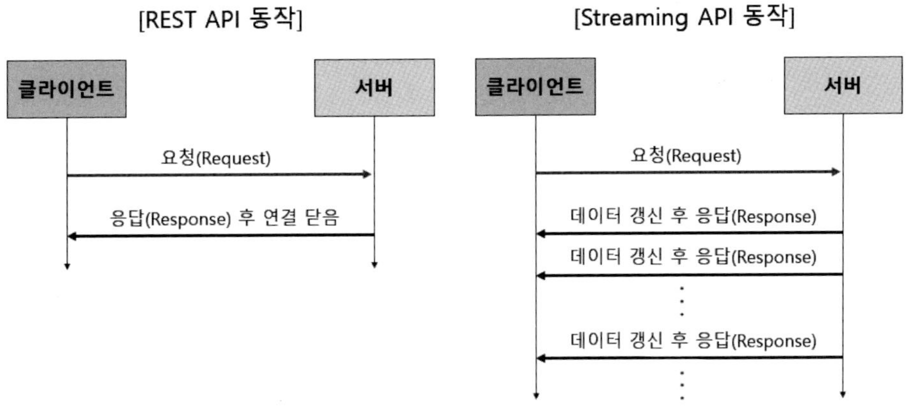

그림 15-1 REST API와 Streaming API의 데이터 요청 및 응답 과정

REST API에 접속해 데이터를 요청하고 받기 위해 앞에서 웹 스크레이핑에 이용했던 requests 라이브러리를 다시 이용하겠습니다. 단, REST API와 Streaming API를 모두 지원하는 트위터의 API에 대해서는 Tweepy 라이브러리를 설치해서 이용하겠습니다.

웹 API의 인증 방식

인터넷에서 어떤 서비스(포털의 신문 기사나 검색 등)를 이용할 때는 로그인하지 않아도 되지만 이메일을 사용하는 경우나 블로그에 글을 쓰는 경우와 같이 사용자를 구분해야 하거나 보안이 필요한 서비스를 이용할 때는 회원으로 가입한 후, 아이디(ID)와 비밀번호(password)로 로그인해야 합니다. 웹 API를 이용할 때도 인증이 필요 없는 경우도 있긴 하지만 대부분은 인증을 요구합니다.

인증이 필요한 웹 API의 경우, 초기에는 아이디와 비밀번호를 통해 인증하거나 웹 API별로 제각기 다른 인증 방식을 사용했으나 보안과 호환성의 문제로 OAuth가 탄생했고 최근에는 OAuth 인증 방식을 대부분 채택하고 있습니다. OAuth는 외부에서 해당 서비스에 접속하는 모바일, 데스크톱, 웹 애플리케이션(응용 프로그램)의 보안 인증을 허용하는 개방형 인증 규약입니다. OAuth 인증 방식에서는 아이디와 비밀번호 기반의 인증 방법 대신, API 키(Key)와 접속 토큰(Access Token), 그리고 이들의 비밀번호를 이용해 애플리케이션별로 인증을 수행하고 서비스를 이용할 수 있는 권한을 얻습니다. 웹 API에 따라서 API 키만 요구하는 경우도 있고 API 키와 접속 토큰, 그리고 이들의 비밀번호까지 모두 요구하는 경우도 있습니다. 이것들을 얻기 위해서는 서비스를 제공하는 사이트에 사용자 등록을 한 후에 웹 API별로 애플리케이션 혹은 서비스를 신청해야 합니다. 신청으로 생성된 API 키와 접속 토큰, 그리고 이들의 비밀번호는 유일한 것으로 절대로 공개하면 안 됩니다. 만약 공개됐다면 다시 신청해서 사용해야 합니다.

다음은 트위터 API에서 사용하는 API 키와 비밀번호, 접속 토큰과 비밀번호의 예입니다.

```
- Consumer Key (API Key): L9WwxSUZXGt7vIXEiYmtIjcHQ

- Consumer Secret (API Secret): bjQrLuottDdpg94VWcG1I3LWXUYZNZnzCRE7KvFXR6hzuQcjOh

- Access Token: 503869961253584201-zsbIDKpTNdFCp5Q9JWYhi0MqtoTFqg2

- Access Token Secret: XuJ8EYgtim6wye7fYuTrQuY80x1TS2hhPHXAtMzeuPRsb
```

트위터 API에서 Consumer Key는 API 키, Consumer Secret은 API 비밀번호, Access Token은 접속 토큰, Access Token Secret은 접속 토큰 비밀번호입니다.

웹 API에 따라서 API 키와 접속 토큰, 그리고 이들의 비밀번호의 명칭은 다를 수 있습니다. 앞으로 설명할 웹 API를 활용하는 예에서 웹 API별로 애플리케이션 혹은 서비스를 신청하고 사용 권한을 얻는 방법을 알아보겠습니다.

> **!** 웹 API의 경우 대부분 일정 시간 내에 웹 API로 접속하는 횟수가 제한돼 있습니다. 이것은 특정 사용자나 프로그램이 웹 API를 제공하는 웹 서버에 너무 빈번하게 접속해서 웹 서버에 영향을 주는 것을 막으려는 조치입니다. 이처럼 일정 시간 내에 접속 횟수를 제한하는 것을 속도 제한(Rate Limit)이라고 합니다. 웹 API마다 설정된 속도 제한은 다릅니다. 따라서 웹 API를 이용하는 코드를 작성하기 전에 속도 제한을 미리 확인해야 합니다.

응답 데이터의 형식 및 처리

웹 API로 요청해서 응답받은 데이터의 형식은 주로 JSON과 XML입니다. 따라서 웹 API의 응답 데이터로부터 원하는 데이터를 추출하려면 JSON과 XML에 대해 이해해야 합니다. JSON과 XML은 웹 서버에서 클라이언트로 데이터를 전달하기 위해 만든 구조화된 텍스트 형식입니다. 이 둘은 계층적으로 구조화된 데이터 형식을 갖고 있다는 공통점이 있지만 구조의 복잡성 및 문서의 크기 등에서 차이점도 있습니다.

시기적으로는 XML이 먼저 등장해 사용됐으나 데이터를 XML 구조에 맞춰서 작성하다 보니 텍스트 크기가 크고 형식이 복잡한 문제가 있었습니다. 이런 XML의 단점을 극복하고자 제안된 것이 JSON입니다. JSON은 XML보다 구조가 단순하고 텍스트의 크기가 작아서 인터넷 상에서 데이터를 전송할 때 좀 더 빠르게 전송할 수가 있으며 데이터를 추출하기 위한 분석이 좀 더 쉽습니다. 둘 중 어떤 형식이 절대적으로 좋다고 할 수는 없지만 최근에는 웹 API의 응답 데이터로 XML보다 JSON 형식을 많이 이용하는 추세입니다. 어떤 웹 API는 두 가지 형식을 모두 지원해 XML이나 JSON 형식 중 하나를 선택해 요청하면 요청된 형식으로 응답하기도 합니다.

이제 JSON과 XML의 형식을 간단히 살펴보고 이들 형식으로 응답받은 데이터를 파이썬에서 사용하기 쉽게 변환한 후 원하는 데이터를 추출하는 방법에 대해서도 알아보겠습니다.

JSON 형식의 데이터 처리

앞에서 JSON은 데이터를 전달하기 위해 만든 구조화된 텍스트 형식이라고 했습니다. JSON에 대해 자세히 알아보는 것은 이 책의 범위를 넘어서므로 여기서는 JSON 형식에 대해 간단히 살펴본 후, JSON 데이터를 어떻게 처리하는지를 알아보겠습니다. JSON에 대한 자세한 설명은 JSON 홈페이지(`http://www.json.org/json-ko.html`)를 참고하길 바랍니다.

JSON(JavaScript Object Notation)은 자바스크립트 언어와 함께 사용될 목적으로 만들었지만 특정 프로그래밍 언어만 이용할 수 있는 것이 아니라 대부분의 프로그래밍 언어에서 이용할 수 있습니다. JSON에서 하나의 데이터 집합을 객체(Object)라고 하는데 기본적인 객체의 구성은 `'이름(name): 값(value)'`으로 이뤄진 쌍의 집합입니다. 객체는 중괄호({ })로 감싸며 `'이름: 값'`으로 이뤄진 각 쌍은 콤마(,)로 구분합니다. 여기서 이름은 문자열로 구성되고, 값은 숫자, 문자열, 배열, 혹은 또 다른 객체로 구성됩니다. 문자열은 큰따옴표(" ")로, 배열은 대괄호([ ])로 감쌉니다. 배열 안의 요소는 다시 숫자, 문자열, 배열, 혹은 또 다른 객체로 구성할 수 있으며 각 요소는 콤마(,)로 구분합니다.

다소 복잡해 보이지만 실제 JSON 형식의 데이터를 보면 그다지 복잡하지 않습니다. 다음은 JSON 형식으로 표시한 간단한 데이터의 예입니다.

```
{
    "이름": "홍길동",
    "나이": 25,
    "거주지": "서울",
    "신체정보": {
        "키": 175.4,
        "몸무게": 71.2
    },
    "취미": [
        "등산",
        "자전거타기",
        "독서"
    ]
}
```

또 다른 예를 살펴보겠습니다. 다음 예는 서울의 날씨 데이터를 JSON 형식으로 표시한 것으로 배열 안에 객체가 들어있습니다.

```
{
    "coord": {
        "lon": 126.98,
        "lat": 37.57
    },
    "weather": [{
            "id": 721,
            "main": "Haze"
        },
        {
            "id": 501,
            "main": "Rain"
        }
    ],
    "main": {
        "temp": 7.28,
        "pressure": 1017,
        "humidity": 42
    },
    "id": 1835848,
    "name": "Seoul"
}
```

만약 자신이 만든 JSON 데이터가 형식에 맞게 잘 구성됐는지 확인하려면 JSON 형식 검사 사이트(http://jsonlint.com/)를 활용하면 됩니다. 이 사이트는 JSON 형식의 데이터가 유효한지 점검해 줍니다.

위에서 살펴본 JSON 형식의 데이터는 알아보기 쉽게 표시돼 있지만 일반적으로 웹 API의 응답 데이터는 알아보기 어렵습니다. 다음은 일반적인 JSON 형식의 응답 데이터입니다.

```
{"coord":{"lon":126.98, "lat":37.57}, "weather":[{"id":721, "main":"Haze"},{"id":501,
"main":"Rain"}], "main":{"temp":7.28, "pressure":1017, "humidity":42}, "id":1835848,
"name":"Seoul"}
```


보다시피 공백이나 탭이 없고 정렬도 안 돼 있어서 알아보기 어렵습니다. 이 경우 JSON 온라인 뷰어(http://jsonviewer.stack.hu/)를 이용하면 알아보기 쉽게 JSON 데이터를 표시해 줍니다.

다음은 JSON 형식의 데이터를 온라인 뷰어로 보는 과정입니다.

01. 확인하려는 JSON 데이터를 선택한 후 복사합니다

02. 웹 브라우저로 JSON 온라인 뷰어(http://jsonviewer.stack.hu/)에 접속합니다.

03. 접속 후에 [Text] 탭을 클릭합니다(그림 15-2).

04. 복사한 데이터를 붙여넣습니다(그림 15-2).

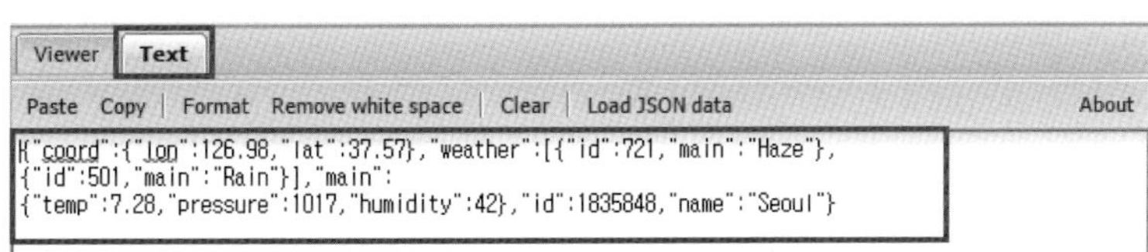

그림 15-2 JSON 온라인 뷰어에 복사한 JSON 데이터 붙여넣기

05. [Viewer] 탭을 클립합니다(그림 15-3).

06. 원하는 JSON 데이터를 보려면 [Viewer] 탭 아래의 '+'를 마우스로 클릭합니다. 그러면 '+'가 '-'로 바뀌면서 구조화된 JSON 데이터가 한 단계씩 펼쳐집니다. JSON의 구조에 따라 또다시 '+'가 표시될 수 있는데, 계속해서 '+'를 마우스로 클릭하면 단계별로 펼쳐집니다(그림 15-3).

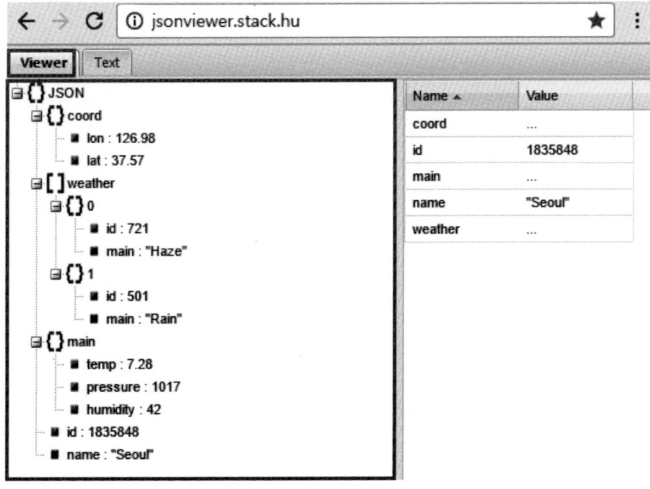

그림 15-3 JSON 데이터를 그래픽적으로 표시

위의 예에서도 알 수 있듯이 JSON 뷰어를 이용하면 JSON 데이터를 그래픽적으로 구조화해 표시하므로 공백 없이 표시된 텍스트 기반의 JSON 데이터보다 알아보기 쉽습니다. 여기서 이용한 JSON 뷰어 말고도 다양한 뷰어가 있으니 인터넷으로 검색해서 본인에게 맞는 것을 이용해도 됩니다.

파이썬에는 JSON 형식의 데이터를 파이썬의 데이터 타입으로 변환하고 파이썬의 데이터를 JSON 형식으로 변환하는 내장 라이브러리(json)가 있습니다. 이를 이용하려면 먼저 'import json'으로 json 라이브러리를 불러옵니다.

파이썬의 데이터를 JSON 형태로 변환하려면 다음과 같이 'json.dumps()'를 이용합니다.

```
json.dumps(python_data [, indent=n, sort_keys=True or False, ensure_ascii=True or False])
```

여기서 python_data는 파이썬 데이터이고 필수 인자입니다. 나머지는 옵션인데 'indent=n'은 n칸만큼 들여쓰기를 하며, sort_keys는 파이썬 데이터가 딕셔너리 타입일 경우 키(key)를 기준으로 정렬할지를 설정하고, ensure_ascii는 ASCII 코드로 구성된 문자열인지를 설정합니다. 파이썬 데이터에 한글이 있는 경우는 'ensure_ascii=False'로 설정합니다.

JSON 형태의 데이터를 파이썬에서 사용할 수 있는 데이터 타입으로 변환하려면 'json.loads()'를 이용합니다.

```
json.loads(json_data)
```

여기서 json_data는 JSON 형식의 데이터입니다.

이제 json 라이브러리 활용해 파이썬의 딕셔너리 데이터를 JSON 형태로 변환하고 JSON 형태 데이터를 파이썬의 딕셔너리 타입으로 변환해 보겠습니다.

다음과 같이 딕셔너리 타입의 데이터를 생성하겠습니다.

```
In: import json

    python_dict = {
        "이름": "홍길동",
        "나이": 25,
        "거주지": "서울",
        "신체정보": {
```

```
        "키": 175.4,
        "몸무게": 71.2
    },
    "취미": [
        "등산",
        "자전거타기",
        "독서"
    ]
}
type(python_dict)
```

```
Out: dict
```

위에서 type()의 결과를 보면 코드에서 변수 python_dict에 할당된 데이터는 딕셔너리 데이터입니다. 이제 딕셔너리 데이터를 JSON 형태의 데이터로 변환하겠습니다.

```
In: json_data = json.dumps(python_dict)
    type(json_data)
```

```
Out: str
```

위의 type()의 결과를 보면 파이썬의 딕셔너리 데이터가 문자열로 바뀐 것을 확인할 수 있는데, 여기서는 JSON 형태의 데이터로 변환됐음을 의미합니다. JSON 형태의 데이터로 잘 변환됐는지 확인하기 위해 변수 json_data를 출력해 보겠습니다.

```
In: print(json_data)
```

```
Out: {"\uc774\ub984": "\ud64d\uae38\ub3d9", "\ub098\uc774": 25, "\uac70\uc8fc\uc9c0":
      "\uc11c\uc6b8", "\uc2e0\uccb4\uc815\ubcf4": {"\ud0a4": 175.4, "\ubab8\ubb34\uac8c": 71.2},
     "\ucde8\ubbf8": ["\ub4f1\uc0b0", "\uc790\uc804\uac70\ud0c0\uae30", "\ub3c5\uc11c"]}
```

위의 출력 결과를 보면 데이터의 형태는 JSON 형태인데 한글도 출력되지 않고 들여쓰기도 돼 있지 않아서 알아보기가 어렵습니다. 이제 'json.dumps()'에 옵션을 추가해서 변환한 후에 출력해 보겠습니다.

```
In: json_data = json.dumps(python_dict, indent=3, sort_keys=True, ensure_ascii=False)
    print(json_data)
```

```
Out: {
        "거주지": "서울",
        "나이": 25,
        "신체정보": {
           "몸무게": 71.2,
           "키": 175.4
        },
        "이름": "홍길동",
        "취미": [
           "등산",
           "자전거타기",
           "독서"
        ]
     }
```

출력된 결과를 보면 JSON 형식의 데이터가 들여쓰기되어 보기 편하게 출력됐고 한글도 잘 출력됐습니다.

다음으로 'json.loads()'를 이용해 JSON 형식의 데이터를 파이썬의 딕셔너리 데이터로 변환해 보겠습니다.

```
In: json_dict = json.loads(json_data)
    type(json_dict)
```

```
Out: dict
```

출력 결과를 보면 JSON 형식의 데이터가 파이썬의 딕셔너리 타입으로 변환됐음을 확인할 수 있습니다. 이제 딕셔너리 타입의 데이터가 담긴 변수 json_dict에서 원하는 데이터를 추출해 보겠습니다. 만약 변수 json_dict에서 '신체정보' 중 '몸무게'의 데이터를 얻으려면 다음과 같이 수행합니다.

```
In: json_dict['신체정보']['몸무게']
```

```
Out: 71.2
```

다음으로 변수 json_dict에서 '취미' 데이터를 얻는 방법을 살펴보겠습니다.

```
In: json_dict['취미']
```

```
Out: ['등산', '자전거타기', '독서']
```

출력 결과를 보면 리스트 형식의 데이터를 반환했습니다. 이 중 첫 번째 데이터를 추출하려면 다음과 같이 수행합니다.

```
In: json_dict['취미'][0]
```

```
Out: '등산'
```

XML 형식의 데이터 처리

XML도 JSON과 마찬가지로 데이터의 전달을 목적으로 만든 구조화된 텍스트 형식입니다. 여기서는 XML의 형식에 대해서도 간단히 살펴보고 XML 데이터를 어떻게 처리하는지에 대해 알아보겠습니다.

XML(eXtensible Markup Language)은 데이터 저장 및 전달을 위해 만든 다목적 마크업 언어(Markup language)입니다. 마크업 언어는 일반적인 텍스트와 구분되는 태그(Tag)를 이용해 문서나 데이터를 구조화하는 언어입니다. 대표적인 마크업 언어로는 앞에서 살펴본 HTML(HyperText Markup Language)이 있습니다.

HTML의 경우는 태그가 미리 정해져 있지만 XML은 자신이 태그를 정의해서 사용할 수 있습니다. 단, XML 문서의 규칙은 따라야 합니다. 여기서는 다음처럼 XML 규칙 중 핵심이 되는 몇 가지만 간단히 살펴보겠습니다.

- 태그는 '<문자열>'로 시작해서 '</문자열>'로 끝나야 합니다. 시작과 끝 태그의 문자열은 같아야 하며 대소문자를 구분합니다. XML 문서에서는 시작 태그에서 끝 태그까지로 이뤄진 것을 요소(Element)라고 합니다.
- 태그는 중첩해 여러 개 이용할 수 있는데 이때 태그는 반드시 올바른 순서대로 이용해야 합니다. 즉, '<ABC> <DEF> ~ </DEF> </ABC>'와 같이 나중에 나온 시작 태그에 대응하는 끝 태그가 먼저 나와야 합니다.
- XML 문서에는 반드시 최상위(root) 요소가 있어야 합니다. 최상위 요소는 시작과 끝 태그로 다른 모든 요소를 감싸야 합니다.
- 태그에는 속성을 사용할 수 있는데, '<문자열 name="속성">'과 같은 형식으로 표현합니다. 속성은 큰따옴표나 작은따옴표로 감싸야 합니다.
- 주석은 '<!--'와 '-->'로 문자열을 감싸서 표시합니다. 즉, '<!-- 이것은 주석입니다. -->'와 같이 이용합니다.

다음은 간단한 XML의 예제입니다. 이 예제의 데이터는 앞의 JSON을 설명할 때 사용한 데이터입니다. 단, 속성을 표시하기 위해 키와 몸무게의 단위를 추가했습니다.

```
<?xml version="1.0" encoding="UTF-8" ?>
<사용자정보>
    <이름>홍길동</이름>
    <나이>25</나이>
    <거주지>서울</거주지>
    <신체정보>
        <키 unit="cm">175.4</키>
        <몸무게 unit="kg">71.2</몸무게>
    </신체정보>
    <취미>등산</취미>
    <취미>자전거타기</취미>
    <취미>독서</취미>
</사용자정보>
```

위에서 '<?xml version="1.0" encoding="UTF-8" ?>'은 XML 선언으로 XML 문서에 대한 정보를 담고 있습니다. 이것은 XML을 해석하는 해석기에 필요한 정보를 제공합니다. 여기서는 XML의 버전과 문자열의 인코딩 방법에 대한 정보를 제공합니다.

다음은 JSON을 설명할 때 이용했던 서울의 날씨 데이터를 XML 형식으로 표현한 것입니다. JSON 형식의 데이터와 차이점은 속성을 표시하기 위해 온도와 습도에 단위를 추가한 것입니다.

```
<?xml version="1.0" encoding="UTF-8" ?>
<weather>
    <coord>
        <lon>126.98</lon>
        <lat>37.57</lat>
    </coord>
    <weather>
        <id>721</id>
        <main>Haze</main>
    </weather>
    <weather>
        <id>501</id>
```

```
        <main>Rain</main>
    </weather>
    <main>
        <temp, uint = "C">7.28</temp>
        <pressure uint = "hPa">1017</pressure>
        <humidity, unit = "%">42</humidity>
    </main>
    <id>1835848</id>
    <name>Seoul</name>
</weather>
```

앞에서 XML의 문법을 간단히 살펴봤습니다. 이제 XML의 형식의 데이터를 파이썬에서 이용 가능한 딕셔너리 형식으로 변환한 후 원하는 데이터를 추출하는 방법을 살펴보겠습니다.

XML 형식의 데이터에서 원하는 데이터를 추출하기 위해 내장 라이브러리인 xml을 이용할 수도 있지만 이보다 더 편리하게 XML 데이터를 파이썬의 딕셔너리 타입으로 바로 변환하는 xmltodict 라이브러리를 이용하겠습니다. 이 라이브러리에 대한 자세한 사용법은 이를 설명한 사이트(`https://pypi.org/project/xmltodict`)에 나와 있습니다. 이 라이브러리는 파이썬 내장 라이브러리도 아니고 아나콘다를 설치할 때도 설치되지 않으므로 따로 설치해야 합니다.

파이썬에서 필요한 라이브러리는 다음과 같은 과정으로 설치합니다.

01. Anaconda Prompt 실행

윈도우 시작 버튼을 클릭한 후 [Anaconda3] → [Anaconda Prompt]를 차례로 선택해 Anaconda Prompt를 실행(그림 15-4).

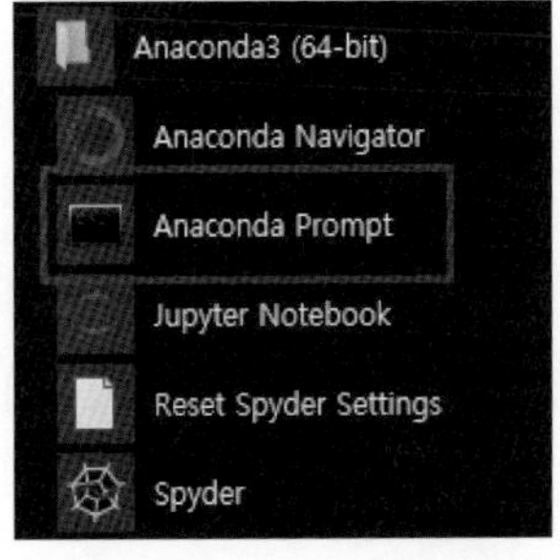

그림 15-4 Anaconda Prompt 실행

02. 라이브러리 설치 명령어 입력

Anaconda Prompt에 xmltodict 라이브러리 설치 명령어('pip install xmltodict')를 입력(그림 15-5).

마지막에 'Successfully installed xmltodict-X.Y.Z'가 나왔다면 설치 완료(그림 15-5). 여기서 'X.Y.Z' 는 버전을 나타내는 숫자로 버전이 올라감에 따라서 변경될 수 있음.

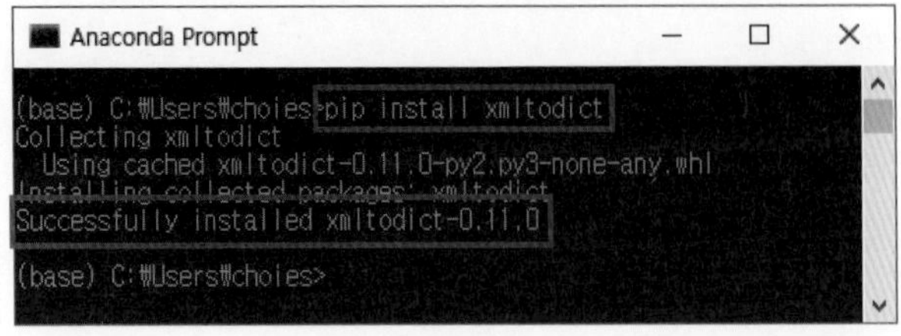

그림 15-5 xmltodict 라이브러리 설치

이제 xmltodict 라이브러리를 사용하기 위한 준비를 완료했습니다. 다음은 설치된 라이브러리를 이용해 XML 형식의 데이터를 파이썬의 딕셔너리 타입으로 변경해서 원하는 데이터를 추출하는 방법을 알아보겠습니다. 설치된 xmltodict 라이브러리를 이용하려면 먼저 'import xmltodict'를 수행해 xmltodict를 불러옵니다.

다음은 xmltodict 라이브러리에서 XML 형식의 데이터를 파이썬의 딕셔너리 타입으로 변환하는 함수의 사용법입니다.

```
xmltodict.parse(xml_input [, xml_attribs=True 혹은 False])
```

여기서 xml_input은 XML 타입의 데이터입니다. 또한 옵션인 xml_attribs는 XML 형식의 데이터에서 속성을 처리할지, 아니면 무시할지를 설정합니다. 기본적으로는 'xml_attribs=True'이므로 이 옵션을 설정하지 않아도 xml_attribs에는 True가 들어갑니다. 만약 'xml_attribs=False'이면 XML 형식의 데이터를 딕셔너리 타입으로 변환할 때 속성을 무시합니다. 이 옵션이 'xml_attribs=True'이면 딕셔너리 타입의 데이터에서 속성은 '변수[tag]['@name']' 형식으로 가져오고 속성을 갖는 태그의 문자열은 '변수[tag]['#text']' 형식으로 가져옵니다. 사용법은 예제 코드에서 살펴보겠습니다.

XML 형식의 데이터를 파이썬의 딕셔너리 타입의 데이터로 변환해 원하는 데이터를 추출하는 과정을 설명하기 위해 앞에서 만든 XML 형식의 데이터를 그대로 이용하겠습니다. 먼저 다음의 코드에서처럼 XML 형식의 데이터를 생성하겠습니다.

```
In: xml_data = """<?xml version="1.0" encoding="UTF-8" ?>
    <사용자정보>
        <이름>홍길동</이름>
        <나이>25</나이>
        <거주지>서울</거주지>
        <신체정보>
            <키 unit="cm">175.4</키>
            <몸무게 unit="kg">71.2</몸무게>
        </신체정보>
        <취미>등산</취미>
        <취미>자전거타기</취미>
        <취미>독서</취미>
    </사용자정보>
    """
    print(xml_data)
```

```
Out: <?xml version="1.0" encoding="UTF-8" ?>
    <사용자정보>
        <이름>홍길동</이름>
        <나이>25</나이>
        <거주지>서울</거주지>
        <신체정보>
            <키 unit="cm">175.4</키>
            <몸무게 unit="kg">71.2</몸무게>
        </신체정보>
        <취미>등산</취미>
        <취미>자전거타기</취미>
        <취미>독서</취미>
    </사용자정보>
```

위에서는 XML 형식의 데이터를 변수 xml_data에 대입하고 결과를 출력했습니다. 다음은 xmltodict 라이브러리의 parse()를 이용해 XML 형식의 데이터를 딕셔너리 타입으로 변환해 보겠습니다. 다음 예제에서는 옵션으로 'xml_attribs=True'를 사용했지만 이 옵션을 쓰지 않아도 기본은 'xml_attribs=True'입니다.

```
In: import xmltodict

    dict_data = xmltodict.parse(xml_data, xml_attribs=True)
    dict_data
```

```
Out: OrderedDict([('사용자정보',
              OrderedDict([('이름', '홍길동'),
                           ('나이', '25'),
                           ('거주지', '서울'),
                           ('신체정보',
                            OrderedDict([('키',
                                          OrderedDict([('@unit', 'cm'),
                                                       ('#text', '175.4')])),
                                         ('몸무게',
                                          OrderedDict([('@unit', 'kg'),
                                                       ('#text', '71.2')]))])),
                           ('취미', ['등산', '자전거타기', '독서'])]))])
```

출력 결과에서 OrderedDict는 입력한 순서대로 순서를 갖는 딕셔너리 타입의 데이터입니다. 출력 결과에서 '키'와 '몸무게'의 속성은 '@속성이름'으로, 속성을 갖는 태그의 문자열은 '#text'로 표시됨을 알 수 있습니다. 딕셔너리로 변환된 데이터에서 원하는 데이터를 추출하는 것은 이전에 살펴본 것과 같습니다. 만약 '사용자정보' 중 '이름'을 알고 싶다면 다음과 같이 수행하면 됩니다.

```
In: dict_data['사용자정보']['이름']
```

```
Out: '홍길동'
```

출력 결과를 보면 XML 형식의 데이터에 있던 태그의 문자열을 이용해 딕셔너리 타입의 데이터에서 원하는 데이터를 추출할 수 있음을 알 수 있습니다. 추가로 '사용자정보' 중 '신체정보'를 추출하려면 같은 방법으로 다음과 같이 데이터를 추출할 수 있습니다.

```
In: dict_data['사용자정보']['신체정보']
```

```
Out: OrderedDict([('키', OrderedDict([('@unit', 'cm'), ('#text', '175.4')])),
             ('몸무게', OrderedDict([('@unit', 'kg'), ('#text', '71.2')]))])
```

출력 결과에서 '키'의 속성과 문자열을 추출하고 싶으면 각각 다음과 같이 수행하면 됩니다.

```
In: dict_data['사용자정보']['신체정보']['키']['@unit']
```

```
Out: 'cm'
```

```
In: dict_data['사용자정보']['신체정보']['키']['#text']
```

```
Out: '175.4'
```

다음 코드는 XML 형식의 데이터에서 원하는 데이터를 추출해 활용하는 방법입니다.

```
In: import xmltodict

    dict_data = xmltodict.parse(xml_data)

    user_name = dict_data['사용자정보']['이름']
    body_data = dict_data['사용자정보']['신체정보']

    height = body_data['키']['#text']
    height_unit = body_data['키']['@unit']

    weight = body_data['몸무게']['#text']
    weight_unit = body_data['몸무게']['@unit']

    print("[사용자 {0}의 신체정보]".format(user_name))
    print("*키: {0}{1}".format(height, height_unit))
    print("*몸무게: {0}{1}".format(weight, weight_unit))
```

```
Out: [사용자 홍길동의 신체정보]
     *키: 175.4cm
     *몸무게: 71.2kg
```

다음 코드는 'xml_attribs=False' 옵션을 이용해 XML 형식의 데이터를 딕셔너리로 변환한 예입니다.

```
In: dict_data2 = xmltodict.parse(xml_data, xml_attribs=False)
    dict_data2
```

```
Out: OrderedDict([('사용자정보',
                   OrderedDict([('이름', '홍길동'),
                                ('나이', '25'),
                                ('거주지', '서울'),
                                ('신체정보',
                                 OrderedDict([('키', '175.4'), ('몸무게', '71.2')])),
                                ('취미', ['등산', '자전거타기', '독서'])]))])
```

앞에서 'xml_attribs=True'로 설정했을 때의 결과와 비교해 보면 'xml_attribs=False'로 설정하면 XML 형식의 데이터에서 지정했던 속성이 모두 무시되면서 딕셔너리 형식으로 변환된 것을 알 수 있습니다.

지금까지 JSON과 XML 형식의 데이터를 파이썬에서 이용할 수 있는 딕셔너리 데이터로 변환하는 방법을 살펴봤습니다. 여기서 살펴본 방법은 실제 웹 API에서 받은 JSON 혹은 XML 형식의 응답에서 원하는 데이터를 추출할 때 활용될 것이니 잘 알아두길 바랍니다.

웹 사이트 주소에 부가 정보 추가하기

웹 API(REST API)에 접속해 데이터를 요청하고 받기 위해 웹 스크레이핑에 이용했던 requests 라이브러리를 그대로 이용한다고 했습니다. 앞에서 살펴본 requests 사용에는 웹 사이트 주소(URL)만 입력해 원하는 결과를 얻었습니다. 하지만 웹 API의 경우 URL 외에 API 키와 같은 매개변수(Parameter, 파라미터)를 추가해 데이터를 요청해야 합니다. 예를 들어, 날씨 정보를 가져오려면 자신의 위치 정보를 입력해야 하고 데이터의 응답 형식을 지정하려면 JSON이나 XML 중 선택할 수도 있습니다. 이번에는 URL에 매개변수를 추가해 각종 정보를 전달하는 방법을 살펴보겠습니다.

웹 사이트 주소에 경로 추가하기

앞에서 살펴본 requests 라이브러리의 'requests.get("웹 사이트 주소")'를 이용해 데이터를 요청하고 응답받는 방법은 다음과 같았습니다.

```
url = "https://api.github.com/"
r = requests.get(url)
```

만약 기본 웹 사이트 주소는 유지하면서 그 웹 사이트 내에서 경로를 변경해 가면서 데이터를 요청해야 할 경우에는 다음과 같이 문자열을 연결하는 방법으로 기본 웹사이트 주소에 경로를 추가하면 됩니다.

```
In: base_url = "https://api.github.com/"
    sub_dir = "events"
    url = base_url + sub_dir
    print(url)
```

```
Out: https://api.github.com/events
```

출력 결과를 보면 기본 웹 사이트 주소(https://api.github.com/)에 하위 폴더(events)를 연결해 하나의 URL을 생성한 것을 볼 수 있습니다. 이처럼 문자열 연결로 URL을 생성하는 것은 기본 웹 사이트 주소는 변하지 않고 하위 경로만 변할 때 활용하면 편리합니다. 다음 코드는 기본 웹 사이트 주소는 고정하고 하위 경로만 변경해 URL을 생성하고 requests 라이브러리의 'requests.get()'을 이용해 데이터를 요청하고 응답받는 예입니다.

```
In: import requests

    base_url = "https://api.github.com/"
    sub_dirs = ["events", "user", "emails" ]

    for sub_dir in sub_dirs:
        url_dir = base_url + sub_dir
        r = requests.get(url_dir)
        print(r.url)
```

```
Out: https://api.github.com/events
     https://api.github.com/user
     https://api.github.com/emails
```

위의 코드에서 'requests.get()'로 가져온 응답 객체 r에 'r.url'을 수행하면 응답 객체의 URL 주소를 반환합니다. 따라서 print(r.url)를 수행하면 응답 객체의 URL을 출력합니다. 위에서 호스트 이름과 경로 조합으로 URL도 잘 생성되고 응답도 오류 없이 잘 받았음을 알 수 있습니다.

웹 사이트 주소에 매개변수 추가하기

웹 API에 데이터를 요청하기 위해 종종 웹 사이트 주소에 매개변수(지정된 키와 값으로 구성됨)를 추가해서 보내기도 합니다. 이때 물음표(?)를 이용해 해당 웹 사이트에 매개변수를 보낼 수 있습니다. 예를 들어, 웹 사이트 주소와 경로가 'http://abc.org/get'일 때 지정된 키는 key이며 값은 value일 경우 데이터를 요청하기 위한 전체 URL은 'http://abc.org/get?key=value'가 됩니다. 만약 전달하려는 매개변수가 두 개 이상이면 '&'로 연결해 보낼 수 있습니다. 예를 들어 키 key1과 key2에 각각 값 value1과 value2를 전달하려면 전체 URL을 'http://abc.org/get?key1=value1&key2=value2'와 같이 생성할 수 있습니다.

다음 코드는 날씨 데이터를 제공하는 웹 API에 여러 매개변수(API 키, 위도, 경도, 단위의 키와 값)를 전달하기 위해 직접 URL을 생성한 예입니다.

```
In: import requests

    LAT = '37.57' # 위도
    LON = '126.98' # 경도
    API_KEY = 'b235c57pc357fb68acr1e81' # API 키(임의의 API 키)
    UNIT = 'metric' # 단위

    site_url = "http://api.openweathermap.org/data/2.5/weather"
    parameter = "?lat=%s&lon=%s&appid=%s&units=%s"%(LAT, LON, API_KEY, UNIT)
    url_para = site_url + parameter
    r = requests.get(url_para)

    print(r.url)
```

```
Out: http://api.openweathermap.org/data/2.5/weather?lat=37.57&lon=126.98&appid=b235c57pc357fb68acr
     1e81&units=metric
```

위의 결과를 보면 웹 API에 요청을 위한 URL이 잘 생성된 것을 확인할 수 있습니다. 여기서 사용한 API 키는 임의로 생성한 것이며 필요한 요청 변수는 웹 API마다 다릅니다. API 키의 생성 방법과 필요한 요청 변수는 API 설명 자료를 참고하면 됩니다.

앞에서와 같이 키와 값이 포함된 URL을 직접 생성할 수도 있지만 requests의 'requests.get()'에 params 인자를 사용해 딕셔너리 타입으로 키와 값을 전달할 수도 있습니다. 예를 들어 'http://abc.org/get'에 'key1 = value1' 및 'key2 = value2'를 전달하려면 다음과 같이 코드를 작성하면 됩니다.

```
url = 'http://abc.org/get'
req_parameter= {'key1': 'value1', 'key2': 'value2'}
r = requests.get(url, params=req_parameter)
```

여러 개의 키와 값 쌍을 전달할 때 키와 값 쌍의 순서는 중요하지 않습니다. 즉, 'http://abc.org/get?key1=value1&key2=value2'나 'http://abc.org/get?key2=value2&key1=value1'은 같은 응답 결과를 보내줍니다.

이제 앞에서 직접 생성한 URL을 요청 주소(url)와 요청 매개변수(params)로 분리한 후 'requests.get(url, params=req_parameter)'을 이용해 URL을 생성한 예를 살펴보겠습니다.

```
In: import requests

    LAT = '37.57' # 위도
    LON = '126.98' # 경도
    API_KEY = 'b235c57pc357fb68acr1e81' # API 키(임의의 API 키)
    UNIT = 'metric' # 단위

    req_url = "http://api.openweathermap.org/data/2.5/weather"
    req_parameter = {"lat":LAT, "lon":LON , "appid": API_KEY, "units":UNIT}
    r = requests.get(req_url,params=req_parameter)
    print(r.url)
```

```
Out: http://api.openweathermap.org/data/2.5/weather?lat=37.57&lon=126.98&appid=b235c57pc357fb68acr
     1e81&units=metric
```

출력 결과를 통해 요청 주소(url)와 요청 매개변수(params)를 분리해 입력해도 오류 없이 데이터가 잘 요청된 것을 확인할 수 있습니다.

웹 사이트 주소의 인코딩과 디코딩

요청 주소(url)와 요청 매개변수(params)를 분리해 'requests.get()'에 입력할 때는 주의할 점이 있습니다. 바로 URL 인코딩(URL encoding)입니다. URL 인코딩은 퍼센트 인코딩(Percent-encoding)이라고도 하는데 URL에 사용하는 문자를 인코딩하는 방법입니다. URL 인코딩에서는 알파벳이나 숫자, 그리고 몇몇 기호를 제외한 나머지는 16진수 값으로 변환(인코딩)해 이용합니다. 따라서 어떤 문자(기호)는 다른 값으로 변환(encoding)해서 이용해야 합니다. 예를 들어 '+'는 '%2B'로, '/'는 '%2F'로, '='는 '%3D'으로 바꿔서 이용합니다. 하지만 'requests.get(url, params=req_parameter)'을 이용할 때는 기본적으로 URL 인코딩이 되므로 일반적으로는 우리가 신경 쓸 일은 없습니다. 단, 어떤 경우에는 이미 URL 인코딩된 결과가 API 키의 문자열로 제공되는 경우가 있습니다. 따라서 이 경우에는 인코딩된 API 키를 원래의 API 키 문자열로 되돌리는 디코딩이 필요한데 requests 라이브러리의 'requests.utils.unquote()'를 이용하면 됩니다.

다음 코드는 인코딩된 API 키 문자열을 원래의 API 키 문자열, 다시 말해 디코딩된 API 키 문자열로 변환하는 방법을 보여줍니다.

```
In: import requests
```

```
API_KEY = "et5piq3pfpqLEWPpCbvtSQ%2Bertertg%2Bx3evdvbaRBvhWEerg3efac2r3f3RfhDTERTw
%2B9rkvoewRV% 2Fovmrk3dq%3D%3D"

API_KEY_decode = requests.utils.unquote(API_KEY)

print("Encoded url:", API_KEY)
print("Decoded url:", API_KEY_decode)
```

```
Out: Encoded url: et5piq3pfpqLEWPpCbvtSQ%2Bertertg%2Bx3evdvbaRBvhWEerg3efac2r3f3RfhDTERTw
     %2B9rkvoewRV%2Fovmrk3dq%3D%3D
     Decoded url: et5piq3pfpqLEWPpCbvtSQ+ertertg+x3evdvbaRBvhWEerg3efac2r3f3RfhDTERTw+9rkvoew
     RV/ovmrk3dq==
```

출력 결과를 살펴보면 변수 API_KEY에서 '%2B', '%2F', '%3D'로 인코딩된 문자가 변수 API_KEY_decode에서는 각각 '+', '/', '='로 변환(디코딩)된 것을 확인할 수 있습니다. 디코딩된 API 키를 이용해 데이터를 요청하는 예는 다음과 같습니다. 여기서 요청 변수에 대한 설명은 나중에 해당 API를 설명할 때 진행하겠습니다.

```
In: req_url = "http://openapi.airkorea.or.kr/openapi/services/rest/MsrstnInfoInqireSvc/
    getNearbyMsrstnList"

    tm_x = 244148.546388
    tm_y = 412423.75772

    req_parameter = {"ServiceKey":API_KEY_decode, "tmX":tm_x, "tmY":tm_y}

    r = requests.get(req_url,  params = req_parameter)
    print(r.url)
```

```
Out: http://openapi.airkorea.or.kr/openapi/services/rest/MsrstnInfoInqireSvc/getNearbyMsrstnList?
     ServiceKey=et5piq3pfpqLEWPpCbvtSQ%2Bertertg%2Bx3evdvbaRBvhWEerg3efac2r3f3RfhDTERTw%2B9rkvoew
     RV%2Fovmrk3dq%3D%3D&tmX=244148.546388&tmY=412423.75772
```

위에서는 디코딩된 API 키(API_KEY_decode)를 이용해 딕셔너리 타입의 변수(req_parameter)를 생성한 후 'requests.get(url, params=req_parameter)'에 인자 params의 값으로 활용했습니다. 출력 결과를 보면 데이터 요청을 위한 URL에는 인코딩된 API 키(API_KEY)가 들어간 것을 확인할 수 있습니다. 다음처럼 인자 params에 디코딩 API 키를 사용하지 않고 인코딩된 API 키를 이용한다면 데이터 요청을 위한 URL에는 원래의 API 키와는 다른 값이 들어가게 됩니다.

```
In: req_parameter = {"ServiceKey":API_KEY, "tmX":tm_x, "tmY":tm_y}

    r = requests.get(req_url,  params = req_parameter)
    print(r.url)
```

```
Out: http://openapi.airkorea.or.kr/openapi/services/rest/MsrstnInfoInqireSvc/getNearbyMsrstnList?
     ServiceKey=et5piq3pfpqLEWPpCbvtSQ%252Bertertg%252Bx3evdvbaRBvhWEerg3efac2r3f3RfhDTERTw
     %252B9rkvoewRV%252Fovmrk3dq%253D%253D&tmX=244148.546388&tmY=412423.75772
```

URL 출력 결과에서 API 키 부분을 살펴보면 원래 입력하려던 API 키가 아니라 다른 값이 들어간 것을 확인할 수 있습니다. 만약 위의 코드처럼 디코딩되지 않은 API 키를 이용했을 때 API 키가 맞지 않아서 원하는 응답 결과를 얻을 수 없게 됩니다. 따라서 API 키에 URL 인코딩된 문자열이 포함돼 있으면 반드시 이 문자열을 디코딩한 후 'requests.get(url, params=req_parameter)'의 인자로 이용해야 합니다.

02 API 키를 사용하지 않고 데이터 가져오기

웹 API를 이용하기 위해 보통은 API 키를 생성하고 API 키로 인증하는 과정을 거치게 됩니다. 하지만 API 키 없이도 이용할 수 있는 웹 API가 있습니다. 이번에는 API 키 없이 비교적 간단하게 필요한 데이터를 요청할 수 있는 웹 API를 이용해 응답받은 데이터를 처리하고 원하는 데이터를 추출하는 예를 살펴보겠습니다.

국제 우주 정거장의 정보 가져오기

Open Notify(http://open-notify.org/)는 국제 우주 정거장(International Space Station, ISS)의 현재 위치(위도, 경도), 지정된 위치를 지나가는 시간 및 국제 우주 정거장에 있는 우주인의 수와 이름을 알려주는 웹 API를 제공합니다. 이 웹 API는 데이터를 요청하기 위해 API 키나 토큰 그리고 비밀번호도 필요하지 않습니다. 단지 원하는 데이터를 웹 사이트 주소 형태로 요청하면 JSON 형태로 응답합니다. 여기서는 국제 우주 정거장의 현재 위치를 가져오는 방법을 살펴보겠습니다. 다른 정보를 가져오려면 Open Notify 웹 사이트의 API Docs를 참고하길 바랍니다.

다음은 Open Notify 사이트에서 국제우주 정거장의 현재 위치 정보를 가져오는 코드입니다.

```
In: import requests
    import json
```

```
url = "http://api.open-notify.org/iss-now.json"

r = requests.get(url)
print(r.text)
```

```
Out: '{"message": "success", "iss_position": {"latitude": "35.9958", "longitude": "-111.8448"},
  "timestamp": 1529196236}'
```

위 코드에서 'requests.get()'으로 가져온 응답 객체 r에 대해 'r.text'은 응답 결과를 문자열로 반환합니다.

결과를 보면 응답으로 온 데이터는 JSON 형태인 것을 볼 수 있습니다. 응답받은 JSON 데이터를 살펴보면 현재 국제 우주 정거장의 위치("iss_position")는 {"latitude": "현재_위도", "longitude": "현재_경도"}임을 알 수 있습니다. 여기서 latitude는 위도, longitude는 경도입니다.

위도와 경도

위도(latitude)는 지구상에서 적도를 기준으로 북쪽과 남쪽을 각각 0 ° ~ 90 ° 로 나누어서 표현한 좌표이고, 경도(longitude)는 영국 런던의 그리니치 천문대를 기준으로 동쪽과 서쪽을 각각 0 ° ~ 180 ° 로 나누어서 표현한 좌표입니다.

앞에서 살펴본 json 라이브러리의 'json.loads()'를 이용하면 다음처럼 JSON 형태의 데이터를 딕셔너리 타입으로 변환할 수 있습니다.

```
In: json_to_dict = json.loads(r.text)
    type(json_to_dict)
```

```
Out: dict
```

앞에서는 웹 API의 응답(r)에서 'r.text'를 이용해 JSON 형태의 데이터를 가져온 후에 'json.loads()'로 JSON 형태의 데이터를 딕셔너리 타입으로 변환했는데 이 과정은 'r.json()'으로 단순화할 수 있습니다.

다음 코드를 살펴봅시다.

```
In: import requests

    url = "http://api.open-notify.org/iss-now.json"
```

```
r = requests.get(url)
json_to_dict = r.json()
type(json_to_dict)
```

```
Out: dict
```

이를 좀 더 단순화하면 다음과 같이 웹 API의 응답 결과를 바로 딕셔너리 타입으로 변환하는 코드를 작성할 수 있습니다.

```
In: import requests

    url = "http://api.open-notify.org/iss-now.json"

    json_to_dict = requests.get(url).json()
    type(json_to_dict)
```

```
Out: dict
```

딕셔너리 타입으로 변환된 데이터(json_to_dict)를 출력하면 다음과 같습니다.

```
In: json_to_dict
```

```
Out: {'iss_position': {'latitude': '35.6611', 'longitude': '-111.3872'},
     'message': 'success',
     'timestamp': 1529196244}
```

위의 결과처럼 JSON 형태의 데이터를 딕셔너리 타입으로 변환한 후에는 다음처럼 대괄호 안에 키를 지정해 단계별로 딕셔너리 데이터에 접근해 원하는 데이터를 추출할 수 있습니다.

```
In: print(json_to_dict["iss_position"])
    print(json_to_dict["iss_position"]["latitude"])
    print(json_to_dict["iss_position"]["longitude"])
    print(json_to_dict["message"])
    print(json_to_dict["timestamp"])
```

```
Out: {'latitude': '35.6611', 'longitude': '-111.3872'}
    35.6611
    -111.3872
    success
    1529196244
```

앞에서 살펴본 코드를 활용해 국제 우주 정거장의 위치 정보를 일정 시간(여기서는 10초)마다 갱신하는 코드를 작성해 보겠습니다.

```
In: import requests
    import time

    url = "http://api.open-notify.org/iss-now.json"

    def ISS_Position(iss_position_api_url):
        json_to_dict = requests.get(iss_position_api_url).json()
        return json_to_dict["iss_position"]

    for k in range(5):
        print(ISS_Position(url))
        time.sleep(10)      # 10초 동안 코드 실행을 일시적으로 중지한다.
```

```
Out: {'latitude': '35.3034', 'longitude': '-110.9056'}
     {'latitude': '34.8585', 'longitude': '-110.3170'}
     {'latitude': '34.4318', 'longitude': '-109.7628'}
     {'latitude': '33.9807', 'longitude': '-109.1874'}
     {'latitude': '33.5265', 'longitude': '-108.6186'}
```

출력 결과를 살펴보면 국제 우주 정거장의 위치가 시간이 지남에 따라서 변하는 것을 알 수 있습니다. 이러한 방법으로 가져온 위도와 경도를 세계 지도 위에 표시하면 국제 우주 정거장의 위치를 시각화하는 응용 프로그램도 만들 수 있을 것입니다.

국가 정보 가져오기

API 키 없이 간단하게 요청할 수 있는 웹 API의 예를 하나 더 살펴보겠습니다. REST Countries 사이트(https://restcountries.com/)에서 국가 관련 정보를 웹 API 형태로 제공합니다. 이 웹 API에 나라 이름, 도시 이름, 통화 등으로 국가 관련 데이터를 요청하면 JSON 형식으로 응답합니다.

다음은 나라 이름으로 국가 관련 데이터를 요청해서 응답받는 코드의 예입니다.

```
In: import requests

    url_temp = "https://restcountries.com/v3.1/name/"
    country = "South Korea"
```

```
    url = url_temp + country

    r = requests.get(url)
    print(r.text)
```

```
Out: '[{"name":"South Korea", "topLevelDomain":[".kr"], "alpha2Code":"KR", "alpha3Code":"KOR",
     "callingCodes":["82"], "capital":"Seoul", "altSpellings":["KR", "Republic of Korea"],
     "region":"Asia", "subregion":"Eastern Asia", "population":51448183, "latlng" :[37.0,127.5],
     "demonym":"South Korean", "area":100210.0, "gini":31.3, "timezones":["UTC+09:00"],
     "borders":["PRK"], "nativeName":"대한민국", "numericCode":"410", "currencies":["KRW"],
     "languages":["ko"], "translations":{"de":"S dkorea", "es":"Corea del Sur", "fr":"Cor e du Sud",
     "ja":"    ", "it":"Corea del Sud"}, "relevance":"1.5"}]'
```

출력 결과를 보면 나라의 공식 이름, 수도, 국제 전화 번호, 통화 표시 약어 등의 정보를 가져온 것을 볼 수 있습니다. 위의 출력 결과에서 JSON 형식의 데이터는 전체가 배열의 기호인 [ ]로 감싸여 있습니다. 이 경우는 JSON 형식의 데이터를 파이썬 데이터로 변환하면 리스트 데이터로 변환됩니다. 다음은 JSON 형식의 데이터를 파이썬 데이터로 변환하는 코드입니다.

```
In: json_to_list = requests.get(url).json()
    json_to_list
```

```
Out: [{'alpha2Code': 'KR',
       'alpha3Code': 'KOR',
       'altSpellings': ['KR', 'Republic of Korea'],
       'area': 100210.0,
       'borders': ['PRK'],
       'callingCodes': ['82'],
       'capital': 'Seoul',
       'currencies': ['KRW'],
       'demonym': 'South Korean',
       'gini': 31.3,
       'languages': ['ko'],
       'latlng': [37.0, 127.5],
       'name': 'South Korea',
       'nativeName': '대한민국',
       'numericCode': '410',
       'population': 51448183,
       'region': 'Asia',
       'relevance': '1.5',
```

```
'subregion': 'Eastern Asia',
'timezones': ['UTC+09:00'],
'topLevelDomain': ['.kr'],
'translations': {'de': 'S dkorea',
'es': 'Corea del Sur',
'fr': 'Cor e du Sud',
'it': 'Corea del Sud',
'ja': '    '}}]
```

출력 결과를 보면 리스트 타입의 데이터 안에 딕셔너리 타입의 데이터가 들어있는 것을 볼 수 있습니다. 따라서 변수 json_to_list에서 나라의 수도(capital)를 추출하려면 다음과 같이 수행합니다.

```
In: json_to_list[0]["capital"]
```

```
Out: 'Seoul'
```

대한민국의 수도인 서울(Seoul)이 잘 추출된 것을 확인할 수 있습니다. 위의 코드를 활용해 다음과 같이 몇몇 나라의 수도를 웹 API를 통해 가져오는 코드를 작성해 보겠습니다. 이를 위해 앞에서 작성한 코드를 이용해 나라 이름을 입력하면 수도를 반환하는 함수 country_to_capital()를 만들었습니다. 또한 나라 이름이 있는 리스트(countries)를 만들고 for 문으로 이 리스트의 항목을 하나씩 작성된 함수에 넣고 반환된 수도를 나라 이름과 함께 출력하도록 코드를 작성했습니다.

```
In: import requests
    import json

    countries =["South Korea", "United States of America", "United Kingdom", "France", "Germany"]

    def country_to_capital(country):
        url_temp = "https://restcountries.com/v3.1/name/"
        url = url_temp + country
        json_to_list = requests.get(url).json()
        return json_to_list[0]["capital"]

    for country in countries:
        capital = country_to_capital(country)
        print("*{0}: {1}".format(country, capital))
```

```
Out: *South Korea: Seoul
     *United States of America: Washington, D.C.
```

```
*United Kingdom: London
*France: Paris
*Germany: Berlin
```

위에서 웹 API를 이용해 나라 이름을 넣으면 수도를 반환해 주는 코드를 작성했습니다. 만약 웹 API를 이용하지 않았다면 나라별로 수도 데이터를 모두 갖고 있어야 하므로 데이터를 일일이 입력해야 하는 번거로움을 피할 수 없었을 것입니다. 이렇듯 웹 API를 잘 활용하면 어려운 작업도 쉽게 수행할 수 있습니다.

03 트위터에 메시지 작성하고 가져오기

트위터(Twitter)는 대표적인 소셜 네트워킹 서비스(Social Networking Service, SNS) 중 하나이자 한 번에 올릴 수 있는 글자의 수가 140자로 제한된(2017년 11월에 영어 등 40개 언어에 대해 280자로 확대했으나 한국어, 일본어, 중국어는 여전히 140자로 제한함) 마이크로 블로그입니다. 트위터는 다른 사람을 팔로우(Follow)할 수가 있는데 이렇게 다른 사람을 팔로우하는 사람을 팔로워(Follower)라고 합니다. 만약 자신의 팔로워가 있다면 자신이 쓴 글은 즉시 팔로워들에게 공개됩니다. 이렇게 트위터는 자신이 쓴 글이 실시간으로 팔로워에게 전달되므로 팔로워가 많은 경우 그 파급력은 아주 큽니다. 따라서 많은 유명 인사들(연예인, 정치인, 방송인, 작가, 분야별 전문가 등)도 자신의 근황을 알리거나 생각을 공유하기 위해 트위터를 많이 이용합니다. 물론 일반인들도 트위터를 많이 이용합니다.

이미 트위터를 사용해 본 경험이 있다면 아마 대부분 스마트폰이나 컴퓨터에서 애플리케이션이나 웹 브라우저로 트위터에 접속해 트위터를 이용했을 것입니다. 하지만 웹 API를 이용한다면 애플리케이션이나 웹 브라우저로 트위터에 접속하지 않고도 트위터에서 제공하는 서비스를 이용할 수 있습니다.

이번에는 트위터의 웹 API(트위터 API)를 이용해 트위터에 글을 쓰고 관심 있는 글을 읽는 방법을 알아보겠습니다. 트위터 API를 이용하는 방법을 잘 익힌다면 다른 SNS의 웹 API도 활용 방법이 유사하므로 웹 API를 이용해 SNS 서비스를 이용하는 코드를 작성하는 데 큰 어려움이 없을 것입니다.

API 키 및 접속 토큰 생성

트위터 API를 이용하려면 우선 트위터 웹 사이트(`https://twitter.com`)에 회원 가입을 해야 합니다. 이미 트위터에 회원 가입을 했더라도 이번에 살펴볼 트위터 API의 활용을 위해 새롭게 회원 가입을 해서 새로운 계정을 생성하는 것을 권장합니다. 그렇지 않다면 여러 코드를 작성하는 동안 자신의 기존 트위터 계정의 팔로워들을 놀라게 할 수도 있습니다. 여기서는 트위터에 회원 가입 방법에 대해서는 다루지 않겠습니다. 트위터 웹 사이트에 접속한 후에 안내에 따라 회원 가입을 하길 바랍니다.

> 일반적인 사용을 위해서는 트위터 계정을 생성할 때 휴대폰 번호를 등록할 필요가 없지만 트위터 API를 이용하려면 휴대폰 번호를 꼭 등록해야 합니다. 그래야 트위터 API를 사용하기 위한 트위터 애플리케이션(App)을 생성할 수 있습니다. 휴대폰 번호를 등록할 때 주의할 점은 국가를 선택한 후에 휴대폰 번호를 넣을 때 010에서 0을 빼고 휴대폰 번호를 입력하는 것입니다. 즉, 휴대폰 번호가 '010-xxxx-yyyyy'라면 첫 번째 0을 빼고 '10-xxxx-yyyyy'로 입력해야 합니다.

트위터에서 회원 가입 후 계정을 생성했다면 트위터 API를 이용하기 위해 트위터 애플리케이션을 등록해야 합니다. 이 과정에서 API 키와 토큰, 그리고 이들의 비밀번호도 자동으로 생성됩니다. 트위터 애플리케이션의 등록 과정은 다음과 같습니다.

01. 트위터에 로그인

웹 브라우저로 트위터 웹 사이트(`https://twitter.com`)에 접속한 후에 앞에서 생성한 트위터 계정으로 로그인합니다.

02. Twitter Apps에 접속

브라우저로 Twitter Apps 사이트(`https://apps.twitter.com`)에 접속합니다(그림 15-6).

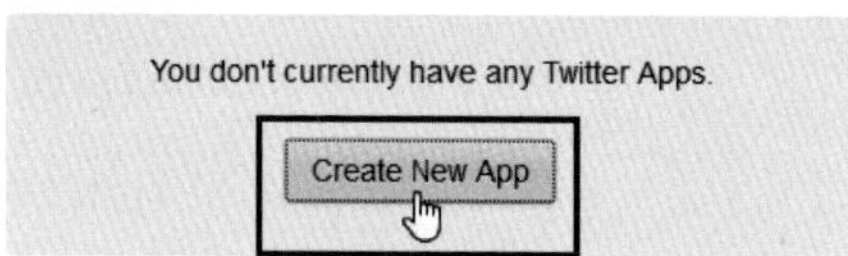

그림 15-6 Twitter Apps에 접속

03. 애플리케이션 생성

그림 15-6에서 [Create New App] 버튼을 클릭하면 그림 15-7과 같이 애플리케이션을 생성하는 화면이 나타납니다. 애플리케이션 화면에서 Name(이름), Description(설명), 그리고 Website(웹 사이트)는 애플리케이션 생성을 위해 꼭 입력해야 하는 항목입니다. 그림 15-7처럼 Name, Description, Website 항목에 자신이 원하는 내용을 입력합니다. 만약 입력한 Name 항목에 입력한 이름이 이미 사용되고 있다면 다른 이름을 입력해야 합니다. Website 입력란의 경우 자신의 웹 사이트가 없으면 우선 웹 사이트 주소 형식에 맞게만 입력하면 됩니다.

이제 'Developer Agreement' 항목의 체크박스를 클릭해 동의하고 [Create your Twitter application] 버튼을 클릭합니다.

https://apps.twitter.com/app/new
검색
Application Management
Create an application
Application Details
Name *
my_first_app_for_python
Your application name. This is used to attribute the source of a tweet and in user-facing authorization screens. 32 characters max.
Description *
트위터 API 테스트용 첫 번째 APP
Your application description, which will be shown in user-facing authorization screens. Between 10 and 200 characters max.
Website *
http://abc.abc.abc
Your application's publicly accessible home page, where users can go to download, make use of, or find out more information abou
qualified URL is used in the source attribution for tweets created by your application and will be shown in user-facing authorization s
(If you don't have a URL yet, just put a placeholder here but remember to change it later.)
Callback URL
Where should we return after successfully authenticating? OAuth 1.0a applications should explicitly specify their oauth_callback UR
regardless of the value given here. To restrict your application from using callbacks, leave this field blank.
Developer Agreement
Yes, I have read and agree to the Twitter Developer Agreement.
Create your Twitter application

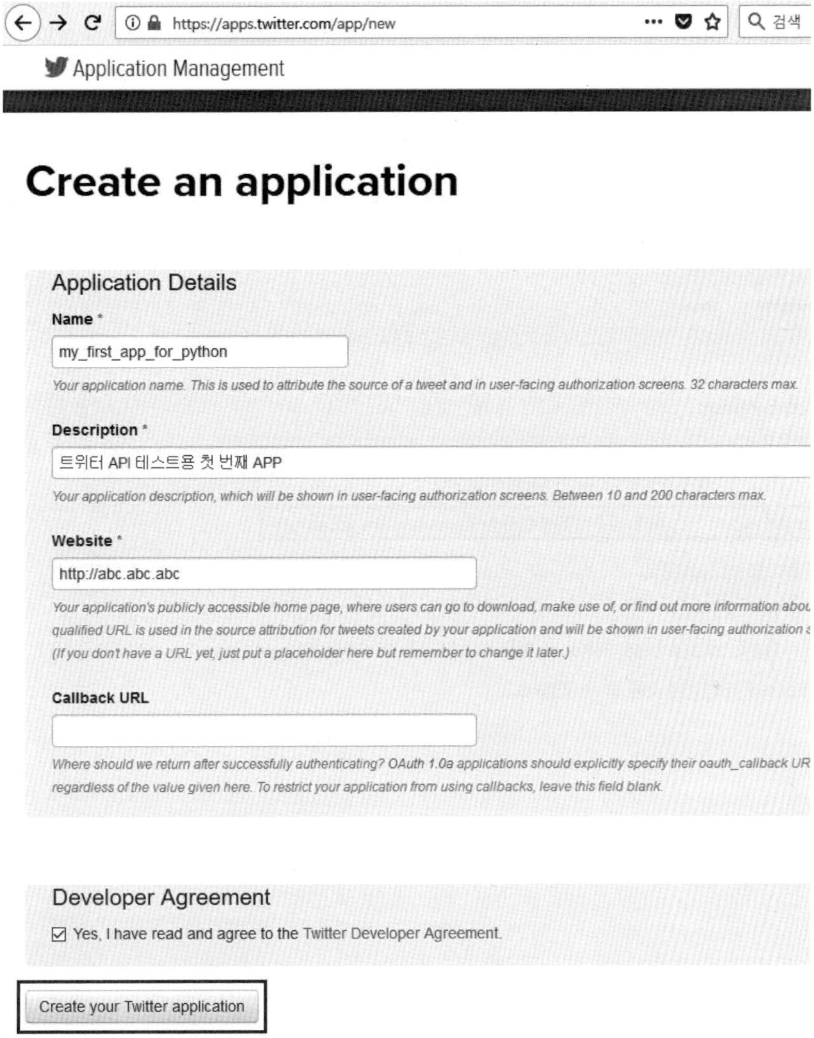

그림 15-7 애플리케이션 생성

오류 없이 잘 진행되면 그림 15-8처럼 'Consumer Key (API Key)'가 자동으로 생성됩니다. 이것은 애플리케이션마다 다르게 생성되며, 공개되면 안 되므로 여기서도 보이지 않게 처리했습니다.

그림 15-8 애플리케이션 생성 완료

생성된 결과에서 [Keys and Access Tokens] 탭을 누르면 그림 15-9와 같이 'Consumer Key (API Key)'와 'Consumer Secret (API Secret)'가 생성된 것을 볼 수 있습니다.

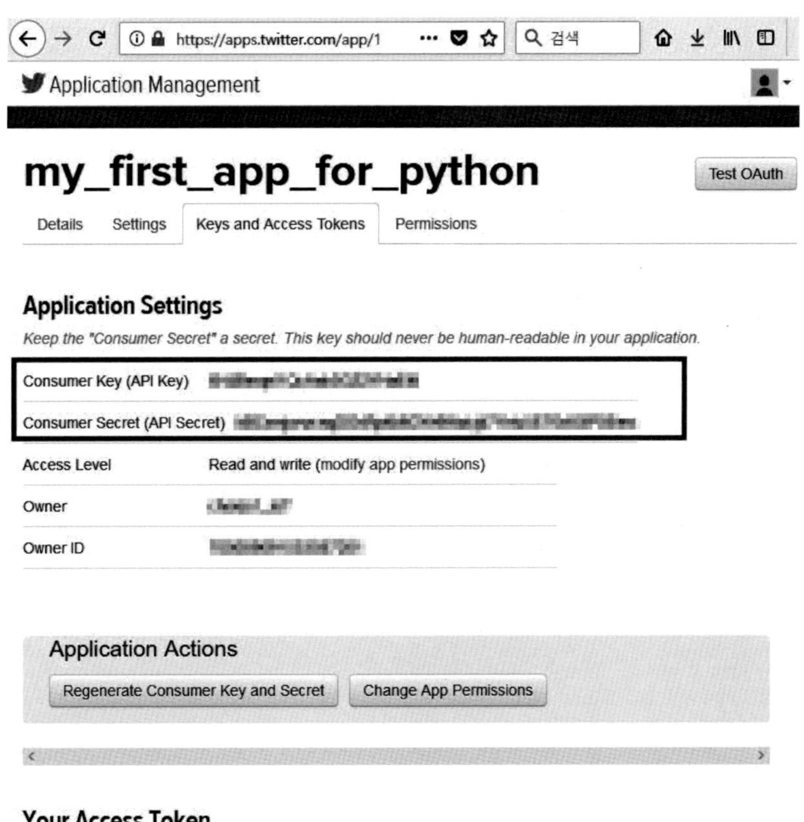

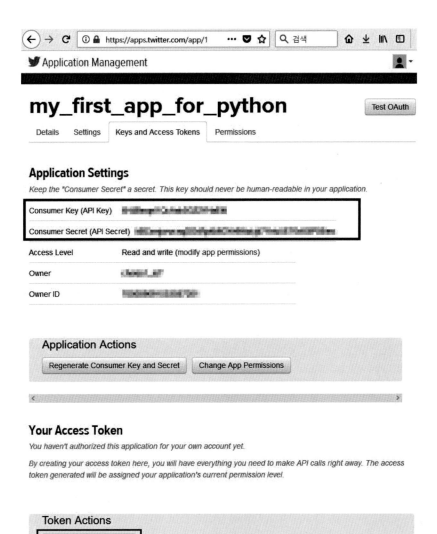

그림 15-9 애플리케이션의 Keys and Access Tokens

그림 15-9에서 가장 아랫부분에 'Token Actions'의 [Create my access token] 버튼을 클릭하면 'Consumer Key (API Key)'와 'Consumer Secret (API Secret)'이 생성된 것과 마찬가지로 'Access Token'과 'Access Token Secret'이 생성됩니다(그림 15-10).

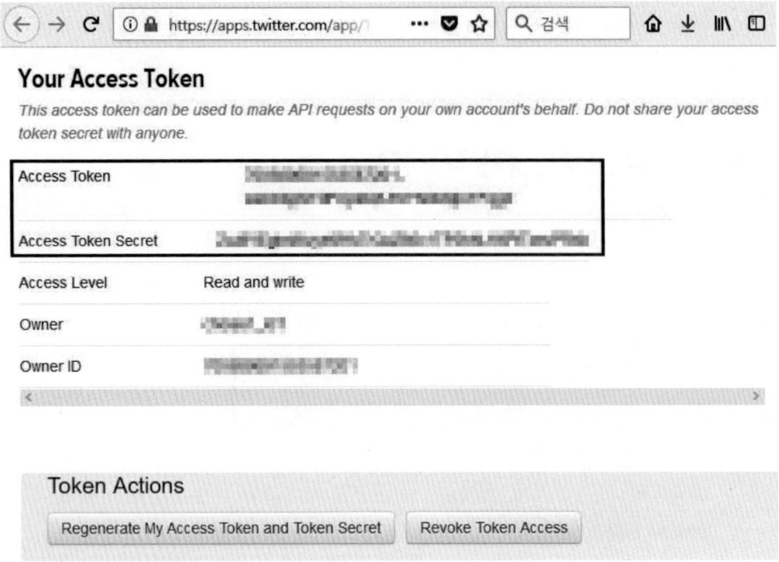

그림 15-10 애플리케이션의 Access Tokens 생성

[Permissions] 탭을 클릭하면 접속 권한을 설정할 수 있습니다. 여기서는 기본 선택 사항인 'Read and Write'를 유지합니다.

[Settings] 탭을 클릭하면 선택한 내용을 변경할 수 있습니다.

이제 트위터 API 사용에 필요한 'Consumer Key (API Key)', 'Consumer Secret (API Secret)', 'Access Token', 'Access Token Secret'을 모두 생성했습니다. 이것은 나중에 트위터 API를 이용하기 위한 코드를 작성할 때 사용됩니다. 다시 한번 강조하지만 API 키와 접속 토큰, 그리고 이들의 비밀번호는 다른 사람에게 절대로 공개해서는 안 됩니다. 만약 공개됐다면 반드시 다시 생성해서 이용해야 합니다.

Tweepy 설치 및 인증

트위터 API를 이용하기 위해 직접 파이썬 코드를 작성해도 되지만 이미 작성된 트위터 API용 라이브러리를 이용하면 좀 더 편리하게 트위터 API를 이용할 수 있습니다. 트위터 API를 위한 파이썬 라이브러리는 많지만 여기서는 트위터의 REST API와 Streaming API를 모두 이용할 수 있는 tweepy 라이브러리를 이용하겠습니다. 참고로 여기서는 tweepy의 다양한 기능 중 여기서는 기본적인 내용만 살펴보겠습니다. 더 많은 내용을 알고 싶다면 tweepy 사용법을 설명하는 웹 사이트(http://docs.tweepy.org/en/v3.6.0/index.html)를 참고하길 바랍니다.

앞에서 살펴본 라이브러리 설치 방법과 같이 다음의 과정으로 tweepy 라이브러리를 설치합니다.

01. Anaconda Prompt 실행

윈도우 시작 버튼을 클릭한 후 메뉴에서 [Anaconda3] → [Anaconda Prompt]를 차례로 선택해 Anaconda Prompt를 실행.

02. 라이브러리 설치 명령어 입력

Anaconda Prompt에 Tweepy 라이브러리 설치 명령어('pip install tweepy')를 입력.

위 과정으로 tweepy를 사용하기 위한 준비가 끝났습니다. 이제 tweepy를 이용해 트위터 API를 활용하는 방법을 알아보겠습니다.

우선 'import tweepy'로 tweepy 라이브러리를 불러옵니다. 그런 후에 앞에서 생성한 'Consumer Key (API Key)', 'Consumer Secret (API Secret)', 'Access Token', 'Access Token Secret'의 문자열을 복사해 코드에 넣습니다. 이를 구현하면 다음과 같습니다.

```
In: import tweepy

    # 아래는 예이며 본인이 신청해서 생성한 문자열을 각각 복사해 넣습니다.
    consumer_key = 'L9WwxSUZXGt7vIXEiYmtIjcHQ'
    consumer_secret = 'bjQrLuottDdpg94VWcG1I3LWXUYZNZnzCRE7KvFXR6hzuQcjOh'

    access_token = '503869961253584201-zsbIDKpTNdFCp5Q9JWYhi0MqtoTFqg2'
    access_secret = 'XuJ8EYgtim6wye7fYuTrQuY80x1TS2hhPHXAtMzeuPRsb'
```

그 후에는 다음 코드와 같이 트위터 API를 위한 OAuth 인증을 진행합니다.

```
In: auth = tweepy.OAuthHandler(consumer_key, consumer_secret)
    auth.set_access_token(access_token, access_secret)
```

이제 다음과 같이 인증된 변수(여기서는 auth)를 이용해 트위터 API 클래스의 객체를 생성합니다.

```
In: api = tweepy.API(auth)
```

여기까지 문제없이 진행되면 이제 트위터 API를 위한 기본적인 준비는 완료됐습니다. 다음으로 트위터 API를 위해 인증이 잘 수행됐는지 확인해 보겠습니다.

tweepy에서 인증된 사용자 정보를 보여주는 메서드는 다음과 같습니다.

```
API.me()
```

이 코드를 실행하면 트위터 API 사용을 위해 인증된 트위터 사용자의 다양한 정보를 반환합니다. 이 정보를 출력해 보면 알아보기 어려울 만큼 내용이 많습니다. 사용자 정보 중에서 사용자 이름을 추출하기 위해 다음을 수행합니다.

```
API.me().name
```

출력 결과를 보면 회원 등록할 때 입력한 이름이 출력됩니다. 이 이름은 아이디와는 다른 것으로 프로필을 수정해 변경할 수 있습니다. 다음은 tweepy의 'API.me().name'을 이용해 트위터 사용자의 이름을 출력하는 코드입니다.

```
In: print("name:",api.me().name)
```

```
Out: name: my_python_API_test
```

출력 결과가 트위터에서 자신이 설정한 이름과 같다면 인증 과정이 잘 수행된 것입니다.

트윗 작성하기

이제 트위터에 트윗(Tweet)을 작성하는 방법을 알아보겠습니다. 여기서 트윗이란 트위터에서 작성된 메시지입니다. 트윗의 종류로는 일반 트윗, 멘션, 답글, 리트윗(RT), 인용 트윗 등이 있습니다. tweepy를 이용해 자신의 트위터 홈 타임라인에 일반 트윗을 작성하려면 다음 메서드를 이용하면 됩니다.

```
API.update_status(status)
```

여기서 인자 status에 자신의 상태를 업데이트하는 문자열을 입력합니다. 이때 주의할 것은 같은 내용의 트윗을 일정 시간 안에 다시 올릴 수 없다는 것입니다. 또한 정해진 문자 수(영어의 경우는 280자, 한국어의 경우는 140자)를 넘어가는 문자열은 입력할 수 없으므로 status에 입력할 문자열 작성에 주의가 필요합니다.

> ! 트위터 API를 이용할 경우 요청 횟수에 제한(Twitter API rate limits)이 있습니다. 즉, 15분 안에 최대 15개의 요청만 할 수 있습니다. 만약 15분 안에 15개의 요청을 했다면 15분을 기다린 후에 다시 요청할 수 있습니다.

다음은 파이썬에서 tweepy를 이용해 트위터에 트윗을 올리는 코드입니다.

```
In: tweet_update_status = api.update_status('파이썬에서 Tweepy 라이브러리를 이용한 첫 번째 트윗')
```

위의 코드에서 변수 tweet_update_status를 출력하면 상태 정보가 출력됩니다. 여기서는 지면상 상태 정보는 출력하지 않겠습니다. 이제 자신의 트위터 홈으로 가면 위에서 그림 15-12처럼 작성한 문자열이 트윗된 것을 확인할 수 있습니다.

그림 15-12 tweepy를 이용해 트위터에 트윗하기

tweepy의 다음 메서드를 이용하면 트위터에 텍스트뿐만 아니라 이미지 파일도 트윗할 수 있습니다.

```
API.update_with_media(filename [, status])
```

filename에는 이미지 파일이 있는 경로와 파일명이 들어갑니다. 만약 부가적으로 메시지도 함께 올리려면 status에 문자열을 입력하면 됩니다.

다음은 update_with_media()를 이용해 트위터에 이미지 파일과 텍스트를 트윗하는 코드입니다.

```
In: tweet_media_update_status = api.update_with_media("C:/myPyCode/figures/fig_for_excel1.png",
    'tweepy를 이용한 이미지 올리기')
```

위 코드에서도 변수 tweet_media_update_status를 출력하면 역시 상태 정보가 표시되지만 너무 길게 출력되므로 여기서는 출력하지 않겠습니다. 자신의 트위터 홈 타임라인에 가보면 그림 15-13처럼 이미지와 텍스트가 올라간 것을 확인할 수 있습니다.

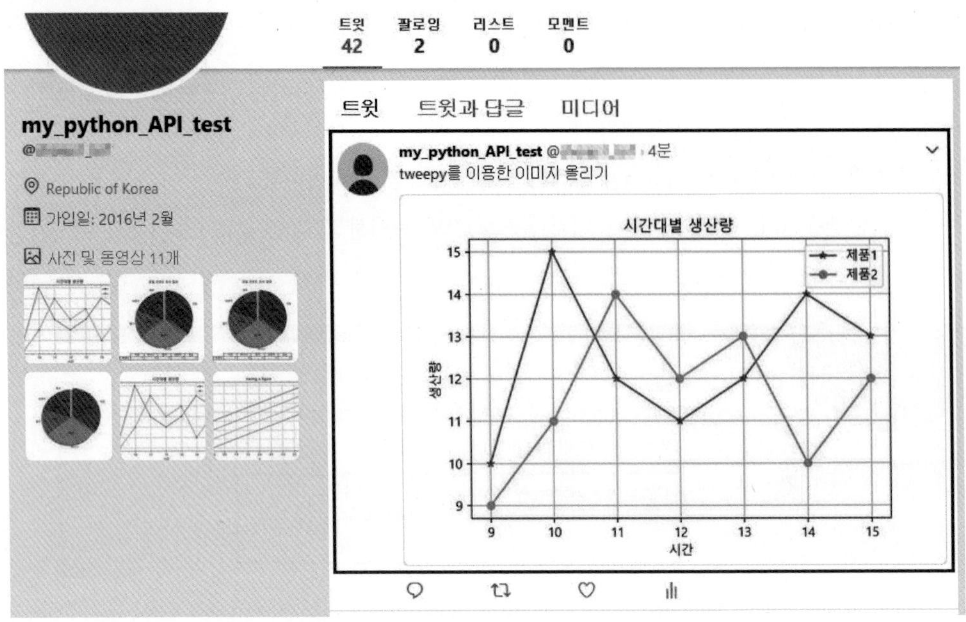

그림 15-13 tweepy로 이미지를 포함한 트윗 올리기

타임라인에서 메시지 가져오기

앞에서는 자신의 타임라인에 트윗을 작성하는 방법을 살펴봤습니다. 이제 자신의 트위터 홈 타임라인 메시지를 가져오는 방법을 알아보겠습니다. 이를 위한 tweepy의 메서드는 다음과 같습니다.

```
Cursor(api.home_timeline).items([n])
```

인자 n에서 지정한 숫자만큼 홈 타임라인에 있는 최근 메시지를 가져옵니다. 만약 인자 n이 없다면 모든 홈 타임라인의 모든 메시지를 다 가져옵니다. 하지만 모든 메시지를 가져오려면 시간이 오래 걸릴 수도 있으니 주의가 필요합니다. 또한 위에서 api는 앞의 코드에서 정의한 'api = tweepy.API(auth)'입니다.

위의 메서드를 활용해 트위터 홈 타임라인에 있는 메시지를 가져오는 코드를 작성하면 다음과 같습니다.

```
In: for status in tweepy.Cursor(api.home_timeline).items(2):
        print("*", status.text)
```

```
Out: * tweepy를 이용한 이미지 올리기 https://t.co/CBcDEU19U8
     * 파이썬에서 Tweepy 라이브러리를 이용한 첫 번째 트윗
```

위 코드를 실행하면 'tweepy.Cursor(api.home_timeline).items()'가 수행된 후 반환된 값을 지정된 횟수만큼 반복적으로 변수 status에 대입합니다. 변수 status에는 많은 정보가 포함돼 있습니다. 이 중에서 'status.text'는 트위터 홈 타임라인의 메시지를 출력합니다. 만약 메시지에 사진이나 동영상이 포함됐다면 직접 가지고 오는 대신 링크 정보를 표시합니다.

변수 status에는 있는 많은 정보는 'status._json'을 이용해 딕셔너리 형태로 가져올 수 있습니다. 'status._json'는 JSON 형태의 데이터일 것 같지만 type(status._json)을 수행하면 dict로 결과가 나옵니다. 이 책에서는 출력 결과를 싣지는 않겠지만 어떤 정보가 출력되는지 직접 확인해 보기 바랍니다. 이 정보 중 메시지를 표시하기 위해서는 'status._json['text']'를, 메시지 생성 시간을 알기 위해서는 'status._json['created_at']'를 수행하면 됩니다. 다음은 이를 이용해 메시지와 메시지를 생성한 시간을 가져와서 출력하는 코드입니다.

```
In: for status in tweepy.Cursor(api.home_timeline).items(2):
        print("*", status._json['text'])
        print(" => Created at", status._json['created_at'])
```

```
Out: * tweepy를 이용한 이미지 올리기 https://t.co/CBcDEU19U8
       => Created at Sun Jun 17 05:09:03 +0000 2018
     * 파이썬에서 Tweepy 라이브러리를 이용한 첫 번째 트윗
       => Created at Sun Jun 17 05:08:55 +0000 2018
```

키워드를 지정해 데이터 가져오기

웹 API에는 REST API와 Streaming API가 있다는 것을 앞에서 설명했습니다. 지금까지 Tweepy로 트위터에서 제공하는 REST API를 이용하는 방법을 알아봤습니다. 이번에는 트위터에서 제공하는 Stream API를 이용해 필요한 정보를 가져오는 방법을 살펴보겠습니다. Stream API는 미래에 발생할 이벤트에 대해 미리 등록해 놓으면 그 이벤트가 발생할 경우 응답받을 수 있습니다. 트위터의 Stream API를 이용하면 자신의 홈 타임라인에 있는 메시지를 가져오는 것이 아니라 트위터 전체의 메시지를 가져옵니다. 앞에서 살펴본 Tweepy는 트위터의 Stream API에도 이용할 수 있습니다. 예를 들어, Tweepy를 활용해 특정 단어를 지정하면 그 이후에 작성된 트위터 메시지 중에서 해당 단어가 포함된 메시지를 모두 가져올 수 있습니다.

Tweepy를 활용해 트위터의 Streaming API를 이용하는 방법은 다음과 같습니다.

1. Tweepy의 StreamListener를 상속받아 클래스를 정의
2. 정의한 클래스를 이용해 객체를 생성

3. 생성한 객체를 Tweepy의 Stream을 이용해 트위터 Stream API와 연결

4. Stream의 Filter를 이용해 단어를 지정하고 Stream을 시작

이제 각 단계별로 코드를 구현하면 다음과 같습니다.

(1) Tweepy의 StreamListener를 상속받아 클래스를 정의

다음 코드는 Tweepy의 StreamListener를 상속받아 클래스를 생성한 후에 함수를 재정의하는 방법입니다. 상속받은 StreamListener에는 on_status(), on_data(), on_error() 등의 함수가 있습니다. on_status() 함수는 지정된 단어가 포함된 트윗을 발견했을 때 호출하고, on_data() 함수는 좀 더 다양한 이벤트에 반응해 호출하며, on_error() 함수는 오류가 발생했을 때 호출합니다. 여기서는 on_status() 함수를 재정의하겠습니다. 재정의한 on_status() 함수에서 print(status.text)을 이용해 트윗을 140자까지 출력합니다.

```
In: import tweepy

    class MyStreamListener(tweepy.StreamListener):

        def on_status(self, status):
            print(status.text) # 140자까지 출력
```

(2) 정의한 클래스를 이용해 객체를 생성

다음은 앞에서 정의한 클래스(MyStreamListener)를 이용해 객체를 생성하겠습니다.

```
In: myStreamListener = MyStreamListener()
```

(3) 생성한 객체를 Tweepy의 Stream을 이용해 트위터 Stream API와 연결

다음은 Tweepy의 Stream()을 이용해 트위터 API와 연결하겠습니다. 이때 Stream()의 인자로 auth가 필요합니다. 이는 앞에서 설명한 'auth = tweepy.OAuthHandler(consumer_key, consumer_secret)'를 이용합니다. 만약 앞에서 이를 수행했다면 변수 auth를 그대로 이용하면 됩니다. 또 다른 인자로는 MyStreamListener() 클래스에서 생성한 객체인 myStreamListener가 있습니다.

```
In: myStream = tweepy.Stream(auth, myStreamListener)
```

(4) Stream의 Filter를 이용해 단어를 지정하고 Stream을 시작

여기까지 오류 없이 잘 수행했다면 이제 filter(track = [문자열])로 원하는 문자열을 입력해 트위터에서 그 문자열이 들어간 메시지를 찾으면 됩니다. 여기서 문자열 지정은 한글로도 할 수 있으며 복수의 문자열을 입력할 수도 있습니다.

```
In: #myStream.filter(track = ['파이썬', 'python'])
```

위의 코드 실행 부분은 주석 처리했습니다. 위의 코드를 실행하는 경우 track의 인자로 지정된 문자열이 포함된 메시지를 발견하면 강제로 멈추기 전까지는 계속해서 메시지를 가져와 출력합니다. 따라서 여기서는 실행하지 않겠습니다. 만약 filter(track = [문자열])로 지정한 문자열이 있는 데이터를 계속 가져오지 않고 원하는 개수만 가져오게 하려면 앞에서 정의한 MyStreamListener 클래스를 다음과 같이 다시 정의해야 합니다.

```
In: class MyStreamListener(tweepy.StreamListener):

        def __init__(self):
            super().__init__()
            self.tweet_num = 0

        def on_status(self, status):
            self.tweet_num = self.tweet_num + 1
            if(self.tweet_num <= 5):
                print("***", status.text) # 140자까지 출력
                return True
            else:
                return False
```

위의 코드에서는 MyStreamListener 클래스에서 on_status()를 호출할 때마다 변수 'self.tweet_num'의 값이 1씩 증가하는데 이 변숫값이 지정한 숫자 이하일 때만 트윗을 출력하고, 그렇지 않으면 끝납니다. 또한 트윗을 구분하려고 트윗 앞에 ***를 추가해서 출력했습니다.

이제 재정의한 MyStreamListener 클래스에서 객체를 상속받아 앞에서 살펴본 방법대로 키워드를 지정해 트위터에서 메시지를 가져오겠습니다.

```
In: myStreamListener = MyStreamListener()
    myStream = tweepy.Stream(auth, myStreamListener)
    myStream.filter(track = ['머신 러닝', 'Machine Learning'])
```

```
Out: *** RT @BenedictEvans: Talk about machine learning now is a bit like talking about SQL in
     the late 70s. "Now we can do pattern recognition/arbi…
     *** RT @TessFerrandez: This is an awesome opportunity to learn and work on real ML problems
     with me and my colleagues - it's super awesome fun…
     *** RT @machinelearnflx: Clustering &amp; Classification With Machine Learning in Python
     https://t.co/9y4cawex5D  #machinelearning #ad
     *** Ngene iki yo keno  ⊠ https://t.co/nazLEZKta3
     *** @hospitalvespers machine learning is the WIP i'm reading right now: https://t.co/
     cnPXLlSM5A
     my pal wrote one last n… https://t.co/jE06JEgm7f
```

위의 출력 결과를 보면 지정한 키워드(['머신 러닝', 'Machine Learning'])가 있는 트위터 메시지를 140자까지 가져온 것을 알 수 있습니다. 이 코드의 출력 결과는 실행할 때마다 다를 것입니다.

앞의 코드를 통합해서 작성하면 다음과 같은 코드가 됩니다. 한 번에 수행하는 코드를 작성하기 위해 Stream API에 필요한 인증 관련 부분도 추가했습니다. 또한 앞에서 정의한 MyStreamListener 클래스를 일부 수정해서 MyStreamListener2 클래스를 선언했습니다. 클래스 MyStreamListener2에서는 초기화 함수를 지정해서 가져올 트위터 데이터의 개수를 지정했고, on_status() 함수에서 트윗 메시지를 스크린이 아닌 파일로 저장하도록 변경했습니다. 그리고 on_error() 함수를 재정의해 오류가 발생하면 오류 상태를 출력하고 끝내도록 했습니다. 또한 『if __name__ == '__main__':』 이후에는 앞에서 정의한 클래스의 객체를 생성하고 Stream()으로 트위터 API와 연결한 후, filter(track = [문자열])로 원하는 문자열을 지정해 스트림(Stream)을 시작했습니다. 마지막으로 지정한 수의 트윗 메시지를 모두 가져와 파일로 저장한 후에는 "End of streaming!"을 출력하게 했습니다. 코드를 실행한 이후에 트위터에 지정한 키워드를 포함한 트윗이 발생해야 하므로 결과를 얻는 데 시간이 걸릴 수 있습니다.

```
In: import tweepy

    # 키, 토근, 비밀번호 지정
    # consumer_key = 'YOUR-CONSUMER-KEY'
    # consumer_secret = 'YOUR-CONSUMER-SECRET'

    # access_token = 'YOUR-ACCESS-TOKEN'
    # access_secret = 'YOUR-ACCESS-SECRET'

    # OAuth 인증 진행
    auth = tweepy.OAuthHandler(consumer_key, consumer_secret)
```

```
auth.set_access_token(access_token, access_secret)

# 인증된 auth 변수를 이용해 트위터 API 클래스의 정의
class MyStreamListener2(tweepy.StreamListener):

    def __init__(self, max_num):
        super().__init__()
        self.tweet_num = 0
        self.max_num = max_num

    def on_status(self, status):
        self.tweet_num = self.tweet_num + 1
        file_name = 'C:/myPyCode/data/twitter_stream_test.txt'
        if(self.tweet_num <= self.max_num ):
            with open(file_name, 'a', encoding="utf-8") as f:
                write_text = "*** " + status.text + "\n"
                f.write(write_text)
            return True
        else:
            return False

    def on_error(self, status):
        print(status) # 오류 메시지 출력
        return False

if __name__ == '__main__':
    myStreamListener = MyStreamListener2(5)
    myStream = tweepy.Stream(auth, myStreamListener)
    myStream.filter(track = ['머신 러닝', 'Machine Learning'])
    print("End of streaming!")
```

```
Out: End of streaming!
```

on_status() 함수에서 지정한 폴더('C:\myPyCode\data')의 텍스트 파일('twitter_stream_test.txt')로 출력할 때 트윗을 구분하려고 ***를 추가했으며 마지막에는 개행문자(\n)를 추가해 줄 바꿈했습니다. 코드를 수행한 폴더에서 텍스트 파일('twitter_stream_test.txt')을 열면 저장된 메시지를 확인할 수 있습니다.

지금까지 파이썬을 이용해 트위터에 트윗을 작성하고 타임라인에서 메시지를 가져오고 스트림으로 원하는 단어가 들어간 메시지를 가져오도록 예약하는 방법을 살펴봤습니다. 앞에서 살펴본 트위터 API를 사용하는 방법을 잘 익히면 좀 더 효율적으로 트위터를 사용해 쉽고 간편하게 소셜 미디어(social media) 자료를 수집하고 분석할 수 있습니다.

04 정부의 공공 데이터 가져오기

최근 많은 나라에서 공공기관이 보유한 공공 데이터를 일반에 공개해 누구나 공공기관의 데이터에 쉽고 편하게 접근할 수 있게 됐습니다. 대한민국 정부에서도 공공 데이터 포털(`https://www.data.go.kr`)을 통해 정부의 각 부처 및 산하기관에서 발행한 다양한 공공 데이터를 공개하고 있습니다. 이러한 공공 데이터는 개별 파일로 제공되어 다운로드해서 이용할 수도 있고 웹 API(오픈 API)를 이용해 가져올 수도 있습니다(단, 웹 API를 이용하려면 회원 가입을 해야 합니다).

공공 데이터 포털을 이용하면 하나의 아이디(ID)와 API 키로 각 부처나 기관에서 제공하는 다양한 웹 API를 이용할 수 있어서 편리합니다. 공공 데이터 포털의 [활용 사례]를 클릭하면 오픈 API를 이용해 만든 다양한 애플리케이션을 살펴볼 수 있습니다. 공공 데이터 포털의 오픈 API를 이용하면 국내 관광 정보, 부동산 시세 정보, 날씨 정보, 대기 오염 정보, 대중 교통 정보 등 방대한 양의 데이터를 실시간으로 가져와서 응용 프로그램 제작에 활용할 수 있습니다.

이번에는 공공 데이터 포털에서 제공하는 웹 API를 활용해 필요한 데이터를 요청하고 응답받은 데이터에서 원하는 정보를 추출하는 방법을 살펴보겠습니다.

회원 가입 및 서비스 신청

공공 데이터 포털의 웹 API를 이용하려면 먼저 공공 데이터 포털(`https://www.data.go.kr`)에 접속한 후 오른쪽 위에 있는 [회원가입]을 클릭해 회원 가입을 진행합니다(그림 15-14). 이때 일반회원(개인회원)으로 선택해 진행합니다. 회원 가입할 때 이메일을 통한 인증 과정이 있으므로 자신의 이메일로 전달된 인증 코드를 입력해야 회원 가입을 진행할 수 있습니다. 회원 가입을 완료한 후에는 [로그인]을 클릭해 로그인합니다(그림 15-14).

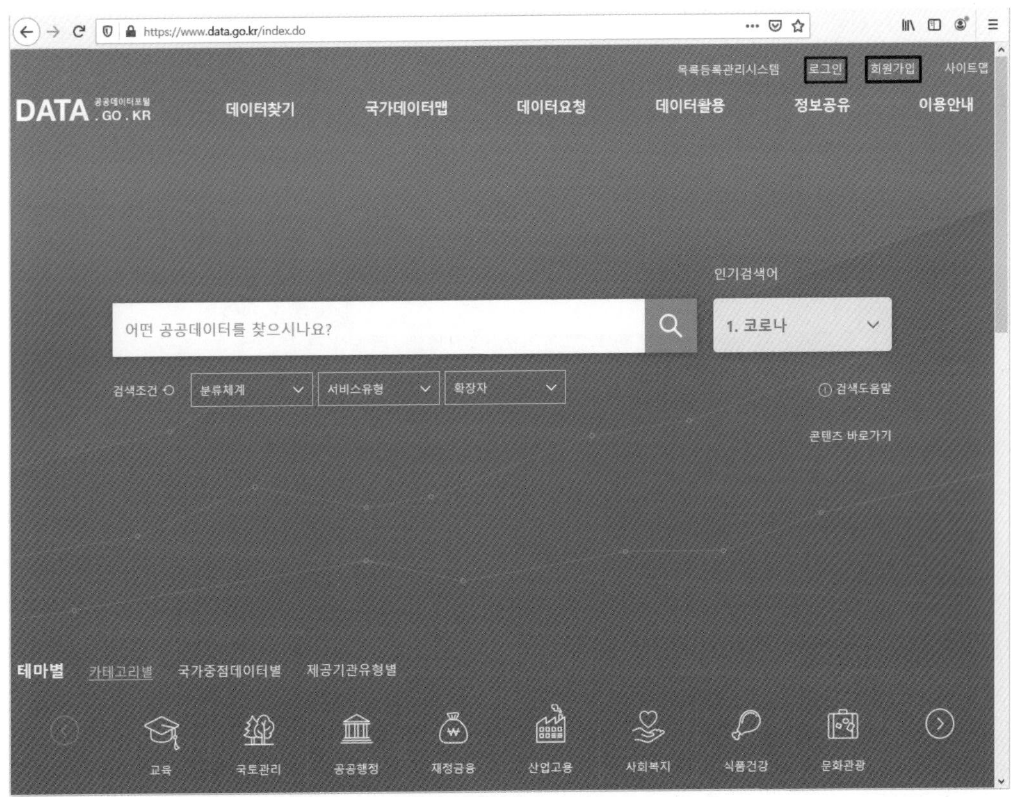

그림 15-14 공공 데이터 포털의 초기 화면

다음으로 웹 API를 이용하기 위해 API 키를 생성해 보겠습니다. 공공 데이터 포털의 경우 활용하려는 API마다 활용 신청을 해야 합니다. 예전에는 API 키를 요청하기 위해 웹 브라우저 중 인터넷 익스플로러(Internet explorer) 9 버전 이상을 이용해야 했지만 지금은 엣지, 크롬, 파이어폭스 등을 이용해서도 API 활용 신청을 할 수 있습니다.

공공 데이터 포털에서 API 활용 신청을 위한 과정은 다음과 같습니다.

01. 웹 브라우저로 접속 후 로그인

공공 데이터 포털(https://www.data.go.kr)에 웹 브라우저로 접속한 후 로그인합니다. 앞에서 웹 브라우저로 접속해 이미 로그인했다면 이 과정은 건너뛰어도 됩니다.

02. 데이터목록 선택

그림 15-15와 같이 [데이터찾기]를 클릭(①)한 후 [데이터목록]을 클릭(②)합니다.

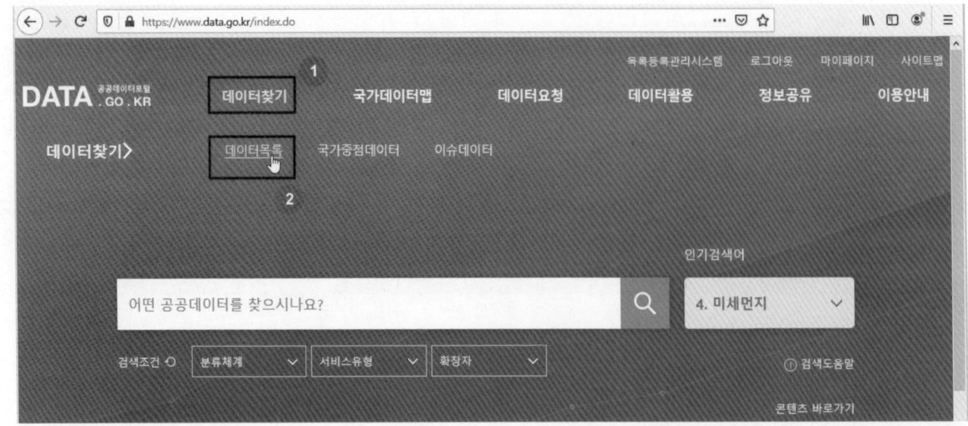

그림 15-15 [데이터목록] 클릭

03. 원하는 서비스(API) 선택

데이터 목록의 여러 항목 중 [오픈 API]를 클릭해서 나오는 오픈 API 항목에서 필요한 것을 선택할 수도 있지만 항목이 너무 많으므로 여기서는 검색을 수행하겠습니다. 이를 위해서는 그림 15-16과 같이 검색창에 '도로명주소조회'를 입력해서 검색을 수행합니다.

그 후 그림 15-17과 같이 [오픈 API]를 클릭(①)하고 『도로명주소조회서비스』를 클릭해서 원하는 서비스(API)를 선택합니다.

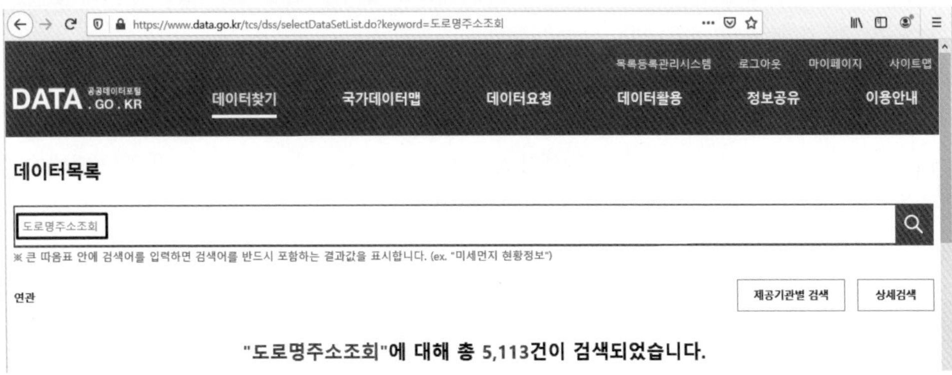

그림 15-16 '도로명주소조회' 검색

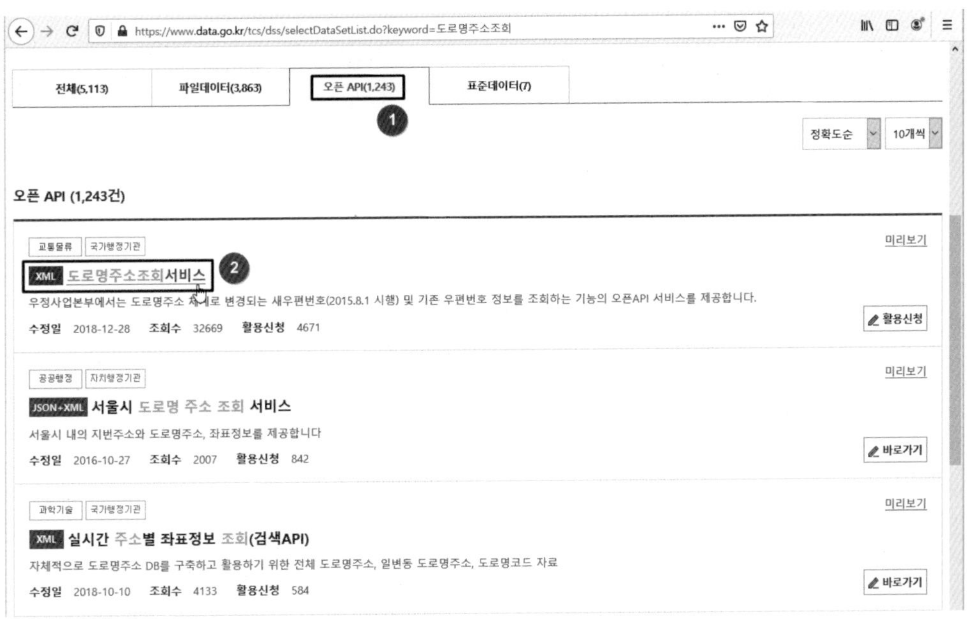

그림 15-17 『도로명주소조회서비스』 선택

04. 서비스 활용 신청

위 과정을 완료하면 그림 15-18처럼 해당 서비스의 설명과 함께 활용 신청을 할 수 있는 화면이 나옵니다. 여기서 [활용신청]을 클릭합니다.

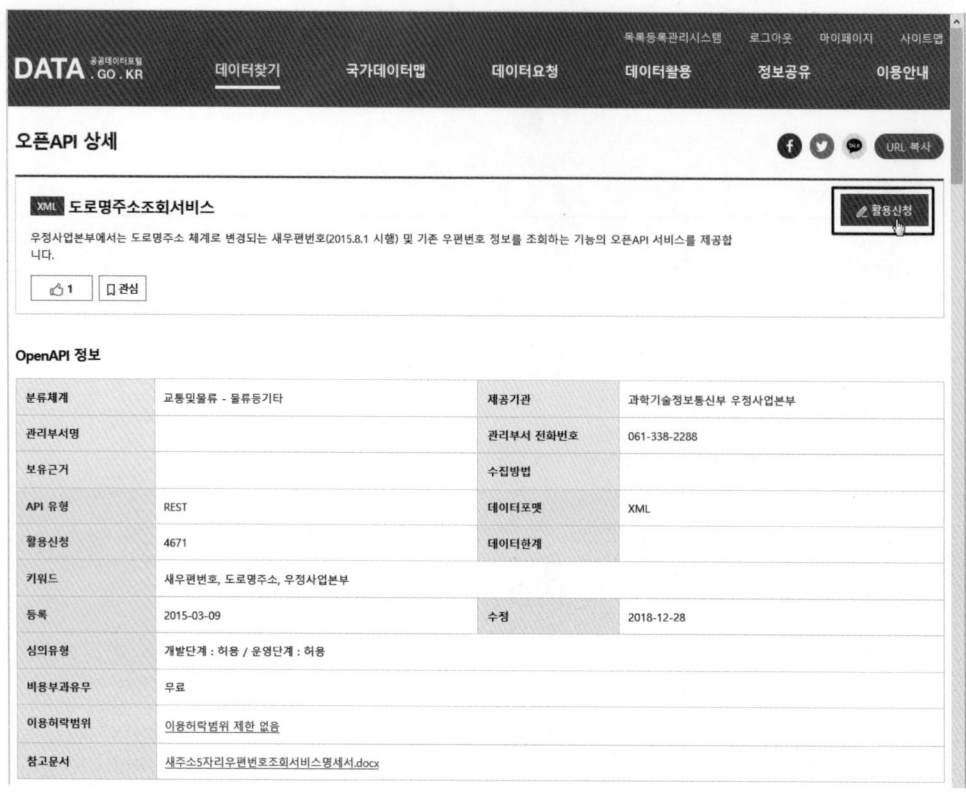

그림 15-18 [도로명주소조회서비스]의 [활용신청] 선택

05. 개발 계정 신청

이제 마지막 개발 계정 신청 단계입니다. 개발 계정을 신청하면 심의 과정을 거치게 되는데, 심의 승인과 자동 승인이 있습니다. 심의 승인의 경우 신청 후에 심의를 거치게 되며, 심의 결과가 나오기까지 며칠이 소요됩니다. 자동 승인의 경우 특별한 심의 과정 없이 자동으로 승인되어 API 키가 생성됩니다. 여기서 이용할 『도로명주소조회서비스』의 경우 그림 15-19처럼 자동 승인으로 이용할 수 있습니다. 한 가지 주의할 점은 자동 승인으로 인증 키가 발급된 후 바로 이용할 수 있는 API 서비스가 있는가 하면, 어떤 API 서비스는 약 20분 ~ 1시간 정도가 지나야 API에 접속할 수 있는 권한이 주어지는 경우가 있다는 것입니다. 따라서 활용 신청을 한 후에 바로 API 키를 이용해 서비스에 접근하면 'SERVICE ACCESS DENIED ERROR' 오류가 발생할 수 있습니다. 또한 활용 신청이 안 됐거나 잘못된 경우에도 같은 오류가 발생할 수 있습니다.

[활용목적]에서 항목은 [앱개발]로 선택(①)하고, 세부 내용은 '테스트'로 입력(②)합니다(그림 15-19).

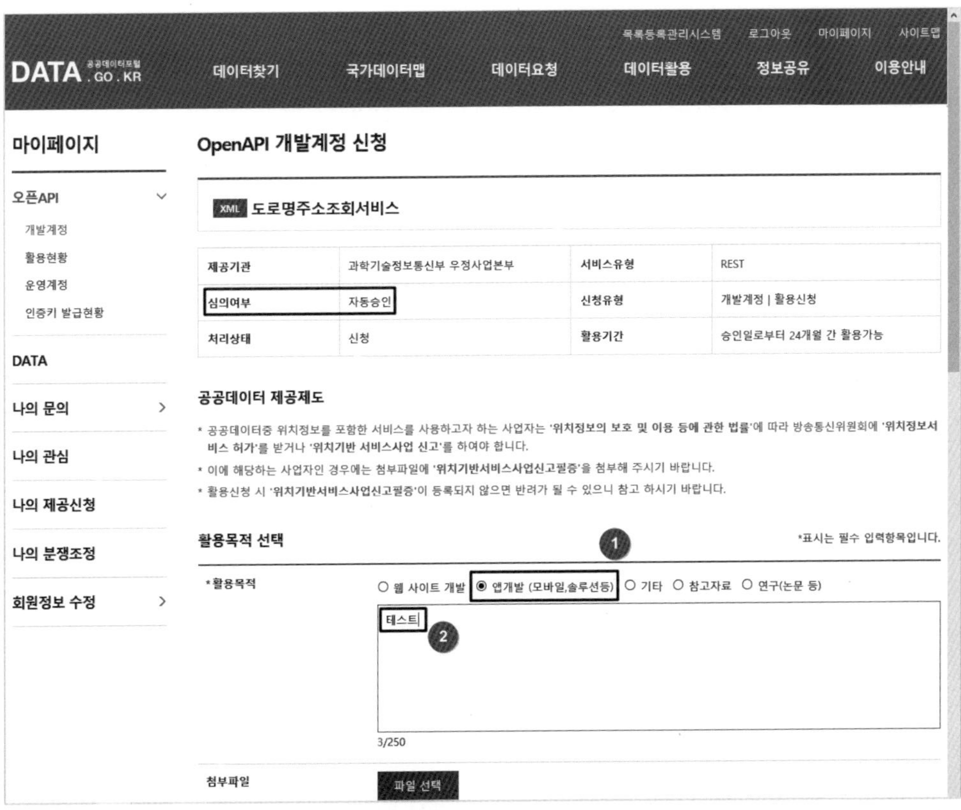

그림 15-19 개발 계정 신청 화면(활용 목적 선택)

[시스템유형 선택]은 기본 선택인 [일반]을 그대로 유지(①)하고 [상세기능정보]는 [새우편번호 도로명주소 조회] 항목을 선택(②)합니다. 그리고 [라이선스 표시] 항목에는 [동의합니다]에 체크(③)하고 [활용신청] 버튼을 클릭(④)합니다(그림 15-20).

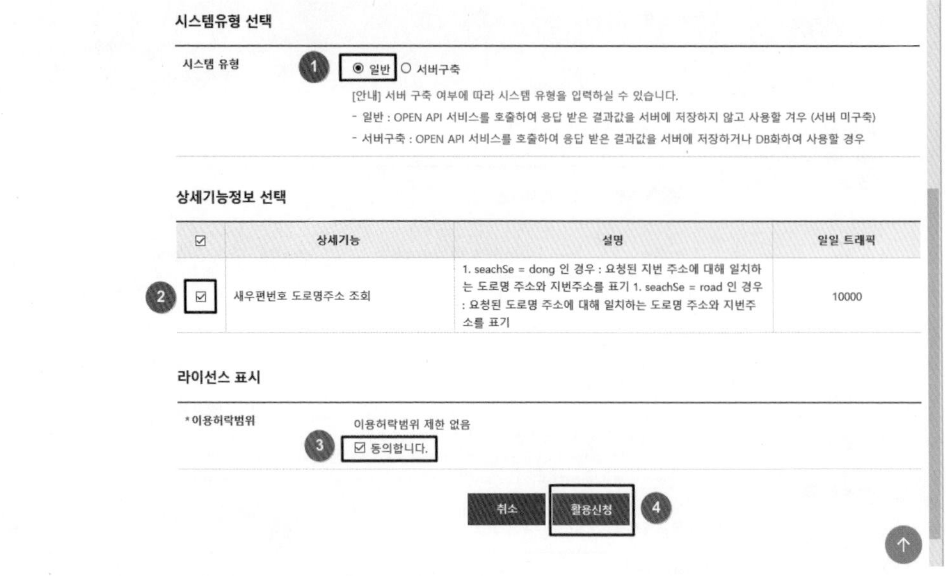

그림 15-20 개발 계정 신청에서 필요 항목 선택

모든 과정이 완료되면 그림 15-21과 같은 팝업창이 나타납니다. [확인] 버튼을 클릭합니다.

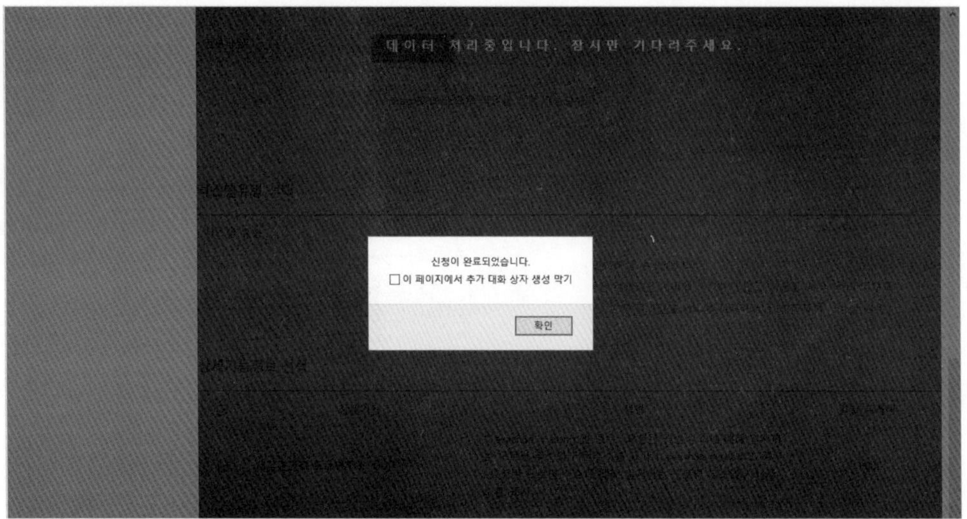

그림 15-21 개발 계정 신청 완료

마이페이지의 개발계정 신청 현황 페이지에서 『[승인]도로명주소조회서비스』를 클릭합니다(그림 15-22).

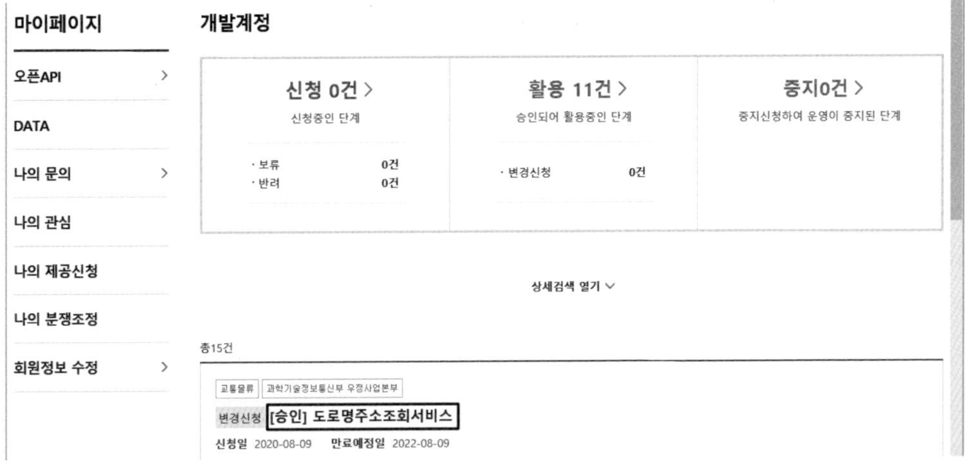

그림 15-22 개발 계정 신청 현황에서 『[승인]도로명주소조회서비스』 선택

위의 과정을 모두 수행했다면 그림 15-23처럼 [서비스정보]의 [일반 인증키] 항목에 인증키가 생성된 것을 볼 수 있습니다. 이 인증키가 API 키이며, 이 키를 이용해 웹 API의 서비스에 접근할 수 있습니다. [참고문서]에는 해당 오픈 API를 위한 상세한 설명이 나와 있습니다.

그림 15-23 개발 계정 상세 보기(『도로명주소조회서비스』)

이제 공공 데이터 포털의 웹 API인 오픈 API를 활용하기 위한 준비가 끝났습니다. 이번 절에서는 『도로명주소조회서비스』를 사용하기 위해 이 서비스를 신청하고 인증키(API 키)를 생성하는 방법을 살펴봤습니다. 오픈 API의 다른 서비스를 이용하고 싶다면 해당 서비스를 새로 신청해야 하며, 서비스 신청 방법은 앞에서 다룬 방법과 유사합니다.

주소 및 우편번호 가져오기

지금까지 공공 데이터 포털의 오픈 API를 이용하기 위해 회원 가입을 했고 『도로명주소조회서비스』를 사용하기 위해 서비스를 신청하고 인증키(API 키)를 생성했습니다. 다음으로 『도로명주소조회서비스』로부터 데이터를 가져와 주소와 우편번호(5자리)를 추출하는 방법을 알아보겠습니다.

공공 데이터 포털에서 제공하는 웹 API의 경우 각 서비스마다 API를 이용하기 위한 참고 문서가 있습니다. 이를 참조하면 API의 사용법을 알 수 있습니다. 다음은 『도로명주소조회서비스』의 참고 문서(새주소5자리우편번호조회서비스명세서.docx)를 바탕으로 필요한 내용을 정리한 것입니다. API에 원하는 데이터를 요청할 때 아래의 '요청 주소'와 '요청 변수'를 이용합니다.

- **요청 주소(Request URL)**
  `http://openapi.epost.go.kr/postal/retrieveNewAdressAreaCdService/retrieveNewAdressAreaCdService/getNewAddressListAreaCd`

- **요청 변수(Request Parameters): 표 15-1**

표 15-1 도로명 주소 조회 서비스의 요청 변수

항목명(영문)	항목명(국문)	항목 크기	항목 구분	샘플 데이터	항목 설명
ServiceKey	서비스 키	255	필수	SERVICE_KEY	서비스 인증
srchwrd	검색어	200	필수	주월동 408-1	검색어
searchSe	검색구분	1	옵션	dong	dong:동(읍/면)명, road:도로명(기본), post:우편번호
countPerPage	페이지당 출력 개수	10	옵션	10	페이지당 출력될 개수를 지정
currentPage	출력될 페이지 번호	10	옵션	1	출력될 페이지 번호

- **사용 예**
  도로명 주소인 '세종로 17'을 입력해서 데이터를 받으려면 다음과 같이 수행합니다. '서비스키'에는 앞에서 생성한 인증키(API 키)를 대입합니다.
  `http://openapi.epost.go.kr/postal/retrieveNewAdressAreaCdService/retrieveNewAdressAreaCdService/getNewAddressListAreaCd?ServiceKey=서비스키&searchSe=road&srchwrd=세종로 17`

- **출력 결과**

  XML 형식으로 우편번호(5자리), 도로명 주소, 지번 주소 등이 출력됩니다.

이제 위와 같은 방법으로 응답 데이터를 가져와 새 우편번호를 추출하겠습니다. 먼저 ServiceKey에 지정할 API 키를 변수 API_KEY로 지정합니다. 공공 데이터 포털에서 생성한 API 키는 URL 인코딩된 상태로 제공되므로 'requests.get()'의 파라미터로 입력하기 전에 'requests.utils.unquote()'로 디코딩해야 합니다. 이를 구현한 코드는 다음과 같습니다.

```
In: import requests

    # API_KEY  = 'YOUR-API-KEY' # 자신의 인증키를 복사해서 입력합니다.
    API_KEY = "et5piq3pfpqLEWPpCbvtSQ%2Bertertg%2Bx3evdvbaRBvhWEerg3efac2r3f3RfhDTERTw
    %2B9rkvoewRV%2Fovmrk3dq%3D%3D"
    API_KEY_decode = requests.utils.unquote(API_KEY)
    API_KEY_decode
```

```
Out: 'et5piq3pfpqLEWPpCbvtSQ+ertertg+x3evdvbaRBvhWEerg3efac2r3f3RfhDTERTw+9rkvoewRV/ovmrk3dq=='
```

위 코드를 실행할 때는 변수 API_KEY에 대입된 인증키 대신 앞에서 생성한 자신의 인증키를 복사해서 넣으면 됩니다.

다음은 도로명 주소를 지정해 데이터를 가져오는 예제 코드입니다. 이 코드에서는 ServiceKey에는 디코딩된 API 키(API_KEY_decode)를 지정하고, 검색 구분은 도로명(road)으로, 검색어에는 검색하고자 하는 주소를 지정했습니다.

```
In: req_url = "http://openapi.epost.go.kr/postal/retrieveNewAdressAreaCdService/
retrieveNewAdressAreaCdService/getNewAddressListAreaCd"

    search_Se = "road"
    srch_wrd = "반포대로 201"

    req_parameter = {"ServiceKey":API_KEY_decode, "searchSe":search_Se, "srchwrd":srch_wrd}

    r = requests.get(req_url, params = req_parameter)
    xml_data = r.text
    print(xml_data)
```

```
Out: <?xml version="1.0" encoding="UTF-8" standalone="yes"?><NewAddressListResponse><
    cmmMsgHeader><requestMsgId></requestMsgId><responseMsgId></responseMsgId><respon
    seTime>20200809:151246748</responseTime><successYN>Y</successYN><returnCode>00</
    returnCode><errMsg></errMsg><totalCount>1</totalCount><countPerPage>10</countPerPage><totalP-
    age>1</totalPage><currentPage></currentPage></cmmMsgHeader><newAddressListAreaCd><z
    ipNo>06579</zipNo><lnmAdres>서울특별시 서초구 반포대로 201 (반포동, 국립중앙도서관)</
    lnmAdres><rnAdres>서울특별시 서초구 반포동 산60-1 국립중앙도서관</rnAdres></
    newAddressListAreaCd></NewAddressListResponse>
```

출력 결과를 보면 API의 응답 형식이 XML임을 알 수 있습니다. 이제 앞에서 살펴본 xmltodict 라이브러리를 이용해 XML 형식의 데이터를 딕셔너리 데이터로 변환하겠습니다. 이를 구현한 코드는 다음과 같습니다.

```
In: import xmltodict

    dict_data = xmltodict.parse(xml_data)
    dict_data
```

```
Out: OrderedDict([('NewAddressListResponse',
              OrderedDict([('cmmMsgHeader',
                            OrderedDict([('requestMsgId', None),
                                         ('responseMsgId', None),
                                         ('responseTime',
                                          '20200809:151246748'),
                                         ('successYN', 'Y'),
                                         ('returnCode', '00'),
                                         ('errMsg', None),
                                         ('totalCount', '1'),
                                         ('countPerPage', '10'),
                                         ('totalPage', '1'),
                                         ('currentPage', None)])),
                           ('newAddressListAreaCd',
                            OrderedDict([('zipNo', '06579'),
                                         ('lnmAdres',
                                          '서울특별시 서초구 반포대로 201 (반포동, 국립중앙도서관)'),
                                         ('rnAdres',
                                          '서울특별시 서초구 반포동 산60-1 국립중앙도서관')]))]))])
```

위에서 변수 'dict_data'의 출력 결과를 보면 XML 형식으로 가져온 데이터가 딕셔너리 타입으로 변환된 것을 볼 수 있습니다. 다음은 앞에서 딕셔너리 타입으로 변환된 변수(dict_data)의 결과를 분석해 우편번호, 도로명 주소, 지번 주소를 추출하는 코드입니다.

```
In: adress_list = dict_data['NewAddressListResponse']['newAddressListAreaCd']

    print("[입력한 도로명 주소]", srch_wrd)
    print("[응답 데이터에서 추출한 결과]")
    print("- 우편번호:", adress_list['zipNo'])
    print("- 도로명 주소:", adress_list['lnmAdres'])
    print("- 지번 주소:", adress_list['rnAdres'])
```

```
Out: [입력한 도로명 주소] 반포대로 201
     [응답 데이터에서 추출한 결과]
     - 우편번호: 06579
     - 도로명 주소: 서울특별시 서초구 반포대로 201 (반포동, 국립중앙도서관)
     - 지번 주소: 서울특별시 서초구 반포동 산60-1 국립중앙도서관
```

앞의 코드에서는 도로명 주소의 일부를 입력해 API에 요청을 보냈고, XML 형식으로 응답받은 데이터에서 우편번호, 전체 도로명 주소 및 지번 주소를 추출했습니다. 도로명 주소뿐만 아니라 우편번호나 지번 주소를 입력해 API에 요청을 보낼 수도 있습니다.

날씨 정보 가져오기

날씨는 우리 생활과 아주 밀접합니다. 날씨는 옷차림, 제품 판매량, 야외 행사 결정 등에 영향을 줍니다. 이처럼 날씨는 우리 일상에서 중요하기 때문에 TV나 라디오 방송의 뉴스에서도 일기 예보는 빠지지 않습니다. 또한 다양한 스마트폰 애플리케이션 중 일기 예보 애플리케이션은 사람들이 많이 이용하는 애플리케이션 중 하나입니다.

이번에는 공공 데이터 포털의 오픈 API 중 기상청에서 제공하는 오픈 API를 이용해 지역별 날씨 정보를 가져오는 방법을 알아보겠습니다.

날씨 정보를 위한 서비스 신청

오픈 API를 이용하기 위한 서비스 신청 방법은 앞의 『도로명주소조회서비스』와 유사하므로 중복되는 내용은 생략하고 설명하겠습니다.

우선 앞에서와 마찬가지로 공공 데이터 포털에 로그인 후에 그림 15-24처럼 검색창에 '동네예보정보조회'를 입력해서 검색합니다.

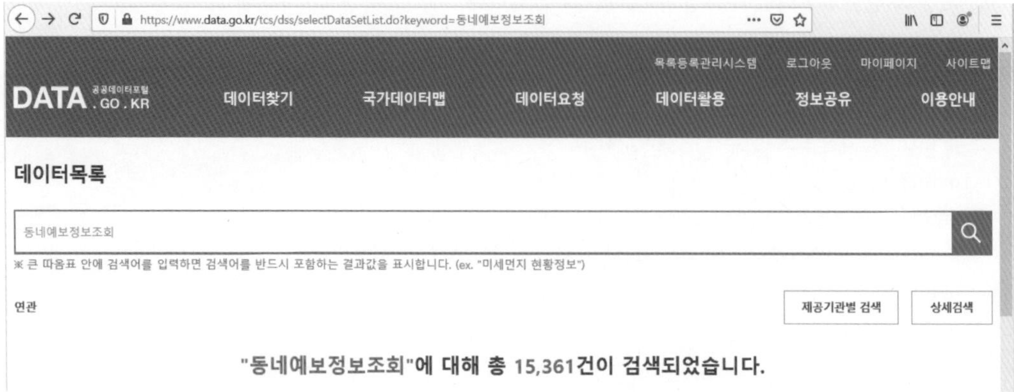

그림 15-24 '동네예보정보조회' 검색

그 후 [오픈 API]를 클릭(①)하고 『동네예보정보조회서비스』의 [활용신청]을 클릭(②)합니다(그림 15-25).

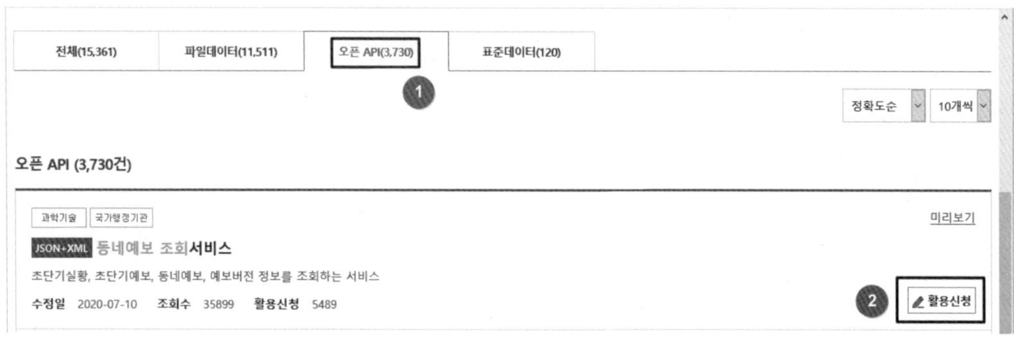

그림 15-25 『동네예보정보조회서비스』의 [활용신청] 클릭

활용 신청할 때 앞에서 신청했던 『도로명주소조회서비스』처럼 [활용목적]에서 항목은 [앱개발]로 선택하고 세부 내용은 '테스트'로 입력합니다. [시스템유형]은 [일반]을 선택하고 [상세기능정보] 항목은 그림 15-26처럼 모두 선택한 후에 [라이선스 표시] 항목에는 [동의합니다]에 체크하고 [활용신청] 버튼을 클릭합니다.

상세기능정보 선택

☑	상세기능	설명	일일 트래픽
☑	예보버전조회	동네예보정보조회서비스 각각의 오퍼레이션(초단기실황, 초단기예보, 동네예보)들의 수정된 예보 버전을 파악하기 위해 예보버전을 조회하는 기능	10000
☑	동네예보조회	동네예보 정보를 조회하기 위해 발표일자, 발표시각, 예보지점 X좌표, 예보지점 Y 좌표의 조회 조건으로 발표일자, 발표시각, 자료구분문자, 예보 값, 예보일자, 예보시각, 예보지점 X 좌표, 예보지점 Y 좌표의 정보를 조회하는 기능	10000
☑	초단기예보조회	초단기예보정보를 조회하기 위해 발표일자, 발표시각, 예보지점 X 좌표, 예보지점 Y 좌표의 조회 조건으로 자료구분코드, 예보값, 발표일자, 발표시각, 예보지점 X 좌표, 예보지점 Y 좌표의 정보를 조회하는 기능	10000
☑	초단기실황조회	실황정보를 조회하기 위해 발표일자, 발표시각, 예보지점 X 좌표, 예보지점 Y 좌표의 조회 조건으로 자료구분코드, 실황값, 발표일자, 발표시각, 예보지점 X 좌표, 예보지점 Y 좌표의 정보를 조회하는 기능	10000

그림 15-26 『동네예보정보조회서비스』의 상세 기능 정보 선택

자동 승인이므로 활용 신청 후에 API 키가 바로 발급됩니다. 그 후에 나타나는 [개발계정] 화면에서 『[승인] 동네예보정보조회서비스』를 클릭하면 그림 15-27과 같이 상세 정보가 표시됩니다.

그림 15-27 개발 계정 상세 보기(『동네예보정보조회서비스』)

『동네예보정보조회서비스』의 인증키는 앞에서 살펴본『도로명주소조회서비스』를 위해 발급받은 인증키와 같습니다. 인증키가 같아도 활용 신청을 하지 않고는 해당 API에 접근할 수 없으니 반드시 활용 신청을 해야 합니다. 다시 한번 이야기하지만 자동 승인이라 할지라도 활용 신청을 한 후 일정 시간(약 20분 ~ 1시간)이 지나야 승인이 날 수도 있습니다.

이 API의 다양한 활용법은 [참고문서]에 있는 자료에 자세히 나와 있습니다. 여기서는 날씨 실황과 일기 예보 조회를 위해『동네예보정보조회서비스』의 API에 원하는 데이터를 요청하고 응답받은 데이터에서 필요한 내용을 추출하는 예를 살펴보겠습니다.

날씨 실황 조회

『동네예보정보조회서비스』 참고 문서의 파일(기상청18_동네예보 조회서비스_오픈API활용가이드.zip)의 압축을 풀면 API 설명 문서(기상청18_동네예보 조회서비스_오픈API활용가이드.docx)가 있습니다. 이 문서를 보면 동네 예보 정보 조회 서비스에는 몇 가지 오퍼레이션이 있는 것을 알 수 있습니다. 여기서는 24시간 내의 날씨 실황 정보를 가져오는 오퍼레이션을 이용하는 방법을 알아보겠습니다. 다음은 API 설명 문서를 바탕으로 '초단기실황조회'를 위해 필요한 내용을 정리한 것입니다.

- **요청 주소(Request URL)**

  `http://apis.data.go.kr/1360000/VilageFcstInfoService/getUltraSrtNcst`

- **요청 변수(Request Parameters): 표 15-2**

표 15-2 초단기 실황 조회 서비스의 요청 변수

항목명(영문)	항목명(국문)	항목 크기	항목 구분	샘플 데이터	항목 설명
ServiceKey	인증키	100	필수	인증키	서비스 인증
base_date	발표일자	8	필수	20210428	2021년 4월 28일 발표
base_time	발표시각	4	필수	1500	15시 발표(정시 단위)
nx	예보지점 X 좌표	2	필수	60	예보지점의 X 좌푯값
ny	예보지점 Y 좌표	2	필수	127	예보지점의 Y 좌푯값
numOfRows	한 페이지 결과 수	4	옵션	10	한 페이지에 포함된 결과 수(기본 10)
pageNo	페이지 번호	4	옵션	1	페이지 번호(기본 1)
dataType	응답자료형식		옵션	XML	요청자료형식: XML(기본값), JSON

예보 지점의 X, Y 좌표(nx, ny)는 압축 파일에 포함된 엑셀 파일(기상청18_동네예보 조회서비스_오픈API활용가이드_격자_위경도(20200706).xlsx)을 참고하면 됩니다. 이 엑셀 파일에는 지역별로 nx, ny의 좌표가 나와 있습니다.

발표 일자(base_date)와 발표 시각(base_time)은 현재 기준으로 24시간 이내여야 합니다.

- **사용 예제**

서울시 종로구 사직동(nx: 60, ny: 127)의 2020년 4월 28일 오후 3시(15시)의 날씨 데이터를 JSON 형태로 받으려면 다음과 같이 수행합니다. '서비스키'에는 앞에서 생성한 인증키(API 키)를 대입합니다.

http:/apis.data.go.kr/1360000/VilageFcstInfoService/getUltraSrtNcst?ServiceKey=서비스키&base_date=20210428&base_time=1500&nx=60&ny=127&pageNo=1&numOfRows=10&_type=json

- **응답 결과**

XML 혹은 JSON 형식으로 예보 지점의 날씨 데이터를 가져옵니다. 날씨 데이터에는 기준 날짜 및 시간, 기온, 습도, 하늘 상태, 1시간 강수량, 풍향, 풍속 등이 포함돼 있습니다. 응답받은 날씨 데이터는 항목 값으로 구분하고 결과는 실제 값이나 코드 값으로 표시되며, 이에 대한 자세한 내용은 API 설명 문서에 나와 있습니다.

항목 값과 코드 값의 예:

- 기온(T1H): 섭씨(℃), 습도(REH): 퍼센트(%), 1시간 강수량(RN1): 밀리미터(mm)
- 하늘 상태(SKY) 코드: 맑음(1), 구름 조금(2), 구름 많음(3), 흐림(4)
- 강수 형태(PTY) 코드: 없음(0), 비(1), 비/눈(2), 눈(3), 소나기(4), 빗방울(5), 빗방울/눈날림(6), 눈날림(7)

requests.get()을 이용해 요청 변수를 지정할 때 앞에서와 마찬가지로 ServiceKey에는 디코딩된 API 키를 지정해야 합니다. 인코딩된 API 키에서 디코딩된 API 키(API_KEY_decode)를 구하는 방법을 다시 한 번 살펴보면 다음과 같습니다.

```
In: import requests

    # API_KEY  = 'YOUR-API-KEY' # 자신의 인증키를 복사해서 입력합니다.
    API_KEY = "et5piq3pfpqLEWPpCbvtSQ%2Bertertg%2Bx3evdvbaRBvhWEerg3efac2r3f3RfhDTERTw
    %2B9rkvoewRV%2Fovmrk3dq%3D%3D"
    API_KEY_decode = requests.utils.unquote(API_KEY)
    API_KEY_decode
```

```
Out: 'et5piq3pfpqLEWPpCbvtSQ+ertertg+x3evdvbaRBvhWEerg3efac2r3f3RfhDTERTw+9rkvoewRV/ovmrk3dq=='
```

앞의 요청 주소와 요청 변수를 입력해서 날씨 실황 데이터를 가져오는 코드는 다음과 같습니다. 여기서는 현재 날짜와 시간을 이용해 baseDate와 baseTime을 지정하기 위해 내장 모듈인 datetime을 이용했습니다. 데이터 생성 시각이 매시 30분이므로 baseTime에는 현재 시각에서 30분을 뺀 시각의 정시를 넣어야 합니다.

```
In: import json
    import datetime

    # [날짜 및 시간 설정]
    now = datetime.datetime.now() # 현재 날짜 및 시간 반환

    # baseDate에 날짜를 입력하기 위해 날짜를 출력 형식을 지정해 변수에 할당
    date = "{:%Y%m%d}".format(now)

    # baseTime에 시간(정시)를 입력하기 위해 출력 형식을 지정해 시간만 변수에 할당
    time = "{:%H00}".format(now)

    # 현재 분이 30분 이전이면 이전 시간(정시)을 설정
    if (now.minute >= 30):
        time = "{0}00".format(now.hour)
    else:
        time = "{0}00".format(now.hour-1)

    # [요청 주소 및 요청 변수 지정]
    req_url = "http://apis.data.go.kr/1360000/VilageFcstInfoService/getUltraSrtNcst"

    baseDate = date # 발표 일자 지정
    baseTime = time  # 발표 시간 지정(정시로 지정)

    nx_val = 60 # 예보지점 X 좌표(서울시 종로구 사직동)
    ny_val = 127 # 예보지점 Y 좌표(서울시 종로구 사직동)

    num_of_rows = 6 # 한 페이지에 포함된 결과 수
    page_no = 1 # 페이지 번호

    output_type = "JSON" # 응답 데이터 형식 지정

    req_parameter = {"ServiceKey":API_KEY_decode,
```

```
                  "nx":nx_val, "ny": ny_val,
                  "base_date":baseDate, "base_time":baseTime,
                  "pageNo":page_no, "numOfRows":num_of_rows,
                  "dataType":output_type}

# [데이터 요청]
r = requests.get(req_url, params = req_parameter)

# [JSON 형태로 응답받은 데이터를 딕셔너리 데이터로 변환]
dict_data = r.json()
dict_data
```


```
Out: {'response': {'header': {'resultCode': '00', 'resultMsg': 'NORMAL_SERVICE'},
      'body': {'dataType': 'JSON',
       'items': {'item': [{'baseDate': '20200809',
          'baseTime': '1500',
          'category': 'PTY',
          'nx': 60,
          'ny': 127,
          'obsrValue': '1'},
         {'baseDate': '20200809',
          'baseTime': '1500',
          'category': 'REH',
          'nx': 60,
          'ny': 127,
          'obsrValue': '95'},
         {'baseDate': '20200809',
          'baseTime': '1500',
          'category': 'RN1',
          'nx': 60,
          'ny': 127,
          'obsrValue': '0.2'},
         {'baseDate': '20200809',
          'baseTime': '1500',
          'category': 'T1H',
          'nx': 60,
          'ny': 127,
          'obsrValue': '25.1'},
         {'baseDate': '20200809',
```

```
      'baseTime': '1500',
      'category': 'UUU',
      'nx': 60,
      'ny': 127,
      'obsrValue': '0.8'},
     {'baseDate': '20200809',
      'baseTime': '1500',
      'category': 'VEC',
      'nx': 60,
      'ny': 127,
      'obsrValue': '191'}]},
   'pageNo': 1,
   'numOfRows': 6,
   'totalCount': 8}}}
```

응답 데이터의 결과를 출력해 보면 지정한 지역과 시간의 날씨 데이터가 잘 받아졌음을 알 수 있습니다. 응답 결과에서 항목 값 category에는 날씨 데이터의 종류를, obsrValue에는 그것에 대한 값을 표시합니다. 예를 들어, category가 T1H라면 기온, REH라면 습도, RN1이라면 1시간 강수량을 나타냅니다. 이때 obsrValue에 있는 값은 각각 기온, 습도, 1시간 강수량입니다. 또한 category가 SKY이면 하늘 상태, VEC이면 풍향, PTY이라면 강수 형태를 나타냅니다. 이때 obsrValue에는 각각 하늘 상태, 풍향, 강수 형태를 나타내는 코드 값이 들어있습니다. 이 코드 값이 의미하는 바는 API 설명 문서에 나와 있습니다.

다음은 JSON 형식의 응답 데이터에서 원하는 데이터를 추출하는 코드입니다. 이 코드에서는 API 설명 문서를 참조해서 category에 있는 항목 값과 obsrValue에 있는 값이 의미하는 내용을 풀어서 작성했습니다.

```
In: # [딕셔너리 데이터를 분석해서 원하는 값을 추출]
weather_items = dict_data['response']['body']['items']['item']

print("[ 발표 날짜: {} ]".format(weather_items[0]['baseDate']))
print("[ 발표 시간: {} ]".format(weather_items[0]['baseTime']))

for k in range(len(weather_items)):
    weather_item = weather_items[k]
    obsrValue = weather_item['obsrValue']
    if(weather_item['category'] == 'T1H'):
        print("* 기온: {} [℃]".format(obsrValue))
```

```
    elif(weather_item['category'] == 'REH'):
        print("* 습도: {} [%]".format(obsrValue))
    elif(weather_item['category'] == 'RN1'):
        print("* 1시간 강수량: {} [mm]".format(obsrValue))
```

```
Out: [ 발표 날짜: 20200809 ]
     [ 발표 시간: 1500 ]
     * 습도: 95 [%]
     * 1시간 강수량: 0.2 [mm]
     * 기온: 25.1 [℃]
```

위 코드에서는 날씨 데이터에 중 원하는 데이터를 추출한 후에 항목 값을 알아보기 쉽게 풀어서 표시했습니다. 날씨 실황은 한 시간마다 갱신되므로 위의 두 코드를 한 시간마다 실행하면 지정한 지역의 날씨를 한 시간마다 가져올 수 있습니다.

일기 예보 조회

『동네예보정보조회서비스』에는 2~4시간 앞 날씨를 예보하는 '초단기예보조회'와 하루에서 이틀 앞의 날씨를 예보하는 '동네예보조회' 오퍼레이션이 있습니다. 다음은 '초단기예보조회'와 '동네예보조회' 오퍼레이션을 위한 '요청 주소'입니다.

- **요청 주소(Request URL)**
  - 초단기예보조회: `http://apis.data.go.kr/1360000/VilageFcstInfoService/getUltraSrtFcst`
  - 동네예보조회: `http://apis.data.go.kr/1360000/VilageFcstInfoService/getVilageFcst`

이러한 오퍼레이션의 사용법은 앞에서 살펴본 '초단기실황조회'와 유사하므로 API 설명 문서를 참조하면 일기 예보를 위한 요청 및 응답 데이터 분석에 어려움이 없을 것입니다.

다음은 '초단기예보조회' 서비스를 이용해 지정한 시간의 2~4시간 앞 날씨를 가져오는 코드입니다. 이 코드는 앞에서 '초단기실황조회' 서비스를 위해 작성한 코드와 유사합니다.

```
In: import json
    import datetime

    # [날짜 및 시간 설정]
    now = datetime.datetime.now() # 현재 날짜 및 시간 반환

    # baseDate에 날짜를 입력하기 위해 날짜를 출력 형식을 지정해 변수에 할당
```

```
date = "{:%Y%m%d}".format(now)

# baseTime에 시각(정시)을 입력하기 위해 출력 형식을 지정해 시간만 변수에 할당
time = "{:%H00}".format(now)

# 현재 분이 30분 이전이면 이전 시간(정시)을 설정
if (now.minute >= 30):
    time = "{0}00".format(now.hour)
else:
    time = "{0}00".format(now.hour-1)

# [요청 주소 및 요청 변수 지정]
req_url = "http://apis.data.go.kr/1360000/VilageFcstInfoService/getUltraSrtFcst"

baseDate = date # 발표 일자 지정
baseTime = time # time  # 발표 시간 지정(정시로 지정)

nx_val = 60 # 예보지점 X 좌표(서울시 종로구 사직동)
ny_val = 127 # 예보지점 Y 좌표(서울시 종로구 사직동)

num_of_rows = 30 # 한 페이지에 포함된 결과 수
page_no = 1 # 페이지 번호

output_type = "json" # 응답 데이터 형식 지정

req_parameter = {"ServiceKey":API_KEY_decode,
                 "nx":nx_val, "ny": ny_val,
                 "base_date":baseDate, "base_time":baseTime,
                 "pageNo":page_no, "numOfRows":num_of_rows,
                 "dataType":output_type}

# [데이터 요청]
r = requests.get(req_url, params = req_parameter)

# [JSON 형태로 응답받은 데이터를 딕셔너리 데이터로 변환]
dict_data = r.json()

# [딕셔너리 데이터를 분석해서 원하는 값을 추출]
```

```
weather_items = dict_data['response']['body']['items']['item']

sky_cond = ["맑음", "구름 조금", "구름 많음", "흐림"]
rain_type = ["없음", "비", "비/눈", "눈", "소나기", "빗방울", "빗방울/눈날림", "눈날림"]

print("[ 발표 날짜: {} ]".format(weather_items[0]['baseDate']))
print("[ 발표 시각: {} ]".format(weather_items[0]['baseTime']))

print("[ 초단기 일기 예보 ]")

for k in range(len(weather_items)):
    weather_item = weather_items[k]

    fcstTime = weather_item['fcstTime']
    fcstValue = weather_item['fcstValue']

    if(weather_item['category'] == 'T1H'):
        print("* 시각: {0}, 기온: {1} [℃]".format(fcstTime, fcstValue))
    elif(weather_item['category'] == 'REH'):
        print("* 시각: {0}, 습도: {1} [%]".format(fcstTime, fcstValue))
    elif(weather_item['category'] == 'SKY'):
        print("* 시각: {0}, 하늘 상태: {1}".format(fcstTime, sky_cond[int(fcstValue)-1]))
    elif(weather_item['category'] == 'PTY'):
        print("* 시각: {0}, 강수 형태: {1}".format(fcstTime, rain_type[int(fcstValue)]))
    elif(weather_item['category'] == 'RN1'):
        print("* 시각: {0}, 1시간 강수량: {1} [mm]".format(fcstTime, fcstValue))
```

```
Out: [ 발표 날짜: 20200809 ]
     [ 발표 시각: 1530 ]
     [ 초단기 일기 예보 ]
     * 시각: 1600, 강수 형태: 비
     * 시각: 1700, 강수 형태: 비
     * 시각: 1800, 강수 형태: 비
     * 시각: 1900, 강수 형태: 빗방울
     * 시각: 2000, 강수 형태: 없음
     * 시각: 2100, 강수 형태: 없음
     * 시각: 1600, 1시간 강수량: 0.7 [mm]
     * 시각: 1700, 1시간 강수량: 3.5 [mm]
     * 시각: 1800, 1시간 강수량: 1.5 [mm]
```

```
* 시각: 1900, 1시간 강수량: 0.2 [mm]
* 시각: 2000, 1시간 강수량: 0 [mm]
* 시각: 2100, 1시간 강수량: 0 [mm]
* 시각: 1600, 하늘 상태: 흐림
* 시각: 1700, 하늘 상태: 흐림
* 시각: 1800, 하늘 상태: 흐림
* 시각: 1900, 하늘 상태: 흐림
* 시각: 2000, 하늘 상태: 흐림
* 시각: 2100, 하늘 상태: 흐림
* 시각: 1600, 기온: 24 [℃]
* 시각: 1700, 기온: 24 [℃]
* 시각: 1800, 기온: 24 [℃]
* 시각: 1900, 기온: 25 [℃]
* 시각: 2000, 기온: 25 [℃]
* 시각: 2100, 기온: 25 [℃]
```

여기서는 '초단기예보조회' 서비스에 요청해서 받은 응답 결과를 이용해 시간대별로 초단기 일기 예보 데이터(강수 형태, 하늘 상태, 기온, 습도, 1시간 강수량)를 출력했습니다.

대기 오염 정보 가져오기

요즘 황사나 미세 먼지로 인해 대기 환경에 대한 관심이 커지고 있습니다. 한국환경공단에서는 실시간으로 전국의 대기 오염 상태를 확인할 수 있는 웹 사이트(에어 코리아, `http://www.airkorea.or.kr`)와 웹 API를 운영하고 있습니다. 따라서 특정 지역의 대기 오염 상태를 알려면 에어 코리아의 홈페이지를 방문해 확인할 수도 있고 웹 API를 통해 데이터를 가져올 수도 있습니다.

이번에는 공공 데이터 포털의 오픈 API 중 대기 오염 조회 서비스를 제공하는 오픈 API를 활용해 대기 오염 관련 데이터를 가져오는 방법을 알아보겠습니다.

대기 오염 정보를 위한 서비스 신청

앞에서와 마찬가지로 오픈 API를 이용하기 위한 서비스 신청 방법은 앞의 『 도로명주소조회서비스』와 유사하므로 중복되는 내용은 생략하고 설명하겠습니다.

공공 데이터 포털에 로그인한 후 오픈 API를 선택합니다. 그림 15-28처럼 검색창에 '한국환경공단'을 입력한 후 검색 결과 중『한국환경공단_측정소정보』와『한국환경공단_대기오염정보』의 [활용신청]을 각각 클릭해 사용 신청을 합니다. 대기 오염 정보를 확인하기 위해서는 우선 측정소 정보를 알아야 하므로 두 개의 서비스를 모두 신청합니다.

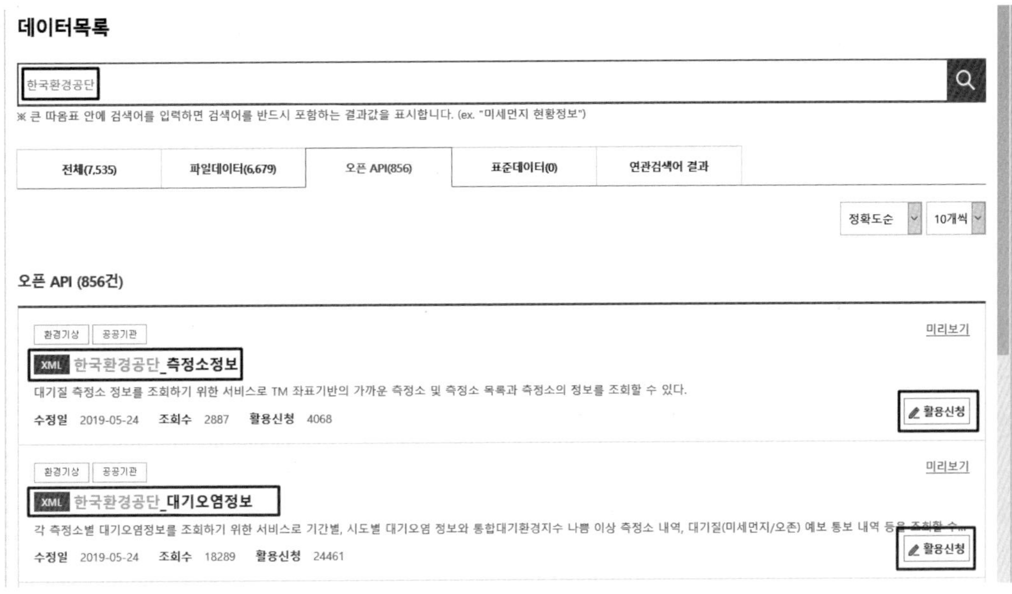

그림 15-28 '한국환경공단' 검색 및 [활용신청] 클릭

활용 신청을 진행할 때 앞에서 했던 것처럼 필요 항목을 선택하면 되는데 [상세기능정보]의 항목은 모두 선택합니다. 그림 15-29와 15-30은 각각 『한국환경공단_측정소정보』와 『한국환경공단_대기오염정보』의 [상세기능정보]에서 선택한 항목을 보여줍니다.

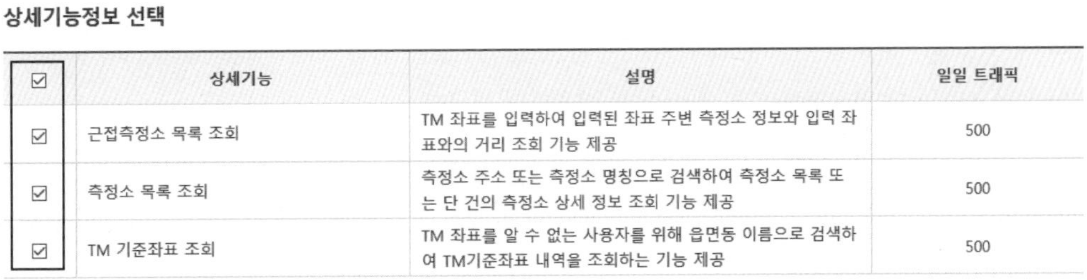

상세기능정보 선택

☑	상세기능	설명	일일 트래픽
☑	근접측정소 목록 조회	TM 좌표를 입력하여 입력된 좌표 주변 측정소 정보와 입력 좌표와의 거리 조회 기능 제공	500
☑	측정소 목록 조회	측정소 주소 또는 측정소 명칭으로 검색하여 측정소 목록 또는 단 건의 측정소 상세 정보 조회 기능 제공	500
☑	TM 기준좌표 조회	TM 좌표를 알 수 없는 사용자를 위해 읍면동 이름으로 검색하여 TM기준좌표 내역을 조회하는 기능 제공	500

그림 15-29 『한국환경공단_측정소정보』의 상세 기능 정보 선택

상세기능정보 선택

☑	상세기능	설명	일일 트래픽
☑	측정소별 실시간 측정정보 조회	측정소명과 측정데이터 기간(일, 한달, 3개월)으로 해당 측정소의 일반항목 측정정보를 제공하는 측정소별 실시간 측정정보 조회	500
☑	통합대기환경지수 나쁨 이상 측정소 목록조회	통합대기환경지수가 나쁨 등급 이상인 측정소명과 주소 목록 정보를 제공하는 통합대기환경지수 나쁨 이상 측정소 목록조회	500
☑	시도별 실시간 측정정보 조회	시도명을 검색조건으로 하여 시도별 측정소목록에 대한 일반 항목과 CAI 최종 실시간 측정값과 지수 정보 조회 기능을 제공하는 시도별 실시간 측정정보 조회	500
☑	대기질 예보통보 조회	통보코드와 통보시간으로 예보정보와 발생 원인 정보를 조회하는 대기질(미세먼지/오존) 예보통보 조회	500
☑	시도별 실시간 평균정보 조회	시도별 측정소목록에 대한 일반 항목의 시간 및 일평균 자료 및 지역 평균 정보를 제공하는 시도별 실시간 평균정보 조회	500
☑	시군구별 실시간 평균정보 조회	시도의 각 시군구별 측정소목록의 일반 항목에 대한 시간대별 평균농도를 제공하는 시군구별 실시간 평균정보 조회	500

그림 15-30 『한국환경공단_대기오염정보』의 상세 기능 정보 선택

두 서비스 모두 자동 승인이므로 활용 신청 후에 인증키가 바로 발급됩니다. 앞에서도 이야기했지만 공공 데이터 포털의 오픈 API는 모두 같은 인증키로 서비스를 이용할 수 있으나, 각각 활용 신청을 해야 합니다. 그 후에 나타나는 [개발계정] 화면에서 『[승인] 한국환경공단_측정소정보』와 『[승인] 한국환경공단_대기오염정보』를 각각 클릭하면 [개발계정 상세보기]에 각 오픈 API에 대한 상세 정보가 표시됩니다.

근접 측정소 목록 조회하기

에어 코리아에서는 전국의 여러 대기 오염 측정소에서 대기 오염을 측정해 정보를 제공합니다. 관심 지역의 대기 상태를 알려면 먼저 관심 지역 근처의 측정소를 찾아야 합니다. 측정소를 찾으려면 에어 코리아 오픈 API의 [측정소정보 조회 서비스]를 이용하면 됩니다.

[측정소정보 조회 서비스]에는 '근접측정소 목록 조회', '측정소 목록 조회', 'TM 기준좌표 조회' 오퍼레이션이 있습니다. 이 중에서 읍면동 이름으로 TM 기준 좌표를 조회할 수 있는 'TM 기준좌표 조회' 오퍼레이션과 TM 기준 좌표로부터 근접 측정소를 찾아주는 '근접측정소 목록 조회' 오퍼레이션의 사용법을 알아보겠습니다. 먼저 'TM 기준좌표 조회' 오퍼레이션에 대해 알아보겠습니다. 아래는 참고 문서(airkorea_openapi_guide-v1_7_2.docx)를 바탕으로 'TM 기준좌표 조회'를 위해 필요한 내용을 정리한 것입니다.

지도에서 사용하는 좌표계

3차원 모양의 지구를 2차원 평면 지도로 표현하기 위한 평면 좌표계로 표현할 필요가 있습니다. 다양한 평면 좌표계 중, WGS84(World Geodetic System 1984)는 미국이 만든 세계 토지 측량 좌표 체계이며 구글 지도 등에서 이용됩니다. 반면 TM(Transverse Mercator) 좌표계(x,y)는 우리나라 공공 기관에서 주로 사용하는 좌표 체계입니다. 이 둘은 서로 변환이 가능합니다.

- **요청 주소(Request URL)**

  `http://openapi.airkorea.or.kr/openapi/services/rest/MsrstnInfoInqireSvc/getTMStdrCrdnt`

- **요청 변수(Request Parameters): 표 15-3**

표 15-3 TM 기준좌표 조회 서비스의 요청 변수

항목명(영문)	항목명(국문)	항목 크기	항목 구분	샘플 데이터	항목 설명
ServiceKey	서비스 키	255	필수	SERVICE_KEY	서비스 인증
umdName	읍면동명	60	필수	혜화동	읍/면/동의 이름
numOfRows	한 페이지 결과 수	2	옵션	10	한 페이지에 포함된 결과 수
pageNo	페이지 번호	5	옵션	1	페이지 번호
_returnType	리턴 타입		옵션	json	지정하지 않으면 xml

- **사용 예제**

  논현동의 TM 기준 좌표 데이터를 JSON 형태로 받으려면 다음과 같이 수행합니다. '서비스키'에는 인증키(API 키)를 할당합니다.

  `http://openapi.airkorea.or.kr/openapi/services/rest/MsrstnInfoInqireSvc/getTMStdrCrdnt?umdName=논현동&pageNo=1&numOfRows=10&ServiceKey=서비스키&_returnType=json`

- **응답 결과**

  XML 혹은 JSON 형식으로 전체 결과의 개수, 시도명, 시군구명, 읍면동명, TM 측정방식 X 좌표와 Y 좌표 데이터를 가져옵니다.

서비스를 위한 인증키인 ServiceKey는 다음과 같이 앞에서 살펴본 방법대로 인증키(API 키)를 디코딩해서 사용합니다.

```
In: import requests

    # API_KEY  = 'YOUR-API-KEY' # 자신의 인증키를 복사해서 입력합니다.
```

```
API_KEY = "et5piq3pfpqLEWPpCbvtSQ%2Bertertg%2Bx3evdvbaRBvhWEerg3efac2r3f3RfhDTERTw
%2B9rkvoewRV%2Fovmrk3dq%3D%3D"
API_KEY_decode = requests.utils.unquote(API_KEY)
API_KEY_decode
```

```
Out: 'et5piq3pfpqLEWPpCbvtSQ+ertertg+x3evdvbaRBvhWEerg3efac2r3f3RfhDTERTw+9rkvoewRV/ovmrk3dq=='
```

이제 'TM 기준좌표 조회' 오퍼레이션을 위해 요청 주소와 요청 변수를 입력해서 읍면동 이름으로 TM 기준 좌표 데이터를 가져오는 코드를 작성하면 다음과 같습니다.

```
In: req_url = "http://openapi.airkorea.or.kr/openapi/services/rest/MsrstnInfoInqireSvc/
    getTMStdrCrdnt"

    umd_name = "논현동" #읍, 면, 동 지정
    num_of_rows = 10 # 한 페이지에 포함된 결과 수
    page_no = 1 # 페이지 번호

    output_type = "json"

    req_parameter = {"ServiceKey":API_KEY_decode, "umdName":umd_name,
                     "pageNo":page_no, "numOfRows":num_of_rows,
                    "_returnType":output_type}


    dict_data = requests.get(req_url, params = req_parameter).json()
    dict_data['totalCount'] # 전체 결과의 개수
```

```
Out: 2
```

변수 dict_data에는 JSON 형식으로 가져온 TM 기준 좌표 데이터를 딕셔너리 타입으로 변환해서 할당했습니다. 여기서는 지면상의 제약으로 변수 dict_data 전체를 출력하지 않았지만 변수 dict_data를 출력하면 응답 데이터 전체를 볼 수 있습니다.

변수 dict_data에서 dict_data['totalCount']로 입력한 읍면동 이름으로 전국에서 찾은 결과의 개수를 알 수 있습니다. 만약 요청 변수에서 입력한 읍면동 이름과 같은 이름의 읍면동이 전국에 여러 개 있다면 그 수만큼 시도명, 시군구명, 읍면동명, TM X 좌표, TM Y 좌표를 포함한 응답 데이터를 반환합니다. 다음은 응답 결과가 할당된 변수 dict_data를 이용해 전체 개수에 대해 읍명동의 위치와 TM 좌표를 출력하는 코드입니다.

```
In: print("[입력한 읍/면/동명]", umd_name)
    print("[TM 기준 좌표 조회 결과]")

    for k in range(dict_data['totalCount']):
        sido = dict_data['list'][k]['sidoName']
        sgg = dict_data['list'][k]['sggName']
        umd = dict_data['list'][k]['umdName']
        tmX = dict_data['list'][k]['tmX']
        tmY = dict_data['list'][k]['tmY']

        print("- 위치: {0} {1} {2}".format(sido, sgg, umd))
        print("- k = {0}, TM 좌표(X, Y): {1}, {2}\n".format(k, tmX, tmY))
```

```
Out: [입력한 읍/면/동명] 논현동
     [TM 기준 좌표 조회 결과]
     - 위치: 서울특별시 강남구 논현동
     - k = 0, TM 좌표(X, Y): 202733.974301, 445717.50469

     - 위치: 인천광역시 남동구 논현동
     - k = 1, TM 좌표(X, Y): 175850.136025, 434153.586394
```

위에서 입력한 읍면동명에 대해 일치하는 읍면동의 위치와 TM 좌표를 가져왔습니다. 조회 결과가 여러 개 출력될 경우 자신이 원하는 위치의 TM 좌표를 선택하면 됩니다. 여기서는 첫 번째 위치의 TM 좌표를 선택하겠습니다. TM 좌표는 다음에 이용할 '근접측정소 목록 조회'에 활용하게 될 것입니다. '근접측정소 목록 조회' 오퍼레이션을 이용할 때 가져온 TM 좌표를 직접 입력해도 되지만 입력할 숫자가 많으므로 다음과 같이 변수에 할당해 이용하겠습니다.

```
In: k = 0 # 원하는 위치 선택 (여기서는 첫 번째 위치)
    TM_X = dict_data['list'][k]['tmX'] # TM X 좌표
    TM_Y = dict_data['list'][k]['tmY'] # TM Y 좌표
    print("TM 좌표(X, Y): {0}, {1}".format(TM_X, TM_Y))
```

```
Out: TM 좌표(X, Y): 202733.974301, 445717.50469
```

이번에는 앞에서 확인한 TM 기준 좌표를 이용해 '근접측정소 목록 조회' 오퍼레이션을 이용해 근접 측정소 목록을 가져오는 방법을 알아보겠습니다. 다음은 참고 문서를 바탕으로 '근접측정소 목록 조회'를 위해 필요한 내용을 정리한 것입니다.

- **요청 주소(Request URL)**

  http://openapi.airkorea.or.kr/openapi/services/rest/MsrstnInfoInqireSvc/getNearbyMsrstnList

- **요청 변수(Request Parameters): 표 15-4**

표 15-4 근접측정소 목록 조회 서비스의 요청 변수

항목명(영문)	항목명(국문)	항목 크기	항목 구분	샘플 데이터	항목 설명
ServiceKey	서비스 키	255	필수	SERVICE_KEY	서비스 인증
tmX	TM_X 좌표	16.6	필수	244148.546388	TM 측정방식 X좌표
tmY	TM_Y 좌표	16.6	필수	412423.75772	TM 측정방식 Y좌표
_returnType	리턴 타입		옵션	json	지정하지 않으면 xml

- **사용 예제**

  TM 좌표계 tmX, tmY 지점의 근접 측정소 목록을 JSON 형식으로 받고 싶으면 다음과 같이 수행합니다.

  http://openapi.airkorea.or.kr/openapi/services/rest/MsrstnInfoInqireSvc/getNearbyMsrstnList?ServiceKey=서비스키&tmX=x&tmY=y&_returnType=json

- **응답 결과**

  XML 혹은 JSON 형식으로 해당 지역 근처에 있는 측정소의 개수, 측정소 이름, 측정소가 위치한 주소, 요청한 TM 좌표와 측정소 간의 거리(km 단위) 데이터를 가져옵니다. 자세한 설명은 참고 문서를 참조하세요.

이 방법으로 앞에서 구한 TM 좌표로 해당 지역 근처의 측정소 목록을 가져오겠습니다. 이를 구현한 코드는 다음과 같습니다.

```
In: req_url = "http://openapi.airkorea.or.kr/openapi/services/rest/MsrstnInfoInqireSvc/
    getNearbyMsrstnList"

    x_value = TM_X # TM 측정방식 X좌표
    y_value = TM_Y # TM 측정방식 Y좌표

    output_type = "json"
    req_parameter = {"ServiceKey":API_KEY_decode,
                     "tmX":x_value, "tmY":y_value,
                     "_returnType":output_type}

    dict_data = requests.get(req_url, params = req_parameter).json()

    print("해당 지역 근처에 있는 측정소의 개수:", dict_data['totalCount'])
```

```
Out: 해당 지역 근처에 있는 측정소의 개수: 3
```

위 코드는 관심 지역의 위치 정보(TM 측정 방식의 X 좌표와 Y좌표)를 입력해 그 근처의 측정소 리스트를 가져오는 방법입니다. 여기서 JSON 형식으로 가져온 측정소 정보를 딕셔너리 타입으로 변환해 변수(dict_data)에 할당했습니다. 여기서는 지면상 전체 내용을 표시하지 않았지만 dict_data를 출력하면 응답 데이터 전체를 볼 수 있습니다.

앞의 변수(dict_data)에 있는 측정소의 개수만큼 측정소 이름, 주소 및 관심 지점과의 거리를 표시하는 코드를 작성하면 다음과 같습니다.

```
In: print("[측정소 정보]")

    for k in range(dict_data['totalCount']):

        stationName = dict_data['list'][k]['stationName']
        ditance = dict_data['list'][k]['tm']
        addr = dict_data['list'][k]['addr']

        print("- 측정소 이름:{0}, 거리:{1}[km]".format(stationName, ditance))
        print("- 측정소 주소:{0} \n".format(addr))
```

```
Out: [측정소 정보]
     - 측정소 이름:도산대로, 거리:1.4[km]
     - 측정소 주소:서울 강남구 도산대로 104신사역2번출구 앞

     - 측정소 이름:강남구, 거리:1.4[km]
     - 측정소 주소:서울 강남구 학동로 426강남구청 별관 1동

     - 측정소 이름:강남대로, 거리:3.1[km]
     - 측정소 주소:서울특별시 서초구 강남대로 201서초구민회관 앞 중앙차로 (양재동)
```

보다시피 관심 지점의 TM 좌표(X,Y)로 해당 지점 근처의 측정소 리스트를 요청하면 응답 데이터를 반환합니다. 이어서 근접 측정소 리스트 중에서 거리가 가장 가까운 측정소에서 측정한 대기 오염 데이터를 가져오는 방법을 알아보겠습니다.

측정 정보 가져오기

앞에서 관심 지점에서 가장 가까운 측정소를 알았으니 이제 해당 측정소에서 측정한 측정 정보를 가져오는 '대기오염정보 조회 서비스'의 이용법을 알아보겠습니다. 대기 오염 정보 조회 서비스의 활용법 역시 참고 문서(airkorea_openapi_guide-v1_7_2.docx)에 자세한 설명이 나와 있으니 이를 참조하면 됩니다.

대기 오염 정보 조회 서비스에는 '측정소별 실시간 측정정보 조회', '통합대기환경지수 나쁨 이상 측정소 목록조회', '시도별 실시간 측정정보 조회', '대기질 예보통보 조회', '시도별 실시간 평균정보 조회', '시군구별 실시간 평균정보 조회' 오퍼레이션이 있습니다. 이 중에서 측정소명과 측정데이터 기간(일, 한 달, 3개월)으로 해당 측정소의 일반항목 측정정보를 조회할 수 있는 '측정소별 실시간 측정정보 조회' 오퍼레이션의 사용법을 알아보겠습니다. 다음은 참고 문서를 바탕으로 '측정소별 실시간 측정정보 조회'를 위해 필요한 내용을 정리한 것입니다.

- **요청 주소(Request URL)**
  `http://openapi.airkorea.or.kr/openapi/services/rest/ArpltnInforInqireSvc/getMsrstnAcctoRltmMesureDnsty`

- **요청 변수(Request Parameters): 표 15-5**

표 15-5 측정소별 실시간 측정정보 조회 서비스의 요청 변수

항목명(영문)	항목명(국문)	항목 크기	항목 구분	샘플 데이터	항목 설명
ServiceKey	서비스 키	255	필수	SERVICE_KEY	서비스 인증
stationName	측정소명	30	필수	종로구	측정소 이름
dataTerm	데이터 기간	10	필수	DAILY	요청 데이터 기간(1일: DAILY, 1개월: MONTH, 3개월: 3MONTH)
numOfRows	한 페이지 결과 수	2	옵션	10	한 페이지에 포함된 결과 수
pageNo	페이지 번호	5	옵션	1	페이지 번호
ver	오퍼레이션 버전	4	옵션	1.0	1.0, 1.1, 1.2, 1.3 중 선택
_returnType	리턴 타입		옵션	json	지정하지 않으면 xml

여기서 오퍼레이션 버전(ver)에 따라 미세 먼지에 관련된 정보를 다르게 가져올 수 있습니다. 이에 대한 자세한 설명은 참고 문서를 참조하세요. 참고로 오퍼레이션 버전(ver)이 1.3인 경우는 PM_{10}, $PM_{2.5}$ 이 1시간 등급 자료가 포함된 결과가 포함됩니다.

- **사용 예제**

  측정소명이 종로구인 측정소의 실시간 측정 정보(버전 1.3)를 JSON 형식으로 받고 싶으면 다음과 같이 수행합니다.

  http://openapi.airkorea.or.kr/openapi/services/rest/ArpltnInforInqireSvc/getMsrstnAcctoRltmMesureDnsty?stationName=종로구&dataTerm=month&pageNo=1&numOfRows=10&ServiceKey=서비스키&ver=1.3&_returnType=json

- **응답 결과**

  XML 혹은 JSON 형식으로 지정한 측정소의 오염 물질 측정값과 지수 데이터를 가져옵니다.

  측정 항목으로는 아황산가스(), 일산화탄소(), 오존(), 이산화질소(), 미세 먼지(및) 등의 농도와 지수(등급)가 있습니다. 이러한 항목을 바탕으로 통합대기환경의 수치와 지수를 산출한 결과도 제공합니다. 지수(등급)는 '1/2/3/4'와 같이 4단계로 표시되는데 각각 '좋음/보통/나쁨/매우나쁨'을 의미합니다.

다음은 앞에서 구한 논현동 근처의 측정소 이름(도산대로)을 이용해 측정소의 측정 정보를 가져오는 코드입니다.

```
In: req_url = "http://openapi.airkorea.or.kr/openapi/services/rest/ArpltnInforInqireSvc/
    getMsrstnAcctoRltmMesureDnsty"

    station_name = "도산대로"
    data_term = "DAILY"
    num_of_rows = 10
    page_no = 1
    version = 1.3
    output_type = "json"

    req_parameter = {"ServiceKey": API_KEY_decode,
                    "stationName": station_name,
                    "dataTerm":data_term, "ver": version,
                    "pageNo": page_no, "numOfRows" : num_of_rows,
                    "_returnType": output_type}

    dict_data = requests.get(req_url,  params = req_parameter).json()
    dict_data['list'][0]
    # dict_data
```

```
Out: {'_returnType': 'json',
      'coGrade': '1',
      'coValue': '0.5',
      'dataTerm': '',
```

```
'dataTime': '2020-08-09 16:00',
'khaiGrade': '',
'khaiValue': '-',
'mangName': '도로변대기',
'no2Grade': '1',
'no2Value': '0.009',
'numOfRows': '10',
'o3Grade': '1',
'o3Value': '0.008',
'pageNo': '1',
'pm10Grade': '1',
'pm10Grade1h': '1',
'pm10Value': '6',
'pm10Value24': '6',
'pm25Grade': '',
'pm25Grade1h': '1',
'pm25Value': '5',
'pm25Value24': '-',
'resultCode': '',
'resultMsg': '',
'rnum': 0,
'serviceKey': '',
'sidoName': '',
'so2Grade': '1',
'so2Value': '0.002',
'stationCode': '',
'stationName': '',
'totalCount': '',
'ver': ''}
```

위 코드는 측정소 이름을 지정해 측정소에서 측정한 대기 오염 정보를 가져오는 방법을 보여줍니다. 변수 dict_data에서 측정한 대기 오염 정보 중 최신 정보를 가져오기 위해 dic_data['list'][0]의 내용을 출력했습니다. 출력 결과를 보면 측정 항목별로 농도와 지수(등급)가 출력된 것을 볼 수 있습니다. 해당 지역의 대기 오염 정보 중 아황산가스, 일산화탄소, 오존, 이산화질소의 지수, 미세 먼지와 초미세 먼지의 등급을 확인하려면 다음과 같이 코드를 작성하면 됩니다.

```
In: dataTime = dict_data['list'][0]['dataTime']

    so2Grade = dict_data['list'][0]['so2Grade']
    coGrade = dict_data['list'][0]['coGrade']
    o3Grade = dict_data['list'][0]['o3Grade']
    no2Grade = dict_data['list'][0]['no2Grade']

    pm10Grade1h = dict_data['list'][0]['pm10Grade1h']
    pm25Grade1h = dict_data['list'][0]['pm25Grade1h']

    print("[측정소({0})에서 측정된 대기 오염 상태]".format(station_name))
    print("- 측정 시간:{0}".format(dataTime))

    print("- [지수] ", end='')
    print("아황산가스:{0}, 일산화탄소:{1}, 오존:{2}, 이산화질소:{3}".
         format(so2Grade, coGrade, o3Grade, no2Grade))

    print("- [등급] ", end='')
    print("미세 먼지:{0}, 초미세 먼지:{1}".format(pm10Grade1h, pm25Grade1h))
```

```
Out: [측정소(도산대로)에서 측정된 대기 오염 상태]
    - 측정 시간:2020-08-09 16:00
    - [지수] 아황산가스:1, 일산화탄소:1, 오존:1, 이산화질소:1
    - [등급] 미세 먼지:1, 초미세 먼지:1
```

위의 코드로 아황산가스, 일산화탄소, 오존, 이산화질소의 지수 및 미세 먼지와 초미세 먼지의 등급을 추출했습니다.

다음은 숫자로 표시된 지수와 등급을 각 숫자가 의미하는 문자열로 변환하는 코드를 추가해 지수와 등급 결과를 좀 더 알아보기 쉽게 수정한 코드입니다.

```
In: gradeNum2Str = {"":"정보없음", "1":"좋음", "2":"보통", "3":"나쁨", "4":"매우나쁨" }

    print("[측정소({0})에서 측정된 대기 오염 상태]".format(station_name))
    print("- 측정 시간:{0}".format(dataTime))

    print("- 아황산가스:{0}, 일산화탄소:{1}, 오존:{2}, 이산화질소:{3}".
            format(gradeNum2Str[so2Grade], gradeNum2Str[coGrade],
```

```
                    gradeNum2Str[o3Grade], gradeNum2Str[no2Grade]))

    print("- 미세 먼지:{0}, 초미세 먼지:{1}".
          format(gradeNum2Str[pm10Grade1h],gradeNum2Str[pm25Grade1h]))
```

```
Out: [측정소(도산대로)에서 측정된 대기 오염 상태]
     - 측정 시간:2020-08-09 16:00
     - 아황산가스:좋음, 일산화탄소:좋음, 오존:좋음, 이산화질소:좋음
     - 미세 먼지:좋음, 초미세 먼지:좋음
```

보다시피 등급을 의미로 표시하니 숫자로 표시한 것보다 훨씬 의미를 알기 쉬워졌습니다.

05 정리

이번 장에서는 파이썬으로 웹 API의 데이터를 가져오는 방법을 살펴봤습니다. 우선 웹 API의 기본적인 내용을 살펴봤습니다. 즉, 웹 API에 데이터를 요청하고 획득하는 과정, API 키와 토큰을 통한 인증 방식, JSON 및 XML 타입으로 응답받은 데이터를 처리하는 방법, 그리고 URL에 경로와 매개변수를 추가하는 방법을 알아봤습니다. 다음으로 다양한 웹 API에 대해 어떻게 데이터를 요청하고 응답받은 데이터를 처리하는지 알아봤습니다. 맨 먼저 API 키가 없어도 웹 API의 데이터를 가져올 수 있는 예를 살펴봤고 그다음으로 트위터에 메시지를 작성하고 가져오는 방법도 알아봤습니다. 마지막으로 정부의 공공 데이터 포털의 오픈 API에서 우편번호, 날씨 정보, 대기 오염 정보를 가져오는 방법을 알아봤습니다. 여기서 살펴본 웹 API의 활용법을 잘 익힌다면 다른 웹 API을 이용해 원하는 데이터를 가져오는 데 큰 어려움이 없을 것입니다.

16

실전 데이터 분석 프로젝트

지금까지 파이썬의 기본 문법과 데이터 분석에 필요한 다양한 모듈과 라이브러리를 살펴봤습니다. 앞에서 살펴본 내용만 잘 활용해도 데이터 분석을 수행할 수 있지만 이번 장에서는 좀 더 심도 있는 데이터 분석 방법을 알아보고 가상으로 만든 데이터가 아닌 실제 데이터를 이용해 실전 데이터 분석 프로젝트를 진행하겠습니다.

이를 위해 먼저 데이터 분석을 수행하는 일반적인 과정을 알아보고 실전 데이터 분석에 필요한 심화 내용을 살펴본 후 서울시에서 공개하는 업무추진비 데이터를 활용해 데이터 분석을 수행하겠습니다.

01 데이터 분석 프로세스

앞에서는 특별한 목적 없이 주어진 데이터를 이용해 데이터를 처리하는 다양한 방법을 살펴봤습니다. 하지만 실제 데이터 분석을 진행하려면 우선 데이터 분석의 목적부터 명확히 해야 합니다. 그래야 목적에 맞게 데이터를 수집할 수 있고, 수집된 데이터를 처리하고 분석하는 과정을 거쳐 데이터로부터 정보(의미)를 발견할 수 있습니다. 이렇게 의미를 찾은 후에는 이를 활용해 업무나 프로세스를 개선하기도 하고 정책이나 의사결정에 반영하기도 하며 다른 사람을 설득하기도 합니다.

데이터 분석 프로세스(과정)는 데이터 분석의 목적과 분석할 데이터의 성격에 따라 달라지긴 하지만 일반적인 과정은 그림 16-1과 같습니다.

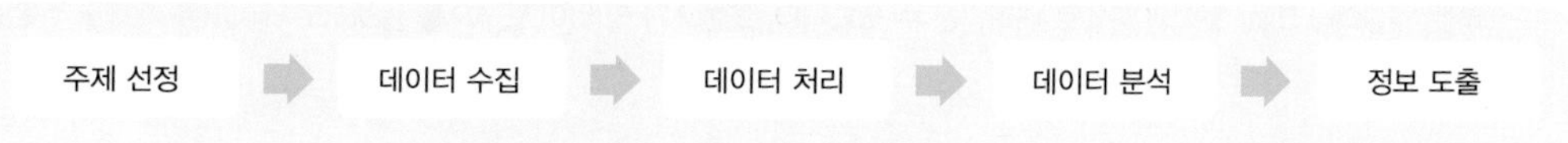

그림 16-1 일반적인 데이터 분석 프로세스

각 단계별로 좀 더 자세히 살펴보면 다음과 같습니다.

주제 선정

데이터 분석을 위해 가장 먼저 해야 할 일은 데이터 분석의 목표를 명확히 하고 이로부터 주제를 선정하는 것입니다. 즉, 데이터 분석을 통해 얻고 싶은 결과가 무엇인지를 설정하는 것입니다. 이 단계에서 요구사항도 구체화하고 분석의 목적도 명확히 설정하게 됩니다.

데이터 수집

주제가 선정되면 주제에 맞는 데이터를 수집해야 합니다. 데이터 수집은 직접 진행할 수도 있고 이미 수집된 데이터를 활용할 수도 있습니다. 데이터를 직접 수집할 경우에는 어떠한 방법으로 데이터를 수집하고, 어떠한 형식으로 데이터를 저장하고 관리할지를 고민해야 합니다. 데이터를 직접 수집하는 과정은 일반적으로 시간과 비용이 많이 들기 때문에 개인이 데이터를 직접 수집하기는 쉽지 않습니다. 최근에는 다양한 데이터가 무료로 공개돼 있어서 이를 잘 활용하면 원하는 데이터를 손쉽게 획득할 수 있습니다. 그럼에도 원하는 데이터가 없다면 어쩔 수 없이 데이터 수집을 직접 해야 합니다.

국내외에는 다양한 공개 데이터 저장소가 있는데 어떤 공개 데이터 저장소의 경우는 회원가입 없이 이용할 수 있지만 어떤 곳은 회원가입이 필요합니다. 다음은 국내외 무료 공개 데이터 저장소의 예입니다.

- **공공 데이터 포털**(https://www.data.go.kr)
  대한민국 정부에서 운영하는 대표적인 공공 데이터 포털로, 다양한 기관의 공공 데이터를 열람할 수 있습니다. 엑셀이나 CSV 파일을 다운로드할 수 있으며 웹 API를 이용해 데이터를 가져올 수도 있습니다.

- **서울시 정보소통광장**(https://opengov.seoul.go.kr/)
  서울시는 정보소통광장을 통해 서울시 관련 기관의 결재문서, 회의정보, 사전공표 등의 행정 정보를 공개하고 있습니다. 또한 깃허브를 통해서도 데이터를 공개하고 있습니다.

- **국가 통계 포털**(http://kosis.kr/)
  대한민국 통계청에서 운영하는 데이터 저장소입니다. 이곳에서 인구조사 자료 등 다양한 통계정보를 얻을 수 있습니다.

- **세계 은행 오픈 데이터**(https://data.worldbank.org/)
  세계 은행 그룹은 개발 도상 국가의 빈곤을 퇴치하고 지속 가능한 번영을 위해 노력하는 전 세계 189개의 회원국으로 구성된 5개의 기관입니다. 세계 은행 오픈 데이터에서는 경제와 관련된 전 세계의 다양한 데이터를 공개하는데 이러한 데이터는 엑셀이나 CSV 형식의 파일로 내려받을 수 있습니다. 또한 API 키 없이 웹 API를 통해서도 데이터를 가져올 수 있습니다.

- **FRED(https://fred.stlouisfed.org/)**
  FRED(Federal Reserve Bank of St. Louis Economic Data)는 세인트 루이스 연방준비은행에서 운영하는 경제 관련 통계 자료를 다루는 공개 데이터 저장소입니다. 미국과 전 세계 기관(87개 이상)으로부터 수집한 528,000여 개의 경제 관련 시계열 데이터가 있습니다. 공개된 시계열 데이터는 그래프 형식으로 바로 보여주는데 엑셀이나 CSV 형식의 파일로 내려받을 수 있습니다. 또한 웹 API를 통해서도 데이터를 가져올 수 있는데 이를 위해서는 사용자 계정을 생성한 후에 API 키를 요청해야 합니다.

- **캘리포니아 어바인 대학(UC Irvane)의 머신러닝 저장소(http://archive.ics.uci.edu/ml/)**
  머신러닝을 공부하는 데 활용할 수 있는 데이터 저장소입니다.

데이터 처리

데이터가 수집되면 다음은 데이터 분석이 편리하도록 데이터를 처리하는 과정을 거칩니다. 수집한 데이터를 살펴보면 값이 누락돼 있거나 잘못된 값이 들어가 있을 수 있습니다. 또한 목적에 맞지 않는 데이터가 있을 수도 있습니다. 이럴 경우 데이터를 수정하거나 제거합니다. 또한 전체 데이터 중에서 필요한 부분만 추출해서 이용하기도 하며 데이터를 다른 형식으로 변환해서 이용하기도 합니다. 이러한 과정을 데이터 정제(Data cleaning) 혹은 데이터 타이딩(Data tidying)이라 합니다. 데이터 정제와 데이터 타이딩은 둘 다 데이터 분석을 위해 데이터를 정리하는 과정인데, 같은 의미로 사용하기도 하지만 다음과 같이 구분하기도 합니다.

- **데이터 정제**
  가공되지 않은 초기 데이터에서 부정확한 데이터를 찾아내고 수정하거나 제거하는 절차입니다.

- **데이터 타이딩**
  데이터 분석을 위해 데이터를 알아보기 쉽고 처리하기 편리하도록 구조화하는 절차입니다. 보통 데이터 정제 이후에 이뤄지는데, 이 과정을 거친 데이터를 깔끔한 데이터(Tidy data)라고 합니다.

데이터 분석

앞 단계에서 처리된 데이터를 이용해 다양한 기법으로 데이터를 분석합니다. 대표적인 데이터 분석 방법은 통계적 분석 방법이며 최근에는 머신러닝을 활용한 데이터 분석도 많이 수행합니다. 이때 데이터에 대한 이해를 바탕으로 데이터를 의미 있게 나눠서 그룹별로 분석하거나 비교할 수도 있습니다. 이 단계에서 각 데이터 간의 관계를 파악하거나 과거 데이터를 통해 미래를 예측하기도 합니다. 데이터 분석 이후에는 분석 결과를 효과적으로 전달하기 위해 다양한 시각화 방법을 이용하기도 합니다.

정보 도출

데이터 분석 과정으로 도출된 결과에서 의미를 발견하는 단계입니다. 이 과정에서 데이터 분석 결과가 없었다면 몰랐을 예상하지 못했던 의미나 정보가 도출되기도 합니다. 이 단계에서 앞의 모든 과정이 올바르게 이뤄졌는지 검증하는 과정이 필요합니다. 검증 후에 잘못된 부분이 없다고 판단되면 데이터 분석 결과를 활용하면 되고, 만약 잘못된 부분이 있으면 잘못된 부분을 수정한 후 이후 과정을 다시 실행합니다.

02 데이터 획득, 처리, 시각화 심화

앞에서 데이터 분석을 위해 파이썬의 기본 문법부터 다양한 데이터 처리 방법을 살펴봤습니다. 이번에는 실전 데이터 분석에 필요하지만 앞에서 미처 다루지 못했던 내용을 추가로 살펴보겠습니다.

깃허브에서 파일 내려받기

깃허브(`https://github.com`)는 소스코드의 버전 관리를 위한 호스팅 서비스입니다. 깃허브는 무료로 이용할 수도 있고 유로로 이용할 수도 있습니다. 기존에는 무료 계정의 경우 비공개 저장소를 만들 수 없어서 모든 소스를 공개해야 했지만 2019년 1월부터 정책이 바뀌어서 무료 계정에서도 비공개 저장소를 만들 수 있습니다. 단, 이 경우 협업자(collaborator)를 최대 세 명까지만 허용합니다. 다양한 파이썬 라이브러리들도 대부분 깃허브에 공개돼 있으며, 이 책의 예제 코드도 깃허브[1]를 통해 공개하고 있습니다.

깃허브에 공개된 소스 파일은 깃(git)을 이용해 다운로드할 수도 있고 웹 브라우저를 통해 프로젝트 전체 파일을 다운로드할 수도 있습니다. 또한 개별 파일을 선택해서 다운로드할 수도 있습니다.

앞에서는 `requests` 라이브러리를 이용해 웹 페이지의 소스를 가져오는 방법과 이미지 파일을 다운로드하는 방법을 살펴봤습니다. 이번에는 `requests`를 이용해 깃허브에서 필요한 파일을 다운로드하는 방법을 살펴보겠습니다.

그런데 `requests`를 이용해 깃허브에서 파일을 다운로드할 때 한 가지 주의할 점은 웹 브라우저의 주소창에 보이는 주소를 이용하면 원하는 파일을 가져올 수 없다는 것입니다. 주소창에 기재된 주소에서 `blob` 대신 `raw`를 넣은 주소를 사용해야 `requests`를 이용해 파일을 다운로드할 수 있습니다. 예를 들어,

1 https://github.com/wikibook/python-for-data-analysis-rev

그림 16-2의 깃허브에 있는 파일의 URL은 https://github.com/wikibook/python-for-data-analysis-rev/blob/master/readme.txt지만 requests를 이용할 때는 파일의 주소로 https://github.com/wikibook/python-for-data-analysis-rev/raw/master/readme.txt를 써야 파일을 제대로 다운로드할 수 있습니다. 또는 해당 파일이 열린 페이지에서 [Raw] 버튼에 마우스 오른쪽 버튼을 클릭한 후 [링크 주소 복사]를 선택해서 붙여넣는 방법으로도 파일의 URL을 구할 수 있습니다(크롬, 파이어폭스). 인터넷 익스플로러의 경우 [바로 가기 복사]를 클릭하면 됩니다.

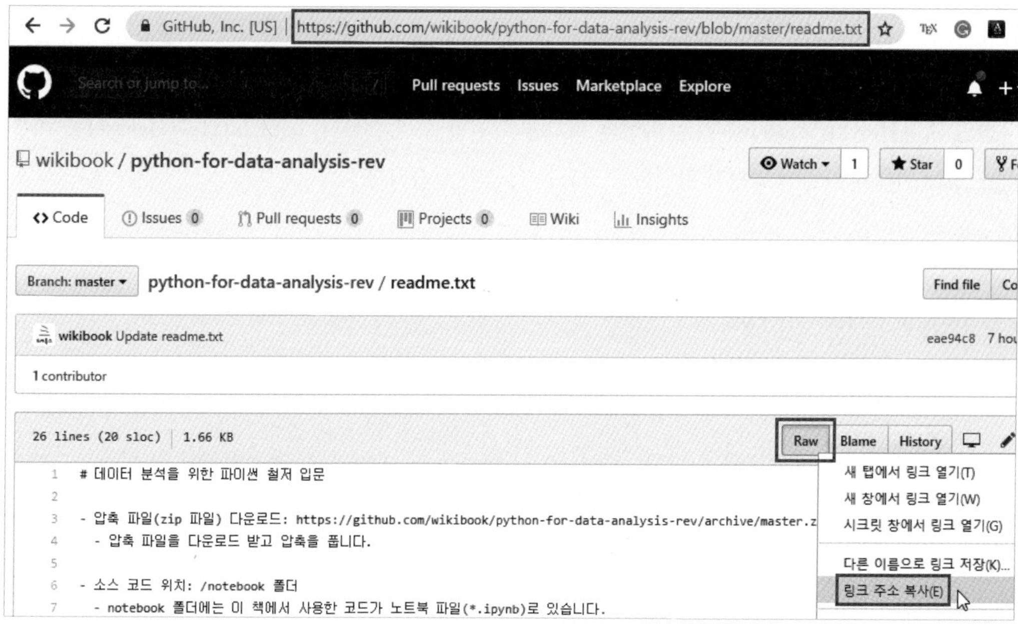

그림 16-2 깃허브 파일의 URL 복사

이제 requests를 이용해 깃허브에서 파일을 내려받고 저장하는 코드를 작성하겠습니다. 깃허브에서 내려받고자 하는 파일의 URL은 앞에서 살펴본 대로 raw가 들어간 주소를 이용합니다.

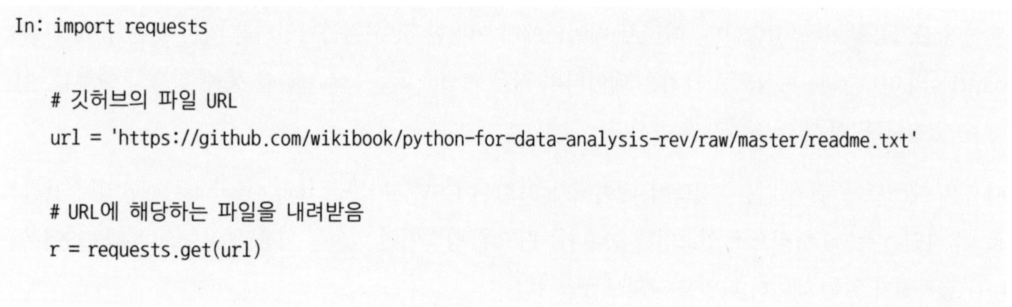

```
In: import requests

    # 깃허브의 파일 URL
    url = 'https://github.com/wikibook/python-for-data-analysis-rev/raw/master/readme.txt'

    # URL에 해당하는 파일을 내려받음
    r = requests.get(url)
```

```
# 파일을 저장할 폴더와 파일명을 지정
file_name = 'C:/myPyCode/data/readme.txt'

# 내려받은 파일을 지정한 폴더에 저장
with open(file_name, 'wb') as f:
    f.write(r.content)
```

위 코드를 이용해 깃허브에서 파일을 잘 가져왔는지 확인하기 위해 윈도우 탐색기를 이용해도 되지만 파이썬 내장 모듈인 os의 path.isfile(fileName)을 이용하면 지정한 위치에 파일이 있는지 알 수 있습니다. 파일이 있으면 True를 반환하고 없으면 False를 반환합니다. 또한 os 모듈의 listdir(folder)을 이용하면 지정한 폴더(folder)에 있는 파일의 목록을 확인할 수 있습니다. path.isfile(fileName)을 이용해 지정한 위치에 파일이 있는지 확인하는 코드는 다음과 같습니다.

```
In: import os

    os.path.isfile(file_name)
```

```
Out: True
```

위 코드의 결과로 True를 반환했으므로 깃허브에서 파일을 잘 가져와 지정한 위치에 잘 다운로드했음을 알 수 있습니다.

데이터에서 결측치 확인 및 처리

결측치 확인

수집된 데이터에는 다양한 이유로 데이터 값이 누락될 수 있습니다. 이처럼 누락된 데이터를 결측치(Missing data)라고 하며, 데이터에 결측치가 있다면 데이터를 분석할 때 결과가 왜곡되거나 데이터 분석이 불가능할 수도 있습니다. 따라서 데이터에서 어떠한 값이 결측치인지를 아는 것은 중요합니다. pandas의 DataFrame 형식으로 가져온 데이터의 경우 isna() 혹은 isnull()을 통해 결측치 여부를 판단할 수 있습니다. 우선 다음 예제를 봅시다.

다음은 테스트를 위해 만든, 결측치 데이터가 포함된 CSV 파일(missing_data_test.csv)입니다(참고로 이 파일은 cp949 형식으로 인코딩됐습니다). 윈도우 명령어인 type을 이용해(리눅스나 맥 OS에서는 cat) 결측치가 있는 데이터 파일을 살펴보겠습니다.

```
In: !type C:\myPyCode\data\missing_data_test.csv
```

```
Out: 연도,제품1,제품2,제품3,제품4
     2015,250,150,,
     2016,200,160,170,
     2017,150,200,100,150
     2018,120,230,130,170
     2019,,250,140,
```

CSV 파일(missing_data_test.csv)을 살펴보면 2017, 2018년도 데이터만 결측치가 없고 나머지 해에는 모두 결측치가 있음을 확인할 수 있습니다.

이제 pandas를 통해 CSV 파일을 DataFrame 형식으로 읽어오겠습니다. 다음은 이를 위한 코드입니다.

```
In: import pandas as pd

    data_file = "C:/myPyCode/data/missing_data_test.csv"

    df = pd.read_csv(data_file, encoding = "cp949", index_col = "연도")
    df
```

```
Out:
```

	제품1	제품2	제품3	제품4
연도				
2015	250.0	150	NaN	NaN
2016	200.0	160	170.0	NaN
2017	150.0	200	100.0	150.0
2018	120.0	230	130.0	170.0
2019	NaN	250	140.0	NaN

결과를 살펴보면 CSV 파일의 결측치는 pandas의 DataFrame에서 데이터가 없음을 의미하는 NaN으로 표시되는 것을 볼 수 있습니다. 다음으로 isnull()을 이용해 결측치 여부를 확인해 보겠습니다.

```
In: df.isnull()
```

Out:

	제품1	제품2	제품3	제품4
연도				
2015	False	False	True	True
2016	False	False	False	True
2017	False	False	False	False
2018	False	False	False	False
2019	True	False	False	True

출력 결과를 보면 결측치인 경우 True로 표시되고 결측치가 아니면, 즉 값이 있다면 False로 출력됩니다. 각 열에서 결측치 개수를 알고 싶다면 다음 코드처럼 sum()을 이용하면 됩니다. pandas의 DataFrame에 sum()을 적용하면 각 열의 합을 계산할 수 있습니다. 이때 True는 1로, False는 0으로 간주하기 때문에 다음과 같이 isnull()의 결과에 sum()을 수행하면 결측치 개수를 셀 수 있습니다.

```
In: df.isnull().sum()
```

```
Out: 제품1    1
     제품2    0
     제품3    1
     제품4    3
     dtype: int64
```

위와 같이 isnull().sum()을 이용하면 각 열별로 결측치가 몇 개인지 확인할 수 있습니다.

결측치 처리

데이터에 결측치가 있으면 데이터 처리를 제대로 할 수 없으므로 결측치를 처리해야 합니다. 이때 크게 두 가지 방법이 있습니다. 하나는 결측치가 있는 행이나 열을 없애는 방법이고 다른 하나는 결측치를 지정한 값으로 채우는 것입니다.

다음은 pandas의 DataFrame 형식의 데이터에서 drop()을 이용해 결측치가 있는 행이나 열을 없애는 방법입니다.

```
DataFrame_data.drop(index=index_name 혹은 columns=columns_name)
```

여기서 index 혹은 columns 인자에 이름을 지정해서 행 혹은 열을 없앨 수 있습니다. 둘 중 하나만 지정해도 되고 둘 모두를 지정할 수도 있습니다. 더 많은 인자를 지정해서 다양하게 원하는 부분만 삭제할 수 있지만 여기서는 index와 columns를 이용하는 방법만 이용하겠습니다.

예제를 통해 DataFrame 형식의 데이터에서 원하지 않는 행과 열을 제거하는 방법을 살펴봅시다. 앞에서 살펴본 예제에서 DataFrame 형식의 변수 df에서 index로 2019가 있는 행 전체를 제거하고 싶다면 다음과 같이 하면 됩니다.

```
In: df.drop(index=[2019])
```

```
Out:
```

	제품1	제품2	제품3	제품4
연도				
2015	250.0	150	NaN	NaN
2016	200.0	160	170.0	NaN
2017	150.0	200	100.0	150.0
2018	120.0	230	130.0	170.0

만약 변수 df에서 제품3 열과 제품4 열을 모두 제거하고 싶으면 다음과 같이 하면 됩니다.

```
In: df.drop(columns=['제품3', '제품4'])
```

```
Out:
```

	제품1	제품2
연도		
2015	250.0	150
2016	200.0	160
2017	150.0	200
2018	120.0	230
2019	NaN	250

또한 변수 df에서 index 2018, 2019가 있는 행과 제품3 열과 제품4 열을 동시에 제거하고 싶다면 다음과 같이 하면 됩니다.

```
In: df.drop(index=[2018, 2019], columns=['제품3', '제품4'])
```

Out:

	제품1	제품2
연도		
2015	250.0	150
2016	200.0	160
2017	150.0	200

결과를 보면 결측치가 있는 행과 열이 모두 제거된 것을 볼 수 있습니다.

앞에서는 결측치가 있는 행과 열을 확인하고 명시적으로 지정해서 결측치가 있는 행과 열을 삭제했지만 결측치가 있는 행 혹은 열 전체를 지우는 방법도 있습니다.

다음은 DataFrame 형식의 데이터에서 dropna()을 이용해 결측치가 있는 행이나 열 전체를 없애는 방법을 보여줍니다.

```
DataFrame_data.dropna(axis=0(기본) [,subset='행 혹은 열이름'])
```

여기서 인자 axis에는 제거하고자 하는 데이터의 축을 지정합니다. 만약 결측치가 있는 행 전체를 제거하고 싶으면 axis=0으로 지정하고 결측치가 있는 열 전체를 제거하고 싶다면 axis=1로 지정합니다. axis를 지정하지 않으면 기본적으로 axis=0이 지정됩니다. 또한 결측치가 있는 행과 열을 세부적으로 선택해서 제거하고 싶다면 subset에 행 혹은 열 이름을 지정해서 해당 행 혹은 열만 없앨 수도 있습니다.

다음 예제를 봅시다. 우선 인자 없이 dropna()를 실행해 보겠습니다.

```
In: df.dropna()  #df.dropna(axis=0)도 결과는 같습니다.
```

Out:

	제품1	제품2	제품3	제품4
연도				
2017	150.0	200	100.0	150.0
2018	120.0	230	130.0	170.0

출력 결과를 보면 결측치가 있는 행이 모두 제거된 것을 볼 수 있습니다. 만약 제품1에 결측치가 있는 행만 없애고 싶다면 다음과 같이 옵션을 지정하면 됩니다.

```
In: df.dropna(axis=0, subset=['제품1'])
```

Out:

	제품1	제품2	제품3	제품4
연도				
2015	250.0	150	NaN	NaN
2016	200.0	160	170.0	NaN
2017	150.0	200	100.0	150.0
2018	120.0	230	130.0	170.0

결측치가 있는 모든 열을 제거하고 싶다면 다음과 같이 axis=1로 지정하면 됩니다.

```
In: df.dropna(axis=1)
```

Out:

	제품2
연도	
2015	150
2016	160
2017	200
2018	230
2019	250

또한 index가 2015인 행에서 결측치가 있는 열을 제거하고 싶다면 다음과 같이 axis=1로 지정하고 subset에 index 이름을 지정하면 됩니다.

```
In: df.dropna(axis=1, subset=[2015])
```

Out:

	제품1	제품2
연도		
2015	250.0	150
2016	200.0	160
2017	150.0	200
2018	120.0	230
2019	NaN	250

다음과 같이 subset에 index 이름을 여러 개 지정해서 결측치가 있는 열을 제거할 수도 있습니다.

```
In: df.dropna(axis=1, subset=[2016, 2019])
```

Out:

	제품2	제품3
연도		
2015	150	NaN
2016	160	170.0
2017	200	100.0
2018	230	130.0
2019	250	140.0

앞에서는 결측치를 제거하는 방법을 살펴봤는데 때에 따라서는 제거하기보다는 특정한 값으로 채워야 할 때가 있습니다. DataFrame 데이터의 경우 다음과 같이 fillna()를 이용해 결측치에 값을 채웁니다.

```
DataFrame_data.fillna(value=None, method=None)
```

여기서 value에는 결측치에 채워 넣고 싶은 값을 지정합니다. 이 값에 넣을 수 있는 데이터의 형식은 하나의 수치나 문자열, 딕셔너리, pandas의 Series나 DataFrame입니다. 값을 지정하지 않고 method를 이용하면 주변의 값을 이용해 결측치를 채웁니다. 만약 method=bfill이면 현재 위치의 결측치에 다음 위치의 데이터 값을 채우고 method=ffill이면 현재 위치의 결측치에 이전 위치의 데이터 값을 채웁니다.

다음은 fillna()를 이용해 결측치에 값을 채우는 예입니다. 만약 결측치 전체를 0으로 채우고 싶다면 다음과 같이 수행합니다.

```
In: df.fillna(0)
```

Out:

	제품1	제품2	제품3	제품4
연도				
2015	250.0	150	0.0	0.0
2016	200.0	160	170.0	0.0
2017	150.0	200	100.0	150.0
2018	120.0	230	130.0	170.0
2019	0.0	250	140.0	0.0

결측치에 열의 다음 값을 넣고 싶다면 다음과 같이 method='bfill'을 인자로 입력합니다. 이 경우 마지막 값에 결측치가 있는 경우가 아니라면 다음 값을 이용해 현재 위치의 결측치를 채웁니다.

```
In: df.fillna(method='bfill')
```

Out:

	제품1	제품2	제품3	제품4
연도				
2015	250.0	150	170.0	150.0
2016	200.0	160	170.0	150.0
2017	150.0	200	100.0	150.0
2018	120.0	230	130.0	170.0
2019	NaN	250	140.0	NaN

또한 결측치에 열의 이전 값을 넣고 싶다면 다음과 같이 method='ffill'을 인자로 입력합니다. 이 경우 첫 번째 값에 결측치가 있는 경우가 아니라면 이전 값을 이용해 현재 위치의 결측치를 채웁니다.

```
In: df.fillna(method='ffill')
```

Out:

	제품1	제품2	제품3	제품4
연도				
2015	250.0	150	NaN	NaN
2016	200.0	160	170.0	NaN
2017	150.0	200	100.0	150.0
2018	120.0	230	130.0	170.0
2019	120.0	250	140.0	170.0

지정한 열의 결측치만 특정한 값으로 채우고 싶다면 다음과 같이 하면 됩니다.

```
In: values = {'제품1': 100, '제품4': 400}
    df.fillna(value=values)
```

Out:

	제품1	제품2	제품3	제품4
연도				
2015	250.0	150	NaN	400.0
2016	200.0	160	170.0	400.0
2017	150.0	200	100.0	150.0
2018	120.0	230	130.0	170.0
2019	100.0	250	140.0	400.0

결과를 보면 제품1 열의 결측치는 100으로 채워지고, 제품4 열의 결측치는 400으로 채워진 것을 볼 수 있습니다.

데이터의 요약 및 재구성

데이터의 구조 살펴보기

이번에는 앞에서 DataFrame을 설명할 때 알아본 기본적인 메서드에 더해 DataFrame 데이터를 요약하고 데이터의 개수를 세는 방법을 살펴보겠습니다.

우선 DataFrame 형식 데이터의 전체 구조를 알아보려면 다음과 같이 info()를 이용하면 됩니다.

```
DataFrame_data.info()
```

이 함수를 실행하면 DataFrame 데이터의 index와 columns의 타입을 보여주고, 결측치가 아닌 값의 개수와 메모리 사용량 정보를 요약해서 보여줍니다.

활용 예를 살펴보기 위해 먼저 데이터 폴더(C:/myPyCode/data/)에 있는 CSV 데이터 파일(total_sales_data.csv)을 DataFrame 형식으로 읽어오겠습니다. 이를 위한 코드는 다음과 같습니다.

```
In: import pandas as pd

    data_file = "C:/myPyCode/data/total_sales_data.csv"

    df_sales = pd.read_csv(data_file)
    df_sales
```

Out:

	매장명	제품종류	모델명	판매	재고
0	A	스마트폰	S1	1	2
1	A	스마트폰	S2	2	5
2	A	TV	V1	3	5
3	B	스마트폰	S2	4	6
4	B	스마트폰	S1	5	8
5	B	TV	V1	6	9
6	C	스마트폰	S2	2	4
7	C	TV	V1	3	6
8	C	TV	V2	7	9

이제 앞의 코드에서 생성한 DataFrame 형식의 변수(df_sales)를 대상으로 info()를 실행해 보겠습니다.

```
In: df_sales.info()
```

```
Out: <class 'pandas.core.frame.DataFrame'>
     RangeIndex: 9 entries, 0 to 8
     Data columns (total 5 columns):
     매장명      9 non-null object
     제품종류     9 non-null object
     모델명      9 non-null object
     판매       9 non-null int64
     재고       9 non-null int64
     dtypes: int64(2), object(3)
     memory usage: 440.0+ bytes
```

출력 결과를 보면 index의 범위는 0~8까지로 9개가 있으며, 열(Column)은 총 5개가 있음을 알 수 있습니다. 또한 열 데이터에서 매장명, 제품종류, 모델명의 데이터 타입은 객체(object)이고 판매 및 재고의 데이터 타입은 정수(int64)임을 알 수 있습니다. 메모리 사용량은 440바이트입니다.

pandas의 Series 형식의 데이터에서 중복되지 않는 값이 몇 개인지 알아보려면 다음과 같이 value_counts()를 이용합니다.

```
Series_data.value_counts()
```

DataFrame 데이터에서 특정 열을 선택한 후에 value_counts()를 이용하면 해당 열의 데이터 값의 개수를 알 수 있습니다.

다음 예제를 봅시다. 앞에서 DataFrame 형식의 변수 df_sales에 할당된 값에서 매장명에 들어있는 데이터 값의 각 개수를 알고 싶다면 다음과 같이 하면 됩니다.

```
In: df_sales['매장명'].value_counts()
```

```
Out: C    3
     B    3
     A    3
     Name: 매장명, dtype: int64
```

결과를 보면 df_sales 변수에 있는 매장명 열에는 데이터 값이 'A', 'B', 'C'가 있으며 각각 3개씩 데이터가 있음을 알 수 있습니다.

만약 제품종류 열의 구성을 알고 싶다면 다음과 같이 합니다.

```
In: df_sales['제품종류'].value_counts()
```

```
Out: 스마트폰    5
     TV      4
     Name: 제품종류, dtype: int64
```

출력 결과를 통해 제품종류 열에는 데이터 값이 '스마트폰'과 'TV'가 있으며 나오는 횟수는 각각 5회와 4회임을 알 수 있습니다.

피벗 테이블로 데이터 재구성하기

이번에는 DataFrame 데이터를 원하는 그룹별로 재구성한 후 원하는 값을 계산하는 방법을 알아보겠습니다. 데이터를 재구성하면 데이터를 좀 더 직관적으로 표시할 수 있어서 이해하기가 쉬울 수 있습니다. 데이터를 재구성할 때 사용하는 함수로는 pivot(), groupby(), pivot_table()이 있는데, 여기서는 가장 활용도가 높은 pivot_table()을 중심으로 설명하겠습니다.

pivot_table()은 DataFrame 데이터를 보기 쉽게 재구성하거나 데이터에서 특정 열에 있는 값이 나온 횟수를 구하거나 평균을 구하는 등 계산이 필요한 경우에 주로 이용합니다. 이 함수는 엑셀의 피벗 테이블과 유사한 기능을 수행합니다. 다음은 pivot_table()의 사용법입니다.

```
DataFrame_data.pivot_table(values=None, index=None, columns=None, aggfunc='mean')
```

여기서 values는 재구성할 데이터 열 이름이 들어가고, index와 columns에는 각각 피벗 테이블의 index와 columns에 들어갈 데이터 열 이름이 들어갑니다. aggfunc에는 요약할 데이터의 함수를 지정하는데, 값의 개수를 구하기 위해서는 count, 합계를 구하기 위해서는 sum, 최댓값을 구하기 위해서는 max, 최솟값을 구하기 위해서는 min, 평균을 구하기 위해서는 mean, 표준편차를 구하기 위해서는 std, 분산을 구하기 위해서는 var를 지정하면 됩니다. aggfunc을 지정하지 않으면 기본적으로 평균(mean)이 지정됩니다. 또한 함수를 여러 개 지정할 수도 있으며 함수를 만들어서 지정할 수도 있습니다.

앞에서 생성한 DataFrame 형식의 변수(df_sales)를 이용해 pivot_table()의 사용법을 살펴보겠습니다. 데이터의 구성을 보기 위해 이 변수를 다시 한번 출력해 보겠습니다.

```
In: df_sales
```

Out:

	매장명	제품종류	모델명	판매	재고
0	A	스마트폰	S1	1	2
1	A	스마트폰	S2	2	5
2	A	TV	V1	3	5
3	B	스마트폰	S2	4	6
4	B	스마트폰	S1	5	8
5	B	TV	V1	6	9
6	C	스마트폰	S2	2	4
7	C	TV	V1	3	6
8	C	TV	V2	7	9

위의 데이터에는 매장명, 제품종류, 모델명별로 판매 및 재고 수량이 기록돼 있습니다. 이 데이터를 매장명, 제품종류, 모델명으로 그룹을 만들어서 판매와 재고 수량을 알고 싶다면 다음과 같이 수행하면 됩니다.

```
In: df_sales.pivot_table(index=["매장명", "제품종류", "모델명"],
                         values=["판매","재고"], aggfunc='sum')
```

Out:

			재고	판매
매장명	**제품종류**	**모델명**		
A	**TV**	**V1**	5	3
	스마트폰	**S1**	2	1
		S2	5	2
B	**TV**	**V1**	9	6
	스마트폰	**S1**	8	5
		S2	6	4
C	**TV**	**V1**	6	3
		V2	9	7
	스마트폰	**S2**	4	2

결과에서 볼 수 있듯이 재고와 판매 수량이 매장명, 제품종류, 모델명에 따라 보기 좋게 정리됐습니다. 만약 매장별로 제품 종류에 따른 재고와 판매 수량을 알고 싶다면 다음과 같이 작성합니다.

```
In: df_sales.pivot_table(index=["매장명"], columns = ["제품종류"],
                        values =["판매","재고"], aggfunc='sum')
```

```
Out:
```

	재고		판매	
제품종류	TV	스마트폰	TV	스마트폰
매장명				
A	5	7	3	3
B	9	14	6	9
C	15	4	10	2

또한 매장별로 제품 종류에 따른 재고와 판매한 모델의 개수를 알고 싶다면 다음과 같이 aggfunc='count'를 입력하면 됩니다.

```
In: df_sales.pivot_table(index=["매장명"], columns = ["제품종류"],
                        values =["판매","재고"], aggfunc='count')
```

```
Out:
```

	재고		판매	
제품종류	TV	스마트폰	TV	스마트폰
매장명				
A	1	2	1	2
B	1	2	1	2
C	2	1	2	1

위의 출력 결과는 매장별로 TV와 스마트폰에 대해 각각 재고와 판매한 모델의 개수를 보여줍니다.

워드 클라우드를 이용한 데이터 시각화

앞 장에서 숫자로 된 데이터의 시각화를 위해 matplotlib 라이브러리를 이용했습니다. 이번에는 텍스트 데이터의 시각화에 이용할 수 있는 워드 클라우드(Word cloud)를 살펴보겠습니다. 워드 클라우드는 텍스트 데이터에서 출현 빈도가 높은 단어는 크게 표시하고 출현 빈도가 낮은 단어는 작게 표시하는 방법으로 데이터를 시각화합니다. 따라서 어떤 단어가 많이 출현하는지 쉽게 알아볼 수 있습니다.

워드 클라우드 시각화를 제공하는 웹 사이트도 있는데 여기서는 파이썬의 wordcloud 라이브러리를 이용해 텍스트 데이터를 시각화하는 방법을 살펴보겠습니다.

아나콘다에는 wordcloud 라이브러리가 포함돼 있지 않기 때문에 wordcloud 라이브러리를 별도로 설치해야 합니다. 아나콘다 메뉴에서 [Anaconda Prompt]를 클릭해 명령 프롬프트를 실행합니다. 그런 다음, 프롬프트에 pip install wordcloud를 입력합니다(그림 16-3). 문제 없이 설치가 완료되면 마지막에 'Successfully installed wordcloud-X.Y.Z'가 출력됩니다(그림 16-3). 여기서 'X.Y.Z'는 버전을 나타내는 숫자입니다.

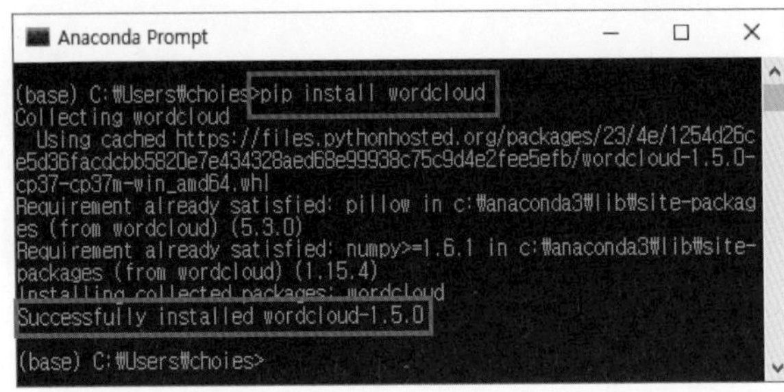

그림 16-3 워드 클라우드 설치

주피터 노트북에서도 설치할 수 있는데 코드 셀에 다음과 같이 입력하면 됩니다.

```
!pip install wordcloud
```

이제 wordcloud 라이브러리를 설치했으니 사용법을 살펴봅시다. 먼저 wordcloud의 WordCloud 클래스를 임포트합니다. 그 후에 텍스트 데이터가 있을 때는 generate(text) 메서드로 text로부터 워드 클라우드 이미지를 생성하고, 단어와 단어의 빈도 데이터가 있을 때는 generate_from_frequencies(frequencies) 메서드를 이용해 워드 클라우드 이미지를 생성합니다. 이를 위한 코드는 다음과 같습니다.

```
from wordcloud import WordCloud

# 워드 클라우드 이미지를 생성
wordcloud = WordCloud([옵션]).generate(text)
혹은
wordcloud = WordCloud([옵션]).generate_from_frequencies(frequencies [, max_font_size=숫자])
```

위에서 WordCloud() 클래스에는 다양한 옵션을 입력할 수 있는데 여기서는 일부만 살펴보겠습니다. 옵션에 관한 자세한 내용은 wordcloud의 매뉴얼 페이지[2]를 참조하세요. 위의 코드에서 text는 공백으로 구분된 단어가 나열된 문자열 데이터이고, frequencies는 키(key)는 단어이고 값(value)은 숫자로 구성된 딕셔너리 타입의 데이터나 인덱스(index)는 단어이고 값(values)은 숫자로 구성된 pandas의 Series 데이터입니다.

생성한 워드 클라우드 이미지는 다음 메서드를 이용해 이미지 파일로 저장할 수 있습니다.

```
import matplotlib.pyplot as plt


wordcloud.to_file(이미지파일이름)
plt.show()
```

또한 다음과 같이 matplotlib 라이브러리를 이용해 화면에 출력할 수도 있습니다.

```
import matplotlib.pyplot as plt


plt.imshow(wordcloud, interpolation='bilinear')
plt.axis("off")
plt.show()
```

이제 워드 클라우드를 생성해서 이미지를 표시하는 예를 살펴보겠습니다. 먼저 generate(text) 메서드로 text로부터 워드 클라우드 이미지를 생성하는 예를 살펴보겠습니다. 이를 위해서는 먼저 텍스트가 있는 문자열 데이터가 있어야 합니다. 문자열 데이터를 생성하기 위해 생텍쥐페리가 쓴 『어린 왕자』 책의 영어 텍스트 파일을 이용하겠습니다. 참고로 이 파일은 다양한 무료책을 볼 수 있는 디지털 도서관[3]에서 가져왔습니다. 가져온 파일은 C:/myPyCode/data 폴더 안의 littleprince_djvu.txt에 저장했습니다.

이 텍스트 파일로 워드 클라우드 이미지를 생성해서 화면에 출력하는 코드는 다음과 같습니다.

```
In: from wordcloud import WordCloud
    import matplotlib.pyplot as plt
```

2 https://amueller.github.io/word_cloud/index.html

3 https://archive.org/stream/TheLittlePrince-English/littleprince_djvu.txt

```
file_name = 'C:/myPyCode/data/littleprince_djvu.txt'

with open(file_name) as f: # 파일을 읽기 모드로 열기
    text = f.read() # 파일의 내용 읽어오기

# 워드 클라우드 이미지를 생성
wordcloud_image = WordCloud().generate(text)

# 생성한 워드 클라우드 이미지를 화면에 표시
plt.imshow(wordcloud_image, interpolation='bilinear')
plt.axis("off")
plt.show()
```

출력 결과를 보면 'little prince'가 가장 크게 보이는 것으로 봐서 『어린 왕자』에 나오는 단어 중에서 출현 빈도가 가장 높은 단어는 'little prince'임을 알 수 있습니다.

이제 WordCloud 클래스를 생성할 때 몇 가지 옵션을 지정해 워드 클라우드 이미지를 변경해 보겠습니다. 배경색을 흰색(background_color='white')으로 하고, 최대 글자 크기는 300(max_font_size=300)으로, 가로와 세로 크기(픽셀)를 각각 800과 400으로 설정(width=800, height=400)하겠습니다.

```
In: wordcloud_image = WordCloud(background_color='white', max_font_size=300, width=800,
height=400).generate(text)

    plt.imshow(wordcloud_image, interpolation="bilinear")
    plt.axis("off")
    plt.show()
```

다음은 워드 클라우드의 이미지를 이미지 파일로 저장하는 예입니다.

```
In: image_file_name = 'C:/myPyCode/figures/little_prince.png'

    wordcloud_image.to_file(image_file_name)
    plt.show()
```

이미지 뷰어로 대상 폴더(C:/myPyCode/figures)에 생성된 이미지 파일(little_prince.png)을 열어 보면 앞에서 화면에 출력한 이미지와 같은 이미지를 볼 수 있습니다.

다음으로 generate_from_frequencies(frequencies) 메서드를 이용해 한글 단어와 단어의 빈도 데이터의 워드 클라우드 이미지를 생성하는 예를 살펴보겠습니다. 이를 위해 단어와 각 단어의 빈도를 표시한 데이터가 필요한데 여기서는 뉴스 기사로부터 생성한 단어와 빈도 데이터 파일을 이용하겠습니다. 이 파일은 C:/myPyCode/data 폴더 안의 word_count.csv에 저장했습니다. 이제 한글 단어와 빈도가 저장된 데이터 파일을 다음 코드처럼 DataFrame 형식으로 읽어오겠습니다.

```
In: import pandas as pd

    word_count_file = "C:/myPyCode/data/word_count.csv"
    word_count = pd.read_csv(word_count_file, index_col = '단어')
    word_count.head(5)
```

Out:

	빈도
단어	
산업혁명	1662
기술	1223

사업	1126
혁신	1084
경제	1000

결과를 보면 단어와 빈도가 저장된 데이터 파일을 DataFrame 형식으로 잘 읽어 왔음을 알 수 있습니다. 이번에 이용할 generate_from_frequencies(frequencies) 메서드를 사용하려면 frequencies 데이터가 있어야 하는데 이 데이터 타입은 딕셔너리나 Series여야 합니다. DataFrame에서 하나의 열 데이터를 추출하면 Series 형식이 되므로 위의 word_count 변수에서 빈도 열을 추출한 word_count['빈도']를 frequencies 데이터로 이용할 수 있습니다.

다음은 word_count['빈도']의 일부를 출력한 결과입니다.

```
In: word_count['빈도'][0:5]
```

```
Out: 단어
     산업혁명    1662
     기술       1223
     사업       1126
     혁신       1084
     경제       1000
     Name: 빈도, dtype: int64
```

또한 word_count['빈도']의 데이터 타입은 다음과 같이 type() 통해 알 수 있습니다.

```
In: type(word_count['빈도'])
```

```
Out: pandas.core.series.Series
```

출력 결과를 보면 word_count['빈도']의 데이터 타입은 pandas의 Series임을 알 수 있습니다.

이제 단어와 빈도가 있는 Series 형식의 데이터인 word_count['빈도']와 generate_from_frequencies(frequencies) 메서드를 이용해 워드 클라우드 이미지를 생성하겠습니다. 또한 워드 클라우드 이미지에 한글을 표시하려면 WordCloud 클래스의 font_path 옵션에 한글 폰트의 파일명을 경로명과 함께 지정해야 합니다. 여기서는 맑은 고딕 폰트를 이용하기 위해 맑은 고딕 폰트의 파일명(malgun.ttf)을 지정했습니다. 다음 코드를 봅시다.

```
In: from wordcloud import WordCloud
    import matplotlib.pyplot as plt

    korean_font_path = 'C:/Windows/Fonts/malgun.ttf' # 한글 폰트(맑은 고딕) 파일명

    # 워드 클라우드 이미지 생성
    wc = WordCloud(font_path=korean_font_path, background_color='white')

    frequencies = word_count['빈도'] # pandas의 Series 형식이 됨
    wordcloud_image = wc.generate_from_frequencies(frequencies)

    # 생성한 워드 클라우드 이미지를 화면에 표시
    plt.imshow(wordcloud_image, interpolation="bilinear")
    plt.axis("off")
    plt.show()
```

워드 클라우드 이미지의 출력 결과를 보면 단어의 빈도 값이 클수록 글자가 크게 출력되는 것을 볼 수 있습니다. 또한 워드 클라우드 이미지를 생성할 때마다 단어의 크기, 위치, 색깔이 어느 범위 안에서 달라지는 것을 볼 수 있습니다.

03 실전 데이터(서울시 업무추진비) 분석

이제 앞에서 설명한 데이터 분석 프로세스를 이용해 단계별로 데이터 분석을 진행해 보겠습니다. 서울시는 업무의 투명성을 위해 정보소통광장(http://opengov.seoul.go.kr/)을 통해 결재문서, 회의정보, 사전공표 등의 행정 정보를 공개하고 있습니다. 이 가운데 사전공표에 있는 업무추진비 데이터를 이용해 데이터 분석을 진행해 보겠습니다.

데이터 분석의 주제 선정

앞에서도 이야기했듯이 데이터를 분석할 때 가장 먼저 할 일은 주제 선정입니다. 이번에 수행할 데이터 분석의 주제는 서울시에서 집행한 업무추진비 분석으로 선정하겠습니다.

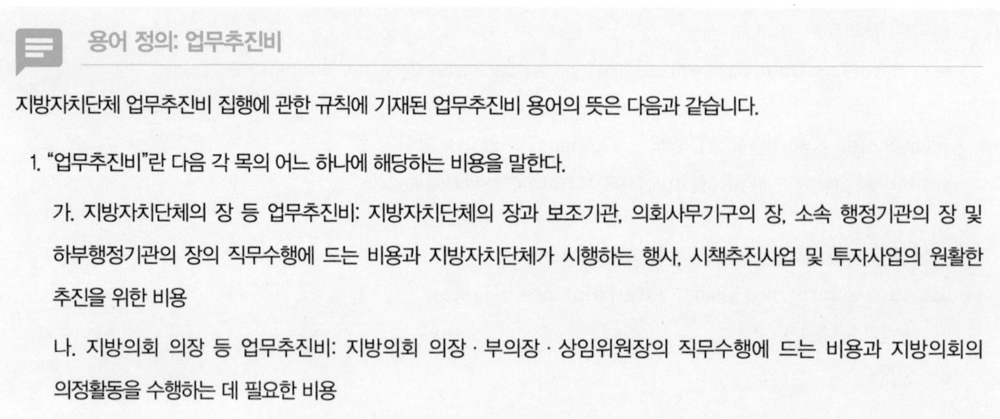

용어 정의: 업무추진비

지방자치단체 업무추진비 집행에 관한 규칙에 기재된 업무추진비 용어의 뜻은 다음과 같습니다.

1. "업무추진비"란 다음 각 목의 어느 하나에 해당하는 비용을 말한다.

가. 지방자치단체의 장 등 업무추진비: 지방자치단체의 장과 보조기관, 의회사무기구의 장, 소속 행정기관의 장 및 하부행정기관의 장의 직무수행에 드는 비용과 지방자치단체가 시행하는 행사, 시책추진사업 및 투자사업의 원활한 추진을 위한 비용

나. 지방의회 의장 등 업무추진비: 지방의회 의장 · 부의장 · 상임위원장의 직무수행에 드는 비용과 지방의회의 의정활동을 수행하는 데 필요한 비용

서울시는 정보소통광장을 통해 시장단을 비롯해서 4급 부서장 이상 간부직 공무원의 업무추진비 집행 내역(https://opengov.seoul.go.kr/expense)을 공개하고 있습니다(그림 16-4).

그림 16-4 서울시가 공개하는 업무추진비 집행 내역

서울시는 정보소통광장을 통해 업무추진비 데이터를 2016년부터 현재까지 월별로 제공하고 있습니다. 그림 16-5는 2019년 2월에 사용한 업무추진비의 세부 내역을 보여줍니다. 이를 살펴보면 업무추진비 데이터에는 비용을 집행한 부서명, 집행일시, 집행장소, 집행목적, 대상인원, 결제방법, 집행금액 등이 있음을 알 수 있습니다. 또한 세부 내역 데이터는 엑셀 파일로 내려받을 수도 있습니다.

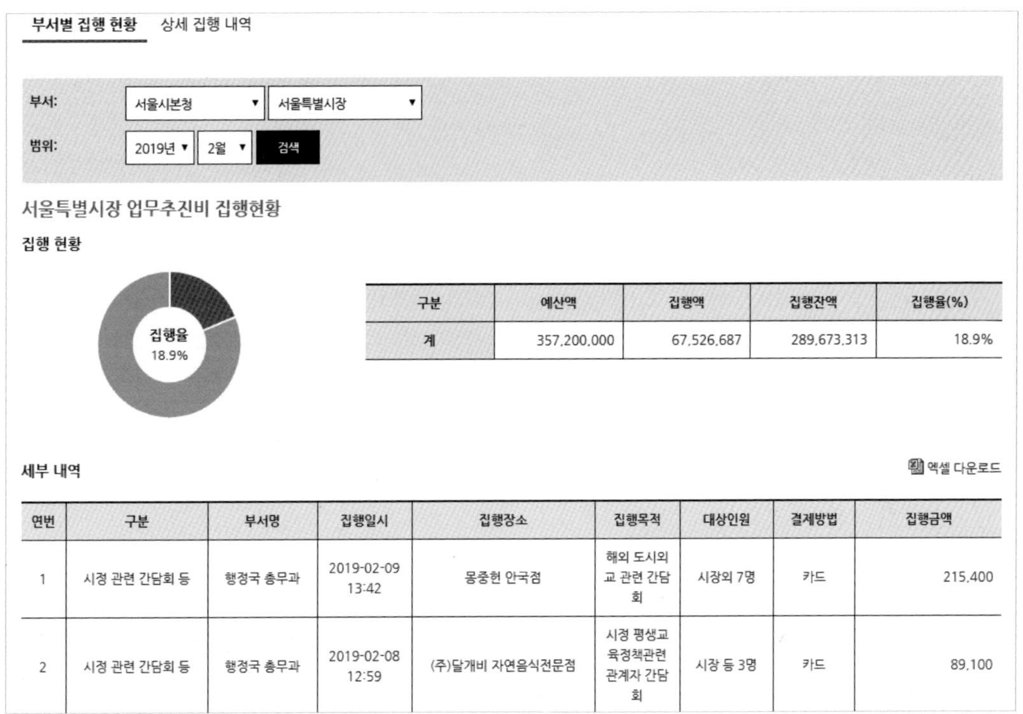

구분	예산액	집행액	집행잔액	집행율(%)
계	357,200,000	67,526,687	289,673,313	18.9%

세부 내역

엑셀 다운로드

연번	구분	부서명	집행일시	집행장소	집행목적	대상인원	결제방법	집행금액
1	시정 관련 간담회 등	행정국 총무과	2019-02-09 13:42	몽중헌 안국점	해외 도시외교 관련 간담회	시장외 7명	카드	215,400
2	시정 관련 간담회 등	행정국 총무과	2019-02-08 12:59	(주)달개비 자연음식전문점	시정 평생교육정책관련 관계자 간담회	시장 등 3명	카드	89,100

그림 16-5 업무추진비(2019년 2월) 세부 집행 내역

이 책에서는 서울시의 업무추진비 데이터를 이용해 데이터 분석을 진행할 때 다음과 같은 세부 주제를 선정해서 데이터 분석을 진행하겠습니다.

- **연도별 추이 분석**

  데이터가 2016년부터 현재까지 월별로 제공되고 있지만 2019년 데이터는 아직 완성되지 않은 상태라서 3연간(2016년 ~ 2018년)의 데이터를 이용해 추이 분석을 해보겠습니다. 어떤 의미를 찾기에 3년은 짧은 기간이지만 그래도 분석 방법을 살펴볼 수 있으니 연도별 추이 분석을 진행하겠습니다.

- **월별 집행금액 분석**

  월별로 제공되는 데이터를 분석해서 1월에서 12월까지 월별로 업무추진비 집행금액에는 어떠한 변화가 있는지 살펴보겠습니다. 이를 통해 연도별로 업무추진비를 가장 많이 집행하는 달과 가장 적게 집행하는 달을 알 수 있습니다. 3년간 데이터 분석을 통해 연도별로 월별 집행 패턴이 비슷한지도 살펴보겠습니다.

- **부서별 집행 내역 분석**
  서울시에서 제공하는 업무추진비 데이터에는 업무 추진비를 집행한 부서명이 표시돼 있습니다. 따라서 업무추진비 집행 내역을 부서별로 구분하면 각 부서별로 업무추진비를 얼마나 집행했지 알 수 있습니다. 또한 업무추진비를 집행한 횟수나 집행금액 순서로 정렬하면 업무추진비를 자주 집행한 부서나 많이 집행한 부서가 어디인지도 알 수 있습니다.

- **요일별 및 시간대별 집행 내역 분석**
  업무추진비 데이터에는 사용한 날짜와 시간이 있습니다. 이를 활용하면 무슨 요일 혹은 어느 시간대에 업무추진비를 많이 집행했는지 알 수 있습니다.

데이터 수집

주제 선정 후에는 분석에 필요한 데이터를 수집하는 작업이 필요합니다. 여기서는 앞에서 살펴본 서울시의 업무추진비 데이터를 이용해 데이터 분석을 수행하겠습니다. 서울시 정보소통광장에서 업무추진비 집행내역을 공개한 웹 사이트에서는 부서와 기간을 선택하면 월별로 업무추진비 집행내역을 엑셀 형식으로 다운로드할 수 있습니다. 하지만 일일이 부서를 선택하고 월별 데이터를 일일이 다운로드하는 것은 쉽지 않은 작업이므로 여기서는 서울시 행정정보 공개 깃허브(`https://github.com/seoul-opengov/opengov`)에 있는 업무추진비 집행내역을 가져오겠습니다(그림 16-6).

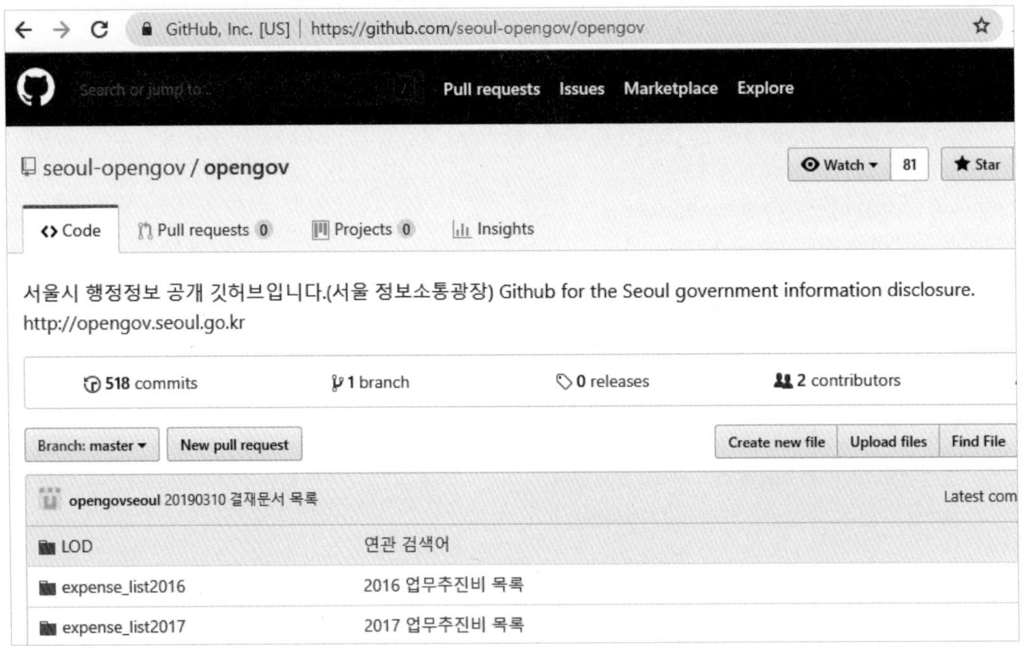

그림 16-6 서울시 행정정보 공개 깃허브 저장소[4]

4 최근 몇 년간의 데이터만 공개됩니다.

업무추진비의 경우 연도별로 매월 집행한 내역이 CSV, JSON, 엑셀(xlsx) 형식으로 제공됩니다. 그림 16-7은 2016년 업무추진비의 월별 데이터 파일 목록입니다.

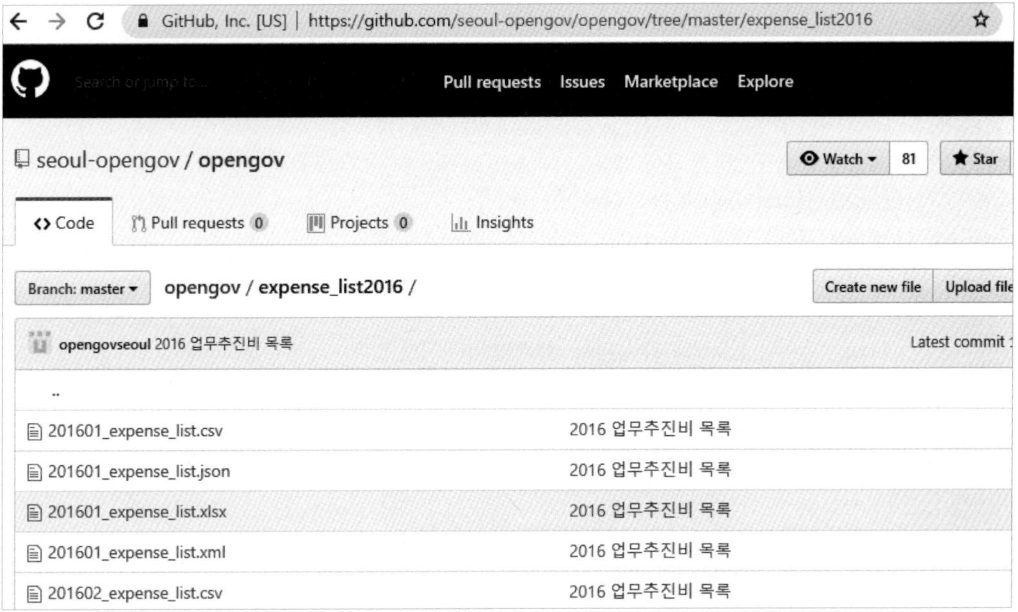

그림 16-7 서울시 행정정보 공개 깃허브의 2016년 업무추진비 데이터 파일 목록

데이터 분석을 위해서는 세 가지 파일 형식 중 원하는 형식의 파일을 다운로드하면 되는데 여기서는 CSV 형식의 데이터 파일을 이용하겠습니다. 웹 브라우저를 이용해 업무추진비의 개별 파일을 하나씩 수동으로 다운로드할 수도 있지만 앞에서 살펴본 requests 라이브러리로 깃허브에서 파일을 다운로드하는 방법을 활용하면 연도별 업무추진비 데이터 파일 전체를 자동으로 편리하게 다운로드할 수 있습니다.

다음 코드는 깃허브에 있는 서울시의 업무추진비 데이터를 내려받는 함수입니다. 이 함수의 인자로는 파일의 확장자(형식), 연도, 내려받을 폴더가 있습니다. 이 함수를 호출하면 선택한 연도의 업무추진비 파일을 지정한 폴더로 내려받을 수 있습니다.

```
In: import requests
    import os
    import pathlib

    #인자: 확장자, 연도, 내려받을 폴더
    def get_seoul_expense_list(extension, year, data_folder):
        # 깃허브의 데이터 위치 지정
        # ex) 'https://github.com/seoul-opengov/opengov/raw/master/expense_list2016/'
```

```
    expense_list_year_url = 'https://github.com/seoul-opengov/opengov/raw/master/expense_list'
+ str(year) + '/'

    # 데이터를 내려받을 폴더 지정
    # ex) 'C:/myPyCode/data/seoul_expense/2016/'
    expense_list_year_dir = data_folder + str(year) + '/'

    # 내려받을 폴더가 없다면 폴더 생성
    if(os.path.isdir(expense_list_year_dir)):
        print("데이터 폴더({0})가 이미 있습니다. {0}년 데이터의 다운로드를
시작합니다.".format(year))
    else:
        print("데이터 폴더({0})가 없어서 생성했습니다. {0}년 데이터의 다운로드를
시작합니다.".format(year))
        # 폴더 생성
        pathlib.Path(expense_list_year_dir).mkdir(parents=True, exist_ok=True)

    # 지정한 폴더로 1월 ~ 12월 업무추진비 파일을 다운로드
    for k in range(12):
        file_name = '{0}{1:02d}_expense_list.{2}'.format(year, k+1, extension)
        url = expense_list_year_url + file_name
        print(url)
        r = requests.get(url)
        with open(expense_list_year_dir + file_name, 'wb') as f:
            f.write(r.content)
```

다음은 위의 함수를 이용해 CSV 파일 형식으로 2016년 업무추진비 데이터를 지정한 데이터 폴더인 C:/myPyCode/data/seoul_expense/로 내려받는 코드입니다. 코드를 실행하면 지정한 연도[5]의 업무추진비 데이터 파일을 내려받습니다.

```
In: # 내려받을 업무추진비 데이터의 파일 형식을 지정
    extension = "csv"

    # 내려받을 업무추진비 데이터의 연도를 지정
    year = 2016

    # 내려받을 업무추진비 데이터의 폴더를 지정
    data_folder = 'C:/myPyCode/data/seoul_expense/'
```

5 코드에서 내려받을 연도를 지정할 때는 깃허브를 확인해서 공개된 연도를 지정합니다.

```
# 함수를 실행
get_seoul_expense_list(extension, year, data_folder)
```

```
Out: 데이터 폴더(2016)가 이미 있습니다. 2016년 데이터의 다운로드를 시작합니다.
     https://github.com/seoul-opengov/opengov/raw/master/expense_list2016/201601_expense_list.csv
     ...
     https://github.com/seoul-opengov/opengov/raw/master/expense_list2016/201612_expense_list.csv
```

윈도우 탐색기를 이용해 해당 폴더를 열어보면 서울시 행정정보 공개 깃허브에 있는 2016년 업무추진비 파일(CSV) 전체를 다 가져온 것을 확인할 수 있습니다(그림 16-8 참조).

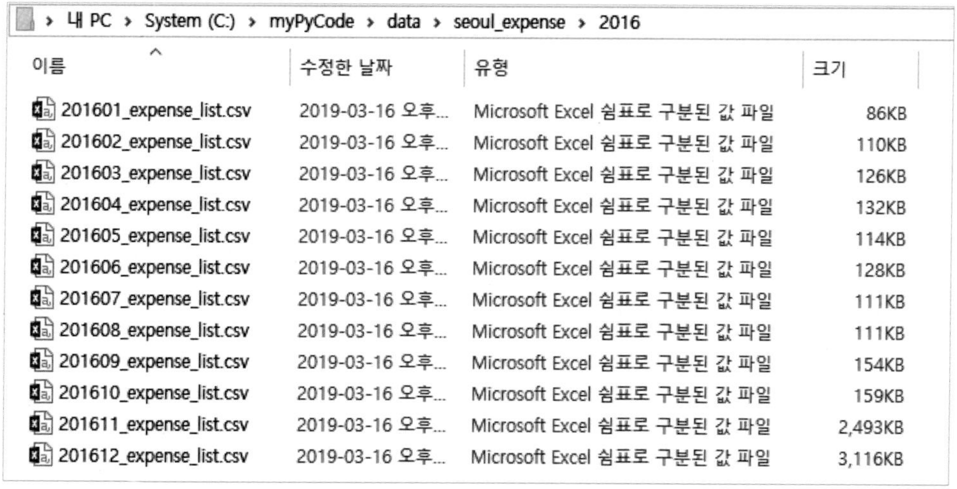

› 내 PC › System (C:) › myPyCode › data › seoul_expense › 2016

이름	수정한 날짜	유형	크기
201601_expense_list.csv	2019-03-16 오후...	Microsoft Excel 쉼표로 구분된 값 파일	86KB
201602_expense_list.csv	2019-03-16 오후...	Microsoft Excel 쉼표로 구분된 값 파일	110KB
201603_expense_list.csv	2019-03-16 오후...	Microsoft Excel 쉼표로 구분된 값 파일	126KB
201604_expense_list.csv	2019-03-16 오후...	Microsoft Excel 쉼표로 구분된 값 파일	132KB
201605_expense_list.csv	2019-03-16 오후...	Microsoft Excel 쉼표로 구분된 값 파일	114KB
201606_expense_list.csv	2019-03-16 오후...	Microsoft Excel 쉼표로 구분된 값 파일	128KB
201607_expense_list.csv	2019-03-16 오후...	Microsoft Excel 쉼표로 구분된 값 파일	111KB
201608_expense_list.csv	2019-03-16 오후...	Microsoft Excel 쉼표로 구분된 값 파일	111KB
201609_expense_list.csv	2019-03-16 오후...	Microsoft Excel 쉼표로 구분된 값 파일	154KB
201610_expense_list.csv	2019-03-16 오후...	Microsoft Excel 쉼표로 구분된 값 파일	159KB
201611_expense_list.csv	2019-03-16 오후...	Microsoft Excel 쉼표로 구분된 값 파일	2,493KB
201612_expense_list.csv	2019-03-16 오후...	Microsoft Excel 쉼표로 구분된 값 파일	3,116KB

그림 16-8 내려받은 2016년 업무추진비 파일 목록(윈도우 탐색기로 확인)

앞에서처럼 윈도우 탐색기를 이용해 다운로드된 파일을 확인해도 되지만 다음 코드와 같이 파이썬 내장 모듈인 glob을 이용해 지정한 폴더에 파일이 있는지 확인할 수도 있습니다.

```
In: import glob

    path_name = 'C:/myPyCode/data/seoul_expense/2016/'     # 폴더명

    # 지정 폴더에서 파일명에 list.csv가 포함된 파일만 지정
    file_name_for_glob = path_name + "*list.csv"

    csv_files = []
    for csv_file in glob.glob(file_name_for_glob):
        # 반환값에서 폴더는 제거하고 파일 이름만 추출
```

```
    csv_files.append(csv_file.split("\\")[-1])

print("[폴더 이름]", path_name) # 폴더명 출력
print("* CSV 파일:", csv_files)
```

```
Out: [폴더 이름] C:/myPyCode/data/seoul_expense/2016/
     * CSV 파일: ['201601_expense_list.csv', '201602_expense_list.csv', '201603_expense_list.csv',
     '201604_expense_list.csv', '201605_expense_list.csv', '201606_expense_list.csv',
     '201607_expense_list.csv', '201608_expense_list.csv', '201609_expense_list.csv',
     '201610_expense_list.csv', '201611_expense_list.csv', '201612_expense_list.csv']
```

출력 결과를 보면 역시 2016년 1월부터 12월까지 모든 데이터 파일(CSV)을 잘 가져왔음을 알 수 있습니다.

다음은 2016년 데이터뿐만 아니라 2017년과 2018년 데이터도 한번에 가져오기 위한 코드입니다. 연도를 리스트에 넣고 for ~ in 문을 이용해 연도별로 폴더를 생성하고 업무추진비 데이터를 가져옵니다.

```
In: import glob

    data_folder = 'C:/myPyCode/data/seoul_expense/'

    years = [2016, 2017, 2018] # 내려받을 연도를 지정

    extension = "csv"
    # extension = "xlsx"
    # extension = "xml"

    for year in years:
        get_seoul_expense_list(extension, year, data_folder)

    print("모든 데이터를 다운로드 받았습니다.")
```

```
Out: 데이터 폴더(2016)가 이미 있습니다. 2016년 데이터의 다운로드를 시작합니다.
     https://github.com/seoul-opengov/opengov/raw/master/expense_list2016/201601_expense_list.csv
     ...
     https://github.com/seoul-opengov/opengov/raw/master/expense_list2016/201612_expense_list.csv
     데이터 폴더(2017)가 이미 있습니다. 2017년 데이터의 다운로드를 시작합니다.
     https://github.com/seoul-opengov/opengov/raw/master/expense_list2017/201701_expense_list.csv
     ...
     https://github.com/seoul-opengov/opengov/raw/master/expense_list2017/201712_expense_list.csv
```

```
데이터 폴더(2018)가 이미 있습니다. 2018년 데이터의 다운로드를 시작합니다.
https://github.com/seoul-opengov/opengov/raw/master/expense_list2018/201801_expense_list.csv
...
https://github.com/seoul-opengov/opengov/raw/master/expense_list2018/201812_expense_list.csv
모든 데이터를 다운로드 받았습니다.
```

다음 코드로 2016년, 2017년, 2018년 데이터 파일이 모두 다 잘 받아졌는지 확인해 보겠습니다.

```
In: import glob

    data_folder = 'C:/myPyCode/data/seoul_expense/'

    years = [2016, 2017, 2018] # 내려받을 연도를 지정

    for year in years:
        path_name = data_folder + str(year) + "/" # 연도별 폴더명을 지정

        # 지정 폴더에서 파일명에 list.csv가 포함된 파일만 지정
        file_name_for_glob = path_name + "*list.csv"

        csv_files = []
        for csv_file in glob.glob(file_name_for_glob):
            # 반환값에서 폴더는 제거하고 파일명만 추출
            csv_files.append(csv_file.split("\\")[-1])

        print("[폴더 이름]", path_name) # 폴더명 출력
        print("* CSV 파일:", csv_files)
```

```
Out: [폴더 이름] C:/myPyCode/data/seoul_expense/2016/
     * CSV 파일: ['201601_expense_list.csv', '201602_expense_list.csv', '201603_expense_
     ...
     '201610_expense_list.csv', '201611_expense_list.csv', '201612_expense_list.csv']
     [폴더 이름] C:/myPyCode/data/seoul_expense/2017/
     * CSV 파일: ['201701_expense_list.csv', '201702_expense_list.csv', '201703_expense_
     ...
     '201710_expense_list.csv', '201711_expense_list.csv', '201712_expense_list.csv']
     [폴더 이름] C:/myPyCode/data/seoul_expense/2018/
     * CSV 파일: ['201801_expense_list.csv', '201802_expense_list.csv', '201803_expense_
     ...
     '201810_expense_list.csv', '201811_expense_list.csv', '201812_expense_list.csv']
```

출력 결과를 보면 서울시 행정정보 공개 깃허브 저장소에서 2016년, 2017년, 2018년 업무추진비 데이터 파일을 지정한 폴더(C:/myPyCode/data/seoul_expense/)에 연도별로 잘 가져온 것을 확인할 수 있습니다. 이제 이 데이터를 이용해 데이터 분석을 진행하겠습니다.

데이터 처리

데이터를 수집한 후에 데이터를 살펴보면 일부 데이터 값이 누락돼 있거나 부정확한 값이 들어간 경우가 있습니다. 또한 자신이 직접 설계해서 만든 데이터가 아니고 외부에서 데이터를 가져온 경우 데이터가 원하는 구조가 아닐 수 있습니다. 이 경우 데이터 정제와 정리 과정이 필요합니다. 이번에는 다운로드한 서울시 업무추진비 데이터를 살펴보고 정제해서 데이터 분석이 쉽도록 깔끔한 데이터로 만들어 보겠습니다.

수집된 데이터 파일의 구조 분석

데이터 수집 이후에는 수집된 데이터에 문제가 없는지 검토하는 과정이 필요합니다. 여기서는 다운로드한 서울시의 업무추진비 데이터 중 2016년 1월의 CSV 파일을 살펴보겠습니다. 이 파일을 별도의 텍스트 편집기로 열어도 되지만 여기서는 다음과 같이 텍스트 파일을 읽는 코드를 이용해 처음 세 줄을 읽어서 출력해 보겠습니다.

```
In: data_file = 'C:/myPyCode/data/seoul_expense/2016/201601_expense_list.csv'

    with open(data_file, encoding='utf-8') as f:
        line1 = f.readline()
        line2 = f.readline()
        line3 = f.readline()

        print(line1)
        print(line2)
        print(line3)
```

```
Out: nid,title,url,dept_nm_lvl_1,dept_nm_lvl_2,dept_nm_lvl_3,dept_nm_lvl_4,dept_nm_lvl_5,exec_yr,
     exec_month,expense_budget,expense_execution,category,exec_dt,exec_loc,target_nm,payment_
     method,exec_ amount

     7832320,"2016년 1월 서울특별시장 업무추진비 집행내역 공표",http://opengov.seoul.go.kr/publi
     c/7832320,서울시본청,서울특별시장,,,,2016,1,380200000,13551000,"시정 관련 간담회 등","행정국
     총무과","2016-01-30 12:27","매일한우타운식당(광시면 예당로길)","시정 청년정책 관련 업무협의
     간담회","시장 등 12명",카드,250000
```

```
7832320,"2016년 1월 서울특별시장 업무추진비 집행내역 공표",http://opengov.seoul.go.kr/publi
c/7832320,서울시본청,서울특별시장,,,,2016,1,380200000,13551000,"시정 관련 간담회 등","행정국
총무과","2016-01-30 08:28","청암회관(예산군 덕산면)","시정 충남, 전북 현장 방문 관련
업무협의","시장 등 6명",카드,72000
```

데이터의 첫째 줄에는 열 이름이 있고, 둘째 줄부터는 데이터 값이 있습니다. 먼저 첫째 줄에 있는 열 이름의 개수와 둘째 줄과 셋째 줄에 있는 데이터 값의 개수가 각각 몇 개인지 살펴보겠습니다.

```
In: line1_len = len(line1.split(','))
    line2_len = len(line2.split(','))
    line3_len = len(line3.split(','))

    print("[각 줄의 데이터 값의 개수]")
    print("첫째 줄:{}, 둘째 줄:{}, 셋째 줄:{}".format(line1_len, line2_len, line3_len))
```

```
Out: [각 줄의 데이터 값의 개수]
     첫째 줄:18, 둘째 줄:20, 셋째 줄:21
```

출력 결과를 보면 첫째 줄, 둘째 줄, 셋째 줄에서 콤마(,)를 기준으로 센 데이터 값의 개수는 각각 18, 20, 21입니다. 그런데 셋째 줄을 잘 살펴보면 데이터 값 중에 "시정 충남, 전북 현장 방문 관련 업무협의"가 있는데 따옴표 안의 콤마는 제거해야 CSV 파일에서 각 열의 데이터 개수를 정확히 셀 수 있습니다. 위의 코드에서 따옴표 안의 콤마는 개수를 셀 때는 제거해야 하는데 그렇지 않아서 셋째 줄의 데이터 값의 개수가 20이 아니라 21이 된 것입니다. 이러한 오류를 없애기 위해 따옴표 안에 있는 콤마를 제거한 후 데이터의 개수를 세겠습니다. 다음은 문자열에서 따옴표 안에 있는 콤마를 제거하고 콤마를 기준으로 값의 개수를 세는 함수입니다.

```
In: def get_value_count(line):
        line_rep_list = []
        for k, x in enumerate(line.split('"')):
            if(k % 2 != 0):
                x = x.replace(',', '')
            line_rep_list.append(x)

        line_rep_str = ''.join(line_rep_list)

        return len(line_rep_str.split(','))
```

앞에서 사용한 enumerate() 함수는 순서가 있는 시퀀스 데이터(리스트, 튜플, NumPy 배열 등)를 인자로 입력받아 인덱스 값과 시퀀스 데이터의 요소를 반환합니다. 따라서 for ~ in 문과 함께 사용하면 시퀀스 데이터에서 순서대로 인덱스 값과 요소값을 가져와서 처리해야 할 때 매우 유용합니다.

이제 앞의 get_value_count() 함수를 이용해 다시 한 번 처음 세 줄의 데이터 값의 개수를 출력해 보겠습니다.

```
In: line1_len = get_value_count(line1)
    line2_len = get_value_count(line2)
    line3_len = get_value_count(line3)

    print("[각 줄의 데이터 값의 개수]")
    print("첫째 줄:{}, 둘째 줄:{}, 셋째 줄:{}".format(line1_len, line2_len, line3_len))
```

```
Out: [각 줄의 데이터 값의 개수]
     첫째 줄:18, 둘째 줄:20, 셋째 줄:20
```

출력 결과를 보면 셋째 줄의 데이터 값 개수가 21에서 20으로 변경되어 정상적으로 데이터 값의 개수를 센 것을 볼 수 있습니다. 또한 첫째 줄의 데이터 값의 개수가 18인데 둘째 줄부터 데이터 값의 개수는 20입니다. 이로부터 앞에서 가져온 서울시의 업무추진비 CSV 파일의 경우 첫째 줄에 누락된 열 이름이 있는 것을 알 수 있습니다. 이처럼 열 이름과 데이터 값의 개수가 다르면 데이터 처리가 어렵습니다. 예를 들어 첫째 줄의 열 이름 개수와 둘째 줄 이후의 데이터 값의 개수가 같지 않을 경우 pandas에서 DataFrame 형식으로 데이터를 읽게 되면 정상적으로 처리되지 않습니다. 이러한 오류를 방지하기 위해 열 이름에 누락된 부분이 있다면 열 이름을 추가해서 실제 데이터 개수와 열 이름의 개수를 같도록 맞추는 것이 나중에 데이터를 처리하기가 편리합니다.

또한 앞에서 만든 함수 get_value_count()는 CSV 데이터 파일에서 각 줄의 데이터 값이 정상인지 여부를 판별하는 데도 이용할 수 있습니다.

첫 번째 줄의 열 이름과 개수 변경

앞에서 살펴본 것처럼 서울시의 업무추진비 CSV 파일의 경우 첫 번째 줄에 누락된 열 이름이 있습니다. 다음은 다운로드한 업무추진비 CSV 파일에서 첫 번째 줄에 누락된 열 이름을 추가한 후 다시 새로운 파일로 저장하는 함수입니다. 열 이름을 추가할 때 알아보기 어려운 열 이름은 한글로 바꿨습니다. 같은 파일 이름에 덮어써도 되지만 원본을 남겨두기 위해 여기서는 다른 이름의 파일로 저장하겠습니다.

다음 함수에서 splitlines()는 문자열을 개행문자(\n)를 중심으로 나누는 함수입니다. 또한 '\n'.join(lines)는 lines에 있는 리스트 요소를 개행문자(\n)로 연결해서 하나의 문자열로 만들어줍니다.

```
In: def change_csv_file_first_line_value(old_file_name, new_file_name):
        with open(old_file_name, encoding='utf-8') as f:  # 파일을 읽기 모드로 열기
            # 전체 데이터를 읽어서 한 줄씩 lines 리스트의 각 요소에 할당
            lines = f.read().splitlines()

        # 첫째 줄의 내용을 변경할 열 이름을 지정해서 변경
        lines[0] = 'nid,제목,url,부서레벨1,부서레벨2,부서레벨3,부서레벨4,부서레벨5,\
    집행연도,집행월,예산,집행,구분,부서명,집행일시,집행장소,집행목적,대상인원,결제방법,집행금액'

        with open(new_file_name, 'w', encoding='utf-8') as f:  # 파일을 쓰기 모드로 열기
            # 리스트 내의 각 요소를 개행문자(\n)로 연결해서 파일로 저장
            f.write('\n'.join(lines))
```

다음으로 2016년 1월 업무추진비 데이터 파일에 이 함수를 적용해 보겠습니다.

```
In: # 기존 파일
    old_file_name = 'C:/myPyCode/data/seoul_expense/2016/201601_expense_list.csv'

    # 새로운 파일
    new_file_name = 'C:/myPyCode/data/seoul_expense/2016/201601_expense_list_new.csv'

    # 첫째 줄의 내용을 변경한 새로운 파일 생성
    change_csv_file_first_line_value(old_file_name, new_file_name)
```

이제 변경된 데이터 파일에서 첫 세 줄을 읽어와서 출력해 보겠습니다.

```
In: with open(new_file_name, encoding='utf-8') as f:  # 파일을 읽기 모드로 열기
        for k in range(3):
            print(f.readline())
```

```
Out: nid,제목,url,부서레벨1,부서레벨2,부서레벨3,부서레벨4,부서레벨5,집행연도,집행월,예산,집행,구분,
     부서명,집행일시,집행장소,집행목적,대상인원,결제방법,집행금액

     7832320,"2016년 1월 서울특별시장 업무추진비 집행내역 공표",http://opengov.seoul.go.kr/publi
     c/7832320,서울시본청,서울특별시장,,,,2016,1,380200000,13551000,"시정 관련 간담회 등","행정국
     총무과","2016-01-30 12:27","매일한우타운식당(광시면 예당로길)","시정 청년정책 관련 업무협의
     간담회","시장 등 12명",카드,250000
```

```
7832320,"2016년 1월 서울특별시장 업무추진비 집행내역 공표",http://opengov.seoul.go.kr/publi
c/7832320,서울시본청,서울특별시장,,,,2016,1,380200000,13551000,"시정 관련 간담회 등","행정국
총무과","2016-01-30 08:28","청암회관(예산군 덕산면)","시정 충남, 전북 현장 방문 관련
업무협의","시장 등 6명",카드,72000
```

출력 결과에서 첫 번째 줄을 살펴보면 새롭게 지정한 열 이름으로 잘 변경된 것을 볼 수 있습니다. 하나의 파일에 대해 열 이름이 잘 변경됐으니 1년치 데이터 전체에 적용할 수 있도록 다음과 같이 함수를 만들었습니다. 새롭게 생성되는 CSV 파일을 기존의 CSV 파일과 구분하기 위해 파일 이름에 _new를 추가했습니다. 함수의 인자로는 연도와 데이터 파일이 있는 폴더를 지정했습니다.

```
In: # 인자: 연도, 데이터 파일이 있는 폴더
    def change_year_csv_file_first_line_value(year, data_folder):

        # 데이터 파일이 있는 폴더 지정
        # ex) 'C:/myPyCode/data/seoul_expense/2016/'
        expense_list_year_dir = data_folder + str(year) + '/'

        extension = 'csv' # 확장자 이름

        # 지정한 폴더에 있는 월별 업무추진비 파일에서 첫 번째 줄의 열 이름을 변경
        for k in range(12):
            # 기존 파일 이름 지정
            old_file_name = expense_list_year_dir + '{0}{1:02d}_expense_list.{2}'.format(year, k+1,
extension)

            # 새로운 파일 이름 지정
            new_file_name = expense_list_year_dir + '{0}{1:02d}_expense_list_new.{2}'.format(year,
k+1, extension)

            # 첫째 줄의 내용을 변경한 새로운 파일 생성
            change_csv_file_first_line_value(old_file_name, new_file_name)
```

다음 코드에서는 2016년, 2017년, 2018년 데이터 파일에 앞의 함수를 적용합니다.

```
In: data_folder = 'C:/myPyCode/data/seoul_expense/'

    years = [2016, 2017, 2018] # 연도를 지정
```

```
    for year in years:
        print("{}년 데이터의 첫 번째 줄의 열 이름을 변경해서 새 파일에 저장합니다.".format(year))
        change_year_csv_file_first_line_value(year, data_folder)

    print("모든 데이터의 첫 번째 줄의 열 이름을 변경해서 새 파일로 저장했습니다.")
```

```
Out: 2016년 데이터의 첫 번째 줄의 열 이름을 변경해서 새 파일에 저장합니다.
     2017년 데이터의 첫 번째 줄의 열 이름을 변경해서 새 파일에 저장합니다.
     2018년 데이터의 첫 번째 줄의 열 이름을 변경해서 새 파일에 저장합니다.
     모든 데이터의 첫 번째 줄의 열 이름을 변경해서 새 파일로 저장했습니다.
```

모든 데이터 파일에 대해 첫 번째 줄의 열 이름을 변경한 파일이 잘 생성됐는지 확인하기 위해 다음과 같이 코드를 작성합니다. 여기서는 새롭게 생성된 파일 이름만 가져오기 위해 파이썬 내장 모듈인 `glob`을 이용합니다.

```
In: import glob

    data_folder = 'C:/myPyCode/data/seoul_expense/'

    years = [2016, 2017, 2018] # 연도를 지정

    for year in years:
        path_name = data_folder + str(year) # 폴더명을 지정
        print("[폴더 이름]", path_name) # 폴더명 출력

        new_csv_files = []

        # 지정 폴더에서 파일명에 _new.csv가 포함된 파일만 지정
        file_name_for_glob = path_name + "/*_new.csv"

        for new_csv_file in glob.glob(file_name_for_glob):
            # 반환값에서 폴더는 제거하고 파일 이름만 추출
            new_csv_files.append(new_csv_file.split("\\")[-1])

        print("* 새롭게 생성된 CSV 파일:", new_csv_files)
```

```
Out: [폴더 이름] C:/myPyCode/data/seoul_expense/2016
     * 새롭게 생성된 CSV 파일: ['201601_expense_list_new.csv', '201602_expense_list_new.csv',
     ...
```

```
'201612_expense_list_new.csv']
[폴더 이름] C:/myPyCode/data/seoul_expense/2017
 * 새롭게 생성된 CSV 파일: ['201701_expense_list_new.csv', '201702_expense_list_new.csv',
...
'201712_expense_list_new.csv']
[폴더 이름] C:/myPyCode/data/seoul_expense/2018
* 새롭게 생성된 CSV 파일: ['201801_expense_list_new.csv', '201802_expense_list_new.csv',
...
'201812_expense_list_new.csv']
```

출력 결과를 보면 파일명에 _new가 붙은 새로운 CSV 파일이 잘 생성된 것을 볼 수 있습니다.

데이터의 구조 및 결측치 살펴보기

이제 원하는 형식으로 CSV 파일이 만들어졌습니다. 다음은 이처럼 첫 번째 줄의 열 이름이 변경된 CSV 파일을 pandas의 DataFrame 형식으로 가져오겠습니다. DataFrame 형식으로 데이터를 가져온 후에 데이터의 구조를 살펴보고 빠진 데이터 값(결측치)이 있는지도 살펴보겠습니다.

다음은 2016년 1월의 업무추진비 데이터를 DataFrame 형식으로 가져오는 코드입니다.

```
In: import pandas as pd

    expense_list2016_dir = 'C:/myPyCode/data/seoul_expense/2016/'
    file_name = "201601_expense_list_new.csv"

    df = pd.read_csv(expense_list2016_dir + file_name)
```

DataFrame 형식으로 가져온 데이터가 어떻게 구성돼 있는지 살펴보기 위해 head()를 이용해 앞쪽의 일부 데이터만 출력해 보겠습니다. 지면의 제약으로 출력 결과 중 일부는 표시하지 않았습니다.

```
In: df.head(2)
```

```
Out:
```

	nid	제목	url	부서레벨1	부서레벨2	…	집행연도	집행월	…	부서명	집행일시	…	집행금액
0	…	…	…	서울시본청	서울특별시장	…	2016	1	…	행정국 총무과	2016-01-30 12:27	…	250000
1	…	…	…	서울시본청	서울특별시장	…	2016	1	…	행정국 총무과	2016-01-30 08:28	…	72000

출력 결과를 보면 DataFrame 형식으로 데이터를 잘 가져온 것을 볼 수 있습니다.

서울시의 2016년 1월 업무추진비 데이터를 DataFrame 형식으로 가져오는 것을 확인했으니 이제 다음 코드로 2016년 데이터 전체를 DataFrame 형식으로 가져오겠습니다.

```
In: import pandas as pd

    year = 2016
    expense_list_year_dir = 'C:/myPyCode/data/seoul_expense/' + str(year) + '/'

    df_year = pd.DataFrame()
    for k in range(12):
        # 파일 이름 지정
        file_name = "{0}{1:02d}_expense_list_new.csv".format(year, k+1)

        # pandas DataFrame 형식으로 csv 데이터 불러오기
        df_month = pd.read_csv(expense_list_year_dir + file_name)

        # df_year에 df_month를 세로 방향으로 추가해서 다시 df_year에 할당
        # 통합된 dataFrame의 순서대로 index를 할당하기 위해서 `ignore_index = True` 옵션 지정
        df_year = df_year.append(df_month, ignore_index = True)
```

지정한 연도인 2016년 데이터를 DataFrame 형식으로 잘 가져왔는지 확인하기 위해 가져온 데이터 중 앞쪽 일부를 출력해 보겠습니다.

```
In: df_year.head(2)
```

Out:

	nid	제목	url	부서레벨1	부서레벨2	…	집행연도	집행월	…	부서명	집행일시	…	집행금액
0	…	…	…	서울시본청	서울특별시장	…	2016	1	…	행정국 총무과	2016-01-30 12:27	…	250000
1	…	…	…	서울시본청	서울특별시장	…	2016	1	…	행정국 총무과	2016-01-30 08:28	…	72000

출력 결과를 보면 2016년 1월달 업무추진비 데이터를 잘 가져온 것을 볼 수 있습니다. 뒤쪽 데이터 일부도 출력해 보겠습니다.

```
In: df_year.tail(2)
```

Out:

	nid	제목	url	부서레벨1	부서레벨2	…	집행연도	집행월	…	부서명	집행일시	…	집행금액
0	…	…	…	서울시본청	주택건축국	…	2016	12	…	주택건축국 건축기획과	2016-12-06 15:11	…	350000
1	…	…	…	서울시본청	주택건축국	…	2016	12	…	주택건축국 건축기획과	2016-12-06 10:08	…	147520

출력 결과에서 12월 데이터도 잘 가져온 것을 확인할 수 있습니다. 또한 출력한 값의 1열에 있는 index의 마지막 숫자로 2016년에 집행한 업무추진비 전체 개수를 알 수 있습니다.

이제 다음과 같이 DataFrame의 info()를 이용해 업무추진비 데이터가 어떻게 구성돼 있는지 살펴보겠습니다.

```
In: df_year.info()
```

```
Out: <class 'pandas.core.frame.DataFrame'>
     RangeIndex: 18340 entries, 0 to 18339
     Data columns (total 20 columns):
     nid      18340 non-null int64
     제목      18340 non-null object
     url      18340 non-null object
     부서레벨1    18340 non-null object
     부서레벨2    18340 non-null object
     부서레벨3    14137 non-null object
     부서레벨4    4097 non-null object
     부서레벨5    819 non-null object
     집행연도     18340 non-null int64
     집행월      18340 non-null int64
     예산       1248 non-null float64
     집행       1123 non-null float64
     구분       3102 non-null object
     부서명      18340 non-null object
     집행일시     18340 non-null object
     집행장소     18119 non-null object
     집행목적     18340 non-null object
     대상인원     18098 non-null object
     결제방법     18330 non-null object
     집행금액     18340 non-null int64
     dtypes: float64(2), int64(4), object(14)
     memory usage: 2.8+ MB
```

RangeIndex로부터 2016년에 집행한 업무추진비 전체의 개수(18340개)를 알 수 있고, 'total 20 columns'로부터 열의 개수는 20개임을 알 수 있습니다. 일부 열의 경우 데이터의 개수가 18340보다 작은 것을 볼 수 있습니다. 이것은 데이터에 결측치가 있기 때문입니다. 이처럼 실제 데이터를 이용해 데이터 처리를 할 때는 결측치가 있는 경우가 많습니다. 또한 데이터 형식을 살펴보면 전체 20개의 데이터 중 2개는 실수(float64)이고, 4개는 정수(int64)이며, 나머지 14개는 객체(object)임을 알 수 있습니다.

결측치가 있는 경우 앞에서 살펴본 isna()를 통해 결측치가 몇 개 있는지 확인할 수 있습니다. 이제 2016년 서울시의 업무추진비 데이터에서 항목별 결측치를 확인해 보겠습니다.

```
In: df_year.isna().sum()
```

```
Out: nid          0
     제목          0
     url          0
     부서레벨1        0
     부서레벨2        0
     부서레벨3     4203
     부서레벨4    14243
     부서레벨5    17521
     집행연도         0
     집행월          0
     예산      17092
     집행      17217
     구분      15238
     부서명          0
     집행일시         0
     집행장소       221
     집행목적         0
     대상인원       242
     결제방법        10
     집행금액         0
     dtype: int64
```

출력 결과를 보면 열 이름에서 '부서레벨3', '부서레벨4', '부서레벨5', '예산', '집행', '구분' 데이터는 결측치가 너무 많습니다. 이러한 데이터의 경우 데이터 분석에 도움이 되지 않으므로 여기서는 결측치가 많은 열은 제거하고 나머지 열의 데이터만 이용하겠습니다. 또한 nid와 url의 경우에도 이번 분석에는 큰 의미가 없으니 제거하겠습니다. DataFrame에서 원하지 않는 열을 제거하기 위해서는 drop()을 이용하면 됩니다. 다음은 원하지 않는 열 데이터를 제거하는 코드입니다.

```
In: df_year_drop = df_year.drop(columns=['nid', 'url', '부서레벨3', '부서레벨4', '부서레벨5',
                                         '예산', '집행', '구분'])
    df_year_drop.head(2)
```

Out:

	제목	부서레벨1	부서레벨2	집행연도	집행월	부서명	집행일시	집행장소	집행목적	대상인원	결제방법	집행금액
0	…	서울시본청	서울특별시장	2016	1	행정국 총무과	2016-01-30 12:27	…	…	…	카드	250000
1	…	서울시본청	서울특별시장	2016	1	행정국 총무과	2016-01-30 08:28	…	…	…	카드	72000

출력 결과를 보면 원하지 않는 열의 데이터가 모두 제거된 것을 볼 수 있습니다.

다음으로 필요 없는 부분을 제거하고 필요한 부분만 남긴 데이터를 별도의 CSV 파일로 저장하겠습니다. 이렇게 별도의 파일로 저장하는 이유는 나중에 데이터 분석을 수행할 때 앞에서 수행했던 과정(데이터 획득, 정제 및 추출)을 반복하지 않고 정리된 데이터 파일을 바로 읽어서 데이터 분석을 시작할 수 있기 때문입니다.

```
In: year = 2016
    expense_list_year_dir = 'C:/myPyCode/data/seoul_expense/' + str(year) + '/'

    expense_list_tidy_file = "{}_expense_list_tidy.csv".format(year)
    df_year_drop.to_csv(expense_list_year_dir + expense_list_tidy_file, index = False)
```

이제 정제된 데이터가 잘 생성됐는지 확인해 보겠습니다. 이를 위해 윈도우 탐색기로 해당 폴더(C:\myPyCode\data\seoul_expense\2016)를 열어봐도 되고 윈도우 명령어인 dir을 이용할 수도 있겠지만 여기서는 다음과 같이 파이썬 명령어를 통해 해당 파일이 잘 생성됐는지 확인해 보겠습니다.

```
In: import os

    file_name = expense_list_year_dir + expense_list_tidy_file
    print(file_name)
    os.path.isfile(file_name)
```

```
Out: C:/myPyCode/data/seoul_expense/2016/2016_expense_list_tidy.csv
     Out: True
```

출력 결과가 True로 나왔다면 파일이 정상적으로 생성된 것입니다.

다음으로 앞에서 작성한 코드를 정리해서 원하는 열의 데이터만 선택해서 새로운 파일로 저장하는 함수를 작성하겠습니다.

```
In: import pandas as pd

    def select_columns_save_file(year, data_folder, drop_columns_list):

        expense_list_year_dir = data_folder + str(year) + '/'
        expense_list_tidy_file = "{}_expense_list_tidy.csv".format(year)

        df_year = pd.DataFrame()
        for k in range(12):
            # 파일 이름 지정
            file_name = "{0}{1:02d}_expense_list_new.csv".format(year, k+1)

            # DataFrame 형식으로 csv 데이터 불러오기
            df_month = pd.read_csv(expense_list_year_dir + file_name)

            # df_year에 df_month를 새로 추가해서 다시 df_year에 할당
            # 통합된 dataFrame의 순서대로 index를 할당하기 위해서 `ignore_index = True` 옵션 지정
            df_year = df_year.append(df_month, ignore_index = True)

        df_year_drop = df_year.drop(columns = drop_columns_list)
        new_file_name = expense_list_year_dir + expense_list_tidy_file
        df_year_drop.to_csv(new_file_name, index = False)

        print("=> {} 파일을 생성했습니다.".format(expense_list_tidy_file))
```

함수가 완성됐으니 다음 코드를 실행해 2016년, 2017년, 2018년에 해당하는 모든 데이터를 읽어서 필요 없는 열은 제거하고 새로운 파일 이름으로 저장하겠습니다.

```
In: data_folder = 'C:/myPyCode/data/seoul_expense/'
    years = [2016, 2017, 2018]
    drop_columns_list = ['nid', 'url','부서레벨3', '부서레벨4', '부서레벨5', '예산', '집행', '구분']

    for year in years:
        print("{}년 데이터를 정리해서 저장하고 있습니다.".format(year))
        select_columns_save_file(year, data_folder, drop_columns_list)
    print("모든 연도의 데이터를 정리해서 파일로 저장했습니다.")
```

```
Out: 2016년 데이터를 정리해서 저장하고 있습니다.
     ==> 2016_expense_list_tidy.csv 파일을 생성했습니다.
     2017년 데이터를 정리해서 저장하고 있습니다.
     ==> 2017_expense_list_tidy.csv 파일을 생성했습니다.
     2018년 데이터를 정리해서 저장하고 있습니다.
     ==> 2018_expense_list_tidy.csv 파일을 생성했습니다.
     모든 연도의 데이터를 정리해서 파일로 저장했습니다.
```

앞에서와 마찬가지로 2016년, 2017년, 2018년치 데이터 파일이 잘 정리된 상태로 생성됐는지 다음 코드로 확인해 보겠습니다.

```
In: import os

    years = [2016, 2017, 2018]

    for year in years:
        expense_list_year_dir = data_folder + str(year) + '/'
        expense_list_tidy_file = "{}_expense_list_tidy.csv".format(year)

        file_name = expense_list_year_dir + expense_list_tidy_file
        print(file_name, "==> ", end="")
        print(os.path.isfile(file_name))
```

```
Out: C:/myPyCode/data/seoul_expense/2016/2016_expense_list_tidy.csv ==> True
     C:/myPyCode/data/seoul_expense/2017/2017_expense_list_tidy.csv ==> True
     C:/myPyCode/data/seoul_expense/2018/2018_expense_list_tidy.csv ==> True
```

결과가 모두 True로 나왔다면 모든 파일이 정상적으로 잘 생성된 것입니다. 생성한 파일의 정보(파일 생성 시간, 파일 크기 등)를 조금 더 상세히 알고 싶다면 파일의 정보를 출력하는 함수를 작성해서 연도별로 불러오면 됩니다. 이를 위한 함수는 다음과 같습니다.

```
In: import os
    from datetime import datetime

    def get_file_info(year, data_folder):
        expense_list_year_dir = data_folder + str(year) + '/'
        expense_list_tidy_file = "{}_expense_list_tidy.csv".format(year)
```

```
    path_file_name = expense_list_year_dir + expense_list_tidy_file
    print(path_file_name)
    result = os.path.isfile(path_file_name)

    # 파일 수정 시간
    modified_time = datetime.fromtimestamp(os.path.getmtime(path_file_name))

    # 파일 생성 시간
    created_time = datetime.fromtimestamp(os.path.getctime(path_file_name))

     # 파일 크기
    file_size = os.path.getsize(path_file_name)

    if(result == True):
        print("[생성한 CSV 데이터 파일의 정보]")
        print('* 폴더 위치 :', expense_list_year_dir)
        print('* 파일 이름 :', expense_list_tidy_file)
        print('* 수정 시간 :', modified_time.strftime('%Y-%m-%d %H:%M:%S'))
        print('* 생성 시간 :', created_time.strftime('%Y-%m-%d %H:%M:%S'))
        print('* 파일 크기 : {0:,} 바이트'.format(file_size))
```

이제 연도별로 새롭게 생성한 데이터 파일의 정보를 가져와 출력해 보겠습니다.

```
In: data_folder = 'C:/myPyCode/data/seoul_expense/'
    years = [2016, 2017, 2018]

    for year in years:
        get_file_info(year, data_folder)
        print("")
```

```
Out: C:/myPyCode/data/seoul_expense/2016/2016_expense_list_tidy.csv
     [생성한 CSV 데이터 파일의 정보]
     * 폴더 위치 : C:/myPyCode/data/seoul_expense/2016/
     * 파일 이름 : 2016_expense_list_tidy.csv
     * 수정 시간 : 2019-03-31 23:04:04
     * 생성 시간 : 2019-03-17 14:45:31
     * 파일 크기 : 5,349,798 바이트

     C:/myPyCode/data/seoul_expense/2017/2017_expense_list_tidy.csv
     [생성한 CSV 데이터 파일의 정보]
     * 폴더 위치 : C:/myPyCode/data/seoul_expense/2017/
```

```
* 파일 이름 : 2017_expense_list_tidy.csv
* 수정 시간 : 2019-03-31 23:04:09
* 생성 시간 : 2019-03-17 15:03:53
* 파일 크기 : 21,974,397 바이트

C:/myPyCode/data/seoul_expense/2018/2018_expense_list_tidy.csv
[생성한 CSV 데이터 파일의 정보]
* 폴더 위치 : C:/myPyCode/data/seoul_expense/2018/
* 파일 이름 : 2018_expense_list_tidy.csv
* 수정 시간 : 2019-03-31 23:04:13
* 생성 시간 : 2019-03-17 15:06:38
* 파일 크기 : 25,174,756 바이트
```

생성된 파일의 크기를 보면 5 ~ 26MB로 지금까지 다뤘던 데이터 파일에 비해 파일 크기가 큽니다. 또한 2016년 데이터 파일의 크기에 비해 2017년과 2018년의 데이터 파일의 크기는 급격히 증가한 것을 볼 수 있습니다. 이제 이 파일을 이용해 데이터 분석을 진행해 보겠습니다.

데이터 분석

앞에서 2016년, 2017년, 2018년 서울시의 업무추진비 데이터를 가져와 정제한 후 필요한 데이터만 남겨서 CSV 파일로 저장했습니다. 이제 이 파일을 이용해 서울시의 업무추진비가 어떻게 집행됐는지 분석해 보겠습니다.

데이터 분석을 위해 먼저 다음 코드처럼 정제 후 깔끔하게 정리된 2016년, 2017년, 2018년치 데이터 파일을 DataFrame 형식으로 가져와 하나로 통합하겠습니다.

```
In: import pandas as pd

    data_folder = 'C:/myPyCode/data/seoul_expense/'
    years = [2016, 2017, 2018]

    df_expense_all = pd.DataFrame()

    for year in years:
        expense_list_year_dir = data_folder + str(year) + '/'
        expense_list_tidy_file = "{}_expense_list_tidy.csv".format(year)

        path_file_name = expense_list_year_dir + expense_list_tidy_file
```

```
df_expense = pd.read_csv(path_file_name)
df_expense_all = df_expense_all.append(df_expense, ignore_index = True)
```

이제 2016년, 2017년, 2018년 정리 데이터 파일의 데이터를 DataFrame 형식으로 모두 가져와 df_expense_all에 할당했습니다. 앞으로는 데이터 분석을 수행할 때 df_expense_all를 이용하겠습니다.

다음으로 df_expense_all의 전체 데이터 구조를 확인하기 위해 info()를 사용하겠습니다.

```
In: df_expense_all.info()
```

```
Out: <class 'pandas.core.frame.DataFrame'>
     RangeIndex: 169608 entries, 0 to 169607
     Data columns (total 12 columns):
     제목       169608 non-null object
     부서레벨1    169608 non-null object
     부서레벨2    169591 non-null object
     집행연도     169608 non-null int64
     집행월      169608 non-null int64
     부서명      169510 non-null object
     집행일시     169608 non-null object
     집행장소     167804 non-null object
     집행목적     169586 non-null object
     대상인원     168416 non-null object
     결제방법     169395 non-null object
     집행금액     169608 non-null int64
     dtypes: int64(3), object(9)
     memory usage: 15.5+ MB
```

3년간(2016년 ~ 2018년)의 업무추진비 전체 데이터 파일에서 데이터를 읽어오다 보니 데이터 개수가 아주 많습니다. 데이터를 잘 읽어왔는지 확인하기 위해 다음과 같이 df_expense_all 변수의 앞쪽 데이터 일부를 확인해 보겠습니다.

```
In: df_expense_all.head(2)
```

Out:

	제목	부서레벨1	부서레벨2	집행연도	집행월	부서명	집행일시	집행장소	집행목적	대상인원	결제방법	집행금액
0	…	서울시본청	서울특별시장	2016	1	행정국 총무과	2016-01-30 12:27	…	…	…	카드	250000
1	…	서울시본청	서울특별시장	2016	1	행정국 총무과	2016-01-30 08:28	…	…	…	카드	72000

df_expense_all 변수의 뒤쪽 데이터 일부도 확인해 보겠습니다.

```
In: df_expense_all.tail(2)
```

Out:

	제목	부서레벨1	부서레벨2	집행연도	집행월	부서명	집행일시	집행장소	집행목적	대상인원	결제방법	집행금액
169606	...	사업소	상수도 사업본부	2018	12	상수도사업본부 시설안전부	2018-12-17 12:49	...	...	...	카드	213000
169607	...	사업소	상수도 사업본부	2018	12	상수도사업본부 시설안전부	2018-12-05 12:22	...	...	...	카드	112000

df_expense_all 변수의 앞쪽 데이터 일부와 뒤쪽 데이터 일부를 출력한 결과를 통해 3년간(2016년 ~ 2018년)의 업무추진비 데이터를 잘 가져온 것을 확인할 수 있습니다. 이제 앞에서 선정한 세부 주제를 하나씩 분석하겠습니다.

연도별 추이 분석

서울시 업무추진비 데이터를 이용해 2016년부터 2018년까지 연도별 전체 집행 금액을 비교해서 추이 분석을 해 보겠습니다. 연도별 추이를 확인하기에는 3년이라는 기간이 짧지만 그럼에도 의미를 찾아보겠습니다.

우선 연도별 업무추진비 집행 횟수를 알고 싶다면 다음과 같이 집행연도 열에 대해 value_counts()를 수행합니다.

```
In: year_expense = df_expense_all['집행연도'].value_counts()
    year_expense
```

```
Out: 2018    79585
     2017    71683
     2016    18340
     Name: 집행연도, dtype: int64
```

출력 결과를 보면 2016년에 비해 2017년과 2018년의 업무추진비의 집행 횟수가 급격히 증가한 것을 볼 수 있습니다. 이것은 실제 업무추진비 집행 횟수가 증가했다기보다는 2016년에 처음 데이터 공개를 시작해서 2016년의 경우 업무추진비 데이터 수집이 제한적으로 이뤄졌기 때문인 것으로 판단됩니다.

다음으로 앞의 데이터를 막대 그래프로 시각화해 보겠습니다.

```
In: import pandas as pd
    import matplotlib.pyplot as plt
    import matplotlib

    matplotlib.rcParams['font.family'] = 'Malgun Gothic'
    matplotlib.rcParams['axes.unicode_minus'] = False

    plt.bar(year_expense.index, year_expense.values, tick_label =year_expense.index, width = 0.5)
    plt.title("연도별 업무추진비 집행 횟수")
    plt.xlabel("연도")
    plt.ylabel("집행 횟수")
    plt.show()
```

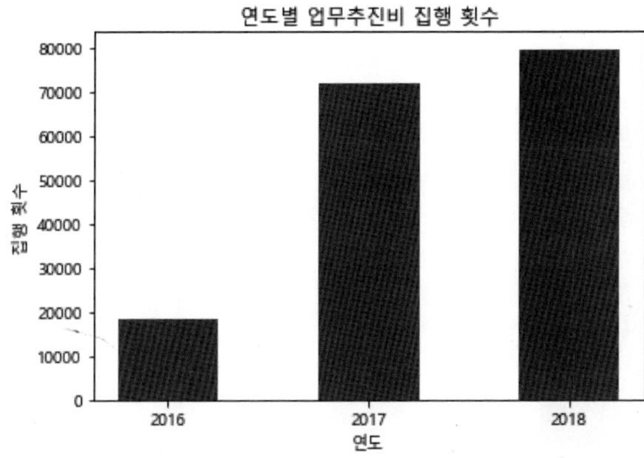

다음으로 집행연도별 집행금액의 합을 구해보겠습니다. 이를 위해 앞에서 살펴본 pivot_table()을 이용하면 편리하게 원하는 결과를 얻을 수 있습니다. 다음 코드를 봅시다.

```
In: import pandas as pd

    year_total = pd.pivot_table(df_expense_all, index = ['집행연도'], values=['집행금액'], aggfunc = sum)
    year_total
```

Out:

	집행금액
집행연도	
2016	2831458776
2017	9321898802
2018	11359708014

출력 결과를 보면 연도별로 집행금액 전체가 구해진 것을 볼 수 있습니다. 이 데이터를 막대 그래프로 시각화하면 다음과 같습니다.

```
In: import pandas as pd
    import matplotlib.pyplot as plt
    import matplotlib

    matplotlib.rcParams['font.family'] = 'Malgun Gothic'
    matplotlib.rcParams['axes.unicode_minus'] = False

    eok_won = 100000000 # 억원
    (year_total/eok_won).plot.bar(rot=0)  # 'rot = 각도'로 xtick 회전 각도를 지정
    plt.ylabel('집행금액(억원)')
    plt.show()
```

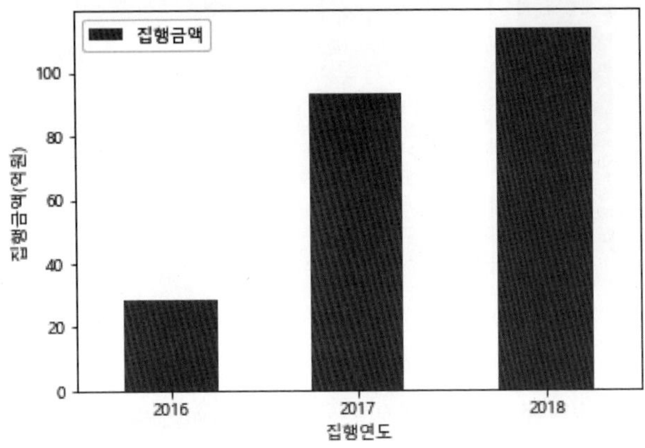

위 그래프를 살펴보면 3년간 집행금액이 계속해서 증가한 것을 볼 수 있습니다. 특히 연도별 집행 횟수와 마찬가지로 2016년에 비해 2017년과 2018년의 집행금액이 급격이 증가했는데, 이 역시 2016년의 데이터 수집이 다른 해에 비해 제한적으로 이뤄졌기 때문일 것으로 추정됩니다.

월별 집행금액 분석

이번에는 전체 업무추진비의 집행금액에 대해 월별로 합계를 구해서 1월에서 12월까지 월별로 업무추진비 집행금액의 변화를 살펴보겠습니다.

우선 월별 업무추진비 집행금액을 파악하기 위해 다음과 같이 `pivot_table()`을 이용해 집행월별 집행금액의 합을 구합니다.

```
In: month_total = pd.pivot_table(df_expense_all, index = ['집행월'], values=['집행금액'],
                                    aggfunc = sum)
    month_total
```

Out:

	집행금액
집행월	
1	1639833832
2	1909735249
3	1650488411
4	1440145053
5	1431381779
6	1618346046
7	1615793367
8	1679758358
9	2048570048
10	1712586824
11	2679075420
12	4087351205

이 결과는 3년간(2016년, 2017년, 2018년)의 데이터에서 월별 집행금액만 추출한 것입니다. 연도별로 월별 집행금액 합계를 구하고 싶다면 다음과 같이 하면 됩니다.

```
In: year_month_total = pd.pivot_table(df_expense_all, index = ['집행월'], columns=['집행연도'],
                                         values=['집행금액'], aggfunc = sum)
    year_month_total
```

Out:

	집행금액		
집행연도	2016	2017	2018
집행월			
1	47693520	729315320	862824992
2	109610290	714656124	1085468835
3	61903760	747255654	841328997

	집행금액		
집행연도	2016	2017	2018
4	65546910	644248075	730350068
5	66231770	672787918	692362091
6	67448430	780348992	770548624
7	67205920	723022406	825565041
8	56708405	679507220	943542733
9	109465580	858946825	1080157643
10	61921802	652470333	998194689
11	800376504	862637491	1016061425
12	1317345885	1256702444	1513302876

출력 결과를 살펴보면 연도별로 월별 집행금액 합계가 구해진 것을 볼 수 있습니다. 이제 앞에서 구한 결과를 이용해 그래프를 그려보겠습니다.

```
In: eok_won = 100000000 # 억원

    (year_month_total/eok_won).plot.bar(rot=0)
    plt.ylabel('집행금액(억원)')
    plt.title("업무추진비의 월별 집행금액")
    plt.legend(['2016년', '2017년', '2018년'])
    plt.show()
```

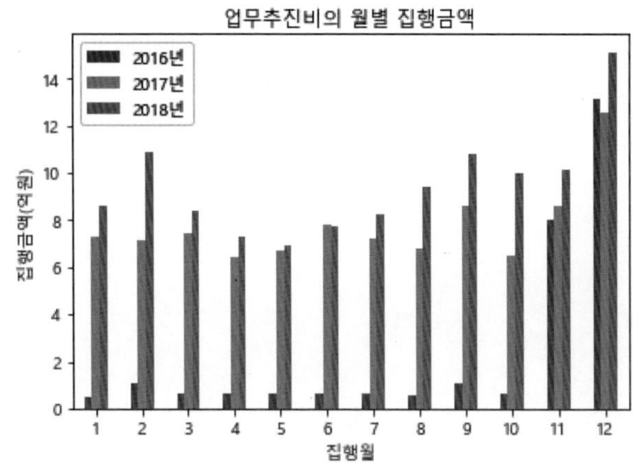

출력 결과를 보면 2016년 데이터의 경우 1월부터 10월까지는 다른 해에 비해 집행금액이 현저히 적은 것을 볼 수 있습니다. 이로부터 2016년 데이터는 11월부터 제대로 수집됐을 것이라고 추정할 수 있습니다. 즉, 2016년의 경우 1월부터 10월까지의 데이터가 제대로 수집되지 않았기 때문에 2016년도 업무추진비 집행금액이 다른 해보다 현저히 적었던 것으로 추정할 수 있습니다. 2017년과 2018년의 월별 업무추진비 집행금액을 비교해보면 2018년이 대체로 많은 것을 볼 수 있는데, 이것이 실제 사용금액이 늘어서 더 많아진 것인지 수집하는 데이터의 범위가 더 넓어져서 집행금액이 늘어난 것인지는 파악하기 어렵지만 월별로 나눠서 분석해 봐도 2018년 업무추진비의 집행금액이 2017년에 비해 늘어난 것을 볼 수 있습니다. 또한 월별로 집행한 금액을 살펴보면 12월의 업무추진비 집행금액이 가장 많은 것을 볼 수 있습니다.

부서별 집행 내역 분석

서울시에서 공개한 업무추진비 데이터에는 집행한 부서명이 포함돼 있기 때문에 업무추진비 집행 내역을 부서별로 구분하면 부서별로 업무추진비 집행 내역을 비교할 수 있습니다. 이번에는 부서별로 업무추진비 집행 내역을 분석해 보겠습니다.

먼저 부서레벨1을 이용해 가장 상위 단계의 부서를 기준으로 집행 내역을 분석해 보겠습니다. 이를 위한 코드는 다음과 같습니다.

```
In: dept_level1_total = pd.pivot_table(df_expense_all, index = ['부서레벨1'], values=['집행금액'],
                                       aggfunc = sum)
    dept_level1_total
```

Out:

	집행금액
부서레벨1	
사업소	4872401720
서울시본청	13914019097
소방재난본부(소방서)	3859671439
의회사무처	866973336

출력 결과에서 보듯이 서울시는 가장 상위 단계의 조직을 4개로 나눠서 관리하고 있음을 알 수 있습니다. 이제 한 단계 더 아래로 내려간 조직에서 각각의 집행금액을 살펴보겠습니다. 이를 위한 코드는 다음과 같습니다.

```
In: dept_level_2_total = pd.pivot_table(df_expense_all, index = ['부서레벨2'], values=['집행금액'],
                                        aggfunc = sum)
    dept_level_2_total.head()
```

Out:

	집행금액
부서레벨2	
119특수구조단	116393420
감사위원회	267321930
강남소방서	169136740
강동소방서	166212200
강북소방서	122324520

이제 집행금액을 많이 사용한 순서대로 10개의 부서를 정렬해서 표시해 보겠습니다. 이를 위한 코드는 다음과 같습니다.

```
In: dept_level_2_total_top10 = dept_level_2_total.sort_values(by=['집행금액'], ascending =
False)[0:10]
dept_level_2_total_top10
```

Out:

	집행금액
부서레벨2	
상수도사업본부	1634679275
서울특별시장	1435327244
행정국	1341621724
기획조정실	1095362000
시민소통기획관	728381084
정무부시장	662177340
행정1부시장	645968310
안전총괄본부	561458697
행정2부시장	542814902
도시기반시설본부	494578134

앞에서 출력한 집행금액을 많이 사용한 상위 10개 부서에 대해 막대 그래프로 표시해 보겠습니다.

```
In: eok_won = 100000000 # 억원

    (dept_level_2_total_top10/eok_won).plot.bar(rot=80)
    plt.ylabel('집행금액(억원)')
    plt.title("업무추진비 집행금액이 높은 상위 10개 부서")
    plt.show()
```

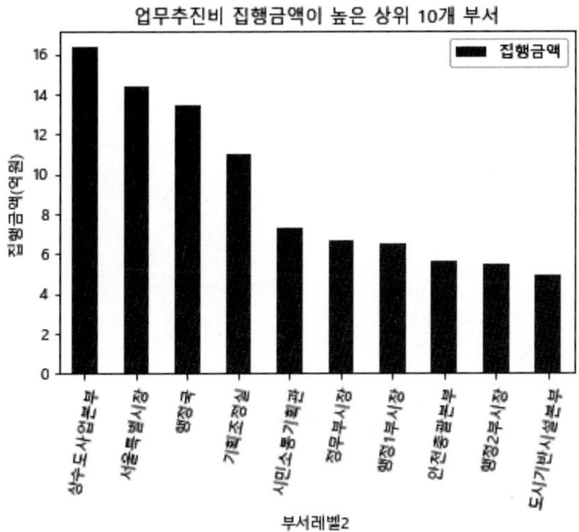

앞에서는 부서별 업무추진비 집행금액을 비교하기 위해 상위 10개 부서를 막대 그래프로 표시했는데 이번에는 워드 클라우드를 이용해 업무추진비 집행금액이 많은 순서대로 부서 이름을 크게 표시해보겠습니다. wordcloud의 generate_from_frequencies() 메서드의 인자에는 dept_level_2_total['집행금액']을 넣습니다. 다음 코드를 봅시다.

```
In: import matplotlib.pyplot as plt
    from wordcloud import WordCloud

    korean_font_path = 'C:/Windows/Fonts/malgun.ttf' # 한글 폰트(맑은 고딕) 파일명

    # 워드 클라우드 이미지 생성
    wc = WordCloud(font_path=korean_font_path, background_color='white',
                   width=800, height=600)

    frequencies = dept_level_2_total['집행금액'] # pandas의 Series 형식이 됨
    wordcloud_image = wc.generate_from_frequencies(frequencies)
```

```
plt.figure(figsize=(12,9))
plt.axis('off')
plt.imshow(wordcloud_image, interpolation = 'bilinear')
plt.show()
```

워드 클라우드 이미지를 보면 업무추진비 집행금액이 크면 해당 부서명이 크게 표시되는 것을 볼 수 있습니다. 이처럼 워드 클라우드로 표현하면 어느 부서가 업무추진비를 많이 이용했는지 좀 더 직관적으로 알 수 있습니다.

요일별 및 시간대별 집행 내역 분석

이번에는 업무추진비 데이터에 있는 집행일시 열에 있는 날짜와 시간을 이용해 요일별/시간대별로 업무추진비 집행 내역을 분석해 보겠습니다. 요일별/시간대별로 분석하면 무슨 요일, 무슨 시간대에 업무추진비를 많이 집행했는지 알 수 있습니다.

업무추진비의 요일별 및 시간대별 분석을 위해 집행일시 열에 있는 날짜와 시간 값을 이용하겠습니다. 우선 다음 코드를 실행해 이 값이 어떠한 데이터 타입인지 확인해 보겠습니다.

```
In: df_expense_all['집행일시'].values
```

```
Out: array(['2016-01-30 12:27', '2016-01-30 08:28', '2016-01-29 20:06', ...,
       '2018-12-18 18:50', '2018-12-17 12:49', '2018-12-05 12:22'],
      dtype=object)
```

출력 결과를 보면 dtype=object로 돼 있어서 값의 데이터 타입이 object인 것을 볼 수 있습니다. 이 값이 datetime 타입이면 날짜 및 시간 데이터 처리가 편리하므로 다음 코드처럼 이 값의 데이터 타입을 pandas의 to_datetime()을 이용해 datetime으로 변환하겠습니다.

```
In: expense_date_time = pd.to_datetime(df_expense_all['집행일시'])
    expense_date_time.values
```

```
Out: array(['2016-01-30T12:27:00.000000000', '2016-01-30T08:28:00.000000000',
       '2016-01-29T20:06:00.000000000', ...,
       '2018-12-18T18:50:00.000000000', '2018-12-17T12:49:00.000000000',
       '2018-12-05T12:22:00.000000000'], dtype='datetime64[ns]')
```

출력 결과를 보면 dtype='datetime64[ns]'로 돼 있어서 데이터 타입이 datetime으로 변환됐음을 알 수 있습니다.

다음으로 expense_date_time 변수를 이용해 집행 날짜의 요일을 구한 후 열(집행일시_요일)을 추가하겠습니다. pandas의 Series 데이터인 경우 데이터 타입이 datetime이라면 dt.weekday를 이용해 날짜를 요일로 변환할 수 있습니다. 반환되는 값은 월요일이 0, 화요일이 1, 수요일이 2, 목요일이 3, 금요일이 4, 토요일이 5, 일요일이 6입니다. 반환된 값을 요일로 변환하면 숫자 대신 문자로 요일을 표시할 수 있습니다. 다음 코드를 봅시다.

```
In: week_day_name = ["월", "화", "수", "목", "금", "토", "일"]

    df_expense_all['집행일시_요일'] = [week_day_name[weekday] for weekday in
expense_date_time.dt.weekday]
```

또한 Series 데이터의 데이터 타입이 datetime이라면 dt.hour를 이용해 시, 분, 초가 있는 값에서 시를 표시하는 값만 가져올 수 있습니다. 이를 이용해 시 값을 추출한 후 열(집행일시_시간)을 추가하겠습니다.

```
In: df_expense_all['집행일시_시간'] = [hour for hour in expense_date_time.dt.hour]
```

이제 df_expense_all을 출력해서 살펴보면 집행일시_요일과 집행일시_시간 열이 추가된 것을 볼 수 있습니다.

```
In: df_expense_all.head(3)
```

Out:

	제목	부서레벨1	부서레벨2	집행연도	집행월	…	집행일시	…	집행금액	집행일시_요일	집행일시_시간
0	…	서울시본청	서울특별시장	2016	1	…	2016-01-30 12:27	…	250000	토	12
1	…	서울시본청	서울특별시장	2016	1	…	2016-01-30 08:28	…	72000	토	8
2	…	서울시본청	서울특별시장	2016	1	…	2016-01-29 20:06	…	107500	금	20

다음으로 앞에서 추가한 업무추진비의 집행일시_요일 열을 이용해 요일별로 업무추진비 집행 횟수를 구해보겠습니다.

```
In: expense_weekday = df_expense_all['집행일시_요일'].value_counts()
    expense_weekday
```

```
Out: 목    36316
     화    33680
     수    33099
     금    32401
     월    30225
     토     2273
     일     1614
     Name: 집행일시_요일, dtype: int64
```

출력된 데이터를 보면 요일별 업무추진비 집행 횟수를 알 수 있습니다. 이 데이터는 순서가 요일에 맞춰져 있지 않아서 보기가 좋지 않으므로 앞에서 요일이 순서대로 입력된 리스트 변수인 week_day_name과 Series의 reindex()를 이용해 다음 코드처럼 요일에 맞춰 순서를 조정하겠습니다.

```
In: expense_weekday = expense_weekday.reindex(index = week_day_name)
    expense_weekday
```

```
Out: 월    30225
     화    33680
     수    33099
     목    36316
     금    32401
     토     2273
     일     1614
     Name: 집행일시_요일, dtype: int64
```

이제 요일 순서에 맞게 정렬된 데이터를 이용해 막대 그래프를 그려보겠습니다.

```
In: expense_weekday.plot.bar(rot=0)
    plt.title("요일별 업무추진비 집행 횟수")
    plt.xlabel("요일")
    plt.ylabel("집행 횟수")
    plt.show()
```

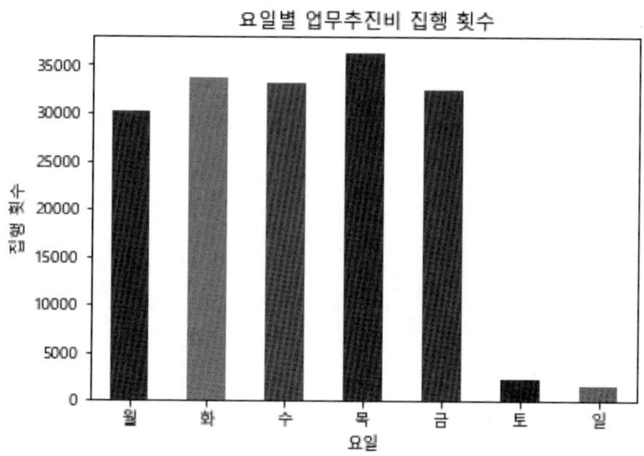

출력 결과를 살펴보면 평일의 경우 월요일의 업무추진비 집행 횟수가 가장 적고 목요일의 집행 횟수가 가장 많은 것을 볼 수 있습니다. 또한 토요일과 일요일에도 횟수가 적기는 하지만 업무추진비를 집행한 것을 알 수 있습니다.

다음으로 업무추진비의 집행일시_시간 열을 이용해 업무추진비의 집행 시간을 분석해 보겠습니다.

```
In: expense_hour_num = df_expense_all['집행일시_시간'].value_counts()
    expense_hour_num
```

```
Out: 12    65769
     20    18479
     13    16769
     19    13555
     21     9938
     14     6557
     11     6496
     15     5823
     18     4703
     10     4400
     0      4320
```

```
16     4070
9      2730
17     2499
22     2110
8       762
7       393
23       96
6        40
1        26
4        23
3        20
5        16
2        14
Name: 집행일시_시간, dtype: int64
```

위 결괏값도 시간에 맞춰 정렬하겠습니다. 이를 위한 코드는 다음과 같습니다. 여기서는 시간을 오전 8시를 기준으로 시작하게 했습니다.

```
In: work_hour = [ (k+8)%24 for k in range(24)]
    expense_hour_num = expense_hour_num.reindex(index = work_hour)
    expense_hour_num
```

```
Out: 8      762
     9     2730
     10    4400
     11    6496
     12   65769
     13   16769
     14    6557
     15    5823
     16    4070
     17    2499
     18    4703
     19   13555
     20   18479
     21    9938
     22    2110
```

```
23       96
0      4320
1        26
2        14
3        20
4        23
5        16
6        40
7       393
Name: 집행일시_시간, dtype: int64
```

이제 시간대별 업무추진비 집행 횟수 데이터를 이용해 막대 그래프로 시각화해 보겠습니다.

```
In: expense_hour_num.plot.bar(rot = 0)
    plt.title("시간별 업무추진비 집행 횟수")
    plt.xlabel("집행 시간")
    plt.ylabel("집행 횟수")
    plt.show()
```

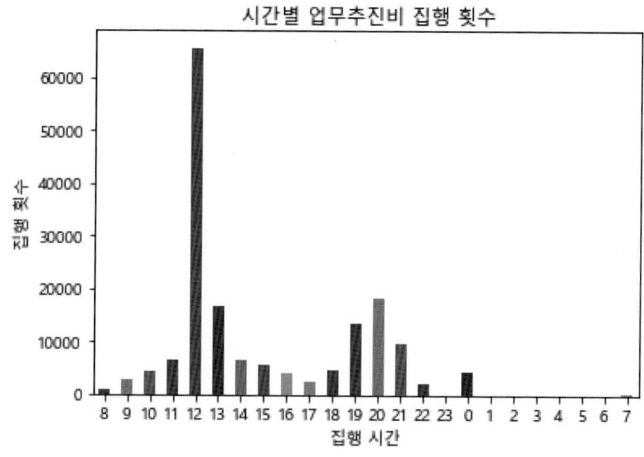

출력 결과를 보면 점심시간인 12시에서 1시 사이에 업무추진비의 집행 횟수가 가장 많고 그다음으로 저녁 8시에서 9시 사이의 집행 횟수가 많은 것을 볼 수 있습니다.

앞에서 시간대별로 업무추진비 집행 횟수를 분석해 봤는데, 만약 업무추진비 집행 횟수가 아니라 집행 금액을 기준으로 분석해 보면 어떨까요? 이를 위해 먼저 시간대별로 집행한 업무추진비의 합계를 구해 보겠습니다.

```
In: expense_hour_total = pd.pivot_table(df_expense_all, index = ['집행일시_시간'],
                                        values=['집행금액'], aggfunc = sum)
    expense_hour_total.head()
```

Out:

	집행금액
집행일시_시간	
0	780053340
1	3215355
2	1664989
3	6173272
4	6027401

앞에서처럼 index를 다시 정렬해서 8시를 기준으로 집행일시의 시간이 시작하게 한 후에 막대 그래프를 그려보겠습니다.

```
In: eok_won = 100000000 # 억원
    expense_hour_total = expense_hour_total.reindex(index = work_hour)

    (expense_hour_total/eok_won).plot.bar(rot=0)
    plt.ylabel('집행금액(억원)')
    plt.title("시간별대 업무추진비 집행금액")
    plt.show()
```

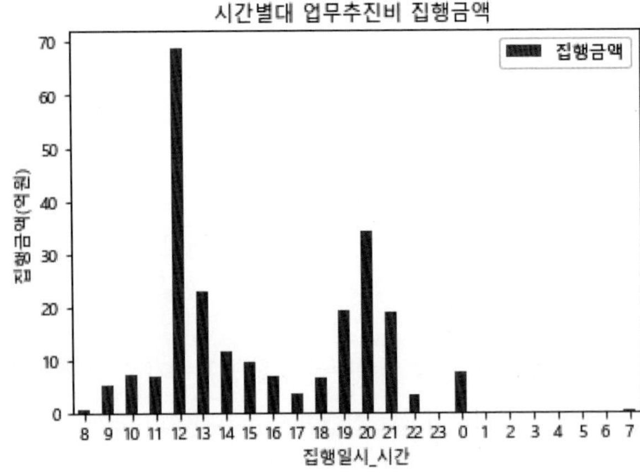

시간대별 집행 횟수와 집행금액을 비교해 보면 집행 횟수가 높은 시간대에 집행금액의 사용도 많다는 사실을 알 수 있습니다.

04 정리

이번 장에서는 일반적인 데이터 분석 프로세스를 알아보고 서울시에서 공개한 업무추진비 데이터를 활용해 데이터를 수집하고 처리하고 분석하는 전체적인 과정을 살펴봤습니다. 또한 앞 장에서 다루지 못했던 깃허브의 파일을 다운로드하는 방법, 데이터의 결측치를 확인하고 처리하는 방법, 데이터의 구조를 확인하고 피벗 테이블을 이용해 재구성하는 방법을 살펴보고 워드 클라우드로 텍스트 데이터의 빈도를 시각화하는 방법도 살펴봤습니다. 서울시의 업무추진비 데이터를 분석할 때는 세부 주제로 나눈 후에 각 주제에 맞는 분석을 진행했습니다. 이번에 살펴본 데이터 분석 과정과 방법은 다른 실전 데이터를 분석하는 데도 충분히 활용할 수 있으니 잘 익혀두길 바랍니다.

기호 · 번호

& 369
| 369
~ 369
@classmethod 149
__init__() 141
__init__.py 208
%load 181
__name__ 192
%run 181
@staticmethod 148
%%writefile 180
2진법 36
2진수 36
8진법 36
8진수 36
10진수 36
16진법 36
16진수 36
32비트 설치 파일 5
64비트 설치 파일 5

A – C

abs() 132
Access Token 484
Access Token Secret 484
add_series() 390
align 313
Anaconda 5
Anaconda Prompt 9
and 39, 45
API 451
API 키 453
append() 54
arange() 217
array() 216
Array 215
as 45, 189
ascending 378
ASCII 코드 458
ASCII Code 47
Assembler 2
Assembly language 2
assert 45
astype() 222
Attributes 398
bar 그래프 312
bar chart 283
barh() 316
bin() 36
body 398
bool 38
Boolean operation 38
break 45, 88
built-in scope 121
calendar 194, 203
calendar() 204
calendar 모듈 203
calendar 모듈의 주요 함수 203
Central Processing Unit 2
choice() 196
class 45, 135, 137
class method 145
class variable 143
clear() 66
clf() 293
Client 397
close() 105
cls 149
coding 1
columns 246, 247
Command mode 25
Command Prompt 9
Comment 16
Compiled Language 3
Comprehension 91
concatenation 48
Console 9
Consumer Key 484
Consumer Secret 484
continue 45, 88
count() 54, 168
cp949 276
CPU 2
Crawl-delay 420
CSS 409
CSS 선택자 409
CSV 275
cumprod 227, 256
cumsum 227, 256

D – G

DataFrame 246, 280
date 197
date_range() 241

datetime 194, 197
Decorator 148
def 45, 116
del 45, 53
determinant 229
dict 63
Dictionary 62
Dictionary comprehension 91
difference() 60
drop() 536
dropna() 538
DTD 398
dtype 216, 221
Edit mode 24
Editor 13
Element 398
elif 45
else 45
end 인자 98
ExcelWriter 348, 349
except 45
exit() 10
extend() 54
False 38, 45
figure 322
figure() 291
fillna() 541
filter 491
finally 45
find() 167
find_all() 406
firstweekday 203, 206
float 32
Flow chart 70
for 45, 78
format() 100
from 45, 185, 186
function 115
get_text() 405
global 45, 122
global scope 121
global variable 121
grid() 303, 309
Guido van Rossum 3

H – I

head 259, 398
hex() 36
High-level language 2
histogram 283, 317
HTML 19, 396
HTML 소스코드 401
HTTP 397
IDE 13
Identity matrix 221
if 45, 70
if ~ else 72
ignore_index 356
iloc 373
import 45, 182
in 45, 53
index 49, 238, 246
index() 54
Indexing 230
info() 543
input() 102
insert() 54
Instance 136
instance method 145
instance variable 143
int 32, 103
Interactive Python 13
Interpreted Language 3
interrupt the kernel 24
intersection() 60
inverse matrix 229
IPython 13, 179
is 45
isalnum() 171
isalpha() 171
isdigit() 171
isin() 368
isleap 203, 207
islower() 171
isna() 534
isnull() 534
isspace() 171
isupper() 171
items() 66
iter_content 442

J – L

json 165, 270, 458
JSON 454
json.dumps() 458
json.loads() 458

Jupyter Notebook 19
key 62
Keyboard Shortcuts 25
keys() 66
kind 330
lambda 45
LaTex 19
legend 304
len() 85, 132
LGB 룰 121
linspace() 219
list 49, 61
List 48
List comprehension 91
loc 304
local scope 121
local variable 121
logical operation 38
Low-level language 2

M – O

Machine language 2
magic command 180
Markdown 24
matplotlib 283, 284
matrix product 229
max 131, 227, 256
maxsplit 160
mean 227, 256
merge 271
method 137
min 131, 227, 256
Module 179
Modulo operator 33
month 203, 206
monthrange 203, 206
NaN 268
ndarray 216
None 45, 128
nonlocal 45
not 39, 45
now() 201
NumPy 214
OAuth 453
Object 135
oct() 36
on_data() 490
on_error() 490
ones() 220
on_status() 490
OOP 135
open() 104
Operating System 4
or 39, 45

P – S

Package 208
pandas 214
parse() 465
Parsing 403
pass 45, 77
PDF 19
Percent-encoding 471
periods 242
pie 321
pie chart 283
pivot_table() 545
plot 283
pop() 54
Power 32
prettify() 404
print() 10
Python 2
PYTHONPATH 15
PYTHONPATH Manager 15
raise 45
rand() 224
randint() 195, 224
random 194, 195
random 모듈 195
randrange() 196
range() 80
Rate Limit 454
read() 107
read_csv() 275
read_excel 344, 347
readline() 108
readlines() 108, 110
remove() 54
replace() 170
replace_with 417
Request 397
requests 402
requests.get() 470
requests.utils.unquote() 471
Reserved word 45

reshape 218
Response 397
REST API 452
restart the kernel 24
return 45, 116
reverse() 54
sample() 196
save() 349
savefig() 326
scatter 309
scatter plot 283
Scoping rule 121
Script 3
select() 423
self 137
sep 인자 96
Series 237
Server 397
set 59, 61
Set 58
Set comprehension 91
setfirstweekday 203
set_title 390
set_title() 334
set_x_axis 390
set_xlabel() 334
set_y_axis 390
set_ylabel() 334
show() 286, 303
simulation 19
Slicing 230
SNS 479
sort() 54
sort_values() 378
split() 159
Spyder 13
static method 145
std 227, 256
str 46
Stream() 490
Streaming API 452
string 46
strip() 161
subplot() 293
sum 256
sum() 132, 227, 376

T – Z

Tag 398
tail() 259
Terminal 9
tick_label 313
time 197
timedelta 198
title 302, 309
TM 518
TM 기준 좌표 518
to_csv() 279
today() 199
to_excel 348, 349
track 491
transpose 265
transpose matrix 229
True 38, 45
try 45
tuple 56
tuple() 61
Tuple 56
tweepy 484
Twitter 479
Twitter API rate limits 486
type() 32
Unicode 6, 47
union() 60
update() 67
update_status 486
update_with_media 487
URL 인코딩 471
URL encoding 471
urllib 402
utf-8 16, 276
value 62
value_counts() 544
values 66, 238
var 227, 256
variable 43
webbrowser 394
web crawler 420
Web crawling 420
web scraper 420
Web scraping 393, 420
Web Server 397
weekday 203, 207
WGS84 518
while 45, 86
while 문 78

with 45
with 문 112
wordcloud 548
Word cloud 547
write() 105
xlabel 302, 309
xlim() 295
xlsxwriter 349
XML 454
xmltodict 463
xmltodict.parse 464
yield 45
ylabel 302, 309
ylim() 295
zeros() 220
zip() 86

ㄱ – ㅁ

값 62, 240
개발 환경 5
개행문자 97
객체 135
객체지향 언어 135
객체지향 프로그래밍 135
거듭제곱 32
거짓 38
격자 302, 305
계급 318
계급의 간격 318
계산기 29
고급어 2
공공 데이터 포털 494
과학적 표기법 35
교집합 58
귀도 반 로섬 3
그래프 제목 302, 305
기계어 2
나머지 연산자 33
난수 194
내장 영역 121
내장 편집기 13
내장 함수 125
노트북 제목 23
논리 거짓 38
논리곱 38
논리 부정 38
논리 연산 38, 71
논리 참 38
논리합 38
다차원 배열 214
단위행렬 221
단축키 25
데이터 타입 32, 38, 42
데코레이터 148
도수 318
도수 분포표 318
동작 137
디코딩 471
딕셔너리 48, 56, 62
딕셔너리 컴프리헨션 91
라벨 302, 305
라이브러리 3
람다 함수 123
리눅스 4
리스트 48, 56
리스트 메서드 54

리스트 컴프리헨션 91
마술 명령어 180
마크다운 24
마크업 언어 461
막대 그래프 312
맥 4
메뉴 바 24
메서드 137
명령 모드 24
명령어 9
명령 프롬프트 9
모듈 179
문자열 45, 56
문자열끼리 연결 48
문자열 메서드 158
문자 인코딩 16
밑 32

ㅂ – ㅅ

바이너리 파일 모드 105
반복문 69
반환 값 116
배열 215
범례 302, 304, 305
변량 318
변수 42
변수명 43
불 38, 56
불린 연산 38
비교 연산 39
비교 연산자 71
사칙 연산 29
산점도 309
삼중 작은따옴표 47
삼중 큰따옴표 47
상수 45
서버 397
선 그래프 290
세트 48, 56
세트 컴프리헨션 91
셀 24
셀 타입 24
소셜 네트워킹 서비스 479
속도 제한 454
속성 137, 398
수학 연산 29
숫자 29
스코핑 룰 121
스크레이핑, 웹 393
스크립트 3
슬라이싱 230, 234
시각화 13, 382
시뮬레이션 19
시퀀스 데이터 215
실수 30

ㅇ – ㅊ

아나콘다 5
아나콘다 메뉴 8, 19
아나콘다 배포판 13
아스키코드 47
어셈블러 2
어셈블리어 2
엑셀의 필터 기능 364
엑셀 파일 354
역행렬 228
연산 규칙 31
연산자 29
예약어 45
오픈 API 494
요소 398
요소 검사 412
요청 397
요청 변수 502
요청 주소 502
운영체제 4
워드 클라우드 547
웹 브라우저 1, 401
웹 서버 397
웹 스크레이퍼 420
웹 스크레이핑 393, 420
웹 크롤러 420
웹 크롤링 420
웹 API 451, 494
윈도우 4
유니코드 6, 47
유효 범위 121
응답 397
이름 공간 121
인덱스 49
인덱싱 230
인스턴스 136
인스턴스 메서드 145
인스턴스 변수 143
인자 116
인터프리티드 언어 3

자료형 42
저급어 2
전역 변수 121
전역 영역 121
전치 265
전치 행렬 228
절댓값 132
접속 토큰 453
정수 30
정수 나누기 연산자 33
정적 메서드 145, 148
제어문 69
조건문 69
주석 16
주석 기호 16
주피터 노트북 19
주피터 서버 19
중앙처리장치 2
지수 32
지역 변수 121
지역 영역 121
진법 35
집합 58
차집합 58
참 38
최댓값 131
최솟값 131

ㅋ – ㅎ

컴파일드 언어 3
컴프리헨션 91
코드 9
코딩 1
코멘트 16
콘솔 9
클라이언트 397
클래스 136
클래스 메서드 145, 149
클래스 변수 143
키 62, 240
타임라인 488
태그 398, 461
터미널 9
텍스트 파일 모드 105
텍스트 편집기 11
통합 개발 환경 13
툴 바 24
튜플 48, 56
트위터 479
트위터 애플리케이션 480
파싱 403
파이 그래프 321
파이썬 1
파이썬 2.x 6
파이썬 3.x 6
파이썬 개발 환경 8
파이썬 버전 5
파이썬 인터프리터 프롬프트 10
파이썬 코드 6, 11
파이썬 콘솔 9, 11
파이썬 표준 라이브러리 194
패키지 4, 208
퍼센트 인코딩 471
페이지 소스 401
페이지 소스 보기 401
편집 모드 24
포털 사이트 1
폴더 441
프로그래밍 1
프로그래밍 언어 1
하드웨어 2
한글 폰트 306
한 줄 for 문 91
함수 32, 115
합집합 58
행렬 218, 235
행렬 곱 228
행렬식 228
환경 변수 15
흐름도 70
히스토그램 317